Josef Meyer zu Schlochtern / Johannes W. Vutz (Hg.)

Lorenz Jaeger.

Ein Erzbischof in der Zeit des Nationalsozialismus

JOSEF MEYER ZU SCHLOCHTERN /
JOHANNES W. VUTZ (HG.)

LORENZ JAEGER

EIN ERZBISCHOF IN DER ZEIT DES NATIONALSOZIALISMUS

Aschendorff
Verlag

Im Auftrag der Theologischen Fakultät Paderborn
herausgegeben von
Josef Meyer zu Schlochtern / Johannes W. Vutz

Cover: Wikimedia Commons, Bundesarchiv, Bild 102-11265 (CC-BY-SA 3.0) // Erzbischöfliches Archiv Paderborn // Gestaltung: Aschendorff Verlag

www.aschendorff-buchverlag.de

Printed in Germany
Gedruckt auf säurefreiem, alterungsbeständigem Papier

ISBN 978-3-402-24674-0
ISBN 978-3-402-24675-7 (E-Book PDF)

Inhalt

Vorwort VII

Einleitung
Josef Meyer zu Schlochtern / Johannes W. Vutz 1

Lorenz Jaeger im Spiegel archivischer Quellen
Sein Nachlass im Kontext bereits bearbeiteter Bestände
Arnold Otto 11

Bücher aus der Bibliothek Lorenz Kardinal Jaegers im Bestand
der Erzbischöflichen Akademischen Bibliothek Paderborn
Hans-Walter Stork 39

Lorenz Kardinal Jaeger (1892–1975) – Eine biographische Skizze
Detlef Grothmann / Dina van Faassen 45

„Im Felde war das stets so üblich."
Lorenz Jaeger – der Frontkämpfer auf dem Bischofsstuhl
Rainer Pöppinghege 133

Roms neuer Mann in Paderborn: Ein Erzbischof für die Nazis?
Bernd Heim 161

Lorenz Jaeger – Geistlicher Studienrat, Divisionspfarrer,
Erzbischof von Paderborn. Historisch-kritische Studien zur Kritik
an Erzbischof Lorenz Jaegers Haltung zum Nationalsozialismus
im Kontext der Kontroverse um die Ehrenbürgerschaft Jaegers
Joachim Kuropka 247

Jaeger und die Ökumene im Dritten Reich
Burkhard Neumann 327

Kardinal Jaeger in der kirchenkritischen Öffentlichkeit:
Moralische Entlastung oder Stigmatisierung als ‚Nazi'-Bischof ?
Dietmar Klenke 365

Literaturverzeichnis 429
Abkürzungsverzeichnis 451
Bildnachweise 455
Personenregister 457
Ortsregister 463
Herausgeber- und Autorenverzeichnis 465

Vorwort

Den äußeren Anlass zu der vorliegenden Untersuchung lieferte eine politische Auseinandersetzung: Im Mai 2015 stellte die Fraktion „Demokratische Initiative Paderborn" (DIP) im Rat der Stadt Paderborn den Antrag, den Namen des 1975 verstorbenen Erzbischofs Lorenz Jaeger wegen seiner Nähe zum Nationalsozialismus aus der Liste der Ehrenbürger der Stadt zu streichen, in die er im Jahr 1956 aufgenommen worden war. Dies löste in der städtischen Öffentlichkeit eine heftige Kontroverse mit massiven Anschuldigungen gegen den Erzbischof aus: Er habe die Politik des Nationalsozialismus in seinen Predigten unterstützt, ja er sei ein „Kriegstreiber" und „Mittäter" gewesen. Erzbischof Hans-Josef Becker, der Nach-Nachfolger von Kardinal Jaeger, beauftragte angesichts solcher Behauptungen die Theologische Fakultät Paderborn, den sachlichen Gehalt der Vorwürfe in einem Forschungsprojekt zu prüfen. Eine von Historikern und Theologen gebildete Arbeitsgruppe wurde mit der Aufgabe befasst, die Haltung von Lorenz Jaeger zum Nationalsozialismus zu untersuchen; sie legt im vorliegenden Band ihre Ergebnisse vor.

Die Ausführung des Vorhabens erforderte einen hohen Aufwand, an dem neben den Autoren und vielen Gesprächspartnern vor allem die Mitarbeiterinnen und Mitarbeiter der konsultierten Bibliotheken und Archive einen hohen Anteil haben. Für die vielfältige Unterstützung bei der Durchführung des Projekts bedanken wir uns herzlich bei allen Beteiligten, von denen wir hier nur wenige namentlich nennen können. Die Initiative, großzügige Unterstützung und die Finanzierung des Projekts sind Herrn Erzbischof Hans-Josef Becker und Herrn Generalvikar Alfons Hardt zu verdanken. Neben dem Zugriff auf schriftliche Quellen in den verschiedenen Archiven konnten wir mit der Nichte und dem Neffen von Kardinal Jaeger, Frau Dr. Ursula Schiller, Paderborn, und Herrn Dr. Claus Stolze, Hattingen, über ihren Onkel sprechen und private Lebenszeugnisse der Familie einsehen. Ebenso haben wir mit vielen Menschen Gespräche geführt, die mit Erzbischof Jaeger zu seinen Lebzeiten in engem Kontakt standen: u.a. mit Bischof em. Dr. Paul-Werner Scheele (†) von Würzburg, Msgr. Dr. Wilhelm Kuhne (†), Winterberg, Apost. Protonotar Domkapitular em. Msgr. Bruno Kresing, Apost. Protonotar Dompropst em. Msgr. Dr. Wilhelm Hentze und Altbürgermeister Willi Lüke in Paderborn; sie haben uns freimütig ihre Erinnerungen an Kardinal Jaeger zur Kenntnis gegeben.

Für einen informativen Austausch danken wir weiterhin den fachlich mit dem Thema befassten Historikern Prof. Dr. Karl-Josef Hummel, Meckenheim, und Prof. Dr. Heinrich Schoppmeyer, Witten. In diesen Dank schließen wir die Herren Prof. Dr. Stefan Heid, Rom, Prof. Dr. Rüdiger Althaus und Prof. Dr. Wolfgang Thönissen, Paderborn, sowie Frau Uta-Johanna Alpers, Dortmund, mit ein.

Dank und Anerkennung gebühren schließlich den Mitarbeiterinnen und Mitarbeitern des Erzbischöflichen Archivs Paderborn. Die Übersetzungen der Korrespondenz mit den Archiven in Rom verdanken wir Herrn Dr. Rainer Hohmann, die Recherchen in den Pressearchiven Herrn Dr. Georg Korting. Für die zuverlässige Büroarbeit während der gesamten Dauer des Projekts danken wir Frau Veronika Micheel und außerdem Herrn stud. theol. Philipp Neumann für die Arbeit an den Registern.

Paderborn, im März 2020

Josef Meyer zu Schlochtern, Johannes W. Vutz

Einleitung

Der ehemalige Erzbischof von Paderborn (1941 bis 1973) und Kardinal (seit 1965) verdankte seine Kirchen-Karriere nicht zuletzt seiner Vorliebe für Militärisches und seiner Reverenz vor dem Nationalsozialismus. Als EK-I-Offizier des Ersten Weltkrieges, nationalbewußter geistlicher Studienrat zwischen 1926 und 1939 (seit 1933 beliebter Jaeger-Gruß vor Schulklassen: „Stillgestanden! Heil Hitler!") und freiwilliger Divisionspfarrer des Zweiten Weltkrieges kam er den Nationalsozialisten vor 34 Jahren als Oberhaupt der räumlich zweitgrößten Diözese Deutschlands gelegen: Jaegers „heiße Liebe zu Volk und Vaterland" veranlaßte ihn als neuernannten Erzbischof, von „meinen Soldaten im feldgrauen Rock" möglichst „Treue bis in den Tod" zu fordern. Hitlers Krieg gegen die Sowjet-Union galt ihm, ähnlich wie dem damaligen Papst Pius XII., als eine Art Kreuzzug „für die Bewahrung des Christentums in unserem Vaterland, für die Errettung der Kirche aus der Bedrohung durch den antichristlichen Bolschewismus".[1]

Mit diesen Worten aus dem Nachruf des Magazins DER SPIEGEL vom 7. April 1975 – Lorenz Jaeger war sechs Tage zuvor verstorben – ist unvermittelt eingeführt in eine spannungsreiche Thematik, die auch vierzig Jahre später noch für öffentliche Debatten zu sorgen vermag: ein Erzbischof der römisch-katholischen Kirche in Deutschland – ein Kollaborateur und Unterstützer der Nationalsozialisten? Mit diesem Verdacht lässt sich jedenfalls der äußere Anlass des Forschungsprojekts zu Erzbischof Lorenz Jaeger und seiner Haltung zum Nationalsozialismus skizzieren.

Im Mai 2015 stellte die Ratsfraktion „Demokratische Initiative Paderborn" (DIP) im Rat der Stadt Paderborn den Antrag, den Namen des 1975 verstorbenen Erzbischofs Lorenz Jaeger aus der Liste der Ehrenbürger der Stadt zu streichen, weil er mit den Nationalsozialisten kooperiert und in seinen Predigten den Angriffskrieg auf Russland unterstützt habe. Erzbischof Jaeger hatte diese Auszeichnung 1956 für seine Verdienste um den Wiederaufbau der in den letzten Kriegsmonaten völlig zerstörten Bischofsstadt erhalten. In Reaktion auf den Antrag entbrannte in den lokalen Medien ein heftiger Streit über das Verhalten von Lorenz Jaeger in der Zeit des Nationalsozialismus. Markige

1 Aus DER SPIEGEL vom 7.4.1975, 172.

Schlagzeilen bezeichneten ihn als „Kriegstreiber", bezichtigten ihn der „Mittäterschaft [...] an Hitlers Angriffs- und Vernichtungskrieg" und beschuldigten ihn, weder gegen die Euthanasie noch gegen die Judenpogrome protestiert zu haben; in der Rückschau bleibe er ein „Erzbischof im braunen Zwielicht."[2] Bei der Abstimmung im Stadtrat verfehlte der Antrag mit etwa einem Drittel Ja-Stimmen deutlich die erforderliche Zweidrittel-Mehrheit, aber die anhaltende öffentliche Debatte machte deutlich, dass viele der aufgeworfenen Fragen nur unzureichend beantwortet waren. Zwar hatten sich zuvor einige Publikationen schon mit dem Thema befasst, waren aber zu unterschiedlichen Ergebnissen gekommen, so dass letztlich umstritten blieb, welche Einstellung Lorenz Jaeger gegenüber dem Nationalsozialismus eingenommen hat, zumal zum Zeitpunkt der vorangegangenen Forschungen als auch der Auseinandersetzungen im Jahr 2015 der Nachlass Jaegers noch nicht erschlossen war.

Hans-Josef Becker, der derzeitige Erzbischof von Paderborn, nahm die öffentliche Kontroverse zum Anlass, die Anschuldigungen und die offenen Fragen bezüglich der Haltung von Lorenz Jaeger gegenüber dem NS-Regime von Fachleuten klären zu lassen und beauftragte die Theologische Fakultät Paderborn mit einer entsprechenden wissenschaftlichen Studie.[3] Die dazu gebildete Arbeitsgruppe von Historikern und Theologen verständigte sich darauf, die allgemeine Zielvorgabe zu differenzieren und bei der Durchführung der Untersuchung die verschiedenen Lebenskontexte in der Biografie Jaegers in den Blick zu nehmen: Neben seiner Herkunft sollten die Jahre des Theologiestudiums, die Zeit als Soldat im Ersten Weltkrieg, die Tätigkeit als Religionslehrer sowie als Militärgeistlicher und schließlich als Erzbischof gezielt untersucht werden. Da die öffentliche politische Diskussion hoch emotionalisiert verlaufen war, schien unerlässlich, faktenbasierte Ergebnisse auf dem Weg methodisch nachvollziehbaren Quellenstudiums zu erarbeiten und dabei eine Analyse der Unterlagen aus dem Nachlass im Archiv des Erzbistums Paderborn einzubeziehen.

Zwar liegt eine fast unübersehbare Menge wissenschaftlicher Arbeiten zum Verhältnis von Katholischer Kirche und Nationalsozialismus vor, darunter auch einige Publikationen zu Lorenz Jaeger, aber unter methodischer Rücksicht bleibt zu beachten, dass die vergangenen historischen und theologischen Diskurse ihrerseits in bestimmten zeitgeschichtlichen und damit zeitgebundenen Kontexten geführt wurden, die sich in den Erklärungen der historischen Ereignisse niedergeschlagen haben. Seit der Nachkriegszeit hat auch die Darstellung des Verhältnisses der Katholischen Kirche zum NS-Staat verschiede-

2 Die Zitate stammen aus der Tageszeitung „Neue Westfälische" vom 06.05., 9./10.05. und 16./17.05.2015.

3 Vgl. Brief an Rektor Rüdiger Althaus vom 4. Dezember 2015, Registratur der Theologischen Fakultät Paderborn 1702 (Forschungsprojekt Kardinal Jaeger).

ne Phasen durchlaufen und ist inzwischen selbst zum Gegenstand (kirchen-) historischer Untersuchungen geworden.[4]

Die Arbeitsgruppe des Forschungsprojekts einigte sich bei den ersten Zusammenkünften daher darauf, die Haltung Jaegers zum NS-Staat durch eine kritische Darstellung der Lebensbereiche zu eruieren, in denen sich seine politische Haltung ausgebildet und artikuliert haben dürfte: seine Herkunft aus einer kleinbürgerlichen Arbeiterfamilie in einem gemischtkonfessionellen Elternhaus, seine Erfahrung als Theologiestudent, dann als Soldat und Kriegsgefangener im Ersten Weltkrieg, seine Stellung als Lehrer, als Militärgeistlicher und schließlich als Erzbischof von Paderborn. Aus diesen Vorüberlegungen resultierte die Anordnung der vorliegenden Beiträge. Zwei Beiträge eröffnen den Band mit Informationen über die Quellenlage in Bibliotheken und Archiven. Der inhaltliche Horizont wird von einer gerafften Biografie umrissen, vor deren Hintergrund dann die Einzelthemen erörtert werden: Die Laufbahn Lorenz Jaegers als Soldat, die Umstände und Hintergründe seiner Wahl zum Erzbischof, die Frage seiner Haltung zum Nationalsozialismus angesichts der aktuell geforderten Aberkennung der Ehrenbürgerwürde und die Frage, ob aus dem Willen zur ökumenischen Verständigung der Kirchen selbst ein Impuls zu nationalsozialistischem Denken hervorgegangen ist. Der abschließende Beitrag wird eruieren, wie die Wahrnehmung von Lorenz Jaeger als einem „braunen“ Bischof entstanden und tradiert worden ist.

Zum Forschungsstand

Die Erforschung der Biografie Jaegers im Blick auf sein Verhältnis zum Nationalsozialismus kann auf einige ältere Publikationen zurückgreifen, die freilich nur einen Teil der heute verfügbaren Quellen nutzen konnten. In den 1990er Jahren veröffentlicht der Paderborner Kirchenhistoriker Ulrich Wagener einige Arbeiten über die Situation der Erzdiözese Paderborn im Nationalsozialismus.[5] Die 1995 publizierte Studie von Heribert Gruß zeichnet ein leicht defensiv getöntes Bild des Paderborner Erzbischofs,[6] bietet aber einen Anhang mit wichtigen Dokumenten, während Wolfgang Stüken Jaeger 1999 eine NS-nahe Gesinnung nachzuweisen sucht.[7] In den Jahren um 2000 erscheinen einige kompakte Beiträge über Jaeger, die auch auf die Frage seines Verhältnisses

4 Vgl. dazu die einschlägigen Beiträge in dem Band Hummel, Karl-Joseph/Kißener, Michael (Hg.): Die Katholiken und das Dritte Reich; im Blick auf einzelne Bischöfe: Hirschfeld, Michael: Grundzüge einer Rezeptionsgeschichte.

5 Wagener, Ulrich (Hg.): Das Erzbistum Paderborn in der Zeit des Nationalsozialismus.

6 Gruß, Heribert: Erzbischof Lorenz Jaeger als Kirchenführer im Dritten Reich.

7 Stüken, Wolfgang: Hirten unter Hitler.

zum Nationalsozialismus eingehen, so die 1999 von Matthias Pape und 2005 von Heinrich Schoppmeyer veröffentlichten Arbeiten.[8]

Die Haltung von Lorenz Jaeger gegenüber dem Nationalsozialismus spiegelt sich auch in den Entscheidungen, die er als Magnus Cancellarius der damaligen „Erzbischöflichen Philosophisch-Theologischen Akademie“ getroffen hat. Wie das „Protocoll-Buch für die Conferenzen des Professorencollegiums der philosophisch-theologischen Lehranstalt zu Paderborn“ belegt[9], hat er dem Lehrbetrieb Ziele vorgegeben und seiner Leitungsposition entsprechend die Anfragen der Professoren entschieden. Dies ist für die Frage nach dem Nationalsozialismus insofern von historischem Interesse, als die Professoren Adolf Herte und Joseph Mayer dem Nationalsozialismus nahestanden; Adolf Herte war ein Informant des SD, Joseph Mayer der Gestapo.[10]

Die Theologische Fakultät Paderborn hat seit der Jahrtausendwende aus verschiedenen Anlässen ihre Geschichte während der Zeit des Nationalsozialismus wiederholt zum Thema gemacht. In den Jahren 2004 und 2011 sind zwei Lehrräume nach Ernst Kuhlmann und Alois Andritzki benannt worden, zwei ehemaligen Theologiestudenten, die 1940 bzw. 1943 im Konzentrationslager Sachsenhausen bzw. Dachau ermordet worden sind.[11] Anlässlich des 100jährigen Bestehens der von der Theologischen Fakultät Paderborn herausgegebenen Zeitschrift „Theologie und Glaube“ im Jahr 2009 hat Herbert Haslinger die während des Dritten Reichs erschienenen Ausgaben kritisch analysiert.[12] 80 Jahre nach der „Machtergreifung“ Hitlers und nach Abschluss des Reichskonkordats wurde 2013 von Maria Neubrand in der Theologischen Fakultät Paderborn eine Vortragsreihe zum Thema „Hitler und die Religion“ organisiert, die u.a. den Handlungsspielraum der Kirche auslotete, den christlichen Antijudaismus und die Einstellung der Professoren der Philosophisch-Theologischen Akademie zum Dritten Reich erörterte, aber die Amtsführung von Erzbischof Jaeger nicht explizit thematisierte.[13] Im Jahr 2015 führte die Theologische Fakultät Paderborn einen Studientag unter dem Titel „Katholische Theologie unter Hitlers Regime“ durch, der eine „Bestandsaufnahme“ über die

8 Pape, Matthias: Erzbischof Lorenz Jaeger von Paderborn im Kampf gegen den antichristlichen Bolschewismus; Schoppmeyer, Heinrich: Lorenz Jaeger. – Die Bistumsgeschichte von Hans Jürgen Brandt und Karl Hengst beschreibt ausführlich die Situation der Erzdiözese Paderborn im Nationalsozialismus, geht aber nicht näher auf die Frage nach der Haltung Jaegers ein. Vgl. Brandt, Hans Jürgen/Hengst, Karl: Geschichte des Erzbistums Paderborn. Band 4, 110–114; 186–210.

9 Eine erste Durchsicht bietet Ulrich Wagener in: Möhring, Peter/Wagener, Ulrich: Die Erzbischöfliche Philosophisch-Theologische Akademie.

10 Vgl. dazu die Ausführungen von Dahlke, Benjamin: Die Zeit des Nationalsozialismus.

11 Kurzbiographien finden sich bei Knaup, Marcus: Bekenner und Martyrer.

12 Haslinger, Heribert: Zur Geschichte von „Theologie und Glaube“, bes. 456–467.

13 Die Vorträge von D. Burkard, B. Dahlke, J. Ernesti, J. Seidel und K. Unterburger sind erschienen in: Theologie und Glaube 104 (2014) 3–104.

Theologische Fakultät Paderborn im Dritten Reich anstrebte.[14] Im Zusammenhang mit der damals einsetzenden systematischen Erforschung der deutschen Theologischen Fakultäten und Hochschulen zur Zeit des Nationalsozialismus legte Kathrin Brüggenthies eine systematische Auswertung der Befunde für die damalige „Philosophisch-Theologische Akademie Paderborn“ vor.[15] Die Haltung der Kirche gegenüber dem Nationalsozialismus, das Verhalten der Professoren der Theologischen Akademie und andere Aspekte sind also wiederholt thematisiert worden, die Einstellung von Erzbischof Jaeger wurde allerdings nur selten explizit untersucht. Daher verdient diese Frage nicht nur Aufmerksamkeit wegen seiner aktuell kritisierten Ehrenbürgerschaft, sondern sie besitzt ein sachliches Recht über diesen Anlass hinaus.

Die Kommission für kirchliche Zeitgeschichte im Erzbistum Paderborn hat im Jahr 2017 ein umfangreiches Forschungsprojekt auf den Weg gebracht, das den gesamten Nachlass Jaegers wissenschaftlich auswerten wird. Das Konzept dieses Projekts sieht vor, das Wirken von Erzbischof Jaeger aus fünf Perspektiven zu analysieren; es unterscheidet die Themenfelder: Lorenz Jaeger als Theologe, als Ökumeniker, als Kirchenpolitiker, als Seelsorger sowie als Person, die jeweils in einem eigenen Band behandelt werden sollen. Gegenüber der Frage nach der Einstellung Jaegers zum Nationalsozialismus versteht es sich als komplementäres, erweitertes Forschungsvorhaben. Der erste Band ist inzwischen erschienen.[16]

Zu den einzelnen Beiträgen

Im Vergleich zu früheren Forschungsvorhaben zu Lorenz Jaeger ist der Zugang zum Aktenbestand des Nachlasses heute deutlich vereinfacht, weil dieser mittlerweile verzeichnet und für die Forschung über ein differenziertes Findbuch erschlossen ist. Zwar unterliegen die Akten des Nachlasses Jaeger noch der von der Kirchlichen Archivordnung (KAO) festgelegten Schutzfrist für bischöfliche Nachlässe, aber diese kann z.B. für wissenschaftliche Zwecke verkürzt werden, so auch im Fall Lorenz Jaeger. Bis 2015 erschwerte der unvollständige Erschließungszustand des Nachlasses die wissenschaftliche Nutzung des Bestandes.

Arnold Otto stellt die wissenschaftlich-archivalische Arbeit am Nachlass Jaeger vor und systematisiert den umfangreichen Aktenbestand hinsichtlich

14 Die Referate der von H. Haslinger und M. Neubrand organisierten Tagung von D. Burkard, B. Dahlke, K.-J. Hummel, N. Priesching und K. Unterburger sind dokumentiert in: Theologie und Glaube 106 (2016) 161–258.

15 Brüggenthies, Kathrin: Die Philosophisch-Theologische Akademie Paderborn. Vgl. dazu: Dahlke, Benjamin: Zwischen Gegnerschaft und Kollaboration.

16 Priesching, Nicole/Fleckenstein, Gisela (Hg.): Lorenz Jaeger als Theologe.

der Fragestellung des vorliegenden Bandes. Obschon aus biografischen Gründen jene Akten der Zeit von 1945 bis zum Amtsverzicht Jaegers im Jahr 1973 das quantitative Übergewicht des Nachlasses bilden, konnten doch wesentlich neue, teils erst zu transkribierende Aktenbestände für die Frage nach Jaegers Haltung zum NS-Staat erschlossen und verwertet werden. Der Beitrag konzentriert sich indes nicht ausschließlich auf den Nachlass Jaegers, sondern stellt heraus, dass die archivalische Beschäftigung mit der Person des Paderborner Erzbischofs – und hiermit auch die historische Forschung – weitere Archivbestände in den Blick nehmen muss, die in den thematischen Beiträgen des vorliegenden Bandes berücksichtigt wurden. Im Ausgang hiervon kristallisieren sich nicht zuletzt auch Desiderate heraus, die sich an die künftige wissenschaftliche Auseinandersetzung mit Lorenz Jaeger richten. Von besonderem Interesse wird hier in den kommenden Jahren die Frage sein, welche Erkenntnisse die erst im März 2020 zugänglich gemachten Akten der vatikanischen Archive zum Pontifikat Pius XII. (1939–1958) liefern werden, sofern nicht bestimmte Aktenbestände von der Archivöffnung ausgenommen bleiben.[17]

In Ergänzung zur archivalischen Aufarbeitung des Nachlasses Jaeger präsentiert *Hans-Walter Stork* einen vom Aktennachlass Jaegers getrennten Bestand – den in die Erzbischöflich Akademische Bibliothek übernommenen Buchnachlass Jaegers. Jaeger hatte einen Buchbestand von ca. 500 Bänden hinterlassen, die er entweder selbst angeschafft oder geschenkt bekommen hatte. Dieser Bestand ist mittlerweile als Gesamtkorpus erfasst und erlaubt Schlüsse über die theologischen, liturgischen und geisteswissenschaftlichen Interessen Lorenz Jaegers.

Dina van Faassen und *Detlef Grothmann* schließen den ersten Teil der Annäherungen an die Person Jaegers mit einer biografischen Skizze ab. Politische Überzeugungen werden maßgeblich von jenen gesellschaftlichen Kräften geprägt, unter denen ein Mensch aufwächst und zu denen er sich – reflex oder unreflex – positiv oder negativ in Beziehung setzt. Lebensgeschichtlich wirksame Einflüsse können von der Familie, von der Schule, von der Kirche, von Beruf und Studium ausgehen; diese fungieren wie Vermittlungsinstanzen und

17 Verwiesen sei an dieser Stelle nur auf die Problematik, die sich aus dem von Papst Johannes Paul II. im März 2005 herausgegebenen Motu Proprio *Legge sugli Archivi* della Santa Sede (AAS 97, 355–379) ergibt. Der Papst hatte in Art. 39 dieses Schreibens verfügt, dass bestimmte Akten von einer Archivöffnung eines jeweiligen Pontifikats prinzipiell ausgenommen bleiben, u.a. die Akten der Ernennungsprozesse der Bischöfe. Für die Beiträge des vorliegenden Bandes bedeutet dies an einer nicht unwesentlichen Stelle einen „weißen Fleck“, da ohne die vatikanischen Akten zur Bischofsernennung zum gegenwärtigen Zeitpunkt nicht abschließend erklärt werden kann, wie sich der Ernennungsprozess Jaegers zum Erzbischof von Paderborn gestaltet hat. Anfragen bei den vatikanischen Archiven hatten bislang keinen Erfolg. Leider war es bis zum Abschluss der Forschungsarbeiten auch nicht möglich, auf die Komplementärüberlieferung des Ernennungsprozesses in den Archivbeständen des Paderborner Domkapitels zugreifen zu können.

Impulsgeber für die Ausbildung politischer Haltungen und religiöser Überzeugungen. Für die Person Jaegers gilt es daher, besonderes Augenmerk auf die äußeren Umstände seiner persönlichen Entwicklung und seiner Handlungsoptionen zu richten. Für die Darstellung wurden die bisherigen Forschungen von Gruß, Schoppmeyer, Pape, Stüken et al. ebenso rezipiert wie die nun verfügbaren Nachlassakten. Die Autoren orientieren sich in ihrem Beitrag chronologisch und in kleinschrittiger Untergliederung. Wenngleich besonderes Augenmerk auf der Zeit des Nationalsozialismus liegt, wird auch die politisch wie kirchlich herausfordernde Nachkriegszeit mit einbezogen.

Die thematischen Einzeluntersuchungen zu Jaegers Rolle in der Zeit des Nationalsozialismus eröffnet der Beitrag von *Rainer Pöppinghege*, der sich der militärischen Laufbahn Jaegers und deren Einfluss auf Habitus und bischöfliche Selbstdeutung des Paderborner Erzbischofs widmet. Lorenz Jaeger war Soldat und Offizier im Ersten Weltkrieg, hatte dort die Kriegsgeschehnisse im Deutschen Reich und in Frankreich hautnah miterlebt und war anschließend in britische Militärgefangenschaft genommen worden. In die unmittelbar anschließende Phase der zwischen Konsolidierung und Unruhe oszillierenden Weimarer Republik fielen sein Theologiestudium, die Priesterausbildung und seine Zeit als geistlicher Studienrat. Nachdem Jaeger im Zweiten Weltkrieg als Militär- bzw. Divisionspfarrer im Dienst der Wehrmacht stand, ergibt sich für die Forschung ein Fragenkatalog, der sowohl die Haltung Jaegers zu Nationalsozialismus und dessen militärischer Führung betrifft als auch die Bedeutung der soldatischen Erfahrungen für sein Amtsverständnis als Erzbischof – heben doch die Kritiken an der Person Jaegers nicht selten auf seinen vermeintlichen Militarismus und die mit diesem zu verbindende Unterstützung der Angriffskriege Hitlers ab. Tatsächlich scheint Jaegers militärischer Hintergrund vor allem seine Sprache und sein Selbstbild stark beeinflusst zu haben, steht doch sein bischöflicher Wahlspruch „Vita et Pax" – Leben und Frieden – vordergründig in starkem Kontrast zu häufig kritisierter Wortwahl in soldatischem und militärischem Duktus in offiziellen Ansprachen und Verlautbarungen. Ob solche Wortwahl zwingend für eine Unterstützung des kriegführenden Nationalsozialismus in Anschlag gebracht werden kann, gilt es vor dem Hintergrund von Jaegers Kriegserfahrungen und deren Bewältigung sorgfältig zu prüfen.

Aus dem Feldeinsatz heraus war der Geistliche Studienrat und Divisionspfarrer Lorenz Jaeger 1941 von Papst Pius XII. zum Erzbischof von Paderborn ernannt worden. *Bernd Heim* untersucht, wie sich diese – aus damaliger wie heutiger Sicht – überraschende Ernennung angebahnt haben könnte und wie sie im spannungsreichen Zusammenspiel von vatikanischer Besetzungspolitik, Reichskirchenpolitik und Konkordatsrecht gedeutet werden kann. Konnte der Papst in den meisten Gebieten der katholischen Welt die Bischöfe nach dem Kirchenrecht frei ernennen, war er im Fall Paderborn durch das preußische und das Reichskirchenkonkordat auf das Mitwirkungsrecht des Staates sowie des Metropolitankapitels verwiesen. Dies bedeutete, dass nach dem Tod des Paderborner Erzbischofs Caspar Klein kein Nachfolger gegen den Willen der Reichsregierung installiert werden konnte. Es liegt auf der Hand, dass folglich bei jedem neu ernannten Bischof zwischen 1933 und 1945 die Frage nach dessen politischer Einstellung und Neigung heute in den Fokus der wissenschaftlichen Betrachtung rückt. War der Militär und Priester Lorenz Jaeger ein den Nationalsozialisten genehmer Mann, ein „brauner Bischof" gar? In einem weiten Bogen unternimmt Heim den Versuch, die Ernennung Lorenz Jaegers zum Paderborner Erzbischof in den Kontext der (kirchen-) politischen Umstände zu stellen, die sich nicht zuletzt durch die sehr verschiedenen Verfahrensweisen zeitlich verwandter Bischofsernennungen im Dritten Reich konstituieren.

Vor dem Hintergrund der Beiträge zur Biografie, zur militärischen Laufbahn und zur Bischofswahl kann nun von *Joachim Kuropka* die Kernfrage der Untersuchung nach der Einstellung Jaegers zum NS-Staat und zu dessen Ideologie behandelt werden: Was kann man als Jaegers grundsätzliche Einschätzung des Nationalsozialismus annehmen? Welches Verhältnis von katholischer Kirche und NS-Staat hat Jaeger angestrebt? Hat er eine strikte Abgrenzung und Oppositionshaltung bewusst vermieden oder gar eine offene Kollaboration befürwortet? Oder hat er die kirchenpolitische Linie der Kardinäle Bertram und Faulhaber für richtig befunden, über Eingaben und Protestnoten an die staatlichen Stellen den Druck auf die Kirche abzumildern? Der Autor ermittelt Antworten primär in Auseinandersetzung mit der Argumentation des Antrags auf Entzug der Ehrenbürgerwürde Jaegers – v.a. mit Wolfgang Stükens 1999 erschienenem Buch „Hirten unter Hitler – Die Rolle der Paderborner Erzbischöfe Caspar Klein und Lorenz Jaeger in der NS-Zeit". Kuropka untersucht, inwiefern die Argumentation Stükens wissenschaftlichen Ansprüchen genügt und ob dieser die Quellen einer tendenziösen Hermeneutik unterwirft. Die gelegentlich durchbrechende Polemik will die historiografischen Kriterien der Prüfbarkeit von Darstellung, Erklärung und Begründung nicht unterlaufen, sondern im Gegenteil einfordern. Darauf aufbauend formuliert der Autor seine Auffassung vom Verhältnis Jaegers zum Nationalsozialismus.

Die Frage nach der Haltung Lorenz Jaegers gegenüber dem Nationalsozialismus berührt auch das Thema der Ökumene, für die er sich – unbestritten – große Verdienste erworben hat. Der Frage, ob Jaegers ökumenisches Ethos Anhalt in nationalistischen oder national-religiös verbrämten christlichen Motiven hatte, geht *Burkhard Neumann* nach. In den 1930er Jahren propagierten einige nationalsozialistisch eingestellte Priester und Theologen die Idee, das Dritte Reich könne Kräfte freisetzen, eine Einigung der christlichen Kirchen in Deutschland herbeizuführen, sodass dem einen Volk und dem einen Reich auch ein Glaube entspreche. Die völkische Einheit und der eine Glaube würden gemeinsam mit dem Nationalsozialismus den Bolschewismus besiegen können. Ein nationalsozialistischer katholischer Priester arrangierte ein Treffen von Erzbischof Jaeger mit dem evangelischen Landesbischof Walther Schultz mit dem Ziel, beide für einen ersten gemeinsamen Hirtenbrief eines katholischen und eines evangelischen Bischofs zu gewinnen; Jaeger entzog sich jedoch diesem Ansinnen. Gerade weil Jaeger sich intensiv für die Einheit der christlichen Kirchen engagierte, ist der Frage nachzugehen, ob seine Vision von der Einigung der Kirchen rein theologisch intendiert war oder ob sie Berührungspunkte mit nationalsozialistischem Gedankengut aufwies.

Abgeschlossen werden die Einzeluntersuchungen mit dem Beitrag von *Dietmar Klenke*. Es war ein besonderes Anliegen der Herausgeber, die 2015 in Paderborn entflammte Diskussion um Erzbischof Jaeger ihrerseits zu historisieren. Eine wesentliche Grundhaltung historischen Forschens besteht in dem reflexiven Eingeständnis, dass alles historische Urteilen – so denn überhaupt Urteile im Sinne einer Wertung erfolgen sollen – bis in die Wahl der Untersuchungsmethodik hinein in unhintergehbaren, wenngleich reflektierbaren Kontexten steht. Eine Grundfrage für die hier angestrebte Untersuchung bestand folglich in der Klärung, wie und unter welchen zeithistorischen Umständen das Bild von Jaeger als vermeintlichem „Nazi"-Kollaborateur entstanden ist – war die zugrundeliegende Argumentation der politischen Initiative, Jaegers Namen aus der Ehrenbürgerliste zu streichen, doch alles andere als neu. Klenke schließt mit seinem Beitrag an seine früheren Untersuchungen zur Klischeebildung über das „schwarze", d.h. rückständig-konservative Paderborn an und beleuchtet markante Stationen in der populären Auseinandersetzung um die Person Jaegers, wie etwa dessen öffentlich ausgetragene Auseinandersetzung um „Nazi"-Jargon und NS-Vergleiche mit Rudolf Augstein.

Die im vorliegenden Buch in verschiedene Erkenntnisperspektiven aufgefächerte Rückfrage nach Erzbischof Jaeger steht im Horizont der Frage nach dem Verhältnis von katholischer Kirche und dem NS-Regime im Ganzen. Die Kirche sieht sich hier oft dem Verdacht ausgesetzt, sich nicht vorbehaltlos der historischen Wahrheit zu stellen, sondern sie vielmehr zu verschweigen. Th. W. Adorno warnte seinerzeit in der Debatte über die Aufarbeitung der Vergangenheit vor einer „Tilgung der Erinnerung". Demgegenüber ist hervorzuheben, dass es im ureigenen Interesse von Theologie und Kirche selber liegt, sich der historischen Wahrheit zu vergewissern. Die theologische Frage nach dem Verhältnis von Kirche und Geschichte greift über die nach dem historischen Geschehen hinaus, enthält diese aber als Voraussetzung und inneres Moment. Daher ist überflüssig zu sagen, dass den Autoren der hier versammelten Studien für ihre Forschungen keine Vorgaben gemacht wurden. Papst Johannes Paul II. forderte von der Kirche vor dem Anbruch des neuen Jahrtausends eine vorbehaltlose „Reinigung des Gedächtnisses" als Bedingung von Versöhnung und Erneuerung. Einer solchen Offenheit gegenüber der Geschichte der Kirche weiß sich auch die vorliegende Untersuchung verpflichtet.

Lorenz Jaeger im Spiegel archivischer Quellen
Sein Nachlass im Kontext bereits bearbeiteter Bestände

Arnold Otto

Einführung

„Da der Nachlass Jaeger noch weitgehend ungeordnet ist, war eine eingehende archivische Forschung nicht möglich.“ Mit diesen Worten beginnt das Literaturverzeichnis am Ende des Beitrags von Heinrich Schoppmeyer zu Lorenz Kardinal Jaeger in den westfälischen Lebensbildern.[1] In Bezug auf den damaligen Ordnungszustand des Nachlasses war dies zweifelsohne richtig. Dennoch haben auch in den zurückliegenden Jahren Historiker mit Archivquellen arbeiten können, um sich mit der Person Lorenz Jaegers auseinanderzusetzen. Ohne an dieser Stelle eine inhaltliche Wertung der darin erzielten Ergebnisse vornehmen zu wollen, sind hierbei vor allem drei Bände zu nennen.

1. Bereits 1993 erschien der von Ulrich Wagener herausgegebene Sammelband zum Erzbistum Paderborn in der Zeit des Nationalsozialismus.[2] Diese legte den Grundstein für die Archivarbeit zu Lorenz Jaeger. In seinem in Wageners Sammelband veröffentlichten Aufsatz über Lorenz Jaeger fügt Heribert Gruß hier jedoch archivische Quellen erst ab dem zeitlichen Kontext der Ernennung Jaegers zum Bischof im Jahr 1941 an.[3]
2. Teilweise an den Archivarbeiten Wageners orientiert waren Gruß’ Recherchen für seine eigene Monographie über „Lorenz Jaeger als Kirchenführer im Dritten Reich“. Ein besonderes Verdienst seiner Arbeit ist es zudem, auf fast 90 Seiten ausgewählte Quellen zu Lorenz Jaeger in edierter Form zugänglich zu machen.[4]
3. An diesen Befunden arbeitet Wolfgang Stüken 1999 teilweise entlang, ergänzt diese jedoch noch um zahlreiche weitere Bestände.[5]

1 Schoppmeyer, Heinrich: Lorenz Jaeger.

2 Wagener, Ulrich (Hg.): Das Erzbistum Paderborn in der Zeit des Nationalsozialismus, 365–368.

3 Gruß, Heribert: Erzbischof Lorenz Jaeger im Spiegel sicherheitspolizeilicher Berichte.

4 Gruß, Heribert: Erzbischof Lorenz Jaeger als Kirchenführer im Dritten Reich, 455–456. Der Editionsteil umfasst die Seiten 355–443.

5 Stüken, Wolfgang: Hirten unter Hitler, 215–216.

Alle drei Autoren haben zunächst das getan, was zur biografischen Forschung unter Benutzung archivischer Quellen dringend erforderlich ist: Sie haben eine Person verwaltungsgeschichtlich eingeordnet, um die Frage beantworten zu können, in welchen Archiven es Unterlagen zu ihr gibt. Zur Illustration: Ein Schüler etwa wird nur am Rande Gegenstand der Schulverwaltung, indem er Prüfungen ablegt und darüber Urkunden ausgestellt werden. Bei einem Lehrer geschieht dies schon in weit intensiverer Weise – entsprechend nimmt sich die Situation beim Schüler bzw. Lehrer Lorenz Jaeger aus. Nach dem schriftlichen Niederschlag einer Person zu fragen, bedeutet nur auf der einen Seite zu fragen, was diese selbst geschrieben und versandt, mit wem sie unter Umständen privat korrespondiert haben könnte. Eine Antwort darauf kann uns der Nachlass Jaeger geben. Es bedeutet allerdings auch zu fragen, wer sich eine bestimmte Person zum Gegenstand seiner Arbeit gemacht haben könnte. Dieser Frage sind Wagener 1993, Gruß 1995 und Stüken 1999 umfassend nachgegangen.

Mit diesen drei Monografien wird der Bestand der zugänglichen Quellen zu Lorenz Jaeger vor allem aus staatlichen Archiven bis 2005 im Wesentlichen wiedergegeben.[6] Wir haben auf Basis von drei umfänglich archivisch recherchierten Monographien und Sammelbänden also einen Forschungsstand, der sich nun, fast 20 Jahre später, vor allem noch um eines ergänzen lässt: Den von Schoppmeyer als Desiderat ausgewiesenen schriftlichen Nachlass Jaegers. Dieser umfasst auf 70 Regalmetern 2350 Verzeichnungseinheiten; die 1997 begonnenen Arbeiten daran wurden nach längeren Unterbrechungen erst 2017 vollständig abgeschlossen. Das Findbuch liegt nunmehr im Erzbistumsarchiv Paderborn vor, doch muss bei der Benutzung des Bestandes eines immer im Blick bleiben: Die Möglichkeit von kriegsbedingten Verlusten von Unterlagen ist im Falle des Nachlasses von Lorenz Jaeger keine wohlfeile Ausrede, sondern schlicht gegeben.

Der Dahlheimer Hof, in dem Jaeger bis zu den Bombardements im März 1945 residierte, wurde schwer getroffen und was immer sich zu diesem Zeitpunkt an Schriftgut darin befunden hat, kann verbrannt sein. Einige Dokumente von vor 1945, etwa Stücke zur liturgischen Bewegung, tragen deutliche Spuren dieser Tage.[7] Im Rahmen der mit dem vorliegenden Band unternommenen Analyse der Rolle von Lorenz Jaeger in der Zeit des Nationalsozialismus möchte dieser Aufsatz einen Beitrag zum Quellenwert leisten, mit dem sich der Nachlass des Erzbischofs von Paderborn in die Quellenlage einfügt.

6 Ein Wiederabdruck einzelner Kapitel aus Stükens Werk von 1999 in einem 2018 herausgegebenen Sammelband verzeichnet keine weiteren Archivarbeiten. Vgl. Stüken, Wolfgang: Lorenz Jaeger: Kriegerische Bischofsworte. Einige weitere Fundstellen sind bei Pape, Matthias: Erzbischof Lorenz Jaeger von Paderborn im Kampf gegen den antichristlichen Bolschewismus genannt. Schoppmeyer nennt aufgrund der Anlage der Reihe keine Quellen.

7 EBAP, NL Jaeger, Akten 1091–1092. Die Benutzbarkeit der Stücke ist aus konservatorischen Gründen eingeschränkt.

Zerstörtes Bischofshaus am Kamp

Dieser ist von seiner Genese her eine Empfängerregistratur aus Schreiben, die Jaeger im Laufe seines Lebens für aufbewahrenswert hielt und Konzepten zu seinen Antworten. Sofern hier sein Lebenslauf noch einmal kurz nachgezeichnet wird, soll dies unter rein verwaltungsgeschichtlichen Aspekten geschehen.

Die Bearbeitung des Nachlasses wurde in anderem Kontext umfassend beschrieben und soll hier, mit einem Fokus auf die Zeit des Nationalsozialismus, noch einmal zusammengefasst dargestellt werden.[8] Der Nachlass entstammt ausschließlich der Registratur von Lorenz Kardinal Jaeger selbst. Er umfasst nicht nur persönliche Aufzeichnungen, sondern beinhaltet das Schriftgut seines Büros, an dem auch seine Kapläne bzw. Geheimsekretäre und die Ordensfrauen mitgewirkt haben, die dort Schreibdienst verrichteten.

Die vorgefundene Ordnung des Nachlasses entsprach in weiten Teilen dem Aktenplan Lorenz Jaegers, der auch großenteils für die sachthematische Gliederung des Findbuches übernommen wurde. Diesen Aktenplan, der der Registratur zu Grunde liegt, muss sich Erzbischof Lorenz Jaeger schon sehr kurz nach seinem Amtsantritt gegeben und danach mindestens einmal ergänzt haben. Charakteristisch für Jaegers Art der Formierung von Akten sind die so genannten Hauptakten, die es auf fast jeder obersten Gliederungsebene des Aktenplanes und einigen darunterliegenden Ebenen gibt und in denen er nicht unterhalb, sondern auf der jeweiligen Aktenplanebene mit der Bildung einer vorgangslosen Serienakte begonnen hat. Aus der Koexistenz derartiger Serienakten und Sachakten zu Einzelthemen ist anzunehmen, dass er sich

8 Im Folgenden mit Bezug auf Otto, Arnold: Der Schriftliche Nachlass von Lorenz Kardinal Jaeger.

einer parallelen Struktur nicht unbedingt bewusst war bzw. dass diese seine Arbeit nicht merklich gestört hat. In der Regel wurden die Inhalte sachthematisch organisiert. Schwierig war dies nur bei Fotoalben und Sammlungen von Einzelfotographien, die dem Ordnungszustand nach wohl sämtlich der Persönlichen Akte zuzuordnen sind, auch wenn die Darstellungen Sachverhalte betreffen, zu denen es Gliederungspunkte im Aktenplan gibt.

Nach dem Tod Jaegers war zunächst nicht klar, wo das neue Bischofshaus eingerichtet würde. Der Nachlass blieb somit noch einige Zeit in der bischöflichen Residenz am Kamp. Erst als der neue Erzbischof Johannes Joachim Degenhardt (1974–2002) eine definitive Entscheidung gegen einen Umzug ins Konrad-Martin-Haus getroffen und sich seinerseits für eine Sanierung des Bischofshauses ausgesprochen hatte, wurde der Nachlass Mitte der 70er Jahre ins Erzbistumsarchiv gebracht, dort jedoch unter Bistumsarchivar Dr. Alfred Cohausz, der 1981 im Alter von 84 Jahren in den Ruhestand ging, nicht mehr bearbeitet – möglicherweise auch, weil er noch einer Schutzfrist unterlag.

Mit der Zeit kamen jedoch erste Anfragen nach Sondergenehmigungen, die zum Teil auch für die Reihe Akten deutscher Bischöfe der Kommission für Zeitgeschichte in Bonn erteilt wurden mit der Folge, dass einzelne Teile des noch nicht verzeichneten Bestandes bereits ediert wurden. Der eigentliche Beginn der Arbeiten am Nachlass erfolgte 1996 unter Bistumsarchivar Gerhard Sander (1981–2005), der mit einem Buchbinder vorwiegend Ordnungsarbeiten an dem Bestand vornahm, die sich an Jaegers Aktenplan orientierten. Im Zuge dessen entstanden ca. 20 Regalmeter, von einem Buchbinder nach Formierung durch Bistumsarchivar Sander fest eingebundene Bände. Zwei Regalmeter Fotoalben wurden im ursprünglichen Zustand belassen. Der Verfasser dieses Beitrags begann 2008 mit der archivischen Erschließung des Bestandes durch Verzeichnung in eine Datenbank, die 2017 abgeschlossen werden konnte.

Ältestes Zeugnis des Nachlasses ist ein Impfschein Lorenz Jaegers von 1897.[9] Die Überlieferung ist bis 1945 jedoch spärlich, ein qualitativer Schwerpunkt für Jaegers Zeit als Studienrat und Kriegspfarrer bilden Fotographien, sowohl lose wie auch als Album – diese sind dann auch über Erinnerungsfotographien aus Klassenfahrten die einzigen Belege seiner pädagogischen Tätigkeit.[10] Zur vollen Entfaltung kommt der Nachlass in seiner Themenvielfalt ab 1945. Auf 70 Regalmetern ist Platz für mehrere inhaltliche Schwerpunkte, die der Nachlass auch qualitativ sowie in der Regel korrespondierend auch quantitativ enthält. Wichtig ist an dieser Stelle auch der Hinweis darauf, dass die Klassifikation nicht einheitlich nach Provenienz bzw. sachthematisch erfolgt, wodurch es zu Überschneidungen kommen kann. Ein Blick auf die nachträglich gebildeten Klassifikationseinheiten macht deutlich, dass im Fortlauf von

9 EBAP, NL Jaeger, 1337.
10 EBAP, NL Jaeger, 1913–1922.

Jaegers Amtszeit Aufgaben und Themen hinzugekommen sind, mit denen der Erzbischof zum Zeitpunkt der Erstellung der Klassifikation wohl eher nicht gerechnet hat. So war etwa die nachträglich gebildete Klassifikationsebene der Rätearbeit (08.13), deren Begriff in den frühen 1940er Jahren wohl auch nicht zum Vokabular eines katholischen Bischofs gehört hätte, bei Grundlegung des Aktenplanes nicht vorgesehen.

Wie sah die Welt aus, in der Jaeger 1941 seine Arbeit als Erzbischof begann? Das 1929 abgeschlossene Preußenkonkordat, das Paderborn seine künftige Rolle als Erzbistum zugesprochen hatte und das Reichskonkordat waren zu dieser Zeit jedoch noch recht neu und Alternativen zu den damit geschaffenen Regelungen vielen Akteuren in den Bistumsleitungen noch aus dem kommunikativen Gedächtnis vertraut. Mit seiner Wahl zum Erzbischof kam Lorenz Jaeger in eine Kirchenleitung innerhalb eines voll entwickelten nationalsozialistischen Staatswesens, das Ende 1941 schon eine gewisse Routine im Umgang mit dem Kriegszustand entwickelt hatte. Ein Blick auf die Zeit des Nationalsozialismus wird aus dem Nachlass heraus aus drei Perspektiven möglich:

1. Sehr eingeschränkt ist dieser als Ausblick auf die Zukunft bzw. als ein Rückblick auf Wurzeln von Jaegers Persönlichkeit, die seine Wahrnehmung des Endes der Weimarer Republik und des Aufstiegs der nationalsozialistischen Bewegung prägten. Aus dieser Zeit, die hier bis zur Mitte des Abschnitts über seine Tätigkeit als Lehrer dargestellt wird, sind nur wenige Unterlagen im Nachlass erhalten. Auf die Zeit von seinem Abitur bis zum Beginn der NS-Zeit nehmen nur 12 Verzeichnungseinheiten Bezug.
2. Etwas mehr Material steht aus der NS-Zeit selbst zur Verfügung. Deren Beginn wird für Jaeger biografisch markiert durch seinen Wechsel von der Oberrealschule in Herne zum Hindenburg-Realgymnasium in Dortmund. An ihrem Ende trug er als Erzbischof schon fast vier Jahre die Verantwortung für die Leitung des Erzbistums Paderborn. Doch auch hier gibt es Lücken. Jaeger war bei Kriegsende wie viele seiner Paderborner Mitbürger ausgebombt. Insgesamt 15 Verzeichnungseinheiten gibt es von 1934–1940, 128 kommen für die Zeit von 1941–1945 hinzu, wobei Akten berücksichtigt wurden, die entweder bis 1945 abgeschlossen oder bis 1944 angelegt und danach weitergeführt wurden.
3. Danach begann auch für Jaeger ein Rückblick auf den Nationalsozialismus in der Auseinandersetzung mit den Kriegsfolgen und der Besatzungsmacht. Kontakte mit britischen Besatzungskräften sind vergleichsweise gut belegt, Zeugnisse über Kontakte zu den sowjetischen Stellen fehlen hingegen im Nachlass völlig.[11] Bis in Deutschland eine tief greifende Auseinandersetzung mit der NS-Zeit und dem II. Weltkrieg stattfand, sollte es

11 Schon die entsprechenden Aktenplangruppen tragen teilweise englische Titel.

noch dauern, doch bieten sich im Nachlass einige Möglichkeiten, gerade aus der unmittelbaren Nachkriegszeit von 1945 bis etwa 1950 Informationen über Jaegers Einschätzung der vorangegangenen Epoche zu erhalten. 74 Verzeichnungseinheiten sind es, die im Jahr 1945 einsetzen und darüber hinaus fortgeführt werden.

Mit der Erschließung des Nachlasses von Erzbischof Lorenz Jaeger ist zwar eine wichtige Lücke zur Quellenlage zu seiner Person geschlossen, dennoch kann das Bild seiner Person damit noch bei weitem nicht als erschöpfend beschrieben angesehen werden. Ein wichtiges Desiderat, das im vorliegenden Beitrag nicht bearbeitet werden konnte, ist beispielsweise das Bild Jaegers im Spiegel evangelischer Kirchenarchive. Dort ist ein direkter Zugriff auf Unterlagen zu seiner Person jedoch nicht immer möglich und es ist teilweise erforderlich, sich seiner Person über seine evangelischen Korrespondenzpartner zu nähern. Ein wesentlich umfassenderes Bild könnte folglich aus einer Vorgehensweise entstehen, die bei seinen evangelischen Gesprächspartnern ansetzt und in deren Schriftgut nach Korrespondenzen oder anderen Spuren der Zusammenarbeit mit Jaeger sucht. Dies ist jedoch im gegebenen Rahmen nicht vollständig zu leisten.[12]

Jaegers Prägung im Spiegel des Nachlasses: Schule, I. Weltkrieg, Studium

In Halle an der Saale verlebte Jaeger seine Kindheit in einfachen Verhältnissen. Dementsprechend bescheiden ist die schriftliche Überlieferung, die seine Familie aus jener Zeit hinterlassen hat. Dies änderte sich auch nicht, als er schließlich nach Olpe bzw. Wipperfürth zum weiteren Schulbesuch übersiedelte. Auch seine Immatrikulation und sein Eintritt ins Priesterseminar sind Schritte in seinem Leben, bei denen zwar grundsätzlich Schriftgut, nicht immer jedoch eine Kopie für die betroffene Person entstand.[13] Einziges Dokument im Nachlass aus dem 19. Jahrhundert, von dem Jaeger immerhin neun Jahre erlebte, ist ein Impfschein aus dem Jahr 1897.[14]

Danach setzt die Überlieferung erst mit Schulzeugnissen wieder ein, die neben Auszügen aus Personenstandsregistern auch heute oft die ersten Dokumente sind, die Menschen von sich dauerhaft aufbewahren.[15] Diesen Umstand

12 Entsprechende Ansätze verfolgt der Beitrag von Burkhard Neumann im vorliegenden Band.

13 Lorenz Jaeger erhielt etwa die Zeugnisse über den wissenschaftlichen und pädagogischen Teil seiner Staatsprüfung für das Lehramt nicht per Formular, sondern als Abschrift von der Oberrealschule in Herne. EBAP, NL Jaeger, Akte Nr. 236, Bll. 76 und 83.

14 EBAP, NL Jaeger, Akte Nr. 1337.

15 Bei sehr guten Kopfnoten und Leistungen in Religion und durchgehend guten Leistungen in den anderen Fächern hatte Jaeger lediglich in Mathematik ein „Genügend“. Ein Abiturschnitt von unter 2,0 war 1913 eine herausragende Leistung. EBAP, NL Jaeger, Akte Nr. 236, Bll. 1–2.

muss man nicht zuletzt in Zusammenhang mit der Verwaltungstradition der späten Kaiserzeit sehen: Zwar war Schriftlichkeit in Preußen schon vor dem Reichsdeputationshauptschluss 1803 mit dem Allgemeinen Landrecht für die Preußischen Staaten von 1794 zu einem wichtigen Verwaltungsprinzip geworden, die administrativen Neuerungen der in den 1920er Jahren vorgenommenen Büroreform standen jedoch noch aus, so dass viele Verwaltungsprozesse intern aufwändig waren, während extern eine sparsame Kommunikation geführt wurde: Der durchschnittliche Mensch der Wende vom 19. zum 20. Jahrhundert erhielt längst nicht so viel Behördenkorrespondenz wie schon 30 Jahre später, geschweige denn heute.

Von dieser Tradition ist auch noch die Überlieferung aus Jaegers Studienzeit sowie den frühen Jahren im kirchlichen Dienst geprägt, die aus dem Nachlass selbst heraus nur schwer fassbar sind. Darüber hinaus lebte die Familie Jaeger in der Zeit von Lorenz' Jugend wohl nicht im Bewusstsein einer überdurchschnittlich ausgeprägten Familientradition. Mit Genealogie hat dieser sich jedenfalls erst im Kontext der Wirksamkeit des Gesetzes zur Wiederherstellung des Berufsbeamtentums beschäftigt. Am 7. April 1933 erlassen, wurden zahlreiche Vorschriften bis Ende 1935 wirksam, und hier beginnt auch die Arbeit der Familie Jaeger an der Genealogie,[16] mit der sich Lorenz in der Folge im Sommer 1941 noch einmal beschäftigt hat.[17] Die Vermutung, dass diese Forschungen mit seiner Bischofsweihe in Verbindung stehen, drängt sich auf, auch wenn er die nach Gesetz erforderlichen Nachweise schon zuvor erbracht haben müsste.

Möchte man Jaegers Rolle in Krieg und Nationalsozialismus untersuchen, so stellt sich die Frage nach seinem Zugang zu beidem. Urerfahrung des Krieges war für Jaeger der I. Weltkrieg. In dessen Vorfeld entwickelte Jaeger einen zeittypischen Zugang zu Krieg und Militär, der von der Rüstungs- und Hochindustrialisierungsphase des beginnenden 20. Jahrhunderts und der sich nach dem akademischen Kulturkampf von 1904–1906 noch einmal revitalisierenden katholischen Emanzipation geprägt war. Zuvor benachteiligte Bevölkerungsgruppen versuchten durch Assimilation an die führende Schicht den Anschluss an gesellschaftliche Entwicklungen zu wahren. Erste Berührungen mit dem Militär erhielten Lorenz und Felix Jaeger durch ihren älteren Bruder Paul, der zu Beginn des Jahres 1914 als Einjährig-Freiwilliger im Infanterie-Regiment Nr. 81 in Frankfurt am Main diente. Dieser schickte den jüngeren Brü-

16 EBAP, NL Jaeger, Akte Nr. 1761. Das auf der Vorderseite aufgeführte Zitat von Adolf Hitler („Es gibt nur ein heiligstes Menschenrecht, und dieses Recht ist zugleich die heiligste Verpflichtung, nämlich: dafür zu sorgen, daß das Blut rein erhalten bleibt") weist als Vordruck auf den Kontext der genealogischen Arbeiten hin und kann daher nicht als Beleg für die politische Einstellung des Probanden gelten.

17 EBAP, NL Jaeger, Akte Nr. 2340. Korrespondenzen mit Instanzen des Personenstandswesens wurden ab dem 13. August 1941 geführt. Die Überlieferung bricht schon im November des gleichen Jahres wieder ab.

Soldatenkommers

dern Bilder von Fototerminen seiner Einheit.[18] Diese zeigen neben gestellten Felddübungen vor allem Soldatenromantik bei einem Kommers in einem Gasthaus oder Casino. Auf Französisch hatte Paul Jaeger auf mehreren Rückseiten der Darstellungen von zunächst förmlich und später ausgelassen zechenden Soldaten vermerkt: „Mais, c'est ne que pour toi!" – Aber das ist nur für Dich!

Lorenz Jaeger empfand dies, nachdem er zuvor schon zwei Semester in Paderborn und eines in München Theologie studiert hatte, möglicherweise als Einladung zum Armeedienst. Jedenfalls diente er freiwillig im Reserve-Infanterie-Regiment Nr. 87. Am 31. Juli 1916 erhielt er sein Offizierspatent, schon zehn Tage später das Eiserne Kreuz zweiter und am 15. August 1917 das Eiserne Kreuz erster Klasse. Kurz vor seiner Gefangennahme am 3. Oktober 1918 erhielt Jaeger am 27. September 1918 noch das Ritterkreuz des Hausordens von Hohenzollern. Sein Kriegsranglistenauszug zum I. Weltkrieg zeugt von einer Fülle von Fronteinsätzen, was den Charakter seiner Tätigkeit als freiwilligen Einsatz noch zusätzlich unterstreicht.[19] Seine fast 15monatige Kriegsgefangenschaft verbrachte Jaeger in England, zuletzt in Ripon bei York. Erst mit seiner Entlassung aus derselben am Silvestertag des Jahres 1919 ging somit für ihn die Zeit des I. Weltkrieges und seiner Nachwirkungen zu Ende.

Eine Reihe von Fragen zu dieser Zeit lässt der Nachlass offen: Sein Abiturzeugnis bescheinigte ihm gute Französischkenntnisse. Wenn er bei Ende des

18 EBAP, NL Jaeger, Akte Nr. 1906.

19 Sämtliche Daten zum I. Weltkrieg mit Bezug auf EBAP, NL Jaeger, Akte Nr. 228. Jaeger nahm an den Kämpfen im Argonnerwald ebenso teil wie an der Schlacht um Verdun und Cambrai sowie an der Frühjahrsoffensive 1918.

II. Weltkriegs gut Englisch sprach, liegt der Schluss nahe, dass er die Sprache während seiner britischen Gefangenschaft 1918–19 gelernt hat. Der Nachlass sagt darüber jedoch nichts. Ebenso liegt es nahe, dass Jaeger in der Zeit zwischen 1918 und 1928 (seiner Staatsprüfung für das Lehramt) Stenografie erlernt hat. Mit dem System nach Stolze-Schrey beherrschte er eine damals schon nicht mehr ganz gebräuchliche Form der Kurzschrift. In dieser hat er zahlreiche Predigtmanuskripte verfasst und benutzte dabei teils auch kleinste Zettelchen und Papierabschnitte. Die Unterlagen wurden im Anschluss an die Verzeichnung des Nachlasses transkribiert, eine Form der Tiefenerschließung, die von einer Spezialkraft vorgenommen werden musste.[20]

Nach fünf Jahren und drei Monaten Heeresdienst ging Lorenz Jaeger zurück nach Westfalen und schrieb sich zum Februar 1920 in Münster wieder für ein Zwischensemester in Theologie ein. Ein wie auch immer geartetes Zeugnis, aus dem ersichtlich würde, wie er die Wiederaufnahme seines Theologiestudiums zu seinen Kriegserfahrungen ins Verhältnis setzt, ließ sich bislang aus den Akten nicht nachweisen. Ebenso finden wir keine Vorlesungsmitschriften, Skripte oder Hausarbeiten. Lediglich seine Studienbücher und Scheine geben Auskunft über seine Studieninhalte.[21] Nach einer insgesamt kurzen Studienzeit, die auch unter Hinzuzählung des Wintersemesters 1919/20 nur auf sechs Semester kommt, legte er im März 1921 mit sehr guten Leistungen in Paderborn die kirchlichen Prüfungen ab und wurde ins Priesterseminar aufgenommen. Mit seinen Lehrveranstaltungen folgte er dem Curriculum und empfing am 1. April 1922 die Priesterweihe. Unmittelbar danach wechselte er als Pfarrvikar nach Oebisfelde, eine Stelle, auf der er für einen Neupriester bereits ein hohes Maß an Selbständigkeit haben sollte: In einer Zeit, in der es in vielen großen Pfarreien noch drei Vikarsstellen gab, wäre der Einstieg mit einer solchen dritten Stelle „ohne Haushalt" durchaus üblich gewesen. Jaeger jedoch erhielt in Oebisfelde gleich eine eigene, wenn auch kleine Diasporagemeinde. Auch wenn diese als Pfarrvikarie formal in einem gewissen Unterstellungsverhältnis zur Pfarrei in Gardelegen stand, konnte Jaeger hier recht selbständig arbeiten.

Die Zeit des Besuchs einer höheren Schule, des Studiums, des Kriegsdienstes und bei Geistlichen auch die Zeit im Priesterseminar ist oft auch jene, in der mitunter lebenslange Freundschaften wurzeln. Für Lorenz Jaeger, der zu seiner Familie Zeit seines Lebens ein gutes und enges Verhältnis hatte, fällt die Suche nach solchen Personen recht schwer. Eine Person jedoch hebt sich schon in frühen Lebensjahren Jaegers ab: Heinrich Joseph Henneke. Vier Jahre vor Lorenz Jaeger geboren, hatte auch er freiwillig am I. Weltkrieg teilgenommen, und auch er scheint über diese Zeit hinaus Interesse daran gefunden

20 Die Transkriptionen von Petra Schröder werden den Akten nach Fertigstellung jeweils beigegeben.

21 Diese Dokumente finden sich an vielen Stellen in EBAP, NL Jaeger, Akte Nr. 236.

Primiz Joseph Henneke 14. August 1921; L. Jaeger: hintere Reihe links

zu haben, den militärischen mit dem seelsorglichen Dienst zu verbinden. Lorenz Jaeger bezeichnet er 1917 auf einer Postkarte als „Amico fidelissimo" – Treuester Freund.[22] 1921 nimmt Jaeger an seiner Primiz teil. Offenbar hat auch Henneke eine didaktische bzw. pädagogische Begabung. 1926 ist er Leiter des Knabenseminars in Paderborn, am 1. Oktober 1927 wird er ebendort als Kriegspfarrer eingeführt. „Man bittet, sich nicht bange machen zu lassen. Ich bin ein sehr friedfertiger Herr. Der Umseitige" schreibt er aus diesem Anlass auf einer Fotopostkarte an Lorenz Jaeger.[23]

Rückblickend muss die Zeit bis etwa 1925 als eine private Phase angesehen werden. Die Bestände aus Jaegers Schulen und Hochschulen sind teils kassiert, d.h. von den zuständigen Archiven nicht als dauerhaft aufbewahrenswert erachtet und teils durch den II. Weltkrieg in Mitleidenschaft gezogen worden. Sichtet man die Bestände bei Wagener, Gruß und Stüken, so findet sich auch dort kein Hinweis auf die Zeit vor seinem Leben als Studienrat. Ergänzend zum Nachlass im Bistumsarchiv Paderborn kann jedoch ein Sammlungsbestand aus Postkarten betrachtet werden, der von Lorenz Jaegers Onkel Heinrich Jaeger an den Altertumsverein Paderborn gekommen ist, in der Erzbischöflich-Akademischen Bibliothek Paderborn aufbewahrt wird und ebenfalls unlängst eine eingehendere wissenschaftliche Aufarbeitung erfahren hat.[24]

22 EBAP, NL Jaeger, Akte Nr. 1911.

23 Ebd.

24 Vgl. Erzbischöfliche Akademische Bibliothek Paderborn, Bestand des Vereins für Altertumskunde Westfalen, Abt. Paderborn, Acta Nr. 758; hierzu auch Alpers, Uta-Johanna: Eine Sammlung von Ansichtspostkarten; als Typoskript in der EAB beim Bestand der Postkarten selbst.

Der Studienrat Lorenz Jaeger im Nachlass und in öffentlichen Archiven

Auch nach seiner Weihe bleibt Lorenz Jaeger zunächst der Universität treu und wird in Magdeburg und Münster als Gasthörer greifbar.[25] Es liegt die Vermutung nahe, dass er mit den insgesamt fünfeinhalb Semestern Studium an drei verschiedenen Universitäten selbst noch nicht ganz zufrieden war und sich eine Vertiefung von Lerninhalten wünschte. Jaegers Ambition für den Schuldienst lässt sich vor allem aus seiner Teilnahme an Vorlesungen auch nach der kirchlichen Prüfung in Theologie ermitteln und blieb auch in Paderborn nicht unbemerkt. Unter dem Datum vom 3. April 1926 erhält er an die Adresse seiner Pfarrvikarie in Oebisfelde die Abschrift eines Schreibens des Bischöflichen Generalvikariates an Oberstudiendirektor Wirtz in Herne: „Wir bedauern für die dortige Anstalt einen geprüften Herrn nicht bereitstellen zu können. Dagegen würden wir den Pfarrvikar Jaeger in Oebisfelde, dessen Eignung für Unterricht und Erziehung wir kennen, zur Verfügung stellen, damit er den Religionsunterricht für die katholischen Schüler der Anstalt übernimmt."[26]

Mit diesen Worten beginnt Jaegers Eintritt in den Schuldienst. Hier gerät er erstmals an eine enge Schnittstelle von Staat und Kirche und mithin in ein System, in dem Bescheiden, die einem Empfänger ausgefertigt werden, eine größere Bedeutung zukommen. Jaegers Tätigkeiten unterliegen nunmehr der inneren und äußeren Schulaufsicht. Erstere wird durch den Staat,[27] letztere durch die Kommunen gewährleistet.[28] So werden seine Umzugskosten von der Stadt Herne übernommen, und von dort erhält er ab Stellenantritt auch sein Gehalt.[29] Die erwähnten Verwaltungsvorgänge und Äußerlichkeiten prägen die Unterlagen. Aus den Angaben in den Personalbögen lassen sich nun seine bisherigen Lebensstationen gut nachvollziehen. Im Juli 1928 beginnt er den Vorbereitungsdienst und wird zum 1. April 1930 zum Studienrat ernannt.[30]

Sein Einsatz auf der Stelle in Dortmund begann im August 1933. Während die sieben Jahre in Herne also fast vollständig in der Zeit der Weimarer Republik lagen, findet er hier eine Schulverwaltung vor, die mehr und mehr nationalsozialistisch durchsetzt ist. In diesem Umfeld wird Jaeger im Sep-

25 EBAP, NL Jaeger, Akte Nr. 236.

26 EBAP, NL Jaeger, Akte Nr. 237, Bl. 4.

27 Zentral ist hier das Provinzial-Schulkollegium (LAV NRW, Abt. Westfalen [früher Staatsarchiv Münster]), Best. P 101. Gruß, Heribert: Erzbischof Lorenz Jaeger als Kirchenführer im Dritten Reich, 456 und Stüken, Wolfgang: Hirten unter Hitler, 216 verwenden sowohl die Personalakte für Lorenz Jaeger (PA J Nr. 12) als auch weitere Einheiten.

28 Die Unterlagen der Schulausschüsse berücksichtigt ausschließlich Stüken, Wolfgang: Hirten unter Hitler, 216, jedoch ausschließlich über den Bestand 140 P des Stadtarchivs Dortmund, aus dem sich anscheinend auch Aspekte der Tätigkeit Jaegers in Herne nachvollziehen lassen (vgl. ebd., 48–49 und 184, Anm. 209, 210 und 214).

29 EBAP, NL Jaeger, Akte Nr. 237 Bll. 14–15.

30 Ebd., Bl. 37.

Jaeger bei einer Fahrt mit den Jungen des ND in Rauschen/Ostpreußen („Der Herr Studienrat beim Stiefelputzen in Rauschen")

tember 1934 Fachgruppenleiter für Religion am dortigen Bezirksseminar für die Lehrerbildung, vier Monate später ernennt ihn Erzbischof Caspar Klein zum geistlichen Gauführer des Engelbertgaues des Bundes Neudeutschland und im März 1936 zusätzlich zum Diözesanreferenten des Verbandes der katholischen Religionslehrer Nordwestdeutschlands.[31] Hier beschäftigt sich Jaeger auch mit Themen der Organisation und Kommunikation, was der Gestapo augenscheinlich nicht verborgen blieb.[32] Die Leitung des Engelbertgaues legte Jaeger im Januar 1937 nieder.[33]

Jaeger erscheint in dieser Zeit als ein durch Haupt- und Ehrenämter gut vernetztes Bindeglied der Kirche zu einem sich verändernden Staat. In einem Konflikt mit einem Kollegen, Studienrat Dr. Becker am Hindenburg-Realgymnasium in Dortmund, zeigen sich bereits Strategien, die Jaeger auch später wieder anwenden wird. Der offen nationalsozialistisch eingestellte Kollege bezichtigt Jaeger der Indoktrination und Spitzelei. Ohne sich eindeutig nationalsozialistisch zu positionieren, sucht Jaeger einen Modus Vivendi mit dem Regime, indem er Vorwurf gegen Vorwurf stellt: „Sollten allerdings die betonten Hervorhebungen seines [Dr. Beckers; Vf.] Unterrichts als national-

31 EBAP, NL Jaeger, Akte Nr. 237, Bl. 54, 56 und 64. Der Oberpräsident der Provinz Westfalen ernennt Jaeger im Oktober 1936 zusätzlich zum Vorgutachter für die Prüfung von Schulbüchern; ebd., Bl. 67; vgl. auch Stüken, Wolfgang: Hirten unter Hitler, 113 und 60 mit Bezug auf einen Bericht von Eugen Heyden über ein Zeltlager des ND, überliefert in: Dokumentationsstelle für kirchliche Jugendarbeit Hardehausen, Nr. 1.24526 / 1.32102.

32 Ausschließlich Stüken, Wolfgang: Hirten unter Hitler, 113 bzw. 201, Anm. 678 und 680 verweist hierzu auf den Bestand des Reichskirchenministeriums im Bundesarchiv Berlin (RKM Nr. 22234 Bl. 209).

33 Hierzu verweisen Stüken und Gruß bislang ausschließlich auf ein Schreiben des Oberpräsidenten von Westfalen, Ferdinand Freiherr von Lüninck, enthalten in: BA Berlin, Bestand R 4901 Bd. 3228/41; Nr. 4314. Zu Jaegers Person einschlägig ist nicht nur dort Bl. 208, sondern auch die Komplementärüberlieferung in EBAP, NL Jaeger, Akte Nr. 237, in der Jaeger dies unter Bezug auf Erlass E IIa Nr. 1042 vom 15. August 1935 im Januar 1937 bekundet (Bll. 68–59).

sozialistisch, deutsch, usw., und der Schlusssatz seines Schreibens vom 27.5. [...] unterstellen wollen, als ob ich persönlich nicht genau so gut nationalsozialistisch dächte und handelte oder als ob mein Unterricht nicht genau so gut zum heutigen Staat hinerzöge, so würde ich dagegen die schärfste Verwahrung einlegen, denn für mich ist das noch immer der schwerste Vorwurf und die grösste Beleidigung für einen deutschen Menschen, die es gibt, auch wenn es Herr Dr. Becker im Falle Jesuitenorden nicht zu empfinden scheint."[34]

Man beachte die zahlreichen Konjunktive, die Konjunktion mit „oder" zwischen Nationalsozialistischem Denken und Handeln bzw. der Erziehung zum Staat und schließlich die Bezugnahme im Singular („grösste Beleidigung") auf mehrere durch den Konjunktiv als potentiell erscheinenden Anschuldigungen. Hinsichtlich des Gegenstandes der Auseinandersetzung dürfte Jaeger jedenfalls bestens orientiert gewesen sein, denn über das Staatswesen der Jesuiten im frühneuzeitlichen Südamerika hatte er seine Hausarbeit für die zweite Staatsprüfung verfasst.[35] Ein derart fein abgestimmtes Verhältnis von Nähe und Distanz bleibt in der Folge für Jaegers Amtsführung als Studienrat charakteristisch. Fast schon am Vorabend des Krieges, am 10. Juli 1939, begründet er in einer Erklärung seinen bislang nicht erfolgten Antrag auf Aufnahme in den Nationalsozialistischen Deutschen Beamtenbund. Kontrovers diskutiert wurde seine Tätigkeit im Prüfungsausschuss und deren nicht ganz freiwilliges Ende.[36] Insgesamt muss dieses jedoch als gesichert angesehen werden.[37]

Zur Personalie Studienrat Jaeger lassen sich mithin eine Reihe von Dokumenten finden. Eine Gattung von Quellen fehlt im Nachlass jedoch völlig: Unterrichtsreihen, Entwürfe für Schulstunden oder Themenlisten. Was und wie hat Jaeger eigentlich genau unterrichtet? Eine eingehende Analyse der Kontroverse mit Dr. Becker, etwa unter dem Gesichtspunkt der dort zitierten Äußerungen über den Ruhrkämpfer Albert Leo Schlageter könnten hierzu erste Ansätze liefern.[38]

34 EBAP, NL Jaeger, Akte Nr. 237 Bll. 44 und 71–86, hier 85–86. Eine vollständige Analyse des Konfliktes lohnt einen eigenen Beitrag und würde den hier gegeben Rahmen sprengen.

35 EBAP, NL Jaeger, Akte Nr. 236.

36 Stüken, Wolfgang: Hirten unter Hitler, 81 kritisiert hier Gruß, Heribert: Erzbischof Lorenz Jaeger als Kirchenführer im Dritten Reich, 68; cf. EBAP, NL Jaeger, Akte Nr. 237, Bl. 96.

37 In Bestand 40/001 Nr. 61 des Stadtarchivs Dortmund findet Stüken, Wolfgang: Hirten unter Hitler, 115 bzw. 201, Anm. 685 überdies einen öffentlich hinterlegten Beleg für das Ausscheiden Jaegers aus dem Prüfungsausschuss, worüber Gruß, Heribert: Erzbischof Lorenz Jaeger als Kirchenführer im Dritten Reich, 69, Anm. 12, mit nachrichtlich recherchiertem Material arbeitet.

38 Stüken zitiert hierzu einen weiteren Bestand aus städtischer Dortmunder Überlieferung (Best. 204/02 mit dem Verweis auf die Rede Jaegers) nach einer Schülerprojektarbeit (ebd., 185, Anm. 232).

Zeugnisse über Lorenz Jaeger als Kriegspfarrer im II. Weltkrieg

Für den Kriegsdienst im I. Weltkrieg hatte sich Lorenz Jaeger freiwillig gemeldet. Und auch zu Beginn des II. Weltkrieges scheint es so, dass der Studienrat Lorenz Jaeger nicht zwangsweise dafür rekrutiert wird. Unter dem 14. Dezember 1939 schreibt der Amtsgruppenchef Ersatz und Heerwesen beim Chef der Heeresrüstung und Befehlshaber des Ersatzheeres im OKH, Generalmajor Gerhard Kauffmann an den zuständigen Wehrmachtsdekan Henneke: „Unter Bezugnahme auf Ihr Ferngespräch am 6.1.1939 mit Amtsrat Neumann wird mitgeteilt, dass gegen die Verwendung des von Ihnen vorgeschlagenen Kaplans Kaspar Willeke und des Studienrates Lorenz Jäger [sic!], beide aus Dortmund als Kriegspfarrer in kirchenpolitischer Hinsicht keine Bedenken bestehen. Es wird Ihnen anheimgestellt, den beiden Geistlichen nahezulegen, beim stellv. Kath. Wehrkreispfarrer VI ihre Aufnahme in die Beamtenreserve für Kriegspfarrer zu beantragen. Bemerkt wird, dass Kriegspfarrer grundsätzlich nur aus der Beamtenreserve übernommen werden. Der stellv. Kath. Wehrkreispfarrer VI hat hiervon Kenntnis erhalten."[39]

Der Wehrmachtsdekan ist hierbei kein anderer als jener Heinrich Joseph Henneke, den Jaeger bereits aus Studientagen kannte. Der Kontakt war seitdem nie abgerissen. 1936 hatten Jaeger und Henneke im Eulengebirge bei Budzow einen gemeinsamen Urlaub verbracht.[40] Seit seiner Übernahme in die Militärseelsorge 1927 war Henneke dieser treu geblieben und in der ihr eigenen Hierarchie beständig aufgestiegen.[41] Als Wehrmachtsdekan war er nun in der Lage, die oben zitierte Empfehlung auszusprechen.

Jaegers Einberufung erfolgt zum 9. Mai 1940[42] und sollte, anders als im I. Weltkrieg, von eher kurzer Dauer bleiben. Anders als seine Teilnahme am I. Weltkrieg ist seine Tätigkeit als Kriegspfarrer jedoch vergleichsweise gut dokumentiert.[43] Er war als solcher verpflichtet, über seine Arbeit zu berichten. Von den im Stil der übrigen Offiziere geführten Kriegstagebüchern, die von

39 EBAP, NL Jaeger, Akte Nr. 229.

40 EBAP, NL Jaeger, Akte Nr. 1911. Ein gemeinsames Foto zeigt Jaeger und Henneke am Ausflugslokal Hahn Koppen-Baude, das im Bereich der Gemeinde Budzow liegt.

41 EBAP, Priesterpersonalakten 1930–1980, Nr. 843 „Henneke, Joseph".

42 EBAP, NL Jaeger, Akte Nr. 229. Jaegers Einberufung erfolgte zur Infanteriedivision 302, deren Operationen im Bestand RH 26-302 des Bundesarchivs, Militärarchiv Freiburg, überliefert sind (vgl. Stüken, Wolfgang: Hirten unter Hitler, 215; Gruß, Heribert: Erzbischof Lorenz Jaeger als Kirchenführer im Dritten Reich, 455). Stück 46 des Bestandes enthält die Ausfertigungen der Berichte, deren Durchschläge bzw. Konzepte in EBAP, NL Jaeger, Akte Nr. 231 erhalten sind.

43 Stüken, Wolfgang: Hirten unter Hitler, 122–129 berichtet jedoch nur sehr indirekt über diese Zeit. Auch Gruß, Heribert: Erzbischof Lorenz Jaeger als Kirchenführer im Dritten Reich, 73–80 widmet ihr nur ein kurzes Kapitel. In Wageners Band wird die Wehrmachtsseelsorge überhaupt nicht erwähnt.

Urlaub L. Jaeger und J. Henneke im Eulengebirge
August 1936

Juni 1940 bis August 1941 ein umfassendes Itinerar mit maschinenschriftlichen Berichten ergeben, sind Durchschläge im Nachlass überliefert.[44] Die Kriegstagebücher, die Jaeger darüber hinaus handschriftlich und in großen Teilen stenografisch führte, haben teils als Grundlage für diese Berichte gedient.[45] Jaeger wird häufig versetzt, pendelt jedoch meist zwischen Einheiten in Belgien und Nordfrankreich und Ausbildungseinrichtungen in Brandenburg und Pommern. Was ist sein Ziel bei dieser Tätigkeit? Möglicherweise gibt ein Bericht über die Monate April bis Juni 1941 hier etwas Aufschluss, bei aller Vorsicht gegenüber einem für die offiziellen Stellen der Wehrmacht formulierten Dokument: „Besonders wertvoll für die Seelsorgearbeit haben sich die Kasernenstunden/Ansprachestunden erwiesen, die nach Möglichkeit alle 4 Wochen bei jeder Einheit gehalten wurden. Sie brachten Divisionspfarrer und Truppe menschlich einander näher und schufen ein Vertrauensverhältnis. Ähnlich wirkte sich die Abkommandierung zur Truppe aus, die infolge der Benzinknappheit notwendig geworden ist. Der Pfarrer lebt so mehrere Tage mit einem Bataillon zusammen, lernt Offiziere und Mannschaften viel besser kennen als bei dem nur flüchtigen Erscheinen zu einem Gottesdienst. Ein Gang durch die Quartiere der Leute gibt Gelegenheit mit jedem persönlich zu sprechen und sich nach Freud und Leid zu erkundigen. So wird er ‚unser Pfarrer'. Die Leute sind froh, wenn er nach 4–6 Wochen wieder bei ihnen zu Gottesdienst und Kasernenstunde erscheint. In dem Fehlen dieser menschlichen Beziehungen liegt die Hauptschwierigkeit für die Arbeit an den Armee- und Heerestruppen, sowie an der Luftwaffe. Es ist mir nach und nach gelungen, durch häufige Besuche, Kasernenstunden und Gottesdienste zu der Küstenartillerie und den Heerespionieren eine enge Verbundenheit zu bekommen."[46]

Jaeger, so scheint es, ist bei allen Erfordernissen der Amtsführung eines Divisionspfarrers vor allem die persönliche Nähe zu den Soldaten wichtig. Die Situation, einen Truppenteil aufgrund widriger äußerer Umstände für einige

44 EBAP, NL Jaeger, Akte Nr. 231.

45 Cf. EBAP, NL Jaeger, Akte Nr. 2317, Laufzeit 9. Juni 1940 bis 2. Februar 1941 mit ibid. Akte Nr. 231 und EBAP, Acta Generalia 1821–1945, Bd. II.7 Bll. 378–398, Laufzeit 3. Februar 1941 bis 17. August 1941. Jaeger wählt dabei für das Typoskript meist eher aus, als dass er dort etwas näher ausführen würde.

46 EBAP, NL Jaeger, Akte Nr. 231, Bl. 76.

Tage nicht verlassen zu können, sieht er als Chance – nur wofür? Mehrere Interpretationen liegen nahe: Die Möglichkeit, der geschilderten Hast im Kriegsseelsorgebetrieb entkommen zu können, kommt dabei genauso in Frage wie die Möglichkeit zur Bildung und Verbesserung von vertrauenswürdigen Netzwerken innerhalb seines Aufgabenbereiches wie auch die Gelegenheit, selbst einmal wieder ein Stück mehr Soldat sein zu können.[47] Zu den Inhalten der Kasernenstunden äußert er sich dabei näher in seinen handschriftlichen Aufzeichnungen. Zwar bilden religiöse Themen wie „Ehre Gottes" oder „Marias Weg zur Heiligkeit" den Kern der Inhalte,[48] daneben geht Jaeger jedoch auch einem eigenen Bildungsauftrag nach und macht kunstgeschichtliche und landeskundliche Angebote.

Unter dem Datum vom 21. Juli 1940 zitiert Jaeger seinen kommandierenden General mit folgender Episode: „Die 5. SS Division, die bei uns in Wesel gelegen hat, trifft der General in Amersfort. Die Herren schildern wie gut sie untergekommen sind. Welch herrliche Verpflegung im Hotel. Aber eine peinliche Geschichte passiert. Als man den Vertrag mit dem Hotelier gemacht hat, sagt der Quartier-machende Offizier: ‚Wenn Sie nun einen Vertrag über die Fleisch-Lieferungen mit einem Metzger machen, dann, bitte, nicht mit einem Juden.' Worauf der Hotelier sich verbeugt und sagt: ‚Ich bin auch ein Jude.'"[49]

Ob Jaeger mit diesem Bericht eine Distanz zur SS ausdrücken möchte, mit dem er entgegen aller Eide auf den Führer auch eine Distanz der Wehrmacht zum nationalsozialistischen Regime in Anspruch nimmt, wäre unter Hinzuziehung vergleichbarer Quellen, etwa Kriegstagebüchern anderer Wehrmachtspfarrer oder zumindest Offiziere zu diskutieren. Äußerungen über Juden sind von ihm ansonsten vor allem aus späterer Zeit belegt. Sehr positiv berichtet er hingegen über evangelische Mitbrüder. Hier schreibt Jaeger von teils intensiven Bemühungen, deren seelsorgliche Arbeit zu unterstützen und ebenso großes Wohlwollen von ihrer Seite. Wenn dieses Entgegenkommen auch in einem allgemeinen Verständnis von soldatischer Kameradschaft fußen mag, so steht es späteren, stärker theologisch motivierten Bemühungen in der Ökumene zumindest nicht entgegen. Daneben enthalten die Kriegstagebücher viel Soldatenleben: Schilderungen von Erkrankungen seines Stabes und seiner selbst, ausgelassenen Feiern angesichts der Beförderung von Offizieren, schlaflosen Nächten in Folge von Fliegerangriffen und Marschbefehlen.

Am 31. Juli 1941 erhält Jaeger einen solchen Marschbefehl zu Militärbischof Rarkowski nach Berlin. Möglicherweise wird er schon bei diesem Termin angedeutet bekommen haben, dass sich seine Dienstzeit bei der Wehrmacht dem Ende zuneigen könnte. Von seiner Ernennung zum Erzbischof erfährt er of-

47 Hierfür sei auf den Beitrag von Rainer Pöppinghege im vorliegenden Band verwiesen.

48 EBAP, NL Jaeger, Akte Nr. 2317, Bll. 29 und 45.

49 Ebd., Bl. 32.

fiziell in der Nuntiatur in Berlin.[50] Danach kehrt er jedoch noch einmal nach Frankreich zurück und quittiert seinen Dienst beim Militär erst am 17. August.

Dokumente über die ersten Amtsjahre Erzbischof Lorenz Jaegers im II. Weltkrieg

In der Zeit vor dem II. Weltkrieg erlebte man Lorenz Jaeger als einen Priester, der sich in Oebisfelde zunächst durch frühe Selbständigkeit auszeichnete, bevor er dann im Ruhrgebiet als geistlicher Studienrat eine rege Aktivität entfaltete. Roter Faden in seinem Leben ist bis dahin die Führung von Menschen, zumeist jungen Menschen. Nun übernimmt Jaeger das Amt des Erzbischofs von Paderborn – und zwar in einer Zeit, in der die Expansion des Einflussbereiches der Deutschen Wehrmacht dicht an ihrem Maximum ist.[51]

An erster Stelle steht in diesem Zusammenhang die Frage nach Jaegers Kontakten nach Rom. Ein Schreiben von ihm an Papst Pius XII. ist nicht überliefert, lediglich die Antwort ist in einer von Generalvikar Rintelen gegengezeichneten Übersetzung erhalten. „Fast täglich knien deutsche Heeresangehörige vor Uns, in glaubensvoller Gesinnung um den hl. Segen bittend. Wir sind glücklich zu sehen und zu hören, dass der Besuch beim Papst nicht allein ihnen, sondern auch ihren sich gleichfalls zahlreich einfindenden nichtkatholischen Kameraden religiöse Erbauung und Stärkung bringt.“, schreibt der Papst und führt weiter aus: „Aus dem Mutterboden des Glaubensreichtums, wie ihn in euren Leiden gerade die Jahre herber Prüfungen geoffenbart haben, steigen neue Saaten und Ernten, die weder die eisige Kälte des Unglaubens noch der sengende Brand des Hasses gegen Christus und seine Kirche ganz werden vernichten können.“[52] Die Übersetzung zeigt Ansätze einer Chiffrensprache, die Jaegers Themen der Ökumene, des Kampfes gegen den Kommunismus und sein Bild vom *bonus miles Christi* aufgreifen könnten – allein es stellt sich die Frage, wieviel davon wirklich in der Absicht des Papstes lag und wieviel in der Rückschau darin gesehen wird.

Auch in den Akten zur Korrespondenz mit der Nuntiatur ist lediglich ein Glückwunsch zum 70. Geburtstag von Nuntius Cesare Orsenigo erhalten.[53] Die vatikanische Komplementärüberlieferung hierzu ist leider noch nicht zu-

50 Zum Kontext seiner Wahl und Ernennung sei auf den Aufsatz von Bernd Heim im vorliegenden Band verwiesen.

51 Die Ernennungsurkunde ist überliefert im Kirchlichen Amtsblatt für die Erzdiözese Paderborn, 48. Jg. 1941, Nr. 308, 99. Die Ausfertigung der Bulle in Pergament muss wohl den Kriegsverlusten zugerechnet werden.

52 EBAP, NL Jaeger, Akte Nr. 503, Bl. 9. Dies ist der einzige nachweisbare direkte Kontakt mit dem Papst zu Kriegszeiten. Das Pallium empfing Jaeger erst am 20.02.1946 (ebd., Bl. 10).

53 EBAP, NL Jaeger, Akte Nr. 506, Bl. 1.

gänglich und muss bislang aus Beständen der deutschen auswärtigen Politik erschlossen werden.[54] Als Bischof wurde Jaeger auch in besonderer Weise Gegenstand der Konkordate mit Preußen und dem Reich. Der Kontext seiner Ernennung ist auszugsweise bei Heribert Gruß dokumentiert.[55] Vom Reichskirchenministerium[56] über den Oberpräsidenten der Provinz Westfalen[57] bis hin zu den Abteilungen Polizei und Kirche der Regierungspräsidenten in Minden[58] und Detmold ergibt sich eine nicht unerhebliche Anzahl von Behörden, die Jaeger nun in ihren Fokus nehmen. Auch die NSDAP[59] und der Sicherheitsdienst beschäftigen sich mit seiner Person.[60]

Darüber hinaus ist die Kriegsüberlieferung fragmentarisch. Die Unterlagen zum Domdienst, also die Gestaltung der Liturgie und die Übernahme der damit verbundenen Aufgaben enthalten einige Absprachen mit Subregens Prof. Dr. Heinrich Elfers (ab 1946 Prof. für Liturgiegeschichte in Münster) von 1942 über die Gestaltung der Pontifikalämter und Fronleichnamsprozessionen.[61] Demgegenüber sind die oben erwähnten Bände zur liturgischen Bewegung

54 Die Schutzfrist des *Archivio Segreto Vaticano* endet bei Bearbeitung dieses Beitrags noch mit dem Pontifikat Pius XI., d.h. 1939. Die Öffnung der vatikanischen Archivbestände für das Pontifikat Pius XII. ist im Februar 2020 erfolgt, konnte hier jedoch nicht mehr berücksichtigt werden. Zugänglich sind dagegen im Politischen Archiv des Auswärtigen Amtes Akten zum Hl. Stuhl, die ausschließlich Gruß verwendet (P III, Po 2, Hl. Stuhl; hier Bd. 1–5, vgl. Gruß, Heribert: Erzbischof Lorenz Jaeger als Kirchenführer im Dritten Reich, 455). Stüken zitiert Bestände des PAAA indirekt (Stüken, Wolfgang: Hirten unter Hitler, 207, Fußnote 827). Beide Autoren weisen jedoch auf die Relevanz von Bestand 43 II der Reichskanzlei hin, der im Bundesarchiv Koblenz vorgehalten wird. Von zentraler Bedeutung ist hier Nr. 173a (Gruß, Heribert: Erzbischof Lorenz Jaeger als Kirchenführer im Dritten Reich, 455); Stüken verwendete noch weitere Akten (Stüken, Wolfgang: Hirten unter Hitler, 215).

55 Gruß, Heribert: Erzbischof Lorenz Jaeger als Kirchenführer im Dritten Reich, 355–382. Einige Dokumente werden ohne Verweis auf die Fundstelle nach Portmann, Heinrich: Dokumente um den Bischof von Münster zitiert.

56 Bundesarchiv Berlin (bei Gruß: Zentrales Staatsarchiv Potsdam) Bestand Reichskirchenministerium Nr. 21793 und 22234. Bll. 00 213–00 215 ediert bei Gruß, Heribert: Erzbischof Lorenz Jaeger als Kirchenführer im Dritten Reich, 355–357.

57 LAV NRW, Abt. Westfalen (früher Staatsarchiv Münster): Bestand Oberpräsidium (OP); Stüken und Gruß verwenden Nr. 5311, nur bei Stüken werden zusätzlich noch 5018, 5021, 5029, 5037, 5310 und 7241 zitiert.

58 LAV NRW, Abt. Ostwestfalen-Lippe (früher Staatsarchiv Detmold): Bestand Regierung Minden, Kirchenregister (Mi 1 II A), aus der Stüken zahlreiche Stücke verwendet (vgl. S. 216) und Polizeiwesen (M 1 I P; hier nur Nr. Nr. 130). Gruß hat darauf nicht zurückgegriffen.

59 LAV NRW Bestand 4.1.1. NSDAP, Gauleitung Westfalen-Nord, Hauptleitung, Nr. 15 und 17.

60 LAV NRW Abt. OWL, Bestand M 18 (Sicherheitsdienst, Abschnitt Bielefeld), verwendet von Stüken, Wolfgang: Hirten unter Hitler, 216 und Gruß, Heribert: Erzbischof Lorenz Jaeger als Kirchenführer im Dritten Reich, 455. Stüken verweist zudem auf den Zentralbestand des Sicherheitsdienstes in Berlin, der im Bundesarchiv Berlin unter Signatur R 58 geführt wird (hier v.a. Nr. 188 Bl. 16, vgl. Stüken, Wolfgang: Hirten unter Hitler, 213).

61 EBAP, NL Jaeger, Akte Nr. 1581, II. Abteilung „Domdienst".

schon eher als umfangreich einzustufen. Während es sich bei anderen Papierbräunungen um vorwiegend säurebedingte Prozesse zu handeln scheint, erwecken diese beiden Stücke wirklich den Anschein, aus den Flammen gerettet worden zu sein. Die liturgische Bewegung wurde oft als Teil der Una-Sancta-Bewegung zur Ökumene gesehen. Doch auch bei einer Bewertung als unabhängige Strömung ist sie in jedem Fall auf die Ökumene bezogen. War sie Jaeger besonders wichtig? Die Informationen über die Ereignisse rund um das Bischofshaus in den Bombennächten des Winters 1945 lassen eine präzise Deutung dieser Überlieferung leider nicht zu. Inhaltlich bewegen sich die Dokumente um die in der Enzyklika Mystici Corporis erörterten Fragen, das Eucharistieverständnis und das Selbstverständnis der liturgischen Bewegung.

In Jaegers Akte zur Jugendarbeit ist mit seiner Predigt zum Christkönigsfest 1943 nun auch ein greifbares Stück Verkündigung aus seiner eigenen Feder erhalten. Zunächst polemisiert Jaeger gegen den Theologen Rainer Volk,[62] indem er ausführt: „Er spricht davon, daß die Kirche in raffiniertester Weise den Führer-Gefolgschafts-Gedanken, der tief im deutschen Herzen wurzele, ausgenutzt habe, um den deutschen Menschen vor den Wagen kirchlicher Machtinteressen zu spannen. Ja, er glaubt sogar, es handele sich hier um eine kirchliche Kampfansage an den politischen ‚Führer-Begriff'. Im Christkönigsgedanken werde der alte Weltmachtanspruch des Papsttums in seiner modernsten Form sichtbar."[63] Diese Vorwürfe tut Jaeger als dumm ab und verweist auf das Messformular und den Dialog Jesu mit Pilatus, um ihnen zu begegnen. In der Folge nimmt die Predigt dann zunächst einen eher pazifistisch anmutenden Einschlag an: „Nein, Christus der Herr will nur die Welt, welche durch die Willkür des Menschen und durch die Sünde in Unordnung geraten ist, wieder heilen, er will die Ordnung wiederherstellen, die einst der Schöpfer in diese Schöpfung hineingelegt hat. Er will jedes Ding wieder an die Stelle und an den Ort rücken, die ihm im Schöpfungsganzen zukommt [...] So will Er durch die gottgesetzte Ordnung [...] der Welt den Frieden schenken, den Frieden untereinander und den Frieden mit Gott."[64] Nach dieser Klimax, zu der er in einem ersten Manuskript noch einen Absatz verfügt hat, begibt sich Jaeger mit seiner Predigt jedoch wieder mitten in die Welt und wird politisch. Weder allein durch Gebet noch allein durch Waffen sei Frieden zu erreichen, so Jaeger. Und er fährt fort: „Als damals nach dem Weltkrieg die Staatsmänner zusammentraten, um die Welt neu zu ordnen, hatte einer von ihnen, der bestimmend war, den Beinamen ‚der Tiger' (Clemenceau), und er war stolz darauf, wenn von ihm unter diesem Beinamen gesprochen wurde. Wir wissen alle noch, wie er unter brutaler Ausnutzung der Macht und nur

62 Hier: Volk, Rainer: Die katholische Aktion.

63 EBAP, NL Jaeger, Akte Nr. 267, Bl. 1.

64 Ebd., Bl. 3.

geleitet von wirtschaftlichen Ausbeuter-Interessen Deutschland vergewaltigt hat. So wurde dort nur der Keim zu neuem Krieg gelegt."[65]

Von dort aus nimmt das Typoskript dann wieder eine Wendung hin zur Anerkennung einer göttlichen Ordnung als maßgeblicher Quelle wahren Friedens. Die unterschiedlichen Sentimente, die Jaeger in seiner Predigt adressiert, sind bemerkenswert.

Zum Liboridienstag 1944 veröffentlichte Augustinus Reineke als Jugendseelsorger des Erzbistums Paderborn eine Liste mit Leseempfehlungen für junge Christen. Die Liste ist thematisch geordnet und enthält neben drei thematisch unterschiedlich gehaltenen Empfehlungen zum Jahreskreis auch Schriften zum christlichen Menschenbild, das hier äußerlich geprägt ist von der Vorstellung des *bonus miles Christi*. Dahinter verbirgt sich jedoch eine ganze Reihe von im Dritten Reich wenig geschätzten Autoren und Titeln: Werner Bergengruen (Der Großtyrann und das Gericht, Am Himmel wie auf Erden, Die Feuerprobe u.a.), Gertrud von Le Fort (Das Schweißtuch der Veronika, Hymnen an die Kirche, Der Papst aus dem Ghetto u.a.) und Reinhold Schneider (Die dunkle Nacht, Die Stunde des hl. Franz von Assisi). Dies sind nur einige Autoren, gegen die die NS-Regierung entweder offen vorging, wie im Fall von Reinhold Schneider, oder dies aufgrund ihrer Popularität nicht konnte, wie bei Werner Bergengruen.

Dies alles sind gemessen an einem Gesamtumfang von 70 Regalmetern, die der Nachlass Kardinal Jaegers insgesamt umfasst, recht wenige Zeugnisse aus einer bewegten Zeit. Gewiss besteht die Möglichkeit, dass nach Ende des Dritten Reiches von Jaeger selbst in seinem Bestand umfangreich kassiert und geklittert wurde, Bestandsteile als entweder aus nachvollziehbaren Kriterien der Schriftgutverwaltung oder intentional vernichtet wurden. Ebenso wahrscheinlich sind jedoch erhebliche Verluste im Bischofshaus. Für das Erzbischöfliche Generalvikariat hatte sich Bistumsarchivar Dr. Alfred Cohausz nach Beginn des Krieges über persönliche Kontakte um eine rechtzeitige und weitgehend vollständige Auslagerung der Akten in umliegende Dörfer gekümmert. Jaeger hat jedoch im Gegensatz zu seinem Vorgänger Caspar Klein immer auch Wert auf die Führung eigener Handakten gelegt. Was hiervon in den Bombennächten des Jahres 1945 an Material im Bischofshaus vorhanden war, ist möglicherweise verloren gegangen.

Überlieferungslücken bestehen dabei in recht zentralen Bereichen. Einen Terminkalender von Jaeger haben wir etwa letztmalig für das Jahr 1936. Danach setzt die Überlieferung erst 1959 wieder ein[66] Die Korrespondenz mit Bischöfen beginnt erst im Jahr 1946.[67] Weder zu Theologenkonvikt und

65 Ebd., Bl. 4.

66 EBAP, NL Jaeger, Akte Nr. 2148 bzw. 2149.

67 EBAP, NL Jaeger, Akte Nr. 1570 ff.

Priesterseminar, noch zur sächsischen Diaspora haben wir aus der NS-Zeit selbst Unterlagen.

Was in den letzten Kriegswochen noch von der Bistumsleitung veröffentlicht wurde, trägt zunehmend die Züge der bestmöglichen Begleitung eines kompletten Zusammenbruchs. Am 12. April 1945 gibt das Erzbischöfliche Generalvikariat zwei Richtlinien heraus, die gemeinsam auf einem doppelseitig hektographierten Blatt erscheinen. Die Ausführungen „Zur pastorellen Behandlung von Eigentumsvergehen in diesen Wochen" sind im Grunde genommen eine Paderborner Variante des „Fringsens": „Die Aneignung fremden Eigentums bei schwerem eigenem Notstand ist im Rahmen der Lebensnotwendigkeiten sittlich erlaubt", schreibt Generalvikar Rintelen, um in der Folge einen Passus über Wiedergutmachung anzuschließen. Vermittelt schon diese Richtlinie, die sich über anderthalb Seiten erstreckt, ein drastisches Bild von der physischen und psychischen Not jener Tage, so tun es die auf dem unteren Teil der Rückseite enthaltenen „Grundsätze zur pastorellen Beurteilung des Verhaltens gegenüber Vergewaltigungen" erst recht. Auch diese sind Zeugnis einer zusammenbrechenden Staatsordnung.

Dokumente zu Jaegers Leistungen beim Wiederaufbau nach 1945

Umso interessanter ist es zu sehen, wie schnell die Kirche in der Lage ist, auf diesen Zusammenbruch zu reagieren. Was auch immer in den ersten Tagen nach dem Krieg aus dem Nachlass Jaegers spricht, trägt die Züge von Schubladenpapieren, die in dieser Komplexität nicht erst über Nacht entstanden sein können. Im vorliegenden Beitrag kann es lediglich darum gehen zu eruieren, inwiefern aus den Aussagen der unmittelbaren Nachkriegszeit Rückschlüsse auf Haltungen Jaegers zu dieser Zeit gezogen werden können. In einer Akte über die Jugendarbeit ist ein Schreiben an Priester erhalten („Liebe hochwürdige Mitbrüder!"), in dem der Erzbischof bereits am 6. Mai 1945 rückblickend Stellung zum bis dahin noch nicht vollständig vollzogenen Kriegsende bezieht. Jaeger schreibt: „Wenn die Trümmer und Tränen der Zeit eine einzige Anklage sind gegen ein rein weltverhaftetes Denken und Leben, dann kann uns und unsere Gläubigen nur eine reine radikale und totale Metanoia [innere Umkehr, Buße; Vf.] im Sinne des Evangeliums befähigen, inmitten einer zerstörten Welt das Reich Gottes aufzubauen." Wie soll das vor sich gehen? Jaegers Lösung lässt staunen: „Daraus ergibt sich die selbstverständliche Folgerung, daß wir Priester eine rein geistliche Sendung zu erfüllen haben. Die Vorschrift des canon 121 CIC [Codex Iuris Canonici = Kirchenrecht von 1917, Vf.] ist gewissenhaft zu befolgen! Wir sind auch nicht als Richter über Irrungen und Verfehlungen unserer Mitmenschen bestellt, sondern das Gericht hat sich der Herr allein vorbehalten (Joh. 5,22; Matth. 7,1 u. 2). Wir leben nicht in unfruchtbarer, unnützer Rückschau auf Vergangenes, sondern wissen uns als Christen berufen, die Aufgaben, die Gott uns in der Gegenwart stellt, in heiliger Verantwortung gegenüber der kommenden Zeit zu erfüllen."[68]

Eine Zurückhaltung in Bezug auf die Verurteilung von Kriegsverbrechen leuchtet in der verworrenen Lage der letzten Kriegs- und ersten Nachkriegstage zwar unmittelbar ein, die kirchenrechtliche Begründung mit Can. 121 des CIC aus der Feder eines Geistlichen, der noch vier Jahre zuvor selbst als Militärpfarrer im Feld gestanden hat, wirft jedoch Fragen auf.[69] Wollte Jaeger hier Mitbrüder von einem Urteil über Sachverhalte abbringen, von denen sie nach seiner Ansicht nichts verstanden? Und auch von der sehr starken These des Verzichts auf das Gericht rückt Jaeger schon auf der nächsten Seite hinsichtlich des kircheneigenen Kompetenzbereiches wieder ab. Zwar schreibt er generell: „Wo arme Menschen, die einst aus irrigem Gewissen oder aus irdischem Vorteilsstreben der Mutter Kirche den Rücken gekehrt haben, sich jetzt wieder zur Aufnahme in dieselbe melden, müssen wir ihnen gegenüber die Werke der Barmherzigkeit üben", bestimmt hierzu jedoch näher: „Dabei wird das Maß der Verfehlungen und des von den genannten angerichteten Ärgernisses für die Zumessung der Bewährungszeit maßgebend sein."[70]

Jaeger schaut also doch zurück. In seinem Umgang mit Rekonzilianten zeigt sich, dass es auch nach seiner Ansicht nicht nur ein kollektives Übel gegeben hat, das über Zeitgenossen des Nationalsozialismus hereingebrochen ist, sondern ebenso eine individuelle Verantwortung und Schuld, hinsichtlich derer die Kirche nun zu einer Instanz der Aufarbeitung werden soll. Genau wie um kirchennahe Mitläufer und kirchenfeindliche Täter weiß Jaeger jedoch auch um mögliche Opfer, zu denen er sich gleichermaßen streng äußert.[71]

Zweifelsohne möchte Jaeger mit diesem Aufruf verhindern, dass sich Opfer der NS-Herrschaft als solche stilisieren und inszenieren. Die Berufung auf das Kreuz allein barg jedoch auch die Gefahr, dass sich Traumata unkontrolliert festsetzen konnten und teils erst Jahre später zur Aufarbeitung kamen. Mitte 1945 hätte es jedoch große Weitsicht und ein schwer erreichbares Niveau psychologischer Fachkenntnis gebraucht, um dies zu erkennen und auch da-

68 Beide Zitate aus EBAP, NL Jaeger, Akte Nr. 236, Bl. 43; unter Joh. 5,22 steht „Auch richtet der Vater niemand, sondern er hat das Gericht ganz dem Sohn übertragen", unter Mt. 7,1–2 „Richtet nicht, damit ihr nicht gerichtet werdet! Denn wie ihr richtet, so werdet ihr gerichtet werden, und nach dem Maß, mit dem ihr messt und zuteilt, wird euch zugeteilt werden." Jeweils Einheitsübersetzung 1981.

69 „Clerici omnes a servitio militari, a muneribus et publicis civilibus officiis a statu clericali alienis immunes sunt." – „Alle Geistlichen sind vom Militärdienst, von öffentlichen Aufgaben und Ämtern, die dem geistlichen Stand fremd sind, befreit." Can. 121 CIC (1917) (Eigene Übersetzung).

70 EBAP, NL Jaeger, Akte Nr. 236, Bl. 44.

71 Vgl. hierzu den Beitrag von Detlef Grothmann und Dina van Faassen im vorliegenden Band.

nach zu handeln. Insofern liegt der Passus auf der Linie einer Kirche, die nach außen hin Zurückhaltung in der Bewertung von den Vorgängen in der NS-Zeit übt. Gegen Ende wird der Hirtenbrief praktisch. In seinen Aufrufen zur Caritas wendet sich Jaeger an den Anteil der Gläubigen, den er aus der Zeit vor dem Krieg am besten kannte: Jugendliche und junge Erwachsene: „Ich brauche Euch nicht erst zu sagen, wie viel Not an Seele und Leib auf den Heiland wartet, der allein sie heilen kann. Die Pfarrcaritas in der Stadt und auf dem Lande muß unter weitester Beteiligung aller Kreise nicht zuletzt auch der Jugendlichen ausgebaut werden. Caritas ist nicht ein Reservat caritativer Organisationen oder frommer Vereine, sondern eine unabdingbare Aufgabe der ganzen Gemeinde, so daß sich davon kein Gemeindemitglied dispensieren kann.“[72]

Und obwohl Jaeger noch am 6. Mai 1945 von größeren Prozessionen und Wallfahrten abzusehen bittet, findet schon am 27. des Monats in Herne unter dem Motto „Ihr seid Christi Leib“ ein Bekenntnistag der katholischen Jugend statt.[73] Ein Rundbrief unter dem Titel „Deus est Caritas“ wendet sich im Juni des Jahres an die katholischen Jugendlichen in Dortmund. Auch hier dominiert schon Tage nach Kriegsende Aufbruchsrhetorik. Jaegers Handeln passt dazu. Auch er selbst kümmert sich schon ab dem 12. Mai im Kontakt mit der englischen Besatzungsmacht um Fragen des Wiederaufbaus.[74] Zwischen Texten über Aufbau, Nächstenliebe und Katechesen über Pfingsten und Fronleichnam findet sich in dem Rundbrief jedoch auch ein Text des schon 1944 von Augustinus Reineke empfohlenen Autors Reinhold Schneider:

Allein den Betern kann es noch gelingen
Das Schwert von unseren Häuptern aufzuhalten,
Und dieser Welt den rächenden Gewalten
durch ein geheiligt Leben abzuringen.
Denn Täter werden nie den Himmel zwingen
Was sie vereinen wird dich wieder spalten
was sie erneuern, über Nacht veralten
und was sie stiften, Not und Unheil bringen.[75]

72 Ebd., Bl. 46, Sperrungen wie im Original.

73 Ebd., Bl. 49 mit Bezug auf 1 Kor. 12,12–13.

74 Vgl. EBAP, NL Jaeger, Akte Nr. 1275 (Militärregierung), Bl. 42. Im September 1945 begründet er eine Wiederaufbauzentrale, aus der später die Paderborner Dombauhütte hervorging, welche zwar nur drei Jahre bestand, in dieser Zeit jedoch maßgeblichen Anteil am Wiederaufbau des Domes hatte (vgl. EBAP, NL Jaeger, Akte Nr. 1274 Wiederaufbauzentrale).

75 Schneider, Reinhold: „Allein den Betern“ (1936), zitiert nach: EBAP, NL Jaeger, Akte Nr. 236, Bl. 60.

Die Verwendung des Gedichtes im gegebenen Kontext deutet auf Kontinuitäten katholischer Identität über die NS-Zeit hinweg hin, aus denen nach deren Ende rasch ein Instrumentarium entstand, mit dem den Herausforderungen der Zeit begegnet werden konnte. In den kommenden Monaten wurden weitere Großveranstaltungen mit Jugendlichen abgehalten, bei denen ähnliche Diktionen und entsprechende Bibelstellen im Fokus standen.

Ganz anders äußert sich Jaeger dem Papst gegenüber. In einem ausführlichen Weihnachtsbrief vom 16. Dezember 1946 berichtet er unter Verweis auf den Propheten Ezechiel auch von Verzweiflung und Perspektivlosigkeit, vor allem auch angesichts des Elends der zahlreichen Flüchtlinge für die das Erzbistum, in der Regel vermittels seiner Kirchengemeinden in Folge der Vertreibungen aus den deutschen Ostgebieten auf einmal Seelsorge zu leisten hat.[76] Jaeger kommt nicht umhin, Rom in diesem und auch den kommenden Jahren um Hilfe zu bitten. Eine zentrale Rolle bei diesen Hilfsleistungen nahm Mutter Pascalina Lehnert ein, die Eugenio Pacelli schon als Nuntius in München den Haushalt geführt hatte und ihm nun auch als Pius XII. weiter dient. An sie schreibt Jaeger: „Sehr geehrte ehrwürdige Madre Pascalina, Der Direktor meines Theologenkonviktes, Professor Dr. Höfer, der zur Erledigung verschiedener kirchlicher Angelegenheiten zur Zeit in Rom weilt, hat mich dringend um ein Empfehlungsschreiben an Sie gebeten. Es ist Ihnen vielleicht bekannt, dass bei der Zerstörung Paderborns auch alle bischöflichen Priesterbildungsanstalten der Vernichtung anheimgefallen sind."[77] Im Folgenden sekundiert Jaeger den Versuch Höfers, bei Mutter Pascalina Lehnert aus dem „Magazzino" des Heiligen Stuhls Bettwäsche für das Priesterseminar zu erhalten. Und noch weitere Außenkontakte gehören nun zu seinen Aufgaben. Deutschland ist in Besatzungszonen eingeteilt, der Westteil des Erzbistums liegt in der britischen, der Ostteil in der sowjetischen Zone. Der Aufbau von Kontakten zur Besatzungsmacht ist anfangs schwierig und die Evangelische Kirche in Deutschland sucht bei der Frage nach den Haftbedingungen in Kriegsgefangenenlagern 1947 die Konfrontation mit der Militärverwaltung. Der evangelische Theologe Hans Asmussen, Verfasser des „Stuttgarter Schuldbekenntnisses" der EKD, hatte in einem Schreiben die Besatzungsmacht scharf kritisiert. Schon in dieser Situation scheint sich Jaeger jedoch das Vertrauen des *Religious Affairs Branch*

76 EBAP, NL Jaeger, Akte Nr. 503, Bl. 15 mit Bezug auf Ez. 7,24–26: „Ich führe die schlimmsten Völker herbei, damit sie die Häuser besetzen. Ich mache dem Hochmut der Mächtigen ein Ende, ihre Heiligtümer werden entweiht. Dann bekommen sie Angst und suchen Frieden; doch es wird keinen geben. Unglück kommt über Unglück und eine Schreckensnachricht folgt der andern. Sie verlangen vom Propheten Visionen. Doch der Priester gibt keinen Bescheid, die Ältesten wissen keinen Rat."

77 EBAP, NL Jaeger, Akte Nr. 503, Bl. 23.

der englischen Militärverwaltung erworben zu haben.[78] Zwar hatte auch er Schwierigkeiten zu bewältigen, etwa bei dem Erhalt eines Interzonenpasses für Reisen in den Ostteil des Erzbistums,[79] doch insgesamt war die Zusammenarbeit mit den Briten gemessen an den von dort erhaltenen Genehmigungen und dem gepflegten Umgangston wohl gut. Am 25. April 1947 berichtet er im Rahmen des Verfahrens zur Entnazifizierung des Diözesanklerus, dass lediglich zwei Priester des Erzbistums der NSDAP angehört hätten.[80] Anfang 1948 wird der Direktor des *Religious Affairs Branch* bei der Control Commission der Britischen Besatzungsmacht, Gwynne, abgelöst. In einem Abschiedsbrief schreibt er am 7. Januar an Jaeger: „Nachdem ich 18 Monate als Direktor von ‚Religious Affairs Branch' der Control Commission gedient habe, kehre ich nun aus privaten Gruenden nach England zurueck, und obgleich ich tief bedaure, dass ich Deutschland verlasse, werden meine Gedanken und Gebete weiterhin mit den Deutschen und meinen Freunden in Deutschland bleiben. Meine Arbeit in Deutschland ist, seit ich hier bin, ein Teil meines Lebens geworden, und ich moechte gern ein paar Gedanken aussprechen, die mir beim Abschied gekommen sind. Mein erster Gedanke ist eine Bewunderung fuer das Deutsche Volk. Niemals in der modernen Geschichte hat solch eine Katastrophe eine Nation ueberfallen. – Eine Katastrophe, verursacht durch eine Fuehrung, die direkt vom Teufel beeinflusst worden ist, welcher aber sogar vernuenftige Leute blind gefolgt sind; und doch bleiben diese geschlagenen Leute zum groessten Teil wuerdevoll, fleissig, mutig und gerade, bemerkenswert ehrlich."[81]

Dies schreibt nicht einmal zweieinhalb Jahre nach Kriegsende ein britischer Offizier an einen deutschen katholischen Erzbischof und ehemaligen Divisionspfarrer der Wehrmacht. Deutsche Offiziere und deren Angehörige hatten in diesen Jahren oft noch den Status eines Kriegsgefangenen. Wenn Jaegers Zeit als Kriegspfarrer im II. Weltkrieg auch vergleichsweise kurz gewesen war, so hatte er dort doch viele von ihnen kennengelernt. Nun, da der Krieg verloren ist und die Soldaten in Kriegsgefangenschaft sind, wenden sie sich an den Erzbischof mit der Bitte um Aussagen in Entnazifizierungsverfahren oder Gnadengesuche. Im erwähnten Rundschreiben an die Priester vom 6. Mai 1945 hatte Jaeger davor gewarnt, zu richten. In der Zeit danach versucht er jedoch selbst in zahlreichen Gerichtsverfahren zu intervenieren. Genau wie der in Bezug auf sein Verhältnis zum Nationalsozialismus sehr ambivalent beurteilte schwedische Geograph Sven Hedin setzte sich auch Jaeger auf Bit-

78 Eine Antwort von deren stellvertretendem Direktor Richard L. Smith auf eine Anfrage von EKD-Kanzler Hans Asmussen wird Jaeger in Kopie zugestellt. EBAP, NL Jaeger, Akte Nr. 461, Bl. 013.

79 Ebd., Bl. 124.

80 Ebd., Bl. 125, auch EBAP, Acta Generalia 1821–1945, Bd. XXII,20 (NSDAP, Entnazifizierung). Von dort ediert bei Brandt, Hans-Jürgen/Hengst, Karl: Auf Dein Wort hin, 170.

81 EBAP, NL Jaeger, Akte Nr. 461, Bl. 068.

ten der Ehefrau von Generaloberst Paul Nikolaus von Falkenhorst für dessen Begnadigung ein.[82] Die Interventionen haben Erfolg: Das Todesurteil wird in eine 20jährige Haftstrafe umgewandelt, aus der Falkenhorst 1953 gesundheitsbedingt entlassen wird. Für den General der Infanterie Rudolf Hofmann erwirkte Jaeger auf Bitten von dessen Frau Hafterleichterungen in belgischer Kriegsgefangenschaft.[83] An einem Gnadengesuch für Generalfeldmarschall Albert Kesselring von Weihbischof Johannes Neuhäusler (München) und Hans Freiherr von Freytag-Lohringhofen, selbst Opfer der NS-Diktatur, beteiligte sich Jaeger jedoch augenscheinlich nicht.[84] Kesselring war, nachdem seine Rolle zunächst recht positiv bewertet worden war, wegen mangelnder Distanzierung von Adolf Hitler in die Kritik geraten.[85] Prominentester Fürsorgefall Jaegers war in dieser Hinsicht jedoch Franz von Papen.[86] Auch gegenüber den Bittschreiben, die Margarete von Papen ihm zukommen lässt, verhält sich Jaeger jedoch abwartend. Als Weltkriegsteilnehmer hat er für seine Interventionen anscheinend eigene Maßstäbe bzw. bis in Generalsränge hinauf eigene Kenntnisse von Personen. Die große Welle der Gnadengesuche endet mit den 40er Jahren. Jaeger lässt das Thema jedoch nicht los. Noch 1954 schreibt er an Bischof Wilhelm Weskamm in Berlin: „Zurückkommend auf unser Gespräch am Mittwochabend in Olpe bitte ich Dich noch einmal, bei Deinen Verhandlungen mit dem Hohen Kommissar der U.D.S.S.R. Herrn Semjonow in Berlin-Karlshorst wegen der Entschädigung für die enteigneten kirchlichen Grundstücke auch die Bitte vorzutragen, daß er Dir die Erlaubnis erteilt, einen Besuch im Zuchthaus in Spandau bei dem langjährigen Oberbefehlshaber der Kriegsmarine, Großadmiral Dr. h.c. Erich Raeder zu machen, der schwer erkrankt ist und vor einer schmerzlichen, lebensgefährlichen Operation steht. Als Begründung kannst Du anführen, dass der Episkopat sich gedrängt fühle, dem ehemaligen Oberbefehlshaber der Kriegsmarine durch diesen Besuch die Dankbarkeit zu bezeigen, daß er in der Zeit der nationalsozialistischen Herrschaft sich nicht gescheut hat, seine christliche Gesinnung immer wieder öffentlich zu bekennen."[87]

Jaeger hat über die Jahre eine bischöfliche Identität entwickelt ohne die soldatische ganz abzulegen. Eine Frage, die den Bischof im Rückblick auf den II. Weltkrieg beschäftigt, ist die der Flüchtlinge. Schon in seinem Schreiben an Papst Pius XII. hatte Jaeger 1946 geschrieben, dass sich 600.000 von ih-

82 EBAP, NL Jaeger, Akte Nr. 1272 (Kriegsgefangene / Entnazifizierung), Bl. 058.

83 Ebd., Bll. 129–132.

84 Ebd., Bll. 150–152. Kesselring.

85 Vgl. hierzu v.a. Lingen, Kerstin von: Kesselrings letzte Schlacht.

86 Unter EBAP, NL Jaeger, Akte Nr. 442 (Entnazifizierung Franz von Papen) gibt es hierzu eine eigene Akte.

87 EBAP, NL Jaeger, Akte Nr. 1272, Nr. 216.

nen im Gebiet des Erzbistums aufhalten.[88] Jaeger begleitet sowohl die Arbeit der *Kirchlichen Hilfsstelle*, die den Verhältnissen von Flucht und Vertreibung entsprechend die Arbeit des *Reichsverbandes für das katholische Deutschtum in Deutschland* fortführt wie auch die des am 20.10.1946 zunächst als *Deutsche Hedwigs-Stiftung* gegründeten *St. Hedwigswerkes.*[89] Von Anfang an geht die Arbeit dabei in zwei Richtungen: Einerseits wird versucht, materielle Not aus der Vertreibung soweit es geht zu lindern, andererseits eine wie auch immer geartete Beheimatung zu schaffen, die eine Existenz in der neuen Umgebung ermöglicht, dabei jedoch Herkommen und Traditionen der Vertriebenen berücksichtigt.[90]

Fazit

Es wird deutlich, dass die Relevanz der NS-Zeit für den Nachlass von Lorenz Kardinal Jaeger deutlich über ihre eigene zeitliche Erstreckung hinausgeht. Umgekehrt finden wir jedoch auch in den wenigen Schriftstücken aus dieser Zeit schon Elemente einer neuen Ordnung. In einem Schreiben vom 22. Juli 1945 schreibt P. Oswald von Nell-Breuning SJ an Erzbischof Jaeger: „Nach der grundsätzlichen Säkularisierung und Profanierung der Welt durch den Nationalsozialismus (wenn auch keineswegs durch ihn allein) haben wir nicht bloß sakrale Räume in die Welt hinein zu bauen, sondern das gesamte menschliche Leben auch als Gemeinschaftsleben wieder zu versittigen und zu verchristlichen.“[91] Diese Gedanken entspringen seiner Tätigkeit im Königswinterer Kreis, einer lockeren Vereinigung katholischer Sozialethiker, die sich bereits seit 1930 traf. Auf den folgenden Seiten entfaltet Nell-Breuning seine Vorstellungen von Koalitionsfreiheit, Subsidiaritätsprinzip, Verfasstheit von Arbeitnehmervertretungen. Er beschließt seinen Brief mit den Worten: „In Königswinter formulierten wir: soviel Staat als nötig, soviel freie Gesellschaft als möglich. Ganz ebenso gilt: soviel Kirchenamtlichkeit als nötig, soviel freigesellschaftliche Entfaltung des Christenlebens als möglich. Beides zusammen macht erst die Lebensfülle des corpus Christi mysticum aus!“[92] Dies ist das Gedankengut, mit dem sich Jaeger nun in der Nachkriegszeit umgibt. Über

88 EBAP, NL Jaeger, Akte Nr. 503, Bl. 15.

89 EBAP, NL Jaeger, Akte Nr. 1251, Bll. 124 und 119.

90 Besonders umfassend ist ein Bericht über die Pfingsttagung der Katholischen Osthilfe in Lippstadt vom 8.–10. Juni 1946, in dem nahezu alle Lebensbereiche angesprochen werden. EBAP, NL Jaeger, Akte Nr. 466, Bll. 53–55.

91 EBAP, NL Jaeger, Akte Nr. 927, Bl. 80. Der Brief ist nicht unterschrieben und scheint eine Durchschrift zu sein. Möglicherweise war der mit „Hochwürdigste Excellenz“ angeschriebene Adressat der noch nicht zum Kardinal erhobene Erzbischof Frings von Köln.

92 Ebd., Bl. 81.

die Aktivitäten des Königswinterer Kreises, dem neben Nell-Breuning noch weitere profilierte Vertreter der Katholischen Soziallehre angehörten, war er jedenfalls ab 1945 durchgehend informiert.[93]

Im vorliegenden Beitrag wurde der Versuch einer Darstellung der Überlieferung zur Person Lorenz Jaegers für die Zeit des Nationalsozialismus unternommen. Dabei wurde der Nachlass des Erzbischofs in den Kontext der bislang verfügbaren Quellen gestellt. Folgende Erkenntnisse erscheinen als wesentlich:

Die ältere Forschung hat die Komplementärüberlieferung zum Nachlass entsprechend der verwaltungsgeschichtlichen Einordnung Jaegers sorgfältig eingeordnet. Die Bestände, zu denen offizielles Schriftgut über seine Person entstanden sein könnte, sind weitgehend in die bisherige Forschung eingegangen. Neu erschlossene Bestände wie Jaegers Nachlass oder auch die Postkartensammlung des Altertumsvereins in der EAB erschließen vorwiegend persönliche oder private Sichtweisen Jaegers, die aus den Verwaltungsakten bislang nicht ersichtlich wurden oder auch nicht ersichtlich werden konnten.

In seinen Aufzeichnungen erscheint Jaeger insgesamt als jemand, der eher situativ handelt und sich daher eher als Verantwortungsethiker einordnen lässt, der seine Äußerungen und seine Handlungen zu den herrschenden Umständen ins Verhältnis setzt. Zur Illustration dieser Eigenschaft seiner Person leisten die neu erschlossenen wie auch die bereits bekannten Quellen ihren Beitrag. Diese Frage weitergehend zu klären ist jedoch eher ein Projekt des vorliegenden Sammelbandes als Ganzem als dieses Beitrages.

93 EBAP, NL Jaeger, Akte Nr. 463. Jaegers Zugehörigkeit zu dem Kreis ist zumindest ab 1951 gesichert (vgl. Bl. 91).

Bücher aus der Bibliothek Lorenz Kardinal Jaegers im Bestand der Erzbischöflichen Akademischen Bibliothek Paderborn

Hans-Walter Stork

Als Lorenz Kardinal Jaeger am 1. April 1975 im Alter von 82 Jahren starb, wurden ab August dieses Jahres Bücher seiner privaten Bibliothek aus dem Bischofshaus am Kamp in Paderborn in die Erzbischöfliche Akademische Bibliothek (im Folgenden: EAB) gebracht. Die Transportaktion wurde durchgeführt vom Bibliothekar der EAB Wilhelm Honselmann (1918–2007) und der studentischen Hilfskraft Hermann-Josef Schmalor (*1951), dem späteren Direktor der EAB.

Zunächst wurden die Bände in einem Magazin der EAB geschlossen aufgestellt und eine vorläufige Signatur „L" vergeben. Eine erste Sichtung brachte ein Ergebnis darüber, welche Bücher bereits in der EAB vorhanden waren und bei denen die Jaeger-Exemplare mithin Dubletten darstellten; diese wurden ausgesondert und nicht weiter bearbeitet.

Bei dieser Aktion wurden auch jene Bücher aus dem Bischofshaus in die EAB verbracht, die nach dem Tode des Paderborner Dompropstes Paul Simon (23. August 1892–25. November 1946)[1] dort untergestellt wurden; heute lässt sich leider nicht mehr feststellen, wie viele und welche Bände es insgesamt waren. Ein besonders kostbarer Band zeigt die hier zu schildernde Geschichte der Jaeger-Bibliothek wie in einem Brennglas: Eine Inkunabelausgabe der Schrift *De civitate Dei* des Aurelius Augustinus, 1489 bei Johann Amerbach in Basel[2] gedruckt, stammt ursprünglich aus der Bibliothek des Münsteraner Patrologen Franz Joseph Dölger (18. Oktober 1879–17. Oktober 1940), wie sein Exlibris-Stempel auf einem Vorsatzblatt zeigt[3], der den Band an Paul Simon weitergab. Von dort kam er in die Bibliothek Lorenz Kardinal Jaegers – mit

1 Riesenberger, Dieter: Der Paderborner Dompropst Paul Simon (1882–1946); Ernesti, Jörg: Paul Simon – Humanist und Pionier der Ökumene.

2 Bibliothek des Johann-Adam-Möhler-Instituts, AA/K7/205. Zur Inkunabel vgl. Hartig, Matthias/Hengst, Karl/Reker, Matthias: Die Inkunabeln in der Erzbischöflichen Akademischen Bibliothek Paderborn, 89, Nr. 65.

3 Die Formulierung des Eigentümer- oder Exlibris-Stempels „Tene me quia fugi et revoca me ad Fr. J. Dölger" kommt von den Bleiplaketten, mit denen römische Sklaven gekennzeichnet wurden; Paul Simon hatte die Formulierung auch für seinen Exlibris-Stempel übernommen.– Zu Dölger vgl. Klauser, Theodor: Franz Joseph Dölger, 1897–1940.

dessen Eigentumsstempel „Bibliotheca Laurentiana Paderborn" und von da in die Bibliothek des Johann-Adam-Möhler-Instituts. (s. Abb. 1)

Insgesamt handelte es sich um ca. 500 Bände monographischen Charakters und ca. 30 Zeitschriftenserien, die aber nicht in sich vollständig waren. Die zu akzessionierenden, also in den Bestand zu integrierenden Bände wurden daraufhin in das handschriftlich geführte Zugangsbuch für das Jahr 1975 aufgenommen. Die Buchzugänge eines jeden Jahres werden in diesen Journalen laufend gezählt, ein Kurztitel notiert und der Lieferant aufgeführt; die Bücher Lorenz Jaegers sind aufgrund des Vermerks „Lieferant: Kardinal" eindeutig zu identifizieren. In der weiteren Bearbeitung erhielten die Monographien die ansonsten in der EAB auch übliche Signatur, die sich aus dem Jahr der Erwerbung (also 1975) und der fortlaufenden Nummer zusammensetzt; den Beginn macht mit der Signatur 75, 557 die Festschrift für Georg Schreiber: „Zwischen Wissenschaft und Politik"; ein Widmungsexemplar des durch die Festschrift geehrten Münsteraner Prälaten mit dessen handschriftlicher Widmung: „Seiner Exzellenz Dr Jäger (sic!) Erzbischof von Paderborn verehrungsvoll überreicht. Münster, den 24.12.1953 Georg Schreiber". Eine erste Möglichkeit, die Bücher festzustellen, die durch die Übernahme der Jaeger'schen Bibliothek in die EAB gekommen sind, besteht also in der entsprechenden Auswertung des Zugangsjournals für 1975.

Mit den Zeitschriften bzw. Jahrbüchern wurde anders und nicht so konsequent wie bei den Monographien verfahren. Lorenz Jaeger verfügte in seiner Bibliothek zwar über einige Jahrbücher und Zeitschriften, davon besaß er aber auch nur – und verständlicher Weise – die Ausgaben aus jenen Jahren, in denen ihn die Zeitschriften vermutlich interessierten bzw. gelegentlich auch durch Geschenke in seinen Besitz kamen. Wenn es sich um nur wenige Nummern von Zeitschriften handelte, wurden die Bände wie Monographien behandelt; ein Beispiel ist etwa das „Schlesische Priesterjahrbuch", bei dem sich unter der Signatur 75, 598 *ein* privat gebundener Band findet. Wenn die Bibliothek Lorenz Jaegers allerdings mehrere Bände einer Zeitschrift oder eines Jahrbuches aufwies (und die EAB diese noch nicht im Bestand hatte, was aufgrund der Schäden am Bestand aufgrund des Zweiten Weltkrieges, bei dem etwa 20–30% der Zeitschriften vernichtet wurden, häufig vorkam), wurden diese Bände nicht unter dem Erwerbungsjahr 1975 akzessioniert, sondern unter der sog. Grundsignatur „Z" für Zeitschriften aufgestellt. Die Signatur der in der EAB abonnierten Zeitschriften setzt sich bis heute zusammen aus dem Kürzel „Z" und dazu einer fortlaufenden Nummer.

Die Bände aus der Bibliothek Lorenz Jaegers wurden in den Monaten ab August 1975 nach den Katalogisierungsregeln für wissenschaftliche Bibliotheken verzeichnet und die sog. Titelkarten in das Zettelkastensystem der EAB integriert. Sämtliche Bände sind dort bis heute nachgewiesen, aber ohne einen Vermerk auf den bischöflichen Vorbesitzer. Die Bücher selbst sind gestempelt mit einem Rundstempel „Bibliotheca Laurentiana – Paderborn". Die Akzession war im Wesentlichen im Jahr 1975 abgeschlossen; einige wenige Bände wurden 1976 nachakzessioniert. Die digitalen Katalogisate, die Titelaufnahme in den sog. OPAC, hielten in der EAB ab 1991 Einzug. Ab diesem Stichjahr werden die Neuerwerbungen nur noch in diesem öffentlich zugänglichen Online-Katalog verzeichnet. Seitdem bestehen in der EAB also zwei Katalogsysteme nebeneinander und gleichwertig: der Zettelkatalog bis 1990, der OPAC ab 1991. Die Beschäftigung mit der Person Lorenz Kardinal Jaegers hat es mit sich gebracht, dass für die Bände aus seiner Bibliothek die Katalogaufnahmen im Zettelkatalog erneut für den OPAC der EAB aufgenommen werden. Diese Retrokatalogisierung ist im Jahr 2020 abgeschlossen worden. Im OPAC kann man dann gezielt nach dem Vorbesitzer Lorenz Kard. Jaeger suchen und sich die in die EAB gelangten Bände seiner Bibliothek zusammenstellen; das ist die zweite Recherchemöglichkeit nach Büchern aus der Jaeger'schen Bibliothek.

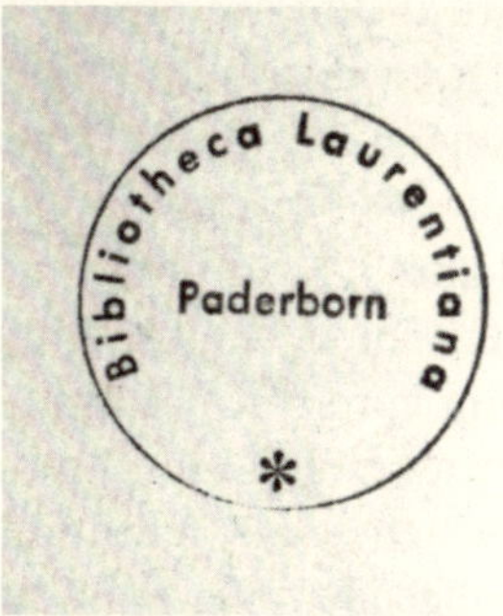

Stempel der „Bibliotheca Laurentiana Paderborn"

Durchmustert man die etwa 500 Bücher Lorenz Jaegers, wird man konstatieren müssen, dass er offensichtlich keinen systematischen Bestandsaufbau vornahm. Viele Bände seiner Privatbibliothek sind als Geschenk dorthin gelangt; vieles bekam Jaeger in den Gemeinden überreicht, die er besuchte, und bei ähnlichen Anlässen. Zahlreiche Bücher sind nicht theologische Fachliteratur im eigentlichen, akademischen Sinne, sondern behandeln Fragen, die derzeit in der öffentlichen Diskussion zu Theologischem besprochen wurden. Genannt seien etwa die mit der ökumenischen Übersetzung der Bibel einhergehenden Publikationen[4] oder die Veröffentlichung des Rottenburger Priesters Karl Hermann Schelkle (1908–1988): „Theologie des Neuen Testaments", deren vierter Band „Seiner Eminenz dem hochwürdigsten Herrn Erzbischof Lorenz Kardinal Jaeger Paderborn" gewidmet ist.[5] Benutzungs- oder Lesespuren finden sich dort indes nicht. In die Bibliothek sind auch Werke (wie Schematismen, Personalkataloge u.ä.) gelangt, die man dem Amtsschrifttum zuzählen muss. Durchaus quantifizierbar sind auch die Bestände an pastoraltheologischer und katechetischer Literatur. Einen gewissen Schwerpunkt bilden darüber hinaus Publikationen zur christlichen Baukunst; so besaß Jaeger zahlreiche relevante Bände aus der Serie „Deutsche Kunstführer", die westfälische Bauwerke vorstellen.

4 Z.B. 72, 201: Ökumenische Übersetzung der Bibel: Die Altkirchlichen Perikopen. Stuttgart 1972.

5 Signatur 75, 619 [4.1].

Schrifttum aus den Jahren 1933 bis 1945 ist zwar vorhanden, aber es handelt sich durchweg um kirchliche/theologische Literatur. Eine gezielte Auseinandersetzung mit den Werken nationalsozialistischer Autoren oder gar der Besitz von Hauptwerken dieser Autoren ist nicht nachweisbar. (Ohne dass Indizien hierfür benannt werden könnten, ist nicht auszuschließen, dass, insofern solche Werke sich überhaupt im Bestand Jaegers befunden haben, diese schon vor seinem Tod aussortiert wurden.)

In die Kriegszeit der beiden Weltkriege verweisen lediglich zwei schmale Schriften – fast gewinnt man den Eindruck, sie seien zufällig im Bestand verblieben. Unter der Signatur 75, 587 verwahrt die Bibliothek die „Erinnerungen an die Jagdstaffel 43. Aus dem Kriegstagebuch eines katholischen Priesters" von Studienrat Engelbert Niebecker aus Borken in Westfalen. Obwohl gedruckt, scheint es sich dabei um die Fahnenabzüge eines noch zu publizierenden Werkes zu handeln; das Format ist mit 38 x 19 cm für ein Buch unüblich. Die acht, nur auf einer Seite gedruckten, in vier Spalten gesetzten Blätter bringen die Erinnerungen des Fliegers Engelbert Niebecker in der Zeit vom 1.12.1917 bis zum 10.3.1918. Zwei (nicht näher bezeichnete) schwarzweiß-Abbildungen zeigen sein Jagdflugzeug. Auf der letzten Seite ist ein doppelt gesetzter Passus ausgestrichen. – Derzeit will es nicht gelingen, dieses kurze Kriegstagebuch Niebeckers in gedruckter Form, aber anderem Layout, in einer Bibliothek nachzuweisen. Vielleicht ist die geplante Publikation nicht zustande gekommen, und nur die Druckfahnen in der Bibliothek Lorenz Jaegers sind ein Zeugnis des Kriegstagebuchs dieses katholischen Priesters und engagierten Pädagogen.[6]

Nur als hektographierte Vervielfältigung hat sich in Jaegers Bibliothek ein Exemplar des „Rundbriefs der katholischen Lagergemeinde St. Etienne/Loire" vom Januar 1948 erhalten (Sign. 75, 585)[7]. Es sind vier Blätter auf schlechtem Papier, die, ursprünglich auf Briefformat gefaltet, verschickt wurden. Gedichte von Franz A. Hoyer „Die neue Fahrt", Abschnitte aus Josef Piepers „Christenfibel" sind abgedruckt und – in unserem Zusammenhang von Interesse – ein Brief Lorenz Jaegers: „[...] Ich werde in den Weihnachtstagen viel für sie (sic!) beten, für die Erfüllung ihrer Herzen mit dem Lichte und dem Trost der heiligen Nacht und für die baldige Rückkehr zu ihren Lieben." Jaegers – wie man annehmen darf – Belegstück ist das einzige derzeit nachweisbare Exemplar dieser Lagerzeitung. – Bei genauer Auswertung der Jaeger'schen Bibliothek – die in dieser Übersicht nicht stattfinden kann – werden sicherlich noch mehrere solcher Publikationen aufgefunden und ausgewertet werden.

Auch wenn die private Bibliothek Jaegers mit solchen Trouvaillen aufwartet, wird man sie weder fachspezifisch noch etwa bibliophil ausgerichtet

6 Vgl. Fritsch, Bruno: Engelbert Niebecker (1895–1955).
7 Ein Digitalisat der kleinen Schrift kann über den OPAC der Bibliothek aufgerufen werden.

Exlibris von Erzbischof Jaeger

nennen können. Dennoch besaß der Erzbischof ein Exlibris, das in vielen Büchern seiner Bibliothek im Vorderdeckel eingeklebt ist. Das fast quadratische, ca. 10 x 10 cm große Exlibris ist auf gelblichem Papier in schwarzer Farbe, holzschnittartig, gedruckt. Motiv ist das bischöfliche Wappen Jaegers mit seinem Leitspruch *Vita et Pax*, gerahmt von der umlaufend platzierten Inschrift *Ex libris* (oben) *Laurentii Jaeger* (unten) *Archiepiscopi* (links) *Paderbornensis* (rechts). Das Exlibris ist rechts unten monogrammiert; das Monogramm (verbundenes CHS) entzieht sich aber einer Zuordnung zu einem Künstler.

Ging es bisher um die private Bibliothek des Paderborner Erzbischofs und Kardinals, ist darüber hinaus noch auf etwa 20 liturgische Drucke hinzuweisen, die aus der bischöflichen Kapelle im Bischofshaus stammen: Missale und Pontifikale, auch Teilausgaben daraus, von der Barockzeit bis zu den letzten vorkonziliaren Auflagen – also solche Liturgica, die der Erzbischof bei den verschiedenen gottesdienstlichen Feiern und bischöflichen liturgischen Handlungen benötigte. Vor allem die Pontifikale hat Jaeger wertgeschätzt und Bemerkungen zu Vorbesitzern u.ä. hineingeschrieben.[8] In einigen davon findet sich der Rundstempel „Laurentius Archiepiscopus Paderbornensis". Meistens weisen diese Bücher keine Eigentumseintragungen auf, denn sie gehörten nicht dem Erzbischof als Privatperson, sondern dem bischöflichen Haus.

8 Eine Dokumentation dieses Teilbestandes aus der Bibliothek des Paderborner Erzbischofs wird vorbereitet; die z.T. seltenen Drucke werden derzeit bibliographisch für den Katalog der EAB (OPAC) erfasst; anschließend sollen herausragende Einzelexemplare digitalisiert werden.

Sie waren auch nicht in der Privatbibliothek untergebracht, sondern in der Kapelle selbst. Beim Gebrauch der Liturgica hat die Kirchengeschichte den Paderborner Erzbischof eingeholt.[9] Das Zweite Vatikanische Konzil brachte neue liturgische Bücher; die früheren waren liturgisch überholt und wurden zu Bibliotheksgut.

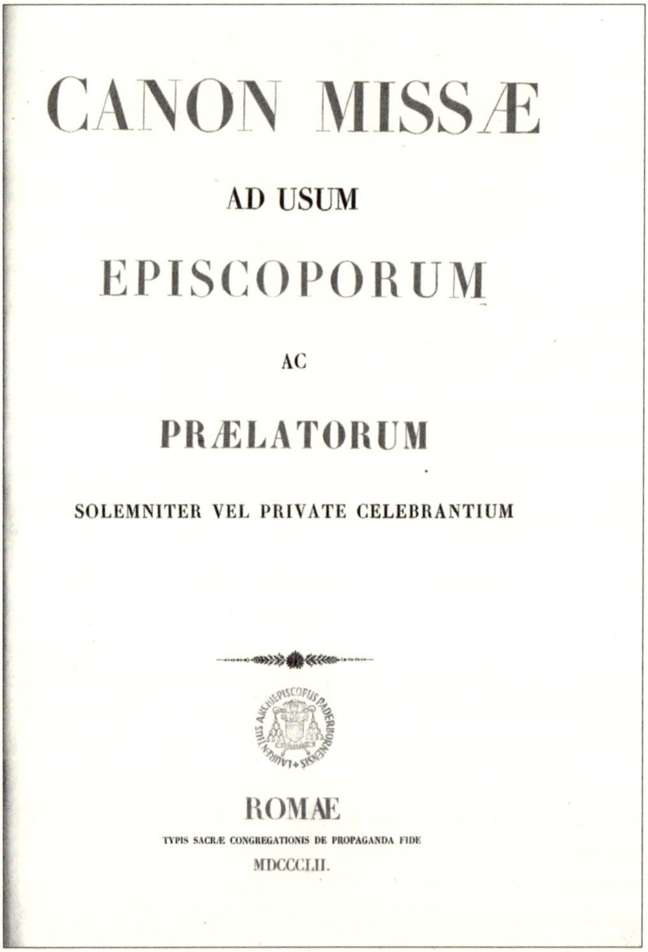

CANON MISSÆ

AD USUM

EPISCOPORUM

AC

PRÆLATORUM

SOLEMNITER VEL PRIVATE CELEBRANTIUM

ROMAE

TYPIS SACRÆ CONGREGATIONIS DE PROPAGANDA FIDE

MDCCCLII.

Rundstempel ‚Laurentius Archiepiscopus Paderbornensis', der auch als Exlibris-Stempel verwendet und in Büchern angebracht wurde.

9 Vgl. Kopp, Stefan: Gute Hirten und wahre Väter, 105 in Anm. 23: „Die Bischofsweihe von Johannes Joachim Degenhardt, dem späteren Erzbischof von Paderborn [und Nachfolger von Lorenz Kardinal Jaeger; Vf.] am 1. Mai 1968 war die erste Bischofsweihe im erneuerten Ritus in Deutschland."

Lorenz Kardinal Jaeger (1892–1975) – Eine biographische Skizze

Detlef Grothmann / Dina van Faassen

Herkunft und Kindheit (1892–1904)

Friedrich Heinrich Lorenz Jaeger wurde am 23.9.1892 in Halle an der Saale geboren. Er war das älteste von fünf Kindern der Eheleute Lorenz und Anna Liberta Jaeger, geb. Enke.[1] Die Familie Lorenz Jaeger sen. stammte aus dem katholischen Eichsfeld, diejenige Anna Enkes aus dem evangelischen Saalekreis westlich von Halle. Beide Familien kamen aus kleinbäuerlichen bzw. kleinbürgerlichen Verhältnissen.[2] Der Urgroßvater des späteren Kardinals väterlicherseits, der Weber Josef Christoph Jaeger (1801–1855) aus Caffenhausen heiratete 1825 Maria Magdalena Raub. Deren Sohn, der 1834 geborene Johannes Jaeger, war Landbriefträger und dürfte in den 1850er oder 1860er Jahren mit seiner 1839 zu Martinsfels im Eichsfeld geborenen Ehefrau Maria Anna Schade in die 1900 in die Stadt Halle eingemeindete kleine Gemeinde Trotha verzogen sein, wo er 1875, erst 41jährig, seine Ehefrau 19 Jahre später 55jährig verstarb. Ihr Sohn Lorenz, der Vater des späteren Kardinals, war am 21.8.1867 in Trotha zur Welt gekommen.[3]

Der Urgroßvater Anna Enkes, Tobias Enke (1761–1839) war Bauer in Nahlendorf im Kreis Querfurt. Dessen Sohn Samuel Enke (1800–1870) führte den bäuerlichen Betrieb in Nahlendorf weiter. Sein Erstgeborener Friedrich Wilhelm Enke (27.6. 1825–14.10.1879) heiratete am 26.9.1852 Johanna Lohse (18.9.1829–10.5.1873) aus Breda, Kreis Querfurt. Beide verzogen entweder in den 1850er oder den 1860er Jahren nach Tornau bei Halle, wo Enke als „Aufseher" tätig war. Ihre Tochter Anna Liberta, die Mutter Lorenz Jaegers, war dort am 11.5.1863 zur Welt gekommen.[4] Am 8.7.1891 heiratete sie den vier Jahre jüngeren Lorenz Jaeger in Halle und dürfte noch vor 1904 zum Ka-

1 EBAP, NL Jaeger, Nr. 1761 (Ahnentafel); Joppen, Rudolf: Das Erzbischöfliche Kommissariat Magdeburg, Teil 10, 1978, 130; Schoppmeyer, Heinrich: Lorenz Jaeger, 185 u. 202 (dort Hinweise auf weitere Literatur).

2 EBAP, NL Jaeger, Nr. 1761; Pape, Matthias: Erzbischof Lorenz Jaeger von Paderborn im Kampf gegen den antichristlichen Bolschewismus, 146f.

3 EBAP, NL Jaeger, Nr. 1761.

4 Ebd.

Die Eltern Lorenz und Anna Jaeger geb. Enke

tholizismus konvertiert sein, wie aus dem Hauptregister des Standesamtes in Halle/Saale hervorgeht.[5]

Die Stadt Halle lag damals in der preußischen Provinz Sachsen und erlebte als geographischer Mittelpunkt des mitteldeutschen Industriereviers zwischen Magdeburg und Leipzig – wie das gesamte deutsche Kaiserreich der Hohenzollern – einen enormen wirtschaftlichen Aufstieg. Allein zwischen der Reichsgründung 1871 und der Wende zum 20. Jahrhundert stieg die Einwohnerzahl der Stadt Halle aufgrund hoher Geburtenraten, Zuwanderung und Eingemeindungen von 50.000 auf über 100.000 an. Die von der Eisen- und Chemieindustrie dominierte diversifizierte Wirtschafts- und Gewerbestruktur der Stadt mit ihrem ebenfalls industriell durchsetzten ländlichen Umland und einer straff organisierten, aber unterprivilegierten Arbeiterschaft auf der einen und einem konservativen Bürgertum einschließlich des dort stationierten Militärs auf der anderen Seite barg ein politisch-soziales Konfliktpotential, das allerdings erst nach 1914/18 zum Ausbruch kam.[6] Die Stadt war bereits zur Hohenzollernzeit eine Hochburg der Sozialdemokratie, die sich nach der Aufhebung des (1878 erlassenen) Sozialistengesetzes während ihres Hallenser Parteitages 1890 von der SAP zur SPD umkonstituierte.[7] Halle war – wie nahezu ganz Mitteldeutschland – stark vom Protestantismus geprägt; der Anteil der Katholiken war mit 0,5%, d.h. wenigen hundert Menschen um 1900 äußerst gering, eine gemischt-konfessionelle Ehe wie die von Lorenz und Anna Jaeger schon aus diesem Grunde sehr selten.[8]

Lorenz Jaeger sen. dürfte wahrscheinlich schon zur Zeit seiner Heirat als Eisendreher in der 1864 gegründeten Maschinenfabrik Riedel & Kemnitz beschäftigt gewesen sein, die nach dem Aufkauf der Eisengießerei Jung & Most im Jahre 1872 zur Halleschen Maschinenfabrik und Eisengießerei AG umge-

5 Stadtarchiv Halle/Saale, Standesämter, Hauptregister, Nr. 257 für 1904. Die Berufsangabe „Aufseher“ wird in den Quellen nicht präzisiert.

6 Hauser, Andrea/Kügler, Tobias/Minner, Katrin/Petri, Rolf: Stadt im Aufbruch; Schmuhl, Hans-Walter: Halle in der Weimarer Republik.

7 U.a. Fikentscher, Rüdiger: Seit 1890 denselben Namen: SPD.

8 Schoppmeyer, Heinrich: Lorenz Jaeger, 185.

Hallesche Maschinenfabrik und Eisengiesserei

baut und räumlich erweitert worden war.[9] Die erste Wohnung fanden die Eheleute Jaeger 1892 am Mühlweg 50 in unmittelbarer Nähe der Fabrik – einem Haus, in dem neben der Familie Jaeger der Firmeneigentümer Richard Riedel, ein Gerichtsassistent und zwei Rentiers lebten.[10] Aufgrund des Familienzuwachses – nach Lorenz (1892) wurden die Söhne Paul Otto (1894) und Felix Hermann (1896) und die Töchter Anna Elisabeth (1898) und Anna (genannt Anni) (1901) geboren – musste die Familie Jaeger seit 1896 zunächst in die nahegelegene Bessemer Straße 23 und seit 1899 in die Bruckdorfer Straße 2 umziehen.[11] Die Auflistung der Berufe der Mieter lässt darauf schließen, dass sie bestrebt war, sich einen zumindest kleinbürgerlichen Lebenszuschnitt zu erarbeiten.[12] Lorenz als ältestes Kind der Jaegers wurde 16 Tage nach seiner

9 Schriftliche Mitteilung Rolf Jacob (Leiter des Stadtarchivs Halle/Saale) v. 17.3.2018.

10 Stadtarchiv Halle/Saale, Adressbücher der Stadt Halle für 1892, 1896, 1897, 1899, 1900, 1904 und 1908.

11 Ebd. und Schoppmeyer, Heinrich: Lorenz Jaeger, 185f; Brandt, Hans Jürgen: Lorenz Kardinal Jaeger, 1454. Jaegers Schwester Anna Elisabeth starb bereits 1900.

12 Stadtarchiv Halle/Saale, Adressbücher der Stadt Halle für 1892, 1896, 1897, 1899, 1900, 1904 und 1908. Bessemer Straße 23 für 1897: 1 Maurermeister, 1 Werkmeister, 1 Maurer, 1 Handelsmann, 1 Müller, 1 Postschaffner, 1 Kupferschmied, 1 Barbier, 1 Restaurator und 1 Kaufmann.

Geburt – am 9.10.1892 – im Betsaal der Pfarrei St. Franziskus und Elisabeth durch Pfarrer Christian Schwermer getauft.[13] Die Kindheit Lorenz Jaegers und die seiner Geschwister verlief in engen wohnlichen und materiellen Grenzen, die einer – auch noch so strebsamen – Arbeiterfamilie in der Kaiserzeit gesetzt waren. Lorenz Jaeger besuchte von 1899 bis 1903 zunächst die katholische Volks- bzw. Grundschule und seitdem – für ein Kind aus der Arbeiterschaft in der damaligen Zeit eher ungewöhnlich – das (protestantische) Gymnasium der Franckeschen Stiftungen unweit der Propsteikirche in Halle.[14] Am 17.2.1904 verstarb der Vater aufgrund einer Lungenentzündung im Alter von nur 37 Jahren.[15] Ein Testament oder ein zu hinterlassendes Vermögen war nicht vorhanden, folglich stand die Familie nahezu mittellos da. Die Mutter sah sich nicht imstande, das notwendige Schulgeld für ihr ältestes Kind aufzubringen.[16]

Jugend und Studienbeginn (1904–1914)

Lorenz Jaeger musste das Gymnasium in Halle als Sextaner verlassen und erhielt einen Platz in dem von den Olper Franziskanerinnen geführten Waisenhaus in der Kreisstadt Oschersleben im Regierungsbezirk Magdeburg. Dort wurde er durch Sr. M. Rufina betreut, privat unterrichtet und ging 1905 bei Pfarrer Clemens Schütte zur Erstkommunion.[17] Die Franziskanerinnen sorgten 1907 dafür, dass Lorenz Jaeger und sein Bruder Paul, der Lehrer werden sollte, aber bereits 1914 als Soldat fiel, nach einer Visitation des Waisenhauses in Oschersleben durch die Generalassistentin und spätere Generaloberin Sr. M. Verena Schulte in das Waisenhaus im stark katholisch geprägten sauerländischen Olpe in Westfalen wechseln und die dortige Rektoratsschule (höhere Stadtschule) besuchen konnten.[18] Dort trat der 16jährige Schüler Lorenz Jaeger u.a. im Rahmen eines Festaktes aus Anlass des 50. Geburtstages Kaiser

13 Brandt, Hans Jürgen: Lorenz Kardinal Jaeger, 1454 mit Anm. 2.

14 Heim, Bernd: Braune Bischöfe fürs Reich?, 611; Schoppmeyer, Heinrich: Lorenz Jaeger, 185; Joppen, Rudolf: Das Erzbischöfliche Kommissariat Magdeburg, Teil 10, 130f.

15 Stadtarchiv Halle, Todesbescheinigung vom 19.2.1904 für den 17.2.1904 (wg. Lungenentzündung wg. vorheriger Luftröhrenentzündung); EBAP, NL Jaeger, Nr. 1761 (Ahnentafel); Joppen, Rudolf: Das Erzbischöfliche Kommissariat Magdeburg, Teil 10, 130f; Stüken, Wolfgang: Hirten unter Hitler, 50.

16 Stadtarchiv Halle/Saale, Auszug Standesamt; Joppen, Rudolf: Das Erzbischöfliche Kommissariat Magdeburg, Teil 10, 130; Stüken, Wolfgang: Hirten unter Hitler, 50f.; Brandt, Hans Jürgen: Lorenz Kardinal Jaeger, 1454.

17 Heim, Bernd: Braune Bischöfe fürs Reich?, 611; Joppen, Rudolf: Das Erzbischöfliche Kommissariat Magdeburg, Teil 10, 130f.; Stüken, Wolfgang: Hirten unter Hitler, 50; Schoppmeyer, Heinrich: Lorenz Jaeger, 186.

18 Joppen, Rudolf: Das Erzbischöfliche Kommissariat Magdeburg, Teil 10, 130f.; Brandt, Hans Jürgen: Lorenz Kardinal Jaeger, 1454; Stüken, Wolfgang: Hirten unter Hitler, 50.

Die Mutter Anna Jaeger mit ihren Kindern in Olpe Westf. (Lorenz 3. v. l.)

Wilhelms II. im Jahre 1909 als „Deutscher Genius" in dem Schülerfestspiel „Huldigung der Stände" auf.[19]

Bereits 1908 war die Mutter Lorenz Jaegers, die mit seinen übrigen Geschwistern bis dahin noch in Halle gewohnt hatte, mit Hilfe der Franziskanerinnen nach Olpe und damit „in eine andere Welt" übergesiedelt.[20] Dort verdiente Sie den Unterhalt für sich und ihre Kinder als Köchin im „Kölner Hof".[21] Der junge Lorenz Jaeger, der seine Mutter über alles schätzte und den Olper

19 EBAP, NL Jaeger, Nr. 1337 (Lebenszeugnisse).

20 Schoppmeyer, Heinrich: Lorenz Jaeger, 185f.; Brandt, Hans Jürgen: Lorenz Kardinal Jaeger, 1454; Stüken, Wolfgang: Hirten unter Hitler, 50.

21 Stüken, Wolfgang: Hirten unter Hitler, 50; Chronik der Olper Franziskanerinnen; Brandt, Hans Jürgen: Lorenz Kardinal Jaeger, 1454f. Anna Jaeger begleitete ihren Sohn seit 1922 auf allen Dienststellen und führte seinen Haushalt.

Franziskanerinnen zeitlebens für ihre Fürsorge dankbar war, wechselte 1909 als Untersekundaner an das Engelbert vom Berg-Gymnasium nach Wipperfürth, das sich damals im alten Gebäude des ehemaligen Franziskanerklosters befand. Jaeger wohnte dort im Konvikt, dem heutigen Karl-Josef-Haus am Rathausplatz.[22] Am 18.3.1913 bestand er als Klassenbester im Alter von 20 Jahren das Abitur. Von Mathematik abgesehen („Genügend"), schloss Lorenz Jaeger sämtliche Fächer mit der Note „Gut", die Fächer Religion, Betragen und Fleiß mit der Note „sehr gut" ab. Da er das Gymnasium verließ mit dem Ziel, Theologie zu studieren, wurde er von der mündlichen Prüfung befreit.[23] Wenige Wochen nach dem Ende seiner Gymnasialzeit, am 23.4.1913, nahm Lorenz Jaeger ein Studium der Theologie und Philosophie an der Bischöflich-Philosophisch-Theologischen Lehranstalt in Paderborn auf. Zum Ende des Wintersemesters 1913/14 legte er dort eine erste akademische Zwischenprüfung ab.[24] Zum Sommersemester 1914 wechselte er zur Universität München, wo er u.a. Vorlesungen in Moraltheologie, Psychologie, Christologie, Kirchengeschichte, Geschichte der neuesten Philosophie seit Kant, Einführungskurse bzw. Seminare für experimentelle Psychologie und Anthropologie besuchte.[25] Zur gleichen Zeit war er offensichtlich als Gasthörer am Philosophischen Seminar der Westfälischen Wilhelms-Universität Münster eingeschrieben.[26]

Kriegsteilnahme und Gefangenschaft (1914–1919)

Am 1.8.1914 begann mit dem Ausbruch des 1. Weltkrieges eine Jahrhundertkatastrophe.

Ob der Theologiestudent Lorenz Jaeger wie zahlreiche junge Männer seiner Jahrgänge mit dem Bewusstsein zu den Fahnen geeilt ist, in einen gerechten Krieg zu ziehen und „mit Gott" Kaiser und Vaterland zu verteidigen, lässt sich aufgrund des Mangels an Selbstzeugnissen aus dieser Zeit nur schwerlich klären.[27] Obwohl nicht nachgewiesen ist, dass er Kriegsfreiwilliger war,

22 EBAP, NL Jaeger, Nr. 237: Wipperführter Nachrichten v. September 1962; Stüken, Wolfgang: Hirten unter Hitler, 51; Joppen, Rudolf: Das Erzbischöfliche Kommissariat Magdeburg, Teil 10, 131.

23 EBAP, NL Jaeger, Nr. 1337 (Lebenszeugnis, hier: Bl. 1); Schoppmeyer, Heinrich: Lorenz Jaeger, 186 und Stüken, Wolfgang: Hirten unter Hitler, 51.

24 EBAP, NL Jaeger, Nr. 236 (Personalakte: Zeugnisse, Dokumente, Bl. 8 und 44); Heim, Bernd: Braune Bischöfe fürs Reich?, 611; Schoppmeyer, Heinrich: Lorenz Jaeger, 186; Stüken, Wolfgang: Hirten unter Hitler, 50.

25 EBAP, NL Jaeger, Nr. 236, Bl. 23 und 35; Joppen, Rudolf: Das Erzbischöfliche Kommissariat Magdeburg, Teil 10, 130.

26 EBAP, NL Jaeger, Nr. 236, Bl. 35.

27 Schoppmeyer, Heinrich: Lorenz Jaeger, 186; Pape, Matthias: Erzbischof Lorenz Jaeger von Paderborn im Kampf gegen den antichristlichen Bolschewismus, 151.

ist vorstellbar, dass auch Jaeger von einer allgemeinen patriotischen Begeisterung infiziert worden war, die Glauben machte, der Krieg könne binnen weniger Monate siegreich beendet werden. Drei Monate nach Kriegsbeginn, am 29.10.1914, wurde er als Soldat eingezogen. Er durchlief zunächst eine Ausbildung bei einem Reserve-Train-Bataillon im hessischen Darmstadt.[28] Bereits Weihnachten 1914 rückte er nach Frankreich aus. Schon bald wurde er von der Kavallerie zur Infanterie versetzt, durchlief eine Ausbildung als Offiziersanwärter und wurde am 20.6. zum Gefreiten ernannt.[29] Mitte August 1915 begann für den damals knapp 23jährigen der eigentliche Kampf- und Kriegseinsatz, der sich mit kurzen Unterbrechungen über mehr als drei Jahre bis zum Kriegsende im Oktober/November 1918 erstrecken sollte. Lorenz Jaeger war u.a. am Stellungskampf in der Champagne und westlich der Argonnen (19.8.–6.10.1915 und 22.1.–1.7.1916), an den Materialschlachten und Stellungskämpfen vor Verdun, die Hunderttausenden auf beiden Seiten das Leben kostete (15.7.–2.9.1916 und 26.10.–10.12.1916), ebenso beteiligt wie an Gefechten in Lothringen (4.2.–30.3.1917), der Doppelschlacht an der Aisne in der Champagne (16.4.–27.5.1917), den Stellungskämpfen bei Reims (ab 28.5.1917), der Tankschlacht bei Cambrais (20.–29.11.1917), der Frühjahrsoffensive 1918 u.a. an der Somme und bei Amiens und – im Verlauf der Rückzugsgefechte deutscher Truppen – an der Schlacht zwischen Cambrais und St. Quentin (17.9.–3.10.1918).[30]

Lorenz Jaeger dürfte als Infanterist häufig genug an vorderster Front eingesetzt worden und unmittelbarer Zeuge der Auswüchse der modernen Kriegsführung gewesen sein.[31] Er war am 21.3. zum Vizefeldwebel und am 31.7.1916 zum Leutnant der Reserve ernannt worden und führte zunächst die 8. Kompanie des Infanterieregiments Nr. 87. Wenig später, am 21.9.1916, wurde er zur Ausbildung an der „automatischen Feuerwaffe“, am Maschinengewehr also, kommandiert, am 12.11. zur II. Maschinengewehr-Kompanie des Infanterieregiments 87 beordert, am 27.5.1917 mit der Kompanieführerstelle der 12., dann der 7. (16.12.1917) und wieder der 12. Kompanie des Regiments (11.1.1918) betraut.[32] Mehrfach wurde Jaeger für seinen Kriegseinsatz und seine Tapferkeit mit hohen Auszeichnungen und Orden bedacht. Am 9.8.1916 erhielt er das

28 EBAP, NL Jaeger, 186; Stüken, Wolfgang: Hirten unter Hitler, 50.

29 EBAP, NL Jaeger, Nr. 228, Bl. 15f.; Schoppmeyer, Heinrich: Lorenz Jaeger, 186.

30 EBAP, NL Jaeger, Nr. 228, Bl. 35f.; Schoppmeyer, Heinrich: Lorenz Jaeger, 186; Stüken, Wolfgang: Hirten unter Hitler, 51; Pape, Matthias: Erzbischof Lorenz Jaeger von Paderborn im Kampf gegen den antichristlichen Bolschewismus, 151f.

31 Schoppmeyer, Heinrich: Lorenz Jaeger, 186; Stüken, Wolfgang: Hirten unter Hitler, 51; Pape, Matthias: Erzbischof Lorenz Jaeger von Paderborn im Kampf gegen den antichristlichen Bolschewismus, 151f.

32 Heim, Bernd: Braune Bischöfe fürs Reich?, 611f.; EBAP, NL Jaeger, Nr. 228, Bl. 15f.; Schoppmeyer, Heinrich: Lorenz Jaeger, 186; Stüken, Wolfgang: Hirten unter Hitler, 51.

Eiserne Kreuz II., am 15.8.1917 – nach der Tankschlacht von Cambrais – dasjenige I. Klasse. Am 27.9.1918 wurde ihm das Ritterkreuz des königlichen Hausordens von Hohenzollern mit Schwertern, ein eher selten vergebener, 1851 von König Friedrich Wilhelm IV. für Preußen gestifteter Orden, verliehen.[33]

Während der Rückzugsbewegung des deutschen Heeres geriet Lorenz Jaeger am 9.10.1918 mit den 13 Überlebenden seiner Kompanie in englische Gefangenschaft und wurde im Offizierslager Ripon in der Grafschaft North Yorkshire interniert.[34] Mehr als ein Jahr später – am 30./31.12.1919 – wurde er aus der Gefangenschaft und dem Heeresdienst entlassen und kehrte nach Deutschland zurück.[35]

Festzuhalten bleibt: Die Jahre seiner Kindheit und Jugend und die Zeit als Soldat und junger Frontkämpfer des 1. Weltkrieges einschließlich seiner über einjährigen Kriegsgefangenschaft – die Zeitumstände also – dürften auch Lorenz Jaeger entscheidend geprägt haben. Im Elternhaus, der Schule, in Kirche und Militär bildeten sich politische, religiöse und ethische Haltungen und Einstellungen heraus, die typisch für große Teile seiner Generation waren.[36] Aufgewachsen in einer zunächst gemischtkonfessionellen, dann mit der Konversion der Mutter rein katholischen, ins Kleinbürgertum strebenden katholischen Arbeiterfamilie in der stark protestantisch geprägten mitteldeutschen Industriestadt Halle an der Saale, in materiell begrenzten und räumlich beengten Verhältnissen, waren der frühe Tod des Vaters wie auch der spätere Kriegstod des Bruders Paul wenige Wochen nach Kriegsbeginn in Nordfrankreich schmerzliche Zäsuren in Lorenz Jaegers Leben. Es waren die Olper Franziskanerinnen, die mit der Übernahme der Erziehung der Jaeger-Brüder und der Fürsorge für ihre Mutter und Geschwister die Familie nicht nur vor einem möglichen sozialen Abstieg bewahrten, sondern sie auch aus dem großstädtisch-industriell-protestantischen Umfeld Mitteldeutschlands ins kleinstädtisch-ländlich-katholische Milieu des Sauerlandes holten.

Lorenz Jaeger laut Schoppmeyer oft zugeschriebene Charakterzüge wie innere und äußere Disziplin, Bescheidenheit, Sparsamkeit, Höflichkeit, sowie das Festhalten an Prinzipien und Geisteshaltungen sind möglicherweise aus der

33 EBAP, NL Jaeger, Nr. 228; Heim, Bernd: Braune Bischöfe fürs Reich?, 611f; EBAP, NL Jaeger, Nr. 228, Bl. 15f.; Schoppmeyer, Heinrich: Lorenz Jaeger, 186; Brandt, Hans Jürgen: Lorenz Kardinal Jaeger, 1455; Stüken, Wolfgang: Hirten unter Hitler, 51.

34 EBAP, NL Jaeger, Nr. 133, Bl. 19f.; ebd., Nr. 228, Bl 15f.; ebd., Nr. 236; Heim, Bernd: Braune Bischöfe fürs Reich?, 611f.; Schoppmeyer, Heinrich: Lorenz Jaeger, 186f; Brandt, Hans Jürgen: Lorenz Kardinal Jaeger, 1455; Stüken, Wolfgang: Hirten unter Hitler, 51.

35 EBAP, NL Jaeger, Nr. 228, Bl. 15f; ebd., Nr. 236; Heim, Bernd: Braune Bischöfe fürs Reich?, 612; Schoppmeyer, Heinrich: Lorenz Jaeger, 186; Joppen, Rudolf: Das Erzbischöfliche Kommissariat Magdeburg, Teil 10, 131; Brandt, Hans Jürgen: Lorenz Kardinal Jaeger, 1455; Stüken, Wolfgang: Hirten unter Hitler, 51.

36 Stüken, Wolfgang: Hirten unter Hitler, 51; Pape, Matthias: Erzbischof Lorenz Jaeger von Paderborn im Kampf gegen den antichristlichen Bolschewismus, 151.

familiären und außerfamiliären Sozialisation erklärbar. Seine Erziehung zur Katholizität im Sinne einer streng disziplinierten und hierarchisierten Glaubensgemeinschaft in Kirche und Leben in der Auseinandersetzung mit den Auswüchsen der modernen Welt mit ihren laizistischen Tendenzen[37] prägte ihn vermutlich ebenso nachhaltig wie der Aufstieg des wilhelminischen Deutschland als Gegenmodell zur Demokratie der westlichen Großmächte USA, Großbritannien und Frankreich in das nach dem Ende des Kulturkampfes (1887) und der Aufhebung des Sozialistengesetzes (1890) die katholische Volksminderheit, ja selbst Teile der sozialdemokratischen Arbeiterschaft hineinwuchsen, wie auch die Sehnsucht nach einer schichten- und konfessionsübergreifenden (Volks-)Gemeinschaft in der frühen Jugendbewegung. Die Einberufung als Soldat, die Teilnahme am Krieg über dessen gesamte Dauer hinweg, die Teilnahme an den mörderischen Stellungskämpfen und Materialschlachten der Westfront, das Leben nach militärischen Ordnungsprinzipien und Befehlsstrukturen, das Agieren im permanenten „Ausnahmezustand" als Normalzustand einschließlich der Verleihung hoher Auszeichnungen prägten Lorenz Jaeger und seine Generation nachhaltig.[38]

Studium – Priesterweihe – Pfarrvikar und geistlicher Studienrat in der Weimarer Zeit (1920–1933)

Als Lorenz Jaeger 1920 nach Deutschland zurückkehrte, fand er eine Welt vor, die seinen durch die Militär- und Kriegszeit geprägten Maßstäben und Ordnungsvorstellungen kaum mehr entsprechen konnte. Der aus der Revolution am 9., dem Thronverzicht des Kaisers am 10. und der Kapitulation am 11.11.1918, den Wahlen zur deutschen Nationalversammlung am 19.1. und der Verabschiedung der Reichsverfassung am 11.8.1919 hervorgegangene Weimarer Staat erwies sich von Beginn an als „Krisenrepublik".[39] Einem Jahrfünft schwersten Ringens um ihren Bestand mit Putschversuchen von rechts und links, den damit einhergehenden bürgerkriegsähnlichen Auseinandersetzungen mit Tausenden von Opfern insbesondere im Ruhrgebiet und in Mitteldeutschland einschließlich Jaegers alter Heimatstadt Halle, den Attentaten auf führende Repräsentanten des neuen (demokratischen) Staates und der Hyperinflation bis Ende 1923[40] folgten einige Jahre der politischen und wirtschaft-

37 Pape, Matthias: Erzbischof Lorenz Jaeger von Paderborn im Kampf gegen den antichristlichen Bolschewismus, 151 und Schoppmeyer, Heinrich: Lorenz Jaeger, 186–188.

38 Schoppmeyer, Heinrich: Lorenz Jaeger, 186–188.

39 Verwiesen sei auf die einschlägigen Gesamtdarstellungen zur Geschichte der Weimarer Republik, u.a. Kolb, Eberhard: Die Weimarer Republik; Schoppmeyer, Heinrich: Lorenz Jaeger, 188f.

40 Schoppmeyer, Heinrich: Lorenz Jaeger, 188f.

lichen Stabilisierung bis zum Beginn der Weltwirtschaftskrise 1929/30, die mit ihrer Massenarbeitslosigkeit, der politischen Radikalisierung und dem Aufstieg des Nationalsozialismus der Republik den Garaus machte.[41] Es war die katholische Zentrumspartei, der Lorenz Jaeger seit den 1920er Jahren als Mitglied angehörte, die gemeinsam mit der SPD, ihrer erklärten weltanschaulichen Gegnerin und den gemäßigten bürgerlichen Parteien (DDP, DVP, BVP, zeitweise der kaisertreuen DNVP) den Weimarer Staat zumindest bis 1930 stabilisieren half und stützte.[42] Parteienübergreifender Konsens war die Ablehnung des Versailler Vertrages vom 28.6.1919 als „Diktatfrieden", der den Deutschen die moralische Alleinschuld am Kriegsausbruch zuschob und für Lorenz Jaeger noch Jahrzehnte später als „Wurzel des Übels der Nachkriegszeit"[43] einschließlich des Aufstiegs des Nationalsozialismus galt. Jaeger entschloss sich 1920 nicht – wie manche Altersgenossen der jungen Frontkämpfergeneration des 1. Weltkrieges –, den neuen Staat entweder von Beginn an rigoros zu bekämpfen oder ihn in den Freikorps bzw. der neuen Reichswehr höchstens halbherzig zu unterstützen, sondern sein 1913 begonnenes Theologiestudium unverzüglich fortzusetzen.[44] Vom 7.2. bis zum 31.3.1920 war Jaeger an der Westfälischen Wilhelms-Universität in Münster – dem Sitz des Generalkommandos des VI. Armeekorps der Reichswehr – zu einem eigens eingerichteten Zwischensemester eingeschrieben.[45] Am 21.4.1920 immatrikulierte er sich wieder an der Bischöflichen-Philosophisch-Theologischen Akademie Paderborn und wurde dort Mitglied der katholischen Studentenverbindung Teutoburg im KV.[46] Nach bestandener Prüfung am 25.3.1921[47] trat Lorenz Jaeger zum Sommersemester 1921 in das Priesterseminar am Kamp – heute Teil des Gebäudekomplexes des Gymnasium Theodorianum – ein. Gut ein Jahr später – am 1.4.1923 – erhielt er durch Bischof Dr. Caspar Klein im Paderborner Dom die Priesterweihe.[48] Seine

41 Ebd.

42 Ruppert, Karsten: Im Dienst am Staat von Weimar; Morsey, Rudolf: Die deutsche Zentrumspartei.

43 EBAP, NL Jaeger, Nr. 1377, Bl. 2 (Schreiben Jaegers an die britische Militärregierung 1946).

44 Schoppmeyer, Heinrich: Lorenz Jaeger, 188; Joppen, Rudolf: Das Erzbischöfliche Kommissariat Magdeburg, Teil 10, 131; Heim, Bernd: Braune Bischöfe fürs Reich?, 612; Botsch, Gideon/Haverkamp, Josef (Hg): Jugendbewegung.

45 Schoppmeyer, Heinrich: Lorenz Jaeger, 188; Joppen, Rudolf: Das Erzbischöfliche Kommissariat Magdeburg, Teil 10, 131; EBAP, NL Jaeger, 131; EBAP, NL Jaeger, Nr. 1337, Bl. 37 u. 72; Heim, Bernd: Braune Bischöfe fürs Reich?, 612.

46 Schoppmeyer, Heinrich: Lorenz Jaeger, 188; Joppen, Rudolf: Das Erzbischöfliche Kommissariat Magdeburg, Teil 10, 131; EBAP, NL Jaeger, Nr. 1337, Bl. 37 u. 72. Die einstige „Philosophisch-Theologische Lehranstalt" in Paderborn, an der Jaeger sich 1913 eingeschrieben hatte, war 1917 zur „Akademie" umbenannt worden.

47 Schoppmeyer, Heinrich: Lorenz Jaeger, 188; Joppen, Rudolf: Das Erzbischöfliche Kommissariat Magdeburg, Teil 10, 131; EBAP, NL Jaeger, Nr. 1337, Bl. 47.

48 Schoppmeyer, Heinrich: Lorenz Jaeger, 188; Joppen, Rudolf: Das Erzbischöfliche Kommissariat Magdeburg, Teil 10, 131; Brandt, Hans Jürgen: Lorenz Kardinal Jaeger, 1455; EBAP,

Nach der Priesterweihe 1. April 1922 (L. Jaeger: hinten, 2. v. l.)

Primiz feierte der junge Priester am Ostersonntag 1922 in der Olper Pfarrkirche St. Martinus.[49] Jaeger wurde die provisorische Verwaltung der Pfarrvikariestelle in der damals 2.500 Einwohner zählenden, aus seiner Jugend wohlbekannten kleinen Diasporagemeinde Oebisfelde im Kreis Gardelegen in der zwischen Wolfsburg und Magdeburg gelegenen Altmark übertragen. Zu seinen wenigen hundert Gemeindegliedern gehörten zeitweise auch polnische Erntehelfer. Im Umgang mit ihnen erwarb er sich polnische Sprachkenntnisse, die ihm etwa 1954 beim Empfang polnischer Kinder in Paderborn noch zustatten kamen.[50]

1926 wechselte Jaeger nach einer Stellenausschreibung und durch Vermittlung des Erzbischöflichen Generalvikariats Paderborn nach vierjähriger Seelsorgetätigkeit von der dünn besiedelten Altmark an die Oberrealschule im westfälischen Herne. Er kam damit in einen industriellen Ballungsraum mit all seinen politisch-sozialen Herausforderungen und Problemen.[51] Der nunmehr

NL Jaeger, Nr. 1337, Bl. 52: Urkunde über die Weihe zum Priester am 1.4.1922; Heim, Bernd: Braune Bischöfe fürs Reich?, 612.

49 Brandt, Hans Jürgen: Lorenz Kardinal Jaeger, 1455.

50 Schoppmeyer, Heinrich: Lorenz Jaeger, 188; Joppen, Rudolf: Das Erzbischöfliche Kommissariat Magdeburg, Teil 10, 131; Brandt, Hans Jürgen: Lorenz Kardinal Jaeger, 1455; EBAP, NL Jaeger, Nr. 1337, Bl. 53: „die provisorische Verwaltung der Pfarrvikariestelle in Oebisfelde“; ebd., Nr. 237, Bl. 2: „Oebisfelde ist Diasporagemeinde. Gen.vik. zahlt 2160 RM zum Einkommen. 5.1. 1925“; Heim, Bernd: Braune Bischöfe fürs Reich?, 612.

51 Schoppmeyer, Heinrich: Lorenz Jaeger, 188; Joppen, Rudolf: Das Erzbischöfliche Kommissariat Magdeburg, Teil 10, 131; Stüken, Wolfgang: Hirten unter Hitler, 48f.; Brandt, Hans Jürgen: Lorenz Kardinal Jaeger, 1455; Heim, Bernd: Braune Bischöfe fürs Reich?, 612;

34jährige Religionslehrer, dem das Provinzialschulkollegium in Münster die Bezüge eines Studienassessors in Höhe von 107,53 Reichsmark monatlich zubilligte, ließ sich in der Schulstraße 37a in Herne nieder.[52] Da Jaeger laut Ausschreibung mit der Wahrnehmung der Stelle eines Studienrats mit der Lehrbefähigung „Katholische Religion, Latein und Französisch" oder „Katholische Religion, Latein, Mathematik, Physik und Erdkunde" beauftragt worden war,[53] forderte ihn die Stadt Herne im April 1927 auf, die Lehrbefähigung für das Lehramt an Gymnasien in den fehlenden Fächern nachträglich zu erwerben.[54] Bereits am 2.2.1926 hatte Jaeger an der Universität Münster einen Gasthörerschein für das Sommersemester 1926, dann für das Wintersemester 1926/27 und das Sommersemester 1927 für die Fächer Katholische Religion, Geschichte und Hebräisch (als Nebenfach) erhalten.[55] Dort besuchte er u.a. Vorlesungen und Übungen (Seminare) über „Das Zeitalter Luthers", das „Zeitalter der römischen Bürgerkriege", zur „Vorgeschichte" und historische Lehrveranstaltungen bei Hermann Wätjen[56], sowie den führenden Theologen der Zeit wie Peter Steffes (Religionswissenschaften), Adolf Donders (Pastoraltheologie), Josef Mausbach (Moraltheologie) – einem der Mitverfasser der Weimarer Reichsverfassung –, sowie bei dessen Nachfolger Peter Tischleder und dem langjährigen Reichstagsabgeordneten (1920–1933) Georg Schreiber.[57] Nachdem er am 24.7.1927 zur wissenschaftlichen Prüfung (1. Staatsprüfung) für das Lehramt an Höheren Schulen zugelassen worden war,[58] legte Jaeger im Wintersemester 1927/28 seine wissenschaftliche Staatsarbeit im Fach Neuere Geschichte vor. Sie galt dem Thema: „Die Anfänge der Jesuitenmission in Südamerika – mit besonderer Berücksichtigung ihrer wirtschaftlichen Tätigkeit" – eine Wahl, die Jaegers historische Interessen verriet.[59] Am 8., 9. und 11.5.1928 legte Lorenz Jaeger die mündlichen Prüfungen in Katholischer Religion, Geschichte und Hebräisch ab, die er jeweils mit der Note „Gut" bestand.[60] Rückwirkend

EBAP, NL Jaeger, Nr. 1337, Bl. 60; ebd., Nr. 237, Bl. 4: Gen. Vik. an OSTD Wirtz (Herne) v. 3.4. 1926 u. ebd., Bl. 11: Gen. Vik. Paderborn erteilt Lorenz Jaeger am 16.4.1926 die Erlaubnis zum Stellenwechsel.

52 EBAP, NL Jaeger, Nr. 1337, Bl. 60; ebd. Nr. 237, Bl. 15.

53 EBAP, NL Jaeger, Nr. 237, Bl. 23: Stadt Herne an Lorenz Jaeger vom 25.4.1927.

54 Heim, Bernd: Braune Bischöfe fürs Reich?, 612.

55 Schoppmeyer, Heinrich: Lorenz Jaeger, 189; Joppen, Rudolf: Das Erzbischöfliche Kommissariat Magdeburg, Teil 10, 131; Stüken, Wolfgang: Hirten unter Hitler, 48f.; Brandt, Hans Jürgen: Lorenz Kardinal Jaeger, 1455; EBAP, NL Jaeger, Nr. 1337, Bl. 60 u. 72; Heim, Bernd: Braune Bischöfe fürs Reich?, 612.

56 Schoppmeyer, Heinrich: Lorenz Jaeger, 189 und EBAP, NL Jaeger, Nr. 1337, Bl. 60.

57 Schoppmeyer, Heinrich: Lorenz Jaeger, 189.

58 EBAP, NL Jaeger, Nr. 1337, Bl. 72f.

59 Ebd.; Schoppmeyer, Heinrich: Lorenz Jaeger, 189.

60 EBAP, NL Jaeger, Nr. 1337, Bl. 72f.; ebd., Nr. 237, Bl. 40; Schoppmeyer, Heinrich: Lorenz Jaeger, 189; Stüken, Wolfgang: Hirten unter Hitler, 48f.

zum 1.4.1928 begann der Vorbereitungsdienst für das Höhere Lehramt am Pädagogischen Bezirksseminar in Münster, den das dortige Provinzialschulkollegium mit Schreiben vom 25.6.1928 „unter Vorbehalt der Bewährung" auf ein Jahr verkürzte.[61] Am 6.3.1929 bestand Lorenz Jaeger die Pädagogische Prüfung (2. Staatsprüfung) für das Höhere Lehramt durch Lehrproben am Bismarck-Realgymnasium in Dortmund mit Auszeichnung.[62] Mit Wirkung vom 1.4. wurde er zum Studienassessor ernannt, drei Wochen später in die Liste der Studienassessoren der Oberrealschule in Herne aufgenommen.[63] Bereits ein Jahr später, am 1.4.1930, wurde Jaeger – nicht zuletzt auf Fürsprache seines Dienstherrn, des Oberstudiendirektors Friedrich Gagelmann, der ihn als einen seiner eifrigsten und erfolgreichsten Mitarbeiter schätzte – mit Zustimmung des Paderborner Generalvikariats zum Studienrat ernannt und auf die Reichsverfassung vereidigt.[64] Gut drei Jahre später – am 1.5.1933 – erfolgte seine zunächst kommissarische Versetzung an das Hindenburg-Realgymnasium in Dortmund.[65] Seit 1929 war Lorenz Jaeger Mitglied des „Vereins für das Deutschtum im Ausland" (VDA), einer damals 350.000 Mitglieder zählenden, laut Satzung überparteilichen Organisation, die 1881 mit dem Ziel gegründet worden war, Deutsche außerhalb des Mutterlandes zu unterstützen, ihre kulturelle Eigenart und insbesondere die deutsche Sprache durch den Bau von Schulen, Kindergärten und Bibliotheken mit finanzieller Hilfe des Auswärtigen Amtes zu erhalten.[66] Nach 1918 entwickelte sich der VDA, dem als Mitglied u.a. der prominente Zentrumsabgeordnete und Münsteraner Theologe Georg Schreiber angehörte,[67] mehr und mehr zu einem konservativ-nationalistischen

61 EBAP, NL Jaeger, Nr. 1337, Bl. 75: Schreiben Provinzialschulkollegium Münster v. 25.6.1928 u. Bl. 82.

62 EBAP, NL Jaeger, Nr. 1337, Bl. 79 u. 82 und ebd., Nr. 237, Bl. 40; Schoppmeyer, Heinrich: Lorenz Jaeger, 189; Joppen, Rudolf: Das Erzbischöfliche Kommissariat Magdeburg, Teil 10, 131; Stüken, Wolfgang: Hirten unter Hitler, 48; Brandt, Hans Jürgen: Lorenz Kardinal Jaeger, 1455.

63 Schoppmeyer, Heinrich: Lorenz Jaeger, 190; Joppen, Rudolf: Das Erzbischöfliche Kommissariat Magdeburg, Teil 10, 131; Stüken, Wolfgang: Hirten unter Hitler, 48; EBAP, NL Jaeger, Nr. 237, Bl. 40; ebd., Nr. 1337, Bl. 83 (Schreiben PSK v. 21.4. 1929).

64 EBAP, NL Jaeger, Nr. 1337, Bl. 87: Schreiben des Gen. Vik. Paderborn vom 21.5. 1929; ebd., Nr. 237, Bl. 40; Joppen, Rudolf: Das Erzbischöfliche Kommissariat Magdeburg, Teil 10, 131; Stüken, Wolfgang: Hirten unter Hitler, 48f.; vgl. Tremonia v. 5.3.1929: „Religionslehrer Lorenz Jaeger von der Oberrealschule in Herne, der im vergangenen Jahr sein wissenschaftliches Staatsexamen ablegte, bestand jetzt seine pädagogische Prüfung. Studienassessor Jaeger hat damit die Anwartschaft auf die Studienratsstelle, die durch Weggang Dr. Schmidts frei wurde, erworben".

65 Joppen, Rudolf: Das Erzbischöfliche Kommissariat Magdeburg, Teil 10, 131; Stüken, Wolfgang: Hirten unter Hitler, 48f.; Brandt, Hans Jürgen: Lorenz Kardinal Jaeger, 1455; Schoppmeyer, Heinrich: Lorenz Jaeger, 190f.

66 Badendieck, Friedrich Carl: Volk unter Völkern; Luther, Rudolf: „Blau oder braun?".

67 Schoppmeyer, Heinrich: Lorenz Jaeger, 190.

Lorenz Jaeger und Vikar Johannes Hoffmeister im ND-Kreis

Bund, zu dessen Hauptanliegen die weitgehend konsensfähige Forderung nach einer Revision des Versailler Vertrages gehörte.

Als weitaus nachhaltiger erwies sich die Tätigkeit Lorenz Jaegers im katholischen Schüler- bzw. Gymnasiastenbund „Neudeutschland" (ND). Bereits kurz nach Beginn seines pädagogischen Wirkens an der Oberrealschule in Herne 1926 wurde er vom Paderborner Bischof Caspar Klein zum Gaukaplan, also zum geistlichen Gruppenführer des „Engelbertgaues" der Neudeutschen, ernannt.[68] Zum Engelbertgau gehörten Ende der 1920er Jahre katholische Gymnasiasten in Herne, Bochum, Castrop-Rauxel, Sodingen, Wanne-Eickel und Wattenscheid. Allein dem Herner ND gehörten 1931 60 Jungen an.[69] Der ND war kurz nach dem Ende des 1. Weltkrieges im Jahr 1919 auf Initiative von Religionslehrern und Jesuitenpatres durch den Kölner Kardinal Felix von Hartmann unter Leitung des Generalsekretärs Ludwig Esch mit dem Ziel gegründet worden, ein neues christlich(er)es Deutschland zu schaffen, das sich zum einen am (idealisierten) mittelalterlichen Ordensrittertum und zum anderen an Prinzipien der bündischen Jugend wie Natürlichkeit, Einfachheit, Wahrhaftigkeit, Selbstverantwortlichkeit und Gemeinschaft orientierte.[70] Der ND, zu dem um 1931/32 über 15.000 Mitglieder, u.a. der Priester Alfred Delp,

68 EBAP, NL Jaeger, Nr. 1337, Bl. 95, o.D. Erzbischof Caspar Klein ernennt Lorenz Jaeger zum Gaukaplan des ND-Gaues Engelbert als Nachfolger des Kaplans Lohoff in Bochum.

69 Schoppmeyer, Heinrich: Lorenz Jaeger, 190.

70 Ebd.; Nauen, Bernhard F.: St. Bonifatius Herne, 6f.; Eilers, Rolf (Hg.): Löscht den Geist nicht aus; Kühner, Stefanie: Lebensgestaltung in Christus.

ND beim Marsch durch Cranz in Ostpreußen im August 1929

Bernhard Wensch, der Student Willi Graf und der spätere Jagdflieger Werner Mölders gehörten, orientierte sich seit 1929/30 in Auftreten und Zielen zusehends an nationalen und soldatischen Prinzipien. Dem Vaterland und Christus in Opferbereitschaft zu dienen, gehörte zum Grundkonsens der Neudeutschen ebenso wie die Hinwendung zur Liturgischen Bewegung. Letztlich entwickelte sich der Bund in geistig sehr vielgestaltigen Formen, die maßgeblich von personellen und örtlichen Einflüssen bestimmt waren.[71] Werte „echten" und erlebten „Volkstums" sollten in Fahrten und Lagerleben, in Liedgut und lebendiger Aktualisierung christlicher und deutscher Geschichte zum Ausdruck kommen. In großen Zeltlagern galt es, neben Freude und Erholung in einer Gemeinschaft Gleichgesinnter christliche Gesinnung einzuüben und Kräfte für den Alltag zu sammeln.[72] Die enge und intensive Verbindung Lorenz Jaegers mit dem Schülerbund ND ging in dessen Gründungsjahre um 1920/21 zurück und begleitete den späteren Paderborner Erzbischof und Kardinal durch persönliche Kontakte ein Leben lang. Der Bund blühte unter seinem Wirken in

71 Schoppmeyer, Henrich: Lorenz Jaeger, 190; Gruß, Heribert: Erzbischof Lorenz Jaeger als Kirchenführer im Dritten Reich, 43ff.

72 Schoppmeyer, Heinrich: Lorenz Jaeger, 190; Nauen, Bernhard F.: St. Bonifatius Herne, 6f.; Gruß, Heribert: Erzbischof Lorenz Jaeger als Kirchenführer im Dritten Reich, 43ff.

Herne merklich auf und für die Jungen war Jaeger offensichtlich eine charismatische Persönlichkeit, der ihre Gruppe auch nach seinem Weggang von Herne nach Dortmund im Jahre 1933 bis zu ihrer Auflösung 1937 betreute.[73]

Schwerpunkte seiner Jugendarbeit als Lehrer und geistlicher Leiter des Engelbertgaues waren häufig mehrtägige bis wochenlange Ferienfahrten, Zeltlager, Jugendherbergs- und Landschulheimaufenthalte mit täglichen Gottesdiensten, Wanderungen und Besichtigungen, die ihn 1929 zum Möhnesee, nach Ostpreußen (8.–30.8.1929)[74] und mit 30 Neudeutschen offenbar im gleichen Sommer nach Bierville in der Normandie zur Einweihung der ersten französischen Jugendherberge führte; eine Reise, die im Zeichen der Völkerversöhnung stand und auf der Jaeger nach seiner Erinnerung erstmals den jungen Franz Stock – Friedensaktivist und einer der Wegbereiter der deutsch-französischen Aussöhnung nach dem 2. Weltkrieg – traf.[75]

Auch im schulischen Umfeld zeigte sich Jaeger offenbar bestrebt bzw. begabt, Gemeinschaften zu festigen. So war es ihm nach dem Urteil seines unmittelbar Vorgesetzten, dem Leiter der Herner Oberrealschule, auch gelungen, „durch seine taktvolle Art angesichts der schwierigen konfessionellen Verhältnisse Frieden in das (dortige) Lehrerkollegium zu bringen.“[76] Er war 1926 durch seinen berufsbedingten Wechsel von Oebisfelde nach Herne bzw. Dortmund in einen Brennpunkt wirtschaftlicher, sozialer und politischer Probleme der Weimarer Zeit geraten; Probleme, die sich mit dem Beginn der Weltwirtschaftskrise 1929/30 mit steigender Arbeitslosigkeit, sozialer Verelendung insbesondere der Industriearbeiterschaft und politischer Radikalisierung immer weiter zuspitzten. All dies konnte Jaeger, der der katholischen Zentrumspartei angehörte, nicht ignorieren, ohne dass er jedoch politisch hervorgetreten wäre.[77]

Zwischen den Reichstagswahlen 1928 und 1932 hatte sich der Stimmenanteil der Kommunistischen Partei Deutschlands in Dortmund und insbesondere in Herne auf 30% nahezu verdreifacht. Ähnliches galt für die rechtsextreme

73 Nauen, Bernhard F.: St. Bonifatius Herne, 6–8, passim; Gruß, Heribert: Erzbischof Lorenz Jaeger als Kirchenführer im Dritten Reich, 43–46.

74 EBAP, NL Jaeger, Nr. 1337, Bl. 89: Der Bischof von Ermland erteilt L. Jaeger die Vollmacht, während der Ferien in Rauschen (Ostpreußen) für die 68 im Schülerheim zu Rauschen untergebrachten katholischen Schüler die Hl. Messe zu lesen; ebd., Nr. 1915 (Fotosammlung Ostpreußen); Nauen, Bernhard F.: St. Bonifatius Herne, 8; Gruß, Heribert: Erzbischof Lorenz Jaeger als Kirchenführer im Dritten Reich, 44.

75 Dokumentarisch und fotographisch belegbar ist die Ostpreußenreise mit 68 Schülern vom 2. bis 28.8.1929. Die Reise nach Bierville muss entweder Ende August oder bereits im Juli 1929 stattgefunden haben. Vgl. Schoppmeyer, Heinrich: Lorenz Jaeger, 190; Gruß, Heribert: Erzbischof Lorenz Jaeger als Kirchenführer im Dritten Reich, 46f. mit den Anm. 12, 14, 15 u. 16.

76 Stüken, Wolfgang: Hirten unter Hitler, 48f.

77 Ebd.; Schoppmeyer, Heinrich: Lorenz Jaeger, 188f.; vgl. EBAP, NL Jaeger, Nr. 1277, Bl. 2: „In Deutschland trieb die Entwicklung seit 1929/30 allmählich auf eine extreme Lösung der politischen Fragen hin, als [...] die Zahl der Arbeitslosen von Jahr zu Jahr anstieg.“

NSDAP. Selbst bei den letzten Reichstagswahlen vor dem „Ermächtigungsgesetz“ erhielt die KPD am 5.3.1933 in Herne als zweitstärkste Partei hinter der NSDAP (30%) 25,3% der Stimmen und rangierte damit weit vor dem Zentrum (20,1%) und der SPD (15%).[78] Angesichts der hohen kommunistischen Stimmenanteile in den Großstädten des Ruhrgebiets zum einen und der seit dem Beginn der 1920er Jahre sich häufenden Meldungen und Nachrichten über die Praktiken des Sowjetkommunismus[79] zum anderen, des Rundschreibens Papst Pius XI. „über den kommunistischen Atheismus“, in dem er zu einem „Kreuzzug des Gebetes für Rußland“ aufrief und der weitverbreiteten Warnungen vor einem Untergang der christlich-abendländischen Kultur infolge einer drohenden kommunistischen Weltrevolution werden Lorenz Jaegers – laut Schoppmeyer – frühe antibolschewistische Einstellungen nachvollziehbar.[80] Doch nicht nur die kommunistische Massengesellschaft mit ihren Auswüchsen, auch die individualistische und rationalistische Lebensweise der westlichen Demokratien einschließlich der Weimarer Demokratie wurden in Teilen der Jugendbewegung und des Bürgertums, in das der Arbeitersohn Lorenz Jaeger längst aufgestiegen war, einer scharfen Kritik unterzogen. Sowohl dem Kommunismus als auch dem „westlerischen Demokratismus“ wurde Matthias Pape zufolge eine „feinfühligere und organisch zusammenfassende Geistigkeit entgegengestellt, die als Eigenart deutscher Kultur definiert wurde.“ Nur in einem Wiederaufbau der Volkskräfte durch eine Wiederbesinnung auf das nationale Erbe der bildenden Kunst, Musik und Literatur sahen breite bürgerliche Kreise einen Ausweg aus dem diagnostiziertem seelischen Zusammenbruch der Deutschen nach 1918, deren komplexe Problemlage in Anlehnung an die Terminologie des Soziologen Ferdinand Toennies bewusst wertend auf die Tendenzen der Vergesellschaftung und Vergemeinschaftung reduziert wurde.[81] In diesem Zusammenhang wurde das „Zweckhafte“, „Rationale“, „Abstrakte“, „Gemachte“ der westlichen (also demokratischen) Gesellschaften bzw. Zivilisationen als den Deutschen wesensfremd, hingegen das „Irrationale“, „Konkrete“, „organisch Gewachsene“ der deutschen (Volks-)Gemeinschaft bzw. ihre Kultur als sinnhaft konstruiert, die „westlerische“ Demokratie als ungebundener Individualismus, die „deutsche Freiheit“ als freiwillige Einbindung in ein größeres Ganzes charakterisiert. Verbunden waren diese Ideologeme mit so-

78 Schoppmeyer, Heinrich: Lorenz Jaeger, 188.

79 Schoppmeyer, Heinrich: Lorenz Jaeger, 189f. Schoppmeyer nennt den erklärten Atheismus, die schweren Religions- und Kirchenverfolgungen, die Massaker an hunderttausenden revoltierender Arbeiter und Bauern, die Deportationen großer Bevölkerungsgruppen, die Hungersnöte mit Millionen von Opfern u.a.m.

80 Schoppmeyer, Heinrich: Lorenz Jaeger, 189; Pape, Matthias: Erzbischof Lorenz Jaeger von Paderborn im Kampf gegen den antichristlichen Bolschewismus, 147f.

81 Pape, Matthias: Erzbischof Lorenz Jaeger von Paderborn im Kampf gegen den antichristlichen Bolschewismus, 147f.

zial- und agrarromantischen Vorstellungen von schlichter Frömmigkeit bzw. Religiosität, Anstand und Sitte, Einfalt und der Kraft einfachen Volkstums.[82] Es ist nicht unwahrscheinlich, dass Lorenz Jaeger sich solche auch im Katholizismus der Weimarer Zeit vorhandenen Auffassungen zu eigen machte, auch wenn schriftliche Belege hierfür nicht erbracht werden können; Auffassungen mit Staats- und Ordnungsvorstellungen, die möglicherweise manchen Bischöfen und Klerikern einen ideologischen oder diplomatischen „Brückenschlag" zum Nationalsozialismus zumindest zeitweise ermöglichten.

Studienrat und Soldat in der NS-Zeit (1933–1940/41)

Mit der Ernennung Adolf Hitlers zum Reichskanzler durch Reichspräsident von Hindenburg am 20.1.1933 hatte sich das Deutsche Reich bis zur Vereinigung der Ämter des Reichskanzlers und des Reichspräsidenten nach Hindenburgs Tod am 2.8.1934 binnen 18 Monaten von der Demokratie zur Führerdiktatur gewandelt. Bis dahin waren mit der Reichstagsbrandverordnung vom 28.2. und dem mit der Zustimmung der Zentrumsfraktion verabschiedeten „Ermächtigungsgesetz" vom 24.3.1933 die Grundrechte der Weimarer Reichsverfassung massiv eingeschränkt, die politischen Parteien einschließlich des Zentrums, das sich am 5.7.1933 selbst auflöste, verboten. Politische Gegner und missliebige Personen wurden verfolgt und inhaftiert, mit der Gleichschaltung des gesellschaftlichen Lebens einschließlich der Medien und des Aufbaus der Gestapo als „Spitzelnetz, das jeden Brief und jedes Telefongespräch kontrollierte" entscheidende Weichen für die Festigung der Diktatur gestellt.[83] Der reale und der inszenierte „Aufbruch der Nation" manifestierten sich für Millionen von Zeitgenossen zunächst im Abbau der Arbeitslosigkeit, der Erholung der Wirtschaft, nicht zuletzt aber auch durch eine gewaltige Aufrüstung, soziale Wohltaten der Regierung und die Kultivierung der „Volksgemeinschaft".[84] Ausschlaggebend für die weitgehende Akzeptanz des NS-Regierung durch die Bevölkerung waren letztlich auch die über geltende Verträge hinweg durchgeführten außenpolitischen Operationen Hitlers: der Austritt Deutschlands aus dem Völkerbund (1933), die Wiedereinführung der allgemeinen Wehrpflicht (1935), die Besetzung des entmilitarisierten Rheinlandes (1936), die Eingliederung Österreichs und des Sudetenlandes in das Deutsche Reich (1938) und die Besetzung der CSFR (1939). Von kaum zu unterschätzender Bedeutung war auch der Abschluss des Reichskonkordats 1933. Während also – so Jaegers

82 Ebd.; Grothmann, Detlef: „Verein der Vereine"?, 443–445.

83 Zitat aus EBAP, NL Jaeger, Nr. 1377, Schreiben Jaegers an die britische Militärregierung 1946. Hildebrandt, Klaus: Das Dritte Reich; Frei, Norbert: Der Führerstaat u.a.m.

84 Hildebrandt, Klaus: Das Dritte Reich; Frei, Norbert: Der Führerstaat.

Einschätzung im Jahr 1946 – „das demokratische Deutschland [der Weimarer Republik; Vf.] vergeblich versucht [hatte], die Lasten des Versailler Vertrages zu erleichtern, zerriss ihn Hitler Schritt für Schritt, ohne dass die westlichen Staaten eingriffen“[85].

Zu den wenigen ernstzunehmenden Gegnern der nationalsozialistischen Regierung – so der Tenor in der ausländischen Presse der dreißiger Jahre – gehörte, wenn auch mit Einschränkungen, die katholische Kirche.[86] Über die Hälfte der Paderborner Diözesanpriester waren zwischen 1933 und 1945 beispielsweise in irgendeiner Weise von Verfolgungsmaßnahmen betroffen; einige verstarben in Konzentrationslagern.[87]

Jedoch verhinderten ein tiefsitzender Antimodernismus und Antiliberalismus und eine größtenteils monarchistische Grundhaltung, die den Führergedanken und eine Obrigkeitshörigkeit beförderten, ein klares Wort der Bischöfe.[88] Hatte sich die katholische Kirche vor 1933 in diversen bischöflichen Verlautbarungen und pastoralen Anweisungen noch eindeutig gegen den Nationalsozialismus als mit dem Christentum unvereinbare Weltanschauung gewandt, so gerieten in den Wochen und Monaten nach der „Machtergreifung“ viele katholische Laien, Wissenschaftler und Bischöfe in den Sog des „nationalen Aufbruchs“.[89] Ob dies auch für den damals 40jährigen Lorenz Jaeger, der von Herne an das Hindenburg-Realgymnasium in Dortmund versetzt worden war, gegolten haben mag, kann letztlich nur vermutet werden.[90] Vier Wochen nach seiner Versetzung, am 27.5.1933, hielt er in einer Feierstunde die Festrede zu Ehren Albert Leo Schlageters, der – wie Jaeger – Frontkämpfer des 1. Weltkrieges – während der französisch-belgischen Ruhrbesetzung 1923 aufgrund mehrerer Sprengstoffanschläge hingerichtet und von konservativen und rechten Kreisen zur Märtyrerfigur erhoben wurde. Über den Inhalt des Festvortrages ist allerdings nichts bekannt.[91]

Nachdem Jaeger am 10.7.1933 den Fragebogen einschließlich des „Ariernachweises“ zur Durchführung des am 7.4.1933 erlassenen nationalsozialistischen „Gesetzes zur Wiederherstellung des Berufsbeamtentums“ ausgefüllt,

85 Zitat aus EBAP, NL Jaeger, Nr. 1377, Schreiben Jaegers an die britische Militärregierung 1946.

86 Strohm, Christoph: Die Kirchen im Dritten Reich, 15f.; vgl. auch Church Times v. 25.2.1939: „[...] die römisch-katholische Gegnerschaft gegen die Oberhoheit des Nazi-Staates hat bisher nicht nachgelassen und Deutschland ist bald pleite und wird sich in den Krieg retten.“

87 Wagener, Ulrich: Unterdrückungs- und Vergeltungsmaßnahmen, 51f.; Baumjohann, Gerhard: Weltpriester des Erzbistums Paderborn; Strohm, Christoph: Die Kirchen im Dritten Reich, 100; EBAP, NL Jaeger, Nr. 1277, Bl. 6.

88 Strohm, Christoph: Die Kirchen im Dritten Reich, 115; Pape, Matthias: Erzbischof Lorenz Jaeger von Paderborn im Kampf gegen den antichristlichen Bolschewismus, 148f.

89 Pape, Matthias: Erzbischof Lorenz Jaeger von Paderborn im Kampf gegen den antichristlichen Bolschewismus, 148f.

90 EBAP, NL Jaeger, Nr. 237, Bl. 49 u. 61.

91 Stüken, Wolfgang: Hirten unter Hitler, 51f.

unterzeichnet und versichert hatte, zwar Mitglied der Zentrumspartei, niemals aber politisch tätig gewesen zu sein,[92] wurde er am 25.7.1933 in die freie Studienratsstelle am Dortmunder Realgymnasium gewählt und zog am 15.9. von Herne in die Dortmunder Münsterstraße 42.[93] Am Dortmunder Realgymnasium galt Jaeger, der Katholische Religion und Geschichte unterrichtete, als vielseitiger Pädagoge, der für fast jedes Fach eingesetzt werden konnte. Bei seinen Schülern war er äußerst beliebt, zugewandt und ansprechbar.[94]

1934 trat er der NS-Volkswohlfahrt, nicht aber dem Nationalsozialistischen Lehrerbund oder der Partei bei, was nach den Richtlinien des Reichskonkordats vom 20.7.1933 ohnehin untersagt war.[95] Der Beitritt Jaegers zur NSV kann – mit Heinrich Schoppmeyer – als eine der Minimalkonzessionen gewertet werden, die zahlreiche Deutsche eingingen, die sich mit der NS-Regierung nicht wirklich identifizierten, durch eine offene Verweigerungshaltung aber ihren Beruf und ihre Existenz aufs Spiel gesetzt hätten.[96]

Am 1.8. bzw. am 9.9.1934 ernannte das Provinzialschulkollegium in Münster Lorenz Jaeger zum Fachleiter für Katholische Religion am Studienseminar in Dortmund und berief ihn gleichzeitig zum Mitglied der Pädagogischen Prüfungskommission am Staatlichen Prüfungsamt für Lehrämter in Münster. Beide Funktionen verdankte er wahrscheinlich seiner wissenschaftlichen Qualifikation als auch seinem besonderen pädagogischen Geschick.[97] Mit der Vereidigung auf den „Führer und Reichskanzler“ im Mai 1935 wurde Jaeger in das Beamtenverhältnis auf Lebenszeit überführt mit der Auflage, auch an anderen höheren Lehranstalten Dortmunds öffentlichen und privaten Unterricht zu erteilen, sobald es die Verhältnisse erforderten.[98] Lorenz Jaeger hatte seine endgültige Anstellung wohl auch seinen unmittelbar Vorgesetzten zu verdanken, die ihn den staatlichen Behörden gegenüber als politisch zuverlässig empfahlen.[99]

Im März 1936 wurde Jaeger zum Diözesanreferenten des Verbandes der katholischen Religionslehrer an höheren Schulen im Erzbistum Paderborn er-

92 Ebd., 49; EBAP, NL Jaeger, Nr. 237, Bl. 96.

93 Wer bei dieser Wahl letztlich den Ausschlag gab, ist aus der Quelle nicht zu eruieren. EBAP, NL Jaeger, Nr. 1337, Bl. 26; ebd., Nr. 237, Bl. 49.

94 Schoppmeyer, Heinrich: Lorenz Jaeger, 190f.; Stüken, Wolfgang: Hirten unter Hitler, 62f. und 113.

95 Baumjohann, Gerhard: Weltpriester des Erzbistums Paderborn, 711f.; Schoppmeyer, Heinrich: Lorenz Jaeger, 191.

96 Schoppmeyer, Heinrich: Lorenz Jaeger, 191; Stüken, Wolfgang: Hirten unter Hitler, 80f.

97 Brandt, Hans Jürgen/Hengst, Karl: Die Bischöfe und Erzbischöfe, 342; Schoppmeyer, Heinrich: Lorenz Jaeger, 190f.; Brandt, Hans Jürgen: Lorenz Kardinal Jaeger, 1455; Stüken, Wolfgang: Hirten unter Hitler, 80f. und 114; Heim, Bernd: Braune Bischöfe fürs Reich?, 612; EBAP, NL Jaeger, Nr. 237, Bl. 54.

98 EBAP, NL Jaeger, wie Fußnote 1, Nr. 237, Bl. 61.

99 Stüken, Wolfgang: Hirten unter Hitler, 81.

Das Lehrerkollegium der Oberrealschule in Herne 1932 (L. Jaeger hinten, 5. v. r.)

nannt. In dieser Funktion erarbeitete er Vorschläge für die Zusammenfassung der katholischen Religionslehrer in Arbeitsgemeinschaften, die helfen sollten, die im Januar 1936 von der Fuldaer Bischofskonferenz formulierten Grundsätze für den Religionsunterricht umzusetzen.[100] Am 29.6.1936 folgte die Ernennung Lorenz Jaegers zu einem von acht Vertrauensmännern dieser Arbeitsgemeinschaft auf Bistumsebene, die letztlich die Religionslehrer für den Kampf der katholischen Kirche gegen die nationalsozialistische Weltanschauung schulen sollten. Am 16.10.1936 stellte sich Jaeger als Gutachter für die Prüfung von Religionsbüchern für den Schulunterricht zur Verfügung.[101] Spätestens zu diesem Zeitpunkt geriet er in das Visier der Gestapo; dies noch mehr, als er am 5.2.1937 Schriftleiter der in Düsseldorf erscheinenden „Zeitschrift für den katholischen Religionsunterricht an höheren Schulen" wurde.[102] Seit 1936 war den Sicherheitsbehörden bekannt, dass Lorenz Jaeger – insbesondere im Religionsunterricht – am Dortmunder Hindenburg-Gymnasium gegen die neuheidnischen Botschaften des „Mythus des 20. Jahrhunderts" des NS-Ideologen

100 Schoppmeyer, Heinrich: Lorenz Jaeger, 191; Stüken, Wolfgang: Hirten unter Hitler, 112.
101 Ebd., 112f; EBAP, NL Jaeger, Nr. 237, Bl. 66.
102 Schoppmeyer, Heinrich: Lorenz Jaeger, 191; Stüken, Wolfgang: Hirten unter Hitler, 113; EBAP, NL Jaeger, Nr. 237, Bl. 70 (Schreiben an Jaeger v. 5.2.1937).

Jaeger auf Fahrradtour beim Zeltlager mit Schülern auf dem Weiberg bei Westig 1935

Alfred Rosenberg eindeutig Stellung bezog.[103] Aus Gestapoberichten des Jahres 1937, die auf Denunziationen von Zuträgern in Jaegers Geschichtsunterricht gründeten, geht hervor, dass er den Unterricht völkisch eingestellter Lehrer kritisierte, Rosenbergs Lehren ablehnte, den „Glauben an den Führer" geschickt problematisierte, im Konfliktfall mit den staatlichen Behörden äußerst vorsichtig taktierte, sich also als zuverlässiger Bürger präsentierte, im Sinne seines kirchlichen Auftrages seine militärischen Verdienste für sich einsetzte und es der Gegenseite somit erschwerte, direkt und offen gegen ihn vorzugehen.[104] Gleichwohl führte u.a. ein vertraulicher Bericht des Dortmunder Kreisamtsleiters des NS-Lehrerbundes vom 31.5.1937 letztlich dazu, dass er 1938 vom Amt des Fachleiters für Katholische Religion am Dortmunder Bezirksseminar suspendiert und Anfang 1939 auch von seinem Ehrenamt als Mitglied des Staatlichen Prüfungsamtes für Lehrämter an Schulen entbunden wurde.[105]

Als Gauführer des Bundes Neudeutschland in Herne und Umgebung war Lorenz Jaeger 1933/34 den von der Bundesleitung vorgegebenen Parolen gefolgt, sowohl die katholische Tradition zu wahren als sich auch dem „nationalen Aufbau" nicht zu verschließen. Folgerichtig wurde im Sommerlager 1933 das

103 Schoppmeyer, Heinrich: Lorenz Jaeger, 190f.; Stüken, Wolfgang: Hirten unter Hitler, 81; EBAP, NL Jaeger, Nr. 237, Bl. 85f.

104 Schoppmeyer, Heinrich: Lorenz Jaeger, 190f.; Stüken, Wolfgang: Hirten unter Hitler, 81 u. 113; EBAP, NL Jaeger, Nr. 237, Bl. 71–73.

105 Schoppmeyer, Heinrich: Lorenz Jaeger, 191; Brandt, Hans Jürgen: Lorenz Kardinal Jaeger, 1455; Stüken, Wolfgang: Hirten unter Hitler, 113f.

Christusbanner von der Fahne des alten Kaiserreiches und der Hakenkreuzflagge flankiert.[106] Auch im Rahmen eines Elternabends im Herner Gesellenhaus im Herbst 1933 war der Saal mit NS-Flaggen und neudeutschen Bannern geschmückt. Andere – auch evangelische – Jugendverbände waren der Einladung gefolgt; die Hitlerjugend sagte ihre Teilnahme ab. Als im Mai 1934 der erst 21jährige ND-Führer Josef Risse in Herne zu Grabe getragen wurde, erschienen die Neudeutschen im weißen Hemd, weil das Tragen ihrer Kluft verboten worden war.[107] Bei Fahrten ins Ausland – beispielsweise nach Italien 1934 – wurde die Kluft durch die Grenzkontrollen geschmuggelt, um sie dann – im Ausland – in der Öffentlichkeit zu tragen.[108] Der ND in Herne und Umgebung behielt unter der geistlichen Führung von Lorenz Jaeger noch bis zum Sommer 1935 den Brauch der Fahrten und Lager (auch nach Frankreich) bei. Pfingsten 1935 löste die Hitlerjugend mit Unterstützung der Polizei ein Zeltlager des Herner ND in Meinkenbrecht im Sauerland auf, riss die Zelte ab und beschlagnahmte Fahnen und Kreuze. Daraufhin wurde die Gruppe von katholischen bäuerlichen Bewohnern des Dorfes in Privatquartieren aufgenommen. Der Dorfbürgermeister erhielt am Abend nach dem Vorfall in der vollbesetzten Kirche das Ritterkreuz des ND aus den Händen Lorenz Jaegers. Damit endete das letzte Lager des Engelbertgaues des Bundes Neudeutschland.[109] Lorenz Jaeger mußte bereits kurz nach diesem Vorfall seine Arbeit als geistlicher Führer des Engelbertgaues einstellen[110]; trotz aller Schikanen und Schwierigkeiten von Seiten der HJ und erheblichen Drucks durch den NS-Lehrerbund löste sich der ND in Herne von sich aus aber nicht auf. Nach der Unterbindung des schulischen Religionsunterrichts durch den nationalsozialistischen Staat richtete Lorenz Jaeger möglicherweise als „Beirat" des ND religiöse Kurse für seine Schüler ein, von denen er einige – Schoppmeyer zufolge – für den Priesterberuf zu begeistern wusste.[111] Seit 1937 wurden die katholischen Jugendverbände nach und nach verboten, 1939 auch der Bund Neudeutschland. Spätestens jetzt endete auch Lorenz Jaegers „konspirative" Tätigkeit für den ND.[112]

106 Schoppmeyer, Heinrich: Lorenz Jaeger, 190; Stüken, Wolfgang: Hirten unter Hitler, 60–62; Nauen, Bernhard F.: St. Bonifatius Herne, 9f.; Heim, Bernd: Braune Bischöfe fürs Reich?, 612; EBAP, NL Jaeger, Nr. 237, Bl. 56.

107 Nauen, Bernhard F.: St. Bonifatius Herne, 9f.

108 Ebd.

109 Ebd. u. Stüken, Wolfgang: Hirten unter Hitler, 62.

110 Schoppmeyer, Heinrich: Lorenz Jaeger, 190; Brandt, Hans Jürgen: Lorenz Kardinal Jaeger, 1455; Nauen, Bernhard F.: St. Bonifatius Herne, 10; EBAP, NL Jaeger, Nr. 237, Bl. 69 (Jaeger an OP Westfalen v. 7.1. 1936: „Ich habe das Amt des geistlichen Führers des Engelbertgaues im ND sofort niedergelegt, als ein entsprechender Ministerialerlass dies verlangte.").

111 Schoppmeyer, Heinrich: Lorenz Jaeger, 191; Nauen, Bernhard F.: St. Bonifatius Herne, 10; Heim, Bernd: Braune Bischöfe fürs Reich?, 612.

112 EBAP, NL Jaeger, Nr. 203; Heim, Bernd: Braune Bischöfe fürs Reich?, 612; Schoppmeyer, Heinrich: Lorenz Jaeger, 191.

Lorenz Jaeger im engsten Familienkreis

Der Bruder Felix Jaeger in Wehrmachtsuniform

Lorenz Jaeger als Militärpfarrer mit seiner Mutter

L. Jaeger mit den Kindern seiner Schwester Anni Stolze, Claus und Monika, 22. August 1942

Sowohl in den zwanziger als auch in den dreißiger Jahren hatte Jaeger als Leutnant der Reserve im Übrigen die Kontakte zu seinen Offizierskollegen des 1. Weltkrieges aufrechterhalten.[113] Nach der Wiedereinführung der allgemeinen Wehrpflicht im März 1935 wurde er aufgrund des § 7 des Wehrgesetzes vom 21.5.1935 im September 1936 Wehrpflichtiger der Reserve und gehörte der Landwehr I an.[114] Neun Monate nach dem Beginn des 2. Weltkrieges, Ende Mai 1940 - kurz vor dem Ende des Frankreichfeldzuges - wurde Jaeger vom Oberkommando des Heeres zum Kriegspfarrer der 386. Infanteriedivision ernannt und betreute zunächst Kriegslazarette der deutschen Besatzungstruppe in Belgien.[115] In diese Zeit dürfte nach Hans Jürgen Brandt auch der angebliche Besuch beim ehemaligen deutschen Kaiser Wilhelm II. im holländischen Doorn fallen, dem Jaeger seine Aufwartung habe machen wollen - belegt ist diese Begegnung allerdings nicht.[116] Ende September 1940 folgte Jaegers Abordnung zur motorisierten Kriegslazarettabteilung 615 (ebenfalls) in Belgien.[117] Zum 1.1.1941 wurde Lorenz Jaeger als Pfarrer in den Wehrkreis II nach Stettin versetzt, wo sich die

113 EBAP, NL Jaeger, Nr. 232, BL. 1: Deutsche Allgemeine Zeitung v. 16.3.1941: Portrait eines Divisionspfarrers; ebd., Bl. 26: Unser Weltkriegskamerad Lt. Lorenz Jaeger, Nachrichtenblatt der Kameradschaft im. IR 87, Folge 9, Dezember 1941; DER SPIEGEL Nr. 15 (1975); Nr. 32: Kurze Mitteilungen für die Mitglieder des 87er Bundes des ehem. Res. IR 87, Nr. 2 v. 16.4. 1922.

114 EBAP, NL Jaeger, Nr. 229: Wehrbezirkskommando Dortmund I an Jaeger v. 15.9. 1936.

115 Brandt, Hans Jürgen/Hengst, Karl: Die Bischöfe und Erzbischöfe, 42; Schoppmeyer, Heinrich: Lorenz Jaeger, 191f.; Joppen, Rudolf: Das Erzbischöfliche Kommissariat Magdeburg, Teil 10, 131f.; Brandt, Hans Jürgen: Lorenz Kardinal Jaeger, 1455; Stüken, Wolfgang: Hirten unter Hitler, 62; Heim, Bernd: Braune Bischöfe fürs Reich?, 612; EBAP, NL Jaeger, Kriegstagebuch 19.5.-16.6.1940; ebd., Nr. 237, Bl. 98; ebd., Nr. 229: OKH an Wehrmachtsdekan Huneke v. 14.11.1939 und OKH an Jaeger v. 9.5.1940.

116 Brandt, Hans Jürgen: Lorenz Kardinal Jaeger, 1455.

117 Schoppmeyer, Heinrich: Lorenz Jaeger, 191; EBAP, NL Jaeger, Nr. 229: OKH an Jaeger v. 22.8.1941: „Dem Kriegspfarrer Dr. Lorenz Jaeger wird bestätigt, dass er in der Zeit vom 1.10.-31.12.1940 beim Generalkommando AK Dienst leistete (Besatzungstruppe in Belgien)".

302. Infanteriedivision in der Neuaufstellung befand.[118] Im April 1941 kehrte er nach Amiens ins besetzte Frankreich zurück.[119] Als er als Divisionspfarrer zu einem mehrwöchigen Kursus nach Paris abkommandiert wurde, vertrat er den Paderborner Priester Franz Stock, der dort Pfarrer der deutsch-französischen Gemeinde und Gefängnisseelsorger war.[120]

Festzuhalten bleibt: Lorenz Jaegers Haltung als Priester und Staatsbürger in der nationalsozialistischen Zeit wirkt ambivalent: Einerseits geriet er – wie Millionen von Deutschen auch – und als junger Frontsoldat des ersten Weltkrieges nachgerade folgerichtig – in den Jahren 1933/34 in den Sog der tatsächlichen und inszenierten Aufbruchsstimmung, war es doch seiner Erinnerung bzw. Auffassung nach die nationalsozialistische Regierung, welche die „Schmach" von Versailles, durch welche es in Deutschland und anderen Staaten nach 1919 zu „völliger Unordnung, wirtschaftlichem Bankrott und tiefste[m] sozialen Elend" gekommen war, „Stück für Stück zerriss".[121]

Seine Vorliebe für Militärisches, seine „heiße Liebe für Volk und Vaterland" und seine Einstellung gegenüber dem atheistischen Bolschewismus mögen einen Brückenschlag zum NS-Staat „erleichtert" haben, ohne dass deshalb von einer ideologischen Übereinstimmung gesprochen werden könnte. Sein Verbleiben im Schuldienst nach 1933 schuf ihm als Priester ein zweites berufliches Standbein und machte ihn zum Beamten des nationalsozialistischen Staates.[122] Andererseits polemisierte der Studienrat Jaeger als Religions- und Geschichtslehrer offen gegen die in Rosenbergs „Mythus des 20. Jahrhunderts" artikulierten wesentlichen Bestandteile der neuheidnischen nationalsozialistischen Weltanschauung. Er wurde durch den NS-Lehrerbund unter Druck gesetzt, stand unter Gestapo-Aufsicht und verlor bis 1938 binnen weniger Jahre diverse Nebenämter wie die des Fachleiters, die Mitgliedschaft im Prüfungsamt der Universität Münster, als Diözesanreferent der Religionslehrer-Arbeitsgemeinschaft, als Gaukaplan des Bundes Neudeutschland u.a.m., die ihm wohl durchaus einen weiteren Aufstieg im pädagogischen Berufsfeld ermöglicht hätten. So mag er sich kurz nach Kriegsbeginn tatsächlich als Freiwilliger gemeldet haben,[123] um „einen gewissen Freiraum" zu erhalten, war doch seine Dienst-

118 Schoppmeyer, Heinrich: Lorenz Jaeger, 191; Brandt, Hans Jürgen: Lorenz Kardinal Jaeger, 1455; EBAP, NL Jaeger, Nr. 229: Wehrkreis II (Stettin) an Jaeger v. 6.1.1941 und Notiz Jaegers v. 9.2.1941.

119 Brandt, Hans Jürgen: Lorenz Kardinal Jaeger, 1455.

120 Ebd., 1455f.; Stüken, Wolfgang: Hirten unter Hitler, 62; Guérend, Jean-Pierre (Hg.): Franz Stock, 43f. Stock erwähnt hier ohne weitere Angaben, er sei beim Bischof gewesen im November 1941.

121 EBAP, NL Jaeger, Nr. 1277, Bl. 5 u. 9.

122 Schoppmeyer, Heinrich: Lorenz Jaeger, 191; Stüken, Wolfgang: Hirten unter Hitler, 114 u. 48ff.; Pape, Matthias: Erzbischof Lorenz Jaeger von Paderborn im Kampf gegen den antichristlichen Bolschewismus, 148.

123 Vgl. dazu den Beitrag von Rainer Pöppinghege in diesem Band.

entlassung als Studienrat auf Grund seiner konspirativen Tätigkeit im bereits verbotenen Bund Neudeutschland zu befürchten. Späteren Aussagen zufolge hatte er im Dezember 1939 wegen Mitarbeit in einer verbotenen katholischen Schülerorganisation ein Verfahren mit dem Ziel der Dienstentlassung als Studienrat zu gewärtigen; die Einberufung als Kriegspfarrer habe ihn, so Jaeger in einem privaten Schreiben vom Januar 1966, in dieser Situation gerettet.[124]

Erzbischof in der NS-Zeit (1941–1945)

Als das Metropolitankapitel am 29.5.1941[125] Lorenz Jaeger als Nachfolger Caspar Kleins zum Erzbischof von Paderborn wählte und fünf Monate später – am 19.10.1941 – seine Weihe erfolgte, befanden sich das Erzbistum, das Reich und die Welt im Ausnahmezustand: Der nationalsozialistische Staat befand sich 1941/42 nach diversen Eroberungskriegen im Zustand seiner größten territorialen Ausdehnung und seiner scheinbar höchsten innenpolitischen Popularität. Gleichzeitig begannen der Völkermord an den Juden, die Euthanasie an den Kranken und der Kampf gegen das Christentum und deren Vertreter mit dem Ziel, beide Kirchen, insbesondere die katholische Kirche, nach dem „Endsieg" zu vernichten.[126] Dass mit Lorenz Jaeger ein Militärgeistlicher zum Erzbischof von Paderborn ernannt wurde, war in vielerlei Hinsicht ein Novum und dürfte dem (notwendigen) Kalkül der Kurie und des Metropolitankapitels entsprungen sein, einen Bischofskandidaten zu präsentieren, der von der NS-Regierung kaum abgelehnt werden konnte.[127] Der Kandidat entstammte einer Arbeiterfamilie, war nicht theologisch promoviert, war weder Hochschullehrer noch gehörte er der Verwaltung der Erzdiözese an. Jaeger war Frontsoldat des 1. Weltkrieges gewesen, dort zum Offizier aufgestiegen, Kriegspfarrer im 2. Weltkrieg, als Studienrat Beamter des NS-Staates und – zumindest nach außen hin – mit diesem Staat nicht in Konflikt geraten.[128] Die Entscheidung für Jaeger als Erzbischof von Paderborn wurde vermutlich auch von Dompropst Paul Simon, der selbst aussichtsreicher Kandidat, aber Gegner der NS-Regierung, angeblich (halb)jüdischer Abstammung und herz-

124 EBAP, NL Jaeger, Nr. 1300, Schreiben Lorenz Jaegers an E. Déja vom 27.1.1966; Brandt, Hans Jürgen: Lorenz Kardinal Jaeger, 1455.

125 Gruß, Heribert: Erzbischof Lorenz Jaeger als Kirchenführer im Dritten Reich, 15–30; Joppen, Rudolf: Das Erzbischöfliche Kommissariat Magdeburg, Teil 10, 132; Stüken, Wolfgang: Hirten unter Hitler, 130.

126 Strohm, Christoph: Die Kirchen im Dritten Reich, 111ff.; Stüken, Wolfgang: Hirten unter Hitler, 133f.

127 Stüken, Wolfgang: Hirten unter Hitler, 133f., 128.

128 Ebd., 128f.; Gruß, Heribert: Lorenz Jaeger, 325; ders.: Erzbischof Lorenz Jaeger im Spiegel sicherheitspolitischer Berichte, 22f.

krank war, vorangetrieben.[129] Es dauerte dann, entgegen den Bestimmungen des Reichskonkordates vom 20.7.1933, nahezu zwei Monate, bis der zuständige Reichsminister für kirchliche Angelegenheiten, Hanns Kerrl, in seiner Eigenschaft als preußischer Innenminister am 22.7.1941 Lorenz Jaeger für politisch unbedenklich erklärte und die Wahl bestätigte,[130] obwohl Reinhard Heydrich als Chef des RSHA in einem Schreiben vom 19.7.1941 den Kandidaten als einen der „gefährlichsten Propagandisten der katholischen Aktion und fanatischen Gegner des heutigen [nationalsozialistischen; Vf.] Staates" bezeichnet hatte.[131] Der völlig überraschte und zögernde Lorenz Jaeger nahm seine Wahl zum Paderborner Oberhirten erst an, als ihn der Apostolische Nuntius am 1.8.1941 in Berlin inständig darum gebeten hatte, um angesichts der antireligiösen Kirchenpolitik der nationalsozialistischen Machthaber eine lange Vakanz auf dem erzbischöflichen Stuhl in Paderborn zu verhindern.[132] Am 10.8.1941 gab der Vatikan die Ernennung Jaegers offiziell bekannt[133] und als er sich am 14.9.1941 von den Schülern des Hindenburg-Gymnasiums in Dortmund verabschiedete, wurde offenbar, dass man den neuen Paderborner Oberhirten „auf der Gegenseite nicht unterschätzen" dürfe, wie es in einem Gestapobericht vom 16.9.1941 hieß. Demnach hatte der designierte Erzbischof die Schüler ermahnt, treu zum Glauben zu stehen, mit Hinweis auf die Zerstörung des Tempels in Jerusalem durch Kaiser Hadrian vor 1800 Jahren auf die aktuelle Situation der Kirche in Deutschland angespielt und festgestellt, diese [die Kirche; Vf.] sei – „anders als Rosenberg und andere armselige Stümper" – in der Lage, „die geistige Waffe zu führen".[134]

Die Weihe des neuen Erzbischofs am 19.10.1941 wurde dann zu einer Manifestation christlichen Glaubens in Paderborn. Der nahezu vierstündigen kirchlichen Feier mit etlichen Ehrengästen und zahllosen Besuchern im hohen Dom stand der Apostolische Nuntius Cesare Orsenigo als Hauptkonsekrator vor, der Bischof von Hildesheim, Dr. Joseph Godehard Machens und der Paderborner

129 Stüken, Wolfgang: Hirten unter Hitler, 128; kurze und prägnante biographische Skizze Simons bei Riesenberger, Dieter: Der Paderborner Dompropst Paul Simon (1882–1946). Vgl. Fußnote 789 bei Stüken, Wolfgang: Hirten unter Hitler, die aufklärt, dass Simon nicht jüdischer Abstammung war.

130 Gruß, Heribert: Erzbischof Lorenz Jaeger als Kirchenführer im Dritten Reich, 15ff.; Stüken, Wolfgang: Hirten unter Hitler, 130ff.; Gruß, Heribert: Die „politische Klausel" bei der Neubesetzung des Paderborner Bischofsstuhls; Heim, Bernd: Braune Bischöfe fürs Reich?, passim.

131 Stüken, Wolfgang: Hirten unter Hitler, 130–132; Gruß, Heribert: Erzbischof Lorenz Jaeger im Spiegel sicherheitspolitischer Berichte, 22ff.

132 Gruß, Heribert: Erzbischof Lorenz Jaeger im Spiegel sicherheitspolitischer Berichte, 22 ff. und Joppen, Rudolf: Das Erzbischöfliche Kommissariat Magdeburg, Teil 10, 132.

133 Schoppmeyer, Heinrich: Lorenz Jaeger, 192.

134 Gruß, Heribert: Erzbischof Lorenz Jaeger als Kirchenführer im Dritten Reich, 362–364 u. ders.: Erzbischof Lorenz Jaeger im Spiegel sicherheitspolitischer Berichte, 27f.; Baumjohann, Gerhard: Weltpriester des Erzbistums Paderborn, 743.

Lorenz Jaeger als Erzbischof

Weihbischof Augustinus Baumann waren die Mitkonsekratoren.[135] Von außerkirchlichen Feiern wurde aufgrund „des Ernstes der Zeit" abgesehen. Zum „Festmahl" im Leokonvikt, zu dem der neue Erzbischof von tausenden Gläubigen begleitet wurde, mussten die Teilnehmer auf Geheiß Jaegers Lebensmittelkarten vorlegen.[136]

In seiner ersten Predigt als Erzbischof sprach Jaeger von einer Zeit, „die uns vor schier unlösbare Aufgaben stellt." Gleichzeitig ließ er keinen Zweifel an der nationalen Zuverlässigkeit und Tapferkeit der Paderborner Theologen im Felde aufkommen: „Soldatische und priesterliche Haltung" - so betonte er - „stehen sich innerlich näher als Außenstehende ahnen. Dort wie hier ist die Voraussetzung: selbstloser Dienst, vorbehaltloser Einsatz, Bewährung aus letzter Verpflichtung, Treue bis in den Tod." Nicht von ungefähr habe die junge Kirche der Märtyrerzeit für ihre Bekenner das Wort vom „guten Soldaten Christi" geprägt. „Alles Große, [...] auch die Bewahrung des Christentums in unserem Vaterlande" müsse durch Kampf errungen werden.[137] Die Predigt des neuen Erzbischofs verstärkte bei den Sicherheitsbehörden des NS-Staates den „Eindruck eines national eingestellten Mannes", der dem Staat - insbesondere aufgrund seiner guten Beziehungen zur Wehrmacht - „keine Handhabe zu einem eventuellen Einschreiten" biete.[138]

Dass der Erzbischof bei seiner Konsekration und bei anderen Gelegenheiten besondere regierungstreue Gesinnung hervorkehrte und bei Zusammenkünften und Gesprächen äußerste Vorsicht walten ließ, mag auch damit zusammenhängen, dass sich ein Mitglied des Lehrkörpers der Bischöflichen-Philosophisch-Theologischen Akademie, der Moraltheologe Joseph Mayer, als Denunziant für die Gestapo betätigte, wovon Jaeger wohl auch wusste.[139] Dieser berichtete seinem Auftraggeber auch darüber, dass der neue Erzbischof während seiner Predigt vor nahezu 5.000 Jugendlichen in der Paderborner Jesuitenkirche am Tag seiner Weihe mit keinem Wort den „Führer" erwähnt habe. Gleichwohl for-

135 Joppen, Rudolf: Das Erzbischöfliche Kommissariat Magdeburg, Teil 10, 132; Bericht über die Weihe Lorenz Jaegers im Hohen Dom zu Paderborn am 19.10.1941; EBAP, NL Jaeger, Nr. 140, Bl. 180ff. (Zeitungsbericht o. D.); ebd., Nr. 1338 und Nr. 140, Bl. 9 u. Bl. 65ff.

136 Ebd. u. Brandt, Hans Jürgen/Hengst, Karl: Die Bischöfe und Erzbischöfe, 343f.

137 Ebd., 341f.; Predigt L. Jaegers am 19.10.1941 an die Gläubigen, EBAP, NL Jaeger, Nr. 140, hier: Kirchliches Amtsblatt für die Erzdiözese Paderborn, Jg. 84, Stück 19 v. 30.10.1941; Pape, Matthias: Erzbischof Lorenz Jaeger von Paderborn im Kampf gegen den antichristlichen Bolschewismus, 155 u. 157f.

138 Brandt, Hans Jürgen/Hengst, Karl: Die Bischöfe und Erzbischöfe, 343f.; Baumjohann, Gerhard: Weltpriester des Erzbistums Paderborn, 741–744.

139 Brandt, Hans Jürgen/Hengst, Karl: Die Bischöfe und Erzbischöfe, 343f.; Wagener, Ulrich: Unterdrückungs- und Vergeltungsmaßnahmen, 56–58: Jaeger wusste von der Existenz des Spitzels. Mayer wurde 1945 entpflichtet und ging in seine Heimatdiözese Augsburg zurück, wo er entnazifiziert wurde und später eine Redakteurstätigkeit aufnahm.

derte Jaeger die Jugend zu Zucht, Disziplin, Kraft und Mut auf, um „als Soldat vor dem Feinde das zu leisten, was man von ihnen erwartet".[140]

Offensichtlich hatte das Paderborner Domkapitel die Jugend aus den Konsekrationsfeierlichkeiten für Lorenz Jaeger nahezu ausschließen wollen, um die nationalsozialistischen Machthaber nicht zu provozieren, doch setzte sich der neue Erzbischof durch.[141] Manche Teilnehmer der Kundgebung wie der damals 15jährige Johannes Joachim Degenhardt, Jaegers späterer Nachfolger im Amt des Erzbischofs von Paderborn, wurden verhaftet und aus ihrem eingeschlagenen Bildungsweg gedrängt.[142] Am Abend seines Weihetages schließlich mahnte der neue Erzbischof mehr als 250 anwesende Diözesanpriester als seine „Offiziere und Soldaten" zu „frohem Optimismus" angesichts der „zahlreichen Einschränkungen und Widerstände, die sich Ihrem Eifer entgegenstellen". Er schloss seine Ansprache mit den Worten: „Das Kreuz soll uns nicht niederstrecken. In ihm ist ja das Heil und der Sieg".[143]

Festzuhalten bleibt: Lorenz Jaeger hatte – wie Dompropst Paul Simon zu dessen Begrüßung zwei Tage vor der Konsekration formulierte – das Bischofsamt zu einer Zeit und unter Umständen übernommen, „die die an sich schon schwere Bürde und die Pflichten (des Amtes) noch drückender machten, die seelsorgliche Tätigkeit beengten und erschwerten, eine Abkehr von der Kirche in ungeheurem Ausmaß stattfand und die hohe Wertschätzung des rein biologischen Lebens das geistige oder gar religiöse Leben zurücktreten" ließ.[144] An der Bischofsweihe Lorenz Jaegers nahm kein Gauleiter oder Oberpräsident teil. Parteiuniformen oder Fahnen der NS-Bewegung waren nicht zu sehen, dafür aber eine bistumsweit versammelte Festgemeinde und 5.000 katholische Jugendliche, die ihrem bischöflichen „Führer" huldigten.[145]

Davon abgesehen blieb für Lorenz Jaeger – wie für nahezu alle anderen deutschen Bischöfe – der nationalsozialistische Staat wie zuvor auch das Kaiserreich und die auf dieses folgende Republik die von Gott gegebene und daher legitime und anzunehmende Obrigkeit, obgleich diese den Handlungsspielraum der Kirche immer weiter einengte, ja sie in Gänze zu zerstören trachtete.[146] Gleichwohl dürften die deutschen Bischöfe Hitlers Feldzug gegen die Sowjetunion als Kampf gegen den „gottlosen Bolschewismus" anfangs durchaus als

140 Nauen, Bernhard F.: St. Bonifatius Herne, 19; EBAP, NL Jaeger, Nr. 140, Bl. 180ff. und ebd., Nr. 203, passim.

141 Nauen, Bernhard: St. Bonifatius Herne, 19f.

142 Ebd.; EBAP, NL Jaeger, Nr. 203 u. Baumjohann, Gerhard: Weltpriester des Erzbistums Paderborn, 719.

143 Kirchliches Amtsblatt für die Erzdiözese Paderborn, Jg. 84, Stück 19 v. 30.10.1941 Nr. 231: Predigtansprache Lorenz Jaegers an die Priester vom 19.10.1941.

144 Ansprache Paul Simons am 17.10.1941, in: EBAP, NL Jaeger, Nr. 140, Bl. 210f.

145 Ebd.

146 Strohm, Christoph: Die Kirchen im Dritten Reich, 115.

berechtigt angesehen haben.[147] Im Fastenhirtenbrief vom 11.2.1942 bezeichnete Lorenz Jaeger Russland als „ein armes unglückliches Land“, das der „Tummelplatz von Menschen“ geworden sei, „die durch ihre Gottesfeindschaft und ihren Christushaß fast zu Tieren entartet“ seien. Er fragte weiter: „Erleben unsere Soldaten dort nicht ein Elend und ein Unglück sondersgleichen, [...] weil man die Ordnung des menschlichen Lebens dort nicht auf Christus, sondern auf Judas aufgebaut hat“?[148] – eine Äußerung, die bis in die Gegenwart Anlass zu unterschiedlichen Interpretationen gibt.[149] Für die einen bewegte sich der Erzbischof (taktisch bedingt?) in verdächtiger Nähe zum Sprachschatz der Nationalsozialisten, andere sehen auch diese Worte im Kontext von versteckten Hinweisen der Bischöfe auf den „Bolschewismus im eigenen Land“. Sie seien, so Gruß, eine „Chiffre, mit der die unter vielen tarnenden Vorwänden betriebene Kirchenverfolgung im Dritten Reich entlarvt werden sollte.“[150]

Dass es trotz zeitweisen äußeren Wohlverhaltens insbesondere die katholische Kirche war[151], die dem NS-Regime starken und andauernden Widerstand entgegensetzte, steht – trotz der letztlichen Erfolglosigkeit bis 1945 – außer Frage.[152] Von wenigen öffentlichen Kundgebungen wie der von Bischof von Galen am 3.8.1941 abgesehen, erschöpfte sich der Protest der deutschen Bischöfe gegen Euthanasie, Judenmord und Priesterverfolgungen allerdings in Eingaben, Denkschriften, Hirtenbriefen und diskreten Aktionen für die Verurteilten und Todgeweihten in den Gefängnissen und Konzentrationslagern.[153] Kurz vor Jaegers Ernennung zum Erzbischof – im Juni 1941 – hatte die Fuldaer Bischofskonferenz im Zusammenhang mit der seit 1939/40 laufenden Tötung „lebensunwerten Lebens“ einen Hirtenbrief veröffentlicht, der am 6.7.1941 von allen Kanzeln verlesen wurde und in den Worten gipfelte: „Nie – unter keinen Umständen – darf der Mensch außerhalb des Krieges und der gerechten Notwehr einen Unschuldigen töten“.[154] Eine fast gleich lautende Denkschrift der Bischöfe an Reichskirchenminister Kerrl vom 24.6.1941 wurde von diesem brüsk zurückgewiesen.[155] Alle Bemühungen um die Sicherheit der Kranken konnten nicht verhindern, dass beispielsweise zwischen dem 27.6. und

147 Pape, Matthias: Erzbischof Lorenz Jaeger von Paderborn im Kampf gegen den antichristlichen Bolschewismus, 162.

148 Gruß, Heribert: Erzbischof Lorenz Jaeger als Kirchenführer im Dritten Reich, 123ff.; Stüken, Wolfgang: Hirten unter Hitler, 155f.; Lewy, Günther: Die katholische Kirche und das Dritte Reich, 254.

149 Vgl. dazu die Beiträge von Joachim Kuropka und Dietmar Klenke in diesem Band.

150 Stüken, Wolfgang: Hirten unter Hitler, 156f.; Gruß, Heribert: Erzbischof Lorenz Jaeger als Kirchenführer im Dritten Reich, 130.

151 Strohm, Christoph: Die Kirchen im Dritten Reich, 106.

152 Ebd.

153 Ebd., 90f.

154 Tröster, Werner: „Die ganze Front stand voller Neugieriger, die aber lautlos zusahen.“, 349.

155 Ebd.

14.8.1941 nahezu 1.000 Menschen von Warstein in Westfalen ins hessische Hadamar zur Tötung verlegt wurden.[156] Noch am 12.8.1941 hatte Weihbischof Augustinus Baumann von Paderborn den Landeshauptmann von Westfalen, Karl-Friedrich Kolbow, darüber informiert, dass aus den Anstalten für Geisteskranke in Marsberg, Warstein und Eickelborn nahezu 2.000 Menschen zur Tötung und Einäscherung nach Hessen transportiert worden seien. Im Namen des fünften Gebotes, der Menschlichkeit und der Angehörigen der Opfer erhob er „Einspruch gegen das systematische Massenmorden".[157] Die Proteste in der Öffentlichkeit nach von Galens aufsehenerregender Predigt am 3.8.1941 zwangen Hitler per Führerweisung vom 24.8., die Mordaktionen vorerst einzustellen, doch wurde die „wilde Euthanasie" fortgesetzt, was die Beweisnot der Bischöfe erschwerte.[158] Als eine namentlich nicht ermittelte Ordensschwester im Juli und August 1943 dem Paderborner Erzbischof über den Abtransport von 600 Geisteskranken der Provinzialanstalt Warstein schriftlich berichtete,[159] wandte sich Lorenz Jaeger zweimal an den Landeshauptmann und begründete seine Anfrage mit vordergründig staatspolitischen Rücksichten: „Sie werden [...] mit mir der Auffassung sein, dass im gegenwärtigen Zeitpunkt seitens der Staatsführung [...] alles vermieden werden muss, dass sich derartige Überzeugungen, mögen sie auch noch so unberechtigt sein, im Volke einwurzeln".[160]

Seit dem Beginn des Episkopats Lorenz Jaegers im Herbst 1941, mehr noch nach der Kriegswende zu Lasten des Reiches Anfang 1943, verschärfte sich der Terror gegen die „Feinde" in den besetzten Gebieten und in der Heimat – vor allem gegenüber den Juden und zahlreichen Priestern – immer mehr. Der Erzbischof begegnete den zunehmenden Anfeindungen mit einer Doppelstrategie. In der Außenwirkung war er – auch mit Durchhalteparolen bis 1944/45 – darauf bedacht, als zuverlässiger Staatsbürger des Dritten Reiches zu erscheinen. In den Binnenstrukturen der Kirche trug er den Kurs der Bischöfe gegenüber dem NS-Staat konsequent mit. Bereits am 23.10.1941, vier Tage nach seiner Weihe, hatte Lorenz Jaeger 47 Pfarrer-Anwärter in einer „Klausurrede" im Ordinariat aufgefordert, nicht zu „politisieren", sondern aktive Seelsorger „für die gehetzten Menschen" zu sein. Den Kampf um die Freiheitsrechte der Kirche habe mit allen Konsequenzen der Erzbischof zu führen: „Der Bischof gehört [dann; Vf.] ins KZ und nicht der Vikar".[161] Wenige Wochen später, am 24. und 25.11.1941 war Jaeger als der nach Alter und Amtszeit

156 Ebd., 351.

157 Ebd., 358.

158 Ebd., 340.

159 Ebd., 355–357; Stüken, Wolfgang: Hirten unter Hitler, 167f.

160 Tröster, Werner: „Die ganze Front stand voller Neugieriger, die aber lautlos zusahen.", 357; Stüken, Wolfgang: Hirten unter Hitler, 168.

161 Gruß, Heribert: Erzbischof Lorenz Jaeger im Spiegel sicherheitspolitischer Berichte, 27; Stüken, Wolfgang: Hirten unter Hitler, 150f.

jüngste Teilnehmer Gastgeber einer Konferenz der (Erz-)Bischöfe Preysing, Berning, Stohr und Wienken in Paderborn, auf der über den Entwurf eines Menschenrechts-Hirtenbriefes der deutschen Bischöfe, der den NS-Staat frontal angriff, beraten und entschieden werden sollte.[162] Da der nicht anwesende Kardinal Bertram (Breslau), als dessen Gewährsmann Bischof Berning fungierte, den Entwurf entschärfen wollte, entschlossen sich die Anwesenden zu einer Überarbeitung durch Bischof Preysing, die dann als Denkschrift am 10.12.1941 in der Reichskanzlei einging.[163] Als Hitler bzw. die Reichsregierung – wie zu erwarten – keinerlei Reaktion zeigten, traten die Bischöfe der Kölner und Paderborner Kirchenprovinzen am 23. und 24.2.1942 in Kevelaer erneut zusammen, um die Denkschrift als Hirtenbrief zu veröffentlichen.[164] Da Kardinal Bertram erneut sein Veto gegen den Entwurf einlegte, beschlossen die Teilnehmer vier Wochen später, am 20.3.1942 in Bonn, die Denkschrift im Alleingang sofort als Hirtenbrief zu veröffentlichen. Tatsächlich wurde sie am 22.3. von den Domkanzeln und am 7.4.1942 von allen anderen Kanzeln als Hirtenwort verkündet.[165] Es begann mit der Feststellung: „Seit Jahren tobt in unserem Vaterlande ein Kampf gegen das Christentum, wie er in dieser Schärfe noch nie geführt wurde". Die Schreckensherrschaft der Gestapo wurde gegeißelt, die fundamentalen Menschenrechte auf Leben, Freiheit und Eigentum für alle Menschen konsequent eingefordert.[166] Die beteiligten Bischöfe unterzeichneten das Hirtenwort mit einem hohen persönlichen Risiko. Zwischenzeitlich hatte der Nuntius dem Breslauer Kardinal einen ersten Bericht über die Deportationen der Juden aus Deutschland vorgelegt. In Paderborn erfolgten diese in verschiedenen Schüben seit dem 11.12.1941.[167]

Der Jahreswechsel 1941/42 markierte dann auch eine inhaltliche Neuorientierung in der Eingabepolitik der deutschen Bischöfe: Neben den Kampf um die Freiheit und das Überleben der Kirche trat der Einsatz für das Lebensrecht der Menschen. Während der Beratungen der Fuldaer Bischofskonferenz vom 18. bis 20.3.1942 hatte sich Lorenz Jaeger bereiterklärt, auf der Basis der Lageberichte aus dem Warthegau, aus Slowenien, Luxemburg und Elsass-Lothringen eine Denkschrift über die Unterdrückung der Kirche und der Gläubigen in den von der Wehrmacht besetzten Gebieten und die „hemmungslose, antireligiöse Agitation von Parteistellen" zu verfassen.[168] Die Denkschrift wurde

162 Ebd., 152; Gruß, Heribert: Lorenz Jaeger, 330.

163 Stüken, Wolfgang: Hirten unter Hitler, 152; Gruß, Heribert: Lorenz Jaeger, 330.

164 Gruß, Heribert: Lorenz Jaeger, 331; Stüken, Wolfgang: Hirten unter Hitler, 153.

165 Ebd.; Gruß, Heribert: Erzbischof Lorenz Jaeger als Kirchenführer im Dritten Reich, 179f.; Gruß, Heribert: Lorenz Jaeger, 333.

166 Gruß, Heribert: Lorenz Jaeger, 333; Stüken, Wolfgang: Hirten unter Hitler, 153.

167 Hürten, Heinz: Deutsche Katholiken 1918–1945, 99; Stüken, Wolfgang: Hirten unter Hitler, 153f.

168 Gruß, Heribert: Erzbischof Lorenz Jaeger als Kirchenführer im Dritten Reich, 217ff.; Stüken, Wolfgang: Hirten unter Hitler, 163; Gruß, Heribert: Bischöfliches Menetekel, 6ff.

auf dem westdeutschen Konveniat am 18./19.11.1942 in Kevelaer beraten, mit Bertrams Unterschrift verabschiedet und am nächsten Tag der Reichskanzlei übergeben.[169] Die Denkschrift erregte den Zorn der nationalsozialistischen Machthaber, sahen diese doch den Tagebuchaufzeichnungen Joseph Goebbels zufolge - kriegstaktisch bedingt - vorerst keine Möglichkeit, „die Schuldigen zur Rechenschaft zu ziehen."[170] Vier Monate nach der von Lorenz Jaeger maßgeblich konzipierten, aber folgenlosen Denkschrift zur Situation von Kirche und Glauben in den besetzten Gebieten griff das Konveniat der Bischöfe der Kölner und Paderborner Kirchenprovinz am 17. und 18.3.1943 in Paderborn einen Vorschlag Kardinal Bertrams auf, einen Hirtenbrief über die Zehn Gebote als Grundlage der Ordnung der Völker zu verfassen und beauftragte die Münsteraner Theologieprofessoren Adolf Donders und Peter Tischleder – streng vertraulich –, einen Entwurf zu erstellen.[171] Als dieser Entwurf, der den nationalsozialistischen Staat scharf angriff, den westdeutschen Bischöfen am 8. und 9.6.1943 zur Beratung und Beschlussfassung vorlag, sperrte sich wiederum Kardinal Bertram, der „ein aufbauendes, positiv eingestelltes, rein pastorales Hirtenschreiben erwartet" hatte, erneut gegen die „Frontalabrechnung mit Staat und Partei".[172] Auch der Paderborner Erzbischof schien zwischen dem Entwurf der Münsteraner Theologen und den Einwänden Bertrams zu schwanken.[173] Dennoch verabschiedete die Fuldaer Bischofskonferenz am 17./18.8.1943 die auf Intervention des nicht anwesenden und erkrankten Kardinals Bertram leicht abgeschwächte Fassung des Münsteraner Entwurfs als Dekalog-Hirtenbrief zur Veröffentlichung.[174] Die Aussagen zum fünften Gebot waren trotz der erfolgten „Glättung" einiger Passagen unmissverständlich: „Tötung ist in sich schlecht, auch wenn sie angeblich im Interesse des Gemeinwohls verübt würde: An schuld- und wehrlosen Geistesschwachen und -kranken, an unheilbar Siechen und tödlich Verletzten, an erblich Belasteten und lebensuntüchtigen Neugeborenen, an unschuldigen Geiseln und entwaffneten Kriegs- oder Strafgefangenen, an Menschen fremder Rasse und Abstammung. Auch die Obrigkeit kann und darf nur wirklich todeswürdige

169 Gruß, Heribert: Erzbischof Lorenz Jaeger als Kirchenführer im Dritten Reich, 237.

170 Ebd., 217; Stüken, Wolfgang: Hirten unter Hitler, 163.

171 Stüken, Wolfgang: Hirten unter Hitler, 164; Gruß, Heribert: Erzbischof Lorenz Jaeger als Kirchenführer im Dritten Reich, 237.

172 Stüken, Wolfgang: Hirten unter Hitler, 164f.; Gruß, Heribert: Erzbischof Lorenz Jaeger als Kirchenführer im Dritten Reich, 237ff.

173 Stüken, Wolfgang: Hirten unter Hitler, 164f., bes. 165. Zum Schwanken des Erzbischofs: So äußerte sich zumindest Alfred Delp in einem an den Ordensausschuss gerichteten Vermerk; Stüken, Wolfgang: Hirten unter Hitler, 165 mit Fußnote 981.

174 Hürten, Heinz: Deutsche Katholiken 1918–1945, 104; Stüken, Wolfgang: Hirten unter Hitler, 165; Gruß, Heribert: Bischöfliches Menetekel, 3ff.

Verbrechen mit dem Tode bestrafen."[175] Da der Mord an den Geisteskranken zwischenzeitlich nachweisbar, der Genozid an den Juden aber bis 1942/43 eher gerüchteweise hinter einem Vorhang des Schweigens verschleiert wurde, standen die Bischöfe in Beweisnot.[176] Davon abgesehen blieben sie mit Ausnahme Bischof Preysings von Berlin - also auch Lorenz Jaeger - immer noch geneigt, an ihrer grundsätzlichen Staatsloyalität festzuhalten.[177] So hielt Jaeger zum Abschluss der Fuldaer Konferenz am 19.8.1943 vor 38 Oberhirten und 5.000 Gläubigen im Fuldaer Dom - möglicherweise in Absprache mit seinen Amtsbrüdern und um die Machthaber nicht zu provozieren - eine Predigt, in der er die „Arbeit der Kirche an den deutschen Brüdern und Schwestern, die mit uns eines Blutes sind" nochmals herausstellte.[178] Der Dekalog-Hirtenbrief wurde in der Erzdiözese Paderborn am 19.9.1943 von den Kanzeln verlesen.[179]

Neben den großen überdiözesanen Angelegenheiten und der bischöflichen „Alltagsarbeit" - Gottesdienste, Wallfahrten, Firmreisen, Verwaltung - galt eine Hauptsorge des Erzbischofs seinen Priestern in den Pfarrgemeinden, besonders denjenigen, die von der Gestapo belangt wurden, eingekerkert waren, in Konzentrationslagern einsaßen und womöglich dort zu Tode kamen. So besuchte er beispielsweise den Priester Peter Grebe, der am 16.1.1944 vom Volksgerichtshof in Berlin wegen „Wehrkraftzersetzung" zum Tode verurteilt wurde und auf mehrfache Intervention Generalvikar Rintelens zu zehn Jahren Zuchthaus begnadigt worden war, im Gefängnis.[180] An seine „Dachauer Priester" schickte er persönlich adressierte Pakete.[181] Erfolglos blieben indes seine Bemühungen um die Rettung des Franziskanerpaters Kilian Kirchhoff. Obwohl Jaeger beim Reichsjustizminister Thierack vorsprach, wurde Kirchhoff am 14.4.1944 in Berlin hingerichtet.[182] Ähnliches mag auch für weitere Priester aus der Erzdiözese Paderborn gelten, die in Konzentrationslagern starben, doch dürften mögliche schriftliche Belege in den Wirren der letzten Kriegsmonate verloren gegangen sein.

Die große Mehrheit der Katholiken ließ sich in ihrer Treue zu den gemaßregelten Priestern nicht erschüttern. Die mit allen Propagandamitteln versuchte generelle Diskriminierung der Priester und Bischöfe, etwa als „Jugendverführer" und „Devisenschieber", ist nicht gelungen.[183] Die Konflikte der be-

175 Hürten, Heinz: Deutsche Katholiken 1918–1945, 105; Gruß, Heribert: Lorenz Jaeger, 335f.; Stüken, Wolfgang: Hirten unter Hitler, 165.
176 Gruß, Heribert: Bischöfliches Menetekel, 3f.
177 Gruß, Heribert: Lorenz Jaeger, 337.
178 Stüken, Wolfgang: Hirten unter Hitler, 165f.
179 Ebd.
180 Gruß, Heribert: Erzbischof Lorenz Jaeger als Kirchenführer im Dritten Reich, 271.
181 Ebd. mit Fußnote 66; Baumjohann, Gerhard: Weltpriester des Erzbistums Paderborn, passim.
182 Mund, Ottokar: P. Kilian Kirchhoff, 701f.
183 Wagener, Ulrich: Unterdrückungs- und Vergeltungsmaßnahmen, 236f.

troffenen Priester ergaben sich in der Regel aus ihrer seelsorglichen Tätigkeit, beim schulischen Religionsunterricht, bei Predigten und in den Kriegsjahren ab 1939/40 durch unerlaubte Hilfeleistungen an Kriegsgefangenen und Zwangsarbeitern, sowie durch defätistische Äußerungen. Durch eine solche „Wehrkraftzersetzung“ und „Feindbegünstigung“ gerieten sie in schwerste Bedrängnis – häufig mit der Folge der Einweisung in ein Konzentrationslager.[184]

Erzbischof Jaeger blieb auch während der zweiten Kriegshälfte bei der schon seit seiner Weihe eingeschlagenen Linie: einer weitestgehenden Widerständigkeit gegen die kirchenpolitischen Angriffe des NS-Regimes nach innen bei gleichzeitiger staatspolitischer Loyalität nach außen. Wenige Tage nach der Kapitulation der 6. Armee in Stalingrad forderte er beispielsweise am 8.2.1943 die Menschen im nur halb gefüllten Paderborner Dom zum Durchhalten auf: „Die Welt lebt vom Opfer und wir dürfen hoffen, dass gerade dieses Opfer, das uns die toten Helden gebracht haben, nicht umsonst sein wird, dass es uns führt zum Sieg auch für unser deutsches Volk“.[185] Im Rahmen eines Gebets- und Sühnetages am 17.9.1944 dankte er den Soldaten „für den wirksamen Schutz vor dem Ansturm des gottlosen Bolschewismus“.[186]

Zwischenzeitlich standen die alliierten Truppen an den Grenzen des Reiches. Schwere Flächenbombardements auf deutsche Städte – auch auf Paderborn – begleiteten das Vorrücken der alliierten Verbände. Den Luftangriffen auf die Bischofsstadt vom 17.1., 22.3. und vor allem 27.3.1945 fielen insgesamt fast 1.000 Menschen zum Opfer; die Alt- und Innenstadt wurde nahezu völlig zerstört.[187] Der Erzbischof und seine Mitarbeiter waren mit der Räumung der durch den Luftangriff fünf Tage zuvor entstandenen Trümmer am Erzbischöflichen Palais am Kamp beschäftigt, als der Großangriff am 27.3. das Haus, den Dom und die Stadt zerstörte.[188] Der Erzbischof, der das Inferno im Keller des Bischofshauses überlebte, nahm Abschied von seinem Haus, traf an der Bahnunterführung am Kasseler Tor die Schwestern des Mutterhauses, verschaffte ihnen in der Siedlung am Bahneinschnitt eine vorläufige Unterkunft, führte die Blinden in die Blindenanstalt zurück und fuhr gegen Mitternacht mit dem Fahrrad über den Haxtergrund ins sieben Kilometer entfernte Dörenhagen, wo er weitere Quartiere für die Schwestern fand.[189] Am 28.3. fanden Lorenz Jae-

184 Ebd., 238.

185 Gruß, Heribert: Erzbischof Lorenz Jaeger als Kirchenführer im Dritten Reich, 269f.

186 Stüken, Wolfgang: Hirten unter Hitler, 68f.

187 Grevelhörster, Ludger: Von Weltkrieg zu Weltkrieg, 250f. Die genauen Einwohnerzahlen Paderborns in den letzten Kriegsmonaten lassen sich nicht eruieren.

188 Paderborn ist eine tote Stadt. Vor 35 Jahren: Aus dem Tagebuch von Erzbischof Lorenz Jaeger, in: Westfälisches Volksblatt v. 26.3.1980 und Rintelen, Friedrich M.: Erinnerungen ohne Tagebuch, 134f.

189 Rintelen, Friedrich M.: Erinnerungen ohne Tagebuch, 136; Vor 35 Jahren: Aus dem Tagebuch von Erzbischof Lorenz Jaeger, in: Westfälisches Volksblatt v. 26.3.1980; Rintelen, Friedrich M.: Erinnerungen ohne Tagebuch, 134f.

Der zerstörte Paderborner Dom 1945

ger, einige Schwestern und geistliche Mitarbeiter, darunter seit dem 30.3. auch Generalvikar Rintelen, Unterkunft im Pfarrhaus der Gemeinde Iggenhausen bei Lichtenau i.W.[190] Am 3.4.1945, zwei Tage nach der Besetzung Paderborns durch amerikanische Truppen, wies der Erzbischof seinen Generalvikar an, beim Militärkommandanten in Dörenhagen einen Passierschein für Paderborn zu erbitten, um dort die Rückkehr Jaegers in die zerstörte Stadt zu erwirken. Der US-Stadtkommandant erteilte aber erst am 9.4. die Zuzugserlaubnis unter der Bedingung, dass der Erzbischof mit ihm zusammenarbeite.[191]

Am frühen Morgen des 10.4. war Lorenz Jaeger wieder in der Stadt. Sowohl der amerikanische Kommandant als auch Generalvikar Rintelen schlugen ihm vor, zunächst im nahen Salzkotten oder in Geseke Wohnung zu nehmen und von dort die Bistumsverwaltung provisorisch wieder zu errichten.[192] Der Erzbischof aber blieb in Paderborn und fand im Kinderheim in der Stadtheide eine vorläufige Bleibe.[193]

190 Ebd., 134ff.

191 Ebd., 140; Vor 35 Jahren: Aus dem Tagebuch von Erzbischof Lorenz Jaeger, in: Westfälisches Volksblatt v. 26.3.1980; Rintelen, Friedrich M.: Erinnerungen ohne Tagebuch, 134f.

192 Rintelen, Friedrich M.: Erinnerungen ohne Tagebuch, 141.

193 Ebd. und Vor 35 Jahren: Aus dem Tagebuch von Erzbischof Lorenz Jaeger, in: Westfälisches Volksblatt v. 26.3.1980; Rintelen, Friedrich M.: Erinnerungen ohne Tagebuch, 134f.

Der Paderborner Oberhirte in der Besatzungszeit

Der Bischof kehrte in eine zerstörte Stadt zurück. Paderborns Bevölkerung war von 47.000 auf 7.000 Einwohner zurückgegangen. Laufend wurden noch Tote geborgen, die oft ohne Sarg beigesetzt werden mussten, weil kein Holz aufzutreiben war. In der Folgewoche waren für jede Gemeinde Seelenämter geplant. Auch die Geistlichen hätten sich, so Generalvikar Rintelen später, an wöchentlich einem Tag am Trümmerräumen beteiligt. Jaeger widmete sich zunächst der Begehung der zerstörten katholischen Kirchen und Anstalten und machte sich ein Bild über die Situation der Zerstörung. Generalvikar Rintelen schlug sich in das Erzbischöfliche Kommissariat Magdeburg durch, um sich vor Ort über den Zustand der Kirchengemeinden zu informieren; die Vertreibungen hatten hier tausende von Katholiken stranden lassen, deren geistliche Betreuung Priorität hatte.

In Paderborn war das Generalvikariat durch die Zerstörung seines Verwaltungsgebäudes und der durch Bombenabwürfe materiell geschädigten Mitarbeiter in der Arbeit gehemmt. Im halbwegs intakten Haus des Generalvikars wurden Räumlichkeiten in Büros umgewandelt, zu denen der Erzbischof täglich von der Paderborner Stadtheide aus mit dem Fahrrad pendelte.

Der Wunsch des Erzbischofs nach einer eigenen Wohnung war im Laufe der Zeit immer stärker geworden. Das Angebot des amerikanischen Kommandanten, für den Erzbischof in Salzkotten Wohnraum zu schaffen, hatte Jaeger abgelehnt.[194]

Das erzbischöfliche Palais an der Kampstraße war beim Fliegerangriff auf Paderborn am 27.3.1945 schwer beschädigt und unbewohnbar geworden. Jaeger meldete der Kreisfeststellungsbehörde gut ein Jahr später, am 15.2.1946 einen Totalschaden in Höhe von 18.962 Reichsmark; das Schadensverzeichnis umfasste so gut wie alles, was damals im Hause befindlich war: Möbel und Inventar, Wäsche und Kleidung, Bücher, Bilder, Gläser, Porzellan, Garten- und Küchengeräte, Teppiche, Gardinen usw.[195]

In einem 1952 verfassten Testament schrieb Jaeger, er sei „arm ins Erzbischöfliche Palais eingezogen und ziehe arm wieder aus. Was ich an Einrichtungsgegenständen und Büchern mitgebracht habe, ist dem Bombenkrieg zum Opfer gefallen. Was ich an Gehalt bekommen habe, habe ich zum größten Teil

194 Vor 35 Jahren: Aus dem Tagebuch von Erzbischof Lorenz Jaeger, in: Westfälisches Volksblatt v. 29.3.1980, T. 3; EBAP, NL Jaeger, Nr. 937, Bl. 160 (Hirtenbriefe, 6.5.1945); Rintelen, Friedrich M.: Erinnerungen ohne Tagebuch, 142f, 144, 149f. Zu den Zahlen der Toten in Paderborn vgl. diesen Aufsatz, Fußnote 187; Ernesti, Jörg: Friedrich Maria Rintelen; Lorek, Daniel: Rintelen, Friedrich Maria Heinrich (www.uni-magdeburg.de/mbl/Biografien/0953.htm – abgerufen am 27.05.2019).

195 EBAP, NL Jaeger, Nr. 1338, Bl. 061 (Abschrift; Bescheinigung der Kreisfeststellungsbehörde, Paderborn 25.7.1950, 64–72 Schadensverzeichnis).

bei Lebzeiten für gute Zwecke verausgabt.“ Die Einrichtung seines Studierzimmers habe ihm nach der Ausbombung sein Bruder zur Verfügung gestellt. Die Bibliothek, „welche im großen Arbeitszimmer steht“, stamme größtenteils aus den Beständen des Dompropstes Simon, die er nach dessen Tod 1946 erworben hatte.[196]

Vom 15.8.1945 bis zum Abschluss der Wiederherstellungsarbeiten am Erzbischöflichen Palais zum Beginn Oktober 1949 wohnte Jaeger im vom Kaufmann Anton Bickmeyer angemieteten Haus Benhauserstr. 47, zwei Drittel des Mietpreises trug die Erzbistumskasse. Die möblierten Räumlichkeiten umfassten im Parterre ein Warte- und Arbeitszimmer, im Obergeschoß Kapelle (unmöbliert), Schlafzimmer, Speisezimmer, Büro, Zimmer des Sekretärs, Küche und Bad, in der Mansarde das Zimmer der Mutter und ein Schwesternzimmer (unmöbliert), ferner 2 Kellerräume sowie den Boden auf der Südseite. Badezimmer, Waschküche und Garage waren gemeinsam von Mieter und Vermieter zu nutzen, der Garten durfte benutzt werden mit Ausnahme des Gebrauchs von Obst und Gemüse.[197]

Durch Beziehungen des Dompropstes Simon konnten Lebensmittel, Haushaltsgegenstände etc. organisiert werden. Im Juli 1945 hatte sich Simon an den Regierungspräsidenten Dr. Zenz in Minden gewandt und auf die Bereitstellung eines Autos gedrängt.[198] Jaeger selbst hatte seit Dezember 1946 aufgrund seiner beruflichen Stellung Anspruch auf bevorzugte Behandlung bei Reisen, Unterkunftsgewährung und Gebrauch der Nachrichtenmittel.[199]

Zu allererst galt es jetzt, im Erzbistum materielle und ideelle Aufbauarbeit zu leisten.

Bereits am 6.5.1945 hatte sich der Erzbischof mit einem Hirtenbrief an seine Geistlichen gewandt; u.a. legte er hier Punkte fest, die in den nächsten Jahren einige Schwerpunkte seiner Arbeit bilden sollten.[200]

Geistliche und Gläubige stünden infolge „der materiellen Not und ideellen Schäden, die der verlorene Krieg und die vergangene Zeit uns hinterlassen haben, auch seelsorglich vor [...] großen Schwierigkeiten.“ Alles hänge davon

196 EBAP, NL Jaeger, Nr. 2238 (Testament vom 1.6.1952). Laut Testament sollte diese Bibliothek an den Erzbischöflichen Stuhl gehen – bevorzugt als Hausbibliothek für den Erzbischof. Sollte sich im erzbischöflichen Hause kein Platz finden, wäre sie der Akademischen Bibliothek als Sonderbibliothek einzugliedern.

197 Mietvertrag vom 15.8.1945, in: EBAP, NL Jaeger, Nr. 1338 (Persönliche Verhältnisse, Bl. 21, Kündigung zum 1.10.1949, Bl. 58).

198 Rintelen, Friedrich M.: Erinnerungen ohne Tagebuch, 152, 155.

199 EBAP, NL Jaeger, Nr. 235 (Reisedokumente) Bl. 011, Chef der Landeskanzlei, Düsseldorf 11. Aug. 1947 mit Bezug auf eine Anordnung des Regional Commissioner für das Land Nordrhein-Westfalen vom 18.12.1946. Unterstützung anderer Art gewährte Bad Pyrmonts Kurdirektor, der jährlich Ehren-Kurkarten zur Verfügung stellte. EBAP, NL Jaeger, Nr. 173 (Festtags- und Weihnachtsbriefe, Jaeger an Stoltze, 30.12.1948).

200 EBAP, NL Jaeger, Nr. 937 (Hirtenbrief vom 6.5.1945, Bl. 158–161).

ab, ob Christen aus der rechten Grundhaltung heraus anstehende Arbeiten begönnen. „Wenn die Trümmer und Tränen der Zeit eine einzige Anklage sind gegen ein rein weltverhaftetes Denken und Leben, dann kann uns und unsere Gläubigen nur eine [...] totale Metanoia im Sinne des Evangeliums befähigen, in [...] einer zerstörten Welt das Reich Gottes aufzubauen."

Der Priester habe eine rein geistliche Sendung zu erfüllen. „Wir sind auch nicht als Richter über Irrungen und Verfehlungen unserer Mitmenschen bestellt, sondern das Gericht hat sich der Herr allein vorbehalten."

Die „Rückschau auf Vergangenes" hielt er in dieser Situation für „unnütz" und „unfruchtbar", man sei als Christ berufen, die von Gott gegebenen gegenwärtigen Aufgaben verantwortlich gegenüber der Zukunft zu erfüllen. „Was hinter uns liegt, ist nicht ohne Gottes Zulassung über uns gekommen und sollte für uns Schule sein, in der wir ertüchtigt wurden für die heutigen Aufgaben." Die Zurückdrängung der Kirche auf den Kirchenraum habe viel gekostet, andererseits aber zu den eigentlichen Kraftquellen zurückgeführt.

Allen, die nun „ehrlichen Willens kämen", müsse man helfen, dass sie beim letzten Gericht bestehen könnten.

Menschen, die aus „irrigem Gewissen" oder Vorteilsstreben in der vergangenen Zeit der Kirche den Rücken gekehrt hätten, sei Barmherzigkeit zu erweisen, aber erst nach Unterweisung und wenn ihr Lebenswandel gezeigt hätte, das sie nun andere Menschen sein wollten, dürften sie wieder in die kirchliche Gemeinschaft aufgenommen werden. Im Zweifel sei dem Generalvikariat zu berichten.

Ähnlich sei bei Lehrpersonen zu verfahren, die gegen den Glauben gehetzt, den Religionsunterricht niedergelegt oder sich nicht mehr am kirchlichen Leben beteiligt hätten und nun um die erneute Erlaubnis zur Erteilung des kirchlichen Religionsunterrichts bäten. Der Antrag auf Neuerteilung müsse begründet vom Pfarrer und vom Dekanatskatecheten gestellt werden.

Da man noch immer im Kriegszustand lebe, sei von größeren Prozessionen und Wallfahrten abzusehen. Wo die örtlichen Kommandanten Prozessionen gestatteten, solle der Eindruck politischer Demonstrationen vermieden werden.

Es sei scharf zu verurteilen, wenn jemand, der um des Kreuzes Christi willen „Schmach und Verfolgung hat erleiden dürfen", nun daraus für sich und sein Fortkommen Vorteile ziehen wolle. Ziel der Seelsorgearbeit sei „die Auferbauung eines gesunden Gemeinschaftslebens auf christlicher Grundlage und nach christlichen Grundsätzen". Die heutige Welt leide an der Zerrüttung des menschlichen Gemeinschaftslebens.

Bei der „Seelsorgsmethode" habe die Glaubensverkündigung in den letzten Jahren eine Verinnerlichung erfahren, die man beibehalten werde. Den Laien sei zu zeigen, wie sie „das Licht des Herrn in die Dunkelheit der Zeit hineintragen" könnten. Aufgabe sei die Heiligung der den Laien anvertrauten Bereiche Familie, Volk und Beruf; die Priester hätten dies zu unterstützen.

Erzbischof Jaeger beim Firmbesuch in Upsprunge 1946

Die katechetische Unterweisung der Kinder sei aufzunehmen, der Beicht- und Erstkommunionunterricht zu vertiefen, Kindergärten seien rasch wieder einzurichten.

Mit der „zeitnahen“ Glaubensverkündigung müsse sich die christliche Caritas verbinden. Diese sei nicht nur Aufgabe von Vereinen und Organisationen sondern der ganzen Gemeinde. Alle Mitbrüder sollten die Gläubigen zur „Arbeit für den Wiederaufbau unserer zerstörten Heimat“ anhalten. Man habe einen verlustreichen Krieg verloren, der noch mehr Opfer verlangen werde. Eine sozial, wirtschaftlich und politisch schönere Zukunft sei nur zu erhoffen, wenn Beten und Arbeiten für alle zum Lebensinhalt werde.

Wer über ein Stück Land verfüge möge es bestellen, um die drohende Hungersnot abzuwenden.

Jaeger setzte sich seit Mai 1945 beim zuständigen britischen Stadtkommandanten Oberst Usher dafür ein, der schwer beschädigten Bischofsstadt für den Wiederaufbau Baumaterialien und spezialisierte Bauhandwerker zukommen zu lassen.[201]

201 EBAP, NL Jaeger, Nr. 1275 (Jaeger an Oberst Usher, 22.5.1945, 39). Bericht Sekretär Ermeckes an den Paderborner Bürgermeister vom 2.7.1945, über ein Treffen Jaegers mit Usher, ebd., 27; bei der Frage der Beschaffung von Bauhandwerkern versicherte Oberst Usher, er wolle versuchen, Bauhandwerker zu stellen. Regierungspräsident Dr. Zenz habe den Erzbischof von Schritten unterrichtet, die Entlassung von Landwirten und Transportarbeitern zugunsten von Bauhandwerkern zurückzustellen.

Mitte September 1945 rief der Erzbischof zum Wiederaufbau des Doms als zentraler Aufgabe aller auf. „Das Heiligtum der Erzdiözese, der Dom, der die Gebeine des heiligen Liborius birgt, die Bischofskirche, die unsere Väter vor vielen Jahrhunderten geschaffen haben, ist in den letzten Monaten noch ein Opfer des grausigen Krieges geworden. Wir wären unserer Väter nicht würdig, wenn wir nicht mit allen Mitteln darangehen würden, diese heilige Stätte wiederherzustellen. Der Dom gehört der ganzen Erzdiözese. [...] Er soll sein ein heiliges Symbol der Einheit und der Glaubensfreude der Erzdiözese Paderborn."[202]

Aufbauarbeit bestimmte auf allen Gebieten und in allen Bereichen das Arbeitspensum des Bischofs. „Aufbauarbeit" war dabei zunächst auch ganz wörtlich zu verstehen: Es galt, Wohnung und Unterkunft in den bombengeschädigten Städten für Einheimische und Flüchtlinge wiederherzustellen oder neu aufzubauen. Gleiches galt für Kirchen und Schulen, Fabriken und Produktionsstätten und den Erhalt von Arbeitsplätzen.

Neben den materiellen Aufbau trat der ideelle, sei die Kirche doch - so Jaeger im Dezember 1945 -„die einzige Heimat der Seele", nachdem die reale, irdische Heimat in Trümmern lag. Zur liturgischen Schulung trete die christlich-soziale Bildung „zum echten laborare".[203] Knapp zwei Jahre später resümierte Jaeger, die Schrecken des Krieges seien vorüber, die Segnungen des Friedens allerdings „haben uns noch nicht beglückt." Voraussetzung für die „Gesundung des deutschen Volkes", das neben äußerer Not auch seelisch und sittlich Not leide, sei die Lösung der sozialen Frage, die Neuetablierung von Religion und Gottesfurcht als Basis der Familie.[204]

Unerlässlich waren gute Kontakte zu den Entscheidungsträgern der Besatzungsmächte. So versuchte Ferdinand Karl Prinz zu Isenburg - möglicherweise im Auftrag Jaegers - im Mai 1946 den Kontakt zum Britischen General Sir Edward Bellingham aufzubauen.[205]

Jaeger wandte sich an den Militärgouverneur der britischen Besatzungsarmee, Feldmarschall Montgomery und versuchte den Siegermächten eine - aus seiner Sicht - differenziertere Betrachtung des deutschen Volkes und seiner Beteiligung an den NS-Verbrechen nahezubringen.[206]

Eine Kollektivschuld der Deutschen lehnte Jaeger in einer für die britische Militärregierung bestimmten Denkschrift vom Juli 1945 vehement ab, er sah in ihr eine moralische Diffamierung des gesamten deutschen Volkes. In den Folgen des Versailler Vertrages - in dem erstmals eine moralische Kollektivschuld

202 EBAP, NL Jaeger, Nr. 937 (Hirtenwort für den 16.9.1945).

203 EBAP, NL Jaeger, Nr. 173 (Schreiben an den Abt von Maria Laach vom 14.12.1945).

204 EBAP, NL Jaeger, Nr. 937 (Hirtenbriefe, Hirtenbrief der deutschen Bischöfe vom 14.9.1947).

205 EBAP, NL Jaeger, Nr. 1275 (Militärregierung 1945/46, Ferdinand Karl Prinz zu Isenburg, Berlin Wilmersdorf, 15.5.1946, 001).

206 Wittig, Michael: Paderborn als kirchlicher Vor-Ort, 388; vgl. EBAP, NL Jaeger, Nr. 1277, Bl. 5 und 9.

statuiert worden sei – sah er die Ursache für die meisten Übel der Nachkriegszeit 1919–33 und eine wichtige Ursache für die Etablierung der NS-Herrschaft. Wenn man den gleichen Weg wie 1918 beschreiten wolle, seien die Folgen sicherlich noch weitaus schlimmer zu erwarten; moralische Diffamierungen seien folglich die schlechteste Grundlage für einen soliden Frieden. Zudem habe sich die Mehrheit des deutschen Volkes schon dadurch gegen den Nationalsozialismus gewandt, dass es der christlichen Religion treu geblieben sei.[207]

Es seien nur 35 Prozent der Bevölkerung gewesen (tatsächlich knapp 44%; Vf.), die sich am 5.3.1933 zum Nationalsozialismus bekannten und diese seien meist Unerfahrene und Enttäuschte gewesen. Das deutsche Volk sei gewillt, die Niederlage anzuerkennen, aber nicht als Kollektiv die moralische Alleinschuld am Krieg und allen anderen Verbrechen der nationalsozialistischen Führung auf sich zu nehmen.

1945 stand das Land tatsächlich vor einer materiellen und geistigen Trümmerlandschaft – zudem galt es, einer Wiederholung der Diktatur vorzubeugen.

Ein Forum des Meinungsaustausches über Art und Umfang zu leistender kirchlicher Aufbauarbeit bildete das Konveniat der westdeutschen Bischöfe; das erste fand vom 26.–28.3.1946 in Werl statt.[208] Teilnehmer waren die (Erz-) Bischöfe von Köln und Paderborn, Mainz und Berlin, für Trier dessen Generalvikar. Das nach dem Tod Bischof Galens verwaiste Münsteraner Bistum vertrat Dompropst Echelmeyer. Jaeger führte zunächst den Vorsitz, bat aber Kardinal Frings darum, diesen zukünftig zu übernehmen.

Zur Tagesordnung gehörten Fragen der Kriegsgefangenenseelsorge, des Einsatzes für eine Beschleunigung des Untersuchungsverfahrens in Internierungslagern – auch mit dem Ziel des Vortrages bei zuständigen Behörden –, eines gemeinsamen Hirtenwortes zu Entnazifizierung und Bodenreform in der Sowjetischen Besatzungszone, der parteipolitischen Betätigung des Klerus in Zentrum oder CDU; des großen Komplexes von Schule und Erziehung – hier vor allem des Einsatzes für die Bekenntnisschule – der Erwachsenenbildung, der Förderung der Idee einer katholischen Universität, der Flüchtlingsseelsorge, der Beeinflussung der Vertriebene aufnehmenden Gemeinden zu „froher Aufnahmebereitschaft", der Zeitschriften für Frauen, Mütter und Jugendliche, der Nachwuchssorgen der Schwesterngenossenschaften und der Studentenseelsorge.

Während des Konveniats in Pützchen vom 17.–19.6.1946[209] wurde über Religionslehrer und die Forderung nach Religionsunterricht in Berufsschulen

207 Denkschrift für den britischen Feldmarschall Montgomery 23.7.1945, in: Schoppmeyer, Heinrich: Lorenz Jaeger, 193; der maschinenschriftliche Text mit handschriftlichen Korrekturen Jaegers und dem Empfänger-Vermerk „Mil. Reg." – auf den im Text bereits mehrfach Bezug genommen wurde – findet sich in EBAP, NL Jaeger, Akte Nr. 1277, 2–9 .

208 EBAP, NL Jaeger, Akte 17 (Konveniat in Werl 26.–28.3.1946, Bl. 187–191).

209 EBAP, NL Jaeger, Nr. 17 (Konveniat in Pützchen, 17.–19.6.1946, Bl. 161–172, 169).

gesprochen, die Frage der Organisation katholischer Verbände sowie die Frage der Ostflüchtlinge, für die das Päpstliche Werk der Glaubensverbreitung 1 Million RM zur Verfügung gestellt hatte, erörtert. Anregungen der Pfingsttagung der Flüchtlingsseelsorger in Lippstadt wurden zur Kenntnis genommen, wie etwa die Vermeidung separater Flüchtlingswohngebiete/Baracken und notwendiger Schritte zur Integration der Flüchtlinge (z.B. durch die Mitarbeit von Flüchtlingen bei der Laienarbeit in der Pfarrei). Die einheimische katholische Bevölkerung sei so zu beeinflussen, dass Wohnraum aus christlicher Einstellung heraus gegeben werde. Die Flüchtlinge wiederum sollten zu Bescheidenheit, Zufriedenheit und Dankbarkeit angeleitet werden. Das Ziel aller Flüchtlingsarbeit sei nur zu erreichen, wenn von der Voraussetzung ausgegangen werde, dass „der Flüchtling hier im Westen eine neue Heimat finden muss." Psychologisch falsch sei es, „ihm unter den gegenwärtigen Verhältnissen eine unbegründete Hoffnung auf Rückkehr in die Heimat zu machen."

Flüchtlinge und Vertriebene, die die konfessionelle Landkarte Deutschlands veränderten, bildeten große Herausforderungen, Vertreter aller Konfessionen engagierten sich für Kriegsgefangene und boten Unterstützung in Entnazifizierungsverfahren an.[210]

In Paderborn übte Dompropst Simon heftige Kritik am Verhalten der Engländer vor allem in Fragen der Entnazifizierung.[211]

Die Hilfestellung Jaegers in Entnazifizierungsfällen und in Fällen der Entlassung aus der Internierungshaft konnte verschiedener Art sein. Auf zahlreiche Bittbriefe gab er dezidiert Formulierungshilfen und wies auf notwendige Schriftstücke hin, die einer Nachprüfung durch den britischen Secret Service standhalten würden.[212] Für einen Oberstudiendirektor verwandte er sich persönlich in Münster und empfahl weitere mögliche Fürsprecher.[213]

Im Falle der im Dezember 1945 von der Schließung bedrohten Dortmunder Bierbrauerei Thier & Co wandte er sich gegen die geplante Stilllegung.[214] „Der Besitzer Dr. jur. Arnold Cremer war Mitglied der Zentrumspartei und Mitglied des Preussischen Landtages und außerdem Mitglied des Kirchenvorstandes der Propsteigemeinde Dortmund. Dr. Cremer war ein ganz prominenter Vertreter des katholischen Lebens in Deutschland. So trug die Thier-Brauerei bei den

210 Würz, Markus/Schröber, Ulrike: Kirchen, in: Lebendiges Museum Online, Stiftung Haus der Geschichte der Bundesrepublik Deutschland, Version Juni 2018 (http://www.hdg.de/lemo/kapitel/nachkriegsjahre/neuanfaenge/kirchen.htm – abgerufen am 13.06.2019).

211 Wittig, Michael: Paderborn als kirchlicher Vor-Ort, 388. Kritik erregten seiner Meinung nach wenig differenzierende Anschuldigungen.

212 EBAP, NL Jaeger, Nr. 437, Bl. 114 (Schreiben Jaegers an Studienrat Edmund Hüpper, Herne, 31.1.1946).

213 EBAP, NL Jaeger, Nr. 437, Bl. 127 (Jaeger an den Oberstudiendirektor E. Klein, z.Zt. Herschwiesen bei Boppard/Rhein, Paderborn, 23.10.1946).

214 EBAP, NL Jaeger, Nr. 431, Bl. 14 (Schreiben Jaegers an Father Dowling, Paderborn, 17.12.1945).

Gegnern der Kirche und [...] bei der Partei den Namen „die schwarze Brauerei". Cremer sei nie Parteimitglied gewesen, ein Juniorchef beantragte 1939 „zur Rettung des Geschäfts" die Parteiaufnahme, sei aber wegen politischer Unzuverlässigkeit abgelehnt worden. Es gebe nur wenige deutsche Betriebe, bei denen sich die Distanz zur Partei so offen gezeigt habe. Dass dieser Betrieb schließen müsse, sei im Hinblick auf viele Aktiengesellschaften mit „undurchsichtigem Interessentenkreis" unverständlich. Eine um die christliche Sache verdiente Familie werde ruiniert, während eine solche Maßnahme eine Aktiengesellschaft nicht in dieser Weise treffe. Jaeger bat, bei den zuständigen Stellen auf eine erneute Prüfung zu dringen.

Jaeger stellte aber nicht in jedem Fall Leumundszeugnisse aus. So weigerte er sich beispielsweise im Februar 1947 im Fall eines Gestapobeamten, sich für ihn zu verwenden.[215]

Hinsichtlich der Kriegsgefangenen bemühte sich der Vatikan Ende 1945 darum, Listen von in Italien Internierten auch nach Paderborn weiterzuleiten, Radio Vatikan sendete in der Weihnachtszeit Listen und Grüße Inhaftierter.[216]

Jaegers Sicht zur Kriegsgefangenenfrage deckte sich mit der seiner Amtskollegen; so wird auch im Hirtenbrief der deutschen Bischöfe vom September 1947[217] auf ihre Not verwiesen, sie gelten als (eigentliche) Opfer des Krieges, auch wenn Jaeger dies öffentlich anders formuliert sehen möchte, wie seine handschriftlichen Änderungen des Textes zeigen; Kriegsgefangene waren für Jaeger in erster Linie frühere Befehlsempfänger, die Frage einer Schuld wird nicht thematisiert. Man erneuerte die Bitte um die Freigabe der Kriegsgefangenen und „das Ersuchen um Weitherzigkeit und Großherzigkeit (von Jaeger durchstrichen, geändert zu Großzügigkeit; Vf.) gegenüber jenen Opfern des Nazismus (durchstrichen), gegenüber jenen, die nur dem Druck und nicht dem Geiste (Einfügung: der Bedrücker) folgten."

Jaeger gehörte mit Kardinal Frings und dem Meißener Bischof Heinrich Wienken zu denjenigen, die im Auftrag des Westdeutschen Bischofskonveniats eine mit „Menschenwürde" betitelte Eingabe an den Kontrollrat erarbeiten sollten,[218] um sowohl gegen noch stattfindende Deportierungen (von

215 EBAP, NL Jaeger, Nr. 432. Nach einem Besuch des Interniertenlagers Eselsheide versprach er den Gefangenen zwar großzügig Hilfe, im Fall des Ehegatten der Alwine Meyer, die sich hilfesuchend an ihn um ein Leumundszeugnis gewandt hatte, weigerte er sich. Schreiben der Frau Meyer vom 27.2.1947 sowie Jaegers Antwortschreiben, ebd., Bl. 56. Jaeger nahm in diesem Fall offensichtlich persönlich Anstoß an dessen Taten in der NS-Zeit in Paderborn – um was genau es sich handelte, wird in der Akte nicht thematisiert – und bezweifelte auch Reue über dieses Tun. Durch seinen Geheimsekretär ließ er ausrichten, er könne keine Erklärungen abgeben, die nicht mit der Wahrheit übereinstimmten.

216 EBAP, NL Jaeger, Nr. 452 (Secretaria di Stato di sua Santita, Vatikan, an Jaeger, 5.12.1945, 39).

217 EBAP, NL Jaeger, Nr. 937 (Hirtenbrief zu verlesen am 14.9.1947, 86).

218 EBAP, NL Jaeger, Nr. 17 (Westdeutsches Bischofskonveniat, Niederschrift über die Beratung der Bischöfe der Kölner und Paderborner Provinzen in Hardehausen 4.–6.11.1946, 135–141).

Jugendlichen aus dem russisch-besetzten Gebiet, von Zivilpersonen aus den ehemaligen deutschen Ostgebieten sowie von Arbeitern und Ingenieuren nach Russland) als auch gegen die schlechte Behandlung der Kriegsgefangenen zu protestieren.

Speziell für die Kriegsgefangenenseelsorge benannte das Erzbistum Paderborn zwei Priester, „die aber nur für Stammlager in Frage kommen“ sollten, „nicht für die vielen Arbeitskommandos.“[219]

Katholische Lagerpfarrer tauschten sich auf einer Tagung in Rennes (20.8.–23.8.1946)[220] aus; für die Diözese Paderborn nahm dort Gefangenenpfarrer Bernhard Knoche teil. Einig war man sich in der Forderung nach baldiger Entlassung der Gefangenen. Eine Thematisierung von Schuld und Katharsis schien nicht angebracht, vielmehr Verzeihen, wie Pfarrer Steinbauer aus der Diözese Regensburg, Seelsorger im Offizierslager Mulsanne, formulierte: „Wo man hinsichtlich der Vergangenheit nicht entschuldigen könne, sei eine verzeihende Haltung gegenüber den Offizieren die unbedingte Grundlage einer ersprießlichen Seelsorge; das gelte besonders SS-Offizieren gegenüber.“

Jaeger selbst stand von 1945 bis 1947 in Kontakt mit den Chefs der englischen und französischen Kriegsgefangenenverwaltungen.[221] Er setzte sich immer wieder für die beschleunigte Entlassung aus den Internierungslagern ein, im Einzelfall war er auch bereit sich neben den britischen Stellen an deutsche Justizbehörden zu wenden[222] oder, falls seitens kirchlicher Stellen kein Einfluss ausgeübt werden konnte, Informationen und Berichte an weitere ausländische Stellen weiterzuleiten.[223]

219 EBAP, NL Jaeger, Nr. 17 (Besprechungen beim Konveniat der westdeutschen Bischöfe in Pützchen 17.–19.6.1946, 169).

220 EBAP, NL Jaeger, Nr. 1271 (Tagung der katholischen Lagerpfarrer in Rennes, 20.8.–23.8.1946, Bl. 27 u. 19). Bernhard Knoche (1909–1982) war seit 1941 Marinekriegspfarrer, geriet im Mai 1945 in französische Kriegsgefangenschaft und war bis zum November 1948 Gefangenenpfarrer. Danach war er als Pfarrvikar und Pfarrer in Höxter, Hovestadt und Erkeln tätig. Siehe die Dorfchronik der Gemeinde Erkeln (www.erkeln.de/heimatverein/pageshtml/knoche.htm – abgerufen am 29.05.2019). Steinbauer war von 1928 bis 1933 Pfarrer in der Gemeinde Kirchendemenreuth (www.pfarrei-kirchendemenreuth.de/historisches/priester/ – abgerufen am 29.05.2019); der Vorname war nicht ermittelbar.

221 EBAP, NL Jaeger, Nr. 426.

222 1947, allgemeine Forderung nach rascher Entlassung der Gefangenen, EBAP, NL Jaeger, Nr. 452 und Nr. 433, 61, ebd.: im Fall des internierten Rechtsanwalts Dr. R. Große-Hagenbrock aus Herzebrock bietet er an, den für Spruchverfahren zuständigen Oberstaatsanwalt zu sprechen und den Justizminister für Rheinland und Westfalen und den Zentral-Justizrat in Hamburg.

223 EBAP, NL Jaeger, Nr. 452 (Hans Staudinger, Dortmund-Hörde, über Vorgänge in der Tschechoslowakei, o. D., Anfang 1948, 6, 17).

Der seelischen Stützung dienten Weihnachtsgrüße und -pontifikalämter in den Internierungslagern Eselsheide und Staumühle sowie große organisierte Empfänge für die Heimgekehrten in Paderborn.[224]

Zu den wichtigsten Entwicklungen der ersten Nachkriegsjahre gehörte in Deutschland die Gründung bzw. Neugründung politischer Parteien.

Am 3.4.1945, dem Osterdienstag, hatte die britische Militärregierung in der Bischofsstadt Paderborn das Regiment übernommen. Major Bell als Leiter des 515. Detachments beauftragte Domvikar Dr. Kaspar Schulte, der sich auch bei der Wiederbelebung des parteipolitischen Lebens engagierte, mit dem Wiederaufbau einer städtischen Verwaltung. Eine erste Möglichkeit zum Meinungsaustausch boten Gespräche nach der Morgenmesse in der Domkrypta, weil hier Versammlungen ohne eigene Erlaubnis der Besatzungsmacht möglich waren. Schulte wünschte ein Zusammengehen aller christlichen Kräfte in der Paderborner Diözese oder in Deutschland, konnte aber die Aufsplitterung in Zentrum und CDU nicht verhindern.[225]

Der Vorsitzende der Zentrumspartei, Wilhelm Hamacher, warf dem deutschen Episkopat wiederholt vor, zumindest einige Bischöfe würden sich „in den politischen Meinungsstreit mischen", und zwar einseitig zugunsten der CDU. Auch das Westdeutsche Bischofskonveniat hatte im März 1946 die Gefahr der politischen Zersplitterung gesehen. Geistliche sollten indessen die Freiheit der Meinungsäußerung behalten können.[226] Drei Monate später bat Kardinal Frings Hamacher, die Zentrumspartei möge dort, wo die CDU bereits bestehe, von Parteiverbandsgründungen absehen und alles tun, um zu einer Einigung mit ihr zukommen.[227] Im November 1946 waren sich die Bischöfe der Kölner und Paderborner Kirchenprovinzen letztlich einig in der Auffassung, dass keine Einigung zwischen den Parteien zu erreichen sein werde und sich dies unheilvoll bei Wahlen und störend bis hinein in die kirchliche Organisation auswirken werde. Die Geistlichen sollten daher öffentlich keine parteipolitischen Reden halten.[228]

224 EBAP, NL Jaeger, Nr. 433, Bl. 6 (Erwähnung des Weihnachtsgottesdienstes in den Stammlagern, 1947); Nr. 1951 (Der Erzbischof von Paderborn mit dem britischen Lagerstab des 5. Civil-Internierungslagers Staumühle bei Paderborn nach dem Pontifikalamt für die Internierten am 2. Weihnachtsfeiertag 1947); Nr. 173 (Festtagsbrief zum 1. Sonntag im Advent 1947, Weihnachtsgruß an alle Kriegsgefangenen); Nr. 428 (Kriegsgefangenenheimkehr, Dankschreiben für Empfang für die Heimkehrer am 2.11.1949 sowie Heimkehrerempfang in Paderborn 1950).

225 Wittig, Michael: Paderborn als kirchlicher Vor-Ort, 388.

226 EBAP, NL Jaeger, Nr. 17 (Besprechungen beim Konveniat der westdeutschen Bischöfe in Werl, 26.–28.3.1946, 187).

227 EBAP, NL Jaeger, Nr. 17 (Besprechungen beim Konveniat der westdeutschen Bischöfe in Pützchen, 17.–19.6.1946, 168).

228 EBAP, NL Jaeger, Nr. 17 (Beratung der Bischöfe der Kölner und Paderborner Provinzen in Hardehausen, 4.–6.11.1946, 136).

L. Jaeger mit dem brit. Lagerstab des 5. Civil-Internierungslagers Staumühle bei Paderborn am zweiten Weihnachtstag 1947

Zentrumsnahe Kreise warfen Jaeger indes wiederholt vor, dass sich Kleriker mit eindeutigen CDU-Statements auf ihn beriefen. Jaeger selbst betonte, neutral zu sein, er verlange lediglich die Durchsetzung christlicher Grundsätze im öffentlichen Leben, führte dann in einem Schreiben vom 3.6.1946 aber aus: „Die CDU halte ich als Partei der Sammlung für nötig. Das Zentrum wird gerade von seinen früheren führenden Köpfen heute abgelehnt." Sein Vorgehen sei zudem oftmals unfair, etwa wenn die CDU als Sammelbecken der Reaktion bezeichnet werde. Er begrüße es, wenn sich das Zentrum in Gebieten mit bereits bestehender CDU zurückhalte, „um so nicht die Geschlossenheit des christlichen Volkes zu stören."[229]

Das Mindener Bezirkssekretariat der Zentrumspartei beschwerte sich im Oktober 1946 seinerseits bei Jaeger über aktive Werbung der Geistlichen für die CDU.[230]

229 EBAP, NL Jaeger, Nr. 481, vgl. den Schriftwechsel Jaeger – Schulrat a.D. August Günther aus Werl, hier Briefe vom 3.6.1946, 80 und 18.6.1946, 79.

230 EBAP, NL Jaeger, Nr. 481, Bl. 202 (Deutsche Zentrumspartei, Bezirkssekretariat Minden); Memorandum (möglicherweise an den Bischof gerichtet) Paderborn vom 2.10.1946. In der Georgspfarre in Paderborn seien an Kinder CDU-Flugblätter verteilt worden, in Sande habe der Pastor am Wahltag von der Kanzel herab für die CDU geworben, der Altenbekener Pfarrer der Zentrumspartei das Jugendheim für Versammlungen verweigert, es aber SPD und CDU zur Verfügung gestellt. In der Herz-Jesu-Pfarre sei in katholischen Jugendvereinen aktiv für die CDU geworben worden, Pastor Bornemann habe in Borgholz den Postbeamten Hoppe davon abgebracht, an der Neugründung der Zentrumspartei mitzuarbeiten.

Diözesanpräses Dr. Kaspar Schulte machte im Mai 1947 nochmals auf die nachteiligen Folgen eines innerkatholischen politischen Kampfes aufmerksam, indem er seiner Befürchtung Ausdruck verlieh, dass ein von zwei Parteien ausgetragener Streit um die katholischen Wähler zum Verlust an Schlüsselstellungen in den Regierungen führen könne und die Kraft zur Auseinandersetzung mit SPD und KPD fehle.[231]

Neben der Geschlossenheit der Katholiken in (partei)politischen Fragen ging es Lorenz Jaeger in den ersten Nachkriegsjahren v.a. um die äußere und ideelle Reorganisation des kirchlichen Lebens, insbesondere aber um den Erhalt der Bekenntnisschule.

Bereits Ende Juni 1945 wurde in Anwesenheit des Erzbischofs über den Wiederaufbau des konfessionellen Fürsorgewesens, wie es vor 1933 existierte, beraten.[232] Dazu gehörte die Einrichtung konfessioneller Kindergärten und konfessioneller Kindergärtnerinnenseminare ebenso wie die Rekonfessionalisierung der Fürsorgeanstalten. Diesen Institutionen sollte wieder eine religiöse Grundlage gegeben werden.

Von vergleichbarer Bedeutung war der Einsatz für die Bekenntnisschule, nachdem die Militärregierung Anfang 1946 beschlossen hatte, das dort, wo vor der NS-Zeit konfessionelle, aus öffentlichen Mitteln unterstützte Volksschulen bestanden hatten, diese nach mehrheitlicher Willenserklärung der Erziehungsberechtigten wieder eingerichtet werden sollten. Die Entscheidungen im Sinne der Kirchenführung wurden letztlich durch ein Hirtenwort Jaegers und den breit gestreuten Einsatz von Laienhelfern in den Gemeinden unterstützt.[233]

Als es dem lippischen Ministerpräsidenten Heinrich Drake, seit 1947 Regierungspräsident des neuen Regierungsbezirks Detmold, im Jahre 1946 gelang, die Schulabstimmung im evangelisch dominierten Lippe mit dem Argument zu verhindern, es habe dort vor 1933 eine gesetzlich verankerte Gemeinschaftsschule gegeben, trug ihm dies eine langjährige Gegnerschaft Jaegers ein. Die 1947 vollzogene Einrichtung des Regierungsbezirks Detmold mit Drake an der Spitze ließ ihn für die Zukunft die Übergehung katholischer Wünsche und Interessen befürchten. Wiederholt wies er gegenüber dem Landeshauptmann in

231 EBAP, NL Jaeger, Nr. 481 (Über die Befriedung des politischen Kampfes im katholischen Volksteil innerhalb der britischen Zone, Diözesanpräses Dr. Schulte, Mai 1947, 147–149). Siehe für 1948 EBAP, NL Jaeger, Nr. 481 (Erzbischöflicher Geheimsekretär an Möbelfabrikant Hermann Herbort, 20.3.1948, 87; ders. 24.11.1948, 103).

232 EBAP, NL Jaeger, Nr. 1275 (Mitschrift der Besprechung über zu lösende konfessionelle Fürsorgefragen, 25.6.1945, 36 ohne Ortsangabe).

233 EBAP, NL Jaeger, Nr. 1275 (Generalvikariat an die Pfarr- und Pfarrvikarieämter der Erzdiözese, ausgenommen in der Provinz Sachsen und dem Land Waldeck, 2.2.1946).

Münster und dem Ministerpräsidenten Nordrhein-Westfalens auf das in seinen Augen schädliche Handeln Drakes in Bezug auf die Konfessionsschulen hin.[234]

Auch in den 1960er Jahren wurde Jaeger nicht müde, auf die Vorzüge der inzwischen in die Kritik geratenen Bekenntnisschule hinzuweisen; die Schule müsse nicht nur kenntnisreiche Menschen bilden; nur eine solide Gewissensbildung schütze davor, aktuellen Ideologien kritiklos zu verfallen.[235]

Bereits im August 1942 hatte Jaeger der Fuldaer Bischofskonferenz vorgeschlagen, der Episkopat möge geeignete Theologen benennen, „um die ökumenische Frage dauernd zu verfolgen, zu prüfen und in regelmäßigen Arbeitskonferenzen [...] zu besprechen", um so Gespräche mit evangelischen Theologen vorzubereiten. Im Januar 1944 tagte in Fulda unter Vorsitz Jaegers eine katholische „Arbeitsgemeinschaft zum Studium der die Wiedervereinigung betreffenden Fragen."

Am 2. und 3.4.1946 bildeten sich in Werl ein katholischer und ein evangelischer Arbeitskreis von Theologen; dieser „Jaeger-Stählin-Kreis" oder auch „Paderborner Kreis" wollte sich in Zukunft zwei- bis dreimal jährlich treffen. Der eng mit Jaeger zusammenarbeitende Dompropst Paul Simon hatte zuvor im Winter 1945/46 in Oldenburg Bischof Wilhelm Stählin kontaktiert und ihm von Jaegers Plan berichtet, eine regelmäßige „Konferenz katholischer und evangelischer Theologen zur Erörterung kontrovers-theologischer Fragen" zu gründen, was dessen eigenen Absichten – so Stählin – entgegengekommen sei.[236]

Die Gründung zweier gleichberechtigter, gemeinsam tagender Arbeitskreise war 1946 nicht von Anfang an beabsichtigt gewesen. Jaeger und Bischof Stählin sollten dem Kreis als Protektoren vorstehen, während Dompropst Paul Simon (nach dessen Tod Josef Höfer) und auf protestantischer Seite Edmund Schlink als wissenschaftliche Leiter fungierten. Jaeger hatte sein Amt im Vorstand des Arbeitskreises bis 1975 bis zu seinem Tod inne, Stählin bis 1970.

Beide Kreise gaben sich eigene, sich inhaltlich gleichende Satzungen. „Die ökumenische Arbeitsgemeinschaft ist ein Studienkreis katholischer Theologen, den der Erzbischof von Paderborn gebildet hat." Er solle „im Glauben an die Eine Kirche jene theologischen Fragen [...] studieren, die durch die

234 EBAP, NL Jaeger, Nr. 481 (Jaeger an den Ministerpräsidenten Nordrhein-Westfalens, 14.2.1947, 17). Er schätze Drake als Persönlichkeit – heißt es hier – hege aber ein berechtigtes Misstrauen gegen seine kulturpolitischen Anschauungen. EBAP, NL Jaeger, Nr. 480 (Jaeger an Ministerpräsident Arnold, 16.4.1952, er bestreitet mit beigefügtem Aktenmaterial eine gesetzlich verankerte lippische Gemeinschaftsschule vor 1933, 22; Jaeger an Landeshauptmann Bernhard Salzmann, 29.4.1952, Bl. 18).

235 EBAP, NL Jaeger, Nr. 128 (Deutschlandfunk Köln, Interview der Woche; aufgenommen Paderborn am 5.8.1965, Frage 3, 84–93). Zum Schulstreit vgl. den Beitrag von Dietmar Klenke in diesem Band.

236 Schwahn, Barbara: Der ökumenische Arbeitskreis, 17. Zu Jaegers Engagement in der Ökumene vgl. den Beitrag von Burkhard Neumann in diesem Band.

Spaltung der Christenheit hervorgegangen sind. Er tut dies im Gespräch mit einem gleichgearteten Arbeitskreis evangelischer Theologen."[237] Angestrebt war streng wissenschaftliche Arbeit, nicht jedoch Unionsverhandlungen.

Bei der Verabschiedung Stählins aus dem Arbeitskreis resümierte Jaeger 1970 die damaligen Absichten: Es sei an der Zeit gewesen, dass „wir nach dem großen Zusammenbruch unseres Volkes das Banner der Hoffnung aufpflanzen [...] und unserem Volk den Weg in die Zukunft weisen. Die Kirchenspaltung ist einst durch die Theologen gekommen, sie muß auch wieder durch theologische Arbeit überwunden werden." Man habe zunächst nur eine Basis für weitere Gespräche schaffen wollen. Ein gemeinsames kirchenpolitisches Engagement strebte man nicht an. 1968 wurden beide Arbeitskreise zusammengefasst zum „ökumenischen Arbeitskreis evangelischer und katholischer Theologen" (ÖAK).

Der eigentliche Ursprung für Jaegers Interesse am Dialog mit den Protestanten lag zeitlich gesehen – zumindest einem Interview zufolge, das er 1972 gab – in seiner Hallenser Schulzeit, wo er mit vielen evangelischen Mitschülern zusammengekommen sei. Hier hätten sich erste Impulse entwickelt, sich mit anderen Christen über Fragen des Glaubens auseinanderzusetzen.[238]

Neben dem Ökumenischen Arbeitskreis bemühten sich evangelisch-katholische Journalistengespräche um das Verständnis zwischen den Konfessionen im öffentlichen Bereich. Zudem gab es – so Jaeger 1965 – eine Zusammenarbeit im caritativen Bereich sowie die Zusammenarbeit beider Konfessionen im Bergbau in der Kommende zu Dortmund.[239] Die Bischöfe der Kölner und Paderborner Kirchenprovinzen hielten 1946[240] eine Beschränkung der Zusammenarbeit „auf die Pflege der Kunst, der Musik, des Theaters" für zweckmäßig, dezidiert ausgenommen war das Feld der philosophisch-weltanschaulichen Bildung. Die gleiche Richtlinie solle auch für die Arbeit der Volkshochschule gelten. Primär waren die ersten Kontaktaufnahmen allerdings eher ein intellektuelles Vortasten, während im praktischen Leben der Gemeinden – etwa bei katholisch-protestantischen Eheschließungen – katholischerseits zumindest in den 1950er Jahren – weiterhin oftmals streng auf die Konversion eines

237 Schwahn, Barbara: Der ökumenische Arbeitskreis, 18f., 21f.; siehe auch: Abschied und Dank; Ruh, Ulrich: 50 Jahre ökumenischer Arbeitskreis. Der ÖAK arbeitete unabhängig, aber mit finanzieller Unterstützung der großen Kirchen. Die Ergebnisse der Beratungen wurden erst seit Anfang der 1960er Jahre publiziert.

238 EBAP, NL Jaeger, Nr. 180 (KNA, Interview vom 21.9.1972, 30); anders Schoppmeyer, Heinrich: Lorenz Jaeger, 198. Die Förderung des ökumenischen Dialogs war nicht biographisch begründet, sondern speiste sich vor allem aus dem in den Una-Sancta-Gruppen nach dem Ende des Zweiten Weltkriegs spürbaren ökumenischen Aufbruch, der einer systematisch-wissenschaftlichen Begleitung bedurfte.

239 EBAP, NL Jaeger, Nr. 128 (Deutschlandfunk Köln, Interview der Woche; aufgenommen Paderborn am 5.8.1965, 90).

240 EBAP, NL Jaeger, Nr. 17 (Beratung der Bischöfe der Kölner und Paderborner Provinzen in Hardehausen, 4.–6.11.1946, Bl. 135–141, 137).

Libori 1948 - Dombaumeister Kösters gibt bekannt: Der Dom ist wieder benutzbar!

Ehepartners gedrängt wurde. Späteren Forschungen bleibt es vorbehalten zu prüfen, inwieweit hier Direktiven Jaegers vorlagen.

In die Zeit der ersten Nachkriegsjahre fielen erste Kontaktaufnahmen und Schritte zur Aussöhnung - zunächst Richtung Le Mans. Das Paderborner Liborifest war Symbol des kirchlicherseits gestützten Willens der Paderborner zum Weiterleben und zum Neuanfang. Symbolcharakter hatte v.a. die Feier des kirchlichen Teils des Libori-Festes im Dom, als dieser, nach den Bombardements vom März 1945 schwer beschädigt, noch eine Baustelle war. 1948 war der Bischof von Le Mans, Georges-François-Xavier-Marie Grente, erstmalig zum Liborifest nach Paderborn gekommen. Im Briefwechsel von 1946 war - so Wittig - noch Zurückhaltung spürbar gewesen.[241]

Die Feier seines 25jährigen Priesterjubiläums 1947 nutzte Jaeger, um auf die Bedeutung von Gotteswort und Priesterberuf hinzuweisen; die Priester müssten „in dieser dunklen Stunde der deutschen Geschichte, da die Not schier ausweglos zu sein scheint", die Richtung weisen und der „beschädigten irdischen Heimat eine geistige entgegensetzen."[242] Das von Jaeger im Erzbistum Paderborn etablierte „Päpstliche Werk für Priesterberufe" sollte Kenntnis und

241 Wittig, Michael: Paderborn als kirchlicher Vor-Ort, 393.
242 EBAP, NL Jaeger, Nr. 937 (Hirtenbrief zum 25jährigen Priesterjubiläum 1947, 109).

Wissen um die Bedeutung des Priestertums verbreiten und es sowohl spirituell durch Gebete als auch materiell durch Zuwendungen fördern.

Anlässlich seines silbernen Priesterjubiläums verlieh ihm die Katholisch-Theologische Fakultät der Universität Münster zudem am 1.4.1947 die Ehrendoktorwürde.[243]

Leiter und Gestalter der Erzdiözese Paderborn bis zur Kardinalserhebung (1949 bis 1965)

Die Jahre von 1949 bis 1965 waren sicherlich Lorenz Jaegers produktivste Zeit als Bischof; in sie fiel u.a. die Gründung des Sozialinstituts Kommende in Dortmund. Weitere Bildungseinrichtungen wie die Katholische Landvolkshochschule Hardehausen im Kreis Warburg folgten. Zu nennen sind weiterhin Jaegers päpstliche Ernennung zum Großprior des „Ritterordens vom heiligen Grab“,[244] die Ernennung zum päpstlichen Thronassistenten am 16.1.1956, die Ernennung zum Ehrenbürger der Städte Olpe, Paderborn und Werl 1955/56/62, die Gründung des Johann-Adam-Möhler-Instituts in Paderborn am 19.1.1957, die Mitgliedschaft im Vatikanischen Sekretariat zur Förderung der Einheit der Christen, die Teilnahme am Zweiten Vatikanischen Konzil (1962 bis 1965), wo er sich häufig zu Wort meldete, sowie schließlich die Erhebung zum Kardinal am 22.2.1965.

Nach wie vor bestimmend war die Sorge um die Kriegsgefangenen.

Wiederholt äußerte sich Jaeger gegenüber ehemaligen Kriegsgefangenen oder deren Nahestehenden, dass es darauf ankomme, immer wieder die Öffentlichkeit und die Siegervölker auf die Lage der Gefangenen hinzuweisen. Ihre Behandlung spreche dem Völkerrecht und den Geboten christlicher Gerechtigkeit Hohn.[245] Seine Priester sollten zudem in der hl. Messe täglich die Oration für die Gefangenen einlegen.[246]

In der Abkehr von Gott und dessen Ordnung lag für Jaeger die Ursache für die Not des Krieges. Einzig in der Rückkehr zu Gott werde wahrer Friede, ein

243 Auskunft von Dr. Sabine Happ, Universitätsarchiv der Westfälischen Wilhelms-Universität Münster, vom 1.2.2018; eine weiterführende Einzelfallakte zur Verleihung ist nicht vorhanden. Die Münsteraner Ehrenpromotionen seit 1833 sind alphabetisch gelistet (mit Jahreszahlen) (https://www.uni-muenster.de/FB2/fakultaet/Ehrenpromovenden.htm – abgerufen am 4.12.2018).

244 Chronik der Olper Franziskanerinnen, Archiv im Mutterhaus Olpe, Eintrag vom 14.11.1950; Zacharias, Klaus: *Kardinal Lorenz Jaeger*, in: Altertumsverein Paderborn und Verein für Geschichte Paderborn (Hg): Westfälische Biographien (http://www.westfälische-biographien.de/biographien/person/53 -abgerufen am 23.7.2012).

245 EBAP, NL Jaeger, Nr. 428 (Jaeger an Josef Mandel, 12.5.1950, 006); Nr. 452 (Jaeger an Bernhard Dähn, 31.7.1951, 48).

246 EBAP, NL Jaeger, Nr. 452 (Jaeger an Heinrich Habig, 15.7.1950, 46).

Heimkehrerempfang am 13. Dezember 1955 im Grenzdurchgangslager Friedland/Leine

gesundes Familienleben und die rechte Ordnung unter den Völkern möglich sein. Daher sollten gerade die Heimkehrer zu den Impulsgebern und Gestaltern für die neue Ordnung des öffentlichen Lebens gehören, hätten sie „doch mit eigenen Augen gesehen, wohin die Abkehr von Gott führt."[247]

Jaeger zählte auch zu den Empfängern der Flugblätter der „Stillen Hilfe" – einer 1951 von Helene Elisabeth von Isenburg gegründeten Hilfsorganisation für Kriegsgefangene und Internierte – zu deren Mitgliedern im Übrigen auch Albert Schweitzer gehörte –, die durch ihre Unterstützung auch ehemaliger NS-Täter in die Kritik geriet. Inwieweit Erzbischof Jaeger Kontakt mit dieser Organisation hielt oder gar mit deren Zielen konform ging, ist unklar, er zählte zwar zu den Empfängern ihrer Schriften, Belege für einen Schriftwechsel konnten im Archivmaterial jedoch bisher nicht aufgefunden werden.[248]

Im Januar 1950 brach Jaeger zu einer zweiwöchigen „good-will-Tour" nach England auf – u.a. um finanzielle Unterstützung für das Erzbistum einzuwerben und Kontakte zu knüpfen – und besuchte London, Birmingham, Stratford,

247 EBAP, NL Jaeger, Nr. 428 (Jaeger an Josef Mandel, 12.5.1950, 006); siehe auch EBAP, NL Jaeger, Bild Nr. 2008 (Heimkehrerempfang im Lager Friedland, 13.12.1955). Jaeger begrüßt am Rednerpult stehend im Lager Friedland/Leine heimkehrende Kriegsgefangene.

248 Vgl. EBAP, NL Jaeger, Nr. 452; allgemein vgl. Frei, Norbert (Hg.): Hitlers Eliten nach 1945.

Oxford und Nottingham. Er machte u.a. Station im Tatcliffe College und der Mount St. Bernard Abbey. Vor Ort schilderte er, wie die Kirche seines Erzbistums den Hausbau in den arbeitenden Klassen gefördert habe, u.a. durch Bereitstellung von Land. 160–180 Häuser seien im Erzbistum Paderborn auf Kirchenland gebaut worden, weitere 300 in Planung; kriegsbedingt seien zudem 183 Kirchengebäude zerstört worden. Das Problem der rund 12 Millionen Flüchtlinge in Deutschland müsse international gelöst werden. Er dankte den Bischöfen Griffin und Ellis für Paketsendungen nach Deutschland bald nach 1945. Jaeger erwähnte auch seine englische Kriegsgefangenschaft im Ersten Weltkrieg und hob die korrekte Behandlung der Gefangenen während und nach den Kriegen hervor. Er besuchte wohl auch mit seinem Sekretär Dr. Gustav Ermecke die Holländische Caritas in den Niederlanden.[249]

Wie wichtig ihm die Beziehungen zu England waren, zeigt sich auch daran, dass er im Februar 1953 seiner 1932 geborenen Nichte Brigitte Jaeger im Our Ladies Convent in London eine Unterkunft für den Zeitraum vom 15.4. bis 15.10.1953 vermittelte. Er bestand darauf, dass sie ihr Zimmer mit Engländerinnen teile, um die Sprache zu lernen, damit sie Dolmetscherin werden könne. Sein Bruder Felix Jaeger, inzwischen Professor für Medizin in Ludwigshafen, trug die Kosten. Im Januar 1954 bedankte sich der Erzbischof für die liebevolle Aufnahme seiner Nichte beim Konvent.

Zum aufkommenden atomaren Wettrüsten zwischen den USA und der Sowjetunion wollte Jaeger in der Öffentlichkeit nicht dezidiert Stellung beziehen; es werde den Bischöfen schwer gemacht, nicht missverstanden zu werden, wenn sie über die Friedensbewegung sprächen; das Thema sei „stark vom Politischen her belastet“, meinte Jaeger 1951.[250]

Die Ursache für die bleibende Kriegsgefahr sah Jaeger nach wie vor in der Gottesferne des modernen Menschen. Nur eine Erziehung zum Frieden als Erziehung zum Christsein und zum verantwortlichen politischen Handeln könne das Problem langfristig lösen. Diese Erziehung müsse auf breitester Basis in der Jugenderziehung, im Schulunterricht, durch eine verantwortungsbewusste Presse, in der Erwachsenenbildung und durch die Arbeit der Kirche erfolgen, damit die Welt wieder einsehe, dass die Loslösung von Gott zu Unfrieden, Chaos und Vernichtung führe. Christliche Tugenden sollten wieder geübt werden, damit gelernt werde, Opfer zu bringen und auch dem andern sein Recht zu lassen;

249 EBAP NL Jaeger, Nr. 1270 (Englandreise).

250 EBAP, NL Jaeger, Nr. 2295 (Jaeger an Prof. Dr. Klara Maria Fassbinder, 31.8.1951). Selbige warf ihm am 1.10.1951 vor, niemand werde die deutschen Bischöfe östlicher Tendenzen verdächtigen, wenn sie ein klares Wort zum Gespräch zwischen Ost- und Westdeutschland sagten, wenn er ein entschiedenes Wort zum weiteren Gespräch zwischen den Großmächten spräche, wenn er erklärte, unter keinen Umständen dem Gebrauch der Atombombe zuzustimmen oder klar sagen würde, dass auch der Kriegsdienstverweigerer aus Gewissensgründen des Schutzes der katholischen Kirche gewiss sei.

auf breiter Front müsse auch wieder die Erziehung zur Ehrfurcht stattfinden. Die verantwortungsbewussten christlichen Kreise sollten sich zu einer Einheitsfront christlicher Gewissen zusammenschließen, die sich dafür verantwortlich fühle, dass die Regierung in christlichem Geiste geführt werde und in die Parlamente nur Personen hineingewählt würden, von denen sicher sei, dass sie Politik aus christlichem Geiste machten. Im Einzelnen werde hier von der Kirche mehr zur Sicherung des Friedens getan als „von allen humanitären Gesellschaften."[251]

Auch arbeitsmarktpolitisch äußerte sich Jaeger in den Nachkriegsjahren. So setzte er sich etwa 1949 bei der Abwendung der Demontage der Gelsenberg-Benzin in Gelsenkirchen für den Erhalt von Arbeitsplätzen ein.[252] Ebenso machte er sich im gleichen Jahr bei den zuständigen Stellen für den Erhalt des Stahlwerks Henrichshütte in Hattingen stark. Eine Demontage bedrohe nicht nur 2.000 Menschen mit der Arbeitslosigkeit, sondern bahne darüber hinaus dem Kommunismus „direkt die Wege".[253]

Neben dem äußeren Erscheinungsbild wandelten sich nach dem Krieg auch die Wirtschaftsstrukturen der Bischofsstadt Paderborn; seit 1945 gab es dort keine deutsche Garnison mehr, sondern eine britische. Die durch die deutsche Teilung bedingte Verlagerung der Hauptverkehrsströme von der Ost-West- in die Nord-Süd-Richtung ließ das Paderborner Land in den fünfziger Jahren zu einem wirtschaftlichen Notstandsgebiet werden. So war Jaeger während der gesamten fünfziger Jahre bestrebt, die Bemühungen der Stadt Paderborn um die Erhaltung der beiden großen Ausbesserungswerke der Eisenbahn und ihrer Arbeitsplätze zu unterstützen; erhalten werden konnte jedoch nur das Werk Nord in der Stadtheide, das die meisten Arbeiter des nach 101 Jahren stillgelegten Werkes am Hauptbahnhof im Jahre 1959 übernahm. Auch für den Erhalt der Eisenbahnbetriebswerkstatt Siegen setzte er sich ein.[254] Zumindest bei der Auswahl der letztlich eingestellten Betriebe vermutete er in einem Schreiben an Nordrhein-Westfalens Ministerpräsidenten Dr. Franz Meyers Anfang 1959 politische Hintergründe. Diese Maßnahmen hätten, auch wenn sie wirtschaftlich begründet seien, stets eine politische Rückwirkung: „Man fragt sich, warum eigentlich die Werke geschlossen werden mussten, die noch in CDU-starken Ge-

251 EBAP, NL Jaeger, Nr. 2295 (nicht unterzeichnetes Schreiben Jaegers vom 6.10.1951 an Prof. Dr. Klara Maria Fassbinder).

252 EBAP, NL Jaeger, Nr. 445 (Betriebsrat der Aktiengesellschaft Gelsenberg-Benzin an Jaeger, 30.11.1949, 179).

253 EBAP, NL Jaeger, Nr. 445 (Jaeger an Direktor Dinkelbach, Treuhand-Verwaltung im Auftrag der North-German Iron and Steel Control, Düsseldorf, 3.6.1949, 184).

254 Müller, Rolf-Dietrich: Paderborn, 172; EBAP, NL Jaeger, Nr. 480 (Paderborner Stadtdirektor Dr. Fischer an Jaeger, 23.1.1951, 142); EBAP, NL Jaeger, Nr. 485 (Jaeger an Hugo Schaefer, 20.1.1959, 50f.).

bieten liegen und hätten nicht die der SPD nahestehenden Männer, die die Pläne ausgearbeitet haben, Werke in Städten mit SPD-Mehrheit wählen können?“[255]

Unmittelbar nach Kriegsende war in Paderborn mit dem Wiederaufbau begonnen worden; die Voraussetzungen für eine Bebauung nach zeitgenössischen Gesichtspunkten der Stadtplanung schuf ein fast die gesamte Altstadt Paderborns erfassendes Umlegungsverfahren für Grundstücke. Historische Straßenführungen wurden im Wesentlichen erhalten, anders als in Münster entschied man sich aber für einen modernen Wiederaufbau. Nur Sakral- und einige Profanbauten wie das Rathaus erstanden in historischer Form.[256]

Jaeger bemühte sich 1949 sehr, den zuständigen nordrheinwestfälischen Ministerien für Finanzen und Wiederaufbau die für eine Umlegung von Grundstücken erforderlichen Mittel freizumachen. Die Umlegung werde eine Voraussetzung für einen geordneten Wohnungsbau in den zerstörten Altstadtgebieten sein; Deutschland müsse unter allen Umständen Fehler beim Wiederaufbau der Innenstädte vermeiden.[257]

Der Erzbischof setzte sich bei den zuständigen Stellen für die Gewährung von Mitteln zum Wiederaufbau kirchlicher Einrichtungen und Gebäude, wie etwa der evangelischen Abdinghofkirche und der Mädchen-Oberschule des Michaelsklosters in Paderborn ein.[258]

1951 bat er die NRW-Kultusministerin Christine Teusch um Mittel für die aus Breslau vertriebenen Ursulinen zum Bau eines Internats in Bielefeld,[259] er setzte sich 1950/51 wiederholt für den Wiederaufbau der zerstörten Theologischen Akademie in Paderborn ein.[260] 1952 konnte er sich für Beihilfen des Landeskonservators zur Fertigstellung der ehemaligen Kapuzinerkirche Paderborn bedanken.[261]

Jaeger warb zudem seit 1950 über Jahre hinweg für den Wiederaufbau des Paderborner Postgebäudes, „um die hässliche Ruine an der Westernstraße zu beseitigen.“[262] Gleichen Stellenwert besaß für ihn der Wiederaufbau des Pa-

255 EBAP, NL Jaeger, Nr. 485 (Jaeger an Ministerpräsident Dr. Franz Meyers, Düsseldorf, 20.1.1959, 51).

256 Müller, Rolf-Dietrich: Paderborn, 170–172.

257 EBAP, NL Jaeger, Nr. 481 (nicht unterzeichnete Schreiben des EB an den Finanzminister Dr. Weitz, Düsseldorf, 12.5.1949, 164f. und an den Wiederaufbauminister von Nordrhein-Westfalen, 12.5.1949, 166f.).

258 EBAP, NL Jaeger, Nr. 159 (Jaeger an Kultusministerin Teusch, 22.8.1949).

259 EBAP, NL Jaeger, Nr. 480 (Schreiben an Kultusministerin Teusch, 18.1.1951, 143).

260 EBAP, NL Jaeger, Nr. 480 (schriftlich bei Finanzminister Dr. Weitz, Düsseldorf, 26.5.1951, 96 und am gleichen Tag bei Kultusministerin Chr. Teusch, Düsseldorf, 97).

261 EBAP, NL Jaeger, Nr. 480 (Jaeger an Landeskonservator von Westfalen, 14.3.1952, 44).

262 EBAP, NL Jaeger, Nr. 480 (Jaeger an Bundesminister für das Post- und Fernmeldewesen, 25.12.1950, 159; Jaeger an Bundesminister für Post- und Fernmeldewesen, 31.1.1952, 53; Schreiben des Sekretariats Jaegers an Stadtdirektor Dr. Fischer, Paderborn, 20.2.1952, 50).

derborner Bahnhofsgebäudes, zumal die Bevölkerung dringend auf Investitionen und Arbeitsplätze angewiesen sei.[263]

Erfolglos verwandte er sich allerdings 1952 für die Stadt Werl gegen die Beschlagnahme des Stadtwaldes durch die britische Armee, die dort militärische Camps einrichten wollte. Die Stadt hatte ihrerseits Bundestagspräsident Hermann Ehlers, Landtagspräsident Josef Gockeln, Bundeskanzler Konrad Adenauer, Ministerpräsident Karl Arnold, den Britischen Hohen Kommissar und Dr. Walther Hasemann MdB um Unterstützung gebeten, doch auch der Verweis auf den stark besuchten Wallfahrtsort fruchtete nicht.[264]

Auch die Verwaltungsstruktur des Erzbistums wurde unter Jaeger nach dem Krieg einer grundlegenden Organisationsveränderung unterzogen.[265]

Bis 1945 hatte er im Generalvikariat eine Verwaltung aus sieben Generalvikariatsräten, zwei Sekretären, zwei Registratoren und einem Archivar (alle 12 waren Geistliche) sowie aus 22 Laienmitarbeitern ohne Dezernate vorgefunden. Die Zahl der Laienmitarbeiter ohne Offizialat und Caritasverband sollte bis 1973 auf 162 steigen.

Der Geistliche Rat als „senatus et consilium Episcopi" nahm Aufgaben der Bistumsverwaltung wahr, weitgehend war er personengleich mit dem Domkapitel, das hierüber zumindest mittelbar Anteil an der Regierung des Bistums hatte. Unter Vorsitz des Erzbischofs bestimmte der Geistliche Rat wöchentlich die Verwaltungsrichtlinien. Er übernahm bis 1963 auch die Aufgaben des Diözesanverwaltungsrats. Von 1945 bis 1973 entwickelte sich die Verwaltungsorganisation des Erzbistums folgendermaßen:

- 1945: Errichtung des Erzbischöflichen Seelsorgeamtes als Seelsorgedezernat
- 1952: Vereinfachung des Geschäftsganges zur Entlastung des Generalvikars durch Verfügung des Erzbischofs
- 1954: Errichtung von sieben Dezernaten: Personalangelegenheiten (seit 1952), Vermögensverwaltung und Finanzangelegenheiten, Schulwesen, Ordensangelegenheiten, Baufragen, Siedlungswesen, Seelsorgefragen
- 1963: Bestellung eines besonderen Diözesanverwaltungsrates mit zumeist vermögensrechtlichen Aufgaben, der 1973 aus sieben Mitgliedern, davon drei Geistlichen bestand. (Nach dem Konzil entstanden im Erzbistum ein Priesterrat und ein Diözesanpastoralrat, die beratend an den Verwaltungsaufgaben teilnahmen.)

263 EBAP, NL Jaeger, Nr. 480 (Jaeger an Ministerialdirektor Dr. Overmann, Offenbach, 24.12.1950, 158).

264 EBAP, NL Jaeger, Nr. 480 (Minister für Ernährung, Landwirtschaft u. Forsten, Düsseldorf, April 1952 an den EB, 26; 39).

265 EBAP, NL Jaeger, Nr. 203 (Presse- und Informationsstelle im Erzbischöflichen Generalvikariat Paderborn Hermann-Joseph Rick/Dieter Schneeberg [Hg.]: Querschnitt. Analysen, Meinungen, Informationen, Nr. 16, Aug. 1973, Bl. 005).

- 1964: Etablierung des Dezernats für Caritasaufgaben
- 1965: Verabschiedung eines neuen Verwaltungsplans; Einrichtung eines neuen Referats für Erwachsenenbildung und Öffentlichkeitsarbeit im Generalvikariat
- 1966: Bildung von sieben Seelsorgebezirken: Hochstift Paderborn, Hellweg, Minden-Ravensberg/Lippe, Ruhrgebiet-Ost, Ruhrgebiet-West, Sauerland-Nord, Sauerland-Süd/Siegerland. Leiter des jeweiligen Bezirks war ein vom Klerus gewählter und vom Erzbischof ernannter Bezirksdekan. In jedem Seelsorgebezirk wurde ein Bezirksrat aus Geistlichen und Laien gebildet. Auf der Ebene der Erzdiözese wurde ein Priesterrat und ein Diözesanpastoralrat gebildet.
- 1968 (August): Einrichtung eines Amtes für Planung und Statistik
- 1968 (Oktober): Übernahme der Gesamtleitung des Erzbischöflichen Seelsorgeamtes durch Weihbischof Johannes Joachim Degenhardt und der gesellschafts- und milieubezogenen Seelsorge durch Prälat Alois Nüschen
- 1969: Verabschiedung einer Satzung über die Mitarbeitervertretung im Generalvikariat (Personalrat)
- 1970: Umwandlung des Diözesan-Kirchensteuerbeirates in den Diözesan-Kirchensteuerrat, der bei der Verwendung der Kirchensteuer mit entschied
- 1972 (Januar): Berufung des Geistlichen Rates Hans Leo Drewes zum Leiter der Hauptabteilung Personal nach der Auflösung des bisherigen Priesterreferates
- 1972 (Dezember): Gründung der Darlehenskasse im Erzbistum Paderborn als eingetragene Genossenschaft mit beschränkter Haftpflicht

Seit 1965 begannen Beratungen über eine Neuorganisation der Verwaltung des Generalvikariats, die aber gegen Ende seiner Dienstzeit noch nicht endgültig abgeschlossen waren.

Von Bedeutung war auch die organisatorische Neuorganisation des Bistums hinsichtlich der Verhältnisse in der DDR. Als sich die Grenzen verfestigten, bestellte Erzbischof Jaeger 1949 Wilhelm Weskamm als zweiten Paderborner Weihbischof mit Sitz in Magdeburg.[266] Als Weskamm im Juni 1951 zum Bischof von Berlin ernannt wurde, bat Erzbischof Jaeger seinen Generalvikar Friedrich Maria Rintelen, dessen Nachfolger zu werden.[267] Rintelen wurde am 12.12.1951 von Papst Pius XII. zum Titularbischof von Chusira und zum zweiten Weihbischof von Paderborn ernannt, siedelte nach Magdeburg über und wurde hier am 24.01.1952 in St. Sebastian von Jaeger zum Bischof ge-

266 Brandt, Hans Jürgen: Lorenz Kardinal Jaeger, 1458.

267 Ernesti, Jörg: Friedrich Maria Rintelen, 1174–1176; Lorek, Daniel: Rintelen, Friedrich Maria Heinrich (www.uni-magdeburg.de/mbl/Biografien/0953.htm – abgerufen am 04.06.2019); Rintelen, Friedrich M.: Erinnerungen ohne Tagebuch, 159–168, 179–182, 196–200.

weiht. Rintelen musste sein Amt auf die Aus- und Abgrenzungspolitik der Regierung der DDR ausrichten, konnte aber die völlige Lösung des Kommissariates vom „Mutterbistum" verhindern. Er versuchte der atheistischen Propaganda durch „Religiöse Kinderwochen", die Einrichtung von Wallfahrten und mit Hirtenbriefen entgegenzuwirken. Sorge bereiteten ihm anfangs auch die Verhaftungen einiger Geistlicher, die in Schauprozessen abgeurteilt wurden. Um die Vertriebenen zu beheimaten, unterstützte er den Kirchenbau in den Gemeinden. Da mitteldeutsche Theologiestudenten nicht mehr zum Studium nach Paderborn bzw. ausgebildete Theologen nicht mehr in die DDR gelassen wurden, eröffnete Bischof Rintelen im Mai 1952 auf der Huysburg bei Halberstadt ein Priesterseminar als Zweigseminar des Paderborner Priesterseminars; zudem wurde in Magdeburg das „Norbertuswerk" (Norbertinum) mit Johannes Braun als Rektor begründet, wo junge Männer ohne staatliches Abitur auf ein geistliches Amt vorbereitet wurden. Aufgrund der von der DDR erstrebten fortschreitenden Loslösung des Kommissariates Magdeburg vom Erzbistum Paderborn erhielt Rintelen 1967 von Kardinal Jaeger alle durch einen Diözesanbischof übertragbaren Vollmachten.[268] Die Rolle Erzbischof Jaegers in dieser kirchlichen Ostpolitik gilt es noch genauer zu erforschen.

Im Westen trat Erzbischof Jaeger mit dem 1958 errichteten Ruhrbistum Essen einen sowohl geografischen als auch wirtschaftlich und industriell noch starken Teil des Erzbistums ab.[269] Nach Verhandlungen zwischen dem Vatikan und den Landesregierungen Nordrhein-Westfalens unter dem Ministerpräsident Karl Arnold und seinem Nachfolger Fritz Steinhoff hatten das Land und der Vatikan am 19. Dezember 1956 einen Vertrag über die Errichtung des Bistums Essen abgeschlossen. Danach traten das Erzbistum Köln 100 Gemeinden und 520.000 Katholiken, das Bistum Münster 82 Gemeinden und 450.000 Katholiken sowie das Erzbistum Paderborn neun Dekanate mit 91 Gemeinden und 370.000 Katholiken an das neugebildete Ruhrbistum ab. Bischofskathedrale wurde das alte Essener Münster am Hellweg. Mit der Zirkumskriptionsbulle *Germanicae gentis* vom 23. Februar 1957 wurde das Bistum Essen durch Papst Pius XII. kanonisch errichtet. Zum ersten Bischof des neuen Bistums ernannte Pius XII. am 18. November 1957 den Paderborner Weihbischof Franz Hengsbach. Mit seiner feierlichen Inthronisation am 1. Januar 1958 durch den

268 Einen Höhepunkt stellte für ihn die 1968 veranstaltete 1000-Jahr-Feier im Magdeburger Herrenkruggelände anlässlich der Gründung des alten Erzbistums Magdeburg dar. Anfang 1970 stellte Rintelen nach einigen Querelen um sein Amt altersbedingt das bei Bischöfen übliche Rücktrittsgesuch. Im Sommer 1970 gewährte der Heilige Stuhl die erbetene Erlaubnis des 70jährigen, nach Paderborn zurückkehren zu dürfen. Er starb kurz vor seinem 89. Geburtstag, Rintelen, Friedrich M.: Erinnerungen ohne Tagebuch, 182, 204.

269 Damberg, Wilhelm/Meier, Johannes: Das Bistum Essen; Brandt, Hans Jürgen: Lorenz Kardinal Jaeger, 1458; Sauser, Ekkart: Hengsbach, Franz. Die Einflussnahme Jaegers bei der Errichtung des Ruhrbistums gilt es näher zu erforschen.

Apostolischen Nuntius war die Bistumserrichtung abgeschlossen. Die Gründung des Bistums fiel mit dem Beginn der Kohlekrise und der ersten Welle des Zechensterbens im Ruhrgebiet zusammen.

Von besonderer Nachhaltigkeit für die Argumentations- und Diskussionsfähigkeit der Katholiken in einem modernen pluralistischen Umfeld war die Gründung von Weiterbildungseinrichtungen.

Seit dem 19. Jahrhundert wurde der Begriff der „Masse" kulturkritisch verwendet als Synonym für von bloßer Reaktivität, Formbarkeit, Uniformierung und Herdentrieb gekennzeichnetes Kollektiv. Jaeger verstand ihn - z.T. im Gleichklang mit der Soziologie und Sozialpsychologie der Zeit - als negatives Ergebnis der Industriegesellschaft.[270] Er sah - so in einem Wortlaut von 1947 - in der Vermassung der Gesellschaft auch eine Ursache nationalsozialistischer und kommunistischer Diktaturen. Nur echte Persönlichkeitsbildung habe hier noch rettend eingreifen können.

Aus diesem Ideenkonzept ging auf Jaegers Initiative hin auch die Gründung eines Sozialinstituts des Erzbistums Paderborn in der ehemaligen Deutschordenskommende Dortmund-Brackel hervor. Die Grundstücke waren im Oktober 1946 erworben worden, am 8./9.10.1949 wurde das Institut in Dortmund - der von der Montanindustrie geprägten größten Stadt im Erzbistum - eingeweiht. Zur Unterbringung von Tagungsteilnehmern wurde vom ehemaligen Gefangenenlager für polnische Offiziere aus Warburg-Dössel eine transportable Baracke erworben, für deren Bezahlung sich Jaeger im Generalvikariat stark machte. Dieser „Jaegerhof" wurde 1957 durch einen Steinbau ersetzt.

In der Eröffnungsansprache zum Katholikentag in Bochum betonte Jaeger am 1.9.1949, dass im Ruhrgebiet die Entscheidung über das Schicksal Europas falle. Nirgendwo erfordere die soziale Frage so dringend eine Lösung wie hier, wo Millionen von Arbeitern zusammengeballt seien. In diesem Sinn hielt Jaegers Sekretär Gustav Ermecke in der Kommende den Einweihungsvortrag „Die Bildungsarbeit im Dienste der sozialen Gerechtigkeit als Aufgabe der Kirche". Für Jaeger sollte die Kommende Bildungsarbeit im Sinn einer Schulungsstätte leisten; zu den Zielgruppen gehörten (Berg-)Arbeiter und Unternehmer. Der von Jaeger geforderten Erneuerung der menschlichen Persönlichkeit, der christlichen Persönlichkeitskultur und des Strebens nach der Erneuerung des Familienlebens auf der Grundlage der unwandelbaren Gottesordnung sollte mit der Arbeit in Dortmund Vorschub geleistet werden und der von ihm gefürchteten Vermassung entgegenwirken.

Das Sozialinstitut in Dortmund hatte damals einen singulären Status im deutschen Katholizismus. Antworten auf die Situation des Bergarbeiters und allgemein des Menschen in der Industriegesellschaft sollten geprägt sein von

270 Schoppmeyer, Heinrich: Lorenz Jaeger, 195f.; Wittig, Michael: Paderborn als kirchlicher Vor-Ort, 390.

der katholischen Lehre. Im Institut sollten in der Begegnung von Kirche und Welt, von Hauern, Steigern und Bergwerksdirektoren, von Katholiken und Protestanten Antworten zu Lebensfragen, Fragen der Betriebsphilosophie und Fragen der Gesellschaftspolitik erarbeitet werden. Die hier betriebene Bildungs- und Forschungsarbeit geschah in der gesuchten Nähe zur konkreten Situation. Mit der Gründung des Bistums Essen 1958 ging die Kommende in das gemeinsame Sozialinstitut beider Bistümer über.[271]

Widmete sich die Kommende in Dortmund-Brackel den Problemen der Industriegesellschaft; sollten mit der 1949 gegründeten Landvolkshochschule „Anton Heinen" in der ehemaligen Zisterzienserabtei Hardehausen auch Bildungs- und Seelsorgeprobleme der ländlichen Bevölkerung angegangen werden.[272] Hardehausen war seit 1946 Zentrum der kirchlichen Jugendarbeit, hier hatten sich Vertreter der katholischen Studentengemeinden zur Verabschiedung der Verfassung der Katholischen Deutschen Studenten-Einigung (KDSE) getroffen. 1947 war hier der Bund der Deutschen Katholischen Jugend (BDKJ) gegründet worden.

Jaeger war mitgeprägt von der Kultur- und Stadtkritik des späten 19. und frühen 20. Jahrhunderts; im Stadtbewohner sah er den Typus des in der Anonymität versinkenden, selbstsüchtigen, tendenziell natur- und gottfernen Menschen. Nach Heinrich Schoppmeyer ist dabei nicht immer sicher, wie weit Jaeger zwischen der Stadt als Metapher und als realem Ort unterschied. Sinngemäß wiederholte er mehrmals, dass, anders als in der Stadt, auf dem Land „echte Heimatverbundenheit, [...] echter und wahrer Gottesglaube, [...] gesundes Familienleben" vorhanden sei.[273] Dementsprechend sollte die Landvolkshochschule Hardehausen besonders der ländlichen Jugend Ernst und Freude, Gemeinschaft und Geselligkeit vermitteln. Der Gedanke der Solidarität unter der dörflichen Bevölkerung sollte ebenso gestärkt werden wie die Familien-, Nachbarschafts- und Hausgemeinschaft, „damit wir das Dorf in sich gesund erhalten, damit es weiterhin die tragende Kraft für unser Volk und die Keimzelle für die Gesundheit unseres Volkes bleibt." Neben die kulturkritisch getönte Wertung der industriegesellschaftlichen Stadt traten – so Schoppmeyer – agrarromantische Vorstellungen. Jaeger ahnte aber zumindest die Probleme des Dorfes, wie etwa den Einbruch der Technik, deren Vorteile es – etwa in der Landwirtschaft – dennoch zu nutzen galt. Aufgrund des Wandels werde sich ein neuer Bauerntyp herausbilden, der zu einer reifen christlichen Persönlichkeit zu bilden sei. Hardehausen sollte wie die Kommende in Dortmund-Brackel zu einer Schule der Persönlichkeitsbildung werden, um der Vermassung entgegenzuwirken.

271 Schoppmeyer, Heinrich: Lorenz Jaeger, 196f.

272 Ebd., 197f.

273 Zum Folgenden ebd., 198.

Von besonderer Bedeutung erscheint – zumindest in der heutigen Rückschau – Jaegers Kontakt zu Israel und Palästina ein Jahr vor der Aufnahme diplomatischer Beziehungen der Bundesrepublik Deutschland zum Staat Israel. Im Anschluss an eine Sitzung des Vatikanischen Einheitssekretariates besuchte Jaeger auf einer vierzehntägigen Reise vom 7.–20.3.1964 Palästina; der Erzbischof verbrachte davon elf Tage in Jordanien und drei in Israel.[274] Jaeger stellte bei seinem Besuch in Jordanien und Israel eine gute Resonanz auf die vorhergegangene Reise von Papst Paul VI. fest. Diese Pilgerreise habe die Beziehungen zwischen den katholischen Christen und den Nichtkatholiken dieser Länder vertieft.

Äußerer Anlass für die Reise Jaegers war die Einladung des lateinischen Patriarchen von Jerusalem Alberto Gori, der ihn als Großprior der deutschen Statthalterei des Ritterordens vom Heiligen Grab zu einem Besuch der heiligen Stätten eingeladen hatte. Trotz der begrenzten Zeit standen alle heiligen Stätten in Galiläa und Jerusalem auf dem Reiseprogramm; der Erzbischof informierte sich über die schwierige Lage katholischer Gemeinden und Schulen. Die Christen in Israel – durchweg Araber – müssten erhebliche finanzielle Opfer bringen. Jaeger nutzte die Gelegenheit, um die Hilfe der Weltkirche für diese Christen anzumahnen. Im Gebiet des lateinischen Patriarchats besichtigte er mehrere Missionsprojekte und weihte ein Noviziat der Rosenkranzschwestern in Bethlehem ein. Er visitierte zudem mehrere Niederlassungen der Barmherzigen Schwestern vom hl. Karl Borromäus, deren Mutterhaus früher in Schlesien lag und heute in Grafschaft im Erzbistum Paderborn liegt. Im aus einem Militärcamp entstandenen Zerkha, der zweitgrößten Stadt Jordaniens, 25 Kilometer nördlich von Amman, weihte er eine neugegründete Elementarschule ein, die moderne „Archbishop Jaeger School“, die in Französisch, Englisch und Arabisch unterrichtete und an die sich weitere Aufbauzweige anschließen sollten; sie wurde mit finanzieller Unterstützung des Ordens der Ritter vom Heiligen Grab in der Bundesrepublik Deutschland gebaut.

Die Presse Israels und Jordaniens nahm die Reise Jaegers, so das Westfalenblatt, gebührend zur Kenntnis und sprach die Hoffnung aus, dass sie zur „Entwicklungshilfe“ beitragen möge. In Israel zeigte sich der Erzbischof beeindruckt von einer erstaunlichen wirtschaftlichen Blüte des Landes. Während Jordanien ein armer Staat ohne Industrie mit mageren Böden und Wüste und fehlenden finanziellen Mitteln sei, erscheine Israel als ein Staat von Zähigkeit, Lebenskraft und Härte. Die Folgen der Teilung des historischen Palästina in Israel und Jordanien seien indessen allenthalben spürbar und führten zu einem nervösen politischen Zustand, so Jaeger gegenüber dem Westfalenblatt vom 26.3.1964.

274 EBAP, NL Jaeger, Nr. 696 (KNA, Nr. 42, 4.3.1964, 92); Nr. 696 (Westfälisches Volksblatt, 21.3.1964, 90; Westfalenblatt, 26.3.1964, 89; Westfalenpost, 28.3.1964, 88).

Inwieweit der Holocaust ein Thema zwischen Jaeger und israelischen Gesprächspartnern war, gilt es noch zu erforschen; zumindest in den Berichten der regionalen Presse über Jaegers Reise findet er keine Erwähnung, wie denn generell das Thema Judenverfolgung verstärkt seit den 1970er Jahren zum Gesprächsgegenstand wurde.

Die Bemühungen um die Ökumene gehörten nach wie vor zu Jaegers theologischen und pastoralen Hauptanliegen.[275] Während alle Aktivitäten im Sozialinstitut der Kommende auf Wunsch des Erzbischofs überkonfessionell abliefen, wurde das Johann-Adam-Möhler-Institut explizit zum Studium der anderen christlichen Konfessionen gegründet. Der Trierer Theologe Wilhelm Bartz hatte 1954 die Gründung eines konfessionskundlichen Instituts seitens der katholischen Kirche in Deutschland angeregt. Als man sich nicht über die Modalitäten einigen konnte, gründete Lorenz Jaeger vor dem Hintergrund des Jaeger-Stählin-Kreises 1957 eigenverantwortlich das „Johann-Adam-Möhler-Institut für Konfessions- und Diasporakunde“ in Paderborn. Schon vorab war am 27.1.1956 der „Verein zur Förderung wissenschaftlicher Forschung auf dem Gebiet der Konfessions- und Diasporakunde“ gegründet worden mit dem Hauptziel der Errichtung eines Institutes, das die Forschung auf dem Gebiet der ökumenischen Theologie vorantreiben sollte. Er wurde 1969 in „Verein zur Pflege wissenschaftlicher Forschung auf dem Gebiet der Ökumenik e.V.“ umbenannt.

Am 19.1.1957 wurde das Institut von Erzbischof Lorenz Jaeger gegründet, dessen Name „Institut für Konfessions- und Diasporakunde“ 1966 umgewandelt wurde in „Institut für Ökumenik“. Im Institutsnamen wurde auf den Tübinger Theologen Johann Adam Möhler (1796–1838) verwiesen, der seit dem 19. Jahrhundert als Erneuerer der katholischen Theologie galt und katholischerseits die wissenschaftliche Erforschung der Lehrunterschiede zwischen den Konfessionen mit begründete. Sein Name sollte nicht zuletzt auf die diözesanübergreifende, deutschlandweite Ausrichtung des Instituts hinweisen, dass der Theologischen Akademie Paderborn angegliedert wurde.[276] Träger des Instituts ist das Erzbistum, Präsident der jeweilige Erzbischof von Paderborn. Die Leitung obliegt einem Professor der Theologischen Fakultät Paderborn. Erster Direktor war der Paderborner Fundamentaltheologe Prof. Dr. Eduard Stakemeier. Sein Nachfolger war der spätere Bischof von Würzburg, Prof. Dr. Paul-Werner Scheele.

Die Begegnung mit anderen Konfessionen sollte primär auf wissenschaftlichem Gebiet erfolgen. Aus Mitteln der Diözese entstand eine Bibliothek; zwei wissenschaftliche Reihen sorgten für eine Verbreitung der Arbeitsergebnisse.

275 Vgl. dazu den Beitrag von Burkhard Neumann in diesem Band.

276 Das Möhler-Institut ist bis heute der Theologischen Fakultät angegliedert. Zur Fakultät wurde die Akademie nach staatlichem und kirchlichem Recht erst 1966 erhoben.

Die erste dieser Reihen, die „Konfessionskundlichen Schriften“ (KKSMI), starteten 1957 mit einem Buch von Eduard Stakemeier zum Thema „Konfessionskunde heute“. Die zweite Reihe nannte sich „Konfessionskundliche und Kontroverstheologische Studien“ (KKTS) und gab als ersten Band 1959 das Buch von René Marlé mit dem Titel „Bultmann und die Interpretation des Neuen Testamentes“ heraus.[277]

Das Institut sollte Lehren und Ordnungen, Spiritualität und Bekenntnisformeln nichtkatholischer Konfessionen untersuchen, durch sie aufgeworfene Fragen analysieren und eine katholische Antwort vorschlagen. Es arbeitete mit fast allen deutschen katholischen Fakultäten zusammen. Jaeger nahm an den Tagungen teil und pflegte Kontakte, die ihn zum Ansprechpartner für ökumenische Fragen in Deutschland werden ließen. In den Publikationsreihen veröffentlichte er zwei für die ökumenische Diskussion wichtige Schriften: in der Vorkonzilszeit das mehrfach übersetzte „Das ökumenische Konzil, die Kirche und die Christenheit. Erbe und Auftrag, Paderborn 1960“ sowie aus der Arbeit des Konzils „Das Konzilsdekret ‚Über den Ökumenismus‘. Sein Werden, sein Inhalt und seine Bedeutung, Paderborn 1965“.

Auf die Arbeit des Möhler-Instituts gestützt, hatte Jaeger nach Ankündigung des 2. Vatikanischen Konzils durch Johannes XXIII. Ende des Jahres 1959 im Namen der Fuldaer Bischofskonferenz zwei Voten vorgelegt, nämlich Beobachter der nichtkatholischen Kirchen und Kirchengemeinschaften zum Konzil einzuladen sowie eine „Commissio Pontificia ad unitatem Christianorum promovendam“ einzurichten. Beide Voten wurden akzeptiert, das zweite führte schließlich zur Einrichtung eines ständigen vatikanischen „Sekretariats zur Förderung der Einheit der Christen.“

Schoppmeyer zufolge galt es für Jaeger nicht nur historische Differenzen zwischen den Konfessionen zu beheben. Für Jaeger war die Spaltung der Christenheit angesichts der Bevölkerungsexplosion in der Dritten Welt nicht zuletzt auch ein Missionshindernis. Aufgrund des Erstarkens der nichtchristlichen Weltreligionen verbunden mit Nationalismen befürchtete er zudem für die Zukunft in Afrika und Asien die Ablehnung des Christentums als einer Fremdreligion. Auch hinsichtlich entchristlichter Bevölkerungsteile in Europa und Nordamerika war ihm die Trennung der Christenheit in Konfessionen ein Ärgernis.[278]

In einer Predigt zum Schluss der Weltgebetsoktav für die Wiedervereinigung lehnte er es im Januar 1960 ab, die Wiedervereinigung aller Christen auf das Ende der Welt verschoben zu sehen. Es genüge auch nicht, eine „Zweig-

277 Wittig, Michael: Paderborn als kirchlicher Vor-Ort, 390, 392; Brandenburg, Albert: Kardinal Jaeger und das Johann-Adam-Möhler-Institut; Jaeger, Lorenz: Das Konzilsdekret „Über den Ökumenismus“; Jaeger, Lorenz: Das ökumenische Konzil.

278 Schoppmeyer, Heinrich: Lorenz Jaeger, 199.

theorie" zu vertreten, nach der die christlichen Konfessionen verschiedene Zweige am Baum der einen Kirche seien. Der Kern seiner Predigt lautete, dass Christus zweifellos die sichtbare Einheit gewollt habe. Den Weg zur Einheit vorzubereiten, hielt Jaeger daher für eine der Hauptaufgaben des Konzils. Den eigentlichen Gegensatz zur protestantischen Theologie sah er nicht in den sola-Aussagen Luthers (sola fide, sola scriptura, sola gratia), sondern in der Lehre von der Kirche. Auf dem Konzil brachte er sich in diesem Sinn ein. Seine Gedanken finden sich im Schema „Über den Ökumenismus" wieder, das Wege zeigte, „auf denen die katholischen Christen an der weltumspannenden ökumenischen Bewegung teilnehmen."[279]

Zwischenzeitlich hatte die nach dem Krieg einsetzende Konjunktur der Kirche in Deutschland spürbar nachgelassen. Schon 1953 stellte der Erzbischof fest: „Wir haben nicht die große Konversion [...] Die Zeichen der Zeit sind nicht verstanden worden."

Seit der zweiten Hälfte der 1960er Jahre beobachtete Jaeger, wie sich anstatt eines bejahenden Glaubens die Kritik an bisher gültigen Strukturen und Institutionen verstärkte, wie im Namen des Ökumenismus bisherige Grenzziehungen aufgelöst wurden und unter der Vorgabe des „Aggiornamento" der Dienst an der Welt als wichtigste Aufgabe der Kirche ausgegeben wurde.

Die Zahl der Gottesdienstbesucher schrumpfte, die Kirchenaustritte nahmen zu, Priester- und Ordensberufe gingen zurück, während ordinierte Priester ihr Amt niederlegten. Hinzu kam ein aggressiver Ton in den Medien gegen die Kirche und die Bibel, auch gegen Gott. Jaeger nahm dies als Zerstörung der Glaubenssubstanz wahr. Er wertete den einsetzenden Normwandel als schädliche Ausbreitung eines allgemeinen Liberalismus. In seiner Silvesterpredigt monierte er 1963 direkt dessen seiner Meinung nach bedenkliche Folgen und wetterte wider die geistige Standortlosigkeit. Der Glaube verliere an Leuchtkraft, bei der Jugend lasse der Sakramentenempfang nach. Ermutigend sei hingegen, dass immer mehr Menschen irre würden an Forschung und Wissenschaft und Hilfe im Glauben suchten; auch Ehe und Familienleben gewönnen wieder an Inhalt.

Schoppmeyer folgend neigte Jaeger mit solchen Äußerungen dazu, „sich gegenüber den zum heutigen Pluralismus führenden Vorstellungen (Individualismus, Emanzipation, Isolierung, Liberalisierung, Demokratisierung) [...] zu verschanzen und durch Betonung von Persönlichkeit, gestufter Gemeinschaft, Solidarität, Subsidiarität, Pflicht und Disziplin die Richtung der Zeit zu verändern".[280]

279 Ebd., 199f. Hier auch das Zitat zur Konversion, 200.

280 Schoppmeyer, Heinrich: Lorenz Jaeger, 200 f.; EBAP, NL Jaeger, Nr. 2200 (Silvesterpredigt 1963/64).

Anlässlich des zehnten Jahrestages der Bombardierung Paderborns bemerkte er in der Rückschau am 27.3.1955,[281] in den letzten Kriegswochen seien viele gute Vorsätze gefasst worden, wenn nur der Krieg aufhöre, doch aus Not heraus gefasste Vorsätze seien wertlos gewesen, habe doch die Nachkriegszeit rasch gezeigt, „dass der lange zurückgestaute Lebensdrang mächtiger war als Gottesliebe und Gottesgesetz. [...] Wir haben es alle miterlebt, wie oftmals die Lebensgier, die Sucht, lange entbehrte Dinge zu bekommen und zu besitzen, alle sittlichen Hemmungen verdrängte und bedenkenlos über die Not des Nächsten hinwegging. Gleichgültiges Vergessen der vielen Zehntausenden, die in Gefangenschaft schmachteten, Unverständnis und Hartherzigkeit gegenüber den hereinströmenden Heimatvertriebenen kennzeichneten weithin das Bild der Nachkriegsjahre. Die Wiederauferstehung des deutschen Volkes nach dem Zusammenbruch hat sich nicht immer in [...] gewinnenden Formen vollzogen."

Wenn man zurückdenke an den Untergang der Stadt, sollte man an die Toten und die damalige Not erinnern. „Sollte die 10jährige Wiederkehr nicht zu einem Gesinnungswandel führen, der beim Aufbau der neuen Existenz nicht eintrat? Zu größerem Lebensernst, Verantwortungsbewusstsein für die Zukunft, selbstloser Bereitschaft zum Dienst am Wohle des Ganzen? Nicht die Prosperity, die heute letzter Lebenszweck zu sein scheint, verbürgt das Glück des einzelnen und des Volkes, sondern jene Tugenden, die heute so stark außer Kurs gesetzt sind: Einfachheit und Genügsamkeit, Zufriedenheit und fromme Dankbarkeit."

Auch in einer Ansprache vor den Olper Franziskanerinnen 1959, in der er auf den Rückgang des Ordensnachwuchses zu sprechen kam, beklagte Jaeger die Auflösung der menschlichen Gemeinschaft und der zwischenmenschlichen Verbundenheit in einer sich rasch wandelnden und technisierenden Welt.[282] Der Mensch habe weder die Kraft noch den Willen, sich zu vergessen und der Gemeinschaft zu dienen. Gleichzeitig mahnte er die Anpassung der Ordensgemeinschaft an Zeit und Menschen und die Erhaltung dessen, was sie in ihrem Wesen ausmache, an. Schwache Geburtenjahrgänge und der Mentalitätswandel der Gesellschaft wirkten sich nicht nur im säkularen Leben aus, sondern ließen schließlich auch die Ordensberufe zurückgehen. Große Hoffnungen setzte Jaeger auf die vom Konzil angestoßenen Reformen; die Besinnung auf den Sendungsauftrag der Kirche erzwinge „ein inneres Neuwerden".

281 EBAP, NL Jaeger, Nr. 648 (Jaeger zur Bombardierung Paderborns vor 10 Jahren, 27.3.1955, Bl. 012).

282 Chronik der Olper Franziskanerinnen, Archiv im Mutterhaus Olpe, Ansprache vor den Olper Franziskanerinnen nach der Wahl der neuen Generaloberin am 12.5.1959. Eine Ursache dieses unguten Wandels sah er im Kommunismus, wenn er davon sprach, man fühle die Unsicherheit und Bedrohtheit des modernen Lebens. Dunkles Gewölk sei vom Osten aufgezogen, scheine die Sonne zu verfinstern.

Wohl auch um gegen Vereinzelung und Individualismus das Vorbild des christlichen Dienens zu setzen, begannen im September und Oktober 1961 die Seligsprechungsprozesse für zwei westfälische Ordensgründerinnen des 19. Jahrhunderts: Maria Theresia Bonzel (Seligsprechung 2013) und Pauline von Mallinckrodt (Seligsprechung 1985).[283]

1960 war Jaeger schließlich an der Initiative zur Gründung des vatikanischen Sekretariats zur Förderung der Einheit der Christen und an dessen Konzeption entscheidend beteiligt. Johannes XXIII. gründete dann unter dem Namen *Sekretariat zur Förderung der Einheit der Christen* am 5.6.1960 das Einheitssekretariat als Vorbereitungskommission für das Zweite Vatikanische Konzil. Er berief Lorenz Jaeger im gleichen Jahr zum Mitglied des neu gegründeten Päpstlichen Sekretariats.

Unterstützt von Eduard Stakemeier, dem ersten Direktor des Möhler-Instituts und Professor an der Theologischen Fakultät Paderborn, kann er als einer der Väter des Ökumenismusdekretes des Zweiten Vatikanischen Konzils gelten. Als Teilnehmer des Zweiten Vatikanischen Konzils (1962–65) knüpfte er zahlreiche Kontakte zum Weltepiskopat. An der Formulierung des Ökumenismus-Dekrets zur Wiederherstellung der Einheit aller Christen hatte er wesentlichen Anteil; durch mehrere Buchveröffentlichungen machte er die Ergebnisse des Zweiten Vatikanischen Konzils Fach- und Laienpublikum zugänglich.[284]

Wegen seines Einsatzes für die Einheit der Kirche wurde er 1965 in den Kardinalsrang erhoben.

Zu einer Biografie gehört neben dem beruflichen Werdegang auch der Blick ins Private. Werfen wir also noch kurz einen Blick auf Jaegers private Verhältnisse.

Wie erwähnt war der Erzbischof in den frühen 1950er Jahren wieder in das erzbischöfliche Palais zurückgekehrt. Er bezog 1952 ein monatliches Gehalt von 3.000 DM. Als in der Straße „Kamp“ in Paderborn wohnend verzeichneten die Steuerunterlagen den erzbischöflichen Geheimsekretär Walter Hiltenkamp

283 Maria Theresia Bonzel wurde am 17.9.1830 in Olpe geboren. 1859 gründete sie hier eine klösterliche Gemeinschaft, die sich der Ewigen Anbetung, der Fürsorge für Waisenkinder und der Krankenpflege widmete. Die Schwestern in Olpe wurden am 20.7.1863 eine selbstständige Genossenschaft. Maria Theresia Bonzel blieb bis zu ihrem Tod Generaloberin der „Armen Franziskanerinnen von der ewigen Anbetung“ in Olpe. Am 18.9.1961 wurde der Seligsprechungsprozess durch den Paderborner Erzbischof Lorenz Kardinal Jaeger eröffnet. Am 10.11.2013 erfolgte im Paderborner Dom die Seligsprechung. EBAP, NL Jaeger, Bild 2074 (Causa Pauline v. Mallinckrodt, Primordialsitzung der Causa Beatificationis et Canonizationis S. D. Paulinae de Mallinckrodt am 16.10.1961 im Erzbischöflichen Palais). Siehe auch EBAP, NL Jaeger, Bild Nr. 1840 (Sitzung in Dortmund am 3.2.1967, Rekognoszierung der Gebeine Bruder Jordan Mais OFM in Dortmund).

284 Brandt, Hans Jürgen: Lorenz Kardinal Jaeger, 1458; Jaeger, Lorenz: Das ökumenische Konzil; Jaeger, Lorenz: Das Konzilsdekret „Über den Ökumenismus“; Stakemeier, Eduard: Das Konzilsdekret „Über die Ausbildung der Priester“.

Auf dem Flughafen Rom 1963 (v.l.n.r. Msgr. Ewers, Prof. Höfer, Erzbischof Jaeger, Prof. Stakemeier)

und den Kraftfahrer Rainer Linnenbrock (monatliches Gehalt 135,44 DM).[285] Den Haushalt führten drei Schwestern der Christlichen Liebe, was sie, Jaeger zufolge, „schlicht und anspruchslos in vorbildlicher Weise" taten. Drei weitere Ordensfrauen standen ihm als Sekretärinnen zur Seite.[286]

Seine eigenen Verhältnisse versuchte er im Juni 1952 durch die Abfassung seines Testaments zu regeln. Seine wohl engste Bezugsperson im privaten Umfeld blieb – neben seinen Geschwistern und deren Kindern – seine bei ihm im erzbischöflichen Palais lebende Mutter, die er in seinem Testament zu seiner Universalerbin einsetzte. Für seine damals in Altenburg/Thüringen lebende Schwester Anni (Anna) Stolze hatte er eine Lebensversicherung abgeschlossen, weil sie ihm über Jahre hinweg unentgeltlich den Haushalt geführt hatte; er bat darum, dass sie dieses Geld zur Finanzierung der Ausbildung ihres Sohnes Claus verwenden möge. Seine private Kapelleneinrichtung vermachte er dem Bischöflichen Stuhl; ein Betrag von 1.000 DM war aus seiner eigenen, privaten Lebensversicherung für eine bei der Kapelle des Mutterhauses der armen Franziskanerinnen zu Olpe zu errichtenden Messstiftung für sein Seelenheil zu entnehmen.[287] Nach seinem Tode waren zudem von der

285 EBAP, NL Jaeger, Akte 2343 (Lohnsteuer).
286 EBAP, NL Jaeger, Nr. 2238 (Testament, Testament vom Juni 1952).
287 Ebd.

gesamten Erbmasse Jaegers 50.000 DM abzuziehen und dem Domkapitel für ein vom Erzbischof in Auftrag gegebenes Reliquiar zu überweisen.[288]

Mit fortschreitendem Alter wurde Jaegers Mutter zunehmend gebrechlicher; die mit einer großen Fackelprozession endenden Feierlichkeiten zur Verleihung der Olper Ehrenbürgerwürde verließ er im Februar 1955, ohne wie gewohnt im Hause der Franziskanerinnen zu übernachten, und fuhr am späten Abend nach Paderborn zurück, um zu seiner an einer schweren Lungenentzündung erkrankten Mutter zurückzukehren.[289]

Jaeger bemühte sich noch vor ihrem Tod um eine Grabstelle auf dem Paderborner Ostfriedhof. Kurz darauf, am 3.6.1958, verstarb seine Mutter schließlich im Alter von 95 Jahren.[290]

Die Arbeitsbelastung nahm in diesen Jahren merklich zu. Im Jahr 1949 etwa war Jaeger mit 177 Reisetagen gut die Hälfte des Jahres unterwegs.[291]

Die Beanspruchung durch die Vielzahl an Ämtern und Ehrenämtern und der an ihn herangetragenen Wünsche nach zumindest persönlichem Erscheinen führten im Laufe der Jahre zu einer zunehmend belastenden Zahl an Terminen.

So leitete Prälat Wilhelm Wissing als Leiter des Katholischen Büros Bonn im April 1963 den Wunsch des Ministers für gesamtdeutsche Fragen Dr. Rainer Barzel nach einer Teilnahme Jaegers an der Einweihung von Regina Martyrum in Berlin weiter; die Katholiken der Sowjetischen Besatzungszone, so Barzel, würden sicherlich auf diesen Akt in der Nähe Plötzensees schauen.[292] Jaeger erwiderte, offensichtlich gereizt: „Ich staune, um was für Dinge sich ein Minister sorgt und kümmert." Er könne sich beim besten Willen nicht dreiteilen und nach Berlin kommen und werde daher seinen Weihbischof schicken. Er habe am 4. und 5.5. gegen seinen Willen in Konstanz die Investitur des Ritterordens vom Hl. Grabe vorzunehmen. Diese Teilnahme hatte er bereits abgesagt wegen Verpflichtungen in der eigenen Diözese, müsse aber auf Weisung Roms dennoch teilnehmen. „Man ist heute als Bischof ein gehetztes Wild und hat ständig zwei oder drei Verpflichtungen gleichzeitig wahrzunehmen."

Das hohe Maß an Anerkennung, das Jaeger in diesen Jahren erfuhr, spiegelt sich wider im Empfang verschiedener Auszeichnungen, u.a. der Ehrenbürgerwürden von Olpe, Werl und Paderborn.

288 EBAP, NL Jaeger, Akte 219 (Ergebnisprotokoll des Gesprächs zwischen Prälat Wilmsen und den Verwandten des verstorbenen Kardinals vom 22.5.1975).

289 Chronik der Olper Franziskanerinnen, Eintrag vom 6.2.1955.

290 EBAP, NL Jaeger, Nr. 234.

291 EBAP, NL Jaeger, Nr. 235 (Reisedokumente 1945ff.; Blatt 014 Aufstellung der Reisetage für 1949).

292 EBAP, NL Jaeger, Nr. 489, Bl. 76 (Katholisches Büro Bonn, Prälat Wissing an EB Jaeger, 8.4.1963); Bl. 75 (Jaeger an Prälat Wissing, 12.4.1963).

Am 6.2.1955 erhielt er den Ehrenbürgerbrief der Stadt Olpe, die damit, so hieß es: „[...] hierdurch die vielfältig bewiesene Treue ihres großen Sohnes zu seiner Heimat [ehrt]. Sie dankt ihm ferner für die lebhafte Anteilnahme am Wiederaufbau seiner im Frühjahr 1945 schwer heimgesuchten Vaterstadt sowie für manchen wertvollen Rat bei der Gestaltung ihres kulturellen Lebens." Jaeger betonte seine enge emotionale Verbundenheit mit Olpe und dankte für seine Jugendjahre im Mutterhaus der Franziskanerinnen und die Verwurzelung, die er dort erfahren habe. Das Wesen der kleinen Stadt - so betonte er - sei „formgebend" für ihn gewesen.[293]

Im Januar 1956 erhielt er für seine Verdienste um den Wiederaufbau der Stadt die Ehrenbürgerwürde von Paderborn. Bürgermeister Christoph Tölle hatte in der vorbereitenden Ratssitzung vom 3.11.1955 darauf hingewiesen, dass nach 10 Jahren ein gewisser Abschluss der Wiederaufbauarbeiten erreicht und auch die Arbeiten im und am Dom weitvorangeschritten seien. Der Verleihung der Ehrenbürgerwürde stimmten alle im Rat vertretenen Fraktionen von CDU, Zentrum und SPD einstimmig zu.[294] Die vom Neujahrsfest 1956 datierende Ehrenbürgerurkunde betonte die großen Zerstörungen Paderborns im Krieg und stellte die Initiativen des Erzbischofs zur Wiederherstellung der Kirchen und erzbischöflichen und caritativen Anstalten heraus: „Mit Paderborn fühlte er sich immer in besonderer Weise verbunden. In enger Zusammenarbeit mit der Stadt förderte er ihre Interessen und ihren wirtschaftlichen und kulturellen Aufbau."[295] Die Verleihung am Neujahrstag sei - so die Freie Presse - sicherlich als Absichtserklärung zu sehen, auch in Zukunft zwischen Kommune und Kirche eng zusammenzuarbeiten.[296] Jeder gutgesinnte Bürger dürfe sich glücklich schätzen, wenn sich ihr Bischof als einer der höchsten Repräsentanten der Kirche als Ehrenbürger stets auch schützend vor die noch junge Demokratie stelle.

Jaeger betonte in seiner Dankesrede[297] die seiner Meinung nach enge, fast mystische Verbindung zwischen Bischof und Bischofsstadt. Der Bischof sei weder von der Ortskirche zu trennen, der er vermählt sei, noch von der Stadt, in der diese Kirche liege. Die Sorgen und die Freuden der Stadt seien auch die seinen. Er sehe daher auch die Ehrung nicht als eine persönliche an, sondern als Bekenntnis von Stadt und Bürgerschaft Paderborns zur Kirche Paderborns und ihrer kulturellen und religiösen Mission über die Zeiten hinweg.

293 Chronik der Olper Franziskanerinnen, Archiv des Mutterhauses in Olpe, Eintrag vom 6.2.1955.

294 StadtA PB, B, Nr. 5002, 117 ff., hier 134.

295 StadtA PB, B, Nr. 806, 24.

296 Freie Presse, 2.1.1956, in: StadtA PB, B, Nr. 806, 280.

297 Ansprache Jaegers anlässlich der Verleihung der Ehrenbürgerwürde am 1. Januar 1956, Abdruck in: Erzbischöfliches Seelsorgeamt Paderborn (Hg.): Leben und Frieden.

Kardinal L. Jaeger mit Papst Paul VI., wahrscheinlich 1967

Die Trias der Ehrenbürgerwürden beschloss 1962 schließlich die Stadt Werl, die mit der Verleihung an den Erzbischof dessen Unterstützung der Wallfahrt ehrte.

Am 25.1.1965 verbreitete der deutschsprachige Rundfunk die Nachricht von Jaegers Erhebung in den Kardinalsstand. Jaegers Werk – besonders seine seelsorgerischen und ökumenischen Verdienste – würdigte Papst Paul VI. offiziell am 22.2.1965 durch die Aufnahme in das römische Kardinalskollegium mit der Titelkirche San Leone.[298] Die in der Via Prenestina 104 gelegene und Papst Leo dem Großen geweihte Kirche war durch den Papst am 5.2.1965 zur Titelkirche erhoben worden. Mit Jaegers Ernennung zum Kardinal wurde erstmals einem Bischof von Paderborn die Berufung in das höchste Beratungsgremium des Papstes zuteil.

298 Brandt, Hans Jürgen: Lorenz Kardinal Jaeger, 1458; die Meldung von der Kardinalserhebung löste im Haus der Olper Franziskanerinnen große Freude aus: „Erzbischof Lorenz Jaeger ist zum Kardinal ernannt worden! Diese Nachricht erreichte uns heute am Schluß des Mittagstisches. Das Radio brachte diese Meldung. Sie löste bei uns und auch in der ganzen Stadt größte Freude aus. Sogleich läuteten alle Olper Kirchenglocken." Zitat aus: Chronik der Olper Franziskanerinnen, Archiv des Mutterhauses in Olpe, Eintrag vom 25.1.1965.

Die Jahre als Kardinal bis zu seinem Rücktritt waren in der alten Bundesrepublik solche eines beschleunigten gesellschaftlichen Wandels, die auch mit verstärkter Kritik an der Person Jaegers als Bischof verbunden waren. Auf dem 82. Deutschen Katholikentag in Essen unter dem Leitwort „Mitten in dieser Welt“ (4.–8.9.1968) zeigte sich in Deutschland erstmals während eines Katholikentags offener Widerstand gegen die Amtskirche von Seiten der Gläubigen und Laien. Der Katholikentag war geprägt von Erwartungen der Laien an die Kirche zur Umsetzung der Beschlüsse des Zweiten Vatikanischen Konzils, von Enttäuschung über die im Juli 1968 veröffentlichte Enzyklika *Humanae Vitae* Papst Pauls VI. sowie von Forderungen der Jugend- und Studentenbewegung nach mehr Demokratie. Jaeger selbst hielt auf dem Katholikentag eine Predigt mit dem Titel „Mitten in dieser Welt – brüderlich teilen“, in der er auch den Zustand einer waffenstarrenden Welt kritisierte. Am 7.9.1969 hielt er in der Grugahalle in Essen gemeinsam mit dem Präses Dr. Joachim Beckmann einen ökumenischen Gottesdienst ab.[299]

Erste Anfragen zur Rolle Lorenz Jaegers während der NS-Zeit waren bereits 1956 aufgekommen, nachdem das Erzbischöfliche Seelsorgeamt Paderborn Hirtenbriefe, Predigten und Ansprachen des Bischofs in einem Sammelband neu herausgegeben hatte,[300] wobei mehrfach militaristisch-parteikonform klingende Formulierungen aus der NS-Zeit ausgelassen wurden. Dies geschah etwa beim Abdruck des Hirtenbriefes vom 11.2.1942. Jaeger hatte hier den Grund für Unfrieden und Krieg in der Gottferne des Menschen ausgemacht und als Beispiel angeführt: „Schaut hin auf Russland! Erleben unsere Soldaten dort nicht ein Elend und ein Unglück sondergleichen? Und warum? Weil man die Ordnung des menschlichen Lebens dort nicht auf Christus, sondern auf Judas aufgebaut hat.“ Ohne Auslassungszeichen wurde nun im Neuabdruck hinter „Russland“ fortgelassen: „Ist jenes arme unglückliche Land nicht zum Tummelplatz von Menschen geworden, die durch ihre Gottesfeindschaft und ihren Christushass fast zu Tieren entartet sind?“[301]

299 Seeber, David Andreas/Adler, Gerhard u. a.: Katholikentag im Widerspruch; Oertel, Ferdinand: Aufstand der Laien. Der Predigtentwurf Jaegers für den Katholikentag trug den Titel „Hinwendung der Kirche zur Welt“ und findet sich in EBAP, NL Jaeger, Nr. 794. Die Akte enthält zudem seine Predigt in der Grugahalle, ebd., Bl. 22–26. Die Rolle und Wertung der Person Jaegers auf dem Katholikentag wird noch weiter herauszuarbeiten sein. Die Ereignisse des Essener Katholikentags übten starken Druck auf die Amtskirche aus, sich zu reformieren. Aus den Erfahrungen des Katholikentags resultierte die von der Deutschen Bischofskonferenz einberufene gemeinsame Synode der Bistümer in der Bundesrepublik Deutschland („Würzburger Synode“, 1971 bis 1975) zur Rezeption der Beschlüsse und Anliegen des Zweiten Vatikanischen Konzils.

300 Hirtenbrief vom 11.2.1942, in: Erzbischöfliches Seelsorgeamt Paderborn (Hg.): Leben und Friede, 1ff. ; Jaegers Predigt vom Tag der Bischofsweihe am 19.10.1941, in: ebd., 136–144.

301 Abdruck des ursprünglichen Textes in Gruß, Heribert: Erzbischof Lorenz Jaeger als Kirchenführer im Dritten Reich, 407f.

Ebenfalls wurden im Abdruck der Predigt an die Gläubigen am Tag der Bischofsweihe am 19.10.1941 ohne Auslassungszeichen Textpassagen ausgelassen. Es fehlte nun Jaegers damalige Bekundung: „Ich bin froh, dass ich draußen im Felde so viele Priester und fast die gesamte Priesterschaft des Erzbistums weiß, die Not und Gefahr mit euch teilen. Im Weltkrieg haben die katholischen Theologen nächst dem Stand der aktiven Offiziere den größten Prozentsatz an Gefallenen aufzuweisen gehabt. Sie werden auch in diesem Kriege als vorbildliche Kameraden und ganze Soldaten sich bewähren." Ferner fehlte die Aussage, dass die Kämpfer streiten würden für die Bewahrung des Christentums im Vaterland, für die Errettung aus der Bedrohung durch den antichristlichen Bolschewismus.[302]

Die Frage nach seiner Rolle im Nationalsozialismus schien Jaeger nun in seiner Zeit als Kardinal einzuholen.

1964 erschien in den Vereinigten Staaten das Buch „The Catholic Church and Nazi Germany" des amerikanischen Politikwissenschaftlers Guenter Lewy. Das Werk erschien 1965 in deutscher Übersetzung unter dem Titel „Die katholische Kirche und das Dritte Reich" im Münchener Piper-Verlag.[303] DER SPIEGEL druckte 1965 in einer achtteiligen Serie Auszüge aus dem Buch.[304]

Mehr als andere seiner bischöflichen Amtskollegen wurde Jaeger – der wie sie den Krieg gegen die Sowjetunion als „antibolschewistischen Kreuzzug" gerechtfertigt hatte – zum Ziel der Anklagen Lewys. Seiner Ansicht nach hatte er sich mehr als jene im Ton vergriffen, als er den sowjetischen Kommunisten 1942 in einem Hirtenbrief vorwarf, sie seien durch ihren Hass auf Christus fast zu Tieren entartet. Lewy interpretierte dies als deckungsgleiche Nähe für

302 Jaegers Predigt vom Tag der Bischofsweihe am 19.10.1941, in: Erzbischöfliches Seelsorgeamt Paderborn (Hg.): Leben und Friede, 136–144. Der Text wurde nochmals abgedruckt in: Jaeger, Lorenz: Einheit und Gemeinschaft, 1–7. Wer die Auslassungen im Abdruck der Predigt vom 19.10.1941 letztlich angeregt hat – Jaeger oder der Verlag –, gilt es noch zu klären. Der Hinweis auf Textveränderungen findet sich auch in einem Bericht der NW vom 7.5.2015 im Zusammenhang mit der beantragten Aufhebung der Paderborner Ehrenbürgerschaft Jaegers, allerdings ohne korrekte Zeitangaben. Jaegers Militarismus und seine christliche Rechtfertigung seien 1945 verheimlicht und vertuscht worden. Wie 1972 dem SPIEGEL zu entnehmen gewesen sei, habe der Abdruck einer Jaeger-Predigt aus dem Krieg im gleichen Jahr entscheidende Lücken enthalten.

303 Lewy, Guenter: The Catholic Church and Nazi Germany. In deutscher Übersetzung von Schulz, Hildegard: Die katholische Kirche und das Dritte Reich. Guenter Lewy (*1923), US-amerikanischer Professor der Politikwissenschaft, der mehrere kontrovers aufgenommene Bücher veröffentlichte, etwa zur Rolle der katholischen Kirche im Nationalsozialismus und zum Völkermord an den Armeniern. Er wuchs in Breslau auf und emigrierte 1939 vor der nationalsozialistischen Verfolgung nach Palästina, 1946 zog er in die USA, dort promovierte er 1957 an der Columbia University. Er lehrte Politikwissenschaft, u.a. an der University of Massachusetts.

304 Lewy, Guenter: *Mit festem Schritt ins Neue Reich*, in: DER SPIEGEL, 1965, ab Nr. 8 vom 17.2.1965, 40 ff.

den rassistischen Sprachgebrauch der Nationalsozialisten gegenüber den slawischen „Untermenschen". Auch der SPIEGEL hob daher Jaeger in seinem Vorabdruck hervor, indem er ein Foto Jaegers in der Uniform des Militärpfarrers zeigte und mit dem anstößigen Zitat unterlegte. Seither – so Dietmar Klenke – habe Jaeger in der kirchenkritischen Medienöffentlichkeit vor anderen Bischöfen am Pranger gestanden.[305] Dennoch habe Lewy mit seiner Deutung einen Fehler begangen, Jaeger habe nicht von Untermenschen aus einer rassistischen Sicht heraus gesprochen, sondern Hitlers Krieg von einer kirchlichen Warte aus als „antibolschewistischen Krieg" gerechtfertigt.[306]

Gegen die Behauptung Lewys, Jaeger habe mit der Verleumdungskampagne der Nationalsozialisten gegen die slawischen „Untermenschen" symphatisiert, ging der Erzbischof in den Jahren 1965/66 mit Hilfe der Dortmunder Anwaltskanzlei Rosen juristisch vor. Lewy räumte ein, er habe die Aussage Jaegers irrtümlich sinnentstellend im Sinn der NS-Rassenideologie interpretiert und stimmte zu, in die Restauflage seines Werkes einen Errata-Zettel einzulegen. Sowohl der Verlag Piper als auch DER SPIEGEL erklärten sich bereit, das angebliche Zitat vom Untermenschen zurückzunehmen.[307]

Der verheerende Eindruck den die SPIEGEL-Serie und das Buch Lewys hinterlassen hatten sei dadurch aber nicht – so Klenke – wirksam korrigiert worden. Die Rechtfertigung von Hitlers Ostkrieg als antibolschewistischem Kreuzzug statt als Feldzug gegen slawische Untermenschen wurde – vor allem von der nachwachsenden Generation, die kein Verständnis für die von Hitler irregeleitete Elterngeneration aufgebracht habe, als genauso kompromittierend empfunden; die Vergangenheit war in ihren Augen unzureichend bewältigt worden. Die exponierte Rolle, die Jaeger fälschlich zugeschrieben worden sei, habe auch auf das Image Paderborns als rückständig-konservativ abgefärbt.[308]

Jaeger selbst äußerte sich persönlich nur zurückhaltend zu den Vorwürfen Lewys und zur Rolle seiner Person in der NS-Zeit. Am 5.8.1965 interviewte der Deutschlandfunk den Erzbischof in Paderborn, kurz nach seiner Erhebung in den Kardinalsrang. Das Gespräch begann mit den Umständen seiner Bischofsweihe und der Haltung der Bischöfe im Dritten Reich. Jaeger antwortete, er habe sich bei seinen Aufgaben als Kriegspfarrer kaum um die Haltung

305 4. Fortsetzung des Vorabdrucks des Werks Lewys im SPIEGEL, 96; vgl. zum Ausgeführten Klenke, Dietmar: Schwarz – Münster – Paderborn, 143ff.; vgl. auch Ruff, Mark Edward: The battle for the Catholic, 193–217.

306 Klenke, Dietmar: Schwarz – Münster – Paderborn, 146.

307 EBAP, NL Jaeger, Nr. 1300, vgl. u.a. Schreiben Prälat Drostes an J. Fleischer vom 13.8.1972, zwei Schreiben von Lorenz Jaeger an seinen Rechtsanwalt Rosen, 20.5.1966 sowie vom 27.1.1966, ferner Lorenz Jaeger an Rektor Schnitzler aus Bremen vom 12.3.1966. Eine eingehende Untersuchung der juristischen Begründungen in diesem Rechtsstreit würde sich empfehlen. Klenke, Dietmar: Schwarz – Münster – Paderborn, 147 sowie ebd., Fußnote 21.

308 Klenke, Dietmar: Schwarz – Münster – Paderborn, 147.

der Bischöfe kümmern können. Die Aufsehen erregenden Predigten von Galens hätten dann eine so tiefe Kluft zwischen Episkopat und Reichsregierung aufgerissen, dass sich der Kultusminister geweigert habe, seine Vereidigung vorzunehmen.[309] Aus den Erfahrungen der Jahre 1942 bis 1945 könne er nur sagen, dass die gegen die deutschen Bischöfe erhobenen Vorwürfe weitgehend unberechtigt seien. Er sei sich sicher, dass spätere Historiker, wenn sie den gesamten Schriftverkehr dieser Zeit sichten und vorurteilsfrei werten würden, dies bestätigen und eine volle Rechtfertigung des Verhaltens der deutschen Bischöfe geben würden.[310]

Auch nach 1965 blieb katholische Bildungsarbeit für Lorenz Jaeger ein zentrales Thema; er sah innerhalb des katholischen Bevölkerungsteils einen eklatanten Bildungsrückstand gegenüber dem protestantischen mit all seinen Folgen.[311] In den führenden Schichten und unter Akademikern waren Katholiken bis in die 1950er Jahre unterrepräsentiert. Kinder, die einen höheren Schulabschluss anstrebten – so Jaeger – hätten es schwer, da die Eltern kein Verständnis für geistige Arbeit hätten und ihre Kinder nicht förderten. Es gelte, die Eltern in diesem Sinne „umzuerziehen“ und zu fördern. Jaeger strebte aber nicht nur Bildung, sondern christliche Bildung an, die seiner Meinung nach allein eine mündige Persönlichkeit bilden könne. Er selbst, bzw. die Kirche müsse sich einmischen und in Politik und Gesellschaft Gehör verschaffen. Die Kirche sei berechtigt und verpflichtet, für Recht und Gerechtigkeit, den Schutz der Menschenwürde und als Anwalt der Schwachen und Hilfsbedürftigen aufzutreten. „Das Ziel der Kirche ist die Bildung des mündigen Christen, der aus dem Glauben heraus fähig ist, kritisch zu überprüfen und verantwortungsbewusst sich zu entscheiden.“ „Sich-leithammeln-lassen“ sei der christlichen Persönlichkeit fremd.[312]

Nicht zuletzt in der (Fort-)Bildung der Religionslehrer sah er in dieser Beziehung ein Problem. So äußerte er 1972: „Die junge Lehrerschaft hat auf der Hochschule zwar das Problematisieren und kritisches wissenschaftliches Arbeiten gelernt, ist aber nur ungenügend eingeführt in das eigentliche Glaubenswissen.“ Jaeger war daher bestrebt, die Kurse der Lehrerfortbildung in der Akademie Schwerte auszubauen.[313]

Zacharias zufolge arbeitete der Erzbischof intensiv in der Kommission für Bildung der Deutschen Bischofskonferenz mit. Hier setzte er sich auch für die

309 Vgl. dazu den Beitrag von Bernd Heim in diesem Band.

310 EBAP, NL Jaeger, Akte 128 (Deutschlandfunk Köln, Interview vom 5.8.1965, Bl. 84).

311 EBAP, NL Jaeger, Akte 128 (Deutschlandfunk Köln, Interview vom 5.8.1965, Bl. 84–86).

312 EBAP, NL Jaeger, Akte 128 (Deutschlandfunk Köln, Interview vom 5.8.1965, Bl. 88); allgemein zum Thema Bildung in katholischen Kreisen vgl. Hürten, Heinz: Deutsche Katholiken 1918–1945.

313 EBAP, NL Jaeger, Nr.180 (Jaeger an Konrektor Günther Heymer, Dortmund-Berghofen, 2.11.1972, 15).

Belange der katholischen Verbände, etwa des CV ein, mit dem er eng verbunden war. Er trug als Ehrenmitglied die Bänder von vier Korporationen: Sugambria Jena/Göttingen, Winfridia Breslau/Münster, Salia Breslau/ später Köln, Guestfalo-Silesia Paderborn. Bei vielen Veranstaltungen des CV und anderer studentischer Verbindungen zelebrierte er die Festgottesdienste, die in der Regel als Pontifikalamt im Hohen Dom stattfanden. 1952 war er Mitglied im wissenschaftlichen katholischen Studentenverein Unitas-Hathumar Paderborn geworden.[314]

Konfliktreich waren die Auseinandersetzungen im Vorfeld der Bundestagswahl im Herbst 1972. Es kam bundesweit zu lautstarken Auseinandersetzungen. So warb der ehemalige katholische Priester Heinz Heideking mit Günther Grass in Arnsberg für Willy Brandt. Im kirchlichen Paderborn wurde dies als Amtsanmaßung gesehen und Heideking vorgeworfen, sich als noch amtierenden Priester auszugeben.[315]

Insbesondere zum Reizthema der Liberalisierung des Abtreibungsrechts bezog der Erzbischof dezidiert Stellung. Seit 1871 stellte § 218 des Strafgesetzbuches Abtreibungen grundsätzlich unter Strafe (sechs Monate Gefängnis bis zu fünf Jahren Zuchthaus). Die einzige Ausnahme bildeten seit 1927 Abtreibungen aus medizinischen Gründen. 1949 wurde der Abtreibungsparagraf fast unverändert in das Strafgesetzbuch der gerade gegründeten Bundesrepublik übernommen.

Mit der Parole „Mein Bauch gehört mir!“ trat die bundesrepublikanische Frauenbewegung Anfang der siebziger Jahre für die ersatzlose Streichung des § 218 aus dem Strafgesetzbuch ein. Frauen sollten sich ohne Strafandrohung gegen ein Kind entscheiden dürfen. Nach dem Vorbild der nur wenige Wochen zuvor mit einer ähnlichen Kampagne hervorgetretenen französischen Zeitschrift „Le Nouvel Observateur“ titelte am 6.6.1971 „Der Stern“: „Wir haben abgetrieben!“ mit einem Cover, auf dem sich 28 Frauen zu einem Schwangerschaftsabbruch bekannten. Diese von der Journalistin und Frauenrechtlerin Alice Schwarzer initiierte Aktion löste eine breite, emotional geführte Debatte über die Frage aus, ob und unter welchen Umständen Frauen abtreiben dürften. Erst die sozialliberale Koalition, die sich nach dem Regierungswechsel 1969 diverse Reformvorhaben auf die Fahnen geschrieben hatte, plante im Rahmen einer breiten Strafrechtsreform eine Änderung des § 218.

Dieses Vorhaben polarisierte die Gesellschaft. Während die Reformbefürworter das Persönlichkeitsrecht der Mutter hervorhoben, betonten die Reformgegner, darunter vor allem die katholische Kirche, das uneingeschränkte Lebensrecht des Ungeborenen. Der Bundestag war gespalten: Die CDU/CSU-

314 Zacharias, Klaus: *Kardinal Lorenz Jaeger* (http://www.westfälische-biographien.de/biographien/person/53 – abgerufen am 23.07.2012).

315 EBAP, NL Jaeger, Nr. 501 (Bundestagswahlkampf 1972).

Fraktion favorisierte eine „Indikationsregelung“, die Abtreibungen an eine Reihe medizinischer und ethischer Voraussetzungen knüpfte. Die Koalitionsfraktionen SPD und FDP unterstützten mehrheitlich eine „Fristenregelung“, nach der ein Abbruch grundsätzlich bis zur zwölften Schwangerschaftswoche straffrei bleiben sollte.[316]

Jaeger äußerte sich 1972 – auch im Hinblick auf die anstehende Bundestagswahl – mehrmals zur Abtreibungsfrage, so etwa am 23.1.1972 in der „neuen bildpost“, der laut Eigenwerbung „größten konfessionellen Wochenzeitung“.[317]

In diversen Hirtenbriefen hatten die katholischen Bischöfe dazu aufgerufen, als mündige Christen christliche Grundsätze achtende Politiker zu wählen. Für Jaeger und seine bischöflichen Kollegen hieß dies im Umkehrschluss, dass SPD und FDP nicht wählbar waren. Auf ihrem außerordentlichen Parteitag hatte die SPD im November 1971 dafür gestimmt, im Zuge der Strafrechtsreform Abtreibungen bis zum dritten Monat straffrei bleiben zu lassen. Jaeger wies auf die Verpflichtung des Staates hin, menschliches Leben zu schützen. Dass eine staatstragende Partei Abstriche an dieser Pflicht beschließe, lasse aufhorchen. Die Diskussion solle fair und sachlich geführt werden. „Mein Bauch gehört mir“ sei im Niveau kaum noch zu unterbieten. Es sei an den Christen, die Lehre der Kirche zur Richtschnur ihrer Entscheidungen zu machen und den Staat auf seine Pflicht zum Schutz des Lebens hinzuweisen. Es gebe zwar einen Unterschied zwischen geborenem und ungeborenem Leben, doch er berechtige nicht dazu, ungeborenes Leben zu töten. In beiden Fällen handele es sich um zu schützendes Leben.

Am 10.3.1972 äußerte sich Jaeger gegenüber der Schwäbischen Zeitung[318] zunächst zum vorgelegten Regierungsentwurf. Dabei wandte er sich sowohl gegen Schwangerschaftsunterbrechungen / Schwangerschaftsabbrüche bei zu befürchtender schwerer Gesundheitsschädigung der Schwangeren als auch gegen die Straffreiheit im Falle der Abtreibung nach einer Vergewaltigung. Während im ersten Fall eine Annäherung an die Euthanasie sichtbar werde, solle im Letzteren Unrecht durch neues Unrecht getilgt werden. Auch eine soziale Notlage biete keine Rechtfertigung. Es gäbe viele kirchliche Einrichtungen, die Beratung und praktische Hilfe anböten. Die deutschen Bischöfe hätten bei ihrer Konferenz in Freising beschlossen, Hilfen, wie sie durch den Caritasverband und den Sozialdienst katholischer Frauen geleistet würden, auszubauen. Beim Schwangerschaftsabbruch handele es sich um die bewuss-

316 Die Debatte ist dokumentiert bei (https://www.bundestag.de/dokumente/textarchiv/25475709_debatten07-200096 – abgerufen am 13.06.2019).

317 EBAP, NL Jaeger, Nr. 744 (neue bildpost: Nein, Sie handeln nicht falsch. Fünf Fragen an einen Kardinal, 23.1.1972); der Artikel beruht auf Fragen, die Chefredakteur Dr. Riedlinger Jaeger am 12.1.1972 stellte, 114–117.

318 EBAP, NL Jaeger, Nr. 744 (Der Erzbischof von Paderborn antwortet auf Fragen der „Schwäbischen Zeitung“, Brief an Chefredakteur Zodel vom 10.3.1972, 93).

te Tötung menschlichen Lebens; hier werde ein elementares Grundrecht in Frage gestellt. An diesem Grundrecht „herumzulaborieren", hieße Dämme zu brechen, die das Leben selbst schützten. Zudem wirkten sich gesetzliche Änderungen bewusstseinsbildend aus. „Was heute für straffrei erklärt wird, wird sehr bald als durchaus normal und sittlich gerechtfertigt angesehen [...]."

An der Demonstration gegen die Neufassung des §218 StGB im September 1973 in Bonn nahm – noch als Weihbischof – sein Nachfolger Johannes Joachim Degenhardt teil.[319]

Im Bundestagswahlkampf von 1972 kandidierte für die CDU im Wahlkreis Paderborn-Wiedenbrück der Parteivorsitzende Rainer Barzel als Herausforderer des sozialdemokratischen Kanzlers Willy Brandt. Der SPIEGEL-Herausgeber Rudolf Augstein ließ sich von Hamburg aus in Barzels Wahlkreis für die FDP aufstellen.

Augstein wuchs katholisch auf, trat jedoch 1968 aus Protest gegen die Enzyklika Humanae Vitae aus der katholischen Kirche aus und blieb zeitlebens ein überzeugter Atheist und scharfer Kirchenkritiker. 1972 erschien sein Buch „Jesus Menschensohn",[320] in dem er nach der historischen Person Jesu fragte und versuchte alles, was an ihm übermenschlich war, als Erfindung hinzustellen und mit der modernen Theologie abzurechnen. Für Kardinal Jaeger war die Kandidatur Augsteins eine Provokation und er ging ihn in seiner Allerheiligenpredigt direkt an. Er kenne keine Bucherscheinung der letzten Jahrzehnte, die den christlichen Glauben so massiv und zentral angreife und zu zerstören versuche. Wenn Augsteins Buch, das ihn an Alfred Rosenbergs „Mythus des 20. Jahrhunderts" erinnere, Ausdruck der oft beschworenen Toleranz vor dem Andersdenkenden sei, dann habe man in Zukunft noch einiges zu erwarten.[321]

Rosenberg war einer der führenden Ideologen der NSDAP gewesen, sein 1930 erschienener „Mythus" propagierte eine neue „Religion des Blutes", die ein von „jüdischen Einflüssen" geprägtes Christentum ersetzen sollte.[322] Der Vergleich Jaegers war nicht glücklich und dass sich Jaeger – so Klenke – ausgerechnet in der aufgeheizten Endphase des Wahlkampes auf dieses „verminte Debattengelände" wagte, habe sich auch für die Außenwahrnehmung Paderborns als nicht vorteilhaft erwiesen. Jaeger und auch Barzel hätten für das sozialliberale Wählerlager für eine stark vorbelastete Vergangenheit gestanden. „Hier schien sich eine Front aus katholischen Traditionalisten, Beschweigern der Nazi-Vergangenheit und nationalistischen Revanchisten formiert zu haben." In dieser Sicht reichte – Klenke zufolge – bereits der Abdruck

319 Schoppmeyer, Heinrich: Lorenz Jaeger, 201.

320 Ebd.; Augstein, Rudolf: Jesus Menschensohn.

321 Siehe zur Predigt Jaegers und der Reaktion der Paderborner auf Augsteins Wahlkampf den Artikel Augstein in der Ketzerrolle, in: Die Zeit, Nr. 45, 10.11.1972.

322 Rosenberg, Alfred: Der Mythus des 20. Jahrhunderts.

eines Fotos, das Jaeger in der Uniform eines Militärpfarrers zeigte, um ihn nachhaltig zu diskreditieren.[323]

Ab 1964 machte sich bei Kardinal Jaeger u.a. ein Alters-Diabetes bemerkbar.[324] Einige gemeinsam mit seinem Bruder Felix im August 1966 im Kloster St. Trudpert im Schwarzwald verbrachte Urlaubswochen mit ausgedehnten Wanderungen in den Bergen brachten ihm zwar zeitweise Erholung, dennoch nutzte er die Gelegenheit, um zwei Schweizer Ärzte für Haut- und Harnleiden/ Urologie aufzusuchen.[325] Im Januar 1969 verschlimmerten sich sein Diabetes- und ein Gallenleiden derart, dass er sich für vier Wochen in Paderborn in stationäre Behandlung begeben und alle Termine absagen musste.[326]

Den Genesenden erreichte eine Fülle von guten Wünschen und kleinen Geschenken – Rainer Barzel schickte einen Frühlingsblumenstrauß –, für die er sich – über sein Sekretariat – jeweils mit einem kleinen Schreiben bedankte, das dem Empfänger persönliche Zuwendung und Ansprache übermittelte.[327] Rainer Barzel ließ er übermitteln, er denke auch an dessen Sorgen.

Jaeger war ein Mensch, der sich im Kreis seiner Familie wohl fühlte; seine Nichten und Neffen besuchten ihn im Palais und konnten – wie sein Neffe Claus – seinen Rat in beruflichen und persönlichen Fragen einholen. Er nutzte seine Kontakte zur Volkswagenfinanzierungsgesellschaft, um 1965 für zwei seiner Nichten günstig einen Vorführwagen, eine 1200-VW-Export Limousine, zu erwerben.[328]

Seiner Nichte Felicitas Rohrbach versprach er im April 1966 auf ihre Bitte hin, er werde sich gern für sie und Ihre Bewerbung um einen Arztposten am Krankenhaus in Olpe einsetzen.[329]

Im Mai/Juni 1966 bemühte er sich wie schon einige Jahre zuvor, zwei jungen Mädchen, darunter seiner 1953 geborenen Großnichte Claudia Schiller, die

323 Klenke, Dietmar: Schwarz – Münster – Paderborn, 165ff. Hier auch eine tiefergehende Analyse der Auseinandersetzung mit Augstein.

324 EBAP, NL Jaeger, Nr. 133 (an Chefarzt Dr. med. Schwaeppe, Duisburg-Hamborn, 20.2.1969, Bl. 019).

325 EBAP, NL Jaeger, Nr. 128 (Dr. theol. Alois Eckert, Freiburg i. Br., 15.9.66, Bl. 20; Kardinal an Superior Karl Gnädiger im Kloster St. Trudpert, 3.9.1966, Bl. 27).

326 EBAP, NL Jaeger, Nr. 133 (Bulletin des Sekretariats vom 15.1.1969, Bl. 128; an Chefarzt Dr. med. Schwaeppe, Duisburg-Hamborn, 20.2.1969, Bl. 19).

327 Siehe hierzu etwa EBAP, NL Jaeger, Nr. 133, Genesungswünsche überbrachten etwa das Norbertuswerk im Erzbischöflichen Kommissariat Magdeburg, der Verkehrsverein Paderborn, die Studenten des I. Semesters im Collegium Leoninum, die „lieben Herrn Seminaristen", die Oberin des Michaelsklosters, Ursulinenkloster Bestwig sowie Privatpersonen etc.; ebd. (Schreiben an Dr. Thea Knipping, 14.2.1969, 30); ebd. (an Dr. Rainer Barzel, 29.1.1969, 81).

328 EBAP, NL Jaeger, Nr. 128 (Jaeger an Engel von der Volkswagenfinanzierungsgesellschaft, 19.2.1965, 162; R.L. Engel, Geschäftsführer der Volkswagen Finanzierungsgesellschaft an Kardinal Jaeger, 17.5.1965, 112).

329 EBAP, NL Jaeger, Nr. 128 (Jaeger an Felicitas Rohrbach, 2.4.1966, 58f.).

Oberärztin an einem Paderborner Krankenhaus war, eine Ferienunterkunft in England zu vermitteln, um ihre englischen Sprachkenntnisse zu verbessern.[330]

Vom 3. bis zum 8.3.1969 besuchte Jaeger mit einer mehrköpfigen Delegation erneut Jordanien,[331] um sich über die schwierige Situation im Land und in den Flüchtlingslagern zu orientieren, etwa bei einem Besuch des Barka-Camps, einem Flüchtlingslager mit 45.000 Menschen. Über den Besuch wurde in den Medien des Paderborner Raums ausführlich berichtet. Die Reise sollte zudem den katholischen Christen einen symbolischen Rückhalt geben. Er besichtigte erneut die Archbishop Jaeger School, an der zu diesem Zeitpunkt rund 1.000 Schüler aus den katholischen Gemeinden unterrichtet wurden. Am Tag darauf nahm er die Benediktion der Apostelkirche von Zerka vor, die mit einem Aufwand von 400.000 DM gebaut worden war. Die Mittel waren durch Spenden aus der Diözese Paderborn zum Bischofsjubiläum des Kardinals zusammengekommen. Bei einem Empfang bei König Hussein unterrichtete ihn dieser von der Notsituation seines Landes und verlieh Jaeger den Staatsorden „Stern von Jordanien".

Ende April 1969 verlieh Bundespräsident Heinrich Lübke Kardinal Jaeger das Großkreuz des Verdienstordens der Bundesrepublik Deutschland. Jaeger verstand „diese Ehrung als eine Anerkennung des segensvollen Wirkens der Kirche in unserem Land" und bedankte sich im Nachhinein für die anhaltende Verbundenheit Lübkes „zur sauerländischen Heimat und Ihrem Bischof."[332] Einer der ersten, der telegraphisch dem Kardinal seine Glückwünsche übermittelte, war der Präses der Evangelischen Kirche von Westfalen, Hans Thimme.[333] Jaeger bedankte sich für dieses Zeichen „brüderlicher Verbundenheit" und sah seinerseits diese Auszeichnung von staatlicher Seite als „öffentliche Anerkennung der segensvollen Arbeit der Kirche [...] die auch Staat und Staatsführung zugute kommt". Die meisten Gratulanten hoben – wie Kirchenrat Dr. Reinhard Mumm – Jaegers Beitrag zur „wachsenden Gemeinschaft der Christenheit" oder zur Städtepartnerschaft mit Le Mans hervor,[334] während der Detmolder Regierungspräsident Graumann neben Jaegers Eintreten für die Verständigung zwischen den Konfessionen auch dessen Wirken über die

330 EBAP, NL Jaeger, Nr. 128, (Jaeger an Mister Sidney W. Lewis, Essex, 1.5.1966, 55; Anfragen vom Juni d. J., 49).

331 EBAP, NL Jaeger, Nr. 696 (Westfalen-Blatt, 6.3.1969, 86; Neue Westfälische, 13.3.1969, 85).

332 EBAP, NL Jaeger, Nr. 133 (Jaeger an Bundespräsident Lübke, 28.4.1969, Bl. 129).

333 EBAP, NL Jaeger, Nr. 133 (Jaeger an den Präses der Evangelischen Kirche von Westfalen in Bielefeld D. Thimme, 29.4.1969, Bl. 137).

334 EBAP, NL Jaeger, Nr. 133 (Persönliche Akte 1969, 18.4.1969, Bl. 176; Kirchenrat Dr. Reinhard Mumm, München; Regierungspräsident der Bezirksregierung Detmold, 17.4.1969; Pierre Basdevant, Französischer Generalkonsul in NRW, 29.4.1969, Bl. 136; zu den Gratulanten gehörte zudem der Deutsche Gewerkschaftsbund des Kreises Paderborn, 18.4.1969, Bl. 171).

Grenzen der Diözese und des Landes hinaus „bis in nahöstliche Staaten" und seine Kontakte „zu den Deutschen, die drüben leben" betonte.

Zu seinem 50. Priesterjubiläum im April 1972 erreichte ihn eine Fülle von Glückwünschen, die seinen Einsatz für geistliche und materielle Hilfe in Lateinamerika, für die Jugend- und Verbandsarbeit hervorhoben; der Verein Katholischer Lehrerinnen bemerkte, er zähle zu den Bischöfen, „die sich nicht scheuen, zur rechten Zeit das klare, eindeutige Wort zu sagen – ob gelegen oder ungelegen."[335]

Der Nachrichtendienst KNA wies am 21.9.1972 darauf hin,[336] dass Jaeger am 23.9. sein drittes Jubiläum innerhalb eines Jahres feiern könne, nämlich seinen 80. Geburtstag, nachdem er am 1.4. den 50. Jahrestag der Priesterweihe und im Jahr zuvor am 19.10.1971 den 30. Jahrestag seiner Einführung in das Bischofsamt hatte begehen können. Jaeger war zu diesem Zeitpunkt der älteste regierende Bischof im deutschsprachigen Raum. Bis 1972 hatte Papst Paul VI. einem Rücktrittsgesuch noch nicht entsprochen. Noch stand Jaeger – dem Katholischen Nachrichtendienst KNA zufolge – seinem Bistum mit erstaunlicher Kraft und Vitalität vor. Für die einen sei Jaeger ein Ökumeniker der ersten Stunde, ein Referent für die Frauenarbeit, der Protektor des Bonifatiuswerkes, er sei aber auch Seelsorger für die Studenten- und Akademikerarbeit. So wie es das Zweite Vatikanische Konzil festlegte, habe er stets Mitverantwortung für die Gesamtkirche getragen.

In diesem Zusammenhang sei auf einen Besuch Jaegers im westfälischen Herne im Mai 1971 verwiesen,[337] wo er als junger Mann am Jungengymnasium unterrichtet hatte. Er zeigte sich erstaunt über den Wandel zur Industriegroßstadt und beeindruckt von der Glaubenskraft der Jugendlichen trotz einer allgemeinen Glaubenskrise, wie die Westfälische Rundschau bemerkte. Jaeger äußerte, „Vor Jahren war von interkonfessionellen Kontakten wenig zu spüren – das hat sich alles geändert [...] jetzt gibt es ein gutes Einvernehmen". Er wünschte sich für die Zukunft eine noch engere interkonfessionelle Zusammenarbeit in karitativen und sozialen Fragen.

Die Mitarbeiter in den Gremien des Erzbistums Paderborn schenkten dem Kardinal zum 80. Geburtstag am 23.9.1972 eine gemeinsame Eucharistiefeier, die im Dom stattfand und in Konzelebration mit Priestern aus der Erzdiözese gefeiert wurde.[338] Jaeger resümierte in seiner Predigt, man sei schnell bereit,

335 EBAP, NL Jaeger, Nr. 170 (Gratulation des Bischofs von Lomas des Zamora/Buenos Aires Alejandro Schell, 28.3.1972, 8; von den Osterexerzitien der CAJ aus dem Pallotti-Haus in Olpe, 2.4.1972, 18; Verein Katholischer Lehrerinnen, Essen, 28.3.1972, 31).

336 EBAP, NL Jaeger, Nr. 180 (Heinz Schuh: Kardinal Lorenz Jager wird 80 Jahre alt, in: KNA, 21.9.1972, 30).

337 EBAP, NL Jaeger, Nr. 696 (Westfälische Rundschau, 13.5.1971, 41).

338 EBAP, NL Jaeger, Nr. 180 (Westfälisches Volksblatt vom 25.9.1972, Bl. 39), vgl. diesen Bericht, der auch über den anschließenden Empfang im Kolpinghaus informierte, an dem ne-

L. Jaeger und Bundespräsident Heinemann in Warburg 1971

über Missstände wie den sittlichen Verfall des Volkes, den Zerfall der Familie und die zunehmende Säkularisierung aller Lebensbereiche zu klagen. Andererseits könne man nach dem Zweiten Vatikanum von einer erwachenden großen Bereitschaft zur Mitarbeit an der Heilssendung der Kirche in Welt und Gesellschaft sprechen. In der Zeit der Glaubensschwäche und des Rückgangs des kirchlichen Lebens habe Gott der Kirche die verschiedenen Gremien der Mitverantwortung geschenkt.

Bundespräsident Gustav Heinemann und Bundeskanzler Willy Brandt würdigten telegrafisch besonders Jaegers ökumenisches Wirken.[339] In einer Laudatio während eines Empfanges des Paderborner Pastoralrates dankte der ehemalige Vorsitzende Dr. Hans Rüther dem Kardinal für die „einmalige Aufbauarbeit" im Erzbistum Paderborn. Ihm sei neben dem Wiederaufbau des Doms auch der Bau von Kirchen, Kindergärten und Altersheimen und eine Intensivierung der Bildungsarbeit zu danken. Lange bevor es in den deutschen

ben Vertretern des Metropolitankapitels und dem Vorstand des Diözesanpastoralrats Vertreter der Gremien der Mitverantwortung und der Verbände in der Erzdiözese sowie der CDU/CSU Vorsitzende Rainer Barzel teilnahmen; zur Predigt der Eucharistiefeier am 23.9.1972: das Predigtmanuskript mit eigenhändigen Anmerkungen findet sich auf Bl. 1–5.

339 EBAP, NL Jaeger, Nr. 180 (KNA, 25.9.1972, 29). Zur Bezeichnung als Vaterfigur durch H. Rüther siehe auch den Bericht über den Empfang im Kolpinghaus anlässlich des 80. Geburtstages Jaegers in EBAP, NL Jaeger, Nr. 180 (Westfälisches Volksblatt vom 25.9.1972, Bl. 39).

Diözesen gemeinsame Satzungsentwürfe gegeben habe, habe er die Zusammenarbeit zwischen Priestern und Laien gefördert. Für Dr. Hans Rüther war Jaeger eine der letzten „großen Vatergestalten unseres Jahrhunderts".

Der Diözesanpastoralrat schenkte Jaeger ein Messgewand für seine einstige Heimatgemeinde in Halle. Vom Domkapitel und dem Möhler-Institut erhielt er zwei Festschriften: den Sammelband „Paderbornensis Ecclesia – die Kirche von Paderborn" und „Einheit und Gemeinschaft – Stellungnahmen zur Frage der christlichen Einheit", ein vom Johann-Adam Möhler-Institut herausgegebenes Buch mit Berichten, Predigten, Hirtenbriefen und Ansprachen Jaegers.[340]

Jaeger war sich des 80. Geburtstages als „bedeutsamer Lebensmarke" bewusst,[341] die einen nach der Meinung vieler Zeitgenossen „und auch gewisser Kurial-Beamter" unfähig mache, „ein kirchliches Amt zu verwalten, oder unseren täglichen Verpflichtungen hinreichend gerecht zu werden." Er bedauerte, dass es ihm aller Versuche zum Trotz wohl nicht mehr vergönnt sein werde, seine Mitbrüder im Kommissariat Magdeburg zu besuchen.[342]

Als Jaeger mit etwas über 80 Jahren am 30.6.1973 von Papst Paul VI. vom Bischofsamt entpflichtet wurde, lag ein über 32jähriges Pontifikat hinter ihm, dessen Gipfel – so Schoppmeyer – mit der Kardinalserhebung 1965 erreicht gewesen sei. Jaegers Bischofsjahre waren bestimmt von tiefgreifenden Veränderungen in Gesellschaft und Kirche.[343] Mit dem Zweiten Vatikanischen Konzil war nicht nur ein fast unübersehbares Arbeitspensum auf den Kardinal zugekommen, sondern auch eine neue Entwicklungsphase der Kirche. Zum altersbedingten Amtsverzicht hatte Paul VI. geschrieben: „Wahrlich, so wie Du die Dinge behandelst, bist Du zum leuchtenden Vorbild geworden."[344]

Jaeger verabschiedete sich mit einem Pontifikalamt am Libori-Sonntag Anfang August 1973 von seiner Diözese. Hohe Gäste aus der Metropolitan- und Weltkirche waren anwesend, auch Vertreter der evangelischen Kirche sowie die Bürgermeister von Werl, Olpe und Paderborn. In seiner Abschiedspredigt resümierte Jaeger: „Vieles möchte man nachholen, weil man meint, man habe es in der Vergangenheit zu wenig oder nicht laut und deutlich genug gesagt. [...] Manches kann einen wachen Beobachter besorgt [...] machen, SOS-Rufe

340 Scheele, Paul-Werner (Hg.): Paderbornensis ecclesia; Jaeger, Lorenz: Einheit und Gemeinschaft.

341 EBAP, NL Jaeger, Nr. 180 (Dank an Kardinal G. Slipyj, Vatikan, für verfrühte Geburtstagsgrüße, 19.8.1972, 11).

342 EBAP, NL Jaeger, Nr. 180 (Dankschreiben an den Geistlichen Rat Karl Pfitzenreuter, DDR, Torgau, für dessen Geburtstagswünsche, 7.11.1972, Bl. 012).

343 EBAP, NL Jaeger, Nr. 203 (Presse- und Informationsstelle im Erzbischöflichen Generalvikariat Paderborn Hermann-Joseph Rick/Dieter Schneeberg [Hg.]: Querschnitt. Analysen, Meinungen, Informationen, Nr. 16, Aug. 1973, 1–8, hier 1); Schoppmeyer, Heinrich: Lorenz Jaeger, 202.

344 Brandt, Hans-Jürgen: Lorenz Kardinal Jaeger, 1458.

scheinen angebracht.“ Dennoch sei es dringlicher, „dass wir gemeinsam zu danken und zu hoffen wissen.“[345] Das Konzil habe recht, wenn es die Gnade des Hl. Geistes in der sich dynamisch ausbreitenden ökumenischen Bewegung wirken sehe. Gottes Saatgut sei für die gesamte Menschheit bestimmt. Die Menschheit, die oft unzugänglich, fremd und unheimlich scheine, sei der Adressat des Gotteswortes. Gerechtigkeit sei eine wesenhafte Eigenschaft Gottes; man solle den Kampf um Gerechtigkeit unterstützen, wo immer man könne.[346]

Ruhestand, Tod und „Nachhall"

Nach Jaegers Demission endete am 5.4.1974 die monatelange Vakanz des erzbischöflichen Stuhls mit der Ernennung des Paderborner Weihbischofs Dr. Johannes Joachim Degenhardt zum neuen Erzbischof.

Jaeger war auch im Ruhestand noch aktiv, er war Gast vieler Feiern, nahm Einweihungen vor, sprach auf vielen Veranstaltungen, besuchte soziale Einrichtungen, war häufig auf Firmreisen unterwegs[347] und wurde nach wie vor um Einflussnahme und Hilfe gebeten. Amnesty International bat ihn im Oktober 1974, sich an einer Unterschriftenaktion zugunsten inhaftierter spanischer Priester zu beteiligen. Jaeger unterschrieb zwar nicht, wandte sich allerdings direkt an den spanischen Bischof vor Ort und bat um umfassende Aufklärung und Hinweise, wie eine Begnadigung zu erreichen sei.

Von 1972 bis 1974 verbrachte der Altbischof im Juni oder August jeweils drei Wochen Urlaub im Mutterhaus der Olper Franziskanerinnen, genoss die Stille am Kimicker Berg und wanderte durch die Wälder. Am 10.8.1973 überraschten ihn Bürgermeister Enders und einige Ratsherren der Stadt in Begleitung einer Musikkapelle, um ihm zum Namenstag ein Ständchen zu bringen.[348]

Am 10.2.1975 sprach er an alle aus Olpe stammenden Priester eine Einladung zu einem Treffen in Olpe aus, der 40 Priester folgten. Er feierte mit ihnen in Konzelebration in der Pfarrkirche eine Messe, anschließend versammelte man sich im Mutterhaus zu einem Imbiss.[349]

345 Schoppmeyer, Heinrich: Lorenz Jaeger, 202; EBAP, NL Jaeger, Nr. 203 (Der Dom, 5.8.1973, 9).

346 EBAP, NL Jaeger, Nr. 203 (Der Dom, 5.8.1973, 9).

347 Siehe hierzu etwa in EBAP, NL Jaeger, Nr. 696 (die gesammelten Presseartikel, Westfalen-Blatt, 12.5.1973, 28; Deutsche Tagespost, 11.1.1974, 7: er hält auf der Tagung der Arbeitsgemeinschaft Marianischer Vereinigungen für Deutschland in Leutesdorf am Rhein ein Referat über Maria und die Ökumene; Westfalen Blatt, 1.3.1974, 6; Westfalenpost 15.5.1974, 5, Firmungsreise im Dekanat Sundern; Westfalenblatt 2.7.1974, 4, 400 Jahr-Feier der Schützenbruderschaft Vörden; Westfalen-Blatt 15.8.1974, 3; Der Patriot, 9.12.74, 2, Einweihung einer neuen Werkhalle des Josefsheims in Lipperode etc.).

348 Chronik der Olper Franziskanerinnen, Archiv im Mutterhaus Olpe, Eintrag vom 6.8.1972, 7.8.1973 und 22.6.1974.

349 Chronik der Olper Franziskanerinnen, Archiv im Mutterhaus Olpe, 10.2.1975.

Am 1.4.1975, dem Dienstag nach Ostern, starb Jaeger frühmorgens im St. Josefs-Krankenhaus in Paderborn nach kurzer, schwerer Krankheit im Alter von 82 Jahren. Seine letzten Worte richtete der Sterbende am 1.4.1975 an die bei ihm wachende Ordensschwester: „Wie spät ist es?". Man hat sie als Metapher für seine lebenslange soldatische Disziplin in Anspruch genommen.[350]

Erzbischof Johannes Joachim Degenhardt würdigte seinen Vorgänger als Vorbild „im Glauben und in zuversichtlicher Hoffnung" durch die Zeiten hindurch, der sich bis zu seinem Tod „als Verkünder, Hirte und Priester" in die Pflicht genommen sah und bekannt geworden sei durch seine Mitarbeit beim Zweiten Vatikanischen Konzil, seine Sorge um die Diaspora und sein Engagement für die Einheit der Christen.

Das feierliche Pontifikalrequiem für den Verstorbenen fand am 4.4. im Paderborner Dom statt, anschließend erfolgte die Beisetzung in der Bischofsgruft.[351]

Vielen Zeitgenossen galten seine religiösen und moralischen Ansichten in den späten 1960er und frühen 1970er Jahren als nicht mehr zeitgemäß. Dennoch starb er hochgeachtet von der Mehrheit der Vorkriegsgeneration, aber auch von Teilen der Nachgeborenen.

350 Schoppmeyer, Heinrich: Lorenz Jaeger, 201f.; Chronik der Olper Franziskanerinnen, Archiv im Mutterhaus Olpe, Eintrag vom 1.4.1975.

351 EBAP, NL Jaeger, Nr. 219 (Anzeige Degenhardts vom 1.4.1975, 25).

„Im Felde war das stets so üblich."
Lorenz Jaeger – der Frontkämpfer auf dem Bischofsstuhl

Rainer Pöppinghege

„Was ist der Feldherr ohne seine Offiziere und Soldaten? Was ein Bischof ohne seine priesterlichen Mitarbeiter?"[1] Es sollen hier nicht die Gefolgschaftsvorstellungen Jaegers im Detail diskutiert werden, doch fällt auf, dass sich der Geistliche zeitlebens mit dem Militär verbunden fühlte. Diese Analogie von Feldherr und Bischof und deren „Soldaten" bemühte er am Tage seiner Bischofsweihe in einer Predigtansprache an die Priester seiner Diözese. Warum benutzte er Metaphern des Soldatischen bzw. des Militärs in seinen öffentlichen Ansprachen? Die Erklärung ist aus naheliegenden Gründen in seiner Biographie zu suchen, denn Lorenz Jaeger hatte im Ersten Weltkrieg fast vier Jahre lang an der Westfront gekämpft. Auch im Zweiten Weltkrieg hatte er zumindest für einige Monate das Innenleben des Heeres als Kriegs- und Divisionspfarrer kennengelernt. Zugleich sind Metaphern des Soldatischen auch dem Christentum nicht fremd, so dass es nicht immer leicht ist zu unterscheiden, was auf Jaegers konkreten Kriegserlebnissen als Soldat beruht und was einer üblichen Ausdrucksweise entsprach.

Es existieren verschiedene Versuche, „Jaegers Prägung durch Erziehung und Bildung, Kriegsdienst und Paderborner Milieu"[2] zu analysieren bzw. seine Haltung zu Militär und Nationalsozialismus aus seiner Biographie heraus zu erklären, und ihm einen „militärisch mitgeprägte[n] Zuschnitt seiner Persönlichkeit"[3] zu attestieren. Sie alle – und auch dieser Beitrag – standen und stehen jedoch vor dem Problem, dass nur wenige Selbstzeugnisse Jaegers aus seiner aktiven Militärzeit im Ersten und Zweiten Weltkrieg überliefert sind. So kann man häufig nur durch Analogieschlüsse vermuten, mit welchen mentalen Dispositionen er die Uniform gegen die Soutane tauschte.

Wenn Heribert Gruß eine besondere Sensibilität Jaegers für Friedensthemen aus seiner langjährigen Kriegserfahrung ableitet, dann überrascht dieses Urteil

1 Kirchliches Amtsblatt für die Erzdiözese Paderborn 84 (1941), Nr. 19 v. 30.10.1941, 102.
2 Pape, Matthias: Erzbischof Lorenz Jaeger von Paderborn im Kampf gegen den antichristlichen Bolschewismus, 146.
3 Schoppmeyer, Heinrich: Lorenz Jaeger, 191.

allerdings zunächst.[4] Denn mit seinen häufigen Rekursen auf militärische Metaphern tat sich Jaeger eben nicht als ausgesprochener Pazifist hervor. Wie die meisten seiner Kampfgenossen zog er nicht die Konsequenz, den Krieg generell abzulehnen. Vielmehr scheint er zeitlebens soldatische Werte hochgeschätzt zu haben. Auch hat er die Notwendigkeit des Zweiten Weltkriegs als antibolschewistischen Verteidigungskrieg gegen die Sowjetunion nie in Frage gestellt. War er deshalb aber ein „Kollaborateur", der die Nationalsozialisten bei ihrem Vernichtungskrieg unterstützte, wie die Untersuchungen der Publizisten Wolfgang Stüken und zuletzt Peter Bürger nahe legen?[5]

Ist Jaegers militärische Sozialisation allein schon von großem Interesse, so kommt ihr vor dem Hintergrund der Kriegsereignisse des Zweiten Weltkriegs eine noch erheblichere Bedeutung zu. Spätestens mit seiner Bischofsweihe wurde Jaeger zu einer öffentlichen Person, die sich unmittelbar zum Kriegsgeschehen äußern und sich damit auch zum nationalsozialistischen Regime positionieren musste. Insofern sollen in diesem Artikel die Kriegserfahrung des Ersten und das Agieren im Zweiten Weltkrieg aufeinander bezogen werden. Was bedeutete es für den späteren Kriegspfarrer, wenn er selbst Todesfurcht, Kameradschaft und militärisches Hierarchiedenken am eigenen Leib verspürt hatte?

Zur Bearbeitung der Thematik konnte u.a. erstmals auch der Nachlass Jaegers im Paderborner Diözesanarchiv ausgewertet werden. An der spärlichen Quellenüberlieferung bis zu seiner Bischofsweihe 1941 ändert dies jedoch wenig.[6] Auch die im Nachlass befindlichen „Kriegstagebücher" sind über weite Strecken lediglich ereignisgeschichtliche Auflistungen seiner Tätigkeit als Kriegspfarrer. Dabei nennt er z.B. die Besuchsfrequenz von Feldgottesdiensten oder dokumentiert, wann und wo er diese zelebrierte. Neben den wenigen biografischen Quellen des Nachlasses bilden daher notwendigerweise die öffentlichen Ansprachen Jaegers sowie seine Aktivitäten in der Nachkriegszeit einen weiteren Schwerpunkt dieses Beitrags. Aus seinen Handlungen und Haltungen beispielsweise bei der Frage der Wiederbewaffnung der Bundesrepublik Deutschland oder der Frage der Kriegsdienstverweigerung mag man persönliche Dispositionen ablesen – den Rang letztgültiger „Beweise" können diese Indizien für seine Prägung jedoch nicht einnehmen. Es gilt trotzdem der An-

4 Gruß, Heribert: Erzbischof Lorenz Jaeger als Kirchenführer im Dritten Reich, 47: „Die Friedensthematik durchzieht Jaegers Leben und ist der Ertrag einer vierjährigen Kriegserfahrung, die ihn an allen Brennpunkten der mörderischen Materialschlachten des Ersten Weltkriegs sah."

5 Stüken, Wolfgang: Hirten unter Hitler; Bürger, Peter: „Diesen Krieg haben verursacht die Partei, der Militarismus und ein großer Teil der Industriellen", 164; ders.: Friedensarbeiter, Antifaschisten und Märtyrer des kurkölnischen Sauerlandes; ders.: Lorenz Jaeger und die „Stufen der Kollaboration".

6 Vgl. dazu den Beitrag von Arnold Otto in diesem Band.

spruch, Jaegers Kriegserfahrungen nachzuzeichnen sowie seine „soldatische“ Mentalität in seinem späteren Wirken zu identifizieren und zu analysieren.

Als Kriegsteilnehmer im Ersten Weltkrieg

Während Lorenz Jaegers jüngerer Bruder Paul den Kriegsbeginn aktiv miterlebte und bereits nach kurzer Zeit getötet wurde, verbrachte der ältere der beiden verbliebenen Brüder noch einige Wochen im heimischen Olpe. Dort scheint der Theologiestudent an der örtlichen Rektoratsschule einer aushilfsweisen Lehrtätigkeit nachgegangen zu sein, bis seine freiwillige Meldung zum Militär berücksichtigt wurde.[7] Am 29. Oktober 1914 trat der Rekrut seinen Dienst in Darmstadt an. Nach verschiedenen Ausbildungsphasen begann sein Fronteinsatz am 19. August 1915 in der 5. Kompanie des Reserve-Infanterie-Regiments 87, mit der er bis Anfang Oktober in der Champagne-Herbstschlacht kämpfte.[8] Am Frontabschnitt der 21. Division gingen allein im September drei Millionen Granaten auf die Soldaten nieder.[9] Trotzdem gelang es den Alliierten nicht, die deutschen Linien zu durchbrechen. Stattdessen gerieten die Vorstöße ins Stocken und mündeten darin, dass sich beide Seiten buchstäblich „eingruben“ – der Beginn des Stellungskriegs. Nach dieser ersten Kampferfahrung verbrachte Jaeger die Wochen bis Weihnachten als Reserveoffiziers-Aspirant in einer Ausbildungskompanie auf dem Truppenübungsplatz Warthelager bei Posen. Die erste Jahreshälfte 1916 nahm er wiederum in der Champagne und westlich der Argonnen an Stellungskämpfen teil, bevor seine Einheit nach Verdun verlegt wurde. Dort erhielt er am 31. Juli seine Beförderung zum Leutnant der Reserve, nachdem er seit März Vizefeldwebel gewesen war.[10]

Bei Verdun tobte die längste Landschlacht der Weltgeschichte: Rund 1,2 Millionen Franzosen und 700.000 Deutsche beschossen sich dort.[11] Fast über das gesamte Jahr 1916 hinweg erstreckten sich die Kampfhandlungen, wobei die höchste Intensität vor Jaegers Ankunft im Frühjahr zu verzeichnen war. Als dieser Mitte Juli auf dem Kriegsschauplatz eintraf, hatte Generalstabschef Erich von Falkenhayn die deutsche Offensive bereits für beendet erklärt. Das schloss einzelne Vorstöße nicht aus, beispielsweise jenen am 1. August 1916 bei Souville. Jaegers Regiment löste die erschöpften Kampftruppen ab und legte unter Dauerbeschuss neue Stellungen an, die als Basis für einen ge-

7 EBAP, NL Jaeger, Nr. 228 Bl. 4v u. Nr. 1906.

8 Die Daten der Kriegseinsätze stammen aus Jaegers Kriegsranglistenauszug, in: EBAP, NL Jaeger, Nr. 228 Bl. 15.

9 Reuth, Ralf Georg: Im großen Krieg, 45.

10 Diese Karriereschritte waren in der Kaiserlichen Armee für Studenten nicht unüblich.

11 Afflerbach, Holger: Planning Total War?, 114.

Lorenz Jaeger als Leutnant im Verwandtenkreis

planten Angriff dienten.[12] Nach der Erstürmung der Anhöhe galt es, die neu gewonnenen Stellungen trotz heftigen Artilleriebeschusses zu halten. Dabei scheint sich Lorenz Jaeger besonders hervorgetan zu haben, denn er erhielt wenige Tage später am 9. August das Eiserne Kreuz 2. Klasse – eine allerdings im Ersten Weltkrieg recht häufig verliehene Auszeichnung.[13]

Die Schlacht um Verdun stellte für viele Soldaten eine besondere körperliche und psychische Belastung dar, weil viele von ihnen erstmals in ein Gefecht derartiger Intensität geschickt wurden. Lorenz Jaeger dagegen konnte zu jener Zeit bereits als kampferprobt gelten.[14] Dabei waren die Kämpfe um Verdun

12 Zur Beschreibung der militärischen Ereignisse bei Souville (http://www.geocities.ws/bunker1914/Kampfbereiche_Verdun_Souville_Nase.htm – abgerufen am 13.09.2017).

13 Das Eiserne Kreuz 2. Klasse wurde teilweise an ganze militärische Einheiten verliehen, insgesamt zwischen 1914 und 1918 fast 5,2 Millionen Mal. Wernitz, Frank (Hg.): Das Eiserne Kreuz 1813–1870–1914. Geschichte und Bedeutung einer Auszeichnung. Kataloge des Bayerischen Armeemuseums Ingolstadt, Wien 2013, 402.

14 Münch, Matti: Verdun, 370; neuerdings auch Stachelbeck, Christian (Hg.): Materialschlachten 1916.

rein statistisch betrachtet für die deutsche Seite sogar weniger verlustreich als jene an der Somme.[15] Wie der gesamte Erste Weltkrieg, so erwies sich die Schlacht um Verdun sowohl als moderner Krieg[16] mit ungeheuren industriellen Ausmaßen als auch als vergleichsweise klassisch – dies in dem Sinne, als darin die traditionelle Strategie der Zermürbung des Gegners verfolgt wurde.[17]

Einsätze in der vordersten Frontlinie wechselten sich mit Bereitschafts- und Ruhephasen hinter der Front ab. In der Regel wurden die Kampftruppen nach vier bis sechs Tagen abgelöst – eine Spanne, die sich jedoch vor allem in den intensiven und lange andauernden Materialschlachten deutlich verlängern konnte.[18] Der Herbst des Jahres 1916 stand für Lorenz Jaeger im Zeichen seiner Ausbildung am Maschinengewehr und der anschließenden Versetzung in die 2. MG-Kompanie des Regiments. Vor Verdun nahm er bis Weihnachten an Stellungskämpfen und Rückzugsgefechten gegen vordringende Franzosen teil. Fast den gesamten Februar und März des folgenden Jahres verbrachte er am lothringischen Frontabschnitt, bevor er vom 16. April bis zum 27. Mai 1917 in die Doppelschlacht an der Aisne und in der Champagne eingriff.[19] Dabei wurde seine Division am stark umkämpften nordfranzösischen Höhenzug Chemin des Dames zurückgedrängt. Ab 28. Mai bezog Jaegers Einheit eine Stellung bei Reims, zwei Wochen zuvor war er zum Führer der 12. Kompanie des 87. Reserve-Infanterie-Regiments ernannt worden. Mitte August erhielt er das Eiserne Kreuz 1. Klasse. Einträge zu Gefechtsteilnahmen Jaegers finden sich dann wieder ab Ende Oktober, als er mit seiner Kompanie in Nachhutgefechte nordwestlich von Reims verwickelt wurde. Vom 20. November bis zum 7. Dezember 1917 kämpfte er in der Tankschlacht bei Cambrai, der ersten großen Panzeroffensive der Militärgeschichte, in der auch Giftgas eingesetzt wurde. Jaeger scheint diesen gefährlichen Einsatz schadlos überstanden zu haben, da er sich mit seiner Einheit bis März 1918 in die so genannte Siegfriedstellung zurückzog, die als deutsche Verteidigungslinie an der Westfront bis kurz vor Kriegsende Bestand hatte. Im Frühjahr dann folgte die große deutsche Offensive, die ihn an den Flüssen Somme und Ancre sowie bei Arras sah. Am 27. September erhielt er das Ritterkreuz des Hohenzollernordens, die höchste an niedere Offiziere vergebene Tapferkeitsauszeichnung in Preußen.[20] Die letzten Gefechte, die

15 Münch, Matti: Verdun, 534.

16 Der Begriff wird hier in dem Sinne einer alle militärischen, gesellschaftlichen, wirtschaftlichen und propagandistischen Ressourcen nutzenden Kriegsführung verstanden.

17 Afflerbach, Holger: Planning Total War, 129.

18 Zu Ruhe- und Einsatzzeiten s. Münch, Matti: Verdun, 191–200.

19 Vgl. den zeitgenössischen autobiographischen Erlebnisbericht von Schulze-Langendorff, Friedrich: Drei Jahre im Kampf an der Westfront, 150–159.

20 Mit dem Eisernen Kreuz 1. Klasse durfte nicht zweimal dieselbe Person ausgezeichnet werden, so dass der Träger danach den Hohenzollernorden erhielt. Vgl. allg. Geile, Willi: Die Ritter des Königlichen Hausordens von Hohenzollern.

Jaeger im Ersten Weltkrieg bestritt, fanden vom 17. September bis zum 3. Oktober 1918 bei Cambrai und St. Quentin statt. Vermutlich tat er dies gemeinsam mit dem Schriftsteller Fritz Rümmelein, der ebenfalls dem 21. Reserve-Infanterie-Regiment angehörte und von den Einsätzen jener Herbsttage bei Croisilles einen in Jaegers Nachlass verwahrten Bericht verfasste.[21]

Für den jungen Leutnant war der Krieg damit jedoch noch nicht zu Ende. Bei einem der letzten Gefechte geriet Jaeger im nordfranzösischen Le Catelet an der Quelle der Schelde in englische Kriegsgefangenschaft. Bei vielen Soldaten rief die traumatisierende Erfahrung der Gefangennahme ein Gefühl der Scham hervor, da sie befürchteten, an öffentlichem Ansehen einzubüßen.[22] Vielfach wurde Kriegsgefangenen „Drückebergerei" unterstellt, auch wenn einzelne Stimmen auf legitime Ursachen einer Gefangennahme hinwiesen. Als Ausweis militärischen Heldentums und -muts konnte die Gefangenschaft demnach nicht herangezogen werden. Kaiser Wilhelm II. sprach in einem Erlass davon, dass oft „die Kühnsten und Ausdauerndsten" in Kriegsgefangenschaft gerieten. Im selben Erlass verlangte er jedoch eine Einzelfallprüfung, was das tief sitzende Misstrauen gegenüber den Soldaten hinter Stacheldraht unterstrich.[23]

Bei Lorenz Jaeger war dieser Minderwertigkeitskomplex vermutlich nicht zu konstatieren, da er doch vier Jahre lang an der Westfront aktiv gekämpft hatte. Jedenfalls verbrachte er die nächsten 15 Monate bis zu seiner Entlassung am 30. Dezember 1919 im nordenglischen Ripon, wo seit Oktober 1918 ein Lager für ca. 900 deutsche Offiziere und deren Adjutanten bestand. Ripon war traditioneller Garnisonsstandort und diente nach Kriegsende als eines der wichtigsten Repatriierungslager für die heimkehrenden Commonwealth-Truppen.[24] Über Jaegers Zeit der Gefangenschaft ist kaum etwas bekannt. In der Regel genossen kriegsgefangene Offiziere gegenüber Mannschaftssoldaten gewisse Privilegien, wie beispielsweise mehr Platz und eine reichhaltigere Verpflegung. Außerdem durften sie von der Gewahrsamsmacht nicht zu Arbeiten herangezogen werden. Gravierender wirkten sich psychische Probleme aus, die durch die ungewisse Dauer der Internierung, jahrelange Untätigkeit bzw. Langeweile und durch die räumliche Distanz zum familiären Umfeld hervorgerufen werden konnten. Die deutschen Insassen vertrieben sich u.a. damit die Zeit, eigene Lagerzeitungen herauszugeben.[25] Eine im August und zum

21 Rümmelein hatte ebenso wie Jaeger als junger Offizier Anfang Mai 1918 den Hohenzollernorden bekommen. Vgl. Reuth, Ralf Georg: Im großen Krieg, 135; EBAP, NL Jaeger, Nr. 228, Bl. 6–11.

22 Vgl. Pöppinghege, Rainer: Zwischen kollektivem und individuellem Tabu.

23 Erlass v. 16. Mai 1918, in: Württembergisches Hauptstaatsarchiv M77/1, Bü 298.

24 Panayi, Panikos: Prisoners of Britain, 88f.

25 Bayer, Hans: Das Presse- und Nachrichtenwesen der im Weltkrieg kriegsgefangenen Deutschen, 133, listet auf den „Drahtverhau" und das nach dem Waffenstillstand zwischen De-

Jahresende 1919 erscheinende Zeitschrift trug den bezeichnenden Titel „Lagerfimmel“ und deutete mit satirischen, teils zynischen Beiträgen auf typische psychische Belastungen der Lagerinsassen hin.[26]

Prägungen und Kriegserfahrung

Wie wirkten sich die jahrelangen Erfahrungen des Kriegseinsatzes und der Kriegsgefangenschaft auf Lorenz Jaeger aus? Man darf annehmen, dass sie ihn prägten, denn in den nachfolgenden Jahrzehnten rekurrierte er häufig auf soldatische Tugenden wie Pflichterfüllung und Opferbereitschaft. Ob er einem „militärischen Kameradschaftskult“ anhing,[27] wie dies eine große Zahl der ehemaligen Frontsoldaten tat, mag dahingestellt bleiben. Zumindest fühlte er sich seinem Regiment noch Jahrzehnte später verbunden: So bezog er mindestens bis in die vierziger Jahre hinein das Veteranen-Nachrichtenblatt des Reserve-Infanterie-Regiments 87 und konnte anlässlich seiner Bischofsweihe die Glückwünsche ehemaliger Regimentskameraden und anlässlich seiner Ernennung zum Kardinal selbstverständlich auch von Offizieren der umliegenden Bundeswehrstandorte entgegennehmen.[28]

Zusätzliche Motivation für die Paderborner Theologiestudenten sollten die Grußworte des jeweiligen Rektors in den semesterweise erscheinenden und an die Front gesandten Studierenden-Verzeichnissen darstellen. Professor Johannes Linneborn folgte in seinem ersten Grußwort ganz der Linie des gerechten Verteidigungskrieges, der Deutschland aufgezwungen worden sei und sprach von „begeisterten vaterländischen Gesängen“ in den Hörsälen der Fakultät.[29] Entsprechend dem Kriegsverlauf bekamen die Studenten dann später mehr und mehr Durchhalteparolen zu lesen. Zum Wintersemester 1917/18 lautete die sinnstiftende Botschaft, dass der Krieg gerade wegen seiner Dauer und Trübsal zur persönlichen Reifung beitrage: „Als weiche, schwankende Jünglingsseelen zoget ihr aus, als charakterfeste, pflichttreue und zielbewußte Männer kehrt Ihr zurück [...].“[30]

zember 1918 und Sommer 1919 erscheinende kaisertreue Blatt „Treuwart“.

26 Digitalisat einsehbar unter: (https://www.europeana.eu/portal/en/record/2020601/contributions_1342.html – abgerufen am 30.01.2019).

27 Ziemann, Benjamin: Die Konstruktion des Kriegsveteranen, 102.

28 EBAP, NL Jaeger, Nr. 229, 232 u. 1772; Archiv des Katholischen Militärbischofs für die Deutsche Bundeswehr (Berlin), SW 455.

29 Verzeichnis der Studierenden, die bei der Bischöfl. philos.-theol. Fakultät zu Paderborn im Wintersemester 1914/15 immatrikuliert sind, Paderborn 1914, 3. Signatur in der Erzbischöflich Akademischen Bibliothek Paderborn: 9,993.

30 Verzeichnis der Studierenden, 4.

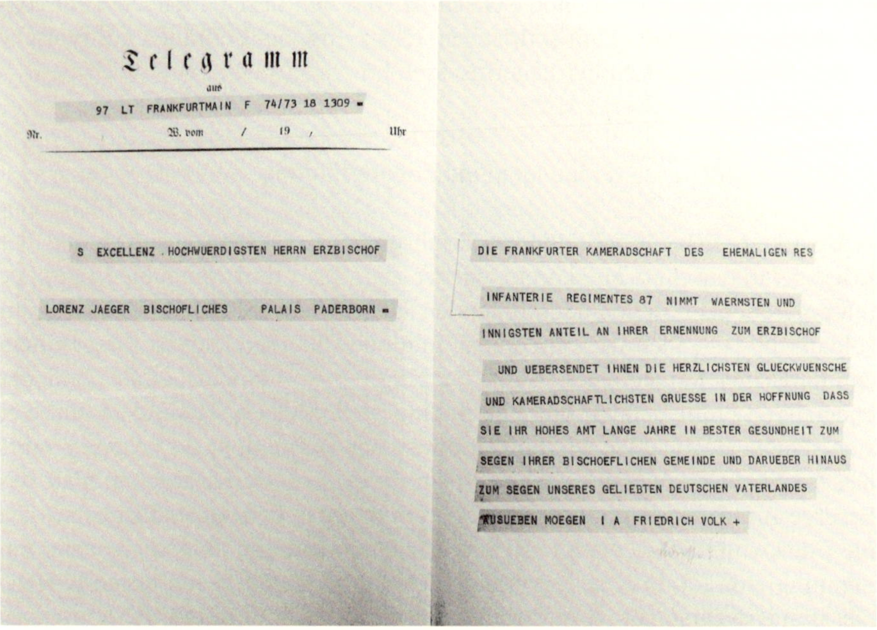
Telegramm
aus
97 LT FRANKFURTMAIN F 74/73 18 1309 =
Nr. W. vom / 19 , Uhr

S EXCELLENZ . HOCHWUERDIGSTEN HERRN ERZBISCHOF
LORENZ JAEGER BISCHOFLICHES PALAIS PADERBORN =

DIE FRANKFURTER KAMERADSCHAFT DES EHEMALIGEN RES
INFANTERIE REGIMENTES 87 NIMMT WAERMSTEN UND
INNIGSTEN ANTEIL AN IHRER ERNENNUNG ZUM ERZBISCHOF
UND UEBERSENDET IHNEN DIE HERZLICHSTEN GLUECKWUENSCHE
UND KAMERADSCHAFTLICHSTEN GRUESSE IN DER HOFFNUNG DASS
SIE IHR HOHES AMT LANGE JAHRE IN BESTER GESUNDHEIT ZUM
SEGEN IHRER BISCHOEFLICHEN GEMEINDE UND DARUEBER HINAUS
ZUM SEGEN UNSERES GELIEBTEN DEUTSCHEN VATERLANDES
AUSUEBEN MOEGEN I A FRIEDRICH VOLK +

Glückwunschtelegramm des 87. Infanterieregiments zur Bischofsweihe

Ob diese Worte bei Jaeger Wirkung entfalteten, lässt sich nicht überprüfen. Was bei ihm hingegen keinen Niederschlag fand, war die gelegentlich in der Forschung vertretene Behauptung, die Kriegserfahrung habe zu einer Verrohung und Brutalisierung der ehemaligen Frontsoldaten geführt. Erscheint dieses Urteil eventuell für die Freikorpskämpfer in der Nachkriegszeit angemessen,[31] so dürften viele der ehemaligen Frontsoldaten andere Schlüsse aus dem Krieg gezogen haben – bis hin zu einer konsequent pazifistischen Haltung. Möglicherweise durchlief Jaeger – wie auch die katholische Moraltheologie – eine Entwicklung, die den Krieg nach dem millionenfachen Sterben auf den Schlachtfeldern nur noch als „ultima ratio" betrachtete. Vermutlich gewann für ihn aufgrund seiner Fronterfahrung auch der Gemeinschaftsgedanke an Bedeutung. Daraus ließe sich seine frühe Hinwendung zu ökumenischen Fragen erklären. Denn immerhin hatte er als junger Theologiestudent in den Schützengräben die Bekanntschaft protestantischer Soldaten gemacht. Eine gewisse Aufgeschlossenheit für ökumenische Fragen wird auch auf seine Kindheit in einem gemischtkonfessionellen Elternhaus zurückzuführen sein.[32] Im Zweiten Weltkrieg war dies in seiner Funktion als Kriegspfarrer natürlich

31 Krassnitzer, Patrick: Die Geburt des Nationalsozialismus im Schützengraben, 119 u. 123f.
32 Vgl. dazu den Beitrag von Burkhard Neumann in diesem Band.

von besonderer Bedeutung. Und auch als Bischof versuchte er das Thema anzusprechen, drang aber einstweilen beim Episkopat nicht damit durch.[33]

Nach seiner Entlassung aus der Kriegsgefangenschaft und Demobilisierung in Wilhelmshaven Ende 1919 zog es ihn nach Münster, wo er sein im Sommersemester 1913 in Paderborn begonnenes Studium fortsetzte. Für ehemalige Kriegsteilnehmer und Gefangene war dort ein Zwischensemester eingerichtet worden, das den Betroffenen ermöglichte, während der üblicherweise vorlesungsfreien Zeit Lehrveranstaltungen zu besuchen. Vom 7. Februar bis zum 31. März belegte er in Münster Vorlesungen und Seminare.[34] Es erscheint wenig wahrscheinlich, dass er in seiner knapp bemessenen Zeit nochmals militärisch aktiv wurde. Gelegenheit dazu hätten die Ereignisse im Gefolge des rechtsextremen Kapp-Lüttwitz-Putsches geboten. Die Putschisten versuchten vergeblich, die rechtmäßige Regierung zu stürzen und trafen dabei auf den harten Widerstand der Arbeiterschaft und der regierungstreuen Beamten. Die von Kommunisten dominierte Gegenbewegung gegen die rechtsextremen Kräfte in Berlin rief nach dem Zusammenbruch des Putsches im Ruhrgebiet die Reichswehrtruppen des münsterischen Generals von Watter auf den Plan. Dieser ermutigte im Einverständnis mit dem preußischen Innenminister Severing Ende März 1920 die Studenten der Universität Münster dazu, in die so genannte „Akademische Wehr" einzutreten und die Spartakisten im Ruhrgebiet zu bekämpfen. Der gesamte, mit äußerster Brutalität geführte Militäreinsatz dauerte bis zum 23. April 1920. Lorenz Jaeger hatte Münster dagegen bereits in den Ostertagen, also Anfang April verlassen.[35]

Doch dürften die Ereignisse auch ohne sein aktives Mitwirken einen bleibenden Eindruck bei dem jungen Studenten hinterlassen haben. Schließlich waren die Jahre 1918–1920 durch heftige innere Konflikte der Reichsregierung mit Spartakisten bzw. Kommunisten geprägt. Es erscheint plausibel, in jenen Jahren den Ursprung von Jaegers antibolschewistischer Haltung zu suchen. In bürgerlichen bzw. akademischen Kreisen breitete sich angesichts spartakistischer Unruhen u.a. in Berlin und dem Ruhrgebiet eine solche antibolschewistische Haltung aus. Viele von Jaegers Münsteraner Kommilitonen, mit denen er noch sechs Wochen zuvor gemeinsame Lehrveranstaltungen besucht hatte, bekämpften im März 1920 die Spartakisten mit der Waffe in der Hand.

33 Auf einer der ersten Plenarkonferenzen des Episkopats, an der Jaeger teilnahm, konnte dieser sich am 1. Juli 1942 mit seinem Vorschlag nicht durchsetzen, Fragen der Ökumene zu behandeln. Volk, Ludwig (Bearb.): Akten deutscher Bischöfe über die Lage der Kirche 1933–1945, Teil 5, 831f.

34 EBAP, NL Jaeger, Nr. 236.

35 Universitätsarchiv Münster, Bestand 004, Nr. 1316, Bl. 291 u. 299. Jaeger war mit der Matrikel-Nr. 656 formal zum Wintersemester 1919/20 eingeschrieben: Personal-Verzeichnis der Westfälischen-Wilhelms-Universität in Münster für das Winterhalbjahr 19(19-)/20, 61.

Als Militärseelsorger an der Westfront

Im Unterschied zum Ersten ist Lorenz Jaegers Kriegserfahrung im Zweiten Weltkrieg zeitlich und räumlich klar begrenzt: Er wirkte in den Jahren 1940/41 als Militär- bzw. Divisionspfarrer[36] an der Westfront, bevor er zum Erzbischof von Paderborn ernannt wurde. Sicherlich war Jaeger dank seiner langjährigen militärischen Erfahrungen für die Aufgabe als Kriegspfarrer prädestiniert. Ob die Kriegserfahrungen des Ersten Weltkriegs zu Beginn des Zweiten bei der Frontgeneration der Militärpfarrer überhaupt wiederauflebten, muss allerdings Spekulation bleiben. Und auch die Frage, ob aus der Prägung des Ersten Weltkriegs eine bestimmte Haltung nach 1939 folgte, kann letztlich nicht beantwortet werden.[37] Entscheidender dürften sowohl die allgemeinen politischen als auch die konkreten Kriegserfahrungen seit 1933 bzw. 1939 gewesen sein. Militärseelsorger wie Lorenz Jaeger, die ausschließlich am westlichen Kriegsschauplatz eingesetzt wurden, gewannen ein anderes Bild als jene an der Ostfront in späteren Jahren.[38] Zwar gingen deutsche Truppen auch im Westen gegen Partisanen vor, doch der massenhaften Ermordung von Zivilisten wurden sie nicht ansichtig. Auch die Ermordung gegnerischer Gefangener, wie sie der sogenannte Kommissarbefehl gegenüber sowjetischen Polit-Offizieren vorsah, hatte an der Westfront kein Gegenstück.

Mit welcher Stimmung und welchen Gefühlen Lorenz Jaeger 1940 zur Truppe kam, ist nicht überliefert. Er wurde – wie andere nicht residierende Pfarrer – gemäß dem Reichskonkordat vom 20. Juli 1933 regulär eingezogen. Grundlage hierfür bildete dessen Geheimanhang, welcher frühzeitig die Bestimmungen für den späteren Fall festlegte, dass die allgemeine Wehrpflicht im Deutschen Reich eingeführt würde: Während – verallgemeinert – Theologiestudenten sowie Pfarrer und Geistliche im unmittelbaren Kirchendienst vom Wehrdienst befreit waren, fiel Jaeger als Religionslehrer in jene Gruppe, die zum Seelsorge- oder Sanitätsdienst herangezogen wurde.[39] Vom 27. März bis zum 25. April 1940 war er zunächst beim Stab der 386. Infanterie-Division tätig. Erst Ende Mai 1940 begab sich der Reserveleutnant zur Einkleidung nach Münster und versah danach seinen Dienst bis Ende September bei besag-

36 Divisionspfarrer hatten in der Regel den Dienstgrad eines Majors, während Kriegspfarrer meist Hauptleute waren. Zu den Rängen der Militärseelsorger s. Röw, Martin: Militärseelsorge unter dem Hakenkreuz, 87f.

37 Röw, Martin: Militärseelsorge unter dem Hakenkreuz, 154 u. 163.

38 Ebd., 381.

39 Schöppe, Lothar: Konkordate seit 1800, 35: „Im Fall einer allgemeinen Mobilisierung sind die Geistlichen, die in der Diözesanverwaltung oder in der Militärseelsorge beschäftigt sind, von der Gestellung frei. Als solche gelten die Ordinarien, die Mitglieder der Ordinariate, die Vorsteher der Seminare und kirchlichen Konvikte, die Seminarprofessoren, die Pfarrer, Kuraten, Rektoren, Koadjutoren und die Geistlichen, welche dauernd einer Kirche mit öffentlichem Gottesdienst vorstehen."

Lorenz Jaeger als Militärpfarrer

ter Division.[40] Faktisch war er in Wesel und an verschiedenen Orten des Niederrheins hinter der Front eingesetzt. Nachdem Frankreich am 22. Juni 1940 kapituliert hatte, kümmerte er sich auch um die Seelsorge für gegnerische Kriegsgefangene. Danach wurde er zur 615. Kriegslazarettabteilung nach Lille abkommandiert und versah dort seinen Dienst zwischen dem 27. September und dem Jahresende. Dieser führte ihn nach Nordfrankreich und Belgien, wo er auch Kriegsgräberstätten aus dem Ersten Weltkrieg aufsuchte. In seinem Kriegstagebuch beschrieb er die Landschaft und listete seine Tätigkeiten sowie den Kontakt mit verschiedenen Offizieren der Wehrmacht auf. Häufig behinderten die militärischen Kommandeure die Gottesdienste und die seelsorgerische Betreuung der Soldaten. Manche hochrangige Offiziere begegneten der Seelsorge misstrauisch, da sie offenbar die Gefahr des Defaitismus witterten, andere sahen darin schlicht die Abläufe im militärischen Dienstalltag gestört. Ob es hierüber zu offenen Konflikten zwischen Jaeger und den Befehlshabern kam, ist nicht überliefert.

Wichtig war es ihm, die Besuchszahlen der Gottesdienste exakt zu dokumentieren und auch zu differenzieren, wieviele Katholiken und Protestanten an den meistens ökumenischen Veranstaltungen teilnahmen. Zur militärischen Situation äußerte er sich nicht konkret. In seiner Funktion als Kriegs-

40 EBAP, NL Jaeger, Nr. 231 u. 2317.

pfarrer musste er am 10. Oktober 1940 den Eid auf Adolf Hitler leisten, was ihm zuvor schon der Beamteneid abverlangt hatte. Seinen Hinweis auf den bereits vorliegenden Beamteneid aus dem Schuldienst ließen die Militärvorgesetzten nicht gelten.[41] Mit Beginn des Jahres 1941 wurde Jaeger zur 302. Infanteriedivision bei Stettin versetzt, die im April nach Amiens verlegt wurde. Kurz darauf endete seine Tätigkeit als Divisionspfarrer mit der Ernennung zum Erzbischof von Paderborn.[42]

Die Militärseelsorge und die Wehrmacht

Angesichts des besonderen Charakters der Kriegsführung unter den Bedingungen der NS-Diktatur ist nach der stabilisierenden Funktion der Militärseelsorge zu fragen: Zwar versahen die Priester eine humanitäre Aufgabe, indem sie dem einzelnen Soldaten seelsorgerisch zur Seite standen. Andererseits ist nicht zu übersehen, dass sie zur Aufrechterhaltung der Kampfbereitschaft beitrugen. Was grundsätzlich für die Militärseelsorge in allen Kriegen galt, erlangte im entgrenzten Vernichtungskrieg eine besondere Brisanz, wenn sich die Kampfhandlungen beispielsweise auch gegen Nichtkombattanten richteten und die Vertreibung ganzer Einwohnergruppen bzw. die ethnische Säuberung ganzer Landstriche bedeutete. Insgesamt lässt sich sagen, dass Militärgeistliche keineswegs unpolitisch waren: Doch lassen sie sich weder pauschal als fanatische Nationalsozialisten noch als aktive Widerstandskämpfer klassifizieren.[43] Die Tätigkeit als Militärpfarrer lässt jedenfalls keine pauschalen Rückschlüsse auf die Haltung der Militärgeistlichen zum nationalsozialistischen Krieg zu, da sie ja – wie eben auch Jaeger – nicht freiwillig dienten, sondern eingezogen wurden. Viele verstanden gemäß ihrem Selbstverständnis als Theologen die Seelsorge für die Soldaten auch als kirchlichen Auftrag – unabhängig von den Rahmenbedingungen. Diese Engführung der Perspektive mag man bedauern, eine kritiklose Unterstützung der nationalsozialistischen Kriegsziele lässt sich hieraus nicht ablesen.

Die katholische Militärseelsorge im Zweiten Weltkrieg repräsentierten vor allem zwei Personen: Feldbischof Franz Justus Rarkowski ließ in seinen Hirtenbriefen immer wieder Anklänge an den zeitgenössischen Duktus der nationalsozialistischen Propaganda deutlich werden. Allerdings war er innerhalb des Episkopats keineswegs unumstritten – dies aber wohl eher wegen angeblicher Charakterschwächen als wegen seiner politischen Haltung.[44] Während

41 EBAP, NL Jaeger, Nr. 229, Bl. 15–19.

42 Gruß, Heribert: Erzbischof Lorenz Jaeger als Kirchenführer im Dritten Reich, 447.

43 Röw, Martin: Militärseelsorge unter dem Hakenkreuz, 445.

44 Vgl. Sinderhauf, Monica: Katholische Wehrmachtseelsorge im Krieg, 273–276.

Rarkowski ein vergleichsweise geringer Einfluss auf die Soldaten nachgesagt wurde, scheint Feldgeneralvikar Georg Werthmann gut vernetzt und durchaus einflussreich gewesen zu sein. Mit Lorenz Jaeger teilte er biographische Parallelerfahrungen aus dem Ersten Weltkrieg, u.a. in der Schlacht von Verdun in den Jahren 1917/18 und eine anschließende Tätigkeit als Religionslehrer und Jugendseelsorger. Offenbar hatten viele ehemalige katholische Theologen und Kriegsteilnehmer den Weg in die katholische Jugendbewegung gefunden.[45] Dort versuchte Werthmann, der jungen Generation „soldatische Tugenden von Pflicht und Treue zu vermitteln".[46] Die Verbindung von Soldatentum und Seelsorge führte ihn – ähnlich wie Lorenz Jaeger – zur Militärseelsorge. Insgesamt galt aber auch Werthmann nicht als NS-affin.[47] So taten sich Konfliktfelder auf, wenn Parteistellen beispielsweise den Einfluss der priesterlichen Seelsorger einzudämmen anstrebten. Erfolg hatte dieses Ansinnen nur teilweise, auch wenn es ab 1942 offiziell verboten wurde, weiteren militärseelsorgerischen Nachwuchs zu rekrutieren. So versuchte Jaeger im November 1944 vergeblich, den Breslauer Erzbischof und Vorsitzenden der Fuldaer Bischofskonferenz, Kardinal Adolf Bertram und den Freiburger Erzbischof Conrad Gröber davon zu überzeugen, eine Eingabe an die Reichsregierung zu richten. Hintergrund war die Tatsache, dass u.a. katholische Priester, Diakone, Ordensleute und Theologiestudenten, sofern sie Offiziere waren, in ihre Reserve-Einheiten entlassen wurden. Jaeger betrachtete diesen Vorgang als besonders ehrenrührig, da die Betroffenen nicht einmal berechtigt waren, die Bezeichnung „Reserve-Offizier a.D." zu führen. Hier wird nicht nur Jaegers Verbundenheit mit den Soldaten deutlich, sondern vor allem sein soldatischer Ehrbegriff, der für ihn selbst in einer Armee galt, die einer Diktatur diente. Er trennte die militärische von der politischen Sphäre und versuchte so, die Wehrmachtssoldaten anzusprechen.

Thema verschiedener Predigten Jaegers an niederrheinischen Garnisonsstandorten war im Sommer 1940 das christliche „Soldatentum am Rhein und seine Ehrung durch die Kirche"[48] oder allgemein christliches Soldatentum und „echte Kameradschaft".[49] Einen Gottesdienst in Middelkerke für zwei Kompanien des Brückenbau-Bataillons 577 schloss er mit dem u.a. im katholischen und evangelischen Feldgesangbuch von 1939 vorgesehenen „Gebet für Führer, Volk und Vaterland."[50] Vom 1. Januar bis zum 24. August

45 Vgl. ebd., 279ff. u. Röw, Martin: Militärseelsorge unter dem Hakenkreuz, 254.

46 Sinderhauf, Monica: Katholische Wehrmachtseelsorge im Krieg, 282.

47 Vgl. Heinrich Missalas Einschätzung bei Sinderhauf, Monica: Katholische Wehrmachtseelsorge im Krieg, 285.

48 EBAP, NL Jaeger, Nr. 2317, Eintrag v. 5. Juli 1940. Die Zitate basieren auf der Transkription von Petra Schröder und sind in der z.T. fehlerhaften originalen Orthographie wiedergegeben.

49 EBAP, NL Jaeger, Nr. 2317, Einträge v. 13. u. 17. Juli bzw. 4. August 1940.

50 EBAP, NL Jaeger, Nr. 2317, Eintrag v. 15. Dezember 1940.

Vorbereitung für einen Feldgottesdienst

1941 bekleidete Lorenz Jaeger dann die Funktion des Divisionspfarrers beim Stab der 302. Infanterie-Division, bis April im „Heimatgebiet", danach an der französischen Atlantikküste sowie noch einige Tage beim Schützen-Ersatz-Bataillon 5 in Stettin.

Insbesondere während der ersten Monate des Jahres 1941 hatte er häufiger die Gelegenheit, seine Dortmunder Wirkungsstätte als Lehrer und seine Mutter zu besuchen. Die Urlaubstage im Ruhrgebiet irritierten ihn erheblich, da er hier wohl erstmals auf offen vorgetragene kriegskritische Haltungen traf. Die Bergarbeiter seien mit den Lohn- und Arbeitsbedingungen unzufrieden: „Auch sonst muss ich weithin mangelndes Interesse und vor allem mangelnde Zuversicht gegenüber der Kriegs-Führung fest-stellen, obschon D[or]tm[un]d in den letzten Wochen von englischen Flieger-Besuchen fast völlig verschont geblieben ist. Wie kommt das? Auch viele klagen darüber, dass der Kirchen-Kampf weitergehe [...]."[51] Dass die Unzufriedenheit weniger mit dem erst am Anfang stehenden Bombenkrieg zu tun hatte als mit grundsätzlichen politischen Erwägungen, kam dem militärisch geprägten Jaeger wohl nicht in den Sinn. Er stellte die kriegskritische Haltung nicht nur fest, sondern bewertete sie als negativ: „Mit verschiedenen Leuten, gebildeten und ungebildeten. gesprochen überall eine erschreckende Kriegs-Müdigkeit. Teils sind die Leute

51 EBAP, NL Jaeger, Nr. 2317, Eintrag v. 11. Januar 1941.

apathisch und Gleichgültigkeit was Kriegs-Aus Gang angeht, teils wünschen sie baldigen Frieden um jeden Preis. So hatte ich mir die Haltung der Heimat nicht gedacht."[52] Nach einem Gespräch mit dem Leiter des Katholischen Bildungswerks in Dortmund zog er hingegen das Fazit: „Erfreulich war zu hören, dass die Stimmung der Arbeiterschaft doch nicht so schlecht ist, wie es nach den Erzählungen bekannter Ursprünge den Anschein hatte. R. zeichnet die Lage so: Nicht gerade begeistert, aber alle tun ihre Pflicht, wenn auch jeder den Frieden herbei-sehnt."[53] Zwei Tage später besuchte er ein „Pastoren-Conveniat" und zeigte sich erschreckt, dass seine Siegeszuversicht von den übrigen Klerikern nicht uneingeschränkt geteilt wurde: „Dort mit Propst, Pfarrer Kerhausen und einer Anzahl Pfarrer zusammen-gesessen. Einige sind immer noch unbelehrbar und glauben nicht an einen Endsieg. Die Mehrzahl ist aber durchaus Sieges-zuversichtlich und steht auch innerlich voll und ganz zu unserer gerechten Sache."[54] Jaegers Äußerung stammt aus einer Zeit, als das Deutsche Reich militärisch noch erfolgreich war. Der Angriff auf die Sowjetunion folgte erst am 22. Juni 1941. Seine kriegskonformen Äußerungen bezogen sich also auf die Zeit vor dem antibolschewistischen Feldzug und gewannen danach neue ideologische Nahrung. Der Ausdruck „Endsieg" wurde allerdings schon im Ersten Weltkrieg verwendet, die NS-Propaganda nutzte ihn dann vor allem in der zweiten Kriegshälfte.

Soldatische Tugenden

In einem Schreiben an Feldgeneralvikar Werthmann stellte sich Lorenz Jaeger 1943, nunmehr Erzbischof von Paderborn, als aktiven Tatmenschen dar, der offenbar Gefallen am einstigen Soldatenleben gefunden hatte. Das Leben im Feld vermisse er, Verwaltungstätigkeiten seien nicht seine Sache: „Wie oft denke ich, wenn hier die Akten sich häufen und der Ärger und Verdruß nicht nachlassen, noch an die schöne Zeit zurück, wo ich als Kriegspfarrer draußen sein durfte."[55] Auch ein anderer bekannter Topos spielte anlässlich seiner überraschenden Ernennung zum Erzbischof von Paderborn eine Rolle für ihn: So habe er diese nur mit großen Zweifeln angenommen, letztlich sei es seine soldatische Pflichtauffassung gewesen, die ihn das Zögern überwinden half, so die Aussage Jaegers. Diese Selbstbeschreibung als pflichttreuer Diener erscheint angesichts der soldatischen Sozialisation als durchaus plausibel, auch wenn er als Priester gegenüber dem Papst ebenfalls einer Gehorsams-

52 EBAP, NL Jaeger, Nr. 2317, Eintrag v. 20. Januar 1941.

53 EBAP, NL Jaeger, Nr. 2317, Eintrag v. 24. Januar 1941.

54 EBAP, NL Jaeger, Nr. 2317, Eintrag v. 26. Januar 1941.

55 Archiv des Katholischen Militärbischofs für die Deutsche Bundeswehr (Berlin), SW 455, Schreiben vom 15. Oktober 1943.

pflicht unterstand.[56] Für die staatlichen Entscheidungsträger im Prozess der Bischofsernennung ließ Jaegers militärische Erfahrung darüber hinaus eine weitgehend reibungslose Zusammenarbeit erwarten. Der Reichsminister für die kirchlichen Angelegenheiten, Hanns Kerrl, schrieb an den westfälischen Oberpräsidenten anlässlich Jaegers Ernennung zum Paderborner Erzbischof: Dieser sei „Divisionspfarrer im Feld" gewesen und habe sich „nach den mir vorliegenden Personalakten der Wehrmacht bisher bestens bewährt".[57] Hier war es ganz konkret Jaegers Affinität zum Militärischen bzw. sein untadeliger militärischer Werdegang, der für ihn den Weg auf den Paderborner Bischofsstuhl ebnete.[58] Auch in Westfalen zweifelten die Nationalsozialisten Jaegers soldatische Prägung nicht an – im Gegensatz zu Bedenken im Reichssicherheitshauptamt und der Parteikanzlei. In einem nicht weiter verifizierten Bericht eines Inspekteurs des Sicherheitsdienstes in Westfalen behauptete dieser: „Seine Anordnungen liessen schon den neuen Geist [Härte gegenüber Gegnern und eigenen Priestern; R.P.] erkennen."[59]

„Heldentum" und „Bombenterror"

In der neuen Funktion als Bischof nutzte Jaeger seine Verbindungen zu Feldbischof Rarkowski, den er im März 1943 darüber informierte, dass in verschiedenen deutschen Kriegslazaretten nationalsozialistische bzw. antichristliche Propaganda in Wort und Schrift verbreitet würde.[60] Dahinter verbargen sich jedoch nicht nur völkische Werke, sondern auch Schriften aus freidenkerischen Kreisen. In seinem Brief nannte der Paderborner Erzbischof eine Reihe von Titeln und völkisch-neuheidnischen Autoren sowie den Paderborner Standortältesten Oberst Lange[r][61], ließ aber keinen direkten Appell an Rarkowski folgen. Ob er sich auch an die verantwortlichen Stellen der Nationalsozialistischen Volkswohlfahrt und die lokalen Militärbehörden wandte, erscheint unwahrscheinlich – obwohl dies alles in Jaegers Bistum geschah.

Diese Episode zeigt eine typische Haltung Jaegers in der Auseinandersetzung mit den Nationalsozialisten: Fast immer wählte er den stillen, indirekten Weg, nie suchte er die direkte Konfrontation. In seinen Hirtenworten und anderen öffentlichen Verlautbarungen benutzte er – ähnlich wie Kardinal Bertram – eine weitgehend pastorale Sprache (s.u.). Dem entsprach auch, dass er mit dem

56 Link, Josef J.: Kardinal Jaeger.

57 LAV PA J Nr. 6449, Schreiben v. 22. Juli 1941.

58 Heim, Bernd: Braune Bischöfe für's Reich?, 624–629.

59 LAV Oberpräsidium Nr. 5311, Bl. 7.

60 Archiv des Katholischen Militärbischofs für die Deutsche Bundeswehr (Berlin), WmS 39, Schreiben v. 20. März 1943.

61 Zu „Langer" vgl. Hohmann, Friedrich Gerhard: Das Ende des Zweiten Weltkrieges, 353.

eher behutsam – manche sagen „ängstlich“ – agierenden Kardinal[62] in Fragen der Positionierung gegenüber den nationalsozialistischen Machthabern häufig auf einer Linie lag. Eine Einmischung der Bischöfe in politische Fragen lehnte er im Einklang mit Bertram, jedoch im Gegensatz zu dem Münsteraner Bischof Galen ab – eine Haltung, die ihn aus Sicht staatlicher Vertreter als gemäßigt erscheinen ließ.[63]

Soldat und Christentum

Bei der Analyse von Lorenz Jaegers öffentlichen Ansprachen und Predigten ist zwischen der Vorstellung des *bonus miles Christi*, der quasi in einem Dienstverhältnis zu Christus steht, und dem rein weltlichen Soldaten zu unterscheiden. Anders gesagt: Nicht immer, wenn er vom „Soldaten“ spricht, meint er den Soldaten des Zweiten Weltkriegs. Es fällt zuweilen nicht leicht, diese beiden Sphären voneinander zu trennen. Zunächst kann gemäß christlicher Deutung davon ausgegangen werden, dass der Krieg als Strafe für den Abfall vom Glauben angesehen wurde. Bei Jaeger kam wohl auch die Vorstellung einer Kreuz- und Leidensnachfolge hinzu. Allgemein gängig war darüber hinaus die Vorstellung eines gerechten Krieges, sofern damit die Ordnung stabilisiert bzw. Unrecht vergolten wurde, der Krieg von einer als legitim betrachteten Obrigkeit ausging und letztlich den Frieden zum Ziel hatte. Unter Bezugnahme auf Augustinus rechtfertigten katholische Theologen den Krieg schon im 19. Jahrhundert, wenn es sich um einen Verteidigungskrieg handelte oder er dem „Schutze der Rechtsordnung“ im Sinne des Präventivkriegs diente.[64] Die Kriegsführung hatte sich einer Selbstbeschränkung zu unterwerfen: Verwundete oder kriegsgefangene Feinde durften demnach nicht getötet werden.

In jedem Fall verlangte der Kriegsdienst uneingeschränkten Gehorsam – gegenüber Christus und der weltlichen Obrigkeit. Die grundsätzliche Frage nach der Teilnahme an einem Krieg hing daher weniger vom Gewissen des einzelnen Soldaten als vielmehr von einer die Gewissensfrage überlagernden Gehorsamspflicht ab. Es überrascht daher nicht, dass die katholischen Bischöfe auch mit dem Kriegsausbruch 1939 von den Katholiken Gehorsam einforderten und zur militärischen Pflichterfüllung aufriefen.[65] Das galt um so mehr

62 Zu Bertram in der Zeit vor 1933 s. Hinkel, Sascha: Adolf Kardinal Bertram sowie mit differenzierten Bewertungen seines Agierens: Scharf-Wrede, Thomas (Hg.): Adolf Kardinal Bertram (1859–1945).

63 Leugers, Antonia: Gegen eine Mauer bischöflichen Schweigens, 278 u. 292.

64 Simar, [Hubert] Theophil: Lehrbuch der katholischen Moraltheologie, 360. Das Lehrbuch wurde an der Paderborner Theologischen Fakultät im Fach Moraltheologie von Jaegers Lehrer Professor Hermann Müller benutzt.

65 Damberg, Wilhelm: Krieg, Theologie und Kriegserfahrung.

Jaeger mit weiteren Wehrmachtsseelsorgern und Theologen in Neubrandenburg am 27. März 1941

für das Jahr 1941, als das nationalsozialistische Deutschland den Krieg gegen die bolschewistische Sowjetunion begann: „Die Verquickung religiöser und politischer Motive bei der Legitimierung des Abwehrkampfes gegen den Bolschewismus wird [...] weithin rezipiert."[66] So besaß der vermeintlich präventiv geführte Krieg gegen die Sowjetunion in den Augen vieler Bischöfe eine größere Legitimität als jener des Jahres 1939. Angesichts Jaegers oben geschilderter Haltung scheint bei ihm diese Differenzierung nicht ganz so deutlich zu sein. Mehr noch: „Der Kampf gegen den Bolschewismus bezeichnet den Punkt, in dem sich Katholische Kirche und Nationalsozialismus am weitesten annäherten."[67] Allerdings gab es einen beträchtlichen Unterschied: Der Antibolschewismus des Klerus richtete sich gegen die antikirchliche Politik wie z.B. die Abschaffung kirchlicher Privilegien und die kirchenfeindlichen Terrormaßnahmen in Russland, wie sie seit 1917 in Form von Massenhinrichtungen und der Konfiszierung kirchlichen Eigentums auch in der deutschen Öffentlichkeit bekannt waren.[68] Der rassisch motivierte Antibolschewismus nationalsozialistischer Lesart verachtete den Bolschewismus darüber hinaus als Teil einer „jüdischen Weltverschwörung", was sich dann noch mit der vermeintlich niederen Stufe der slawischen Rasse in Verbindung bringen ließ. Dennoch ließ sich die traditionelle Vorstellung des *bonus miles Christi* nicht mit der normativen und faktischen Entgrenzung der Kriegsführung an der Ostfront in Einklang bringen. Denn dem *miles christianus* oblag der „zugleich kontrollierte Umgang mit Gewalt und Leidensbereitschaft".[69]

Von dieser Beschränkung finden wir in Jaegers Äußerungen jedoch kaum etwas, im Gegenteil: Bei ihm trat zumindest in den Jahren 1941–1943 offen-

66 Damberg, Wilhelm: Krieg, Theologie und Kriegserfahrung, 214.

67 Pape, Matthias: Erzbischof Lorenz Jaeger von Paderborn im Kampf gegen den antichristlichen Bolschewismus, 149.

68 Vgl. die antibolschewistischen Ausfälle verschiedener katholischer Tageszeitungen, in: Lehnert, Detlef: Propaganda des Bürgerkriegs?, 69–73.

69 Vgl. Damberg, Wilhelm: Krieg, Theologie und Kriegserfahrung, 209 sowie Pape, Matthias: Erzbischof Lorenz Jaeger von Paderborn im Kampf gegen den antichristlichen Bolschewismus, 152.

bar seine Prägung als Soldat des Ersten Weltkriegs gegenüber dem Theologen stärker in den Vordergrund. Nationale Werte galt es demnach zu erhalten. Bei vielen Geistlichen und bei Jaeger besonders wurde „die Abhängigkeit theologischer Deutungen von verfassungs- und nationalpolitischen Einschätzungen und Erwartungen [...] sichtbar“.[70] Als er am 15. September 1941 den Loyalitätseid gegenüber dem westfälischen Oberpräsidenten ablegte, bemühte er die Analogie zwischen „feldgrauem und schwarzem Rock“, die zu jenem Zeitpunkt getrost als Spiegel seiner Dienstauffassung zu lesen war.[71] Auch die von ihm bei seiner Bischofsweihe am 19. Oktober gewählte Begrifflichkeit von Disziplin, Selbsterziehung und Gehorsamsbereitschaft sollte als Ausdruck seines militärisch geprägten Selbstverständnisses gelesen werden.[72]

Ebenfalls spricht die Verbindung beider Sphären, der christlichen und der weltlich-politischen, aus seinem Hirtenwort zum von den Nationalsozialisten instrumentalisierten Heldengedenktag am 15. März 1942.[73] Die Verbindung des darin erwähnten Heldentods der Soldaten gleichsam für Deutschland und das Christentum bot ihm den Ansatz, die symbiotische These zu vertreten, deutsche Soldaten verteidigten an der Ostfront das christliche Abendland. „Mit Genugtuung verfolgen wir den Kampf gegen die Macht des Bolschewismus [...]“, ließen die Erzbischöfe von Köln und Paderborn am 20. März 1942 in einem gemeinsamen Hirtenwort verlauten.[74] Dies nahmen sie zum Anlass, sich über verschiedene Beschränkungen religiöser Freiheit in Klöstern und Orden zu beklagen und sich gegen die Euthanasie zu wenden. Jedoch sei das Durchhalten eine vaterländische Pflicht. Man kann hier durchaus von einer gewissen Ambivalenz sprechen, die den inneren Kampf gegen den Nationalsozialismus in dem Moment einschränkte, in dem dieser den äußeren Kampf gegen den als gefährlicher eingestuften Bolschewismus führte.[75]

70 Holzem, Andreas: Christentum und Kriegsgewalt, 337.

71 Vgl. Gruß, Heribert: Erzbischof Lorenz Jaeger als Kirchenführer im Dritten Reich, 361. Ein Skript der Ansprache findet sich in den Generalia-Akten des EBAP.

72 „Wir können den Kampf des ‚guten Soldaten Jesu Christi‘ nur führen, wenn wir zunächst uns selbst in Zucht und Disziplin genommen haben. Das geschieht doch nicht ohne Grund, daß draußen auf dem Kasernenhof wochenlang gebimst wird, wochenlag der Kerl in Zucht genommen wird, bis er blindlings gehorcht. Nur in Zucht und Disziplin wird Mut und Kraft gewonnen! Nur so wird der Soldat imstande sein, vor dem Feind das zu leisten, was man von ihm erwartet.“ Jaegers Jugendansprache v. 19.10.1941, zit. n. Gruß, Heribert: Erzbischof Lorenz Jaeger als Kirchenführer im Dritten Reich, 374.

73 Kirchliches Amtsblatt für die Erzdiözese Paderborn 85 (1942), Nr. 5 v. 10.03.1942, 31. Es handelte sich um ein reichsweites Gedenken an die Gefallenen des Ersten Weltkriegs, das im Zweiten Weltkrieg zur Motivation der Frontsoldaten beitragen sollte. Weniger ihr Tod, sondern die militärische Leistung und die Opferbereitschaft der Gefallenen standen im Zentrum der zahlreichen Veranstaltungen im gesamten Reich.

74 LAV Oberpräsidium Nr. 5311, Bl. 28ff.

75 Pape, Matthias: Erzbischof Lorenz Jaeger von Paderborn im Kampf gegen den antichristlichen Bolschewismus, 162.

Offiziere gratulieren nach der Bischofsweihe 19.10.1941

Selbst bei vermeintlich kriegsfernen Themen schlug Jaeger den Bogen zum Soldatischen, wie sein Hirtenwort zur Nüchternheitswoche im März 1942 zeigt: „Vom Osten her drängten ungeheure Massen heran, bereit, die Welt unserer Kultur zu zerstören. Im kraftvollen Gegenstoß sind sie abgewiesen worden. Noch schlagen ihre Wogen gegen den schützenden, lebendigen Wall. [...] Es ist Krieg auch hier: ein Kampf um die innere Freiheit und das Leben der Seele. [...] Wenn es [der Verzicht auf Alkohol; R.P.] ihm [dem Christen, R.P.] keine Schwierigkeit macht, so tue er es, um andere zu ermutigen, wie der tapfere Soldat, der frei und ohne Furcht zum Angriff schreitet, die Zaghaften mitreißt.“[76] Wie selbstverständlich vertrat Jaeger den irrigen Topos vom Verteidigungskrieg, ohne beispielsweise die völkerrechtswidrige Kriegsführung im Osten zu thematisieren – übrigens offenbar im Gegensatz zu einer Konferenz westdeutscher Bischöfe im November 1941, auf der die Behandlung der Juden und der russischen Kriegsgefangenen sowie Kriegsgreuel der SS – u.a. die unrechtmäßige Tötung von Kriegsgefangenen und Zivilisten – kritisiert wurden.[77] Der Kenntnisstand Jaegers über die Kriegsführung an der Ostfront kann mangels Quellen jedoch nicht skizziert werden.

76 Kirchliches Amtsblatt für die Erzdiözese Paderborn 85 (1942), Nr. 4 v. 25.02.1942, 26f.

77 Pape, Matthias: Erzbischof Lorenz Jaeger von Paderborn im Kampf gegen den antichristlichen Bolschewismus, 156 u. 160.

Häufig sprach Jaeger nicht von „Soldaten“, sondern von „Helden“ und näherte sich durch diese Wortwahl dem Sprachgebrauch der Nationalsozialisten an. Während es im Ersten Weltkrieg noch allgemein üblich war, den Heldenbegriff zu bemühen, war dies bei Beginn des Zweiten Weltkriegs jenseits der engeren nationalsozialistischen Kreise bei weitem seltener.[78] Vermehrt wurde der Begriff in deutschsprachigen Publikationen dann wieder seit 1942 mit dem Höhepunkt im Jahr 1943 nach der Schlacht bei Stalingrad gebraucht.

Anlässlich des Libori-Festes im Juli 1942 brachte der Paderborner Erzbischof die soldatische und die christlich-religiöse Sphäre zusammen: Wahres Heldentum sei nur in Verbindung mit dem Heiligen möglich. Denn irdisches Heldentum laufe Gefahr, in „übersteigertes Machtbewusstsein“ umzuschlagen. „Ständig ist der Held in Gefahr, abzusinken ins Brutale gegenüber seinen Mitmenschen.“[79] Man kann dies als Mahnung an den weltlichen Heldenbegriff lesen, die Jaeger aber zu Beginn des Jahres 1943 selbst relativierte bzw. aufgab und in seinen Ansprachen häufiger den soldatischen Heldenbegriff bemühte.

Stalingrad

Spätestens durch die Kapitulation der deutschen Truppen bei Stalingrad am 2. Februar 1943 wendete sich die militärische Situation. Die noch im Sommer 1942 vom Sicherheitsdienst (SD) festgestellte partielle Siegeszuversicht der deutschen Öffentlichkeit trübte sich merklich ein, stürzte diese in erhebliche Selbstzweifel und ließ einen zunächst nur latenten Pessimismus immer deutlicher hervortreten.[80] Propagandaminister Joseph Goebbels ließ die Nachricht vom Untergang der 6. Armee am 3. Februar veröffentlichen und musste am Folgetag konstatieren, die Meldung habe geradezu eine „Schockwirkung“ entfaltet.[81]

Die gewandelte Kriegslage führte zu einem neuen Deutungsmuster unter den katholischen Bischöfen: Mehr und mehr wurde der Krieg als Verteidigungskrieg zum Schutz der Heimat gegen den Bolschewismus uminterpretiert. Demnach stellte sich Deutschland in den Dienst der abendländischen Tradition, indem es den „gottlosen“ Bolschewismus von der europäischen Zivilisation fernhielt.[82]

78 Vgl. Schilling, René: „Kriegshelden“, 373; zur Feststellung gehäuften Auftretens des Begriffsfelds „Helden“, „Heldentum“ und „Kriegsheld“ wurden diese Begriffe am 5. Oktober 2018 beim Ngram-Viewer von Google Books mit der deutschsprachigen Suchfunktion eingegeben (https://books.google.com/ngrams – abgerufen am 05.10.2018).

79 LAV Oberpräsidium Nr. 5311, Bl. 42ff.

80 Vgl. Boberach, Heinz (Hg.): Meldungen aus dem Reich. Auswahl, 270ff. u. 342.

81 Goebbels, Joseph: Tagebücher 1924–1945. Band 5, 1890f.

82 Röw, Martin: Militärseelsorge unter dem Hakenkreuz, 262. Kardinal Bertram sprach in einem Schreiben an verschiedene NS-Ministerien am 3. März 1943 anlässlich geplanter

„Das Feindbild des Bolschewismus, das Zerrbild der ‚asiatischen Horden' vermochte die Deutschen im Allgemeinen und die Militärgeistlichen im Besonderen zu einem Einsatz im kreuzzugsgleichen Feldzug gegen den Kommunismus zu motivieren."[83] Lorenz Jaeger bildete 1943 als relativ neu ernannter Bischof keine Ausnahme. Im Gegenteil: Seine öffentliche Reaktion auf die Geschehnisse in Stalingrad deckt sich mit den beschriebenen antibolschewistischen Haltungen – und zu einem großen Teil auch mit der nationalsozialistischen Propaganda. Diese bezeichnete den Untergang der 6. Armee als „Heldenkampf".[84] So hob die Tagesparole des Reichspressechefs gegenüber der Presse nun neuerdings auf die mythisierte Opferbereitschaft als soldatische Tugend ab: „Aus dem unsterblichen Heldentum der Männer von Stalingrad werden sich in der deutschen Nation noch stärker als bisher der Geist und die Kräfte entfalten, die ihr den Sieg sichern, den zu erringen sie jetzt um so fanatischer entschlossen ist."[85] Joseph Goebbels hatte am 21. Januar 1943 in seinem Tagebuch notiert, die Nachricht vom bevorstehenden Untergang der 6. Armee müsse „ein Heldenlied deutschen Soldatentums" werden; später sprach er in seiner Sportpalastrede am 18. Februar vom „Heldenopfer" der Soldaten.[86]

Jaeger versuchte in seiner Diözese offenbar dem allgemein diagnostizierten Stimmungsumschwung in der Bevölkerung – ob katholisch oder protestantisch – entgegenzuwirken.[87] Während zahlreiche Militärseelsorger, Soldaten und Zivilisten einen zunehmend desillusionierten Blick auf die Geschehnisse an der Ostfront gewannen und sich die nationale Begeisterung in den Kundgebungen deutscher Bischöfe bei Kriegsbeginn in Grenzen hielt,[88] versorgte der Erzbischof seine Diözesanen in Paderborn mit Durchhalteparolen. In seiner Ansprache im Rahmen einer Gedenkfeier für Stalingrad-Vermisste suchte er am 8. Februar 1943 im Dom zu Paderborn religiösen Trost zu spenden: „Sie sind nicht verloren. Denn wer im Herrn stirbt, der bleibt in der Familie", so Jaeger.[89] Darauf verließ er jedoch die religiöse Ebene und verband den bereits damals meist defensiv im Zusammenhang mit dem Topos der Aufopferung be-

Maßnahmen gegen religiöse Verlage vom Christentum als „wesentlicher Bestandteil der deutschen und der europäischen Kultur". Als Zielvorstellung formulierte er: „Die unsere Lage beherrschende Parole: Kampf gegen den Bolschewismus zur Rettung der deutschen und europäischen Kultur [...]" Volk, Ludwig (Bearb.): Akten deutscher Bischöfe über die Lage der Kirche 1933–1945, Teil 6, 24.

83 Röw, Martin: Militärseelsorge unter dem Hakenkreuz, 273.

84 Röw, Martin: Militärseelsorge unter dem Hakenkreuz, 274. Ein lokales Beispiel in: Bothe, Jonas: Von Stalingrad zum Totalen Krieg, 53ff. Zur Bedeutung der Schlacht von Stalingrad s. Wette, Wolfram /Ueberschär, Gerd R. (Hg.): Stalingrad.

85 Zit. n. Boberach, Heinz: Meldungen aus dem Reich. Auswahl, 353.

86 Goebbels, Joseph: Tagebücher 1924–1945. Band 5, 1876 u. 1897.

87 Heim, Bernd: Braune Bischöfe fürs Reich?, 698.

88 Vgl. Holzem, Andreas: Erfahrungsstreit und Erinnerungsrecht, 21.

89 LAV Oberpräsidium Nr. 5311, Bl. 68.

nutzten Begriff des militärischen Helden mit der konkreten Hoffnung auf einen deutschen Sieg: „Die Welt lebt vom Opfer, und wir dürfen hoffen, dass gerade dieses grosse Opfer, das uns die toten Helden gebracht haben, nicht umsonst sein wird, dass es führt zum Siege auch für unser deutsches Volk [...].“[90] Tagesaktuelle Sinnstiftung verband er darin mit der Hoffnung einer Rückbesinnung auf das Christentum. Im Zentrum seines Gedankenganges stand jedoch die Aufopferung für die konkreten militärischen Ziele. Ausdrücklich betonte der Bischof, er hoffe, dass der Tod der Soldaten vor Stalingrad eine Mahnung zu „opferfreudiger Hingabe an das Vaterland, zu ernster und verantwortungsbewußter Mitarbeit am Wohle unseres Volkes“ sein möge. Die herausragende Bedeutung dieser Aussagen, deren Zeitpunkt ihnen noch zusätzliche Brisanz verlieh, fiel auch dem nationalsozialistischen Berichterstatter auf: „Der Dom selbst war mässig gefüllt, man hatte den Eindruck, dass die Ausführungen des Bischofs, der sich erstmalig in dieser Rede öffentlich positiv zum gegenwärtigen Kriegsgeschehen bekannte, einen guten Eindruck bei den Anwesenden hinterliessen.“[91] Der Topos des gegen die Bolschewisten kämpfenden militärischen Helden wurde laut demselben Bericht an jenem Tag – teilweise noch expliziter – von Vikar Wiemann in der Paderborner Marktkirche, von Propst Koch in der Gaukirche und Pfarrer Schröder in der Meinolfuskirche verbreitet. Man kann also von einer Absprache des Paderborner Klerus bezüglich Inhalt und Wortwahl der Ansprachen ausgehen bzw. zumindest davon, dass Jaegers Worte bekannt waren.

Angesichts der Bombardierungen westdeutscher Innenstädte wandte sich dieser in einem anderen Zusammenhang gemeinsam mit dem damaligen Kölner Erzbischof Frings direkt an Hitler und betonte die „heldenhafte Haltung der Bevölkerung“, um zugleich gegenüber dem Reichskanzler zeitliche Beschränkungen der Gottesdienste nach Fliegerangriffen zu beklagen.[92] Ein weiteres Mal äußerte sich der Bischof im Hirtenbrief zum Gebets- und Sühnetag am 17. September 1944: „Wir alle spüren nicht nur die Länge der Kriegszeit, sondern auch ihre zunehmende Schwere. Die öffentliche Belehrung[93] unseres Volkes, daß der Krieg seinem Höhepunkt und seiner Entscheidung zueile, hat opferwillige und verständnisvolle Aufnahme gefunden.“ Er dankte den

90 Vgl. Holzem, Andreas: Erfahrungsstreit und Erinnerungsrecht, 13: „Im christlichen Kontext der europäischen Großkonfessionen und ihrer Säkularisate ist diese Konfiguration eines mit Sinn gefüllten Opferbegriffs bis in den Zweiten Weltkrieg hinein nachweisbar.“

91 LAV Oberpräsidium Nr. 5311, Bl. 68.

92 Volk, Ludwig (Bearb.): Akten deutscher Bischöfe über die Lage der Kirche 1933–1945, Teil 6, 76.

93 Gemeint sind hier vermutlich Veranstaltungen anlässlich des 6. Jahrestages des Kriegsausbruchs Anfang September wie z.B. eine Großveranstaltung der HJ mit Generaloberst Guderian an der ostpreußischen Grenze, Leipziger Neueste Nachrichten v. 03.09.1944, 2 (https://www.welt.de/geschichte/zweiter-weltkrieg/article129441875/Warum-Stalin-den-Krieg-1944-nicht-beendete.html – abgerufen am 5.10.2018).

Soldaten für den Schutz des Vaterlandes, „besonders für den Schutz vor dem Ansturm des gottlosen Bolschewismus!“[94]

Wenige Monate vor Kriegsende kreisten seine Worte im Neujahrsgruß 1945 an die Priester des Erzbistums nicht mehr um soldatisches Heldentum, sondern um die Opferrolle der Deutschen. Angesichts des „Bombenterrors“ der Alliierten – den Begriff hatte er zuvor schon am 15. Dezember 1943 im Kirchlichen Amtsblatt verwendet – sei es Zeit zur Einkehr und zum Beten.[95] Insgesamt vermitteln Jaegers Verlautbarungen der letzten Kriegsmonate eine Haltung der Innerlichkeit. Statt direkter Bezüge zum aktuellen Kriegsgeschehen oder soldatischen Heldentum bevorzugte er pastorale Formulierungen. Auch nach Kriegsende vermied der Erzbischof militärische Analogien in öffentlichen Ansprachen. Wenn er sich z.B. zur Rolle der Priester wie in der Osterbotschaft 1947 äußerte, so verzichtete er auf soldatische Metaphern.[96] Und wenn er vom Frieden sprach, dann meist nur noch in seiner religiösen Dimension. In diesem Sinne bildet die verlorene Schlacht bei Stalingrad den zeitlichen Kulminationspunkt und zugleich das Ende seiner kriegsaffirmativen Durchhalteparolen.

Militärische Themen der Nachkriegszeit

In Jaegers Nachkriegs-Korrespondenz tauchen nur vereinzelt Anklänge an seinen soldatischen Hintergrund auf. Dabei handelte es sich um drei Themenfelder: erstens um die Wiederbewaffnung der Bundesrepublik Deutschland und die damit verbundene Frage nach der künftigen Militärseelsorge, zweitens um die Positionierung gegenüber neuen, an der katholischen Basis entstehenden Beratungsinstanzen für Kriegsdienstverweigerer und drittens um das Eintreten zugunsten von internierten deutschen Soldaten bzw. Kriegsverbrechern gegenüber den Alliierten.

Eigentlich war Lorenz Jaeger dafür prädestiniert, in der jungen Bundesrepublik die Funktion des Militärbischofs zu übernehmen, der künftig diese Aufgabe nebenamtlich aus dem Episkopat heraus versehen sollte. Nach eigener Aussage lehnte er eine entsprechende Anfrage seiner Mitbrüder jedoch ab, da er es aus nachvollziehbaren Gründen für politisch heikel hielt, die Seelsorge in der Bundeswehr zu organisieren und zugleich einem Bistum vorzustehen, das zu

94 Kirchliches Amtsblatt für die Erzdiözese Paderborn 87 (1944), Nr. 18 v. 04.09.1944, 101.

95 Kirchliches Amtsblatt für die Erzdiözese Paderborn 88 (1945), Nr. 1 v. 16.01.1945, 3. Immerhin hatte Jaeger selbst unter der Zerstörung des bischöflichen Hauses zu leiden. Die großen Luftangriffe im Januar und März 1945, die die Paderborner Innenstadt schwer beschädigten, lagen zeitlich freilich nach seinem Neujahrsgruß.

96 Erzbischöfliches Seelsorgeamt Paderborn (Hg.): Leben und Frieden, 145ff.

einem Drittel auf dem Gebiet der DDR lag.[97] Als ein innerkatholischer Konflikt über die künftige personelle Besetzung der katholischen Militärseelsorge einsetzte, war er gleichwohl ein gefragter Ratgeber. Wie selbstverständlich schaltete er sich Anfang der fünfziger Jahre auch in die konzeptionellen Planungen zum strukturellen und personellen Aufbau der katholischen Militärseelsorge ein, indem er z.B. das künftige Verhältnis zur evangelischen Militärseelsorge ansprach.[98] Bis in die 1960er Jahre wirkte er in entsprechender Weise im Hintergrund: Als er vom Essener Bischof Hengsbach, früherer Weihbischof Jaegers und nunmehr auch Militärbischof, darum gebeten wurde, einen Entwurf für die Zusammenarbeit zwischen evangelischer und katholischer Militärseelsorge zu kommentieren, wies er darauf hin, als Divisionspfarrer selbst die katholische Messe zelebriert zu haben. Dies hätte ihn aber nicht davon abgehalten, ökumenische Gedanken zu befürworten. Beispielsweise wenn es in Punkt II des Entwurfs darum ging, konfessionsübergreifendes Beten auf Trauerfeiern nach Katastrophenfällen zu ermöglichen: „Im Felde war das stets so üblich", ließ er in Anspielung auf seine realen Kriegserfahrungen wissen.[99]

Dass er auch nach dem Zweiten Weltkrieg kein Pazifist im Sinne einer grundsätzlichen Ablehnung militärischer Gewalt war, zeigte sich 1964 an seiner äußerst reservierten Haltung gegenüber der neu gegründeten „Katholischen Arbeitsgemeinschaft für Kriegsdienstverweigerer".[100] Er nahm deren Anliegen zur Kenntnis, ohne sich jedoch aktiv dafür einzusetzen, so zumindest legen es die wenigen verfügbaren Quellen in seinem Nachlass nahe. Angesichts seiner militärischen Affinitäten wäre ein „Umschwenken" auf eine pazifistische Linie zu jener Zeit auch ungewöhnlich gewesen.

Stattdessen setzte er sich für ehemalige Wehrmachtssoldaten ein. Interventionen der Kirche zugunsten deutscher Wehrmachtsangehöriger geschahen einerseits aus humanitären Gründen, andererseits wandte man sich von Seiten des Episkopats gegen eine als undifferenziert die Kollektivschuldthese[101] verfolgende „Siegerjustiz".[102] Neben dem Kölner Kardinal Frings setzte sich auch Jaeger für ehemalige Wehrmachtsoffiziere ein, so für den als Kriegsverbrecher verurteilten erkrankten Oberbefehlshaber der Marine, Erich Raeder. Dessen Frau lebte in Lippstadt und wandte sich mit ihrem Hilfeersuchen an

97 EBAP, NL Jaeger, Nr. 953, Bl. 10, Schreiben v. 18.01.1954. Bereits während des Krieges hatte er sich dafür eingesetzt, dass vakante Stellen von Militärgeistlichen umgehend wiederbesetzt werden sollten. Volk, Ludwig (Bearb.): Akten deutscher Bischöfe über die Lage der Kirche 1933–1945, Teil 6, 294.

98 Archiv des Katholischen Militärbischofs für die Deutsche Bundeswehr (Berlin), SW 455.

99 EBAP, NL Jaeger, Nr. 953, Bl. 173, Schreiben v. 22.03.1967.

100 EBAP, NL Jaeger, Nr. 955, Bl. 27.

101 Gegen die Kollektivschuldthese wandte er sich in seiner Denkschrift vom 23.07.1945 an den britischen Feldmarschall Montgomery, s. Gruß, Heribert: Erzbischof Lorenz Jaeger als Kirchenführer im Dritten Reich, 432–439.

102 Lingen, Kerstin von: Kesselrings letzte Schlacht, 205.

den Paderborner Bischof. Ebenfalls auf Bitte von Angehörigen und Freunden intervenierte Jaeger zugunsten des als Kriegsverbrecher einsitzenden Feldmarschalls v. Kesselring – offenbar ohne Prüfung weiterer Hintergründe und ohne diesen persönlich zu kennen. Zu jener Zeit betrachtete die deutsche Öffentlichkeit die langjährige Internierung von Wehrmachtsoffizieren zunehmend kritisch. Jaeger verlieh dieser Stimmungslage bereits ein gutes Jahr nach Kriegsende anlässlich einer weiteren Intervention Ausdruck: Er bescheinigte seinem ehemaligen Vorgesetzten aus der Zeit als Divisionspfarrer, General Rudolf Hofmann, jederzeit untadeliges Verhalten. Interessanter ist jedoch seine Argumentation, die er in seinem Schreiben zugunsten Hofmanns am 20. Juli 1946 verwendete: „Ich denke, daß man auch bei den Generälen sich zu der Unterscheidung zwischen sau[b]erem Soldatentum und Kriegsverbrechertum bereitfinden lassen wird.“[103] Wie viele andere Zeitgenossen auch, so ging der Bischof offenbar von einer „sauberen“ Bilanz der Wehrmacht im Zweiten Weltkrieg aus. Kriegsverbrechen lastete man ausschließlich nationalsozialistischen Organisationen wie der SS an. Dementsprechend setzte er sich auch erfolgreich zugunsten von Generaloberst Nikolaus von Falkenhorst für die Umwandlung seiner Todes- in eine Freiheitsstrafe ein, da dieser den so genannten Kommandobefehl, der zur Exekution gegnerischer Kommandotruppen führte, lediglich weitergegeben habe.[104]

Schlussbetrachtung

Trotz einer spärlichen Quellenlage, die insbesondere für seine Militärzeit unter fehlenden Selbstaussagen Jaegers leidet, lässt sich konstatieren, dass seine militärische Prägung im Ersten Weltkrieg wohl maßgeblich sein späteres Denken und Handeln bestimmte. Seine antibolschewistische Grundhaltung war eine weitere Konstante in Lorenz Jaegers Leben. Erworben hatte er sie wohl unmittelbar im bzw. nach dem Ersten Weltkrieg – einerseits durch die Ereignisse seit 1917 in Russland, andererseits durch die spartakistischen Aufstände in der jungen Weimarer Republik. Der Antibolschewismus ermöglichte den partiellen Schulterschluss mit den Machthabern im „Dritten Reich“, blieb für den Erzbischof jedoch auch nach dessen Ende virulent: An Bischof von Galen schrieb er am 7. Mai 1945, im von den Alliierten besetzten Ruhrgebiet hätten die Kommunisten bereits wieder mit ihrer Agitation begonnen.[105] Doch auch jenseits dieser antibolschewistischen Haltung unterstützte er die Kriegs-

103 EBAP, NL Jaeger, Nr. 1272, Bl. 129.
104 EBAP, NL Jaeger, Nr. 1272, Bl. 58.
105 Volk, Ludwig (Bearb.): Akten deutscher Bischöfe über die Lage der Kirche 1933–1945, Teil 6, 470.

anstrengungen des Deutschen Reichs vollständig. Auch als Kriegs- und Divisionspfarrer erwies er sich in einer frühen Phase des Zweiten Weltkriegs als loyal und suchte die Kampfmoral der Soldaten zu stärken. Dies war nur möglich, indem er Militär und Politik trennte und eine selektive Perspektive auf das Wesen des Zweiten Weltkriegs einnahm. Militärischer Gehorsam, wie er ihn als aktiver Soldat im Ersten Weltkrieg kennen und schätzen gelernt hatte, wurde für ihn zur Leitlinie seines Handelns. Eine kriegskritische Haltung vermochte er wegen seiner durch und durch soldatischen und nationalkonservativen Prägung nicht einzunehmen. Das galt selbst dann, als er über das wahre Wesen des Krieges im Osten informiert gewesen sein musste.

Lorenz Jaeger war indes kein Kollaborateur, der willentlich mit dem NS-Regime kooperierte. Er war jedoch auch kein Widerständler, sondern verstand sich als jemand, der an seinen Platz gesetzt worden war, um seine Pflicht zu erfüllen – was in einer exponierten Stellung wie dem Bischofsamt zweifellos einen Interessenkonflikt darstellte. Die sich ihm bietenden Handlungsspielräume gegenüber der nationalsozialistischen Regierung hat er gemäß seinem militärischen Ethos immer nur sehr behutsam, dezent und in engen Grenzen genutzt. Ein offensives Aufbegehren gegen eine als rechtmäßig empfundene Obrigkeit ließen aus seiner subjektiven Wahrnehmung weder sein christliches Weltbild noch seine militärische Prägung zu.

Roms neuer Mann in Paderborn: Ein Erzbischof für die Nazis?

Bernd Heim

Wenn der Aufstieg eines Priesters in ein Bischofsamt historisch untersucht wird, stehen zumeist die Person des berufenen Bischofs und die Diözese, mit deren Leitung er beauftragt wurde, im Mittelpunkt der Überlegungen. Dabei wird leicht übersehen, dass die konkrete Bischofsernennung nicht das singuläre Ereignis ist, als das sie oftmals[1] betrachtet wird, sondern selbst in einer Abfolge von Ereignissen steht, die ihren Verlauf maßgeblich mit beeinflusst haben, obwohl sie mit der Person des ernannten Bischofs und seiner Diözese nur wenig zu tun haben. Diese Beobachtung gilt auch für die Bestellung Lorenz Jaegers zum neuen Erzbischof von Paderborn im Sommer 1941. Denn mit Lorenz Jaeger wurde ein für die damalige Zeit untypischer und den meisten Zeitgenossen zum Zeitpunkt der Weihe auch völlig unbekannter Kandidat auf den Paderborner Erzbischofsstuhl berufen. Dies alles geschah zudem zu einer Zeit, in der das Ringen der Kurie mit der nationalsozialistischen Regierung um die Auslegung und die Reichweite des im Reichskonkordat und in den deutschen Länderkonkordaten festgeschriebenen politischen Erinnerungsrechts des Staates seinen Höhepunkt erreicht hatte.

Im Oktober 1941 stieg der frühere Studienrat Lorenz Jaeger im Alter von 48 Jahren vom Divisionspfarrer zum Erzbischof auf. Die Umstände und Motive, die zu seiner Wahl durch das Paderborner Domkapitel, der staatlichen Unbedenklichkeitsbescheinigung und der abschließenden Bestellung durch den Heiligen Stuhl geführt haben, sind zum Teil so außergewöhnlich und bemerkenswert, dass aus der historischen Rückschau zurecht die Frage gestellt werden darf, ob Lorenz Jaeger auch in den 1930er Jahren oder nach 1945 zum Bischof von Paderborn oder einer anderen deutschen Diözese hätte aufsteigen können. Damit die Besonderheiten dieser Wahl auch in ihrer Singularität angemessen erkannt und bewertet werden können, gilt es zunächst, die wichtigsten Entwicklungslinien im Ringen um die Bischofsernennungen im Dritten

1 Beispiele für diese Herangehensweise sind u. a. die Veröffentlichung von Ernst Reiter zur Wahl Michael Rackls oder auch der Artikel Heribert Gruß' über die Wahl und Ernennung Lorenz Jaegers. Vgl. Reiter, Ernst: Die Ernennung Michael Rackls zum Bischof von Eichstätt und Gruß, Heribert: Die „politische Klausel" bei der Neubesetzung des Paderborner Bischofsstuhls.

Reich zu skizzieren und ihre Bedeutung für die Paderborner Bischofswahl des Jahres 1941 herauszuarbeiten.

1. Braune Bischöfe für das Reich? – Die Vorgeschichte

Die Nationalsozialisten betrachteten die Ernennung Adolf Hitlers zum Reichskanzler nicht als einen normalen Regierungswechsel innerhalb einer funktionierenden Demokratie, sondern als Revolution.[2] In ihrem revolutionären Selbstverständnis gingen sie davon aus, dass ganz Deutschland den politischen Wechsel vorbehaltlos unterstützen und sich aktiv in die neue Bewegung einbringen würde oder andernfalls als Gegner kompromisslos zu bekämpfen sei. Oder um mit den Worten Adolf Hitlers zu sprechen: „Wer nicht mittut, kommt unter die Räder".[3] Auch von den Kirchen wurde eine „tätige Mitarbeit" erwartet, was auch auf die Bischofsernennungen nicht ohne Einfluss bleiben konnte. Schon die ersten Bischofswahlen zeigten das Potential des Konflikts und die Richtung, in die er sich fortan entwickeln sollte. Wie selbstverständlich erwarteten die Nationalsozialisten vom Vatikan, dass dieser auf die Veränderungen im Reich fortan mit der Ernennung „brauner" Bischöfe reagieren werde. Ein „brauner" Bischof war nach diesem Selbstverständnis ein Priester mit Parteibuch, der im besten Einvernehmen mit Partei und Staatsführung

2 Zum Verständnis der nationalsozialistischen Machtübernahme als Revolution bemerkte Adolf Hitler am 26. Februar 1942 zur Mittagszeit im Führerhauptquartier: „Es wird das unvergängliche Verdienst der nationalsozialistischen Bewegung sein, daß sie verstanden hat, den Lauf der Revolution im rechten Augenblick abzustoppen. Das ist ein schönes Wort: Volkserhebung! Unzählige Revolutionen hat es gegeben, in denen der Wagen die Bergeshöhe erreicht hat, um dann zerschmettert in der Tiefe anzukommen. Ganz selten ist geglückt, eine Revolution in die Evolution überzuleiten. Ich weiß, wie schwer das für mich selber war in manchen Stunden [19]33 auf [19]34. Die Masse hat kein Gefühl dafür, wo die Zerstörung anfängt, sinnlos zu werden. Auf dreierlei kommt es an bei jeder Erhebung: die Mauern einzureißen, welche die Stände von einander trennen, um jedem den Weg zum Aufstieg freizugeben, ein allgemeines Lebensniveau zu schaffen derart, daß auch der Ärmste ein gewisses Existenzminimum sicher hat, und schließlich zu erreichen, daß an den Segnungen der Kultur ein jeder teilhaben kann." Zitiert nach: Jochmann, Werner (Hg.): Adolf Hitler, 296.

3 In seinem Gespräch mit dem österreichischen Bundeskanzler Kurt von Schuschnigg bemerkte Hitler am 12. Februar 1938 zur „tätigen Mitwirkung" der Kirchen am Aufbau des Dritten Reiches: „Ich bin gottesgläubig und religiös, wenn auch nicht in einem kirchlich gebundenen Sinne. Denken Sie an den Weg, den ich genommen habe. Heute gibt es keine Parteien, Klassen, Zersplitterungen mehr im deutschen Volke. Alle wollen dasselbe. Ich hatte es mir ja noch anders gedacht: ich wollte das deutsche Volk in den beiden großen Kirchen, der katholischen und einer zentralen evangelischen einen, und mit den Kirchen meine Aufgabe lösen. Das hat sich als undurchführbar erwiesen, weil die Kirchen nicht wollten; daher wird es jetzt ohne und notfalls gegen die Kirchen gemacht. Wer nicht mittut, kommt unter die Räder." Schuschnigg, Kurt von: Ein Requiem in Rot-Weiss-Rot, 40.

sein Bistum im Sinne des neuen Staates führen sollte. Der Gedanke „Braune Bischöfe für das Reich“ war an dieser Stelle kein behutsam vorgetragener Wunsch, sondern eine handfeste Forderung, die von nationalsozialistischer Seite mit einem dicken Ausrufezeichen versehen wurde.[4]

Auch die Kirche beschäftigte sich ab Mitte 1933 notgedrungen mit diesem Ansinnen. Allerdings wurde es hier mit einem mindestens ebenso dicken Fragezeichen versehen. Sollte man wirklich auf die Forderung der neuen Regierung eingehen und mit der Einsetzung besonders national gesinnter Bischöfe reagieren? Die Antwort wurde zunächst verneint. In Münster, wo im Sommer 1933 erstmals nach Abschluss des Reichskonkordats vom 20. Juli 1933 ein neuer Bischof zu ernennen war, folgte die Wahl hinsichtlich der Zusammensetzung der römischen Dreierliste („Terna“) und der Wahl des Kapitels noch den in der Weimarer Republik üblichen Vorgaben.[5] Der vom Kapitel zum neuen Bischof gewählte Domkapitular Heinrich Heufers war den Nationalsozialisten jedoch nicht genehm. Nun hatten sie zwei prinzipielle Möglichkeiten, auf die Wahl zu reagieren. Sie konnten die im Reichs- und Preußenkonkordat verankerte „Politische Klausel“ in Anspruch nehmen und den Kandidaten über das staatliche „Erinnerungsrecht“ als neuen Bischof zu Fall bringen, indem sie mit Vetoanspruch Bedenken gegen den Kandidaten anmeldeten, oder ihn so massiv einschüchtern, dass er von sich aus auf die Ernennung verzichtete.

Die Nationalsozialisten wählten den zweiten Weg, drohten dem Gewählten massive Schwierigkeiten in der bischöflichen Amtsführung an und hatten damit Erfolg. Heinrich Heufers verzichtete auf die Ernennung und machte damit einen zweiten Wahlgang erforderlich, aus dem Clemens August Graf von Galen als neuer Bischof hervorging. Kurzfristig betrachtet war die Aktion aus Sicht der Regierung ein voller Erfolg, langfristig möglicherweise ein klassischer Pyrrhussieg, denn es ist fraglich, ob der in der Öffentlichkeit eher zurückhaltend agierende Heinrich Heufers als Bischof von Münster in eine ähnlich scharfe und laut vernehmbare Opposition zum neuen Staat getreten wäre wie der später als „Löwe von Münster“ bezeichnete Graf Galen. Der neue Bischof von Münster war schon vor seiner Wahl als national und konservativ eingestellter Mann hervorgetreten und die Nationalsozialisten taten alles, um

4 Dass Bischöfe mit einer „ausgesprochen nationalsozialistischen Gesinnung“ insbesondere für die Reichshauptstadt gewünscht wurden, geht beispielsweise aus dem von Legationsrat Fritz von Menshausen verfassten Aktenvermerk des Auswärtigen Amtes vom 21. November 1933 hervor. Vgl. PAAA, R 30567k, E 461241, den Vermerk Legationsrat von Menshausens zu II Vat. 526 auf dem Telegramm des Auswärtigen Amtes an die deutsche Vatikanbotschaft vom 21. November 1933.

5 Zu den Einzelheiten der Neubesetzung der Diözese Münster im Jahr 1933 vgl. Heim, Bernd: Braune Bischöfe für das Reich?, 67–99.

seine Wahl und Weihe in ihrem Sinn zu instrumentalisieren, doch ein „brauner" Bischof im Sinne des neuen Systems war er zu keinem Zeitpunkt.[6]

Diese „braunen" Bischöfe wurden aber weiterhin wie selbstverständlich erwartet und von den Nationalsozialisten auch mit Nachdruck gefordert, als im weiteren Verlauf des Jahres 1933 der Berliner Bischofsstuhl vakant wurde. Das sehr junge Bistum Berlin - es war erst 1930 gegründet worden - war für die staatliche wie die kirchliche Seite gleichermaßen bedeutsam. Allein die örtliche Nähe des Berliner Bischofs zu den verschiedenen staatlichen Ministerien und Parteidienststellen rückte ihn zwangsläufig innerkirchlich in eine besondere Position. Aus Sicht des Vatikans war es deshalb unverzichtbar, gerade in Berlin einen Bischof im Amt zu wissen, dem man unbedingt vertrauen konnte und an dessen Loyalität keine Zweifel bestanden.

Da in den preußischen Bistümern anders als in Bayern die Domkapitel die neuen Bischöfe wählen, konnte der Heilige Stuhl die Wahl jedoch nur indirekt steuern. Die römische Dreierliste, aus der das Kapitel zu wählen hatte, musste deshalb schon im Vorfeld so gestaltet werden, dass sie den Wünschen der Kurie optimal genügte. Dazu boten sich grundsätzlich zwei Wege an: Der erste Weg bestand darin, einem akzeptablen Kandidaten zwei für das Domkapitel völlig unakzeptable Kandidaten an die Seite zu stellen. Der kurz nach Lorenz Jaeger ins Amt gekommene Kölner Erzbischof Josef Kardinal Frings soll diesen Weg später einmal ironisch mit den Worten „ein Blinder, ein Neger und der, der es werden soll" umschrieben haben. Der zweite Weg bestand darin, die Liste nur mit Kandidaten zu besetzen, die alle die Gewähr für eine gute und loyale Zusammenarbeit mit der römischen Zentrale boten.

Für diesen Weg entschied sich der Vatikan im Herbst 1933. Er besetzte die Dreierliste für die Wahl des zweiten Berliner Bischofs mit dem Hildesheimer Bischof Nikolaus Barres und dem Eichstätter Bischof Konrad Graf von Preysing.[7] Aus römischer Sicht bot dieses Vorgehen ein hohes Maß an Sicherheit. Beide Bischöfe waren schon längere Zeit im Amt. Sie waren daher nicht nur für die Kurie, sondern auch für die staatlichen Stellen sehr gut einschätzbar. Fiel die Wahl des Berliner Kapitels auf einen von ihnen, waren Schwierigkeiten aus römischer Sicht nicht zu erwarten. Die auf die Wahl des Berliner Kapitels folgenden 50 Tage zeigten jedoch, wie falsch die Annahme war, die

6 Zu Bischof Clemens August von Galen vgl. Wolf, Hubert/Schüler, Barbara/Flammer Thomas (Hg.): Clemens August von Galen oder Kuropka, Joachim (Hg.): Streitfall Galen.

7 Dritter Kandidat auf der Liste war der Münsteraner Subregens Arnold Francken. Ursprünglich hatte der Abt von Scheyern und spätere Bischof von Passau, Simon Landersdorfer OSB, den zweiten Platz der Liste belegt. Er wurde, nachdem die ursprüngliche Liste bereits am Vortag an den Nuntius versandt worden war, am 19. Oktober 1933 kurzfristig durch eine telegraphische Anweisung des Kardinalstaatssekretärs, Eugenio Pacelli, aus der römischen Terna entfernt und durch den Eichstätter Bischof, Konrad Preysing, ersetzt. Vgl. Hülsbömer, Raphael: Eugenio Pacelli, Teil 2, 226.

Versetzung eines residierenden Bischofs in ein anderes Bistum werde staatlicherseits nicht auf Komplikationen stoßen.

Die Nationalsozialisten bestanden mit Blick auf die innen- wie außenpolitische Wirkung der Wahl darauf, dass die Reichshauptstadt mit einem „braunen“ Bischof besetzt werden sollte. Dabei bedienten sie sich indirekt der Politischen Klausel des Reichskonkordats. Der vom Kapitel gewählte Hildesheimer Bischof wurde zwar nicht offiziell abgelehnt, die staatliche Unbedenklichkeitsbescheinigung wurde im Gegenzug aber auch nicht ausgestellt. Das alles geschah in der Hoffnung, die Kurie werde schon bemerken, dass mit ihrem Kandidaten irgendetwas nicht stimme und analog zum Geschehen im Bistum Münster einen Rückzieher machen und einen Ersatzkandidaten benennen. Diesen Gefallen tat das vatikanische Staatssekretariat dem Preußischen Ministerpräsidenten, Hermann Göring, der in diesem Fall als das Zentrum des nationalsozialistischen Widerstands gegen Nikolaus Barres gelten kann, jedoch nicht. Die Kurie drohte, ihren von Tag zu Tag wachsenden Unmut über die Überziehung der im Schlussprotokoll des Reichskonkordats auf zwanzig Tage beschränkten Einspruchsfrist in der Weihnachtsansprache des Papstes einer größeren internationalen Öffentlichkeit kundzutun.[8] Einen derartigen Imageschaden wollte die junge, national wie international noch nicht vollkommen gefestigte nationalsozialistische Regierung unter allen Umständen vermeiden. Sie gab deshalb zähneknirschend ihre Zustimmung zum Wechsel des Hildesheimer Bischofs nach Berlin.

Vergessen war die Angelegenheit damit jedoch nicht. Weil die Nationalsozialisten erkannt hatten, dass die Politische Klausel nur eine begrenzte Einflussmöglichkeit auf die Bischofsernennungen im Reich gestattete, da sie allein die Ablehnung eines bereits gewählten Kandidaten ermöglichte, entschloss man sich, für die nun in Hildesheim anstehende Neubesetzung des Bischofsstuhls eine Stufe früher anzusetzen und der Kurie geeignete Kandidaten vorzuschlagen.[9] Zwar wurden die im Preußischen Wissenschaftsministerium erarbeiteten Kandidatenvorschläge nie offiziell an die Kurie herangetragen, weil sowohl die zuständigen Sachbearbeiter im Auswärtigen Amt wie auch Diego von Bergen, der deutsche Botschafter beim Heiligen Stuhl, sogleich erkannten, dass der geplante Vorstoß einer förmlichen Präsentation gleichkomme und deshalb auf den entschiedenen Widerstand der Kurie treffen werde. Aber die Aktion wirft ein bezeichnendes Licht auf die Frage, welcher Art die „braunen“ Bischöfe waren, von deren Ernennung die Nationalsozialisten seit ihrer Machtübernahme träumten. Interessant ist die Liste für die Paderborner Bischofswahl aber

8 Vgl. PAAA, R 72099, die nicht unterzeichnete Aufzeichnung Ministerialdirektor Buttmanns über seine Besprechung mit Kardinalstaatssekretär Pacelli vom 18. Dezember 1933.

9 BA, R 5101./24011, 210, Ministerpräsident Göring, St.M. I. 17049, an Kultusminister Rust vom 20. Januar 1934.

Feldbischof Rarkowski

auch aus einem zweiten Grund. In seiner Zeit als Militärpfarrer 1940/41 und darüber hinaus auch als Erzbischof stand Lorenz Jaeger mit zwei der benannten Kandidaten – Franz Justus Rarkowski und Erich Bartsch – in einem engen dienstlichen und persönlichen Kontakt.

Vorgesetzter und Kollege

Favorisiert für die Nachfolge Bischof Barres in Hildesheim wurden Pfarrer Johannes Strehl aus Potsdam, Wehrkreispfarrer Franz Justus Rarkowski aus Berlin und der Erzpriester Erich Bartsch aus dem niederschlesischen Naumburg. Franz Justus Rarkowski, der heute als einer der umstrittensten katholischen Bischöfe der NS-Zeit gilt, wurde 1936 zum Apostolischen Administrator und zwei Jahre später zum regulären Feldbischof der Wehrmacht ernannt.[10] Er war damit in den Jahren 1940 und 1941 der Dienstvorgesetzte Lorenz Jaegers, der als Divisionspfarrer den Feldbischof sehr wohlwollend betrachtete und dessen Bemühungen um den Erhalt der katholischen Militärseelsorge zu schätzen wusste.[11] Als Jaeger Erzbischof wurde, folgte er der Strategie des deutschen Episkopats, den Feldbischof zu isolieren, nur bedingt. Er hatte weiterhin eine sehr hohe Meinung von der Arbeit des Militärbischofs und wusste aus eigener Erfahrung um die vielfältigen Schwierigkeiten, mit denen Franz Justus Rarkowski zu kämpfen hatte. Persönlich pflegte er ein gutes Verhältnis zu ihm, was seinen Ausdruck u.a. in einem erhaltenen Schreiben zum 70. Geburtstag des Feldbischofs findet.[12]

Ein gutes persönliches Verhältnis hatte Lorenz Jaeger auch zu Erich Bartsch.[13] Beide kannten sich aus ihrer gemeinsamen Dienstzeit als Militärpfarrer am

10 Vgl. 3.7.5 Der „Fall Rarkowski" in nationalsozialistischer Zeit in: Heim, Bernd: Braune Bischöfe für das Reich?, 218–281.

11 Vgl. EBAP, NL Jaeger, Akte 2317, Kriegstagebuch Kriegspfarrer Lorenz Jaeger 1940, Vermerke 1941 August, die Einträge über die Teilnahme an einer Fortbildung für Wehrmachtspfarrer vom 15. bis 17. Januar 1941 und EBAP, Generalia Akten der Erzbischof 1, II 7, Kriegstagebuch Kriegspfarrer Lorenz Jaeger 1941, die Einträge vom Freitag, den 1. und Samstag, den 2. August 1941.

12 Das Schreiben ist in einem sehr herzlichen und wohlwollenden Ton verfasst. Vgl. AKMB, SW Nr. II/1.455 Akte Lorenz Jaeger, Erzbischof Jaeger an Feldbischof Rarkowski vom 4. Juni 1943.

13 Erich Bartsch wurde am 24. März 1890 in Berlin, laut NSDAP Parteigerichtsakte am 22. Mai 1886 in Görlitz geboren, seine Priesterweihe empfing er am 21. Juni 1913 in Breslau. In die Wehrmachtsseelsorge wurde er am 16. März 1938 übernommen und am 1. April 1941 zum Wehrmachtoberpfarrer befördert. Er verstarb am 5. August 1954 in Amelsbüren. Vgl.

Standort Wesel, wo sie sich im Sommer 1940 begegnet waren. Dieser Kontakt war nicht nur dienstlicher Natur, sondern schloss, wie Jaegers Kriegstagebuch erkennen lässt, auch private Kontakte nach Dienstschluss mit ein.[14] Die erhaltenen Dokumente aus der Dienststelle des Feldbischofs beschreiben Erich Bartsch als „etwas eigenartigen Typ eines schlesischen Geistlichen".[15] Er sei gewandt und schlagfertig, witzig und geistreich gewesen und habe als ehrgeiziger Mensch darauf Wert gelegt, von den ihm unterstellten Kriegspfarrern nicht kritisiert zu werden. Als Jongleur und Akrobat von Natur aus verstehe er es gut, sich äußerlich allen Situationen anzupassen. In seiner priesterlichen Lebensführung wurde er als einwandfrei und bei der Erfüllung seiner Berufspflichten als gewissenhaft beschrieben. Er sei sehr darauf bedacht gewesen, dass niemand seine Autorität in Frage stellte und habe sich bei der Dienstaufsicht gegenüber den unterstellten Kriegspfarrern darum bemüht, diesen ein väterlicher Freund und echter Helfer zu sein. Interessant und nicht ohne Schärfe ist die vermutlich auf Georg Werthmann zurückgehende politische Beurteilung des Wehrmachtoberpfarrers: „Von besonderer Originalität ist seine Wendigkeit auf politischem Gebiete. In den Jahren vor 1933 Zentrums-Abgeordneter im Stadtrat von Naumburg/Naumburg/Queis gelang es ihm später, das Wohlwollen der Partei zu finden, sodass er mit deren Unterstützung und auf ihr Betreiben aktiver Wehrmachtpfarrer wurde. Hat aber als Wehrmachtgeistlicher dem Nationalsozialismus keine besonderen Sympathien entgegengebracht und wird auch gewiss der neuen politischen Lage gewachsen sein."[16] Von Seiten der niederschlesischen NSDAP-Parteiführung wurde Erich Bartsch, trotz seiner früheren Tätigkeit für das Zentrum, große Wertschätzung entgegengebracht. Auch an seiner zeitweisen Mitgliedschaft in einer Freimaurerloge störte man sich offensichtlich nicht.[17]

Keine Zweifel bestanden bei der lokalen Parteiführung an Bartschs Treue zu Staat und Partei. „Er hat sich bereits vor der Machtübernahme trotz der für ei-

AKMB, SW Nr. II/1.192 Personalakte Erich Bartsch und BA R/9361/I–5168 Akten des Obersten Parteigerichts Erich Bartsch, geboren am 22. Mai 1886 in Görlitz, wohnhaft in Neustadt Oberschlesien.

14 Vgl. EBAP, NL Jaeger, Akte 2317, Kriegstagebuch Kriegspfarrer Lorenz Jaeger 1940.

15 Vgl. AKMB, SW Nr. II/1.192 Personalakte Erich Bartsch die nach dem Zweiten Weltkrieg vermutlich von Georg Werthmann verfasste Einschätzung des Wehrmachtoberpfarrers.

16 AKMB, SW Nr. II/1.192 Personalakte Erich Bartsch, undatierte und nicht gezeichnete Einschätzung des Wehrmachtoberpfarrers. Mit der neuen politischen Lage dürfte die Situation der frühen Nachkriegsjahre in den westlichen Besatzungszonen gemeint sein.

17 BA R/9361/I–5168 Akten des Obersten Parteigerichts Erich Bartsch, geboren am 22. Mai 1886 in Görlitz, wohnhaft in Neustadt Oberschlesien, Blatt 2, der stellvertretende Gauleiter I/112–03. III/3/32 an das Gaugericht Schlesien der NSDAP vom 16. Januar 1938: „Bartsch war in den Jahren 1921 bis 1931 Mitglied der Loge ‚Friedrich der Treue in den drei Bergen' in Striegau, am 21.11.1923 den dritten Grad erreicht, aber keinerlei Ämter bekleidet, 1931 durch Streichung aus der Loge ausgetreten."

nen Beamten damit verbundenen Gefahr für die NSDAP aktiv eingesetzt, und auch die näheren Umstände seines Logenaustrittes [...] lassen erkennen, dass sein Bekenntnis zur Bewegung absolut ehrlich gemeint ist."[18] Erich Bartschs späterer Eintritt in die Wehrmachtsseelsorge zeugt davon, dass er auch noch in den späteren 1930er Jahren das Vertrauen der Partei genoss und dem Feldbischof von dieser, wie eine nach dem zweiten Weltkrieg entstandene Zusammenstellung erkennen lässt, geradezu aufgedrängt wurde.[19] Als Parteimitglied oder Vertreter der nationalsozialistischen Bewegung und Weltanschauung ist er dort allerdings nicht in Erscheinung getreten.[20]

Ein treuer und zuverlässiger Parteigenosse

Zu Pfarrer Strehl hatte Lorenz Jaeger mit hoher Wahrscheinlichkeit persönlich keinen Kontakt. Dafür war dieser dem deutschen Vatikanbotschafter in lebhafter, wenn auch nicht unbedingt guter Erinnerung. Diego von Bergen erin-

18 BA R/9361/I-5168 Akten des Obersten Parteigerichts Erich Bartsch, Blatt 2, der stellvertretende Gauleiter I/112-03. III/3/32 an das Gaugericht Schlesien der NSDAP vom 16. Januar 1938.

19 Die vermutlich von Militärgeneralvikar Georg Werthmann unter dem Datum vom 15. August 1945 verfasste und mit „Geschichte der Wehrmachtsseelsorge" überschriebene Zusammenstellung weist Erich Bartsch als einen jener Militärgeistlichen aus, deren Eintritt in die Wehrmachtseelsorge mit einer starken Protegierung durch die NSDAP verbunden war. Vgl. AKMB, SW Nr. II/1.192 Personalakte Erich Bartsch, 15. August 1945 Geschichte der Wehrmachtsseelsorge, „Die Frage, inwieweit katholische Wehrmachtgeistliche und Kriegspfarrer Freunde des Nationalsozialismus bzw. Vertreter der nationalsozialistischen Weltanschauung waren, kann wie folgt beantwortet werden: 1. Es ist nicht bekannt geworden, dass einer der katholischen Wehrmachtgeistlichen oder Kriegspfarrer jemals Parteigenosse gewesen ist. Jedenfalls hat keiner von ihnen eine diesbezügliche Mitteilung oder Angabe gemacht. [Die im Bundesarchiv erhaltenen Unterlagen weisen Erich Bartsch aber unter der Mitgliedsnummer Mitglieds-Nr. I. 422-085 als Parteimitglied im Gau Schlesien, Ortsgruppe Neustadt aus. Vgl. BA R/9361/I-5168 Akten des Obersten Parteigerichts Erich Bartsch, Blatt 2, der stellvertretende Gauleiter I/112-03. III/3/32 an das Gaugericht Schlesien der NSDAP vom 16. Januar 1938.] 2. Es ist Tatsache, dass einige katholische Wehrmachtgeistliche von Parteistellen besonders begünstigt bzw. durch diese der Wehrmachtseelsorge mehr oder weniger aufgedrängt wurden. Es sind hier besonders zu nennen Wehrmachtdekan Thomann, Wehrmachtoberpfarrer Drossert, Wehrmachtpfarrer Dr. Roeder, Wehrmachtpfarrer Sachsenhausen, Wehrmachtoberpfarrer Ludäscher, Kriegspfarrer Schulze, Wehrmachtdekan Kaspar Lang, Wehrmachtpfarrer Widenmann und Wehrmachtoberpfarrer Bartsch. 3. Als bewusster Vertreter des nationalsozialistischen Ideengutes kann lediglich bezeichnet werden Wehrmachtdekan Thomann. Er hat sich als solcher bei Ausübung der Wehrmachtseelsorge mehrfach betätigt. 4. Es muss betont werden, dass keiner der Geistlichen in den Wehrmachtklerus bzw. in die Feldseelsorge übernommen wurde ohne die ausdrückliche Zustimmung und besondere Qualifikation durch seinen Ordinarius loci. Wenn diese nicht erteilt werden konnte, wurde der Betreffende ohne Rücksicht auf die Bemühungen politischer Stellen als Bewerber abgelehnt. In einigen Fällen - Häffner, Dunkel - nahm das Feldbischofsamt sogar das Risiko auf sich, solche Leute von sich aus abzulehnen, obwohl das Placet des Ordinarius loci eindeutig vorlag".

20 Vgl. ebd.

nerte das Auswärtige Amt in der Diskussion um die Hildesheimer Vorschlagsliste daran, wie schwer es gewesen sei, das NSDAP-Parteimitglied Strehl gegen den Widerstand des Berliner Bischofs Christian Schreiber auf die Pfarrstelle in Potsdam zu setzen.[21] Weil es sich seinerzeit um die erste Einsetzung eines offen nationalsozialistischen Pfarrers handelte, hatte Johannes Strehl nicht gezögert, Adolf Hitler selbst zu seiner Einführung in die neue Pfarrei einzuladen. Den Tag seiner feierlichen Amtseinführung, gedachte Pfarrer Strehl durch die Teilnahme des Reichskanzlers und anderer bedeutender Parteifunktionäre am Festgottesdienst propagandistisch aufzuwerten. Dem Reichskanzler unterbreitete er deshalb am 6. Juni 1933 seinen Vorschlag und bat ihn, den Termin des Einführungsgottesdienstes selber festlegen zu wollen. Strehl begründete seine Einladung an Hitler damit, dass mit ihm zum ersten Mal ein katholischer Pfarrer, der NSDAP-Mitglied sei, durch die Regierung in sein Amt eingeführt werde. Die Anwesenheit des Führers werde zudem öffentlich beweisen, dass „Katholiken und katholische Geistliche nicht mehr diffamiert und suspendiert werden, wenn sie der NSDAP angehören, ganz abgesehen von dem gewaltigen Eindruck [, den die Teilnahme des Reichskanzlers und der anderen Parteifunktionäre; B.H.] auf die deutschen Bischöfe und den Vatikan“ haben werde.[22]

Unterstützt wurde die Einladung des Pfarrers am gleichen Tag von Georg Lossau, dem Vorsitzenden der katholischen Vereinigung für nationale Politik, der auch Johannes Strehl angehörte. Zu den Hintergründen der Einführung bemerkte der Vorsitzende: „Nach Wegräumung einiger von Zentrumsseite aufgeworfenen Schwierigkeiten ist dem Kuratus Strehl am 1. d.Mts. die Pfarrstelle in Potsdam übertragen worden. Pfarrer Strehl ist somit der erste katholische Geistliche, der unter nationalsozialistischen Gesichtspunkten und unter nationalsozialistischer Führung in ein Pfarramt gelangt. [...] Pfarrer Strehl bekennt sich seit dem Tage der Aufhebung der bischöflichen Verbote offen zur NSDAP, und hat in unserer Vereinigung bisher noch keine Sitzung versäumt. Mittels Handschlag hat er mir s.Zt. in feierlicher Form Treue zu Ihnen, mein hochverehrter Führer, gelobt und dieses Gelöbnis Pg. Oberpräsident Kube und mir gegenüber schriftlich bestätigt. Bei seiner Energie und Weltgewandtheit ist zu erwarten, daß er zur gegebenen Zeit wesentlich mit zur Klärung der politisch-

21 Die erste und zweite Pfarrerstelle an der 1722 errichteten und 1738/39 von König Friedrich Wilhelm I. erneut ausgestatteten und erweiterten St. Peter und Paulskirche in Potsdam waren Staatspatronate. (Vgl. BA, R 5101./24079, 77, der Oberpräsident der Provinz Brandenburg, O-P. 20003, an das RMfdkA vom 28. September 1935.) Vermutlich für eine der beiden Pfarrstellen wurde Kurat Johannes Strehl am 5. Mai 1933 durch Oberpräsident Kube (Provinz Brandenburg und Berlin) Bischof Schreiber als Pfarrer präsentiert. Bischof Schreiber entsprach dieser Präsentation und ernannte Johannes Strehl am 30. Mai 1933 zum Pfarrer von Potsdam.

22 Vgl. BA, R 43 II/174, 31-33, hier 32, Pfarrer Strehl an Adolf Hitler vom 6. Juni 1933.

konfessionellen Atmosphäre beiträgt."[23] Der Reichskanzler bedankte sich zwar für diese Einladung, zog es allerdings vor, der Veranstaltung, die ihn offenkundig nicht interessierte, fernzubleiben.[24]

Auch als Pfarrer arbeitete Johannes Strehl intensiv mit Partei und Staatspolizei zusammen. Am 15. Januar 1934 denunzierte er den Berliner Kapitularvikar Paul Steinmann, Ordinariatsrat Professor Köhler sowie die Prälaten Bernhard Lichtenberg und Domkapitular Georg Banasch als die treibenden Kräfte innerhalb des Berliner Ordinariats, die maßgeblich für die Einfügung einer zusätzlichen Textpassage zum Sterilisationsgesetz in die jährlich zu verlesende Kanzelverkündigung über die Ehe und Mischehe verantwortlich seien.[25] Das Geheime Staatspolizeiamt Berlin brachte den Bericht des Pfarrers am 3. Februar 1934 der Reichskanzlei zur Kenntnis. Zur politischen Einstellung des Potsdamer Pfarrers bemerkte die Geheime Staatspolizei: „Zur Persönlichkeit des Pfarrers Strehl teilte mir der Leiter der Staatspolizeistelle in Potsdam mit, daß Strehl stets in vorbildlicher Weise für eine harmonische Zusammenarbeit der katholischen Kirche mit dem Nationalsozialismus eingetreten sei."[26]

Die Politische Klausel rückt in den Mittelpunkt der Überlegungen

Die ursprüngliche Forderung nach der Ernennung nationalsozialistisch gesinnter Bischöfe gaben Partei, Gestapo und Reichsregierung nie auf. Sie erkannten ab 1934 allerdings zunehmend die Aussichtslosigkeit dieses Wunsches. Weil die Kirche von sich aus nicht gewillt war, die entsprechenden Zeichen zu setzen, gewann bei der Behandlung der Materie von staatlicher wie kirchlicher Seite die Politische Klausel eine zunehmende Bedeutung.

In den deutschen Konkordaten sind Art und Umfang des staatlichen Erinnerungsrechts unterschiedlich geregelt. Die für den Heiligen Stuhl angenehmste Ausformung der Politischen Klausel findet sich im Bayerischen Konkordat von 1924. In der Ernennung der bayerischen Bischöfe ist der Vatikan vollkommen frei. Er hat sich vor der Ernennung des Kandidaten nur in „offiziöser Weise" bei der Bayerischen Landesregierung zu vergewissern, dass „gegen den

23 Vgl. BA, R 43 II/174, 34, der Vorsitzende der katholischen Vereinigung für nationale Politik, Georg Lossau, an Adolf Hitler vom 6. Juni 1933. Die Passagen „erste katholische Geistliche" und „unter nationalsozialistischen Gesichtspunkten und unter nationalsozialistischer Führung" wurden im Original mit Schreibmaschine unterstrichen und zusätzlich von einem Sachbearbeiter der Reichskanzlei mit einer senkrechten Markierung am Rand hervorgehoben.

24 Vgl. BA, R 43 II/174, 34r., den Vermerk vom 14. Juni 1933 unter dem Schreiben Georg Lossaus an Adolf Hitler vom 6. Juni 1933 und BA, R 43 II/174, 35, die Absagen der Reichskanzlei an Pfarrer Strehl und Georg Lossau vom 15. Juni 1933.

25 Vgl. BA, R 43 II/174, 192ff., Geheimes Staatspolizeiamt, II E 2–244, an die Reichskanzlei vom 3. Februar 1934.

26 BA, R 43 II/174, 192ff., Geheimes Staatspolizeiamt, II E 2–244, an die Reichskanzlei vom 3. Februar 1934.

Kandidaten Erinnerungen politischer Natur nicht obwalten."[27] Die schärfste und für die kirchliche Seite ungünstigste Regelung findet sich im Preußischen Konkordat von 1929. Sie beinhaltet ein uneingeschränktes Vetorecht der Regierung. Der staatliche Einspruch gegen einen Bischofskandidaten schließt diesen definitiv aus und macht eine Neuwahl des Domkapitels erforderlich. Weil die Bestimmungen des preußischen Konkordats auch für die Bischofswahlen im Erzbistum Paderborn relevant sind, sei der Modus der Nachfolgeregelungen in Preußen an dieser Stelle eingehender beschrieben.

Der Wahl- und Bestellungsmodus

Wie in Bayern werden auch in den preußischen Diözesen nach der Erledigung eines bischöflichen Stuhls Kandidatenlisten für den Vatikan erstellt. Im Gegensatz zum bayerischen Modus sind in Preußen neben dem Domkapitel der vakanten Diözese auch alle anderen Diözesanbischöfe gehalten, der Kurie kanonisch geeignete Kandidaten zu benennen. Der Heilige Stuhl „würdigt" die ihm eingereichten Personalvorschläge und übermittelt dem Kapitel anschließend eine Liste mit drei Kandidaten, aus denen es in freier, geheimer Abstimmung den neuen Bischof oder Erzbischof wählt. Die das Verfahren abschließende Ernennung des gewählten Bischofs ist dem Heiligen Stuhl vorbehalten, der sich in Artikel 6 des Preußenkonkordats vom 14. Juni 1929 verpflichtet hat, keinen Kandidaten zum Bischof oder Erzbischof zu ernennen, „von dem nicht das Kapitel nach der Wahl durch Anfrage bei der Preußischen Staatsregierung festgestellt hat, dass Bedenken politischer Art gegen ihn nicht bestehen."[28] – Dies ist die „Politische Klausel".

Eine analoge Regelung sieht das preußische Konkordat in Artikel 7 für die Bestellung von Koadjutoren mit dem Recht der Nachfolge bzw. für die Bestellung eines Praelatus nullius vor.[29] Auch in diesen Fällen ist der Heilige Stuhl nicht berechtigt, die Ernennung vorzunehmen, ohne sich zuvor durch eine Anfrage bei der Preußischen Regierung zu vergewissern, dass Bedenken politischer Art gegen den Kandidaten nicht bestehen. In den Vertragsverhandlungen

27 Vgl. Artikel 14, § 1, Absatz 3 des Bayerischen Konkordats vom 29. März 1924, zitiert nach: Schöppe, Lothar: Konkordate seit 1800, 49.

28 Artikel 6, § 1, Absatz 3 des Preußischen Konkordats vom 14. Juni 1929, zitiert nach: Schöppe, Lothar: Konkordate seit 1800, 65.

29 Ein Pralatus nullius steht mit bischöflichen Vollmachten ausgestattet einer Territorial- oder Gebietsprälatur (lateinisch heute praelatura territorialis, früher auch praelatura nullius dioeceseos) vor. Bei dieser handelt es sich nach can. 368 CIC um eine der Diözese gleichgestellte Partikularkirche mit territorial umschriebenem Geltungsbereich. In Deutschland wurde die 1923 aus den nach dem Versailler Vertrag beim Deutschen Reich verbliebenen Teilen der Bistümer Gnesen-Posen und Kulm gebildete Administratur Schneidemühl durch das Preußenkonkordat vom 14. Juni 1929 in den Rang einer Prälatur im Verband der Ostdeutschen Kirchenprovinz erhoben.

hatte die Preußische Staatsregierung versucht, das staatliche Erinnerungsrecht auch auf Apostolische Administratoren, alle Ortsordinarien, Kapitelsdignitäten, Generalvikare und die Weihbischöfe auszudehnen, ohne sich mit ihrem Anliegen gegenüber dem Heiligen Stuhl durchsetzen zu können. Schon in den Beratungen vom 22. Juni 1926 hatte der Apostolische Nuntius, Eugenio Pacelli, hervorgehoben, dass keines der neueren Konkordate ähnlich weitreichende Zugeständnisse an die staatliche Seite enthalte wie das preußische.[30]

Die weiterführenden Bestimmungen des Reichskonkordats

Als die Nationalsozialisten im Januar 1933 in Deutschland die Macht übernahmen, war das staatliche Erinnerungsrecht durch die mit den demokratisch gewählten Länderregierungen ausgehandelten Konkordate für die meisten deutschen Diözesen verbindlich kodifiziert. Nur die Bistümer Mainz, Meißen und Rottenburg wurden von den bestehenden Regelungen nicht erfasst. Für die neuen Machthaber war neben der Entpolitisierung des im Zentrum organisierten katholischen Klerus die Verankerung einer Politischen Klausel auch auf Reichsebene ein zentrales Motiv für den Abschluss des Reichskonkordats.

Obwohl die nationalsozialistischen Machthaber langfristig eine zentralistische Reichsstruktur anstrebten und die Weimarer Reichsverfassung das Reichsrecht über das Recht der Länder stellte, verständigte sich die Berliner Regierung in Artikel 2 des Reichskonkordats mit dem Heiligen Stuhl auf eine uneingeschränkte weitere Geltung der in den Länderkonkordaten enthaltenen Regelungen. Nur wenn die Artikel des Reichskonkordats über die Bestimmungen der Länderkonkordate hinausgingen, sollten sie als Ergänzungen auch für Bayern, Preußen und Baden verpflichtend sein. Für die Bistümer der betroffenen Länder blieb damit – besonders hinsichtlich des Vetocharakters der einzelnen Politischen Klauseln – weiterhin das im jeweiligen Länderkonkordat formulierte Erinnerungsrecht maßgeblich, auch wenn sich die Entscheidungskompetenz über die Äußerung politischer Bedenken inzwischen von der Landes- zur Reichsregierung verschoben hatte.

Den in der Reichsverfassung verankerten Grundsatz des freien Besetzungsrechts für alle Kirchenämter ohne staatliche Mitwirkung bestätigte das Reichskonkordat in Artikel 14 ebenso wie die Politischen Klauseln der Länderkonkordate. Gleichzeitig verständigten sich die Vertragspartner darauf, den im Badischen Konkordat für das Erzbistum Freiburg fixierten Wahlmodus auf die von den Länderkonkordaten noch nicht erfassten Bistümer Mainz, Meißen und Rottenburg zu übertragen.[31] Nach dem Reichskonkordat sind für die Be-

30 Vgl. Golombek, Dieter: Die politische Vorgeschichte des Preußenkonkordats (1929), 61.

31 Vgl. Artikel 14, Absatz 1–2 des Reichskonkordats vom 20. Juli 1933 in: Schöppe, Lothar: Konkordate seit 1800, 30f.

rufung in ein Bischofsamt seither neben den allgemeinen Bestimmungen des kanonischen Rechts einheitlich für alle Diözesen in Deutschland drei Voraussetzungen erforderlich: der Kandidat muss deutscher Staatsangehöriger sein, ein zum Studium an einer deutschen Hochschule berechtigendes Abiturzeugnis erworben und ein mindestens dreijähriges philosophisch-theologisches Studium absolviert haben. Das Studium kann wahlweise an einer staatlichen deutschen Hochschule, an einer kirchlichen akademischen Lehranstalt in Deutschland oder an einer päpstlichen Hochschule in Rom absolviert worden sein. Im gegenseitigen Einvernehmen kann jedoch von dieser grundsätzlichen Anforderung abgesehen werden.

Bei der Formulierung des staatlichen Erinnerungsrechts folgten die Vertragsparteien inhaltlich weitgehend den Politischen Klauseln des badischen[32] und preußischen Konkordats, ohne eine der beiden exakt zu übernehmen: „Die Bulle für die Ernennung von Erzbischöfen, Bischöfen, eines Coadjutors cum jure successionis oder eines Praelatus nullius wird erst ausgestellt, nachdem der Name des dazu Ausersehenen dem Reichsstatthalter in dem zuständigen Lande mitgeteilt und festgestellt ist, dass gegen ihn Bedenken allgemein politischer Natur nicht bestehen.“[33]

Zusätzlich zur Integration der neu geschaffenen Institution der Reichsstatthalter in den Prozess der Konkordatsanfrage präzisierte die Politische Klausel des Reichskonkordats den Begriff der politischen Bedenken gegenüber dem Preußenkonkordat als Bedenken „allgemein politischer Art“, verzichtete aber zugleich auf den im badischen Konkordat enthaltenen Zusatz, die geäußerten Bedenken dürften „nicht parteipolitischer Art“ sein. Im Schlussprotokoll, das nach dem ausdrücklichen Willen der Vertragspartner einen integralen Bestandteil des Reichskonkordats bildet, bekundeten Kirche und Reich ihr Einverständnis darüber, dass „sofern Bedenken allgemein politischer Natur bestehen, solche in kürzester Frist vorgebracht werden. Liegt nach Ablauf von 20 Tagen eine derartige Erklärung nicht vor, so wird der Heilige Stuhl berechtigt sein, anzunehmen, dass Bedenken gegen den Kandidaten nicht bestehen.“ Zusätzlich zu der Verpflichtung, über die Person des Kandidaten bis zur Publikation der Ernennung volle Vertraulichkeit wahren zu wollen, bestätigten die

32 Das Badische Konkordat von 12. Oktober 1932 enthält im Unterschied zu den zuvor abgeschlossenen deutschen Länderkonkordaten zwei Besonderheiten: Der Heilige Stuhl verpflichtet sich mindestens einen Kandidaten aus dem Erzbistum Freiburg zu benennen, während andererseits das staatliche Erinnerungsrecht insoweit deutlich präzisiert wird, dass die gegen den gewählten Erzbischof vorgebrachten Bedenken „allgemein-politischer, nicht aber parteipolitischer“ Natur sein dürfen. Vgl. Artikel III, Absatz 2 des Badischen Konkordats vom 12. Oktober 1932, zitiert nach: Schöppe, Lothar: Konkordate seit 1800, 39.

33 Artikel 14, Absatz 2, Ziffer 2 des Reichskonkordats vom 20. Juli 1933, zitiert nach: Schöppe, Lothar: Konkordate seit 1800, 31.

Vertragsparteien einander im Schlussprotokoll explizit, dass „ein staatliches Vetorecht [...] nicht begründet werden" soll.[34]

Gewonnen und doch verloren

In dem Augenblick, in dem die Politische Klausel im Ringen um die Bischofsernennungen im Dritten Reich immer weiter in den Vordergrund rückte, gewannen der Inhalt der vorgebrachten politischen Bedenken und die zwanzigtägige Einspruchsfrist zunehmend an Bedeutung. Die Einspruchsfrist rückte schnell in den Mittelpunkt, weil die Reichsregierung diese gerade in den Anfangsjahren der NS-Diktatur mehrfach massiv überschritt und sich damit den Unwillen des Vatikans zuzog. Der Vatikan drohte daher dem Reich mehrmals offiziell mit einer Ernennung des neuen Bischofs unmittelbar nach Ablauf der zwanzigtägigen Frist, auch wenn die abschließende Rückäußerung der Reichsregierung noch nicht vorliege. Im Auswärtigen Amt und im Kirchenministerium wurde diese Drohung sehr ernst genommen, während die meisten Partei- und Gestapostellen ausgehend von ihrem totalitären Überlegenheitsanspruch glaubten, bei ihren Ermittlungen alle Zeit der Welt zu haben.

Die Drohung aus Rom wirkte, wenn auch über die in der vom Heiligen Stuhl beabsichtigten Weise hinaus: Das Verfahren zur Bearbeitung der Konkordatsanfragen beschleunigte sich merklich. Bei der letzten Anfrage vor dem Ausbruch des Zweiten Weltkriegs war die Reichsregierung im Dezember 1937 trotz der vielen Feiertage rund um die Weihnachtszeit in der Lage, die Anfrage des Aachener Kapitels hinsichtlich der Ernennung von Wilhelm Holtmann innerhalb von zwanzig Tagen abschließend zu beantworten. Das war unzweifelhaft ein Erfolg für das langjährige Drängen der Kurie. Verbunden war dieser Erfolg jedoch mit einer gewichtigen Einschränkung. Wenn die Zeit knapp wurde und die Unbedenklichkeit des Kandidaten nicht gegeben zu sein schien, entschied sich die Reichsregierung wie im noch zu beschreibenden „Fall Aachen" dazu, im Zweifel lieber einen Kandidaten zu viel als zu wenig abzulehnen.[35] Sie setzte damit genau das Verfahren in die Praxis um, das Staatssekretär Wilhelm Stuckart in seiner Note vom 31. Juli 1934 dem Nuntius als Alternative zur einseitigen Fristüberschreitung durch die Reichsregierung angekündigt hatte.[36]

34 Vgl. das Schlussprotokoll zum Reichskonkordat vom 20. Juli 1933, zitiert nach: Schöppe, Lothar: Konkordate seit 1800, 31.

35 Zu den Einzelheiten vgl. 3.11 Die Aachener Bischofswahl 1937: Der „Fall Aachen" in: Heim, Bernd: Braune Bischöfe für das Reich?, 357–403.

36 Vgl. GStA, Rep. 90/2389, 80, Staatssekretär Stuckart, G II 1354.1, an Nuntius Orsenigo vom 31. Juli 1934 oder PAAA, R 72102, E 580944–580946, die Abschrift des Antwortschreibens des Preußischen Kultusministeriums, G II No. 1354.1, an die Apostolische Nuntiatur vom 31. Juli 1934, abgedruckt in: Albrecht, Dieter: Der Notenwechsel zwischen dem Heiligen Stuhl und der deutschen Reichsregierung. Teil III, 44f.

Ob der Preis, den der Heilige Stuhl für diesen Erfolg bezahlte, gerechtfertigt war, ist eine Frage, die auch mit Blick auf die Paderborner Bischofswahl des Jahres 1941 sehr gut zu beantworten ist. Raphael Hülsbömer widmet sich ihr nicht. Er begnügt sich mit der Feststellung: „Bei allen Schwierigkeiten, die Konkordatsbestimmungen bei einem Kontrahenten durchzusetzen, der über Vertragstreue zunehmend nur auf Basis von eigenen Opportunitätsgründen entschied, ging es dem Heiligen Stuhl um zumindest formale Rechtswahrung, ein Anliegen, das durchaus nachvollziehbar ist."[37] Nachvollziehbar sind generell alle Entscheidungen, auch die schlechten. Entscheidend ist an dieser Stelle jedoch, ob das gewählte Verhalten den eigenen Zielen förderlich und langfristig strategisch richtig ist. Führt die gewählte Strategie nicht zum erhofften Ziel, wird ein klassisches Eigentor geschossen oder bestenfalls ein Pyrrhussieg errungen.

Entscheidungen werden häufig unter Unsicherheit und Zeitdruck gefällt. In der Frage der Bischofsernennungen hat der von der Kurie bzw. vom Reichskonkordat ausgehende Zeitdruck bewirkt, dass die strittigen Kandidaten im Zweifel abgelehnt wurden. Das geschah im „Fall Aachen" zumindest mit Blick auf die 20-tägige Einspruchsfrist konkordatskonform. Die Wahrung dieser Formalie hatte aber nicht den geringsten positiven Einfluss darauf, ob die vorgebrachten Ablehnungsmotive allgemein- oder parteipolitischer Natur waren. An dieser Stelle handelte die Reichsregierung in den früheren Fällen trotz der teilweise erheblichen Fristüberschreitungen wesentlich vertragsgetreuer als im „Fall Aachen". Führende Nationalsozialisten wie Hermann Göring, aber auch die nachgeordneten Partei- und Gestapodienststellen störten sich nicht an der Frage, ob ihre Ablehnungsmotive allgemein- oder parteipolitisch waren. Vor dem Hintergrund ihres Totalitätsanspruchs war ihnen kaum zu vermitteln, dass die vorgebrachten Ablehnungsmotive durch die Konkordate nicht gedeckt waren. Was ihnen aber durchaus, etwa durch die noch dem rechtlichen Denken verhafteten Beamten im Auswärtigen Amt, zu vermitteln war, ist das Gespür dafür, dass die eigene Entscheidung eine Fülle negativer Konsequenzen nach sich ziehen könnte. Wenn diese als schwerwiegend empfunden wurden, konnte wie im Fall der Berliner Bischofswahl des Jahres 1933 der eigentlich abgelehnte Kandidat am Ende dennoch durchgewunken werden.

Ein solcher Prozess benötigt allerdings immer seine Zeit zum Reifen. Ist diese Zeit nicht vorhanden, werden die notwendigen Gedanken durch den bestehenden Zeitdruck frühzeitig abgeblockt. Steht diese Zeit aber, wie im Fall der Ernennung Lorenz Jaegers, zur Verfügung, kann der entsprechende Prozess in Gang kommen. Bei der Überprüfung Lorenz Jaegers wirkte sich die aufgrund der Kriegslage ausgesetzte 20-Tage-Frist positiv aus, denn der Kirchenminister nahm sich die Zeit, die Personalakte des Kandidaten vom

37 Vgl. Hülsbömer, Raphael: Eugenio Pacelli, Teil 2, 277 Anm. 1099.

OKH anzufordern und diese gründlich zu studieren. Durch sie erfuhren – auf diesen Punkt wird später noch im Detail zurückzukommen sein – die belastenden Gestapogutachten eine deutliche Relativierung. Die Einsichtnahme in die Akte hat in einem erheblichen Maß dazu beigetragen, dass Lorenz Jaeger das staatliche Plazet am Ende bekommen hat. Hätte diese zusätzliche Zeit nicht zur Verfügung gestanden, weil die 20-Tage-Frist weiterhin in Geltung gewesen wäre, wäre das Ergebnis der Überprüfung möglicherweise ein völlig anderes gewesen.

Zwar wurde der Informativprozess im Laufe der Jahre vereinheitlicht und deutlich gestrafft. Er war und blieb aber ausgesprochen kompliziert und zeitaufwendig. Als Lorenz Jaeger 1941 zum neuen Paderborner Erzbischof gewählt wurde, sah das zwischen der Reichsregierung und dem Vatikan abgesprochene Verfahren vor, dass der Nuntius die Wahl des neuen Erzbischofs oder Bischofs der Regierung zunächst im Auswärtigen Amt anzeigte und dieses anschließend das Kirchenministerium unterrichtete. Wandte sich das wählende Domkapitel wie im Paderborner Fall direkt an die Reichsregierung, landete die Anfrage sogleich im Kirchenministerium, wodurch etwas Zeit gewonnen wurde. Das Kirchenministerium wiederum stattete die Reichsstatthalter und Regierungspräsidenten mit den notwendigen Ermittlungsaufträgen aus. Diese wandten sich abschließend an die lokalen Gestapoleitstellen, die die eigentliche Ermittlungsarbeit übernahmen. Von den zur Verfügung stehenden 20 Tagen verging so leicht eine ganze Woche, bis der Ermittlungsauftrag die für den Bericht zuständige Leitstelle überhaupt erreicht hatte. Da die Antwort den gleichen Weg in Gegenrichtung zurückzulegen hatte, standen für die eigentlichen Ermittlungen selten mehr als sieben bis zehn Tage zur Verfügung.

Ein Vabanquespiel mit unsicherem Ausgang

Es liegt auf der Hand, dass diese Zeit gerade im Fall von Kandidaten, die der staatlichen Seite relativ unbekannt waren, viel zu knapp bemessen war. Der Zeitdruck war weder dem Ergebnis der Ermittlungsarbeit förderlich, noch bot er die Chance, einander widersprechende Aussagen der nachgeordneten Ermittlungsbehörden in Ruhe einer kritischen Würdigung zu unterziehen. Hinzu kam, dass die Reichsregierung auch von Parteidienststellen Gutachten zu den gewählten Kandidaten erstellen ließ. Sie flossen wie die Gestapo- und Polizeiberichte in die Beurteilung ein und konnten – wie 1936 in Fulda und 1938 in Aachen – einen Kandidaten zu Fall bringen, obwohl sowohl im Reichswie auch im Preußenkonkordat festgelegt war, dass nur allgemeinpolitische Motive die Ablehnung eines Kandidaten rechtfertigten. An dieser sehr bedeutsamen juristischen Feinheit haben sich die Nationalsozialisten jedoch zu keiner Zeit gestört. Sie dehnten ihrem eigenen Totalitätsanspruch folgend den Begriff des Politischen so weit, dass nahezu alle gesellschaftlichen Bereiche von ihm erfasst wurden, beispielsweise auch das Auftreten des Kandidaten in der Öffentlichkeit. Die Entscheidung darüber, was politisch war und was allgemeinpolitisch zulässig, reklamierten sie allein für sich selbst.

Eine ernsthafte und aufrichtige Diskussion zweier gleichberechtigter Partner über mögliche, von staatlicher Seite vorgebrachte Ablehnungsmotive konnte es vor diesem Hintergrund nicht geben. Dieses höchst zweifelhafte Selbst- und Fremdbild gipfelte während der Aachener Vakanz im Kirchenministerium in der Einschätzung des Ministerialdirigenten Joseph Roth, die Kurie habe den Wahl- und Anfrageprozess solange fortzusetzen, bis ein geeigneter Kandidat gefunden sei, gegen den staatliche Einwände nicht bestehen.[38] Die extreme Ausdehnung des Begriffs des Politischen in Verbindung mit dem großen Zeitdruck während der Ermittlungen und der Neigung, im Zweifel lieber einen Kandidaten zu viel als zu wenig abzulehnen, machte die Bischofsernennungen der NS-Zeit schnell zu einem Lotteriespiel mit ungewissem Ausgang. Nachdem bis zum Sommer des Jahres 1934 auf staatlicher wie auf kirchlicher Seite alle anfänglich vorhandenen Illusionen und Hoffnungen verflogen waren, war nicht mehr die Frage, ob der Konflikt eskalieren würde, sondern nur noch wann und wo. Der Vatikan trug diesem „Vabanquespiel“ Rechnung, indem er auf die Versetzung von amtierenden Bischöfen in andere Bistümer nach 1935 verzichtete. Dem Vorteil, einen bekannten Bischof, über dessen innerkirchliche Treue und Loyalität kein Zweifel bestand, mit einer neuen, wichtigeren Aufgabe zu betrauen, stand der unkalkulierbare Nachteil gegenüber, nicht nur eine, sondern bedingt durch den Wechsel zwei Vakanzen mit unsicherem Ausgang überstehen zu müssen.

Fulda 1936 und Aachen 1938: Der Konflikt eskaliert

Der erste Bischofskandidat, der mit der Politischen Klausel zu Fall gebracht wurde, war Wendelin Rauch, der spätere Erzbischof von Freiburg im Breisgau.[39] Er war bereits 1936 für die Nachfolge im Bistum Fulda vorgesehen. Die Gestapo hatte ihn als „besonders gehässigen Gegner des Nationalsozialismus“ beschrieben und für seine Ablehnung plädiert.[40] Das Kirchenministerium folgte der Empfehlung der Staatspolizei und lehnte den Kandidaten ab, obwohl

38 Vgl. PAAA, Botschaft Rom-Vatikan Bd. 739, die Abschrift des Vermerks, Pol. III 173.I, vom 24. Januar 1941.

39 Zu den Einzelheiten vgl. 3.8 Die Fuldaer Bischofsernennung 1936: Der „Fall Fulda“ in: Heim, Bernd: Braune Bischöfe für das Reich?, 282–319.

40 „Rauch gehörte dem Zentrum an und war vor der nationalen Erhebung ein besonders gehässiger Gegner des Nationalsozialismus. Er wird auch heute noch als ein besonders gehässiger Gegner der nationalsozialistischen Weltanschauung angesehen.“ BA, R 5101./22224, 94, Reichsstatthalter in Hessen, Geh. 115/36 Sch/H, an das RMfdkA vom 8. April 1936, abgedruckt in: Kaiser, Joseph H.: Die Politische Klausel der Konkordate, 222, Akte F.11.

man ahnte, dass die argumentative Basis für den weitreichenden Schritt zu dünn war. Aber die Zeit drängte und die Gestapo stellte weiterführende Informationen in Aussicht, die sie am Ende jedoch nicht liefern konnte. Die Kurie akzeptierte die Ablehnung und führte einen neuen Kandidaten in die Diskussion ein. Sie forderte von der Reichsregierung aber zugleich die Offenlegung ihrer Ablehnungsmotive gegenüber Rauch. Gesprächsweise wurden diese dem Nuntius im Auswärtigen Amt zur Kenntnis gebracht. Ohne sie im Einzelnen bestreiten zu wollen, erklärte Nuntius Cesare Orsenigo der deutschen Seite jedoch, dass er Substantielleres erwarte als das, was er soeben gehört hatte.[41]

Allen Beteiligten war schnell klar, dass die zu führende Diskussion über kurz oder lang auf die Frage, wie parteipolitisch die vorgebrachten „allgemeinpolitischen“ Ablehnungsmotive seien, hinauslaufen werde. Da das Kirchenministerium, von der Gestapo im Stich gelassen, über keine substantiellen Ablehnungsgründe verfügte, entzog es sich der vom Nuntius gewünschten Diskussion mit dem Hinweis, das Reichskonkordat fordere von der Reichsregierung nur die Erklärung, dass Ablehnungsmotive vorlägen, nicht aber deren konkrete Benennung. Dieser Auffassung wurde vom Heiligen Stuhl mit Nachdruck widersprochen. Die Kontroverse mündete in einem mehr als einjährigen Notenwechsel, der zu keinem Ergebnis führte.[42]

Beide Positionen standen einander immer noch unversöhnlich gegenüber, als im Januar 1938 dem Kevelaerer Pfarrer Wilhelm Holtmann die Ernennung zum Aachener Bischof verweigert wurde. Der Düsseldorfer Gestapo-Kommissar Friedrich hatte die ursprünglich positive Beurteilung des Bürgermeisters von Kevelaer umgeschrieben und Pfarrer Holtmann als einen zweiten Graf Galen[43]

41 Vgl. PAAA, R 30568k, E 461226ff., die Aufzeichnung Legationsrat von Menshausens zu II Vat. 286 vom 18. April 1936, abgedruckt in: Albrecht, Dieter: Der Notenwechsel zwischen dem Heiligen Stuhl und der deutschen Reichsregierung. Teil III, 181f. Da Nuntius Orsenigo Legationsrat von Menshausen am 18. April telefonisch erneut kontaktierte und an seine Zusagen erinnerte, wird die Unterredung mit dem Nuntius vom Vatikanreferenten vermutlich am 16. oder 17. April 1936 geführt worden sein. Vgl. ebd.

42 Zu den Einzelheiten vgl. 3.8.5 Die diplomatische Kontroverse um die Politische Klausel und 3.8.6 Die Bewertung des „Fall Fulda“ und des anschließenden Notenwechsels in: Heim, Bernd: Braune Bischöfe für das Reich?, 300–306.

43 Obwohl die Nationalsozialisten die Wahl des national-konservativ gesinnten Clemens August von Galen zum Bischof von Münster zunächst begrüßt hatten, zog dieser schon nach kurzer Zeit den Unmut der neuen Machthaber auf sich. Wesentliche Gründe dafür waren u.a. die klare Ablehnung der NS-Ideologie und der Thesen Alfred Rosenbergs, die im Osterhirtenbrief von 1934 thematisiert wurde, und die Hinweise auf die Opfer des Kirchenkampfes, die u.a. in der Xantener Predigt über die Aktualität des Martyriums zum Ausdruck kamen, als der Bischof erwähnte, es gebe „in deutschen Landen frische Gräber, in denen die Asche solcher ruht, die das katholische Volk für Märtyrer des Glaubens hält ...“ Vgl. Kuropka, Joachim: Clemens August Graf von Galen (1878–1946), 9–10.

stilisiert.[44] Solch einen Kandidaten wollte man im Kirchenministerium unter allen Umständen verhindern. Auf die erneut gegen einen ihrer Kandidaten vorgebrachten Erinnerungen reagierte die Kurie anders als es insbesondere das Kirchenministerium erwartet hatte. Statt wie 1933 in Münster und 1936 in Fulda einen neuen Kandidaten in die Diskussion einzuführen und so einen neuen Wahlprozess einzuleiten, erkundigte sich der Nuntius im Auswärtigen Amt wieder nach den genauen Ablehnungsmotiven. Da das Kirchenministerium immer noch nicht zu einer Diskussion seiner Ablehnungsgründe bereit war und sich auf seinen Standpunkt aus dem Vorjahr zurückzog, blieb auch dem Außenministerium nichts anderes übrig, als auf seine letzte Verbalnote zu dieser Frage zu verweisen.[45] Man war schlichtweg nicht in der Lage, die Ablehnung der Bischofskandidaten plausibel und damit für die Kurie nachvollziehbar zu begründen und stellte sich deshalb Rom gegenüber auf den Standpunkt, vom Reichskonkordat zu einer detaillierten Benennung der eigenen Ablehnungsgründe nicht verpflichtet zu sein.

Die Politische Klausel wird ausgehebelt

Die Kurie reagierte auf die kompromisslose Haltung der Reichsregierung mit der Ernennung des Aachener Weihbischofs Hermann Joseph Sträter zum Apostolischen Administrator.[46] Weil für diese weder im Preußen- noch im Reichskonkordat eine Voranfrage vorgesehen war, umging der Heilige Stuhl mit dieser Maßnahme elegant das staatliche Erinnerungsrecht, ohne sich selbst dabei für die Zukunft zu stark einzuschränken. Als Apostolischer Administrator hatte Hermann Joseph Sträter nahezu die gleichen Rechte wie ein residierender Bischof. Er konnte aber vom vatikanischen Staatssekretariat bei einer veränderten Lage jederzeit wieder abberufen und durch einen regulären Bischof ersetzt werden. Damit war im Bistum Aachen erstmals eine Situation

44 Vgl. LAV, NRW, Abteilung Rheinland, RW 58-21979, 19-20, Staatspolizeistelle Düsseldorf an den Regierungspräsidenten von Düsseldorf vom 31. Dezember 1937.

45 Vgl. PAAA, R 103266, die Aufzeichnung Staatssekretär von Mackensens, Pol. III 382/38, vom 4. Februar 1938, abgedruckt in: Albrecht, Dieter: Der Notenwechsel zwischen dem Heiligen Stuhl und der deutschen Reichsregierung. Teil III, 278f.

46 Ein Apostolischer Administrator (lat.: Administrator Apostolicus) wird als vom Papst eingesetzter Verwalter mit der Leitung einer Apostolischen Administratur, einer Diözese, eines umschriebenen Bistumsteiles oder eines bistumsähnlichen Kirchenterritoriums betraut. Anders als der Ortsbischof nimmt der Apostolische Administrator seine Leitungsfunktion nicht durch göttliches Recht wahr, sondern agiert in dem Territorium, für das er bestellt ist, als Stellvertreter (Vikar) des Papstes. In der Regel hat ein Apostolischer Administrator nicht nur bischöfliche Vollmachten, sondern auch die Bischofsweihe. Es gibt jedoch auch Ausnahmen. Der Charme dieser Lösung besteht für die Kurie darin, dass die Leitungsfunktion im Bistum dauerhaft klar geregelt ist, der Apostolische Administrator aber jederzeit von Rom wieder abberufen werden kann.

entstanden, die im Altreich einmalig bleiben, in den angeschlossenen und während des Zweiten Weltkriegs besetzten Gebieten jedoch schon bald die Regel werden sollte: Eine vakante Diözese konnte aufgrund der gegenseitigen Blockade von Reichsregierung und Kurie nicht mehr mit einem regulären Bischof besetzt werden und wurde deshalb dauerhaft von einem Kapitularvikar oder einem Apostolischen Administrator verwaltet. Diese für beide Seiten höchst unbefriedigende Entwicklung fand im Jahr 1940 im Protektorat Böhmen und Mähren mit den „Fällen Budweis und Prag" ihren Höhepunkt.[47] Zwar hatte die Kurie der Reichsregierung erfolgreich vor Augen geführt, dass sie in der Lage war, das in den Konkordaten verankerte staatliche Erinnerungsrecht zu umgehen, doch der Preis, den sie für diesen juristischen Sieg zahlte, war hoch. Die Verwaltung der betroffenen Bistümer war durch den Streit geschwächt und die jeweiligen Diözesen bzw. die Administratoren waren wie beispielsweise in Innsbruck oder im Warthegau einer Fülle von im Vorfeld unkalkulierbarer Schikanen bis hin zum Terror ausgesetzt.[48]

Die Reichsregierung reagierte zunehmend gereizt auf die fortgesetzte Einsetzung von Apostolischen Administratoren und Kapitularvikaren. Während der Paderborner Vakanz äußerte sich das Kirchenministerium in dieser Frage gegenüber dem Auswärtigen Amt und erklärte mit Blick auf die ohne Konsultation mit der Regierung erfolgte Bestellung des Weihbischofs Thaddäus Zakrzeski zum Apostolischen Administrator in Ostrow-Wazowiecki – dem zweiten

47 Zu den Einzelheiten vgl. 3.16 Das Ringen um die Anwendung des staatlichen Erinnerungsrechts im Protektorat Böhmen und Mähren: Die „Fälle Budweis, Prag und Brünn" in: Heim, Bernd: Braune Bischöfe für das Reich?, 511–554.

48 Im Fall Innsbruck untersagte das Ministerium für die inneren und kulturellen Angelegenheiten in Wien am 24. Dezember dem Tiroler Landeshauptmann den dienstlichen Verkehr mit Bischof Paul Rusch. Begründet wurde das von Reichskommissar Josef Bürckel vorab gebilligte Verbot mit der unterlassenen Voranfrage, in deren Folge die Ernennung staatlicherseits als nicht vollzogen gelten müsse. Vgl. BA, R 51.01./21697, 15, die für das RMfdkA erstellte Abschrift zu: Ministerium für die inneren und kulturellen Angelegenheiten an den Tiroler Landeshauptmann vom 24. Dezember 1938. Den schwersten Angriffen, die letztlich darauf zielten, das kirchliche Leben vollständig abzudrosseln, sah sich der Vatikan im Warthegau gegenüber. Hinter der extrem kirchenfeindlichen Politik des Reichsstatthalters Arthur Greiser und seines Stellvertreters August Jäger, der seit der nationalsozialistischen Machtübernahme auf eine reichhaltige Erfahrung im Kirchenkampf zurückblicken konnte, standen als treibende Kräfte Martin Bormann und Reinhard Heydrich, die in diesem nationalsozialistischen „Mustergau" mit ihrer kirchenpolitischen Neuordnung primär weltanschauliche Ziele verfolgten. Sie gingen weit über sicherheitspolitische oder volkstumspolitische Erwägungen hinaus und berührten ebenfalls die evangelische Kirche. Zentrale Ziele dieses Kirchenkampfes waren die Zerschlagung der bischöflichen Führungsstruktur, die Einführung von Nationalkirchen und die Isolierung der lokalen Kirchenführer von ihren Verbindungen ins Reichsgebiet und zur Kurie. Auf der innerdeutschen Ebene wurden gezielt zunächst dem Kirchenministerium und später auch dem Auswärtigen Amt systematisch alle Einwirkungsmöglichkeiten entzogen. Vgl. Broszat, Martin: Nationalsozialistische Polenpolitik 1939–1945, 163ff. und Clauss, Manfred: Die Beziehungen des Vatikans zu Polen, 22–43.

reichsdeutschen Anteil der Diözese Lomza –, dass „sich die Deutsche Reichsregierung unmöglich abfinden kann mit der immer häufiger sich zeigenden Praxis der römischen Kurie, von sich aus und ohne vorherige Anfrage bei der Deutschen Reichsregierung Apostolische Administratoren usw. zu bestellen.“[49]

Zum Bischof zu jung?

Ein weiteres Element der Entwicklung, das auch für die Paderborner Erzbischofswahl des Jahres 1941 bedeutsam ist, wurde ab 1939 deutlich spürbar: Der Vatikan ernannte deutlich jüngere Priester zu Bischöfen und Erzbischöfen. Diese Entwicklung begann bereits vor dem Krieg mit den Ernennungen in Innsbruck und Danzig und setzte sich bis zu den letzten Bischofsernennungen während der NS-Zeit im Jahr 1943 fort.[50] Der Regierung waren diese ausgesprochen jungen Männer als Bischöfe von Anfang an suspekt. Im „Fall Innsbruck“ erhob die Reichsregierung um den Jahreswechsel 1938/39 stärkste Bedenken gegen die Ernennung des damals 35jährigen Dr. Paul Rusch, weil dieser „Jesuitenschüler und zum Bischof zu jung“ sei.[51]

In dieser frühen und mittleren Phase des Zweiten Weltkrieges, die gleichzeitig die Zeit deutscher Siege und der beständigen Ausdehnung des nationalsozialistischen Herrschaftsbereichs war, dürfte auch die Kurie noch mit einem militärischen Endsieg des Reiches gerechnet haben. Weil nach einem Endsieg auch auf der Ebene des Altreichs ein verschärfter Kirchenkampf zu befürchten war, bot die Berufung junger Priester ins Bischofsamt entscheidende Vorteile: Von jüngeren Bischöfen konnte die Kirchenleitung in Rom nicht unbedingt mehr Widerstand, wohl aber ein längeres Leben und damit weniger Vakanzen erwarten. Beide Aspekte, der Verzicht auf Versetzungen und die Ernennung ausgesprochen junger Priester zu Bischöfen, wurden besonders für die beiden Vakanzen des Jahres 1941 bedeutsam, denn sowohl in Paderborn als auch im Folgejahr in Köln wurden mit Lorenz Jaeger und Josef Frings nicht nur zwei ausgesprochen junge Priester direkt in das Amt eines Erzbischofs befördert, sondern auch zwei Kandidaten, die vor der Wahl nicht zum engeren Favoritenkreis der Bischofsaspiranten gehört hatten. Das gilt für Lorenz Jaeger noch mehr als für Josef Frings, da Letzterer zumindest noch der klassischen

49 BA, R 5101/24011, RMfdkA, II 1873/41, an das Auswärtige Amt vom 22. April 1941.

50 Zu den Einzelheiten vgl. 3.12 Die Danziger Bischofsernennung 1938: Der „Fall Danzig“ und 3.13 Die Ernennung Paul Ruschs zum Apostolischen Administrator der Apostolischen Administratur Innsbruck-Feldkirch: Der „Fall Rusch“ in: Heim, Bernd: Braune Bischöfe für das Reich?, 404–475.

51 Vgl. PAAA, R 29814, 238988f., die Aufzeichnung Unterstaatssekretär Woermanns vom 31. Januar 1939, abgedruckt in: Albrecht, Dieter: Der Notenwechsel zwischen dem Heiligen Stuhl und der deutschen Reichsregierung. Teil III, 305f.

Regenten- und Professorenlaufbahn entstammte, aus der die Kirche bis in die neuere Zeit hinein gerne ihre neuen Bischöfe rekrutierte.

2. „Ein Blinder, ein Neger und der, der es werden soll" – das Paderborner Domkapitel schreitet zur Wahl

In dieser Situation starb in den Mittagsstunden des 26. Januar 1941 Caspar Klein, der erste Erzbischof der 1930 zum Erzbistum erhobenen Diözese Paderborn.[52] Nachdem das Domkapitel noch am Todestag Erzbischof Kleins zusammentrat, um Protokollfragen zur anstehenden Beerdigung des verstorbenen Bischofs zu erörtern, kam es am Folgetag erneut zusammen, um einen Kapitularvikar zu wählen. Die Wahl fiel auf Weihbischof Dr. Augustinus Baumann. Sie wurde dem Kirchenministerium und anderen staatlichen Stellen umgehend mitgeteilt.[53]

Gemäß den Bestimmungen des Preußenkonkordats hatte das Domkapitel nun seine eigene Kandidatenliste zu erstellen und nach Rom zu senden. Wann dies geschehen ist und welche Kandidaten der Kurie benannt wurden, lässt sich derzeit nicht recherchieren. Das Protokollbuch des Kapitels enthält im Frühjahr 1941 weder einen Hinweis auf eine Sitzung zur Erstellung der Kandidatenliste noch einen Eintrag für den Tag der Bischofswahl selbst.[54]

Vatikanische Vorüberlegungen für die Zeit nach dem Tod Caspar Kleins

Interessant ist, dass Nuntius Orsenigo die Kurie schon am 26. November 1940 auf die im Fall einer Vakanz im Erzbistum Paderborn zu erwartenden Schwierigkeiten hingewiesen hatte. Als das vatikanische Staatssekretariat den Berliner Nuntius am 19. Februar 1941 aufforderte, „die Maßnahmen zur Ernennung eines Erzbischofs von Paderborn sobald wie möglich auf den Weg zu bringen", zitierte es die Worte des Nuntius aus dem vorangegangen Herbst und betonte, dass es erforderlich scheine, dass „aus dem Kreis derer, die alle anderen religiösen Anforderungen erfüllten und durch Treue zum Heiligen Stuhl hervorragten, ein solcher Bischof ausgewählt werde, der es verstanden habe den politischen Bewegungen gegenüber außenstehend zu verbleiben, dass er für seine pastoralen Aktivitäten die volle Zustimmung aller Gläubigen

52 Vgl. EBAP, Archiv des Metropolitankapitels, Protokollbuch für die Sitzungen vom 14. August 1924 bis zum 31. Dezember 1954, den Eintrag vom 27. Januar 1941 und BA, R 5101./22234, 196, Metropolitankapitel Paderborn an das RMfdkA vom 27. Januar 1941.

53 Vgl. BA, R 5101./22234, 198, Kapitularvikar Baumann an das RMfdkA vom 3. Februar 1941.

54 Vgl. EBAP, Archiv des Metropolitankapitels, Protokollbuch für die Sitzungen vom 14. August 1924 bis zum 31. Dezember 1954, die Einträge vom 27. Januar 1941 bis zur Bischofsweihe am 19. Oktober 1941.

auf sich vereinigen könne, sei es der gemäßigten Nazis oder einfach der guten Bürger Deutschlands".[55]

Weihbischof Augustinus Baumann

Auch wenn die Frage derzeit nicht beantwortet werden kann, mit welchen Schwierigkeiten der Nuntius bei der Neubesetzung des Paderborner Bischofsstuhls konkret rechnete, bestätigt das Antwortschreiben des Staatssekretariats einerseits die für das Pontifikat Pius XII. typische Schnelligkeit, mit der versucht wurde, eingetretene Vakanzen zu bearbeiten. Auf der anderen Seite wird deutlich, dass in der Nuntiatur bzw. im Vatikan schon im Herbst 1940, also deutlich vor dem Tod Erzbischof Kleins, Überlegungen aufkamen, die deutschen Bistümer zukünftig mit Bischöfen zu besetzen, die neben den religiösen und konkordatären Kriterien auch neu zu formulierenden politischen Anforderungen zu genügen hatten. Im Blick hatte man dabei Priester, die politisch nicht kompromittiert waren und deshalb die Chance boten, sowohl „die gemäßigten Nationalsozialisten wie auch die einfachen, „guten" Deutschen" für sich und ihre Ideen zu gewinnen.[56] Kandidaten mit Parteibuch, wie etwa ein Johannes Strehl, schieden damit ebenso aus wie ausgewiesene Widerstandskämpfer, weil erstere das katholische Kirchenvolk irritiert und keine Gewähr für eine vertrauensvolle Zusammenarbeit mit dem Heiligen Stuhl geboten hätten und letztere für die gemäßigten Anhänger des Nationalsozialismus unakzeptabel gewesen wären.

Ohne die vielen Details dieser Überlegungen zu kennen, ist es zu früh, um die Frage zu beantworten, inwieweit hier eine neue Form des Brückenbaus angedacht wurde. Auf der Basis der aktuell verfügbaren Archivquellen deutet die Initiative eher in die Richtung, gerade mit Blick auf die Nachkriegszeit

55 Historisches Archiv des Staatssekretariates, Sektion Beziehungen zu den Staaten, Außergewöhnliche kirchliche Angelegenheiten, Position 805 Deutschland, Prot. 1373/41, Faszikel 10r/v, Vatikanisches Staatssekretariat an Nuntius Orsenigo vom 19. Februar 1941, zitiert nach: Vatikanisches Staatssekretariat an Erzbischof Becker, vom 24. Mai 2018 in der Übersetzung aus dem italienischen Original von Dr. Rainer Hohmann. Die genauen Worte des Nuntius aus dem Herbst 1940 sind unbekannt. Die vom Vatikanischen Staatssekretariat zur Verfügung gestellte Zusammenfassung des Schreibens lässt nur erkennen, dass in der römischen Antwort Teile des Berichts des Nuntius aus dem vorangegangenen Herbst als Zitat enthalten waren. Vgl. ebd.

56 Ebd.

einen für beide Seiten – Kirche und Staat – akzeptablen Modus vivendi zu finden. Da die Kurie mit Blick auf die Kriegslage im Herbst und Winter 1940/41 durchaus mit einem deutschen Endsieg oder zumindest mit einer fortgesetzten nationalsozialistischen Herrschaft nach einem Friedensschluss rechnen musste, bot die Bestellung von Bischöfen, die neben dem katholischen Kirchenvolk auch bei den gemäßigten Nationalsozialisten und den „guten" Deutschen zu punkten wussten, deutliche Vorteile gegenüber jenen Kandidaten, deren Rückhalt allein auf das katholische Lager beschränkt war.

Ein Brief mit päpstlichem Siegel

Der im Paderborner Diözesanarchiv vorhandene Umschlag mit den Wahlunterlagen wurde nach der Wahl Lorenz Jaegers wieder versiegelt. Offizielle Anfragen von Erzbischof Hans-Josef Becker im Rahmen des hier bearbeiteten Forschungsprojekts mit dem Ziel, in Rom die Genehmigung zu einem Bruch des Siegels zu erwirken, wurden vom Staatssekretariat und der Nuntiatur unter Verweis auf das vatikanische Archivgesetz leider abschlägig beschieden. Ebenso war aufgrund des bis März 2020 andauernden Archivverschlusses zum Pontifikat Pius XII. (1939–1958) keine Möglichkeit gegeben, die römische Komplementärüberlieferung zum Ernennungsprozess Jaegers auszuwerten. Damit ist eine ganze Reihe wichtiger Fragen zur Paderborner Bischofswahl des Jahres 1941 derzeit nicht zu beantworten. Wir wissen also weder, welche anderen Kandidaten mit Lorenz Jaeger auf der römischen Liste standen, noch kennen wir die Position, auf der der Name des Gewählten stand. Da Lorenz Jaeger vor seiner Weihe zum Erzbischof außerhalb des Erzbistums Paderborn kaum bekannt gewesen sein dürfte und sich sein Name bis 1938 auf keiner der preußischen bzw. bayerischen Kandidatenlisten findet,[57] ist es sehr wahrscheinlich, dass sein Name über die Paderborner Vorschlagsliste auf die römische Terna gekommen ist. Dies kann erst nach einer Öffnung des speziell für die Angelegenheiten der Bischöfe zuständigen Vatikanischen Archivs für diesen Zeitraum überprüft werden. Dann wird sich auch die Frage beantworten lassen, ob Lorenz Jaeger vor dem Hintergrund seiner für einen Bischof eher ungewöhnlichen Biographie möglicherweise jener „Blinde" oder „Neger" war, mit denen Kardinal Frings der Kurie oder den Domkapiteln weniger genehme Streichkandidaten bezeichnete. Dass die Wahl dennoch auf Jaeger fiel, könnte in diesem Fall bedeuten, dass sie möglicherweise eine Pattsituation innerhalb des Domkapitels beendet hat.

57 Vgl. Hülsbömer, Raphael: Eugenio Pacelli, Teil 4, 330–367.

Zwei weitere mögliche Kandidaten aus dem Erzbistum Paderborn

Ohne verlässliche Informationen kann an dieser Stelle nur spekuliert werden. Auffällig ist jedoch, dass Weihbischof Baumann nicht zum Erzbischof aufgestiegen ist.[58] Er war nur unwesentlich älter als Lorenz Jaeger und hatte in seiner Funktion als Kapitularvikar über neun Monate hinweg Leitungskompetenz bewiesen. Möglicherweise konnte er nicht gewählt werden, weil sein Name gar nicht auf der römischen Dreierliste stand. Diese Möglichkeit gewinnt eine hohe Plausibilität, wenn die letzte Vorkriegsernennung, der „Fall Aachen", als Blaupause für eine auch im Erzbistum Paderborn zu erwartende Entwicklung in Betracht gezogen wird. In Aachen wurde der gewählte Kandidat Wilhelm Holtmann durch das politische Erinnerungsrecht zu Fall gebracht. Auf diese Entwicklung und die erneute Verweigerung der Benennung der Ablehnungsmotive antwortete die Kurie mit der Ernennung des Aachener Weihbischofs Hermann Joseph Sträter zum Apostolischen Administrator.

Der Aachener Weihbischof war aber auch für diese Funktion nicht die erste Wahl des Kardinalstaatssekretärs. Dieser hatte ursprünglich den Münsteraner Weihbischof Heinrich Roleff als Apostolischen Administrator für die vakante Diözese im Blick. Für den Fall, dass Weihbischof Roleff die geplante Ernennung ablehnen sollte, sah die Kurie im Paderborner Weihbischof Augustinus Baumann einen Ersatzkandidaten.[59] Auf die Ernennung eines Priesters ohne Bischofsweihe sollte bewusst verzichtet werden, um nicht den Eindruck einer verkappten Bischofsernennung zu erzeugen. Die Lösung der Aachener Frage hatte der Kardinalstaatssekretär in einem Geheimauftrag an der Nuntiatur vorbei in die Hände Graf Galens gelegt.[60] Bei dessen Gesprächen mit den beteiligten Weihbischöfen aus Münster und Aachen wurde schnell deutlich, dass die zunächst vom Nuntius angedachte Lösung einer Leitung der Aachener Diözese von außen nicht vorteilhaft war. Gefürchtet wurde neben einem starken Widerstand von staatlicher Seite auch ein beschädigtes Ver-

58 Der am 9. Dezember 1882 in Niedermarsberg bei Brilon geborene Augustinus Baumann wurde am 6. April 1906 in Paderborn zum Priester geweiht. In den 1920er Jahren wirkte er als Pfarrer im Dekanat Dortmund-Altstadt, dem auch Lorenz Jaeger bis zu seiner Berufung zum Erzbischof angehörte. Die dort erworbenen Verdienste veranlassten Erzbischof Klein, Papst Pius XI. Augustinus Baumann als neuen Paderborner Weihbischof vorzuschlagen. Die Ernennung erfolgte am 8. November 1932, die feierliche Konsekration gut sechs Wochen später am 21. Dezember 1932 im Paderborner Dom. Seit dem 21. November 1932 war Weihbischof Baumann auch mit dem Amt des Domdechanten betraut. Vgl. EBAP, PPA 87 die Personalakte Weihbischof Augustinus Baumann. Obwohl beide zeitgleich in Dortmund wirkten, fehlen bisher Belege für eine nähere Bekanntschaft Baumanns und Jaegers im Nachlass des Letzteren. Ob Baumann Jaeger auf die Vorschlagsliste des Kapitels gesetzt haben könnte, muss daher offen bleiben.

59 Vgl. Hülsbömer, Raphael: Eugenio Pacelli, Teil 2, 384f.

60 Vgl. ebd., 387–390.

trauensverhältnis zu den Priestern im Bistum Aachen. Die Bischöfe von Galen, Roleff und Sträter waren sich einig, dass ein ohne die Zustimmung der Reichsregierung nach Aachen entsandter Apostolischer Administrator auf die „erbitterte Ablehnung der Regierung“ stoßen werde.[61] Interessant war, dass die hier geäußerten Befürchtungen exakt dem entsprachen, was im November und Dezember des Jahres in Innsbruck-Feldkirch Wirklichkeit werden sollte, nachdem der Vatikan, ohne vorherige Kontaktaufnahme mit der Reichsregierung, Paul Rusch am 15. Oktober 1938 zum Apostolischen Administrator der Diözese Innsbruck-Feldkirch ernannt hatte. Die Kurie hatte somit frühzeitig eine äußerst präzise Vorstellung von den zu erwartenden Schwierigkeiten.[62] Weil er hoffte, dass die Reichsregierung diese Lösung leichter akzeptieren werde, unterbreitete Graf Galen dem Vatikan den Vorschlag, Weihbischof Sträter trotz seines vorgerückten Alters als Administrator mit der dauerhaften Leitung des Bistums Aachen zu betrauen.[63]

Dieser Empfehlung folgte das Staatssekretariat, als es am 15. Mai 1938 mit der Ernennung Hermann Joseph Sträters zum Apostolischen Administrator die Kontroverse um das staatliche Erinnerungsrecht auf eine neue Stufe hob. Da in Deutschland in den folgenden Jahren keine Bistümer vakant wurden, entwickelte sich der Streit in Österreich, im Protektorat Böhmen und Mähren und nach Kriegsbeginn auch in den okkupierten Ländern mit zunehmender Schärfe weiter. Als Erzbischof Klein im Januar 1941 starb, war eine Lösung noch nicht gefunden. Beiden Vertragsparteien war allerdings bewusst geworden, dass sie sich in eine Sackgasse manövriert hatten. Der Ausweg aus dieser Sackgasse bestand für die Kurie darin, in Deutschland und auch Österreich wieder zum durch die deutschen Konkordate vorgegebenen Modus zurückzukehren.[64] Hätte die Reichsregierung den Schwenk zurück zur Normalität der Konkordate jedoch nicht mitgetragen, hätte es wie im Bistum Aachen auch in Paderborn einer Administratorlösung bedurft. Für diese hätte Weihbischof Baumann nur dann zur Verfügung stehen können, wenn er durch den Wahl- und Einspruchsprozess nicht beschädigt gewesen wäre. Dies konnte der Vati-

61 Vgl. S.RR.SS., AA.EE.SS., Germania, 1937–1943, Pos. 726 P.O. Fasz. 343 Fol. 63r., Bischof von Galen an Kardinalstaatssekretär Pacelli vom 20. April 1938, Zitiert nach: Hülsbömer Raphael: Eugenio Pacelli, Teil 2, 388.

62 Zu den Einzelheiten vgl. 3.13 Die Ernennung Paul Ruschs zum Apostolischen Administrator der Apostolischen Administratur Innsbruck-Feldkirch: Der „Fall Rusch“ in: Heim, Bernd: Braune Bischöfe für das Reich?, 444–475.

63 Vgl. Hülsbömer, Raphael: Eugenio Pacelli, Teil 2, 390.

64 Für die österreichischen Bistümer gingen beide Vertragsparteien zwar davon aus, dass das österreichische Konkordat als erloschen und das Land damit als konkordatsfrei anzusehen war. Dennoch wickelte die Kurie Neubesetzungen in Österreich fortan nach dem deutschen Modus, das heißt mit Voranfrage bei der Reichsregierung, ab. Faktisch – und das war das Einzige, was für die Nationalsozialisten zählte – hatte sich die Reichsregierung damit für diesen Teil ihres Herrschaftsgebiets gegenüber dem Heiligen Stuhl durchgesetzt.

kan am besten dadurch gewährleisten, dass er den Namen des Weihbischofs nicht auf die römische Terna setzte.

Sollte der Name Augustinus Baumanns nicht auf der römischen Terna gestanden haben, so ist dies eher als ein Ausdruck der Vorsicht und nicht als Zweifel an seiner bischöflichen Qualifikation zu verstehen. Bekannt war im Vatikan die hohe Wertschätzung, die der Weihbischof beim verstorbenen Erzbischof Klein und anderen preußischen Diözesanbischöfen genoss. Pius XII. war in seiner Zeit als Kardinalstaatssekretär von Erzbischof Klein gebeten worden, beim Papst die vom Erzbischof angefragte und befürwortete Ernennung Augustinus Baumanns zum Nachfolger des verstorbenen Weihbischofs Johannes Hillebrand zu unterstützen.[65] In der Vorkriegszeit hatte der Erzbischof ihn zudem als potentiellen Kandidaten für die Bischofswahlen in Hildesheim (1934) und Aachen (1937) benannt. In Hildesheim hatte auch das dortige Domkapitel Augustinus Baumann auf seine eigene Vorschlagsliste gesetzt.[66]

Sollte der Name Augustinus Baumann Bestandteil der römischen Terna gewesen sein, könnte der Weihbischof auch von sich aus auf die Wahl zum Diözesanbischof verzichtet haben.[67] Ein mögliches Motiv dazu könnte eine befürchtete staatliche Ablehnung des Bischofskandidaten gewesen sein. Das scharfe Protestschreiben gegen die in Westfalen angelaufenen Euthanasiemaßnahmen, das Weihbischof Baumann in seiner Funktion als Kapitularvikar der Erzdiözese am 12. August 1941 an Landeshauptmann Karl-Friedrich Kolbow gerichtet hatte, scheidet als Grund jedoch aus, weil es erst nach der Bischofswahl entstanden ist.[68] Die dezidiert ablehnende Haltung des Kapitularvikars zur nationalsozialistischen Regierung und ihrer Weltanschauung darf dem Weihbischof aber bereits vor dem Wahltag unterstellt werden, sodass Bedenken hinsichtlich einer staatlichen Ablehnung Baumanns bei ihm selbst und innerhalb des Kapitels durchaus vorhanden gewesen sein könnten.

65 Vgl. EBAP, Erzbischöfliches Generalvikariat, Der Erzbischof, 1 II,7, 42–43, Erzbischof Klein an Kardinalstaatssekretär Pacelli vom 11. Juli 1932.

66 Vgl. Hülsbömer, Raphael: Eugenio Pacelli, Teil 4, 361–363.

67 Vergleichbares hatte sich 1933 in Münster ergeben, als 1933 Dompropst Donders im zweiten Wahlgang erklärte, nicht für das Amt des Bischofs zur Verfügung zu stehen. Das Domkapitel wählte dann aus den verbleibenden Vorschlägen Clemens August Graf Galen.

68 Vgl. EBAP, Generalia 1821–1945, XXI,4 Krankenanstalten, 431, Kapitularvikar Baumann, Tgb. Nr. 5145, an Landeshauptmann Kolbow vom 12. August 1941. Wie Bischof Clemens August Graf von Galen es wenige Tage zuvor in der Münsteraner Lambertikirche getan hatte, verurteilte der Kapitularvikar in seiner Eingabe in scharfer und unmissverständlicher Form die in Westfalen angelaufenen staatlichen Maßnahmen zur Euthanasie, die er als „systematisches Massenmorden“ bewertete und entsprechend scharf verurteilte.

Weihbischof Baumann zählte zusammen mit dem ein Jahr jüngeren Dompropst Dr. Paul Simon[69] und den Domkapitularen Alois Braekling,[70] Heinrich Winkelmann[71] und Christoph Völker[72] zu den fünf jüngsten Mitgliedern des damaligen Domkapitels. Sie waren aufgrund des fortgeschrittenen Alters der übrigen Paderborner Domkapitulare innerhalb des Domkapitels die einzigen, die nicht nur die Wahl des neuen Erzbischofs vorzunehmen hatten, sondern auch selbst für die Nachfolge Erzbischof Kleins infrage gekommen wären. Ob einer der fünf Namen neben dem von Lorenz Jaeger auf der römischen Dreierliste stand, und wenn ja, in welcher Reihenfolge, muss zum gegenwärtigen Zeitpunkt ebenso offen bleiben wie die Frage, wie die staatlichen Stellen im Falle ihrer Wahl auf die Ernennung reagiert hätten.

Eine sehr interessante Frage ist darüber hinaus, wie Dompropst Paul Simon zur Bischofswahl stand. Wäre sein Gesundheitszustand 1941 nicht bereits so angegriffen gewesen, wäre er selbst möglicherweise für die Nachfolge Erzbischof Kleins infrage gekommen, denn neben Weihbischof Baumann war er durch seine Lehrtätigkeit in Paderborn und Tübingen außerhalb des Erzbistums die bekannteste Persönlichkeit aus dem Metropolitankapitel. Mit einem Alter von 58 Jahren war Paul Simon für die Berufung in ein Bischofsamt nach damaligem Verständnis noch nicht unbedingt zu alt. Allerdings sprachen der angegriffene Gesundheitszustand und die seit dem „Fall Aachen" immer deutlicher werdende vatikanische Intention, im Herrschaftsgebiet der Nationalsozialisten möglichst junge Priester zu Bischöfen zu ernennen, gegen einen Aufstieg

69 Der am 5. Juni 1933 zum Dompropst ernannte Dr. Paul Simon wurde am 23. August 1882 in Dortmund geboren. Er empfing die Priesterweihe am 22. März 1907 in Paderborn und wirkte in den 1920er Jahren als Professor für Patrologie in Paderborn und Tübingen. Vgl. EBAP, PPA 2135 die Personalakte Paul Simon.

70 Der am 8. Juni 1881 in Merklinde im Kreis Dortmund geborene Alois Braekling, wurde am 14. August 1907 in Paderborn zum Priester geweiht und am 27. Februar 1934 zum Domkapitular ernannt. Er verstarb am 11. Januar 1965 in Paderborn und widmete sich Zeit seines Lebens intensiv der Caritasarbeit. Lange Zeit fungierte er als Diözesan-Caritasdirektor bzw. ab 1935 als Vorsitzender des Diözesan-Caritasverbands. Ihren Anfang nahm umfangreiche soziale Arbeit Alois Braeklings 1917 mit der Begründung der Kriegshilfe für Soldaten und Kriegsgefangene. Vgl. EBAP, PPA 243 die Personalakte Dr. Braekling.

71 Heinrich Winkelmann wurde am 7. März 1885 in Bochum geboren und am 18. April 1908 in Rom zum Priester geweiht. Seine Ernennung zum Propst in Magdeburg datiert auf den 24. Februar 1933. Im Folgejahr wurde er als nichtresidierender Domherr Mitglied des Paderborner Domkapitels. Er verstarb bereits am 4. Juli 1943 in Genthin. Vgl. EBAP, PPA 2506 die Personalakte Dr. Heinrich Winkelmann.

72 Domkapitular Christoph Völker gehörte dem Paderborner Kapitel seit 1939 an. Er wurde am 3. Mai 1890 in Faulungen im Eichsfeld geboren und verstarb kurz nach dem zweiten Bombenangriff auf Paderborn am 24. März 1945. Er zeichnete sich anders als Lorenz Jaeger durch eine ausgeprägte wissenschaftliche Karriere und zahlreiche Veröffentlichungen aus. Innerhalb der Diözese wirkte er als Archivar, Offizialatsrat und Generalvikariatsrat. Vgl. EBAP, PPA 2360 die Personalakte Dr. Christoph Völker.

Paul Simons zum neuen Erzbischof.[73] Dass das Paderborner Domkapitel Paul Simon vor dem Hintergrund seiner geschwächten Gesundheit dennoch auf die eigene Vorschlagsliste gesetzt hat, ist möglich aber eher unwahrscheinlich.

Anzunehmen ist aber, dass sein Name auf den Vorschlagslisten der anderen preußischen Bistümer für die Paderborner Bischofswahl zu finden ist. In der Vorkriegszeit wurde Paul Simon insgesamt siebenmal vorgeschlagen.[74] Auf die römische Dreierliste gelangte der Name des Dompropsts jedoch kein einziges Mal, denn Eugenio Pacelli hatte schon in seiner Zeit als Nuntius ein vernichtendes Urteil über den Tübinger Theologen gefällt. In einem Schreiben aus dem Jahr 1928, in dem es um die Priesterausbildung und die Umsetzung von Reformen ging, erwähnte der Nuntius Paul Simon nur kurz. Das Gesagte reichte aber aus, um den Aufstieg in ein Bischofsamt dauerhaft zu verhindern: „[...] der Priester Dr. Simon, gegenwärtig Professor für Philosophie und Apologetik in der theologischen Fakultät der Universität Tübingen, [ist] in seinen Ideen und Ansichten, wie man mir berichtet, nicht ganz unbedenklich [...].“[75] Zwar wurden Paul Simon im Vatikan gute priesterliche Sitten bescheinigt, was die Ernennung zum Dompropst letztlich begünstigte, an eine Ernennung zum neuen Paderborner Erzbischof war aus der Sicht von Pius XII. jedoch auch weiterhin nicht zu denken.[76]

Es kann vor diesem Hintergrund davon ausgegangen werden, dass die römische Terna mit sehr hoher Wahrscheinlichkeit nicht den Namen Paul Simons enthielt. Keine Belege finden sich jedoch für die von Dieter Riesenberger gemachte Aussage, Paul Simon habe die Wahl Lorenz Jaegers aktiv gefördert.[77] Fehlte aus den zuvor genannten Motiven auch der Name Weihbischof Baumanns auf der Dreierliste, könnte Lorenz Jaeger der einzige Paderborner Di-

73 Vgl. EBAP, PPA 2135, Personalakte Paul Simon den Personalbogen. Simons Gesundheitszustand wird hier als „mittelmäßig“ bezeichnet.

74 Vorgeschlagen wurde Paul Simon vom Osnabrücker Bischof Berning dreimal, 1934 für die Bischofswahl in Hildesheim, 1935 in Berlin und 1938 für die Aachener Bischofswahl. Für Letztere wurde er auch von seinem eigenen Diözesanbischof und von Bischof Machens in Hildesheim als Kandidat benannt. Bischof Machens hielt Paul Simon ebenso wie Bischof Berning für einen geeigneten Kandidaten, als Bistum Berlin 1935 wiederzubesetzen war. Bei der Berliner Bischofswahl des Jahres 1933 wurde Paul Simon vom Ermländer Bischof Kaller benannt, 1935 aber nicht mehr nominiert. Vgl. Hülsbömer, Raphael: Eugenio Pacelli, Teil 4, 361–363.

75 S.RR.SS., AA.EE.SS., Germania, 1927–1935, Pos. 579 P.O., Fasz.88, Fol. 36r–39v, hier 37r, Nuntius Pacelli an Kardinalstaatssekretär Gasparri vom 29. Februar 1928. Zitiert nach: Hülsbömer, Raphael: Eugenio Pacelli, Teil 2, 224. Im Original wurde der Passus Priester Dr. Simon unterstrichen. Vgl. ebd.

76 Vgl. ebd.

77 „Nach dem Tod des Erzbischofs Klein (26. Januar 1941) setzte sich Simon für die Wahl von Lorenz Jaeger zum Nachfolger ein.“ Riesenberger, Dieter: Der Paderborner Dompropst Paul Simon (1882–1946), 21. Riesenberger bietet allerdings keinen Beleg für seine Behauptung.

özesane auf der römischen Liste gewesen sein, was seine Wahl durch das Domkapitel möglicherweise begünstigt hat.

Persönliche Berührungspunkte zu allen Domkapitularen

In der Mitte der Altersstruktur des Paderborner Domkapitels stand am Wahltag Domkapitular Anton Caspar Pieper.[78] Er könnte Lorenz Jaeger durch seine Zeit in Dortmund persönlich gekannt haben. Für die Wahl zum neuen Erzbischof kam der 65jährige aufgrund seines Alters jedoch kaum mehr infrage.

Der jüngste in der Riege der vor 1870 geborenen Domkapitulare war der nichtresidierende Domkapitular Johannes Gabriel. Er gehörte dem Kapitel erst seit dem 30. Mai 1938 an.[79] Ein Jahr älter war der ehemalige Dompfarrer Ferdinand Gabriel.[80] Wie er zu Lorenz Jaeger stand, ist nicht bekannt. Da jedoch auch in seinem Nekrolog betont wird, dass der Domkapitular ähnlich wie Lorenz Jaeger eine besondere Nähe zur katholischen Jugend gepflegt habe, kann davon ausgegangen werden, dass er der Wahl eines Erzbischofs mit besonderem Bezug zur Jugend zumindest wohlwollend gegenüberstand.

In einem schon recht fortgeschrittenen Alter waren die Domkapitulare Hermann Joseph Wurm[81] und Ludwig Hagemann.[82] Beide überlebten die Wahl Lo-

78 Domkapitular Anton Caspar Pieper wurde am 21. März 1876 in Hannover geboren und empfing am 8. August 1898 in Paderborn die Priesterweihe. Nach verschiedenen Stellen in der Pfarrseelsorge u.a. in Dortmund St. Aposteln wurde er am 25. November 1922 zum Domkapitular ernannt. Vgl. EBAP, PPA 1668 die Personalakte Anton Caspar Pieper.

79 Johannes Gabriel war am 11. März 1867 in Hachen im Kreis Olpe geboren und am 7. August 1890 in Paderborn zum Priester geweiht worden. Mit der Ernennung zum Domkapitular und Dompfarrer würdigte Erzbischof Klein Gabriels umfangreiches Wirken in der Seelsorge. Vgl. EBAP, PPA 613 die Personalakte Johannes Gabriel.

80 Ferdinand Gabriel wurde am 16. Oktober 1866 im sauerländischen Eslohe geboren und am 21. März 1890 zum Priester geweiht. Er wurde zum Ende des Krieges ein weiteres Opfer des schweren Bombenangriffs vom 22. März 1945. Seine Berufung zum Dompfarrer und die Aufnahme ins Kapitel datieren auf 22. Dezember 1920.Vgl. EBAP, PPA 610 die Personalakte Ferdinand Gabriel.

81 Der am 5. Juni 1862 in Paderborn geborene Hermann Joseph Wurm überlebte die Wahl Lorenz Jaegers zum neuen Erzbischof nur um wenige Wochen. Er gehörte dem Kapitel als nichtresidierender Domherr seit 1937 an, wirkte zum Zeitpunkt der Wahl bereits seit 30 Jahren als Pfarrer im nahen Schloß Neuhaus und zeichnete sich wie Lorenz Jaeger durch eine starke Verbundenheit mit der studentischen Jugend aus. Selbst im fortgeschrittenen Alter nahm er an den Veranstaltungen der studentischen Jugendverbände, denen er angehörte, regelmäßig teil und erfreute sich dort selbst als „Alter Herr“ immer noch einer großen Beliebtheit. Vgl. EBAP, PPA 2544 in der Personalakte Hermann Joseph Wurm die Kopie des gleichnamigen Artikels von Alois Fuchs in WZ 98/99.

82 Wenige Wochen nach der Weihe des neuen Erzbischofs verstarb Ludwig Hagemann am 19. November 1941. Der am 30. November 1859 in Frohnhausen im Kreis Warburg geborene Propst gehörte dem Domkapitel seit 1937 an. Sein Nekrolog weist ihn als Priester aus, der im Ersten Weltkrieg eine besonders enge Verbindung zu den Frontsoldaten aufrechterhielt

Die Konsekratoren und das Domkapitel mit Lorenz Jaeger am Tag der Bischofsweihe, dem 19. Oktober 1941, aufgenommen vor dem Mutterhaus der Barmherzigen Schwestern vom Hl. Vincenz von Paul. Untere Reihe v. l.: Bischof Machens von Hildesheim, Erzbischof Lorenz Jaeger, Nuntius Cesare Orsenigo, Weihbischof Dr. Augustinus Baumann, zweite Reihe v. l.: Domkapitular Ferdinand Gabriel (halb verdeckt), Dompropst Dr. Paul Simon, Propst Wilhelm Aufenanger, Prof. Dr. Alois Fuchs, Erzbischöflicher Kaplan Dr. Gustav Ermecke, darüber unter anderen die Domkapitulare Kaspar Gierse, Joseph Rohde, Johannes Gabriel, Kaspar Pieper, Dr. Christoph Völker, Dr. Heinrich Winkelmann, Dr. Alois Braekling

renz Jaegers zum Erzbischof nur um wenige Wochen. Ob die beiden Domherren schon vor der Wahl bereits einen persönlichen Kontakt zu Lorenz Jaeger pflegten, ist nicht bekannt. Möglich wäre dies gerade bei Ludwig Hagemann durch die von ihm herausgegebene Frontzeitung ‚Grüße aus dem Sauerland' und die intensive Kontaktpflege mit den Soldaten an der Front während des Ersten Weltkriegs. Dass Ludwig Hagemann den Kandidaten Lorenz Jaeger aufgrund dessen militärischer Vergangenheit recht wohlwollend beurteilt hat, kann vor dem Hintergrund der Titel seiner Schriften aus der Kriegszeit ebenfalls angenommen werden.

Nach dem Eintritt der Vakanz, aber noch vor dem entscheidenden Wahlakt verstarb am 7. April 1941 August Hirschmann.[83] Sein Einfluss auf die Wahl

u.a. als Schriftleiter der Frontzeitung „Grüße aus dem Sauerland". Im Vordergrund seiner redaktionellen Beiträge standen die Schlagworte ‚Bereit sein', ‚Offensive oder Angriff' und ‚Durchhalten'. Vgl. EBAP, PPA 1742 die Personalakte Ludwig Hagemann, darin besonders den Diemeltalboten Nr. 15 vom 11. April 1936, Blatt 2.

83 August Hirschmann wurde am 6. März 1867 in Horn geboren. Er amtierte seit dem 23. Juni 1930 in Paderborn als Offizialatsrat. Vgl. EBAP, PPA 898 die Personalakte August Hirschmann.

dürfte sich auf die Phase der Aufstellung der Paderborner Kandidatenliste beschränkt haben.

Bei einer Wahl geben mitunter Sympathien, Antipathien und Berührungspunkte verschiedenster Art den Ausschlag. Inwieweit und aus welchen Motiven dies auch bei der Wahl Lorenz Jaegers der Fall war, kann derzeit nicht eindeutig beantwortet werden. Aus den Biographien der wählenden Domkapitulare ergeben sich drei Berührungspunkte, die beim einen oder anderen Domkapitular die Entscheidung zugunsten Lorenz Jaegers beeinflusst haben könnten: Es waren dies bei Weihbischof Baumann und Anton Pieper die seelsorgliche Tätigkeit in Dortmund, die beide mit dem Gewählten verband. Ferdinand Gabriel und Hermann Joseph Wurm standen wie Lorenz Jaeger der Jugend sehr nahe und könnten aus diesem Grund die Wahl eines aus der Jugendseelsorge hervorgegangenen Erzbischofs begrüßt und unterstützt haben. Alois Braekling und Ludwig Hagemann könnten durch ihre ausgeprägte Nähe zum Militär während des Ersten Weltkriegs Sympathien für die Wahl Lorenz Jaegers entwickelt haben. Somit ergeben sich zu sechs der neun wählenden Domkapitulare, unabhängig von der Frage ob und wie gut jeder einzelne mit Lorenz Jaeger persönlich bekannt war, aus den Biographien ableitbare unterschiedliche Berührungspunkte: die Sorge um die Gemeinden in Dortmund, die große Wertschätzung für das Militär bzw. eine soldatische Haltung, sowie die Hinwendung zur kirchlichen Jugend. Sie könnten nicht zuletzt in einer möglichen Pattsituation die Wahl zugunsten des neuen Paderborner Erzbischofs beeinflusst haben.

Krieg oder Frieden?

Nicht nur die Reichsregierung, auch das vatikanische Staatssekretariat war Anfang 1941 vor die Alternative gestellt, einer Verschärfung oder einer Entspannung im Ringen um das politische Erinnerungsrecht des Staates den Weg zu bereiten. Wäre die Kurie analog zu den konkordatsfreien Bistümern auch im Altreich dazu übergegangen, nicht mehr reguläre Bischöfe, sondern nur noch Apostolische Administratoren und Kapitularvikare mit der dauerhaften Leitung der vakanten Diözesen zu beauftragen, wären erhebliche negative Konsequenzen zu erwarten gewesen. Die Reichsregierung hätte damit jede Einflussmöglichkeit auf die Bischofsernennungen verloren. Ihr in der Politischen Klausel verbrieftes Einspruchsrecht wäre wertlos geworden, weil die Kurie Artikel 14 des Reichskonkordats, wonach die Kirche „grundsätzlich das freie Besetzungsrecht für alle Kirchenämter und Benefizien ohne Mitwirkung des Staates oder der bürgerlichen Gemeinden“ innehatte, innerlich aufgekündigt hätte, ohne formal vom Vertrag zurückzutreten. Auf die innerliche Kündigung eines einzelnen Artikels durch den Heiligen Stuhl konnte das Reich in einer sehr scharfen Form mit der offiziellen Kündigung des gesamten Konkordats antworten. In einer abgemilderten Reaktion hätte die Reichsregierung ihre eigenen Konkordatsverletzungen leicht mit Hinweis auf die vatikanische Einstellung zu Artikel 14 relativieren und damit quasi legitimieren können. Wollte die Kurie sich das Reichskonkordat jedoch weiterhin als legitimatorische Basis ihrer Proteste gegen die nationalsozialistischen Kirchenkampfmaßnahmen erhalten, musste ihre Vorgehensweise im Altreich so beschaffen sein, dass sie nicht nur formaljuristisch den Bestimmungen der Konkordate genügte. Für die Bischofsernennungen konnte dies nur bedeuten, dass die Ernennung Apostolischer Administratoren nach Möglichkeit zu vermeiden war. Aus diesem Grund musste der Apostolische Stuhl in Paderborn und Köln gemäß den Vorgaben der Konkordate agieren und die Domkapitel einen neuen Erzbischof wählen lassen.

Unklar blieb zunächst die Intention der Reichsregierung. War ihr an einer Verschlechterung der deutsch-vatikanischen Beziehungen und einer Verschärfung der Auseinandersetzung gelegen, bestand die Gefahr, dass sie auch ein konkordatskonformes Verhalten der Kurie in den „Fällen Paderborn und Köln" nicht honorieren würde, sodass für die Kurie in beiden Erzbistümern letztlich nur durch die Ernennung Apostolischer Administratoren eine dauerhafte Leitung der Diözesen realisierbar gewesen wäre. In diesem Fall hätte der Vatikan aber in der Zwischenzeit unwiederbringlich Zeit verloren. Da sich bei einer Auseinandersetzung um eine Bischofsernennung der Zeitfaktor als verlängerte Vakanz immer zum Nachteil der Kurie und des betroffenen Bistums auswirken musste, musste die Kurie bestrebt sein, über die Intentionen der Reichsregierung möglichst frühzeitig Klarheit zu gewinnen. Angesichts der bekannten Unberechenbarkeit der deutschen Seite konnte der Heilige Stuhl diese Gewissheit nur durch die Anzeige einer neuen Bischofsernennung gegenüber dem Auswärtigen Amt zweifelsfrei gewinnen. Vor diesem Hintergrund stellte sich zwangsläufig die Frage, welcher Kandidat und welches Bistum als Testfall für die Konkordatstreue der Reichsregierung auszuwählen sei. Mit dem Tod des Paderborner Erzbischofs Klein wäre im Januar 1941 ein potentieller Testfall gegeben gewesen. Dieser durch die Vakanz des Bistums unausweichlich gewordenen Neuregelung schaltete die Kurie jedoch mit dem „Fall Wendel" eine weitere Ernennung vor, die im Vergleich zur Lage in Paderborn vermeidbar oder zumindest auf die Zeit nach dem Abschluss des „Falls Paderborn" verschiebbar gewesen wäre. Dennoch wurde die Neuregelung der Leitung des Bistums Speyer der Wahl eines neuen Paderborner Erzbischofs vorgezogen und die Angelegenheit anschließend mit besonderem Nachdruck verfolgt und für die Zeitverhältnisse ausgesprochen schnell realisiert.

Speyer – Ein „Testfall" für Paderborn?

Nach der Wahl Weihbischof Baumanns zum Kapitularvikar kam die Neubesetzung des vakanten Erzbistums nur noch langsam voran. Der schleppende Verlauf der Neubesetzung ist ungewöhnlich, denn für das Pontifikat Pius XII. sind eher kurze Vakanzen charakteristisch. Während in Paderborn die vatikanischen Mühlen nicht nur langsam zu mahlen, sondern nahezu stillzustehen schienen, kam im Bistum Speyer operative Hektik auf, denn der Heilige Stuhl ernannte den damals 40-jährigen Joseph Wendel zum Koadjutorbischof mit dem Recht der Nachfolge.[84] Diese Ernennung kam insbesondere für Bischof Ludwig Sebastian wie ein Blitz aus heiterem Himmel, da er weder gesundheitlich angeschlagen war, noch in Rom um die Ernennung seines Nachfolgers schon zu Lebzeiten ersucht hatte. Im Gegenteil: Er fühlte sich am Ende der Entwicklung von der Kurie übergangen und vor den Kopf gestoßen.[85] Die kommunikativen Schwächen im Umgang mit dem amtierenden Bischof und vor allem die Tatsache, dass es in Speyer zu dieser Zeit überhaupt keiner Neubesetzung bedurfte, werfen die Frage auf, warum es ausgerechnet in diesem Bistum so kurzfristig und vor allem so schnell zu einer neuen Bischofsernennung mit regulärer Konkordatsanfrage kam, während im vakanten Erzbistum Paderborn die Räder stillzustehen schienen. Die Antwort könnte darin liegen, dass sich die Kurie nicht darüber im Klaren war, ob die Reichsregierung im Altreich zur Grundlage der Konkordate zurückkehren würde, oder ob das in den besetzten Gebieten praktizierte Verfahren auch in Paderborn zur Anwendung gebracht werden würde. Diese Frage war zu wichtig und langfristig auch zu bedeutsam, als dass man sie unbeantwortet lassen und einfach zur Tagesordnung übergehen konnte.[86]

Der „Fall Wendel"/„Fall Speyer" beinhaltet in der Tat mehrere Gesichtspunkte, die als Indizien für seine Funktion als Testfall angeführt werden können. Entscheidend für die Bewertung ist zunächst die Situation im Bistum Speyer. Dort bestand im Grunde kein unmittelbarer Handlungsbedarf. Die Nachfolgeregelung wurde vom amtierenden Bischof nicht gewünscht und als überflüssig erachtet.[87] So hätte Bischof Sebastian auch durch die Ernennung Joseph Wen-

84 Zu den Einzelheiten der Neubesetzung der Diözese Speyer im Jahr 1941 vgl. Heim, Bernd: Braune Bischöfe für das Reich?, 582–610.

85 Bischof Sebastian wurde erst durch ein Schreiben des Nuntius vom 8. April, das zwei Tage später eintraf, über die vom Papst vollzogene Ernennung informiert. Vgl. BAS. A-XV-50, Nuntius Orsenigo an Bischof Sebastian vom 8. April 1941, abgedruckt in: Schwaiger, Georg/Heim, Manfred: Kardinal Joseph Wendel 1901–1960, 100 Anm. 4.

86 Zwischen dem Tod Erzbischof Kleins in Paderborn und der Ernennung Joseph Wendels in Speyer liegen gerade einmal zehn Wochen. Damit wird die Nachfolgeregelung im Bistum Speyer auch für die Zeit des Pontifikats Pius XII. ausgesprochen schnell abgewickelt.

87 Vgl. Gatz, Erwin: Joseph Wendel, 804.

dels zum Weihbischof ohne Nachfolgerecht entlastet werden können, womit keine Anfrage bei der Reichsregierung erforderlich gewesen wäre. Als Speyerer Weihbischof hätte Joseph Wendel, ebenso wie er es seit 1941 als Koadjutor tat, Bischof Sebastian unterstützen und im Nachbarbistum Metz bischöfliche Aufgaben wahrnehmen können.[88] Mit der Bestellung Joseph Wendels zum Koadjutor wählte der Vatikan unzweifelhaft jedoch die für ihn zunächst gefährlichere Lösung. Gleichzeitig verlegte er diesen „Testfall" in den Geltungsbereich des für ihn besonders günstigen bayerischen Konkordats. Hier konnte die Kurie freier als in anderen deutschen Diözesen agieren und Bischöfe ohne die vorherige Wahl eines Domkapitels nach eigenem Ermessen frei ernennen.

Der Vatikan musste jedoch wie im „Fall Aachen" mit der Möglichkeit der Ablehnung seines Kandidaten rechnen. Die Abhandlung des Tübinger Staatsrechtlers Werner Weber zur Politischen Klausel, welche die staatskirchenrechtlichen Grundlagen für ein derartiges Vorgehen lieferte, war 1939 erschienen und dem Papst persönlich bekannt.[89] Auf der Ebene des Altreichs wird der Erscheinungstermin des Buches zeitlich von den „Fällen Aachen und Speyer" eingerahmt. Pius XII. nahm die Schrift Webers sehr ernst, weil er fürchtete, die deutsche Regierung könne auf ihrer Basis zukünftig einen Bischofskandidaten nach dem anderen zu Fall bringen, ohne dem Vatikan jemals einen triftigen Grund für ihren Einspruch zu benennen. Weil Webers totalitäre Auslegung der „allgemein politischen Bedenken", im „Fall Aachen" implizit schon zur Anwendung gekommen war, war die Sorge des Papstes berechtigt. Doch gerade bei einem negativen Ergebnis der Konkordatsanfrage bot ein „Testfall Wendel" für die Kurie gegenüber der einzigen Alternative, den Testfall nach Paderborn zu verlagern, gewichtige Vorteile. Hätte die Reichsregierung Joseph Wendel abgelehnt, so wäre der Schaden für das betroffene Bistum Speyer verhältnismäßig gering gewesen, da es ja im Frühjahr 1941 noch einen Bischof hatte. Zusätzlich hatte das kleine Bistum Speyer weder für die Kurie noch für die Reichsregierung die Bedeutung, die einem verwaisten Erzbistum im Zentrum des Reiches zukommen musste.

Die Kurie konnte daher erwarten, dass der Reichsregierung in Speyer eine Wendung zu einer entspannteren Politik in der Frage der Bischofsernennungen

88 Dass die Koadjutorernennung in Speyer letztlich nicht auf die Situation im Bistum Metz zurückgeführt werden kann, verdeutlicht ein Vergleich mit dem Erzbistum Freiburg. Durch das ebenfalls verwaiste Nachbarbistum Straßburg wurde auch Erzbischof Gröber zusätzlich belastet. Ihm stellte der Vatikan jedoch auch in den folgenden Jahren weder einen Koadjutor noch einen zusätzlichen Weihbischof zur Seite. Soll die ungleiche Behandlung der beiden deutschen Diözesanbischöfe durch die Kurie nicht auf das geringere Alter Erzbischof Gröbers reduziert werden, so kann auch der Vergleich mit dem Erzbistum Freiburg als Indiz für die „Testfall"-Funktion der Koadjutorernennung gewertet werden.

89 Vgl. das Schreiben Pius XII. an Bischof Preysing vom 1. März 1942, abgedruckt in: Schneider, Burkhart: Die Briefe Pius' XII., 172f.

leichter möglich sein würde, als beim exponierteren Erzbistum Paderborn. Besonders vorteilhaft musste sich für den Vatikan der Zeitfaktor auswirken. Eine Mitwirkung des amtierenden Ortsbischofs oder des Domkapitels war bei dieser Koadjutorernennung konkordats- und kirchenrechtlich nicht erforderlich. Dies ermöglichte verfahrensmäßig einen extrem schnellen, weil allein auf das vatikanische Staatssekretariat beschränkten Entscheidungsprozess. Die Entscheidung Roms konnte der Reichsregierung anschließend über die Nuntiatur umgehend notifiziert werden und bereits nach zwanzig Tagen waren erste Tendenzen zur Haltung des deutschen Konkordatspartners ansatzweise erkennbar.

Während er die Politik der Reichsregierung im „Fall Wendel" sorgfältig beobachtete, konnte der Heilige Stuhl zeitgleich die Paderborner Bischofsernennung nach den Bestimmungen des Preußenkonkordats anlaufen lassen. Verzögerte die Reichsregierung den „Fall Wendel" in unangemessener Weise oder lehnte sie den Kandidaten wie im „Fall Aachen" ganz ab, so konnte die Kurie auch in Paderborn unmittelbar auf diese Entwicklung reagieren und mit der Einsetzung eines Apostolischen Administrators das staatliche Erinnerungsrecht umgehen. In diesem ungünstigsten aller potentiell denkbaren Szenarien hätte der Vatikan für das Erzbistum Paderborn zumindest eine kürzere Dauer der Vakanz „gewonnen". Nahm der „Testfall" in Speyer hingegen einen für die Kurie zufriedenstellenden Verlauf, so konnte sie auch für die folgenden Erzbischofsernennungen in Paderborn und Köln mit einem gemäßigteren kirchenpolitischen Klima rechnen, während zugleich für das Bistum Speyer bereits 1941 eine befriedigende Nachfolgeregelung gefunden war. Da Joseph Wendel für kirchliche Verhältnisse sehr jung Bischof wurde, konnte in diesem Fall die Leitung des Bistums Speyer für einen langfristigen Zeitraum als gesichert gelten.[90] Erwartete die Kurie im Frühjahr 1941, also noch vor Beginn des Russlandfeldzugs, den militärischen Sieg Deutschlands oder ein baldiges Ende der Kämpfe, so war dieser Aspekt von nicht zu unterschätzender Bedeutung, sollten die Nationalsozialisten nach dem Endsieg den Kirchenkampf im Reich wieder verschärfen.

Geheimniskrämerei und ein verärgerter Diözesanbischof

Erst nach einer Analyse der vatikanischen Akten wird sich die Frage abschließend beantworten lassen, ob der „Fall Wendel" für die Kurie tatsächlich den hier hypothetisch umrissenen Charakter eines „Testfalls" hatte. Entscheidend

90 Zugleich war eine Akzeptanz des damals 40jährigen Joseph Wendels durch die Reichsregierung geeignet, deren Ablehnungsgründe im „Fall Innsbruck-Feldkirch" zu desavouieren. Im „Fall Innsbruck" erhob die Reichsregierung 1938/39 stärkste Bedenken gegen die Ernennung des 35jährigen Dr. Paul Rusch, weil dieser „Jesuitenschüler und zum Bischof zu jung" sei. Vgl. PAAA, R 29814, 238988f., die Aufzeichnung Unterstaatssekretär Woermanns vom 31. Januar 1939, abgedruckt in: Albrecht, Dieter: Der Notenwechsel zwischen dem Heiligen Stuhl und der deutschen Reichsregierung. Teil III, 305f.

für den Testfallcharakter wie auch für die Bewertung der kircheninternen Informationspolitik gegenüber Bischof Sebastian sind die Zeitpunkte der Entscheidungen. Fiel die römische Entscheidung, in Speyer einen Koadjutorbischof zu ernennen, noch 1940 oder zumindest bevor Erzbischof Klein Ende Januar 1941 verstarb, oder wurde sie erst nach dem Tod des Paderborner Metropoliten im Februar 1941 kurzfristig getroffen? Die Nichtbeteiligung Bischof Sebastians an der Regelung seiner Nachfolge darf mit Georg Schwaiger zu Recht allein als Ausdruck des papalistischen Amtsverständnisses Pius XII. gewertet werden, wenn der vatikanische Entschluss zur Ernennung eines Koadjutors noch in das Jahr 1940 zurückreicht und dem Tod Erzbischof Kleins damit zeitlich deutlich vorausging.[91]

Geringer wird der papalistische Aspekt in der Informationspolitik der Kurie erst unter der Voraussetzung, dass die Entscheidung für den „Fall Wendel“ als Konsequenz der Paderborner Vakanz aufgefasst werden muss. Traf der Vatikan seinen Entschluss, den „Fall Wendel“ zu initiieren, im Februar 1941 kurzfristig mit dem Ziel, im Altreich nicht die Bischofsernennung in Paderborn, sondern die Nachfolgeregelung in Speyer zum ersten Testfall nach dem „Fall Aachen“ werden zu lassen, so musste er davon Abstand nehmen, das Vorhaben zuvor mit Bischof Sebastian abzustimmen. Den verdienten Diözesanbischof nicht über die beabsichtigte Koadjutorernennung zu informieren war in jedem Fall unklug und wäre auch im Februar/März 1941 vermeidbar gewesen. Bischof Sebastian wäre die herbe Enttäuschung über die Art seiner Nachfolgeregelung erspart geblieben. Wahrscheinlich hätte der mit der kirchenpolitischen Situation seines Landes gut vertraute Bischof Verständnis für die Motive des Heiligen Stuhls gezeigt. Wenn die Kurie dennoch von seiner frühzeitigen Unterrichtung Abstand nahm, so äußerte sich hierin entweder das papalistische Amtsverständnis Pius XII. oder das vatikanische Staatssekretariat selbst rechnete wie im „Fall Aachen“ mit einer Ablehnung des Kandidaten und wollte Bischof Sebastian mit der Koadjutorernennung nicht belasten und ihm die zu erwartende Enttäuschung über den Einspruch der Reichsregierung nicht zumuten.

Die Überraschung Joseph Wendels über seine Ernennung war Folge der seit 1936 geübten Praxis der Kurie, ihre Kandidaten erst nach einer zustimmenden Äußerung der Reichsregierung zu informieren. Analog zu vorangegangenen Bischofsernennungen wurde Joseph Wendel daher von Nuntius Orsenigo unter der Auflage größter Geheimhaltung nach Berlin gebeten. Die gleiche Behandlung durch den Vatikan erfuhren wenige Monate später Lorenz Jaeger und im Folgejahr Josef Frings, nachdem sich die Reichsregierung zustimmend zu ihrer Ernennung geäußert hatte.

91 Vgl. Schwaiger, Georg/Heim, Manfred: Kardinal Joseph Wendel 1901–1960, 289.

Die Weichen für Paderborn werden in Speyer gestellt

Wie groß die Bedeutung der staatlichen Zustimmung zur Ernennung Joseph Wendels war, wird deutlich, wenn im Rahmen einer „virtuellen Geschichtsschreibung“ einmal der hypothetischen Frage nachgegangen wird, wie sich die nachfolgenden Bischofsernennungen im Altreich entwickelt hätten, wäre Joseph Wendel im Frühjahr 1941 von der Reichsregierung durch die Politische Klausel zu Fall gebracht worden.

Die Reichsregierung hätte der Kurie mit ihrer Ablehnung deutlich gemacht, dass sie an einer Entspannung der Situation nicht interessiert war. Der Kirchenkampf, der durch die totalitäre Auslegung des staatlichen Erinnerungsrechts im Protektorat und in den besetzten Gebieten bereits mit aller Schärfe geführt wurde, hätte fortan auch in den Diözesen des Altreichs die Problematik der Bischofsernennungen bestimmt. Auf diese Bedrohung hätte der Heilige Stuhl mit hoher Wahrscheinlichkeit auch im Geltungsgebiet des Reichskonkordats kaum anders reagiert als er es nach 1941 in den konkordatsfreien Diözesen tat. Die dauerhafte Leitung der vakanten Bistümer durch Kapitularvikare oder Apostolische Administratoren wäre deshalb auch im Altreich an der Tagesordnung gewesen, sodass Hermann Joseph Sträter in Aachen gewiss nicht der einzige Apostolische Administrator geblieben wäre. In Speyer hätte sich bis zum Tod Bischof Sebastians im Jahr 1943 zunächst wenig geändert. Denkbar ist, dass die Kurie ihm einen Weihbischof an die Seite gestellt hätte. Dieser Schritt wäre dann aber weniger eine Reaktion auf die nachlassende Arbeitskraft des Diözesanbischofs gewesen, sondern hätte vielmehr eine Vorsorge für die Zukunft dargestellt, damit beim Eintritt der Vakanz ein mit Weihevollmachten ausgestatteter Weihbischof als Kapitularvikar oder Apostolischer Administrator für die provisorische Übernahme der Leitung zur Verfügung stand. Hätte die Kurie ihren Rechtsstandpunkt gegenüber dem Reich in einer besonders deutlichen und scharfen Form ausdrücken wollen, wäre sogar Joseph Wendel dieser Weihbischof geworden. Dass ein derartiges Vorgehen die Nationalsozialisten zur Weißglut getrieben und den Kampf weiter verschärft hätte, liegt auf der Hand.

Noch gravierender wären die Auswirkungen wohl in den Erzbistümern Paderborn und Köln gewesen. Hier hätte sich für die Kurie sofort die Frage gestellt, ob man die Domkapitel überhaupt noch wählen lassen sollte. Wäre diese Frage mit einem Nein beantwortet worden, wäre der Heilige Stuhl anschließend mit hoher Wahrscheinlichkeit dazu übergegangen, die vakanten Diözesen wie in den Erzbistümern Prag und Warschau oder im Bistum Aachen von den Weihbischöfen als Kapitularvikare oder Apostolische Administratoren dauerhaft verwalten zu lassen. In Paderborn wäre dies problemlos möglich gewesen, weil Augustinus Baumann als Weihbischof auch leicht mit den notwendigen Weihevollmachten ausgestattet werden konnte. Ob auch in Köln

Generalvikar Emmerich David als Kapitularvikar dauerhaft die Diözese geleitetet hätte, ist fraglich. Möglicherweise hätte die Kurie hier anders reagiert und analog zum Vorgehen im Bistum Aachen einen der Kölner Weihbischöfe zum Apostolischen Administrator ernannt.

Eine reguläre Besetzung mit einer Wahl durch die Domkapitel wäre in beiden Erzbistümern vermutlich erst nach dem Ende des Krieges im zweiten Halbjahr 1945 möglich gewesen. Ob Lorenz Jaeger und auch Josef Frings in diesem Fall noch zum Erzbischof aufgestiegen wären, ist zweifelhaft, denn es spricht viel dafür, dass sich die dauerhaften Bistumsverweser in einer Wahl gegenüber den anderen beiden Kandidaten der Dreierliste durchgesetzt hätten, weil sie ihre Leitungskompetenz bereits seit Jahren unter Beweis gestellt hatten. Im Fall von Lorenz Jaeger kann zudem nicht einmal mit Sicherheit angenommen werden, dass er den Krieg überlebt hätte. Eine Abkommandierung zur Ostfront wäre früher oder später mit hoher Wahrscheinlichkeit erfolgt. Ein Verbleib bei der 302. Infanteriedivision hätte ihn zwangsläufig im August 1944 die Vernichtung der Division in der Operation Jassy-Kischinew im heutigen Moldawien miterleben lassen.[92]

Zwischen Hoffen und Bangen

Wie viele andere Paderborner Diözesane nahm auch Lorenz Jaeger an der Vakanz im Erzbistum Anteil und wartete ungeduldig auf Neuigkeiten. Am 22. Februar 1941 erkundigte er sich in einem handgeschriebenen Brief beim damaligen Paderborner Caritasdirektor Dr. Rudolf Dietrich nach dem Stand der Dinge. Die Frage, „Was hört man über die Neubesetzung des Erzbischöflichen Stuhles?", ist jedoch zu allgemein und zu distanziert formuliert, als dass man davon ausgehen könnte, Lorenz Jaeger habe zu diesem Zeitpunkt damit gerechnet, selbst für die Nachfolge Erzbischof Kleins infrage zu kommen.[93] Auch die Antwort des Caritasdirektors dürfte ihn nur wenig befriedigt haben, denn Dietrich erklärte nur, dass zur Neuwahl noch nichts Ernsthaftes zu sagen sei und im Bistum bislang nur die durch den Tod des Erzbischofs entstandene Lücke spürbar sei.[94]

Mitte Mai gab der Caritasdirektor gegenüber Lorenz Jaeger dann seiner Hoffnung Ausdruck, dass die Erzdiözese bald wieder einen regulären Erzbischof erhalten werde. „Hier ist noch nichts Neues passiert. Wir hoffen stark, daß wir einen Bischof bekommen, nachdem auch Speyer einen Coadjutor mit

92 Vgl. Tessin, Georg: Verbände und Truppen der deutschen Wehrmacht und Kilgast, Emil: Rückblick auf die Geschichte der 302. Infanterie-Division.

93 Vgl. EBAP, NL Jaeger, Akte 230/010, das Schreiben Lorenz Jaegers an den Paderborner Caritasdirektor Dr. Rudolf Dietrich, vom 22. Februar 1941.

94 Vgl. EBAP, NL Jaeger, Akte 230/011, das Schreiben des Paderborner Caritasdirektors Dr. Rudolf Dietrich an Lorenz Jaeger, vom 27. Februar 1941.

staatlicher Anerkennung erhalten hat."[95] Der kurze Hinweis lässt erkennen, dass zumindest Dietrich die Problematik der staatlichen Bestätigung der Bischofsernennungen klar erfasst hatte und die Ernennung eines Apostolischen Administrators analog zur Entwicklung im Bistum Aachen und den Diözesen außerhalb des Altreichs in Paderborn nicht wünschte.

Ohne die genauen Hintergründe der Vorgänge in der Diözese Speyer zu kennen, war die Ernennung Joseph Wendels zum Koadjutorbischof für den Caritasdirektor ein Hoffnungsschimmer nicht nur für eine baldige Wiederbesetzung Paderborns, sondern auch für die Besetzung mit einem regulären Erzbischof und nicht nur wie in Aachen und den österreichischen und tschechischen Diözesen mit einem Apostolischen Administrator. An dieser Stelle unterschieden sich die Diskussionen im Erzbistum Paderborn nicht von denen anderer Bistümer. Zwei Jahre später wurden während der Aachener Vakanz ohne Kenntnis der exakten Hintergründe in Kirchenkreisen die extrem schnell abgewickelten Erzbischofsernennungen in Bamberg und Salzburg ebenfalls als Zeichen für eine Entspannung im Verhältnis von Staat und Kirche gewertet.[96]

Lieber einen unauffälligen, blassen Bischof als einen Apostolischen Administrator

Auch der damalige Paderborner Diözesan-Jugendseelsorger, Augustinus Reineke, berichtete von der Sorge, ob man „überhaupt in absehbarer Zeit wieder einen Bischof bekommen" werde.[97] Die bei ihm auftauchende Annahme, der nationalsozialistische Staat habe an sich gar kein echtes Interesse an einer Neubesetzung vakanter Bistümer und bevorzuge stattdessen lange Vakanzen, weil diese die Kirche schwächen würden, ist jedoch unzutreffend. Die erhaltenen Dokumente des Kirchenministeriums lassen zu keiner Zeit erkennen, dass das Ministerium von sich aus längere Vakanzen anstrebte. Im Gegenteil: Im Fall Aachen war es die deutsche Seite, die auf ordnungsgemäße Neubesetzung des Bistums mit einem regulären Bischof drängte, während der Vatikan, um eigene Rechtspositionen zu wahren, die Diözese bis auf Weiteres nur durch einen jederzeit austauschbaren Apostolischen Administrator verwalten ließ. Die Intentionen des Kirchenministeriums zielten demnach nicht darauf ab, allgemein Bischöfe zu verhindern, sondern waren durch das Bemühen gekennzeichnet, die Ernennung allzu romtreuer Bischöfe zu unterbinden. Dies geschah in dem Bestreben zu verhindern, dass der Totalitätsanspruch

95 Vgl. EBAP, NL Jaeger, Akte 230/019, das Schreiben des Paderborner Caritasdirektors Dr. Rudolf Dietrich an Lorenz Jaeger, vom 14. Mai 1941.

96 So zum Beispiel in einem Spitzelbericht eines Aachener Geistlichen mit dem Decknamen „Mons.". Vgl. LAV NRW, Abteilung Westfalen, RW 35,9, 179, Angebliche Friedensvermittlung durch den Papst. Meldung von V. 01 24 an die Staatspolizeistelle Köln vom 1. Juni 1943.

97 Vgl. Reineke, Augustinus: Jugend zwischen Kreuz und Hakenkreuz, 135.

des nationalsozialistischen Staates in Deutschland durch romtreue Bischöfe, die auch als solche in der Öffentlichkeit auftraten, untergraben wurde. Dem Kirchenministerium war daher die Variante eines Bischofs mit NSDAP-Parteibuch die liebste Lösung eines jeden Nachfolgeproblems. Da man jedoch früh erkannt hatte, dass diese Hoffnung keinen Widerhall in Rom finden würde und deshalb vollkommen unrealistisch war, zog das Kirchenministerium einen unauffälligen, blassen Bischof einem die Öffentlichkeit aufschreckenden und damit Unruhe verbreitenden Apostolischen Administrator oder Kapitularvikar in jedem Fall vor.[98]

3. „Der kommt überhaupt nicht in Frage" – Die staatlichen Ermittlungen nehmen ihren Lauf

Gegenüber Staatssekretär Ernst von Weizsäcker streifte Nuntius Orsenigo erstmals am 9. April 1941 das Problem der in Köln und Paderborn vakanten erzbischöflichen Stühle. Da der Nuntius jedoch für die anstehenden Neubesetzungen keine Kandidaten benannte, wurde das Thema nicht weiter vertieft.[99] Die für den Vatikan ohnehin nicht einfache Neubesetzung der vakanten deutschen Bistümer wurde Ende April durch den Tod des Prager Erzbischofs Karel Kardinal Kaspar[100] und eine Verbalnote der Reichsregierung zur Voranfrage bei der Besetzung von Bischofsstühlen zusätzlich erschwert.[101]

98 Sehr deutlich zum Ausdruck kommt die eher pragmatische Haltung des Kirchenministeriums in der Kontroverse um die Neubesetzung des Erzbistums Prag. Während das Auswärtige Amt mit Blick auf die angestrebte Germanisierung des Protektorats Böhmen und Mähren einen deutschen Erzbischof klar bevorzugte, war das Kirchenministerium primär an einem unauffälligen Erzbischof interessiert. Ihm war ein öffentlichkeitsscheuer „pflegeleichter" tschechischer Erzbischof lieber als ein deutscher Erzbischof vom Typ eines Clemens August Graf von Galen. Zu den Einzelheiten vgl. Heim, Bernd: Braune Bischöfe für das Reich?, 511–554.

99 Vgl. PAAA, R 29816, 239790, die Aufzeichnung Staatssekretär von Weizsäckers, St.S. Nr. 243, vom 9. April 1941, abgedruckt in: Albrecht, Dieter: Der Notenwechsel zwischen dem Heiligen Stuhl und der deutschen Reichsregierung. Teil III, 518. In der Frage der Voranfrage bei der Ernennung hoher geistlicher Würdenträger kam Staatssekretär von Weizsäcker mit dem Nuntius am gleichen Tag überein, dass die beabsichtigte Neuregelung des Verfahrensweges zwischen der Berliner Nuntiatur und dem Auswärtigen Amt und nicht über die deutsche Vatikanbotschaft herbeigeführt werde. Vgl. PAAA, R 29816, 239786, die Aufzeichnung Staatssekretär von Weizsäckers, St.S. Nr. 242, vom 9. April 1941, abgedruckt in: Albrecht, Dieter: Der Notenwechsel zwischen dem Heiligen Stuhl und der deutschen Reichsregierung Teil III, 517f.

100 Der seit 1931 in Prag als Erzbischof amtierende Karel Kaspar (zuvor von 1921–1931 Bischof von Königgrätz) war am 21. April 1941 verstorben.

101 Mit Blick auf den Streit um die Neubesetzung der Diözese Budweis aus dem Vorjahr hatte Staatssekretär von Weizsäcker am 23. April Nuntiaturrat Colli erklärt, er möge dem Nuntius bestellen, die Reichsregierung erwarte, dass der Vatikan nach dem Tod des Erzbischofs in

Während die Prager Vakanz als Ereignis im zeitlichen Umfeld die Paderborner Erzbischofswahl nur mittelbar berührte, hatte die Verbalnote der Reichsregierung vom 26. April 1941, die dem Nuntius vier Tage später im Auswärtigen Amt übergeben wurde, eine unmittelbare Rückwirkung auf die Neubesetzung des Erzbistums. Mit einem Hinweis auf die durch das Reichsgesetz vom 30. Januar 1934 über den Neuaufbau des Reiches veränderte Rechtslage, wonach die gesamten Hoheitsrechte der Länder auf das Reich übergegangen waren, ersuchte die Reichsregierung die Kurie, ihre Mitteilungen „über die beabsichtigte Besetzung eines frei gewordenen, mit bischöflichen Vollmachten ausgestatteten kirchlichen Amtes nicht mehr an die zuständigen Reichsstatthalter oder die zuständige Landesregierung, sondern künftig in allen Fällen an die Reichsregierung“ zu richten.[102] Für die anstehende Paderborner Bischofswahl war an dieser Stelle nicht nur die veränderte Adresse, an welche die Anfrage gerichtet werden sollte, relevant. Dieser Aspekt war vergleichsweise unbedeutend.

Wesentlich schwerer wog, dass die Reichsregierung auch im Fall einer Ernennung eines Apostolischen Administrators oder der dauerhaften Leitung der Erzdiözese durch Kapitularvikar Baumann das staatliche Erinnerungsrecht für sich beanspruchte. Während die Verantwortlichen im vatikanischen Staatssekretariat nun um ihre eigene Antwort auf den Vorstoß der Reichsregierung ringen mussten, hatten sie im Frühjahr 1941 gleichzeitig allen Grund, mit Besorgnis und einer latenten Unruhe auf die Vorgänge in Deutschland zu schauen. Vor diesem Hintergrund der über die bestehenden Konkordate hinausreichenden Verbalnote der Reichsregierung und der unpräzisen Vorbehalte der Reichsregierung zur Neubesetzung des Erzbistums Prag[103] wählte das Paderborner Metropolitankapitel am 29. Mai 1941 aus der römischen Terna „in freier, geheimer Abstimmung“ Lorenz Jaeger zum Nachfolger des verstor-

Prag bei der Neubesetzung des Bistums kein fait accompli schaffen werde, womit nur die Besetzung des vakanten erzbischöflichen Stuhles mit einem Tschechen statt mit einem Deutschen gemeint sein konnte. Vgl. PAAA, R 29816, 239816, die Aufzeichnung Staatssekretär von Weizsäckers, St.S. Nr. 273, vom 23. April 1941, abgedruckt in: Albrecht, Dieter: Der Notenwechsel zwischen dem Heiligen Stuhl und der deutschen Reichsregierung. Teil III, 524.

102 Vgl. PAAA, R 29816, 239841, die Durchschrift der Verbalnote des Auswärtigen Amtes, Pol III 692 II, an die Apostolische Nuntiatur vom 26. April 1941, abgedruckt in: Albrecht, Dieter: Der Notenwechsel zwischen dem Heiligen Stuhl und der deutschen Reichsregierung. Teil III, 525.

103 Vgl. PAAA, R 29816, 239820, die Aufzeichnung Staatssekretär von Weizsäckers, St.S. Nr. 320, vom 8. Mai 1941, abgedruckt in: Albrecht, Dieter: Der Notenwechsel zwischen dem Heiligen Stuhl und der deutschen Reichsregierung. Teil III, 530. Die Aufzeichnung Staatssekretär von Weizsäckers lässt deutlich erkennen, dass der Nuntius für eine Präzisierung der deutschen Erwartungen im „Fall Prag“ nicht unempfänglich zu sein schien und offenbar die Erwartung der Reichsregierung hinsichtlich ihrer Reichweite nicht richtig einzuschätzen wusste.

benen Erzbischofs Klein. Es zeigte die Wahl am folgenden Tag dem Reichsminister für die kirchlichen Angelegenheiten an.[104]

In den Akten des Kirchenministeriums wurde hinter den Brief des Metropolitankapitels eine handschriftliche Beurteilung des gewählten Kandidaten durch Pfarrer Dr. J. Pieper vom 11. Juni 1941 geheftet.[105] Pieper beschrieb Lorenz Jaeger unter anderem als guten Pädagogen, der jedoch von einem Teil seiner Schüler abgelehnt werde und berichtete von dessen Arbeit in verschiedenen Jugendorganisationen. Mit Blick auf die im Erzbistum kursierenden Nachfolgegerüchte äußerte Pieper die Vermutung, dass Lorenz Jaeger durch den früher ebenfalls in Dortmund tätigen Weihbischof Baumann auf die Kandidatenliste lanciert wurde und gab die Einschätzung eines Kriegspfarrers wieder, der Lorenz Jaegers Chancen auf das Erzbischofsamt mit der Bemerkung: „Der kommt überhaupt nicht in Frage" kommentiert hatte.[106] Weil Pieper die beiden anderen Kandidaten der römischen Liste nicht kannte, fiel ihm ein Urteil über die Wahl schwer. Als möglichen Konkurrenten erwähnte er neben anderen den Paderborner Professor Josef Höfer, der Jahre zuvor auch als Kandidat für das Bistum Aachen gehandelt worden sei. Im Kirchenministerium erfuhr das Gutachten Pfarrer Piepers, der bedauerte, keine auf persönlicher Kenntnis des Kandidaten basierenden Informationen mitteilen zu können, jedoch nur wenig Aufmerksamkeit.[107]

104 Vgl. BA, R 5101./22234, 200, Metropolitankapitel Paderborn an das RMfdkA vom 3. Februar 1941. Neben der Wahlanzeige enthielt das Schreiben einen als Fließtext geschriebenen detaillierten Lebenslauf des Kandidaten. Den für die Wahlanzeigen der Domkapitel untypischen Hinweis auf die freie und geheime Abstimmung übernahm das Kirchenministerium später sogar in den eigenen Brieftext, mit dem es die Geheime Staatspolizei und den Oberpräsidenten in Münster über die Wahl informierte. Vgl. BA, R 5101./22234, 202, RMfdkA, II 2655/41, an den Oberpräsidenten in Münster und den Chef der Sicherheitspolizei und des SD vom 3. Juni 1941. Das Protokollbuch des Metropolitankapitels enthält für die Zeit zwischen der Wahl des Kapitularvikars am 27. Januar 1941 und der Sitzung vom 11. August 1941 keine Einträge zur Bischofswahl. Weder die Sitzung, in der die Paderborner Kandidatenliste für den Heiligen Stuhl zusammengestellt wurde, noch die Erzbischofswahl am 29. Mai 1941 sind verzeichnet. Vgl. EBAP, Archiv des Metropolitankapitels, Protokollbuch für die Sitzungen vom 14. August 1924 bis zum 31. Dezember 1954, die Einträge vom 27. Januar 1941 bis zum 11. August 1941.

105 Vgl. BA, R 5101./22234, 201, die handgeschriebene Beurteilung des Pfarrers Dr. J. Pieper vom 11. Juni 1941. Das Dokument lässt nicht erkennen, wer Pfarrer Pieper zur Niederschrift seiner Beurteilung veranlasste und seit wann sie dem Kirchenministerium bekannt war. Möglicherweise wurde der Auftrag kurzfristig auf telefonischem Weg erteilt.

106 BA, R 5101./22234, 201, handgeschriebene Beurteilung des Pfarrers Dr. J. Pieper vom 11. Juni 1941.

107 Nur der Kopf des Gutachtens, der Name des Verfassers und die Namen der kirchlichen Jugendorganisationen wurden durch Unterstreichungen mit einem roten Buntstift hervorgehoben. Vgl. BA, R 5101./22234, 201, die handgeschriebene Beurteilung des Pfarrers Dr. J. Pieper vom 11. Juni 1941.

Erst drei Tage nach dem Eingang der Wahlanzeige beauftragte das Kirchenministerium den Oberpräsidenten und Gauleiter Alfred Meyer in Münster und den Chef der Sicherheitspolizei und des Sicherheitsdienstes (SD) mit den zur Beantwortung der Konkordatsanfrage notwendigen Ermittlungen und bat darum, ihm umgehend mitzuteilen, ob gegen Lorenz Jaeger „Bedenken staatspolizeilicher oder allgemein politischer Natur vorgebracht werden können."[108] Dem Metropolitankapitel teilte Ministerialdirigent Joseph Roth am 17. Juni mit, dass er sich „zunächst über die Person des Gewählten und seine Einstellung zu heutigen Staat unterrichten" müsse. Er versicherte, dass er dem Domkapitel umgehend eine Nachricht zukommen lassen werde, sobald ihm das Ergebnis dieser Ermittlungen vorliege und gab seiner Hoffnung Ausdruck, dass dieses in einigen Tagen erfolgen könne.[109]

Während die Konkordatsanfrage bearbeitet wurde, wandte sich der in Berlin lebende, aus dem Erzbistum Paderborn stammende Franz Dierkes an das Kirchenministerium. Er versuchte, die Ernennung Lorenz Jaegers zu verhindern, indem er dem Kirchenminister anbot, einen nicht näher benannten Ersatzkandidaten in die Diskussion einzuführen. Sein Schreiben hat sich zwar in den Akten des Ministeriums erhalten, wurde aber bei der Bearbeitung der Konkordatsanfrage nicht weiter beachtet.[110]

Da die mit dem Fall beauftragten westfälischen Ermittlungsbehörden auch nach drei Wochen noch nicht auf die Anfrage des Kirchenministeriums reagiert hatten, erinnerte Ministerialrat Roth den Oberpräsidenten und die

108 Vgl. BA, R 5101./22234, 202, RMfdkA, II 2655/41, an den Oberpräsidenten in Münster und den Chef der Sicherheitspolizei und des SD vom 3. Juni 1941.

109 Vgl. BA, R 5101./22234, 203, RMfdkA, II 2655/41 II. Ang., an das Paderborner Metropolitankapitel vom 17. Juni 1941.

110 Vgl. BA, R 5101./22234, 204–206, Franz Dierkes an das RMfdkA, Aktenzeichen II 2881/41, vom 12. Juni 1941. Franz Dierkes Schreiben lässt erkennen, dass der Autor mit den wesentlichen Aspekten der Bischofswahlen in Deutschland und der Reichweite des staatlichen Erinnerungsrechts nicht vertraut war. Er wertete die Politische Klausel als „staatliches Bestätigungsrecht", dessen es in der gegenwärtigen Zeit besonders bedürfe, und bot dem Ministerium an, ihm einen nicht beamteten Priester, der selbst kirchlicher Würdenträger im Rang eines Bischofs gewesen sei, zu benennen, der in die Paderborner Erzbischofswahl als Gegenkandidat des Kirchenministeriums eingeführt werden sollte. Den Namen seines Kandidaten nannte Franz Dierkes nicht. Seine weitreichenden Äußerungen lassen aber erkennen, dass der wegen seines Eintretens für den Staat von einer großen Zahl Gegner „getragene" Kandidat innerhalb der Kirche als isoliert und ohne große Gefolgschaft galt und vermutlich Ordenspriester war. Franz Dierkes gab weiter zu erkennen, dass die politische Einstellung seines Kandidaten bei den für die Wahl verantwortlichen Domkapitularen, denen „der ‚Kandidat' unbekannt sein [wird], mehr noch, wenn sie sich über ihn informiert haben, unbequem oder ungeeignet erscheinen" mag, auf Ablehnung stoßen werde. Er hoffte aber, dass er als Gegenkandidat des Kirchenministeriums die Wahl für sich entscheiden und „zum Segen der Kirche und zum Wohle des Staates" wirken könne, da er „wie kein anderer berufen wäre für die verantwortlichen Aufgaben," die Franz Dierkes ihm wünsche. Ebd.

Staatspolizei am 25. Juni mit einem Schnellbrief erneut an die baldige Beantwortung seines Schreibens.[111]

Im Auswärtigen Amt schnitt Nuntius Orsenigo die Paderborner Bischofswahl gegenüber Staatssekretär von Weizsäcker am 26. Juni erneut an. Er unterrichtete den in der Angelegenheit nicht näher informierten Staatssekretär darüber, dass in der Zwischenzeit ein Nachfolger für den verstorbenen Erzbischof Klein benannt worden sei. Ernst von Weizsäcker hatte jedoch den Eindruck, dass es dem Nuntius primär darum ging, inoffiziell bei ihm vorzufühlen, ob der neue Anwärter der Reichsregierung genehm sei. Staatssekretär von Weizsäcker, der dem Nuntius zum „Fall Paderborn" nur erklärte, in der Frage der Neubesetzung unorientiert zu sein, beauftragte im Anschluss an seine Unterredung mit dem Nuntius die politische Abteilung des Auswärtigen Amtes, ihm die fehlenden Informationen zu beschaffen.[112] Legationsrat Dr. Fischer setzte sich daher noch am gleichen Tag telefonisch mit dem Kirchenministerium in Verbindung, das ihm erklärte, selbst mit der Wahl Lorenz Jaegers einverstanden zu sein. Jedoch sei die Überprüfung des Falls noch nicht abgeschlossen, weil der zuständige Oberpräsident und der Chef der Sicherheitspolizei und des SD sich noch nicht geäußert hätten. Aus diesem Grund bat der Sachbearbeiter des Kirchenministeriums auch um eine vertrauliche Behandlung seiner Vorabinformationen durch das Auswärtige Amt.[113]

„Die staatspolizeiliche Zuverlässigkeit des J. dürfte starken Zweifeln unterliegen"

Oberpräsident Alfred Meyer legte dem Kirchenministerium am 29. Juni die Ergebnisse der von ihm eingeleiteten Recherchen vor.[114] Als einzige der nachgeordneten Ermittlungsstellen hatte die Gauleitung Westfalen Süd auf die Anfrage des Oberpräsidenten nicht geantwortet. Sie erklärte, dass sie nach einer Anweisung der Parteikanzlei über Geistliche keine politischen Beurteilungen abgeben dürfe, während der Arnsberger Regierungspräsident berichtet hatte, über Lorenz Jaeger sei in kriminalpolizeilicher Hinsicht nichts Nachteiliges bekannt geworden. Einen ausführlichen und recht umfangreichen Bericht hatte die Staatspolizeistelle Dortmund dem Oberpräsidenten am 13. Juni 1941 übersandt. Oberpräsident Meyer stellte dem Kirchenministerium den komplet-

111 Vgl. BA, R 5101./22234, 207, RMfdkA, II 2655/41 II. Ang., an den Oberpräsidenten in Münster und den Chef der Sicherheitspolizei und des SD vom 25. Juni 1941.

112 Vgl. PAAA, R 29816, 239924, die Aufzeichnung Staatssekretär von Weizsäckers, St.S. Nr. 432, vom 26. Juni 1941, abgedruckt in: Albrecht, Dieter: Der Notenwechsel zwischen dem Heiligen Stuhl und der deutschen Reichsregierung. Teil III, 545f.

113 Vgl. PAAA, R 29815, 239925, die Aufzeichnung Legationsrat Dr. Fischers, zu Pol. III 1329, vom 26. Juni 1941 zur Aufzeichnung des Staatssekretärs vom gleichen Tag.

114 Vgl. BA, R 5101./22234, 206, der Oberpräsident der Provinz Westfalen an das RMfdkA vom 29. Juni 1941.

ten Bericht zusätzlich zu seiner eigenen Stellungnahme in einer Abschrift zur Verfügung. Er enthielt einige belastende Aussagen über den Kandidaten.[115] Die Dortmunder Staatspolizei hatte am 29. Juni 1937 beim Leiter des Landesverbandes Westfalen im Reichsverband der Deutschen Presse staatspolizeiliche Bedenken gegen Lorenz Jaeger vorgebracht, als dieser, um seiner Tätigkeit als Studienrat weiter nachkommen zu können, die Aufnahme in die Berufsliste der Schriftsteller beantragt hatte. 1941 konnte sie aber aus ihren eigenen Akten nicht ersehen, ob Lorenz Jaeger damals die Eintragung in die Liste verweigert worden war.

Anschließend zitierte die Staatspolizei den am 31. Mai 1937 in ihrem Auftrag vom Kreisamtsleiter des Nationalsozialistischen Lehrerbundes (NSLB) erstellten vertraulichen Bericht. In ihm wurde Lorenz Jaeger als „Mann von Intelligenz, Wissen und Welterfahrung" beschrieben. Er sei viel gereist, gewinne durch seine Erzählungen aus dem Krieg das Vertrauen seiner Schüler und zeichne sich durch eine gewisse Großzügigkeit im Umgang mit der Jugend aus. „Ohne Zweifel sei er gerade wegen seiner guten Allgemeinkenntnisse und seiner Menschenkenntnis ein für die Sache der römischen Kirche äußerst geeigneter Propagandist."[116] Lorenz Jaeger rühme sich selbst gewisser Verbindungen zum Heer und sei vom Kultusminister mit der Ausarbeitung eines Plans für den katholischen Religionsunterricht an höheren Schulen beauftragt worden. Kritisch bewertete der Kreisamtsleiter Jaegers seelsorgliches Wirken im Zusammenhang mit der Beichte, die dieser als Mittel zur stärkeren Beeinflussung der Jugend benutze. „Daß J. nationalsozialistischen Unterricht gibt, ist von einem kath. Theologen nicht zu erwarten. Es ergibt sich aus dem Auftrag, dem er dient, die Schüler für die Sache der Kirche zu gewinnen, und das heißt, ihre Hinwendung zum nat.soz. Gedanken irgendwie zu stören. Das geschieht zumeist in sehr vorsichtiger Form."[117] Intensiv und besonders kritisch habe sich Lorenz Jaeger im Unterricht mit den Thesen Alfred Rosenbergs auseinandergesetzt. Abschließend urteilte der Kreisamtsleiter: „Nach dem Gesamtverhalten Jaegers, der im allgemeinen einen stillen, aber zähen Kampf für die Belange der römischen Kirche führt, ist er als ein äußerst gefährlicher und sehr ernst zu nehmender Gegner des Nationalsozialismus zu bezeichnen. Er ist einer der zielbewußten Propagandisten der Kath. Aktion." Erwähnenswert war für den Kreisamtsleiter auch, dass der Kandidat „Mitglied der Prüfungs-

115 Vgl. ebd.

116 BA, R 5101./22234, 209, Abschrift zu: Staatspolizeistelle Dortmund, B.-Nr. II I-6009/41, an den Oberpräsidenten der Provinz Westfalen vom 13. Juni 1941 als Anlage zu: der Oberpräsident der Provinz Westfalen an das RMfdkA vom 29. Juni 1941.

117 BA, R 5101./22234, 209r, Abschrift zu: Staatspolizeistelle Dortmund, B.-Nr. II I-6009/41, an den Oberpräsidenten der Provinz Westfalen vom 13. Juni 1941.

kommission für Referendare" war.[118] Dieser Punkt wurde in den Gutachten immer wieder betont, weil es belegte, dass Lorenz Jaeger bereits vor seiner Anstellung als Wehrmachtpfarrer über einen längeren Zeitraum eine staatliche Funktion unbeanstandet ausgeübt hatte.

Ergänzend berichtete die Staatspolizeistelle, dass Lorenz Jaeger nach einem Bericht der HJ-Gebietsführung Westfalen an der Hindenburg Oberschule einen starken Einfluss auf die Schüler, insbesondere die der Oberprima, ausgeübt habe. Den für die Einstellung als Divisionspfarrer obligatorischen Überprüfungsantrag habe Lorenz Jaeger offensichtlich nicht gestellt. Die Staatspolizei hatte dazu zumindest in ihren Akten keine Aufzeichnungen.[119] Sie urteilte abschließend: „Wenn auch der vom Metropolitankapitel Paderborn in geheimer Abstimmung zum Erzbischof gewählte Studienrat Dr. Jäger [sic!] bisher in strafrechtlicher Hinsicht nachteilig nicht in Erscheinung getreten ist, so habe ich dennoch bei der starken Einflußnahme des J. auf die Jugend Bedenken gegen die staatliche Zulassung des Jäger als Erzbischof. Die staatspolizeiliche Zuverlässigkeit des J. dürfte starken Zweifeln unterliegen."[120]

Den Bericht der Dortmunder Staatspolizei kommentierte Oberpräsident Meyer mit dem Hinweis, dass Lorenz Jaeger nach einer Erklärung vom 7. Januar 1937 sein früheres Amt als geistlicher Führer im „Bund „Neudeutschland" (ND) niederlegte, sobald ihm der Erlass des Kultusministers vom 15. August 1935, der ein diesbezügliches Verbot ausgesprochen hatte, bekannt geworden war.[121] Zur Bewertung des Gutachtens der Staatspolizei erklärte der Oberpräsident weiter, der mit Lorenz Jaeger aufgrund der gemeinsamen Tätigkeit in der pädagogischen Prüfungskommission persönlich bekannte Vorsitzende, Oberschulrat Dr. Kanckstedt, habe ihm erklärt, dass ihm nichts bekannt sei, was zu Bedenken gegen Lorenz Jaeger Anlass geben könnte, während der Bericht der Staatspolizeistelle allein auf dem ihr vorliegenden Berichtsmaterial beruhe. Zur Unterstützung seiner Argumentation verwies der Oberpräsident auf einen für den Kultusminister am 30. November 1936 verfassten Bericht seines Vorgängers, Ferdinand Freiherr von Lüninck, der über den Kandidaten ausführte: „Von den in dem Schreiben [...] genannten Vertrauensmännern können folgende als einwandfrei und politisch zuverlässig bezeichnet werden:

118 BA, R 5101./22234, 210, Abschrift zu: Staatspolizeistelle Dortmund, B.-Nr. II I-6009/41, an den Oberpräsidenten der Provinz Westfalen vom 13. Juni 1941. Der letzte Satz wurde mit Bleistift unterstrichen. Korrigiert wurde die im Original falsche Namensschreibweise.

119 Vgl. BA, R 5101./22234, 210, die Abschrift zu: Staatspolizeistelle Dortmund, B.-Nr. II I-6009/41, an den Oberpräsidenten der Provinz Westfalen vom 13. Juni 1941. Das Wort „Divisionspfarrer" wurde mit Bleistift unterstrichen.

120 BA, R 5101./22234, 210, Abschrift zu: Staatspolizeistelle Dortmund, B.-Nr. II I-6009/41, an den Oberpräsidenten der Provinz Westfalen vom 13. Juni 1941. Die falsche Schreibweise des Namens wurde aus dem Original übernommen und nicht korrigiert.

121 Vgl. BA, R 5101./22234, 208, der Oberpräsident der Provinz Westfalen an das RMfdkA vom 29. Juni 1941.

1) Studienrat Jaeger vom städt. Hindenburg-Realgymnasium in Dortmund (Diözesanobmann) ist ein sehr guter Lehrer und Erzieher. Er hat zwar bis zur Machtergreifung dem Zentrum angehört, sich aber nicht politisch betätigt. Nach einem mir vorliegenden Gutachten der Gauleitung Westfalen-Süd vom 13.7.1934 ist Jaeger politisch nicht belastet. Ich erwähne noch, daß J. 4 Jahre an der Front gestanden hat, davon 1½ Jahre als Kompanieführer in einem Inf.Regiment und das EK II und I und das Ritterkreuz des Hohenzollernschen Hausordens besitzt."[122]

Trotz solcher positiven Beurteilungen seines Amtsvorgängers und des von ihm konsultierten Oberschulrats Kanckstedt mochte Oberpräsident Meyer keine Gewähr für eine tatsächliche politische Zuverlässigkeit Lorenz Jaegers übernehmen: „Wenn sich Jaeger auch unzweifelhaft als Soldat im Weltkrieg große Verdienste erworben hat, so vermag ich doch eine Gewähr, daß keine politischen Bedenken gegen ihn bestehen, nicht zu übernehmen."[123] Meyer legte damit eine Verhaltensweise an den Tag, die im totalitären deutschen Führerstaat gerade in der Frage der Bischofsernennungen sehr oft zu beobachten war: Auch wenn die Beurteilungen des Kandidaten positiv ausfielen und zu allgemeinpolitischen Bedenken keinen Anlass boten, sicherten sich die berichtenden Dienststellen nach oben immer wieder mit dem Hinweis ab, für die zukünftige Staatstreue und politische Unbedenklichkeit des Kandidaten keine Gewähr übernehmen zu können. In diesen Äußerungen bzw. Verfahrensweisen tritt eine institutionelle Schwäche des vermeintlich starken Führerstaats deutlich zutage: Statt Verantwortung selbst zu übernehmen, wurde diese nach oben oder unten wegdelegiert.

Die Paderborner Bischofswahl brachte Nuntius Orsenigo am 3. Juli erneut gegenüber Staatssekretär von Weizsäcker zur Sprache. Der Nuntius vertrat die Ansicht, Einwände gegen den Kandidaten seien seiner Meinung nach nicht zu erwarten und erwähnte, dass die übliche Frist von zwanzig Tagen bereits um zehn Tage überschritten sei. Es sei daher angenehm, wenn die von ihm erwartete positive Antwort der Reichsregierung bald einträfe. Staatssekretär von Weizsäcker wich der Frage des Nuntius jedoch mit Rücksicht auf die Bitte des Kirchenministeriums um eine vertrauliche Behandlung der vorab an das

122 BA, R 5101./22234, 208r, der Oberpräsident der Provinz Westfalen an das RMfdkA vom 29. Juni 1941. Das Wort „Vertrauensmännern" wurde vom Oberpräsidenten mit Schreibmaschine, die Worte „einwandfrei, politisch zuverlässig" sowie die Passagen „Nach einem mir" bis „nicht belastet", „4 Jahre an der Front" und „davon 1½ Jahre" bis „Hausordens besitzt" wurden im Kirchenministerium mit Bleistift unterstrichen.

123 BA, R 5101./22234, 208r, der Oberpräsident der Provinz Westfalen an das RMfdkA vom 29. Juni 1941.

Auswärtige Amt weitergeleiteten Informationen aus, indem er sich gegenüber Nuntius Orsenigo weiterhin als unorientiert darstellte.[124]

Der Kirchenminister studiert die Akten und hat keine Bedenken

Mit Ministerialrat Otto Senftleben vom Oberkommando der Wehrmacht (OKW) besprach Ministerialrat Theegarten am 4. Juli telefonisch, ob es der Wehrmacht möglich sei, dem Kirchenministerium die Personalakten des Divisionspfarrers Jaeger kurzfristig zur Verfügung zu stellen. Nachdem Senftleben dies bestätigt hatte, richtete Theegarten noch am gleichen Tag ein entsprechendes Gesuch an das OKW.[125] Der Chef der Heeresrüstung und Befehlshaber des Ersatzheeres entsprach am 11. Juli dem Amtshilfeersuchen des Kirchenministeriums und übersandte die gewünschte Personalakte, die ihm nach der Einsichtnahme am 18. Juli wieder zurückgeschickt wurde.[126]

Der auf den 4. Juli datierte Bericht des Chefs der Sicherheitspolizei lag dem Kirchenministerium am 19. Juli vor.[127] Gleich zu Beginn ihres Gutachtens erklärte die Staatspolizei, gegen die Wahl Lorenz Jaegers aus sicherheitspolizeilichen Gründen schwerste Bedenken zu haben. Zwar sei Jaeger ein hochdekorierter Kriegsteilnehmer gewesen, er habe sich jedoch gerade „unter Berufung auf diese Auszeichnungen in den letzten Jahren in besonders starkem Maße staatsfeindlich betätigt." Jaeger sei „einer der aktivsten und gefährlichsten Propagandisten der Katholischen Aktion und ein fanatischer Gegner des Nationalsozialismus und des heutigen Staates."[128]

Anschließend beschrieb die Staatspolizei Lorenz Jaeger als gebildeten und erfahrenen Priester von äußerlich bescheidenem Auftreten, der jedoch von einem unermüdlichen Streben und Arbeitseifer für die Ziele der römisch-katholischen Kirche besessen sei. Intensiv sei sein Kontakt zur Jugend, die er u.a. mit Erlebnisberichten aus dem Ersten Weltkrieg zu fesseln und psychologisch geschickt zu beeinflussen wisse. In seinem Schulunterricht habe er mit Vorliebe nationalsozialistische Grundbegriffe aufgegriffen und ihnen „in jesuitisch geschickter und eindringlicher Form die entsprechende Auffassung

124 Vgl. PAAA, R 29816, 239957, die Aufzeichnung Staatssekretär von Weizsäckers, St.S. Nr. 449, vom 3. Juli 1941, abgedruckt in: Albrecht, Dieter: Der Notenwechsel zwischen dem Heiligen Stuhl und der deutschen Reichsregierung. Teil III, 549.

125 Vgl. BA, R 5101./22234, 211, RMfdkA, II 3111/41, an das OKW vom 4. Juli 1941.

126 Vgl. BA, R 5101./22234, 212, der Chef der Heeresrüstung und Befehlshaber des Ersatzheeres, Pers. Jaeger AHA/Ag/S, an das RMfdkA vom 11. Juli 1941.

127 Vgl. BA, R 5101./22234, 213–215, der Chef der Sicherheitspolizei und des SD, IV B 1–1538/41, an das RMfdkA vom 4. Juli 1941. Der Brief trägt den Eingangsstempel des Kirchenministeriums vom 19. Juli 1941.

128 BA, R 5101./22234, 213, der Chef der Sicherheitspolizei und des SD, IV B 1–1538/41, an das RMfdkA vom 4. Juli 1941. Die Schreibweise des Namens wurde korrigiert.

des Katholizismus entgegengestellt."[129] Trugen ihm seine Schüler Äußerungen seiner nationalsozialistisch eingestellten Kollegen zu, so habe Lorenz Jaeger seine Kollegen während der Religionsstunde lächerlich gemacht und versucht, ihre Aussagen ins Gegenteil umzubiegen. In einer Diskussion mit Schülern der Unterprima habe er sie zum Besuch der Messe auch während ihrer Wehrdienstzeit aufgefordert und das Gespräch geschickt auf das Thema der Desertation gelenkt. Als die Klasse empört den verwerflichen Charakter eines desertierenden Soldaten beklagte, habe Lorenz Jaeger die Diskussion beendet, indem er sagte: „Meine Herren, gerade heute desertieren sehr viele. Ein Geistlicher aus Münster erzählte mir neulich noch, daß die Militärstrafanstalt in Münster überfüllt ist mit Deserteuren, Drückebergern und Simulanten. Der Soldat von heute ist lange nicht so hart, wie der der Weltkriegsjahre."[130] Der Chef der Sicherheitspolizei und des SD, der anschließend über das Wirken des Kandidaten im Bund Neudeutschland und Äußerungen gegen die Thesen Alfred Rosenbergs berichtete, urteilte abschließend: „Aufgrund dieses eindeutig antinationalsozialistischen Verhaltens des Jaegers muß ich aus sicherheitspolizeilichen Gründen gegen die Ernennung Jägers [sic!] zum Erzbischof von Paderborn schwerste Bedenken geltend machen."[131]

Reichskirchenminister Hanns Kerrl

Telefonisch wurde der Inhalt des Schreibens am 22. Juli Kirchenminister Hanns Kerrl zur Kenntnis gebracht. Mit Blick auf die vom Ministerium für das Paderborner Metropolitankapitel bereits vorbereitete Zustimmungserklärung vom 19. Juli 1941[132] ordnete Kerrl eine erneute Besprechung an,[133] auf der er sich trotz der staatspolizeilichen Bedenken für eine positive Antwort an das Kapitel entschied. Handschriftlich notierte der Minister auf dem Entwurf: „Für meine Entscheidung ist ausschlaggebend gewesen, daß Jaeger die Stelle eines Studienrats an einer öffentlichen höheren Lehranstalt bekleidete, Mitglied der Prüfungskommission für die

129 Vgl. BA, R 5101./22234, 214, der Chef der Sicherheitspolizei und des SD, IV B 1-1538/41, an das RMfdkA vom 4. Juli 1941.

130 Vgl. BA, R 5101./22234, 215, der Chef der Sicherheitspolizei und des SD, IV B 1-1538/41, an das RMfdkA vom 4. Juli 1941.

131 Ebd.

132 Vgl. BA, R 5101./22234, 216, den handschriftlichen Vermerk vom 28. Juli 1941 und den Entwurf zu: RMfdkA, II 3111/41 II. Ang., an das Paderborner Metropolitankapitel vom 22. Juli 1941.

133 Vgl. BA, R 5101./22234, 213, den handschriftlichen Vermerk vom 22. Juli 1941 auf: der Chef der Sicherheitspolizei und des SD, IV B 1-1538/41, an das RMfdkA vom 4. Juli 1941.

Studienreferendare ist und sich zur Zeit als Divisionspfarrer im Felde befindet. Als solcher hat er sich nach den mir vorliegenden Personalakten des O.K.W. bisher bestens bewährt."[134] Kerrl erklärte dem Paderborner Metropolitankapitel daher am 22. Juli, gegen die beabsichtigte Ernennung Lorenz Jaegers zum neuen Paderborner Erzbischof keine Bedenken geltend zu machen.[135] Eine Abschrift seiner Antwort an das Paderborner Domkapitel übersandte das Kirchenministerium am selben Tag an den Oberpräsidenten in Münster. Auch in diesem Schreiben ist die zitierte Begründung, nach der sich Lorenz Jaeger als Studienrat, Mitglied der Prüfungskommission und Divisionspfarrer bewährt habe, in gleicher Formulierung enthalten.[136]

Auch Göring hat keine Bedenken

Versehentlich war die Preußische Staatskanzlei noch nicht vom Kirchenministerium über die Wahlanzeige des Kapitels und die eingeleiteten Ermittlungen informiert worden. Erst am 13. August überbrachte Ministerialdirigent Stahn persönlich Ministerialdirektor Gramsch, dem zuständigen Abteilungsleiter, die Zustimmungserklärung des Kirchenministers und einen zur Erläuterung beigefügten Aktenvermerk.[137] Der Ministerialdirektor nahm die beiden Schriftstücke zur Kenntnis und erklärte, „daß nach Lage des Falles Bedenken des Herrn Reichsmarschalls und Ministerpräsidenten wohl nicht erhoben worden wären. Der Herr Ministerpräsident werde unterrichtet werden. Er [Ministerialdirektor Gramsch; B.H.] bitte hiermit die Sache als erledigt anzusehen."[138]

Zur Entscheidung von Kirchenminister Kerrl führte der dem preußischen Ministerpräsidenten übermittelte Ermittlungsbericht aus, dass die Gauleitung und der Oberpräsident der Provinz Westfalen keine besonderen Bedenken gegenüber Jaeger erhoben hätten. Der Chef der Sicherheitspolizei und des SD habe solche geäußert, „weil Jaeger im Religionsunterricht gegen Reichsleiter Rosenberg Stellung genommen habe, und weil er versuche, Äußerungen nationalsozialistisch eingestellter Kollegen abzuschwächen." Die Stellungnahme der Staatspolizei sei jedoch „ziemlich allgemein gehalten" und gebe „positive

134 BA, R 5101./22234, 217, handschriftlicher Vermerk Hanns Kerrls auf dem Entwurf zu: RMfdkA, II 3111/41 II. Ang. 3403, an das Paderborner Metropolitankapitel vom 22. Juli 1941.

135 BA, R 5101./22234, 217, RMfdkA, II 3111/41 II. Ang. 3403, an das Paderborner Metropolitankapitel vom 22. Juli 1941 mit Abschriften an den Oberpräsidenten in Münster und den Chef der Sicherheitspolizei und des SD vom gleichen Tag.

136 Vgl. LAV NRW, Abteilung Westfalen, R 001 Personalakten, Nr. J 12, das Schreiben des RMfdkA II 3111/41 II. Ang. an den Oberpräsidenten in Münster vom 22. Juli 1941. Das Schreiben trägt den Eingangsstempel vom 31. Juli 1941.

137 Vgl. BA, R 5101./22234, 218, den Vermerk Ministerialdirigent Stahns vom 13. August 1941.

138 Ebd.

Einzeltatsachen“ nicht wieder. „Reichsminister Kerrl hat sich nach eingehendem Vortrag und genauer Prüfung der Vorgänge von den Ausführungen des Chefs der Sicherheitspolizei nicht überzeugen lassen können.“[139]

Im internen Schriftverkehr kommt damit die Schwäche der von der Staatspolizei und vom Chef der Sicherheitspolizei vorgebrachten Bedenken deutlich zum Ausdruck. Es wird zunächst angemerkt, dass besondere Bedenken nicht vorgebracht worden seien, womit zumindest intern bestätigt wurde, dass die Gestapo eigentlich immer und gegenüber jedem Kandidaten Bedenken vorzubringen hatte. Diese waren aber fast immer sehr allgemein gehalten und enthielten keine konkreten, gegenüber der Kurie verwendbaren Einzeltatsachen. Die gegenüber Lorenz Jaeger vorgebrachten Einwände stellen damit nicht die Ausnahme, sondern die Regel dar.

Damit wurde die Schwäche der Argumentation der Staatspolizei treffend auf den Punkt gebracht. Hätte sich die Reichsregierung bei ihrer Entscheidung auf sie berufen und so den Kandidaten abschließend zu Fall gebracht, hätte sie bei der zwangsläufig zu erwartenden Kontroverse mit der Kurie um die Tragweite dieser Argumente nicht mit ihnen bestehen können. Es wäre somit wie im „Fall Aachen“ nur der argumentative Rückzug auf die Position geblieben, dass die Regierung zu einer Konkretisierung ihrer Ablehnungsgründe durch das Konkordat nicht verpflichtet sei. Dies hätte nach Lage der Dinge in Paderborn mit an Sicherheit grenzender Wahrscheinlichkeit die Ernennung eines weiteren Apostolischen Administrators auf der Ebene des Altreichs nach sich gezogen.

Wollte die Reichsregierung einen weiteren Apostolischen Administrator und damit eine weitere für jeden sichtbare Entwertung ihres im Reichskonkordat verankerten Einspruchsrechts vermeiden, blieb ihr mangels belastbarer Argumente also gar keine andere Möglichkeit als ihre Zustimmung zur Bestellung Lorenz Jaegers zum neuen Paderborner Erzbischof zu geben. Da dieser Aspekt zentral und für die Entscheidung letztlich ausschlaggebend war, hatten alle anderen Aspekte hinter ihm zurückzutreten.

Dem Auswärtigen Amt konnte die Nuntiatur am Samstag, den 9. August des Jahres nun abschließend berichten, dass der Papst Lorenz Jaeger zum neuen Paderborner Erzbischof ernannt habe. Noch am Vormittag des gleichen Tages telefonierte Legationsrat Dr. Haidlen mit dem Kirchenministerium und informierte dieses über die ihm vom Nuntius soeben überbrachte Nachricht.[140]

139 BA, R 5101./22234, 219, undatierter Bericht zu den Ermittlungen über Lorenz Jaeger. Die anschließend angeführte Begründung zur Entscheidung des Kirchenministers entspricht mit geringen Abweichungen im Text inhaltlich dem handschriftlichen Vermerk Hanns Kerrls auf dem Entwurf zu: RMfdkA, II 3111/41 II. Ang. 3403, an das Paderborner Metropolitankapitel vom 22. Juli 1941.

140 Vgl. BA, R 5101./22234, 220, den Vermerk vom 11. August 1941.

Couragiert oder nur am eigenen Machterhalt interessiert? Zwei unterschiedliche Blickwinkel auf die Entscheidung des Kirchenministeriums

In seiner 1989 vorgelegten Bewertung des Falls hat Heribert Gruß die erfolgreiche Ernennung Lorenz Jaegers zum Paderborner Erzbischof auf die couragierte Haltung von Reichskirchenminister Hanns Kerrl zurückgeführt, der sich trotz der Bedenken der Parteikanzlei und des Reichssicherheitshauptamtes positiv zur Kandidatur des damaligen Divisionspfarrers geäußert hatte.[141] Vor dem Hintergrund einer sich in der Frage der Politischen Klausel zuspitzenden kirchenpolitischen Situation[142] habe der Kirchenminister seinen ohnehin nur auf das Altreich beschränkten Kompetenzbereich mit der positiven Entscheidung für Lorenz Jaeger gewahrt und mit taktischer Klugheit und Relevanz gegenüber den kirchenfeindlichen Kreisen in Partei und Staatspolizei erfolgreich verteidigt.[143] Heribert Gruß' Bewertung, die den Einfluss des Kirchenministers besonders hervorhebt, verbindet den „Fall Jaeger" mit den Bischofsernennungen in Münster (1933), Fulda (1936) und Aachen (1938), während die Kontroverse um den „Fall Aachen", die gleichzeitige Vakanz in den Erzbistümern Köln und Prag sowie der unmittelbar vorangegangene „Fall Wendel" unberücksichtigt blieben.[144] Werden sie jedoch in die Bewertung des „Falls Jaeger" einbezogen, wofür man mit den hier ausgeführten Gründen plädieren kann, relativiert sich der dominierende Einfluss der Entscheidung des Kirchenministers.

Entscheidend ist an dieser Stelle, ob es sich bei der Ernennung Joseph Wendels zum Koadjutorbischof in Speyer um eine normale Nachfolgeregelung oder tatsächlich um einen in aller Eile eingeschobenen „Testfall" für alle weiteren Bischofsernennungen im Geltungsbereich des Reichskonkordats handelte. Der bereits angesprochene, in Speyer nicht vorhandene Bedarf an einer Neuregelung, die Eile, mit der der Fall auf kirchlicher Seite abgewickelt wurde, und die unvorteilhafte Informationspolitik der Kurie gegenüber Bischof Sebastian deuten darauf hin, dass dem „Fall Wendel" auf der Ebene des Altreichs als „Testfall" eine Art Signalwirkung für den Gesamtverlauf der Bischofsernennungen während der verbleibenden Jahre der nationalsozialistischen Herrschaft zukommen sollte. Nach der erfolglosen Kontroverse um die Lösung des „Falls Aachen" und der gegenseitigen Blockade außerhalb des

141 Vgl. Gruß, Heribert: Die „politische Klausel" bei der Neubesetzung des Paderborner Bischofsstuhls, 170–177.

142 Vgl. ebd., 170.

143 Ebd., 176f.

144 Im „Fall Münster" erwähnt Heribert Gruß auch nur die Abordnungen von Partei und SA bei der Bischofsweihe Graf Galens. Die vorangegangene Ablehnung des ursprünglichen Kandidaten Heinrich Heufers wird nicht erwähnt. Vgl. Gruß, Heribert: Die „politische Klausel" bei der Neubesetzung des Paderborner Bischofsstuhls, 164–167.

Konkordatsbereichs konnte der Vorstoß der Kurie, in Speyer einen Koadjutorbischof statt eines Apostolischen Administrators mit der Unterstützung Bischof Sebastians zu beauftragen, nur als Ausdruck ihrer Bereitschaft gewertet werden, zu den normalen, durch die bestehenden Konkordate vorgegebenen Verhältnissen zurückzukehren.

Sollte Kirchenminister Kerrl das „subtile Friedensangebot“ des Vatikans als solches erkannt haben, so darf seine Entscheidung im „Fall Jaeger“ auch als Votum für ein Einlenken seines Ministeriums verstanden werden. Unter einer solchen Voraussetzung wäre der Kirchenminister demnach zu einer Rückkehr zu der durch das Reichs- und die Länderkonkordate bestehenden Rechtsordnung bereit gewesen. Er hätte sich damit zumindest inoffiziell auch von seinen Entscheidungen in den „Fällen Fulda und Aachen“ distanziert. Die Entscheidung Hanns Kerrls im „Fall Jaeger“ wäre damit eine wesentlich grundsätzlichere als es in Heribert Gruß' Bewertung zum Ausdruck kommt. Sein Plazet zur Ernennung Lorenz Jaegers ist deshalb nicht nur als Resultat einer kriegsbedingten Zurückhaltung des Kirchenministers im Kampf gegen die katholische Kirche zu verstehen. Vielmehr kommt in dieser Entscheidung zum Ausdruck, dass der Kirchenminister gewillt war, auf der Ebene der Bischofsernennungen die Auseinandersetzung zu beenden, die sein Ministerium seit der Gründung mit der Kurie geführt hatte.

Will man mit Heribert Gruß von einer Verschärfung der mit dem staatlichen Erinnerungsrecht zusammenhängenden kirchenpolitischen Situation sprechen, so legt die Ernennung Lorenz Jaegers eine deutliche Differenzierung zwischen der geografischen Lage der vakanten Bistümer einerseits und den auf der staatlichen Seite beteiligten Ministerien und inneren Dienststellen andererseits nahe. Für die Diözesen des Altreichs strebten die beiden Konkordatsparteien beginnend mit dem „Fall Wendel“ demnach eine weitgehende Normalisierung der Verhältnisse an, während die Kontroverse um die Reichweite des staatlichen Erinnerungsrechts außerhalb des Altreichs mit unverminderter Schärfe fortgeführt wurde. Diese Normalisierung wurde auf der deutschen Seite jedoch nur vom Auswärtigen Amt, der deutschen Botschaft beim Heiligen Stuhl und einzelnen Mitarbeitern des Kirchenministeriums aktiv mitgetragen, während Teile der Geheimen Staatspolizei und die Parteikanzlei unter der Führung Martin Bormanns an einer Verschärfung des Streits interessiert waren und den Begriff der politischen Bedenken weiterhin totalitär interpretierten.

Weder die Überschreitung der zwanzigtägigen Einspruchsfrist, noch die um das staatliche Erinnerungsrecht bei der Ernennung Apostolischer Administratoren erweiterte Verbalnote des Auswärtigen Amtes vom 26. April 1941 sind als Widerspruch zu einer auf der Seite der Reichsregierung zu beobachtenden Kompromissbereitschaft zu deuten. Schon im „Fall Wendel“ bestand zwischen Nuntius Orsenigo und dem Auswärtigen Amt das grundsätzliche Einvernehmen, von einer strikten Beachtung der zwanzigtägigen Einspruchsfrist für die Dauer des Krieges abzusehen, ohne dass dem Reich durch eine eventuell eintretende Fristüberschreitung ein Schaden entstehen würde. Den Kirchenminister enthob die Übereinkunft zwischen der Nuntiatur und dem Auswärtigen Amt von der Verpflichtung, die mitbeteiligten Instanzen auf den Ablauf der Einspruchsfrist rechtzeitig hinzuweisen. Aus der Tatsache, dass Kirchenminister Kerrl im „Fall Jaeger" eine neuerliche Überschreitung der Frist durch die Staatspolizei widerspruchslos tolerierte, kann deshalb keineswegs gefolgert werden, dass er „geradezu a priori" einem positiven Entscheid zuneigte und seine abschließende Äußerung nur noch eine positive sein konnte.[145]

Der Blick des Kirchenministers nach Köln und auf den Erhalt des eigenen Einflusses

War Kirchenminister Kerrl mit den zeitgleich anlaufenden Bestrebungen der deutschen Botschaft im Vatikan, im Fall der Kölner Vakanz der Kurie einen Wunschkandidaten der Reichsregierung für die Neubesetzung des Kölner Erzbischofsstuhles zu benennen, vertraut und persönlich einverstanden, wovon auszugehen ist, so lag es auf der Hand, den Vatikan im „Fall Jaeger" unter keinen Umständen durch die Ablehnung eines Kandidaten zu provozieren. Denn die Benennung eines „Wunschkandidaten" der Reichsregierung für Köln ging deutlich über das in den Konkordaten fixierte staatliche Erinnerungsrecht hinaus, weil sie eine förmliche Präsentation dargestellt hätte. Dem Kirchenminister konnte eine negative Beurteilung der von den internen Instanzen gegen Lorenz Jaeger vorgebrachten Bedenken mit Blick auf die Absichten der Reichsregierung im „Fall Köln" auch dadurch erleichtert werden, dass die staatspolizeilichen Einwände gegen den Kandidaten durch die Konkordate nicht gedeckt waren, weil sie erkennbar parteipolitisch motiviert waren. In den „Fällen Fulda und Aachen" hatte das Kirchenministerium an diesem Sachverhalt noch keinen Anstoß genommen, sondern tendenziell dazu geneigt, lieber einen Kandidaten zu viel als zu wenig abzulehnen. Gegenüber den inneren Instanzen konnte Hanns Kerrl somit die fehlende Deckung der Ablehnungsgründe durch die Konkordate nicht als Motiv für seine Entscheidung benennen. Dieser aus der Geschichte seines eigenen Ministeriums resultierende Zusammenhang ist möglicherweise für die vom Kirchenminister in den eigenen Akten und gegenüber dem Oberpräsidenten in Münster gegebene Begründung seiner Entscheidung mitverantwortlich.

Jaegers Beamtenstatus, seine Mitgliedschaft in der Prüfungskommission für Studienreferendare und seine hervorragende Beurteilung in den Personalakten des Oberkommandos der Wehrmacht bedeuteten, dass einer möglichen Fehl-

145 Vgl. ebd., 175.

entscheidung des Kirchenministers bereits gravierende Fehlbeurteilungen des Kandidaten durch die höchsten Partei-, Sicherheits- und Wehrmachtsorgane des Dritten Reiches vorausgegangen wären. Sie alle wären ihrer Aufsichtspflicht demnach nur höchst unzureichend nachgekommen,[146] wenn sie gegen die positive Entscheidung des Ministers zu einem späteren Zeitpunkt Einspruch erhoben hätten.[147] In der Auflistung des Kirchenministers irritiert jedoch die Behauptung, ihm lägen Personalakten des Oberkommandos der Wehrmacht vor, obwohl das OKW innerhalb der Streitkräfte im Gegensatz zum Oberkommando des Heeres keine personalaktenführende Instanz darstellte. Lag dem Austausch der beiden Oberkommandos nur eine schlichte Verwechslung zugrunde, die möglicherweise auf den schlechten Informationsstand des Ministers zurückzuführen ist,[148] oder wählte Hanns Kerrl bewusst und wider besseres Wissen die höhere Instanz zur Steigerung der Glaubwürdigkeit seiner Argumentation?

Die letztgenannte Möglichkeit gewinnt an Plausibilität, wenn man berücksichtigt, dass gerade in der Kriegszeit aufgrund der höheren Anzahl der als Wehrmachtsseelsorger eingesetzten Pfarrer der regelmäßige Kontakt zwischen Kirchenministerium und Wehrmacht viel zu intensiv war, als dass man im Ministerium nicht gewusst haben sollte, welche der zuständigen Wehrmachtsdienststellen eine personalaktenführende Instanz war und welche nicht. Der Rückgriff des Ministers auf das OKW gewinnt eine zusätzliche Facette, wenn man die Kontroverse um die Zuverlässigkeit der Wehrmachtspfarrer aus den Vorkriegsjahren mitberücksichtigt. Im Bemühen, im nationalsozialistischen Staat linientreu und zuverlässig zu erscheinen, hatte sich die damalige Wehrmachtsführung zu einer Reform der Wehrmachtsseelsorge entschlossen. Eine im Amt Wehrmachtsseelsorge seinerzeit entstandene Denkschrift General Friedrich Fromms bemerkte zur Zuverlässigkeit der Militärseelsorger: „Es wird häufig der Einwand erhoben, die Pfarrer seien vielfach vom politischen Standpunkt aus betrachtet nicht zuverlässig. Zugegeben, daß hierfür manch Beispiel beizubringen ist. Aber die Erkenntnis hiervon hat ja gerade zu dem Befehl des Herrn Ministers [Werner von Blomberg; B.H.] geführt, die Wehrmachtseelsorge nur durch hauptamtliche Kräfte vornehmen zu lassen. Es kann nach der Durchführung dieses Befehls niemand mehr ernsthaft und ungestraft behaupten, ein Wehrmachtspfarrer sei nicht zuverlässig im nationalsozialistischen Sinne. Über ihn wacht der Reichskriegsminister wie über jeden Offizier und Beamten."[149]

146 Schon unter der Leitung von Rudolf Hess hatte die Kanzlei des Stellvertreters des Führers die Beurteilung der politischen Qualifikationen für Beamte an sich gezogen.

147 Vgl. Gruß, Heribert: Die „politische Klausel" bei der Neubesetzung des Paderborner Bischofsstuhls, 176f.

148 Dieser Annahme spricht Heribert Gruß die größere Wahrscheinlichkeit zu. Vgl. Gruß, Heribert: Die „politische Klausel" bei der Neubesetzung des Paderborner Bischofsstuhls, 176f.

149 BA-MA, RH 15/262, 104–106, undatierte Denkschrift General Fromms zur Wehrmachtsseelsorge.

Nach der Entlassung Generalfeldmarschalls Werner von Blomberg am 4. Februar 1938 blieb das Amt des Kriegsministers unbesetzt, während dem neugeschaffenen Oberkommando der Wehrmacht kein geringerer als Adolf Hitler vorstand, der sich selbst am gleichen Tag zum Oberbefehlshaber der Wehrmacht ernannt hatte. Nachlässigkeiten im Zuständigkeitsbereich des OKW mussten somit unmittelbar auf den Führer selbst zurückfallen. Der argumentative Rückgriff Hanns Kerrls auf das Oberkommando der Wehrmacht rückte seine Entscheidung im „Fall Jaeger“, gewollt oder nicht, viel näher an die Person des Führers heran, als es ein Rückgriff auf die personalaktenführende Instanz des Oberkommandos des Heeres im Sommer 1941 vermocht hätte.[150] Wer die Beurteilung des OKW im „Fall Jaeger“ in Zweifel zog, griff damit indirekt auch den Führer selbst an. In der führerzentrierten Machtkonstellation des Dritten Reiches war ein derartiges Ansinnen wenig erfolgversprechend. Der Rückgriff auf das Oberkommando der Wehrmacht hatte daher für Hanns Kerrl die angenehme Konsequenz, dass er jede aufkommende Kritik an seiner Entscheidung durch die unterschwellige Verknüpfung mit der Person Adolf Hitlers bereits im Keim ersticken musste, wollten sich die Kritiker des Kirchenministers nicht voreilig selbst ins Abseits begeben.

Auch die Kurie hat die Zukunft fest im Blick

Ihre Entsprechung fand die um einen Ausgleich bemühte Politik des Kirchenministers auf vatikanischer Seite. Sowohl Nuntius Orsenigo als auch die verantwortlichen Entscheidungsträger im Vatikan selbst waren um eine nachhaltige Entspannung der Situation bemüht. Ihr Auftreten gegenüber der Reichsregierung war daher von einer vorsichtig abwartenden Zurückhaltung geprägt, die aus den negativen Erfahrungen der Vergangenheit, der Verbalnote der Reichsregierung vom 26. April 1941, in der die Ausdehnung des staatlichen Erinnerungsrechts auch auf Apostolische Administratoren gefordert worden war, und der gleichzeitigen Vakanz in den Erzbistümern Köln und Prag resultierte. Einer endgültigen Entscheidung im „Fall Paderborn“ wurde daher kurzfristig der „Testfall Wendel“ vorangestellt, um eine größere Gewissheit über die aktuelle Position der Reichsregierung zu erlangen. Nach der positiven und für den Vatikan problemlosen Abwicklung der Nachfolgeregelung im Bistum Speyer trug die Kurie keine Bedenken, mit Lorenz Jaeger einen Kandidaten zum neuen Paderborner Erzbischof zu bestellen, der nur sehr eingeschränkt dem „klassischen“ römischen Kandidatenprofil eines Diözesanbischofs entsprach. Neben dem gemischtkonfessionellen Elternhaus war

150 Den Posten des Oberbefehlshabers des Heeres übernahm Adolf Hitler persönlich erst im Zuge der Winterkrise an der Ostfront im Dezember 1941, also nach der Ernennung Lorenz Jaegers.

am kirchlichen Werdegang des Kandidaten bemerkenswert, dass dieser nicht in Theologie oder im kanonischen Recht promoviert hatte und weder der für die Bischofskandidaten besonders typischen Regenten- oder Professorenlaufbahn entstammte, noch sonst bis zu seiner Ernennung zum Paderborner Erzbischof ein höheres Kirchenamt bekleidet hatte. Weder auf diözesaner, noch auf einer darüber hinausgehenden Ebene war Jaeger bisher in einer Weise hervorgetreten, die ihn nach damaliger Anschauung zum Bischofsamt prädisponiert hätte.

Der für einen katholischen Bischof ungewöhnliche Lebenslauf Lorenz Jaegers gewinnt weitreichende Perspektiven, wenn die im Frühjahr 1941 gegebene kirchenpolitische und militärische Situation hypothetisch zu einer Nachkriegsordnung mit fortgesetzter nationalsozialistischer Herrschaft in Deutschland extrapoliert wird. Rechnete die Kurie unter dem Eindruck der deutschen Erfolge in den ersten Kriegsjahren mit einem nationalsozialistischen Endsieg, so bot ihr ein Kandidat mit den Eigenschaften eines Lorenz Jaeger deutliche Vorteile für den nach dem Ende des Krieges zu erwartenden verschärften Kirchenkampf. Der mit dem Hohenzollernorden hochdekorierte Frontkämpfer des Ersten Weltkriegs passte hervorragend in das militaristische Erscheinungsbild des nationalsozialistischen Deutschlands. Zusätzlich bestand auch die Chance für eine akzeptable Zusammenarbeit mit den Machthabern, da Lorenz Jaeger seine bisherigen Tätigkeiten ausgeführt hatte, ohne mit den Vertretern von Staat und Partei in Konflikt zu geraten. Einen weiteren, die Ernennung Lorenz Jaegers begünstigenden Aspekt stellte aus kirchlicher Sicht seine in den Vorkriegsjahren erfolgreich betriebene Jugendarbeit dar. Wollte die katholische Kirche gegenüber der nationalsozialistischen Regierung in dieser für ihre Zukunft entscheidenden Frage nicht zu sehr ins Hintertreffen geraten, so lag es nahe, in der Jugendseelsorge kompetente Priester mit kirchlichen Führungspositionen zu betrauen, auch wenn die Kurie dabei, wie der Nuntius in vertraulichen Gesprächen betonte, über die militärische Vergangenheit des Kandidaten, den Hausorden einer protestantischen Adelsfamilie und das konfessionell gemischte Elternhaus des Kandidaten hinwegsehen musste.[151]

4. „Es ist und bleibt mir unverständlich, dass die Wahl auf mich fallen konnte"

Lorenz Jaeger, der Ende Januar während seines Fronturlaubs in Dortmund mit vielen befreundeten Priestern des Erzbistums zusammengekommen war und dabei auch über die Kriegslage und die durch den Tod Erzbischof Kleins eingetretene Vakanz im Erzbistum gesprochen hatte, war zu diesem Zeitpunkt

151 PAAA, R 100725, E 226424f., SS-Gruppenführer Heydrich, IV B 1–930/41 g.Rs., an Reichsaußenminister von Ribbentrop vom 18. Dezember 1941.

von einem deutschen Sieg überzeugt. Da im Januar 1941 von den ursprünglichen Kriegsgegnern nur noch Großbritannien übriggeblieben war, ging er von einem relativ nahen und für Deutschland günstigen Kriegsende aus. Für sich selbst verband er diesen Gedanken mit der Hoffnung, bald wieder in den Schuldienst zurückkehren zu können.[152] Er beobachtete zwar im Frühjahr 1941 zunehmende Urlaubssperren und Truppenverlegungen in den Osten, schien durch sie aber persönlich nicht sehr beunruhigt gewesen zu sein. Die Hoffnung auf eine baldige Entlassung aus dem Wehrmachtdienst und eine Rückkehr in den Schuldienst schwand erst Ende Juni, als er, von nächtlichen Alarmübungen begleitet, aus dem Rundfunk vom Beginn des Russlandfeldzugs erfuhr. Für den Offizier des Ersten Weltkriegs war mit dieser Meldung sofort klar, dass er seine Hoffnung, im Herbst entlassen zu werden, nun begraben musste.[153]

Eine Dienstreise ins Ungewisse

Feldbischof Rarkowski, der ihm noch zwei Monate zuvor am 14. Mai 1941 einen überraschenden Frontbesuch abgestattet hatte,[154] beorderte Lorenz Jaeger am Vormittag des 30. Juli 1941 telegraphisch zu einer kurzen Besprechung unverzüglich nach Berlin. Nachdem der benötigte Urlaubsschein ausgestellt war, machte sich Lorenz Jaeger noch am gleichen Abend von Arques aus über Paris auf den Weg in die Reichshauptstadt.[155] In Berlin traf er am Abend des Folgetags ein und hatte zu diesem Zeitpunkt immer noch keine Ahnung, aus welchem Grund der Feldbischof ihn nach Berlin beordert hatte. Er hatte nur das Gefühl, bei seiner Division zu fehlen, sodass andere die Arbeit alleine zu

152 Vgl. EBAP, NL Jaeger, Akte 2317, Kriegstagebuch Kriegspfarrer Lorenz Jaeger 1940, Vermerke 1941 Dezember den Eintrag zum 20. Januar 1941 und Vermerke 1941 Januar den Eintrag zum 26. Januar 1941 anlässlich des Heimatbesuchs in Dortmund .

153 Vgl. EBAP, Generalia Akten der Erzbischof 1, II 7, Kriegstagebuch Kriegspfarrer Lorenz Jaeger 1941, Eintrag vom Sonntag, den 22. Juni 1941.

154 Vgl. EBAP, Generalia Akten der Erzbischof 1, II 7, Kriegstagebuch Kriegspfarrer Lorenz Jaeger 1941, den Eintrag vom Mittwoch, den 14. Mai 1941.

155 Vgl. EBAP, Generalia Akten der Erzbischof 1, II 7, Kriegstagebuch Kriegspfarrer Lorenz Jaeger 1941, Eintrag vom Mittwoch, den 30. Juli 1941. Durch die Eintragungen im Kriegstagebuch sind wir über die Tage, in denen Lorenz Jaeger über seine Ernennung zum Erzbischof von Paderborn erfuhr, sehr gut informiert. Die verwendete Tinte legt die Vermutung nahe, dass die Eintragungen vom 30. Juli bis zum 4. August an einem Tag vorgenommen wurden, was bedeutet, dass insbesondere der wichtige Eintrag vom 1. August zwar zeitnah aber dennoch mit einem gewissen Abstand zum Geschehen vorgenommen wurde. Bestätigt wird diese Annahme durch den Tagebucheintrag vom 6. August 1941. Nicht ganz zu dieser Annahme passen will, dass der Eintrag vom 5. August mit deutlich dunklerer Tinte geschrieben ist als in den vorhergehenden und folgenden Beiträgen.

machen hatten.[156] Am Morgen des 1. August meldete sich Lorenz Jaeger schon früh um 8.30 Uhr auf der Dienststelle des Feldbischofs. Er traf dort auf Oberpfarrer Erich Bartsch, der den Feldgeneralvikar vertrat. Die Begrüßung war herzlich, weil sich beide noch gut an die im Vorjahr am Standort Wesel gemeinsam verbrachte Zeit erinnern konnten. Von Bartsch erfuhr Lorenz Jaeger nun von seiner Ernennung zum Erzbischof von Paderborn. Bartsch zeigte ihm das Schreiben der Nuntiatur und bat ihn, gegenüber Franz Justus Rarkowski Stillschweigen zu wahren, weil der Feldbischof dem Kandidaten die Nachricht eigentlich als Erster hatte übermitteln wollen.[157] Mit der U-Bahn fuhr Lorenz Jaeger anschließend nach Charlottenburg in die Wohnung des Feldbischofs. Franz Justus Rarkowski empfing seinen Gast sehr freundlich und zeigte sich erfreut darüber, „dass einer seiner Pfarrer zur bischöflichen Würde ausersehen sei". Am Ende des Gesprächs meldete er den Besucher von der Front telefonisch bei der Nuntiatur an. Weil Lorenz Jaeger sich zunächst etwas sammeln wollte, legte er den Weg in die Rauchstraße zu Fuß zurück.[158]

Zustimmung zur Wahl oder keine weiteren Bischofsernennungen in Deutschland mehr

Der Nuntius, der Lorenz Jaeger gegenüber noch einmal die Wahl des Paderborner Kapitels bestätigte, stand anschließend vor der Herausforderung, den zögernden Kandidaten von einer Übernahme des Bischofsamts überzeugen zu müssen. Es gibt insgesamt drei von Lorenz Jaeger stammende Quellen, die über diese erste Zusammenkunft mit dem Nuntius berichten.

Der vom Ereignis am weitesten entfernte Bericht stammt vom Tag der Bischofsweihe, an dem Lorenz Jaeger den Jugendlichen in der Marktkirche berichtete, er habe sich „mit Händen und Füßen" gegen die Übernahme des Erzbischofsamts gesträubt. Der Nuntius habe seine Einwände, für das bischöfliche Amt nicht geeignet zu sein, mit Verweis auf die tatkräftige Unterstützung der Mitarbeiter im Bistum aber nicht gelten lassen. Auch die Befürchtung des Kandidaten, bei seiner bischöflichen Amtsführung eine zu starke Behinderung durch die Nationalsozialisten zu erfahren, zerstreute Cesare Orsenigo erfolgreich und machte noch einmal deutlich, dass die Aufnahme in die römische

156 Vgl. EBAP, Generalia Akten der Erzbischof 1, II 7, Kriegstagebuch Kriegspfarrer Lorenz Jaeger 1941, Eintrag vom Donnerstag, den 31. Juli 1941.

157 Vgl. EBAP, Generalia Akten der Erzbischof 1, II 7, Kriegstagebuch Kriegspfarrer Lorenz Jaeger 1941, Eintrag vom Freitag, den 1. August 1941.

158 EBAP, Generalia Akten der Erzbischof 1, II 7, Kriegstagebuch Kriegspfarrer Lorenz Jaeger 1941, Eintrag vom Freitag, den 1. August 1941.

Kandidatenliste und die Wahl des Kapitels insbesondere seiner engen Verbindung zur Jugend zu verdanken seien.[159]

Ein wenige Tage nach der Zusammenkunft in Berlin erstellter Eintrag im Militärtagebuch lässt darüber hinaus erkennen, dass der Nuntius eine erhebliche Drohkulisse aufgebaut haben muss, um den Kandidaten zur Zustimmung zu bewegen.[160] In die gleiche Richtung weist auch ein am 18. August 1941 verfasster Brief des neuen Erzbischofs an Generalvikar Kaspar Gierse. Auch diese Quelle lässt erkennen, dass den Nuntius wesentlich schwerere Sorgen plagten, als eine mögliche Behinderung der bischöflichen Amtsführung durch die Nationalsozialisten.[161] Dem Kriegstagebuch vertraute Lorenz Jaeger an, der Nuntius habe ihm gegenüber betont, „dass er froh sei, überhaupt einen der vielen vakanten Bischofs-Sitze wieder besetzen zu können, da die Reichs-Regierung ihr Placet für meine Person bereits erteilt habe."[162] Ein Verzicht des Kandidaten hätte die Lage erheblich verkompliziert und den Heiligen Stuhl in eine sehr missliche Lage gebracht. Gegenüber Kaspar Gierse umriss Lorenz Jaeger sein Dilemma drei Wochen später mit den Worten: „Leider waren da die Dinge schon so weit gediehen, daß ich, wie der H. H. Nuntius sagte, die Wahl nicht mehr aufhalten konnte, ohne Rom und Berlin zu verärgern und vielleicht eine Besetzung der erzbischöflichen Stühle auf lange Zeit hinaus unmöglich zu machen. Ich habe es schon Herrn Prälaten Rasche geschrieben, daß ich mich ganz in der Lage St. Augustinus fühle, der dem Bischof Valerius schreibt: ‚Nun hat man mich den Ruderknecht zum Steuermann des Schiffes gemacht. Man hat mir Gewalt angetan, wohl zur Strafe für meine Sünden.'"[163]

Unverhältnismäßige Einschüchterung oder berechtigte vatikanische Sorgen?

Mehr noch als das Kriegstagebuch lässt insbesondere der Brief an Generalvikar Gierse erkennen, dass Nuntius Orsenigo in der ersten Zusammenkunft mit Lorenz Jaeger sehr schweres Geschütz aufgefahren haben muss, um den Widerstand des Kandidaten gegen seine Ernennung zu brechen. Bei der Be-

159 Vgl. EBAP, NL Jaeger, Akte 2276/ohne Paginierung, Jugendfeier in der Markkirche mit dem Hochwürdigsten Herrn Erzbischof Laurentius Jaeger am Tage seiner heiligen Weihe und EBAP, Generalia Akten der Erzbischof 1, II 7, Kriegstagebuch Kriegspfarrer Lorenz Jaeger 1941, Eintrag vom Freitag, den 1. August 1941.

160 EBAP, Generalia Akten der Erzbischof 1, II 7, Kriegstagebuch Kriegspfarrer Lorenz Jaeger 1941, Eintrag vom Freitag, den 1. August 1941.

161 EBAP, NL Jaeger, Akte 2276/ohne Paginierung, Handschreiben Lorenz Jaeger an Prälat Kaspar Gierse (Generalvikar unter Caspar Klein) vom 18. August 1941.

162 EBAP, Generalia Akten der Erzbischof 1, II 7, Kriegstagebuch Kriegspfarrer Lorenz Jaeger 1941, Eintrag vom Freitag, den 1. August 1941.

163 EBAP, NL Jaeger, Akte 2276/ohne Paginierung, Handschreiben Lorenz Jaeger an Prälat Kaspar Gierse (Generalvikar unter Caspar Klein) vom 18. August 1941.

Bei der Bischofsweihe: Lorenz Jaeger zwischen Bischof Godehard Machens und Weihbischof Augustinus Baumann

wertung dieser Argumente ist zu berücksichtigen, dass der Nuntius gegenüber Lorenz Jaeger in der Frage der Bischofsernennungen über einen Informationsvorsprung verfügte, der sich innerhalb der Diskussion sehr leicht zu einem Machtinstrument ausbauen ließ. Cesare Orsenigo konnte deshalb die Befürchtung aussprechen, es drohe die Gefahr, dass keine weiteren Bischöfe in Deutschland mehr ins Amt kommen würden, sollte Lorenz Jaeger in dieser Situation einen Rückzug machen und seinen Verzicht auf das Amt des Erzbischofs von Paderborn erklären. Er musste nicht fürchten, dass Lorenz Jaeger oder ein anderer Kandidat dieses Argument bestreiten würde, weil die notwendigen Details zur Überprüfung dieser extrem pessimistischen Einschätzung den Kandidaten nicht bekannt sein konnten. So wurde aus der Befürchtung, es könnten in Deutschland zukünftig keine Bischöfe mehr ernannt werden, ein Totschlagargument, mit dem der Nuntius die Vorbehalte eines jeden Kandidaten aus dem Weg räumen konnte. Denn welcher katholische Priester, der nicht zum Bischof aufsteigen wollte, war gleichzeitig gewillt, das Risiko auf sich zu nehmen, „schuld" daran zu sein, dass sich die Beziehungen zwischen dem Vatikan und dem Deutschen Reich durch seinen Verzicht so weit verschlechterten, dass zukünftig auch andere Diözesen nicht mehr regulär mit Bischöfen zu besetzen waren? Überprüfbar war eine derartige Behauptung weder für Lorenz Jaeger noch für irgendeinen anderen Kandidaten.

Entsprechend hoch musste aus Sicht des Nuntius die Durchschlagskraft dieses Arguments angesetzt werden.

Ganz anders stellt sich die Lage jedoch dar, wenn das Argument nicht primär der Einschüchterung des Kandidaten diente, sondern eine tatsächlich bestehende Sorge des Nuntius oder der römischen Kurie ungeschminkt zum Ausdruck brachte. In diesem Fall mussten die Akteure auf der vatikanischen Seite in der Tat große Sorgen haben, beim Verzicht eines bereits von der Reichsregierung bestätigten Kandidaten für ihren nachnominierten Kandidaten ebenfalls das staatliche Plazet zu erhalten. Es liegt auf der Hand, dass der Nuntius unabhängig von der Person des gewählten Bischofs wenig begeistert gewesen wäre, wenn ein Kandidat, der bereits die Zustimmung der Reichsregierung erhalten hatte, einen Rückzieher und damit eine neue Wahl des Kapitels und eine neuerliche Anfrage bei der Reichsregierung erforderlich gemacht hätte. Die generelle Unlust, sich auf eine derartige Situation einzulassen, muss auf römischer Seite im Sommer 1941 besonders ausgeprägt gewesen sein, denn im Vorfeld der Paderborner Bischofswahl konnte die Kurie nicht unbedingt damit rechnen, überhaupt für einen ihrer Kandidaten die staatliche Zustimmung zu erhalten. Lag diese wie im Fall von Lorenz Jaeger bereits vor, hielt die Kurie einen Schatz von großem Wert in ihren Händen, den man auf vatikanischer Seite selbstverständlich nur ungern aus der Hand zu geben bereit war. Dass der Nuntius während der Unterredung mit Lorenz Jaeger seine ganze Überzeugungskraft aufwenden musste, um den zögernden Kandidaten doch noch umzustimmen, darf angenommen werden. Dass er sich dabei jedoch einer schamlosen Lüge bediente, um wider besseres Wissen eine Gefahrenkulisse aufzubauen, die auch seiner Meinung nach nicht bestand, ist eher nicht anzunehmen. Von daher kann davon ausgegangen werden, dass die von Lorenz Jaeger überlieferten Berichte über seine erste Zusammenkunft mit dem Nuntius eine der größten Sorgen innerhalb von Nuntiatur und Kurie korrekt benennen. Gemessen an dem, was zeitgleich in den Diözesen außerhalb des Altreichs passierte, müssen der vatikanischen Seite die für Joseph Wendel und Lorenz Jaeger relativ schnell und problemlos erteilten staatlichen Plazets wie ein unerwartetes Geschenk vorgekommen sein.

Die Einsamkeit des zum Schweigen verpflichteten Kandidaten

Eine gute Stunde konferierte Lorenz Jaeger mit dem Nuntius, ehe er am Nachmittag mit dem Feldbischof in dessen Dienststelle am Großadmiral Küster-Ufer noch einmal zusammenkam. Über diese Zusammenkunft bemerkte Lorenz Jaeger wenige Tage später in seinem Kriegstagebuch, dass der Feldbischof sich mit ihm „sehr gut [...] über alle möglichen Fragen, auch über die Seelsorge-Arbeit im Felde unterhalten hat. Er klagte auch sein Leid und die politischen

Schwierigkeiten in seinem Amt.“[164] Das gute Verhältnis, das Lorenz Jaeger auch als Erzbischof von Paderborn zu Franz Justus Rarkowski weiter pflegte, könnte gerade in diesen schweren Stunden, als ein zum Schweigen verpflichteter Neubischof auf einen innerhalb des deutschen Episkopats isolierten Armeebischof[165] traf und beide einander in einem offenen Gespräch mehrere Stunden miteinander verbrachten, eine bleibende emotionale Vertiefung erfahren haben.

Die Tage unmittelbar nach seiner ersten Reise nach Berlin dürften für Lorenz Jaeger nicht die einfachsten gewesen sein, denn obwohl ihm bezüglich seiner Ernennung vermutlich tausende Gedanken durch den Kopf schossen, konnte er doch mit niemandem aus seiner engeren Umgebung auch nur einen von ihnen besprechen, denn der Nuntius hatte ihn bis zur Publikation der Ernennung zu absoluter Verschwiegenheit verpflichtet. Die emotionale Not dieser Stunden und Tage findet ihren Niederschlag in dem – auch im Vergleich zu anderen Einträgen aus der Zeit – sehr persönlich gehaltenen Eintrag ins Kriegstagebuch zum 1. August 1941: „schließlich zur Clemenskirche, wo ich vor dem Allerheiligsten meine Not und Verwirrung geklagt habe.“[166] Am Morgen des 3. August 1941 traf Lorenz Jaeger wieder an der Front ein und meldete sich um 9.30 Uhr am Place de l'Opéra in der Ortskommandantur von

164 Vgl. EBAP, Generalia Akten der Erzbischof 1, II 7, Kriegstagebuch Kriegspfarrer Lorenz Jaeger 1941, den Eintrag vom Samstag, den 2. August 1941.

165 Die in weiten Teilen des deutschen Episkopats gegenüber Franz Justus Rarkowski bestehenden Vorbehalte gingen im Wesentlichen auf zwei Motive zurück. Man hielt den Feldbischof aufgrund seiner Vorbildung (die sehr kontrovers diskutierte Abiturfrage, Studium ohne Promotion) für nicht kompetent genug, um ein Bischofsamt auszuüben. Das führte dazu, dass viele Bischöfe auf Franz Justus Rarkowski herabsahen und ihn als Bischof bzw. Priester zweiter Klasse behandelten – eine Haltung, die bei Lorenz Jaeger zu keinem Zeitpunkt zu beobachten war. Wesentlich für die auf den Zentrumsführer, Prälat Ludwig Kaas, zurückgehende Isolierung im Episkopat war außerdem die Befürchtung, der Feldbischof könnte Details aus den Verhandlungen der Fuldaer Bischofskonferenz an die staatliche Führung verraten. (Vgl. KMBA, SW, I,2 die Aufzeichnung Georg Werthmanns vom 27. April 1952.) Aus diesem Grund wurde der Feldbischof zunächst nur zu den Konferenzen eingeladen, die mit Fragen der Militärseelsorge befasst waren. Er war dann auch nur in den Stunden im Plenum anwesend, in denen diese Fragen erörtert wurden. Aber auch diese Regelung wurde in späteren Jahren nicht stringent durchgehalten, sodass der Feldbischof auch an den Konsultationen der Bischöfe, die sich mit Fragen der Militärseelsorge beschäftigten, nicht mehr teilnehmen konnte. Franz Justus Rarkowski verkehrte mit den übrigen Bischöfen fortan überwiegend schriftlich, weil das ihm entgegengebrachte Misstrauen zu groß war. Vgl. Güsgen, Johannes: Die katholische Militärseelsorge in Deutschland, 391; Messerschmidt, Manfred: Die Wehrmacht im NS-Staat, 179 und Heim, Bernd: Braune Bischöfe für das Reich?, 218–281.

166 Vgl. EBAP, Generalia Akten der Erzbischof 1, II 7, Kriegstagebuch Kriegspfarrer Lorenz Jaeger 1941, den Eintrag vom Samstag, den 2. August 1941.

Groß-Paris.[167] Der neue Erzbischof, der im Anschluss an seine Rückkehr nach Frankreich am 6. August sein Militärtagebuch fortführte, hatte vor dem Hintergrund der zeitgleich über das Radio verbreiteten Sondermeldung über die Erfolge an der Ostfront die Hoffnung, „dass das russische Unternehmen im August beendet werden“ würde.[168] Nach einem weiteren Tag im gewohnten Truppendienst lag am Nachmittag des 7. August bei der Rückkehr nach Arques schon wieder ein Telegramm des Feldbischofs vor, das ihn erneut nach Berlin beorderte. Dort traf er am Abend des 9. August ein.[169]

In der Dienststelle des Feldbischofs, der selbst nicht anwesend war, überreichte man Jaeger am Morgen des nächsten Tages das römische Ernennungsschreiben. Lorenz Jaeger war noch immer erschüttert und fühlte sich auch körperlich nicht wohl, hatte er doch dem Nuntius noch einige Bedenken mitteilen wollen. Doch dazu war es nun zu spät. Er fuhr anschließend zur Garnisonkirche auf der Hessenheide, in der Oberpfarrer Bartsch das Hochamt hielt. Mit diesem war er auch am Abend zusammen. Sie machten einen Spaziergang durch Alt-Berlin, der Lorenz Jaeger guttat, weil er ihn auf andere Gedanken brachte.[170]

Mahnende Worte des Nuntius und Abschied aus der Wehrmachtseelsorge

Mit Ministerialrat Senftleben und Oberst Edelmann besprach Lorenz Jaeger am Vormittag des 11. August Fragen, die sein Ausscheiden aus der Wehrmachtseelsorge betrafen. Die zweite Zusammenkunft mit Nuntius Orsenigo fand nach 15.30 Uhr in der Nuntiatur statt. Über sie berichtet Lorenz Jaeger in seinem Militärtagebuch: Der Nuntius „war wie immer sehr gütig, gab eine Fülle guter Ratschläge, mahnte vor allem, in Reden und Hirten-Schreiben alle Schärfe zu vermeiden und am Anfang nicht gleich zu politisch zu werden. Er riet mir, mit Wienken sofort zu verhandeln wegen Leistung des Treueids.“[171]

167 Vgl. EBAP, Generalia Akten der Erzbischof 1, II 7, Kriegstagebuch Kriegspfarrer Lorenz Jaeger 1941, den Eintrag vom Sonntag, den 3. August 1941.

168 EBAP, Generalia Akten der Erzbischof 1, II 7, Kriegstagebuch Kriegspfarrer Lorenz Jaeger 1941, Eintrag vom Mittwoch, den 6. August 1941.

169 Vgl. EBAP, Generalia Akten der Erzbischof 1, II 7, Kriegstagebuch Kriegspfarrer Lorenz Jaeger 1941, den Eintrag vom Donnerstag, den 7. August 1941 sowie den Eintrag vom Samstag, den 9. August 1941.

170 Vgl. EBAP, Generalia Akten der Erzbischof 1, II 7, Kriegstagebuch Kriegspfarrer Lorenz Jaeger 1941, den Eintrag vom Sonntag, den 10. August 1941.

171 EBAP, Generalia Akten der Erzbischof 1, II 7, Kriegstagebuch Kriegspfarrer Lorenz Jaeger 1941, Eintrag vom Montag, den 11. August 1941. Bischof Heinrich Wienken war nach der Verhaftung des Meißener Bischofs Petrus Legge im Frühjahr 1937 zu dessen Koadjutor ernannt worden. Da der Diözesanbischof nach der Ernennung Heinrich Wienkens bald wieder in sein Bistum zurückkehren konnte, war dieser in Meißen faktisch jahrelang ohne bischöfliche Aufgabe. Heinrich Wienken siedelte deshalb schon bald wieder nach Berlin über. Dort leitete er bis 1945 in enger Zusammenarbeit mit Kardinal Adolf Bertram das Kommissariat

Die Mahnung des Nuntius entsprach dessen vorsichtig zurückhaltender Art und seinem Bemühen, unnötige Konflikte mit der Reichsregierung bzw. den Nationalsozialisten gar nicht erst aufkommen zu lassen. Dennoch ist sie an dieser Stelle bemerkenswert, denn rund sechs Wochen später, am Tag seiner Weihe, setzte Lorenz Jaeger mit der Jugendveranstaltung in der Marktkirche ein ebensolches, kaum verhülltes politisches Zeichen, dem es nicht an Deutlichkeit und politischer Schärfe mangelte, was zu der Frage führt, welche Motive Lorenz Jaeger dazu verleiteten, die Mahnung des Nuntius so schnell und so deutlich in den Wind zu schlagen. Das Kriegstagebuch und die im Archiv des Erzbistums erhaltenen Dokumente geben auf diese Frage leider keine befriedigende Antwort.

Am 13. August erhielt Lorenz Jaeger von Bischof Wienken die Nachricht, dass als Reaktion auf seine Anfrage im Kirchenministerium lange beraten worden war, an welche Stelle die Anfrage für die Ableistung des Treueids zu richten sei. Als Ergebnis habe ihm das Ministerium telefonisch mitgeteilt, dass die Anfrage an den Kirchenminister zu richten sei, der alles weitere veranlassen werde.[172] Zu diesem Zeitpunkt ging er noch davon aus, dass seine Entlassung aus dem Wehrmachtseelsorgedienst voraussichtlich am 20. August 1941 erfolgen werde.

Das Kirchenministerium teilte dem neuen Paderborner Erzbischof am 23. August schließlich mit, dass im Einvernehmen mit dem Preußischen Ministerpräsidenten der Oberpräsident in Westfalen mit der Abnahme des Treueids beauftragt worden sei.[173] Dieser setzte sich wie vom Kirchenministerium angekündigt am 27. August 1941 mit dem neuen Erzbischof in Verbindung und teilte mit, dass die Vereidigung bedingt durch eine Reise nach Berlin erst Mitte September stattfinden könne. Der Oberpräsident war aber bereit, den Eid auch in Berlin abzunehmen, falls ein früherer Termin gewünscht werde.[174]

der Fuldaer Bischofskonferenz, das dem engeren Kontakt der deutschen Bischöfe mit der Reichsregierung dienen sollte. Es war vor diesem Hintergrund naheliegend, dass der Nuntius Lorenz Jaeger riet, sich in der Frage der Ableistung seines Treueids zunächst an Bischof Wienken zu wenden.

172 Vgl. EBAP, NL Jaeger, Akte 140/246, Bischof Wienken an Lorenz Jaeger vom 13. August 1941. Das in Frankreich bei seiner Einheit verfasste Schreiben an das Kirchenministerium, in dem er darum bat, einen Termin für seine Vereidigung festlegen zu wollen, versah Lorenz Jaeger jedoch mit dem Datum des 12. August 1941. Der Brief wurde entweder versehentlich falsch datiert, bewusst rückdatiert oder Lorenz Jaeger hat die Nachricht Bischof Wienkens auch noch auf einem anderen, schnelleren Weg erreicht, für den sich keine archivalischen Zeugnisse erhalten haben. Vgl. BA, R 5101/22234, 225, Lorenz Jaeger an das RMfdkA, vom 12. August 1941.

173 Vgl. EBAP, NL Jaeger, Akte 140/247, RMfdkA, II 3989/41 an Lorenz Jaeger vom 23. August 1941.

174 Auf die Wahrnehmung dieses Angebots hat Lorenz Jaeger verzichtet, was ein weiteres Indiz dafür darstellt, dass die gerüchteweise behauptete Zusammenkunft mit dem Preußischen

Nuntius Cesare Orsenigo beim Auszug aus dem Dom

Vorbereitungen für die Bischofsweihe und Information der Reichsregierung

In Paderborn traf das auf den 6. August 1941 datierte päpstliche Ernennungsschreiben am folgenden Tag ein, woraufhin das Domkapitel in seiner Sitzung vom 11. August 1941 den vorbereiteten Entwurf für die Veröffentlichung der Ernennung prüfte und billigte.[175] Die Ordnung für die Konsekration des neuen Erzbischofs wurde in der Kapitelssitzung vom 25. August 1941 festgelegt.[176]

Sein Ausscheiden aus der Wehrmacht und aus dem Schuldienst beantragte Lorenz Jaeger noch im August 1941. Durch verschiedene Komplikationen zog sich der gesamte Vorgang, der durch die beamtenrechtliche Stellung auch zeitlich koordiniert werden musste, bis in den Oktober 1941 hin. Die vom Oberbürgermeister der Stadt Dortmund ursprünglich für den 31. August 1941 vorgesehene Entlassung aus dem Schuldienst wurde am 3. Oktober schließlich auf den 30. September 1941 zurückdatiert, weil eine zeitliche Übereinstimmung mit der Entlassung aus dem Heeresdienst erfolgen musste. Diese war

Ministerpräsidenten Hermann Göring und dem Führer nicht stattgefunden haben. Vgl. EBAP, NL Jaeger, Akte 140/248, Der Oberpräsident der Provinz Westfalen an Lorenz Jaeger vom 27. August 1941.

175 Vgl. EBAP, Archiv des Metropolitankapitels, Protokollbuch für die Sitzungen vom 14. August 1924 bis zum 31. Dezember 1954, den Eintrag vom 11. Januar 1941.

176 Vgl. EBAP, Archiv des Metropolitankapitels, Protokollbuch für die Sitzungen vom 25. August 1924 bis zum 31. Dezember 1954, den Eintrag vom 27. Januar 1941 .

nach einer Intervention Lorenz Jaegers auf Ende September verlegt worden. Entscheidend für die Verlegung war, dass der neue Erzbischof als Militärseelsorger noch keinen Erholungsurlaub in Anspruch genommen hatte und für den September 1941 ohne Bezüge geblieben wäre, wenn die Entlassung aus der Wehrmacht, wie ursprünglich vorgesehen, bereits am 31. August 1941 erfolgt wäre.[177]

Der neue Erzbischof traf zwei Tage vor seiner Bischofsweihe im Paderborner Kapitelssaal erstmals mit dem Domkapitel zusammen. Lorenz Jaeger überreichte zu Beginn dieser Sitzung die päpstliche Ernennungsurkunde, die von Dompropst Paul Simon verlesen wurde, und legte vor dem Kapitel anschließend die Professio fidei ab. Er dankte den Domkapitularen für das ihm entgegengebrachte Vertrauen und nutzte die Sitzung auch dazu, dem Kapitel in einer programmatischen Erklärung seine Gedanken über die „Aufgaben der Priester in unserer Zeit" mitzuteilen.[178]

Den Vorbereitungen für die Weihe wurden von staatlicher Seite keine Steine in den Weg gelegt. Die vom Domkapitel erbetene Erlaubnis zur Benutzung der Straße, um die Bischöfe im Generalvikariat abholen und in einer Prozession zum Dom geleiten zu können, wurde vom Paderborner Landrat ebenso gebilligt wie der Wunsch, auch nach einem Fliegeralarm in der Nacht vom 18. auf den 19. Oktober die Gottesdienste im Dom und in den Kirchen der Stadt in der Frühe zur geplanten Zeit beginnen zu können.[179]

Wenige Tage nach der Weihe unterrichtete Lorenz Jaeger das Kirchenministerium mit einem knappen Dreizeiler darüber, dass er am 17. Oktober die Leitung der Diözese übernommen habe und am 19. Oktober konsekriert und inthronisiert worden sei.[180] Eine besondere Nähe zum nationalsozialistischen Staat und seinen Repräsentanten lässt weder der ausgesprochen nüchterne und sachliche Ton des Schreibens noch der deutliche zeitliche Abstand zur Bischofsweihe erkennen. Ein Johannes Strehl hätte die staatlichen Stellen vermutlich wesentlich früher über die erfolgte Inthronisation informiert und schon im Vorfeld der Weihe mit den verantwortlichen Beamten und Parteifunktionären diskutiert, wie die Vertreter von Staat und Partei vor, während und nach der Weihe im Dom am besten in Szene zu setzen seien.

177 Vgl. LAV NRW, Abteilung Westfalen, R 001 Personalakten, Nr. J 12, die Eingaben Lorenz Jaegers aus dem August und September 1941 sowie die Schreiben des Oberbürgermeisters der Stadt Dortmund und des Oberpräsidenten der Provinz Westfalen aus dem August, September und Oktober 1941.

178 Vgl. EBAP, Archiv des Metropolitankapitels, Protokollbuch für die Sitzungen vom 14. August 1924 bis zum 31. Dezember 1954, den Eintrag vom 17. Oktober 1941.

179 Vgl. BA , R 5101/22234, 236, die Abschrift zu der Paderborner Landrat an den Regierungspräsidenten in Minden vom 29. September 1941. Diese Entscheidung wurde auch vom Oberpräsidium in Münster gebilligt. Vgl. BA , R 5101/22234, 235, der Oberpräsident in Westfalen an das RMfdkA vom 15. Oktober 1941.

180 Vgl. BA, R 5101./22234, 239, Erzbischof Lorenz Jaeger an das RMfdkA vom 23. Oktober 1941.

5. Ein zweiter Graf Galen? – Erzbischof Jaeger zwischen Befürchtung, Wunsch und Wirklichkeit

Der Inspekteur der Sicherheitspolizei und des SD meldete am 20. August 1941 über die Einsetzung eines neuen Bischofs in Paderborn: „[...] Dr. Jäger [sic!] ist ein außerordentlich aktiver Mann, dessen Stärke auf dem Gebiete der Jugendbetreuung liegt. [...] Sein militärisches Auftreten und die ihm im Weltkrieg verliehenen Auszeichnungen [...] ließen den Eindruck eines national-eingestellten Mannes aufkommen. Außerdem war bekannt, daß Dr. Jäger über ausgezeichnete Verbindungen zu höheren Offizieren verfügt, die es ihm auch im vergangenen Jahre ermöglicht haben sollten, daß er als Divisionspfarrer eingesetzt wurde. In Parteikreisen ist die Ernennung Dr. Jägers mit gemischten Gefühlen aufgenommen worden, da Dr. Jäger durch seine Klugheit und Besonnenheit dem Staat keine Handhabe zu einem evtl. Einschreiten bieten wird. Außerdem befürchtet man, daß Dr. Jäger seine guten Beziehungen zur Wehrmacht jederzeit spielen lassen wird, wenn es geboten erscheint. Man glaubt, dass die Einsetzung Jägers ein geschickter Schachzug der katholischen Kirche ist und zur Stärkung der katholischen Position in Westfalen erheblich beitragen wird.“[181]

Die während einer Vakanz immer wieder aufkommenden Gerüchte produzierten auch im Fall von Lorenz Jaeger Geschichten, die für so bedeutend erachtet wurden, dass der Inspekteur der Sicherheitspolizei und des SD in Düsseldorf glaubte, sie an die vorgesetzten Dienststellen weiterleiten zu müssen. Er berichtete am 16. September 1941: „In konfessionellen Kreisen befasst man sich auch bereits stark mit dem neuen Erzbischof von Paderborn Dr. Jäger. Man erzählt, daß Dr. Jäger gelegentlich seiner Verabschiedung von den Wehrmachtsstellen auch vom Führer und vom Reichsmarschall in Abschiedsaudienz empfangen worden sei. Beim Führer habe er kurz die Klosterfrage angeschnitten. Der Führer habe ihn auf sein Buch „Mein Kampf“ und auf das Programm der NSDAP hingewiesen, in der seine Stellungnahme zur Frage der Kirche klar herausgestellt sei. Dr. Jäger habe hierauf erklärt, daß die oberen Parteistellen diese Stellungnahme zwar beachteten, dass die unteren Stellen aber erheblich hiervon abweichen. Der Führer habe sich darauf in lauter Form eine derartige Kritik verbeten, worauf Dr. Jäger die Unterredung als beendigt angesehen habe und abgegangen sei. Man erwartet in katholischen Kreisen Paderborns daher, daß Dr. Jäger eine Aktivierung der katholischen Arbeit und eine Unterstützung der Bestrebungen des Clemens August von Münster herbeiführen würde. Der Auftakt soll der Tag seiner Bischofs-

181 EBAP, NL Jaeger, Akte 230/027, den Abdruck des Schreibens des Inspekteurs der Sicherheitspolizei und des SD in Düsseldorf vom 20. August 1941. Dort angegebener Fundort: Staatspolizeileitstelle Münster.

weihe in Paderborn bilden, die am 19. Oktober 1941 im Dom zu Paderborn stattfinden wird.“[182]

Auch wenn es sich beim Inhalt dieses Gestapoberichts im Wesentlichen um Gerüchte handelt, die größtenteils substanzlos sind, so werden die lokalen Befürchtungen relativ klar beschrieben. Sie gipfeln in dem unausgesprochenen Vorbehalt: Lorenz Jaeger ist kein Unterstützer der Partei. Eine Mitarbeit bei völkischen oder gar rassistischen Anliegen ist von ihm nicht zu erwarten. Er ist im Gegenteil ein klarer Gegner des Nationalsozialismus, und wenn er in diesem Sinn als Bischof agiert, hat Paderborn durch die Wahl des Kapitels und den nicht erfolgten Einspruch der Reichsregierung einen zweiten Graf Galen als Erzbischof bekommen. Gleichzeitig mobilisiert und stärkt seine Ernennung den kirchlichen Widerstand.

Auf kirchlicher Seite war das Gerücht über die angebliche Abschiedsaudienz beim Führer natürlich auch ein Ausdruck des Wunsches des Kirchenvolkes nach einem prominenteren und öffentlichkeitswirksameren Widerstand der Bischöfe gegen die Kirchenkampfmaßnahmen der Regierung. Auch diese stark ausgeprägte Sehnsucht des Kirchenvolkes hatten Partei und Gestapo wesentlich klarer erkannt als die deutschen Bischöfe. Für einen tatsächlichen Besuch Lorenz Jaegers beim Führer oder auch Hermann Göring fehlen jedoch jegliche Hinweise in staatlichen und kirchlichen Quellen. Adolf Hitler hat vor der Bischofsweihe nie einen neuernannten Bischof oder Erzbischof empfangen und sich allgemein für Kirchenfragen auch viel zu uninteressiert gezeigt, als dass er so kurz nach dem Beginn des Russlandfeldzugs seine knapp bemessene Zeit ohne triftigen Grund für derartige Gespräche geopfert hätte. Die Aussagen des Inspekteurs von Sicherheitspolizei und SD müssen daher ins Reich der Erfindungen verwiesen werden.

Bei Hermann Göring lagen die Dinge anders. Der Preußische Ministerpräsident und Reichsmarschall nutzte in den ersten Jahren nach der Machtübernahme sehr gerne die von den neu ernannten Bischöfen zu leistenden Treueide zu Propagandazwecken und zur eigenen Profilierung. Wie stark der vom Reichskonkordat geforderte Treueid und die beiden während der Vereidigung gehaltenen Ansprachen jedoch inzwischen an Bedeutung verloren hatten, zeigt der noch anzuführende Vergleich der Vereidigung Jaegers am 15. September 1941 in Münster mit der Bischof von Galens im Sommer 1933 in Berlin.

Der Inspekteur der Sicherheitspolizei und des SD in Düsseldorf berichtete weiter: „Wie stark die fanatisierenden katholischen Kreise mit einer Aktivie-

182 EBAP, NL Jaeger, Akte 230/027f., den Abdruck des Schreibens des Inspekteurs der Sicherheitspolizei und des SD in Düsseldorf vom 16. September 1941. Dort angegebener Fundort: Staatspolizeileitstelle Münster. Eine Kopie des Schreibens findet sich auch im NRW Landesarchiv Westfalen in Münster. Vgl. LAV NRW, Abteilung Westfalen, K 751/ Politische Polizei III. Reich, Nr. 409.

rung der katholischen Aktion durch den neuen Erzbischof nun auch in Paderborn rechnen, geht am treffendsten aus einer längeren Ausführung eines Laienhelfers hervor, der behauptete, dass die Geistlichkeit in allerschärfster Form gegen die Massnahmen des Staates und der Partei zu Felde ziehen würde. Dr. Jäger habe erklärt, dass es in der bisherigen Form nicht weiterginge. Das Volk müsse jetzt erfahren, wo sein Feind sitze. [...] Für die Paderborner Diözese wäre jetzt ein Bischof eingesetzt, den man auf der Gegenseite nicht unterschätzen solle, das wäre ein Mann des Geistes, der in alter katholischer Tradition der [sic!] Paderborner Diözese wieder zu Ehren bringen werde. Bei ihm werde man auf Granit beißen."[183] Interessant ist, dass diese Befürchtungen schon am 16. September, also bereits mehr als einen Monat vor der Bischofsweihe geäußert wurden. Lorenz Jaeger hatte zu diesem Zeitpunkt noch gar nicht die Möglichkeit, mit den Geistlichen des Bistums persönlich zusammenzukommen und in persönlichen Gesprächen oder auf Konferenzen für einen verschärften Widerstand einzutreten und entsprechende Akzente zu setzen. Wenn ihm dennoch gerüchteweise eine ausgeprägte Kampfbereitschaft attestiert wird, kann dies als Indiz dafür gewertet werden, dass Teile der Geistlichkeit im Spätsommer 1941 entsprechende Hoffnungen auf eine Verschärfung des kirchlichen Widerstands hegten und diese auf die Person des neuen Erzbischofs projizierten.

Dieses Schicksal widerfuhr auch Lorenz Jaeger. Von ihm enttäuscht mussten sich folglich nach einigen Monaten all jene fühlen, die seinen militärischen Habitus und die Orden aus der Zeit des Ersten Weltkriegs als Indiz dafür gewertet hatten, dass der neue Erzbischof auch der nationalsozialistischen Regierung den von ihr geforderten „rückhaltlosen Gehorsam" entgegenbringen werde. Dass man sich in Paderborner Parteikreisen deutlich mehr vom neuen Erzbischof erhofft und erwartet hatte, demonstriert exemplarisch die Aussage eines namentlich nicht genannten Zeitzeugen. „Der Paderborner Erzbischof Jaeger wurde vom Gauleiter mitausgewählt und musste von der NSDAP bestätigt werden. 1944 traf ich den Ortsgruppenleiter Heideck [...] und fragte ihn, warum eine gewisse Bürgerveranstaltung in Paderborn und nicht in Münster stattfinde. Er antwortete, dass man sich vom Erzbischof etwas anderes versprochen habe und dass er ihnen doch in den Rücken falle. Sie müssten nun sehen, dass Veranstaltungen aus Münster nach Paderborn verlegt werden, damit Paderborn wieder positiv ins Gespräch komme."[184] Auch wenn hier einige entscheidende Wesensmerkmale der Politischen Klausel des Preußen- und Reichskonkordats falsch wiedergegeben werden, klingt die Grundaussage

183 LAV NRW, Abteilung Westfalen, K 751/ Politische Polizei III. Reich, Nr. 409, Abdruck des Schreibens des Inspekteurs der Sicherheitspolizei und des SD in Düsseldorf vom 16. September 1941.

184 Gehling, Dominik (Hg.): Paderborner Zeitzeugen berichten, 60.

einer von Lorenz Jaeger schwer enttäuschten örtlichen Parteiführung dennoch plausibel. Den enttäuschten lokalen Parteigenossen ist aber entgegenzuhalten, dass man sich in Gestapokreisen und auf der Ebene des Oberpräsidenten zu keiner Zeit große Illusionen über die „tätige Mitarbeit" eines Lorenz Jaegers gemacht hatte.

Staatsfeind und entschiedener Gegner des Nationalsozialismus

Die im Lauf der Konkordatsanfrage entstandenen Berichte der Geheimen Staatspolizei und des Sicherheitsdienstes sind an dieser Stelle eindeutig. Sie lassen klar und unmissverständlich erkennen, dass man in Lorenz Jaeger einen gefährlichen Gegner des Nationalsozialismus sah. Damit ein katholischer Priester ein derartig ablehnendes Urteil auf sich zog, bedurfte es im Grunde nur zwei herausragender Eigenschaften oder Charaktermerkmale: Die Treue zur katholischen Kirche und ihrer Führung in Rom musste außer Frage stehen und die nationalsozialistische Ideologie und Rassenlehre abgelehnt werden. Waren diese beiden Punkte wie bei Lorenz Jaeger, der sich als Lehrer vernehmbar abfällig über die Thesen Rosenbergs geäußert haben sollte, gegeben, war für die Gestapo stets klar, dass der betreffende Bischofskandidat bzw. Priester dem nationalsozialistischen Staat ablehnend gegenüberstand. Der im Landesarchiv Rheinland erhaltene und rund ein halbes Jahr nach Jaegers Bischofsweihe entstandene politische Lebenslauf der Staatspolizeistelle Düsseldorf bringt diesen Sachverhalt treffend auf den Punkt, wenn er Lorenz Jaeger als einen unauffälligen und damit juristisch nicht belangbaren Staatsfeind darstellte, der in eindeutiger Weise gegen die Belange des Deutschen Reiches arbeitete: „Er selbst ist nach außen hin als Staatsfeind nicht über den Rahmen hinaus in Erscheinung getreten. Es ist aber bekannt, dass er die Jugendarbeit fördert und sich sehr dafür einsetzt. [...] Es ist aber weiterhin bekannt geworden, dass Lorenz Jaeger immer mehr in geschickter Form, z.B. durch die Aktivierung der Jugendarbeit und durch Abhaltung von Dekanatskonferenzen, bei denen er z.T. selbst zugegen ist, gegen die Belange des Grossdeutschen Reiches arbeitet."[185]

Die Vorstellung, dass es Staatsfeinde gab, die sich passiv verhielten und nicht über den Rahmen des Erlaubten in Erscheinung traten, macht deutlich, dass für die Gestapo immer der Grundsatz galt: Wer nicht aktiv für uns ist, der ist gegen uns und wird bekämpft.

185 LAV NRW R, RW 59, 12503 Gestapo Personalakte Lorenz Jaeger, Seite 5 Politischer Lebenslauf.

„Besonders gehässiger Gegner des Nationalsozialismus" – mehr als nur eine stereotype Phrase

Dass die stereotype Formulierung, ein Kandidat sei ein Gegner oder ein „besonders gehässiger Gegner des Nationalsozialismus", quer durch alle staatlichen Informationsprozesse zu Bischofskandidaten immer wieder auftaucht, ist einerseits ein Ausdruck dafür, dass man sonst nichts Negatives über den Kandidaten zu berichten wusste und die Schwäche der eigenen Ermittlungen notdürftig zu kaschieren suchte. Auf der anderen Seite wird deutlich, dass die Gestapo sich darüber im Klaren war, dass der Beurteilte im Zweifelsfall, wenn es zum Schwur kam, eindeutig auf der Seite der katholischen Kirche und nicht der des Nationalsozialismus stehen würde. Hier spielte auch auf Seiten der Nationalsozialisten das latente Wissen mit, dass eine generelle Vereinbarkeit von kirchlicher Lehre und nationalsozialistischer Weltanschauung nicht möglich war und alle Formen der friedlichen Koexistenz oder des Brückenbaus zum Scheitern verurteilt waren, weil es nach genuin nationalsozialistischer Vorstellung früher oder später zu einem auf die endgültige Vernichtung des weltanschaulichen Gegners hinauslaufenden Kampf kommen musste. Die Unausweichlichkeit dieses Kampfes war allen überzeugten Nationalsozialisten mit entsprechender weltanschaulicher Überzeugung klar. Darüber, dass man ihn zu führen bereit war, bestand ebenfalls kein Zweifel – unsicher war allein der Ausgang dieses Ringens. Dass man in Partei- und Gestapokreisen auf einen eigenen Sieg hoffte, ist selbstverständlich. Dass man sich des eigenen Sieges aber schon im Vorfeld absolut sicher war, kann nicht behauptet werden, denn man wusste um die Gefährlichkeit des Gegners und hat ihn entsprechend hart bekämpft.

Die Schwäche der Argumentation der Staatspolizei liegt hier bei Lorenz Jaeger wie auch in allen anderen Fällen, in denen die Formulierung, der Kandidat sei ein „besonders gehässiger" oder „gefährlicher" Gegner des Nationalsozialismus, in den Gutachten zum Einsatz kam, nicht darin, dass die Gestapo schlecht ermittelt hatte, oder dass man, wie Wolfgang Stüken schreibt, „eine scharf formulierte Beurteilung Jaegers" gewählt habe, weil man verdecken wollte, dass man seit 1937 nichts Neues herausgefunden hatte.[186] Aus ihrer Sicht war das Ermittlungsergebnis der Gestapo in jedem Fall zutreffend und richtig. Dennoch hatte es für das staatliche Erinnerungsrecht letztlich keine Bedeutung, weil die vorgebrachten Bedenken, egal wie scharf sie im Einzelfall auch formuliert sein mochten, immer nur parteipolitischer Natur waren. Damit waren sie vom allgemeinpolitischen Erinnerungsrecht der Politischen Klausel des Reichs- und der Länderkonkordate nicht gedeckt und konnten keine Anwendung finden, es sei denn, man war in Anlehnung an den Tübinger Staats-

186 Vgl. Stüken, Wolfgang: Hirten unter Hitler, 130.

rechtler Werner Weber und seine 1939 veröffentlichten Thesen bereit, den Begriff des Politischen totalitär auszulegen. Dazu war das Kirchenministerium aus den bereits dargelegten Gründen ab dem Jahreswechsel 1940/41 nicht mehr bereit. Es ist eine hypothetische Frage, ob Lorenz Jaeger auch vor dem Mai 1941 zum Paderborner Erzbischof gewählt worden und anschließend von der staatlichen Seite unbeanstandet geblieben wäre. Die Wahrscheinlichkeit, dass von der Reichsregierung in den Jahren 1937 bis 1940 auch gegen ihn Erinnerungen geltend gemacht worden wären, ist allerdings ähnlich hoch wie bei Wendelin Rauch 1936 in Fulda und Wilhelm Holtmann 1938 in Aachen. Auch sie waren wie Lorenz Jaeger „gefährliche Gegner des Nationalsozialismus." Nicht mehr, aber auch nicht weniger.

6. Die Debatte um die Vereidigung

Das Reichskonkordat sah die Vereidigung der neuen Bischöfe durch den Reichskanzler oder den Reichspräsidenten vor. Um einer Begegnung mit Adolf Hitler aus dem Weg zu gehen, hatte der Münsteraner Bischof Graf Galen, der nach dem Abschluss des Reichskonkordats als erster Bischof den Treueid zu leisten hatte, die Reichsregierung im Sommer 1933 über die Nuntiatur ersucht, von Reichspräsident Paul von Hindenburg vereidigt zu werden. Diesem Ansinnen wurde seitens der Reichsregierung ein massiver Widerstand entgegengesetzt, weil die Nationalsozialisten aus propagandistischen Gründen unbedingt die Vereidigung durch einen Vertreter ihrer Partei wünschten.[187] Da Hitler selbst an derartigen Veranstaltungen jedoch kein Interesse zeigte, wurde die Vereidigung des neuen Bischofs von Münster an den Preußischen Ministerpräsidenten Hermann Göring delegiert. Dieser nahm die Chance gerne wahr, denn er hegte wie viele andere führende Nationalsozialisten die Hoffnung, über den vom Reichskonkordat vorgeschriebenen Treueid auch die als widerspenstig eingeschätzten katholischen Bischöfe auf die nationalsozialistische Definition des Treuebegriffs einschwören zu können. Im Erfolgsfall hätte ihm dies anschließend die Möglichkeit geboten, auch von den Bischöfen die sprichwörtliche Nibelungentreue und jenen blinden Gehorsam gegenüber der neuen Staatsführung einfordern zu können, den die Nationalsozialisten sich wünschten. Nachdem er jedoch erkannt hatte, dass die im Reichskonkordat fixierten Treueide nicht das Mittel zur Gleichschaltung des katholischen Episkopats waren, als das die führenden Nationalsozialisten sie zunächst angesehen hatten, und die zu vereidigenden katholischen Bischöfe nicht geneigt waren, den Text des Eids im Sinne einer nationalsozialistischen Nibelungentreue

187 Zu den Einzelheiten der Neubesetzung der Diözese Münster im Jahr 1933 vgl. Heim, Bernd: Braune Bischöfe für das Reich?, 81–86.

zu interpretieren, nahm Hermann Göring zunehmend Abstand von dieser Praxis.[188] Die Vereidigungen wurden deshalb an das Kirchenministerium oder an die zuständigen Oberpräsidenten bzw. Regierungspräsidenten delegiert. So auch im Fall Lorenz Jaegers. Im Einvernehmen mit dem preußischen Ministerpräsidenten, der selbst auf eine weitere Beteiligung verzichtet hatte, beauftragte das Kirchenministerium am 23. August Oberpräsident Alfred Meyer mit der Vereidigung.[189] Die Vereidigung, zu der Lorenz Jaeger in Begleitung von Domkapitular Gierse nach Münster gereist war, fand am 15. September im Sitzungssaal des Oberpräsidiums statt.[190]

Verglichen mit den Vereidigungen der Vorkriegszeit war das publizistische Echo der Vereidigung gering.[191] Oberpräsident Meyer hob jedoch intern gegenüber der Reichskanzlei vor dem Hintergrund der nur wenige Wochen zurückliegenden Euthanasiepredigten des Bischofs von Münster die „ausgezeichnete Wirkung" der Vereidigung und das vorbehaltlose Treueversprechen des neuen Paderborner Erzbischofs hervor. Er regte an, die Vereidigung des Erzbischofs eventuell für die Auslandspresse zu verwerten.[192]

Ein Ereignis ohne jede Bedeutung für die Nationalsozialisten

Eine Begegnung Lorenz Jaegers mit dem Preußischen Ministerpräsidenten Göring, von der einige Gerüchte wissen wollen, ist vor dem Hintergrund dieser Praxis und dem Fehlen archivalischer Belege für das Treffen deshalb so wenig wahrscheinlich wie eine Begegnung des neuen Erzbischofs mit Adolf Hitler.

Lorenz Jaeger leistete den vom Reichskonkordat geforderten Treueid am 15. September 1941 nicht vor dem Reichsstatthalter in Preußen, sondern vor einem höheren Provinzbeamten, dem Oberpräsidenten der Provinz Westfalen in Münster, Alfred Meyer.[193] Von Jaeger wurde – anders als im Folgejahr bei

188 Im Folgejahr wurde der neuernannte Kölner Erzbischof Josef Frings wegen der größeren Bedeutung des Erzbistums Köln, und weil der Reichsregierung bewusst war, dass der neue Kölner Erzbischof die Nachfolge Kardinal Bertrams als Vorsitzender der Fuldaer Bischofskonferenz antreten werde, noch einmal nach Berlin beordert. Die Vereidigung nahm Hermann Göring jedoch nicht selbst vor, sondern delegierte sie an Staatssekretär Muhs vom Kirchenministerium.

189 Vgl. BA, R 5101./22234, 226, RMfdkA, II 3989/41, an Oberpräsident Meyer vom 23. August 1941.

190 Vgl. BA, R 5101./22234, 229f., Oberpräsident Meyer an das RMfdkA vom 18. September 1941 und das Protokoll zur Vereidigung vom 15. September 1941.

191 Vgl. BA, R 5101./22234, 232, den Bericht der „Westfälischen Tageszeitung" vom 16. September 1941.

192 Vgl. BA, R 43 II/173a, 16f., die Fotokopie zu: Gauleiter Meyer an Reichsleiter Bormann vom 17. September 1941.

193 Vgl. EBAP, NL Jaeger, 2276, die Ansprache Lorenz Jaegers anlässlich seiner Vereidigung am 15. September 1941.

Josef Frings – auch keine Reise nach Berlin verlangt. Auf Frings' Vereidigung durch Staatssekretär Hermann Muhs im Kirchenministerium legte die Reichsregierung nur deshalb besonderen Wert, weil dieser als neuer Kölner Erzbischof die Nachfolge von Kardinal Adolf Bertram als Vorsitzender der Fuldaer Bischofskonferenz antreten würde. Eine vergleichbare Bedeutung innerhalb des deutschen Episkopats schrieb man Lorenz Jaeger zu diesem Zeitpunkt nicht zu.

Völlig überzogen und fern jeder Sachkenntnis sind die Kritiken, die Wolfgang Stüken und Peter Bürger an Jaegers Vereidigung und der dabei von ihm gehaltenen Rede üben, denn die Ansprache des neuen Erzbischofs war weder eine „freiwillige Auslegung des Staatseides" noch eine „Loyalitäts-Erklärung, die „ohne jede Not" dem Treueid freiwillig hinzugefügt wurde.[194] Falsch ist hierbei schon die unterschwellig durchschimmernde Annahme, der zu vereidigende Bischof sei frei gewesen in seiner Entscheidung, ob er überhaupt eine Ansprache halten und zum Eid und zum Verhältnis von Staat und Kirche Stellung nehmen wollte oder nicht. Dem war nicht so. Eine Ansprache des neuen Bischofs wurde von staatlicher Seite explizit gewünscht. Ein Kandidat, der diesem Wunsch, aus welchem Grund auch immer, nicht nachgekommen wäre, hätte die Abnahme des Eides als Ganzes verhindert. Weil ein Kandidat ohne vorherigen Eid aber nicht zum Bischof geweiht werden konnte, hätte die meist wenige Tage nach der Vereidigung angesetzte Bischofsweihe zumindest verschoben werden müssen. In der Propagandaschlacht zwischen Kirche und Nationalsozialismus hätte letzterer ohne viel eigenen Aufwand einen sehr prestigeträchtigen Sieg errungen. Im Extremfall einer gegenseitigen Verweigerung wäre die betroffene Diözese auf unbestimmte Zeit vakant geblieben, bis sich der Kandidat bequemt hätte, eine den Vertretern des Reiches genehme Rede zu halten. Ein Kandidat, der anders als die nachgeborenen Historiker zum Zeitpunkt seiner Entscheidung nicht um die Bedeutung des 8. Mai 1945 weiß, hätte unter diesen Voraussetzungen auch gleich auf die Annahme den angetragenen Bischofsamtes verzichten können.

Ein weiterer Fehler ist es, die demokratischen Gepflogenheiten unserer heutigen Zeit unverändert in die NS-Zeit zu übertragen und zu glauben, der Bischof habe hinsichtlich seiner Themen- und Wortwahl Wahlfreiheit gehabt. Das Manuskript der Rede war einige Tage vor der Vereidigung schriftlich einzureichen, und wenn der Wortlaut den staatlichen Vertretern unpassend erschien, wurde eine Veränderung der Rede gefordert. Mindestens zwei Bischöfe, Nikolaus Bares und Michael Rackl, wurden vor der Vereidigung von unterschiedlichen Ministerien zu einer Überarbeitung und Neueinreichung ihres Manuskripts aufgefordert. Einer Anregung Ministerialrat Johannes Schlüters folgend hatte Bischof Bares den Entwurf seiner Ansprache vorab

194 Vgl. Stüken, Wolfgang: Hirten unter Hitler, 140–145 und Bürger, Peter: Lorenz Jaeger und die „Stufen der Kollaboration", 6–7.

dem Kultusministerium zukommen lassen. Dieser Entwurf erschien dem Kultusministerium jedoch an „vielen Stellen untunlich“. Ministerialrat Schlüter teilte seine Bedenken Kapitularvikar Steinmann mit und erreichte eine Überarbeitung des ursprünglichen Entwurfs durch den Bischof, die dieser dem Kultusministerium wenige Tage später zukommen ließ.[195] Deutlicher wurde der Stein des Anstoßes im Fall des neuen Eichstätter Bischofs Michael Rackl. Er musste im November 1935 den geplanten Schlussabsatz, der sich auf drei Enzykliken Leos XIII. bezog, vollständig aus seiner Rede entfernen. Intern begründete das Bayerische Kultusministerium diese Forderung gegenüber Reichsstatthalter Franz von Epp mit dem Hinweis, dass die Enzykliken viele Formulierungen enthielten, „die in ihrer Allgemeinheit gelegentlich auch einer staatsabträglichen Auslegung durchaus fähig sind, so die in allen drei Enzykliken wiederholten Hinweise, daß man Gott mehr gehorchen muß als den Menschen, ein Satz, der bekanntlich von kirchlicher Seite von jeher gerne gegen den Staat und staatliche Maßnahmen angeführt worden ist; ich [Staatsrat Ernst Boepple; B.H.] erinnere nur an den heutigen Kampf gegen die Sterilisierungsgesetze.“[196]

Dass vor dem Hintergrund der nur wenige Wochen zurückliegenden Euthanasiepredigten des Bischofs von Münster bei der Vereidigung von Lorenz Jaeger ausgerechnet im Oberpräsidium in Münster von dieser Praxis abgewichen worden sein soll, ist nur schwer vorstellbar. Es ist deshalb auch im Fall des neuen Paderborner Erzbischofs davon auszugehen, dass von Lorenz Jaeger ein Redebeitrag eingefordert wurde, dessen Inhalt den staatlichen Stellen zuvor mitgeteilt werden musste.[197]

Zurückzuweisen ist auch die Behauptung von Wolfgang Stüken, mit seiner Ansprache falle Lorenz „Jaeger Bischof von Galen in den Rücken.“[198] Die alternative Vorgehensweise, die Wolfgang Stüken in seiner Abhandlung über die Paderborner Erzbischöfe in der NS-Zeit entwirft, existiert leider nur in der Phantasie des Autors. In der Realität des Jahres 1941 hätte sie sich als undurchführbar erwiesen. „Deshalb lag für ihn [Lorenz Jaeger; B.H.] die Vorgehensweise, dem Staat zwar den vorgeschriebenen Treueid zu leisten, den feierlichen Schwur aber mit einer unmißverständlichen Solidaritätserklärung für den bedrängten Nachbarbischof zu verbinden, völlig außerhalb seiner kirchenpolitischen Ambitionen“, wäre dies doch „einer Kampfansage an den Hitler-Staat“

195 Vgl. BA, R 51.01./21806, 96, den handschriftlichen Vermerk Ministerialrat Schlüters vom 7. Februar 1934.

196 Vgl. BHStAM, Reichsstatthalter 631, Staatsministerium für Unterricht und Kultus an den Reichsstatthalter in Bayern vom 28. November 1935.

197 Der in den Tagen vor der Vereidigung geführte Schriftverkehr zwischen dem Oberpräsidium in Münster und Lorenz Jaeger hat sich weder im NRW Landesarchiv Münster noch im Paderborner Diözesanarchiv im Nachlass Jaeger erhalten.

198 Stüken, Wolfgang: Hirten unter Hitler, 143.

gleichgekommen.[199] Spielt man diesen Gedanken einmal vollständig durch, hätte Lorenz Jaeger zwischen zwei Möglichkeiten zur Umsetzung seines Plans wählen können. Im ersten Fall hätte er den Text seiner Solidaritätsbekundung mit Bischof von Galen vor der Vereidigung im Oberpräsidium eingereicht. In diesem Fall wäre höchstwahrscheinlich wie 1935 bei Michael Rackl umgehend aus Münster die Aufforderung erfolgt, den Text der Rede zu ändern. Wäre Lorenz Jaeger einem solchen Wunsch des Oberpräsidenten nicht nachgekommen, hätte es am 15. September 1941 und auch in den Wochen danach mit an Sicherheit grenzender Wahrscheinlichkeit keine Vereidigung gegeben, sodass Lorenz Jaeger einen Monat später nicht zum Paderborner Erzbischof hätte geweiht werden können. Es hätte entweder ein neuer Wahlgang ohne den Kandidaten Lorenz Jaeger erfolgen müssen oder das Erzbistum Paderborn wäre bis zum Ende des Krieges vakant geblieben und von Weihbischof Baumann als Kapitularvikar kommissarisch verwaltet worden.

Hätte Lorenz Jaeger seine Solidaritätserklärung für Bischof von Galen nicht vorab eingereicht, diese aber während der Vereidigung spontan abgegeben, hätte der feierliche Schwur wohl mit einem Eklat und einer massiven diplomatischen Krise geendet. Es wäre in diesem Fall darauf angekommen, ob die Eidesformel zum Zeitpunkt der Solidaritätsbekundung mit dem Bischof von Münster bereits gesprochen war oder nicht. Bei den Vereidigungen der Vorkriegszeit war es üblich, dass zunächst der neuernannte Bischof sprach, worauf der Vertreter der Reichsregierung dann antwortete. Der eigentliche Eid wurde erst im Anschluss an diese beiden Reden geleistet. Unterstellt man einen derartigen Ablauf auch bei der Vereidigung von Lorenz Jaeger und hätte dieser die von Wolfgang Stüken angeregte unmissverständliche Solidaritätserklärung abgegeben, wäre es mit hoher Wahrscheinlichkeit nicht mehr zur Vereidigung des Erzbischofs gekommen. Die Feier wäre spätestens zum Ende der Erklärung geplatzt und der neue Erzbischof ohne gültige Eidesleistung wieder nach Paderborn zurückgefahren. Dass die zwangsläufige schwere diplomatische Krise bis zum bereits festgelegten Weihetag beigelegt worden wäre, ist nicht zu erwarten. Dazu wäre die zur Verfügung stehende Zeit zu kurz und der angerichtete Schaden zu groß gewesen. Die Weihe hätte abgesagt werden müssen und das Erzbistum Paderborn wäre auf unbestimmte Zeit vakant geblieben.

Hätte Lorenz Jaeger die Solidaritätsadresse erst im Anschluss an die Eidesleistung abgegeben, hätte der Oberpräsident die Unterzeichnung des Vereidigungsprotokolls verweigern können. Die Juristen und Diplomaten beider Seiten hätten sich anschließend darüber streiten können, ob der Treueid geleistet worden war oder nicht. Wiederum ist fraglich, ob die Bischofsweihe vor diesem Hintergrund wie geplant am 19. Oktober 1941 hätte stattfinden können.

199 Ebd.

Mit einem Fehlen der staatlichen Bestätigung der Leistung des vorgeschriebenen Treueids hätte die Gestapo Lorenz Jaeger vor oder nach dem Weihetag jederzeit mit der Begründung, er maße sich an, rechtmäßiger Erzbischof von Paderborn zu sein, ohne aber die notwendigen Voraussetzungen zu erfüllen, in Schutzhaft nehmen und für längere Zeit aus dem Verkehr ziehen können.

Es ist leicht, aus der sicheren Position der historischen Rückschau, gedeckt durch die vom Grundgesetz garantierte freie Meinungsäußerung eine „unmissverständliche Solidaritätserklärung“ für den bedrängten Nachbarbischof zu fordern. Mit der historischen Wirklichkeit des Jahres 1941 hat eine derartige Forderung, wie die ausführliche Diskussion der möglichen Alternativen zeigt, jedoch nicht viel zu tun. Berücksichtigt man die Enge des zur Verfügung stehenden Spielraums, muss man anerkennen, dass sich Lorenz Jaeger vergleichsweise gut aus der Affäre gezogen hat, indem er einerseits den Vorgaben des Reichskonkordats genügte und sich andererseits nicht allzu sehr von den Nationalsozialisten hatte vereinnahmen lassen.[200] Dass dem so war, belegt das äußerst schwache publizistische Echo, dass diese Vereidigung im Vergleich zu anderen Vereidigungen der NS-Zeit gefunden hat.

Mediales Echo wird nicht gewünscht

In der Vorkriegszeit wurden die Reden der zu vereidigenden Bischöfe zusammen mit dem erstellten Bildmaterial unmittelbar nach der Vereidigung an die Presse weitergeleitet. Die dabei von staatlicher Seite verfolgte Intention, der Öffentlichkeit einen engen Schulterschluss zwischen katholischer Kirche und NS-Staat zu suggerieren, wird deutlich, wenn man sich beispielsweise die Überschrift ansieht, unter der die Nachricht von der Vereidigung Simon Landersdorfers als neuer Passauer Bischof am 21. Oktober 1936 an die Presse weitergegeben wurde: „Staat und Kirche in einer Front gegen den Bolschewismus. Der neuernannte Bischof von Passau leistet in die Hand des Reichsstatthalters den Treueid“.[201] Es ist vor diesem Hintergrund illusorisch anzunehmen, Lorenz Jaeger hätte die Rede anlässlich seiner Vereidigung in irgendeiner Weise dazu nutzen können, eine ablehnende oder auch nur reservierte Haltung gegen-

200 Mehr wäre nur um den Preis eines direkten Frontalangriffs möglich gewesen. Ein solcher Frontalangriff hätte das vollständige eigene Scheitern jedoch nicht nur billigend in Kauf genommen, sondern geradezu sehnsüchtig angestrebt. Ob eine derartige Motivation, den eigenen „Heldentod“ beschleunigt herbeizuführen, durch den christlichen Märtyrerbegriff gedeckt ist, sei einmal dahingestellt. Den bedrängten Zeitgenossen im Erzbistum Paderborn und auch dem unter Druck stehenden Bischof von Münster hätte Lorenz Jaeger mit einer derartigen Strategie nicht geholfen. Im Gegenteil: Es gibt gute Gründe zu der Annahme, dass sich ihre Lage anschließend weiter verschlechtert hätte.

201 Vgl. BHStAM, Reichsstatthalter 629, Pressereferat an das Deutsche Nachrichtenbüro, Hauptstelle München vom 21. Oktober 1936.

über dem nationalsozialistischen Staat auszudrücken. Aus kirchlicher Sicht war schon viel gewonnen, wenn es gelang, nicht zu stark von der staatlichen Propaganda vereinnahmt zu werden.

In dieser Folge führte die mangelnde „tätige Mitarbeit“ der neuen Bischöfe an der propagandistischen Aufarbeitung der Vereidigungen dazu, dass diese aus nationalsozialistischer Sicht im Lauf der Zeit immer unbedeutender wurden. Hatte man im Sommer 1933 bei Clemens August von Galen noch viel Wert darauf gelegt, dass der als national und konservativ eingestellt bekannte neue Bischof von Münster seinen Eid in die Hand eines führenden Nationalsozialisten leistete, war das Desinteresse der Berliner Führung acht Jahre später so groß, dass man sich damit begnügte, wenn eine untergeordnete lokale Dienststelle in Münster die Vereidigung des neuen Paderborner Erzbischofs vornahm und über den Vorgang einen Bericht nach Berlin schickte. An einer intensiven propagandistischen Aufarbeitung bestand kein Interesse mehr, weshalb die Publizierung des Ereignisses auf das Nötigste beschränkt blieb. Aus diesem Grund wurde zwar ein Foto von der Begegnung Lorenz Jaegers mit dem Oberpräsidenten in Münster veröffentlicht, aber der Wortlaut der gehaltenen Rede des neuen Bischofs wurde nur wenigen Zeitgenossen bekannt.

Lorenz Jaeger äußerte sich drei Tage später enttäuscht und unzufrieden über das mediale Echo, das seine Rede gefunden hatte. Ihm missfiel, dass über die in seiner Ansprache ausgedrückten Werte nicht berichtet worden war.[202] Weil die in der Rede formulierten Werte nicht deckungsgleich mit den nationalsozialistischen Werten waren, ist die von Lorenz Jaeger gehegte Hoffnung, die Presse möge intensiv über seine Rede berichten, verständlich. Aus nationalsozialistischer Sicht war es naheliegend, über dieses erneute Zeugnis grundverschiedener staatlicher und christlicher Werte, die auch acht Jahre nach der Machtübernahme noch immer nicht in Übereinstimmung zu bringen waren, den Mantel des Schweigens zu breiten. Insofern war die Nichterwähnung der Rede des neuen Erzbischofs in der Presse nicht nur konsequent, sondern aus Parteisicht geradezu geboten. Den kirchlich interessierten Zeitgenossen wurde so ein vollkommen verzerrtes Bild von der Vereidigung und der anschließenden Zusammenkunft vermittelt. Das Westfälische Volksblatt vom 16. September 1941 zitierte beispielsweise neben der Eidesformel auch ausführlich die Begrüßung des neuen Bischofs durch den Oberpräsidenten. Zu Lorenz Jaeger wusste die Zeitung dann nur zu berichten, dass dieser in längeren Ausführungen zum Ausdruck gebracht hatte, „daß er diesen Eid aus innerer Überzeugung geleistet habe“.[203] Eine Differenz in der Wertung des Eides

202 Vgl. EBAP, NL Jaeger, 2276, das Schreiben Lorenz Jaegers an den Kapitularvikar vom 18. September 1941.

203 Vgl. EBAP, NL Jaeger, 2276, den Artikel des Westfälischen Volksblatts zur Vereidigung des Erzbischofs von Paderborn vom 16. September 1941.

zwischen Kirche und nationalsozialistischem Staat konnte der aufmerksame Zeitungsleser nur durch ein aufmerksames Studium der Leerstellen erkennen. Während der Oberpräsident ausführlich zitiert wurde, kam Lorenz Jaeger in direkter Rede nicht zu Wort. Erwähnt wurden nur die Freude, mit der er den Eid geleistet hatte, und der längere Gedankenaustausch mit dem Oberpräsidenten, der sich an die Eidesleistung anschloss. Beides sollte einen Eindruck von Harmonie und innerer Nähe zwischen Kirche und Nationalsozialismus erzeugen, der faktisch nicht gegeben war. Im Grunde versuchte der Bericht über die Vereidigung nur, die Öffentlichkeit mit vielen Worten darüber hinwegzutäuschen, dass man sich eigentlich nichts zu sagen hatte. Die Empörung, die in der Literatur an manchen Stellen über die von Lorenz Jaeger gewählten Themen und Worte zu lesen ist, lässt bei aller berechtigten Kritik, die man selbstverständlich an jeder Rede üben kann, vor allem eines vermissen: ein angemessenes Verständnis für die Gegebenheiten der Jahre 1933 bis 1945 und die stark eingeschränkten Möglichkeiten der damals lebenden Funktionsträger, sich in innerhalb der gegebenen Rahmenbedingungen zu bewegen.

Ein Bild spricht Bände

Nach der Vereidigung beim Oberpräsidenten in Münster entstand auf der Außentreppe vor dem Oberpräsidium ein Foto, auf dem Lorenz Jaeger und der Oberpräsident nicht gemeinsam in die Kamera schauen, sondern ihre Blicke in verschiedene Richtungen lenken.[204] Obwohl es sich bei diesem Bild nur um eine Momentaufnahme handelt, die vermutlich anders ausgefallen wäre, hätte der Fotograf einige Sekunden früher oder später auf den Auslöser gedrückt, ist dieses Bild zugleich ein sehr aussagekräftiges Zeitzeugnis. Als das Foto entstand, hatten Lorenz Jaeger und der Oberpräsident etwas mehr als eine Stunde miteinander verbracht. Sie hatten die vom Reichskonkordat vorgeschriebene Vereidigung des neuernannten Bischofs vorgenommen. Sie hatten ihre Reden gehalten und dabei vom „Fahneneid", von „unwandelbarer Treue" und „Einsatzbereitschaft" gesprochen. Sie hatten über Gehorsam, Opferbereitschaft und die Liebe zum Vaterland „aus ganzem Herzen und ohne jede Einschränkung" nachgedacht und die gleichen Worte benutzt, ihnen aber eine völlig entgegengesetzte Bedeutung gegeben.

Zum Abschluss seiner Rede hatte Lorenz Jaeger noch einmal ausdrücklich darauf hingewiesen, dass es die christlichen Werte waren, die ihn leiteten und die auch sein zukünftiges bischöfliches Handeln bestimmen sollten: „Ich bin glücklich, daß mein hohes Amt mir noch größere Möglichkeiten bietet, diese Werte des Christentums im deutschen Volk zu hüten und zu pflegen. Ein fester Gottesglaube und christliche Tugend sind die beste Bürgschaft für das Glück

204 Vgl. EBAP, 1930, Das Foto vom Tag der Vereidigung in Münster.

und Gedeihen des deutschen Volkes und Reiches im Krieg wie im Frieden."[205] Auch von einem festen Führerglauben als Bürgschaft für das Glück des Reiches zu sprechen, sah Lorenz Jaeger selbst vor dem offiziellen Vertreter des Reiches keine Notwendigkeit. Da die Zeitgenossen durchaus in der Lage waren, derartige Leerstellen zu erkennen und korrekt zu deuten, war klar, dass die Ansprache des neuen Erzbischofs für die Presse nur in dem kurzen Auszug zu gebrauchen war, der am Ende auch in der Presse erschien: „So habe ich den von mir geforderten Treueid geschworen aus ganzem Herzen und ohne jede Einschränkung."[206]

Auf der Außentreppe vor dem Oberpräsidium Jaeger und Oberpräsident Gauleiter Alfred Meyer 15. September 1941

205 Vgl. EBAP, NL Jaeger, 2276, die Ansprache Lorenz Jaegers anlässlich seiner Vereidigung am 15. September 1941.

206 Vgl. ebd.

War Lorenz Jaeger ein „brauner" Bischof? – Ein Fazit

Die eingangs erwähnte Forderung der Nationalsozialisten nach „braunen" Bischöfen für das Reich wirft natürlich die Frage auf, ob Lorenz Jaeger ein solcher war und wie die nationale und patriotische Einstellung des neuen Erzbischofs vor dem Hintergrund seiner Ernennung zu bewerten ist.

Die Frage, ob Lorenz Jaeger ein „brauner Bischof" im Sinne der Regierung und ihrer Repräsentanten war, ist mit einem klaren Nein zu beantworten. Diese Beurteilung fällten bereits die Nationalsozialisten bzw. die mit der Ernennung Jaegers zum Erzbischof befassten Dienst- und Ermittlungsstellen selbst. Vom Eifer eines Johannes Strehl für die Partei und von seinem rückhaltlosen Gehorsam gegenüber ihren Führern trennten Lorenz Jaeger Welten. Die von Wolfang Stüken und Peter Bürger ins Feld geführten sprachlichen und ideologischen „Berührungspunkte" des neuen Erzbischofs mit den nationalsozialistischen Machthabern sind von diesen selbst niemals als solche erlebt und anerkannt worden. Nicht nur der Geheimen Staatspolizei und den lokalen Parteiführern, die Lorenz Jaegers Wirken in Paderborn aus der Nähe erlebten, war schnell klar, dass der neue Paderborner Erzbischof zu den Gegnern der Regierung zu zählen war. Auch hohe Parteifunktionäre wie Joseph Goebbels erkannten schnell die Gefahr, die von diesem hochdekorierten Kriegsveteran ausging. Exemplarisch deutlich und auch für die Öffentlichkeit sichtbar wurde dies bereits am Tag der Weihe bei der Jugendveranstaltung in der Marktkirche. Für die NS-Regierung und ihre Vertreter stand deshalb schon mit dem Amtsantritt des neuen Erzbischofs fest, dass dieser einen Gegner darstellte, den man nicht unterschätzen durfte.

Während an der ablehnenden Haltung der Regierung zum neuen Paderborner Erzbischof keine Zweifel bestehen, erfordert der Blick auf die kirchliche Seite ein differenzierteres Urteil. Derzeit nicht zu beantworten ist die Frage, ob der Vatikan Lorenz Jaeger im Frühjahr 1941 bewusst auf die Kandidatenliste gesetzt hat, weil er um diese politische und weltanschauliche Gegnerschaft wusste und mit der Benennung gerade dieses Kandidaten ein deutliches Zeichen setzen wollte. Gerechnet werden muss auch mit der Möglichkeit, dass die Kurie in Lorenz Jaeger vor seiner Wahl nur einen ihrer Streichkandidaten sah und sich der Perspektiven, die ihr gerade seine Ernennung zum Erzbischof für die Zukunft bot, gar nicht bewusst war.

Unabhängig von der Frage, ob sich der Vatikan schon vor der Wahl des Paderborner Kapitels der Wirkung seines neuen Erzbischofs bewusst war oder nicht, war diese Wirkung von Anfang an vorhanden, und zwar in einer für die Kirche ausgesprochen positiven Weise. Mit Lorenz Jaeger reklamierte auch die katholische Kirche in einer sehr prominenten und vor allem sehr öffentlichkeitswirksamen Weise zwei Eigenschaften für sich, die auch die Nationalsozialisten für sich reklamierten: Der neue Erzbischof war jung und er war

Jaeger bei der Andacht mit der Jugend in der Marktkirche

ein mit hohen militärischen Ehrungen ausgezeichneter Kämpfer des Ersten Weltkriegs.

Damit bot sich der neue Paderborner Erzbischof gerade für die Jugend als eine parteiunabhängige Identifikationsfigur an. Wie gefährlich diese Alternative für Partei- und Staatsführung war, wird deutlich, wenn man sich in Erinnerung ruft, warum der Jugend- und Kämpferkult für die Nationalsozialisten eine entscheidende Bedeutung hatte. Der Historiker Robert Gerwarth hat die entscheidenden Punkte in einem Spiegelinterview sehr treffend zusammengefasst: „Aus der Kriegsgeneration sollte eine neue Elite hervorgehen, die die Wiedergeburt der Nation einleitet. Das war auch eine Absage an die bürgerliche Welt von vor 1914. Hitler fand in allen Altersgruppen Unterstützer, aber die Bewegung wollte vor allem die Jugend gewinnen. Auch das Spitzenpersonal des NS-Staats war relativ jung. Hitler war 43, als er an die Macht kam, Goebbels war 35, Himmler war 32, Heydrich gar erst 28. Die Regierung besetzte den Begriff der Jugend, der Zukunft, ganz bewusst, um sich von den etablierten Honoratiorenparteien abzugrenzen.“[207]

Vor dem Hintergrund dieses Anspruchs konnte den Nationalsozialisten nicht gefallen, was im Herbst 1941 in Paderborn geschah. Nicht ein betagter, alter Mann, der für die Ansichten, Werte und Gefühle einer längst vergangenen Epoche stand, übernahm die Leitung der Diözese, sondern ein Erzbischof, der

207 Gerwarth, Robert: Faschismus in Europa.

ähnlich jung war, wie es Hitler 1933 bei seiner Machtübernahme gewesen war. Auch als Kämpfer im Ersten Weltkrieg stand er Hitler in nichts nach, ja er überbot die persönlichen militärischen Leistungen des Führers sogar, hatte er diesem gegenüber doch das EK1, den Hohenzollernorden und das Offizierspatent voraus. Ein heute eher nebensächlich anmutender Aspekt, der damals jedoch in der öffentlichen Wahrnehmung ausgesprochen wichtig war und deshalb eine entsprechend große Beachtung fand. Dass dieser „Kämpferbischof" sich noch am Tag seiner Weihe dezidiert an die Jugend wandte und diese für sich und die Kirche zu begeistern wusste, war aus Sicht der Nationalsozialisten eine Kampfansage. Lorenz Jaeger vor diesem Hintergrund als „braunen" oder dem Nationalsozialismus nahestehenden Bischof zu bezeichnen, ist deshalb unangebracht.

Lorenz Jaeger – Geistlicher Studienrat, Divisionspfarrer, Erzbischof von Paderborn

Historisch-kritische Studien zur Kritik an Erzbischof Lorenz Jaegers Haltung zum Nationalsozialismus im Kontext der Kontroverse um die Ehrenbürgerschaft Jaegers

Joachim Kuropka

Ehrenbürger von Paderborn: Hitler und Jaeger

Am 20. April 1933 wurde der neue Reichskanzler Adolf Hitler zusammen mit Reichspräsident von Hindenburg von der Paderborner Stadtverordnetenversammlung zum Ehrenbürger der Stadt Paderborn ernannt. Der Antrag war von der Nationalen Arbeitsgemeinschaft (NSDAP, DVP, Bürgerliche Vereinigung, Wirtschaftspartei) gestellt worden, wurde „einmütig" angenommen und fand die „freudige Zustimmung" des Magistratskollegiums. In einem Telegramm an Hitler schrieben Oberbürgermeister und Stadtverordnetenvorsteher, die städtischen Körperschaften hätten „einmütig beschlossen, Ihnen, Herr Reichskanzler, dem Erneuerer nationalen Lebens und starken Führer des Volkes das Ehrenbürgerrecht der Stadt Paderborn zu verleihen".[1] In der Kommunalwahl vom 12. März 1933 hatte das Zentrum 19 Sitze erreicht, die NSDAP 8, die SPD 3, die Bürgerliche Vereinigung 3, die Nationale Bürgerliste Schwarz-Weiß-Rot 2 Sitze. NSDAP, Bürgerliche Vereinigung und Bürgerliste Schwarz-Weiß-Rot bildeten eine Fraktion unter dem Namen Nationale Arbeitsgemeinschaft.[2]

Am 2. Februar 1983 beschloss die Paderborner Ratsversammlung auf Antrag der SPD-Fraktion einstimmig, den Namen des „ehem. Reichskanzlers Adolf Hitler ... ausdrücklich und formal aus der Ehrenbürgerliste der Stadt Paderborn" zu streichen.[3] Ratsherr Hackfort von der SPD begründete dies mit dem Wunsch, in sinnfälliger Weise zu erinnern an „das Unrecht, das damals begann, das vielen Menschen in dieser Stadt widerfuhr und das Bürger in dieser Stadt anderen zufügten". Ratsherr Weber erklärte: „Was wir heute be-

1 Ratsversammlung vom 20.4.1933, Stadtarchiv Paderborn, A 5512.

2 Stadtarchiv Paderborn, C 2073. Zu Presseberichten vgl. Hüser, Karl: Von der Weimarer Republik ins Dritte Reich, 36f.

3 Niederschrift über die Sitzung der Ratsversammlung am 3.2.1983, Stadtarchiv Paderborn C/535.

schließen, habe man in früheren Zeiten eine ‚damnatio memoriae' genannt, ein Auslöschen der Erinnerung. Man wolle aus der Vergangenheit lernen, die Freiheit als gemeinsame Aufgabe verstehen, den demokratischen Rechtsstaat verteidigen und ‚kein Freund-Feind-Denken unter Demokraten' zulassen, keine Verketzerung des politischen Gegners". FDP-Ratsherrin Rost sah den Antrag auch als Erinnerung daran, „dass in der damaligen schrecklichen Zeit Ratsmitglieder sich gezwungen sahen, einen solchen Beschluss zu fassen".[4]

Am 9. November 1955 beschloss die Ratsversammlung einstimmig, Erzbischof Lorenz Jaeger die Ehrenbürgerschaft der Stadt zu verleihen, der, wie es in der Verleihungsurkunde heißt, seit 1941 segensreich als „Oberhirte des Erzbistums Paderborn und Metropolit der mitteldeutschen Kirchenprovinz wirkt." Mit „großer Initiative" habe er den Wiederaufbau der Kirchen und der caritativen Anstalten betrieben und fühle sich in besonderer Weise der Stadt Paderborn verbunden und habe deren wirtschaftlichen und kulturellen Aufbau gefördert.

Das nun sah die Demokratische Initiative Paderborn im Jahre 2015 ganz anders und stellte per Email an den Bürgermeister am 7. Mai 2015 den Antrag, Erzbischof Jaeger aus der Ehrenbürgerliste der Stadt zu streichen, sei doch am 27. März der Opfer der Bombardierung Paderborns gedacht worden und werde weniger gesprochen „über die Hintergründe und die Verantwortlichen für den faschistischen Terror und Krieg".[5] Die Demokraten in der Initiative glaubten offenbar, *den* Verantwortlichen „für faschistischen Terror und Krieg" entdeckt zu haben – den Erzbischof Lorenz Jaeger. Darauf wäre der deutsche Normaldemokrat auch bei viel politischer Phantasie nicht gekommen.

Mit diesem Antrag sorgte man für ein Alleinstellungsmerkmal für die Stadt Paderborn nicht nur in Deutschland, sondern vermutlich weltweit, dass nämlich ein hauptamtlicher Seelsorger, ein bekannter und beliebter Erzbischof, auf die gleiche Stufe gestellt wird mit einem Massenmörder. Und wenn nun von den „Verantwortlichen" die Rede ist, sollte man doch einen Blick auf die Wahlergebnisse werfen: Selbst in der letzten schon nicht mehr ganz freien Reichstagswahl am 5. März 1933 erhielt die katholische Zentrumspartei in Paderborn 61,2 % der Stimmen, die NSDAP 21,8 % (im Reichsvergleich NSDAP 43,9 %, Zentrum 11,2 %). Selbst bei der Kommunalwahl am 12. März 1933 kam das Zentrum noch auf 50,4 %, die NSDAP dagegen nur auf 23,4 %.[6] Lorenz Jaeger war damals Geistlicher Studienrat am Hindenburg-Realgymnasium in Dortmund. Er war Mitglied der Zentrumspartei.

4 Ebd.

5 Ratsfraktion der Demokratischen Initiative an Bürgermeister Dreier v. 7.5.2015, zit. nach www.di-paderborn.de.

6 Vgl. Hüser, Karl: Von der Weimarer Republik ins Dritte Reich, 33.

Eine „maßgebliche Darstellung"?

In einer merkwürdigen Logik heißt es im Antrag der Demokratischen Initiative, es sei „aus heutiger Sicht nur schwer vorstellbar, was dieser Paderborner Kardinal für die Rechtfertigung der nationalsozialistischen Kriegsverbrechen geleistet hat. Er trägt eine große Mitverantwortung und damit auch für die Bombardierung und Zerstörung Paderborns." Hier findet sich dann gewissermaßen die Begründung dafür, dass Ehrenbürger Lorenz Jaeger ebenso behandelt werden soll wie der ehemalige Ehrenbürger Adolf Hitler. Den angeblich ‚wissenschaftlichen' Beleg liefert dazu das 1999 erschienene Buch von Wolfgang Stüken.[7]

Eine „Stellungnahme und Dokumentation zum Antrag der Demokratischen Initiative Paderborn, die Ehrenbürgerschaft des 1941 ernannten Erzbischofs rückgängig zu machen" unter dem Haupttitel „Lorenz Jaeger und die ‚Stufen der Kollaboration'" stammt von Peter Bürger. Er bezeichnet Stükens Arbeit, die seit ihrem Erscheinen vor 19 Jahren wissenschaftlich nicht aufgefallen ist, als die „bis heute maßgebliche Darstellung", deren Lektüre bei diesem Thema „zwingend" sei, handele es sich doch um eine Arbeit, die „in weiten Teilen angelegt [sei] als kritische Überprüfung und Gegendarstellung" zu Heribert Gruß' Untersuchung „Erzbischof Lorenz Jaeger als Kirchenführer im Dritten Reich, Paderborn 1995".[8]

Wolfgang Stüken hat seine Arbeit geschrieben während seiner Tätigkeit als Journalist. Peter Bürger firmiert als Theologe (Studium der katholischen Theologie), hat eine Krankenpflegeausbildung und in diesem Beruf gearbeitet und ist seit 2003 freiberuflich publizistisch tätig. Bürger will „vornehmlich aus theologischer Sicht" beleuchten, wie Erzbischof Jaeger sein Amt „zugunsten der nationalsozialistischen Kriegsobrigkeit in erschreckender Weise politisiert" habe – Formulierungen, die nicht gerade für kritische wissenschaftliche Distanz sprechen – und sieht die „Herausforderung, die Originalquellen und gesicherte historische Erkenntnisse zu beurteilen, im Lichte von Werthaltungen, wie sie der Präambel und dem ersten Artikel unserer Verfassung zugrunde liegen".[9] Es bleibt offen, was mit „theologischer Sicht" gemeint ist und es klingt auch etwas merkwürdig, wenn Bürger „die Originalquellen" beurteilen will, ohne solche selbst im Archiv erhoben zu haben. Immerhin will er sich auf „gesicherte historische Erkenntnisse" beziehen, die er in Stükens Buch zu finden meint. Da Bürger keine eigenen Forschungen vorweisen kann, bleibt seine „Stellungnahme" unbeachtlich.

7 Stüken, Wolfgang: Hirten unter Hitler.

8 Bürger, Peter: Lorenz Jaeger und die „Stufen der Kollaboration", 3; Gruß, Heribert: Erzbischof Lorenz Jaeger als Kirchenführer im Dritten Reich.

9 Bürger, Peter: Lorenz Jaeger und die „Stufen der Kollaboration", 4.

Bei Stüken vermisst man die aus dem Amtseid des Bischofs sich ergebenden Aufgaben ebenso wie einen Bezug zu den zeitgenössischen Rahmenbedingungen. Doch bleiben wir zunächst bei den angeblich gesicherten historischen Erkenntnissen, die nach Bürgers Meinung Wolfgang Stüken liefert. Es kann hier nicht der gesamte Stüken'sche Text kommentiert werden, doch fällt schon bei der Diktion auf, dass es nicht Stükens Absicht ist, „die Rolle der Paderborner Erzbischöfe" in der NS-Zeit historisch, also mit dem Handwerkszeug und den Erkenntnismitteln der historischen Wissenschaft vorurteilsfrei darzustellen.

Dies soll im Folgenden im Hinblick auf die ‚Ergebnisse', die Stüken liefert, geschehen, indem mit den historisch-kritischen Methoden der Geschichtswissenschaft die Fakten anhand der Quellen überprüft bzw. erhoben werden und indem die zeitgenössische Situation beschrieben und das Handeln der Zeitgenossen reflektierend in diesen zeitgenössischen Zusammenhang eingeordnet wird. Zielsetzung ist es zu verstehen, warum sich die Zeitgenossen so verhalten haben, wie sie sich verhalten haben. Es ist nicht Aufgabe der historischen Wissenschaft, zu urteilen oder gar zu verurteilen. Auf der Grundlage der Ergebnisse des kontrollierten Verstehens wäre die genuin historische Frage die nach der Wirksamkeit und den längerfristigen Auswirkungen des Wirkens der Zeitgenossen zu stellen. Selbstverständlich ist eine Beurteilung unter unterschiedlichen normativen Bezugssystemen möglich, die von dem Beurteiler als wertvoll angesehen werden, doch auch dabei ist die Rückbindung der Handlungen auf Aufgabe, Beruf, Verpflichtung und Spielraum der Handelnden sowie auf die zeitgenössische Situation erforderlich.

Zum besseren Verständnis der Zeitsituation und der spezifischen Atmosphäre werden in der folgenden Darstellung in einzelnen Fällen längere Zitate geboten, damit der Leser sich zu den kontroversen Fragen selbst ein Urteil bilden kann. Die Kritik an Jaegers Verhalten betrifft durchweg sein Verhältnis zum Nationalsozialismus. Ihm wird Nähe zum NS-Regime und dessen Unterstützung vorgeworfen. Die historisch-kritische, also auf die zeitgenössischen Quellen gestützte Untersuchung, lässt in der Auseinandersetzung mit der Kritik Jaegers Persönlichkeit, seine Grundanschauungen und sein praktisches Handeln besonders plastisch hervortreten, sodass Persönlichkeitsbild und Tätigkeit als Geistlicher Studienrat und Erzbischof konturiert hervortreten. Sie werden am Ende der Untersuchung zusammenfassend formuliert.

„Deutsch-National bis ins Mark"?

Lorenz Jaeger kommt in Stükens Buch erstmals auf S. 48 in den Blick unter der Kapitelüberschrift „Deutsch-National bis ins Mark – der Dortmunder Studienrat Lorenz Jaeger". Die Kapitelüberschrift legt nahe, Jaeger sei Mitglied der Deutschnationalen Volkspartei gewesen, was jedoch unzutreffend ist. Jaeger war Mitglied der katholischen Zentrumspartei. In dem Kapitel finden sich eine Reihe von freischwebenden Urteilen und Meinungen ohne jeglichen Beleg. So heißt es etwa: „Der katholische Priester Lorenz Jaeger hat keine Probleme mit dem Arier-Paragraphen".[10]

Als Studienrat musste Jaeger wie jeder Beamte im Deutschen Reich einen sogenannten Arier-Nachweis liefern bzw. eine entsprechende Erklärung abgeben – sonst wurde er nicht angestellt bzw. entlassen. Ob nun Lorenz Jaeger Probleme oder keine Probleme mit dem Arier-Paragraphen gehabt hat, dafür gibt es keinen Beleg. Anzunehmen wäre eher, dass er die Erklärung notgedrungen unterschrieben hat, sonst hätte er seinen Beruf nicht ausüben können und auch nicht seine Berufung, nämlich der jungen Generation katholischen Religionsunterricht zu erteilen.

Wenn nun Stüken fortfährt, „Als das Gesetz zur Wiederherstellung des Berufsbeamtentums [das den Arier-Paragraphen enthielt] wenige Monate später von der sog. ‚Braunen Synode' der Evangelischen Kirche aufgezwängt werden soll, ist der Arier-Paragraph Anstoß zur Gründung des Pfarrernotbundes um Martin Niemöller und Dietrich Bonhoeffer", muss der unbefangene Leser den Eindruck haben, dass sich Teile der evangelischen Kirche gegen den Arier-Paragraphen im öffentlichen Dienst gewehrt haben. Doch weit gefehlt, selbstverständlich haben auch alle evangelischen Religionslehrer im Schuldienst die Arier-Erklärung abgeben müssen. In dem von Stüken herangezogenen Fall geht es um die Anstellung von Pfarrern durch die Evangelische Kirche selbst. Auf der genannten Synode wurde von der Mehrheitsrichtung, den sog. Deutschen Christen, innerhalb der evangelischen Kirche die Bestimmung durchgesetzt, dass die von der Kirche angestellten evangelischen Pfarrer sog. arischer Abstammung sein mussten und von ihnen eine entsprechende Erklärung verlangt wurde. Dagegen wehrte sich eine Minderheit unter Martin Niemöller und gründete u. a. deswegen als eigene evangelische Kirchenorganisation den Pfarrernotbund.[11] Ja, meint Stüken, Jaeger hätte die Alternative gehabt, in die kirchliche Pfarrseelsorge zu gehen. Das ist hinsichtlich der Existenzsicherung zutreffend, nur hätte er sich damit der Möglichkeit begeben, Religionsunterricht zu erteilen und damit auf die Verkündigung bei der Jugend verzichten müssen. Man darf annehmen, dass Wolfgang Stüken das alles genau weiß, aber eben insbesondere mit dem Verweis auf die evangelische Kirche eine falsche Fährte legt, genauer: er führt den Leser absichtlich in die Irre.

Der Weimarer Republik habe Jaeger „reserviert" gegenübergestanden, meint Stüken. Das ist nicht ausgeschlossen, doch einen Beleg dafür gibt es nicht. Einen vermeintlichen Beleg findet Stüken erst in Jaegers Denkschrift vom

10 Stüken, Wolfgang: Hirten unter Hitler, 49.

11 Vgl. dazu etwa Scholder, Klaus: Die Kirchen und das Dritte Reich. Band 1, 597f.

23. Juli 1945! Dort wendet sich Jaeger, der die Denkschrift im Auftrage der Kölner und Paderborner Kirchenprovinz verfasst hat, gegen die sog. Kollektivschuldthese, nach der das gesamte deutsche Volk nicht nur für den Krieg verantwortlich gemacht werde, sondern auch für die Verbrechen, die während des Krieges von den Nationalsozialisten begangen wurden, und er führt den Versailler Vertrag an, der die moralische Alleinschuld am Ersten Weltkrieg Deutschland aufbürdete. Die „moralische Diskriminierung des deutschen Volkes ist die Wurzel der meisten Übel der Nachkriegszeit geworden", so Jaeger, und er verweist auf den Aufstieg der Diktaturen in Italien und Russland und warnt vor den Gefahren einer ähnlichen Entwicklung, wenn wiederum eine moralische Alleinschuld dem deutschen Volk aufgebürdet würde.[12] Der ‚Beweis' für eine Distanz zur Weimarer Republik wird also von Stüken in der Ablehnung der Kollektivschuld-These im Jahre 1945 gesehen! Doch nicht genug damit, Stüken liest auch noch daraus ab, Jaeger versuche, die Frage nach „Mitverantwortung für die Ermöglichung des Terrorregimes auf das Ausland abzuschieben".[13] Inwiefern dies zutreffend sein soll, bleibt Stükens Geheimnis – ausgerechnet das entschieden katholische Zentrumsmitglied Jaeger soll mitverantwortlich sein für die Ermöglichung des NS-Terrorregimes! Man kann dies nur als Versuch der Diskriminierung Jaegers ansehen. Wenn Jaeger denn wirklich so „deutsch-national bis ins Mark" gewesen wäre, wie Stüken behauptet, dann wäre der übliche Weg nach der Entlassung aus der Gefangenschaft im Jahre 1919 mitnichten die Fortsetzung des Theologiestudiums gewesen, sondern der Weg zu den Freikorps, sei es im Baltikum, sei es in Oberschlesien, sei es bei der Ruhrbesetzung. Diesen Weg nun ist Jaeger gerade nicht gegangen, aber derjenige, bei dessen ministeriell angeordneter Gedenkfeier an seinem Gymnasium Jaeger eine Rede hält, nämlich Albert Leo Schlageter, ehemaliger Theologiestudent, ist Freikorpskämpfer geworden.

Auf einer Tagung der Bischöflichen Akademie des Bistums Aachen im Februar 2018 zum Thema „August Pieper und der Nationalsozialismus. Eine historische Aufarbeitung" bin ich eingeladen worden, einen Vortrag zu halten zum Thema „Erzbischof Lorenz Jaeger – Kirchenführer mit nationaler Gesinnung im Dritten Reich". Das Thema war vorgegeben, deshalb sah ich mich veranlasst, zunächst etwas über ‚nationale Gesinnung' in der ersten Hälfte des 20. Jahrhunderts zu sagen. Da empfiehlt es sich nämlich, erst einmal ein wenig historische Semantik zu betreiben, denn es sind durchaus nicht die gleichen Vorstellungen, die heute, im Jahre 2019, mit dem Begriff ‚nationale Gesinnung' verbunden werden, wie dies 1918, 1928 oder 1940 der Fall gewesen ist. Heute stellt sich bei ‚national' fast schon unausweichlich die Vor-

12 Denkschrift Jaegers vom 23.7.1945, in: Volk, Ludwig (Bearb.): Akten deutscher Bischöfe über die Lage der Kirche 1933–1945, Teil 6, 587–594.

13 Stüken, Wolfgang: Hirten unter Hitler, 51.

stellung von ‚nationalistisch' ein und evoziert ablehnende Reaktionen. In der ersten Hälfte des 20. Jahrhunderts war es allerdings so, dass sozusagen jedermann ‚national' eingestellt war, von der politischen Rechten bis weit in die Sozialdemokratie hinein und lediglich die sozialdemokratische Linke und die Kommunisten ‚internationalistisch' waren. ‚National' hieß auch damals nicht ‚nationalistisch' oder gar ‚chauvinistisch', sondern ist als ‚vaterländisch' oder ‚patriotisch' zu beschreiben. So kann man eben bei Wolfgang Stüken diese Kapitelüberschrift lesen: „Deutsch-National bis ins Mark – der Dortmunder Studienrat Lorenz Jaeger" – ohne Belege, einfach eine unzutreffende – diskriminierende – Behauptung.[14]

„Frontkämpfer unter dem Klerus sind überhaupt unangenehm"

Da ist dann die Rede von dem „Mit hohen Kriegsorden dekorierte(n) wilhelminische[n] Offizier Lorenz Jaeger, nationalkonservativ bis ins Mark", der dieser Republik von Weimar eben „reserviert" gegenübergestanden habe.[15] Bei den hohen Kriegsorden befindet sich Jaeger in guter Gesellschaft, war doch etwa Rupert Mayer S.J., Militärseelsorger im Ersten Weltkrieg, der erste katholische Geistliche, der mit dem Eisernen Kreuz 1. Klasse (EK I) ausgezeichnet worden war. Solche Kriegsorden wurden von Priestern auch getragen, nicht nur aus Eitelkeit, vielmehr spielten geistliche Weltkriegsveteranen „ihren Heldennimbus ... aus, wenn es zu Wortgefechten oder weitergehenden Auseinandersetzungen zwischen ihnen und Nationalsozialisten kam", wie es in einer Untersuchung zur Lebenswelt des katholischen Pfarrklerus nach 1918 heißt.[16] Und das hatte für das NS-Regime unangenehme Auswirkungen, wie etwa der Fall des Kaplans Franz Uptmoor, Frontoffizier und EK I-Träger, zeigt, der mit seiner aufrüttelnden Predigt am Wallfahrtsort Bethen bei Cloppenburg den Aufstand gegen die Entfernung der Kruzifixe und Lutherbilder aus den Schulen des Landes Oldenburg im Jahre 1936 auslöste.[17] In Altenhundem hatte der Vikar „ja keine Angst. Und wenn sie ihn nach Kirchhundem zum Amt bestellten, dann steckte er sich sein EK-I aus dem 1. Weltkrieg an. Da konnten sie nicht viel machen", so Paul Tigges in seinen Erinnerungen.[18] Und Joseph Goebbels hielt in seinem Tagebuch am 13. November 1941 im Zusammenhang mit Erzbischof Jaeger fest:

> „Frontkämpfer unter dem Klerus sind überhaupt unangenehm. Sie können sich auf eine ruhmreiche Vergangenheit berufen und sich damit ein

14 Stüken, Wolfgang: Hirten unter Hitler, 48.
15 Stüken, Wolfgang: Hirten unter Hitler, 51.
16 Forstner, Thomas: Priester in Zeiten des Umbruchs, 462; dort auch entsprechende Beispiele.
17 Vgl. Baumann, Willi: Franz Uptmoor.
18 Tigges, Paul: Jugendjahre unter Hitler, 105.

Alibi für ihre Tätigkeit gegen den Staat verschaffen. Man tut also gut daran, sich im Augenblick mit ihnen nicht anzulegen, sondern, wenn schon mit der Kirche gekämpft werden muss, sich Exponenten der Kirche auszusuchen, die auch angreifbar erscheinen."[19]

Erzbischof Jaeger mit dem Eisernen Kreuz Klasse I und II und dem Hohenzollernorden

19 Zit. nach Fröhlich, Elke (Hg.): Die Tagebücher von Joseph Goebbels. Teil 2: Diktate 1941–1945, Band 2, Eintragung vom 13.11.1941, 280/81.

Es grenzt an Geschichtsfälschung

Weiter wird für Jaegers angeblich deutsch-nationale Gesinnung von Stüken angeführt, er habe bei einer Feierstunde zu Ehren von Albert Leo Schlageter am 27. Mai 1933 in der Aula des Dortmunder Hindenburg-Realgymnasiums die „Festrede" - auch ein bemerkenswerter Begriff - gehalten - es handelte sich um eine Gedenkrede[20]. Dies wird unter Bezugnahme auf eine Schülerarbeit im Schüler-Wettbewerb Deutsche Geschichte mitgeteilt. In der Tat, bei der vom preußischen Minister für Wissenschaft, Kunst und Volksbildung für den 27. Mai 1933 verordneten „würdigen Schulfeier" für Schlageter hat Lorenz Jaeger gesprochen. Der Text seiner Ansprache ist nicht überliefert.

Hier zunächst eine kurze Erläuterung zu Schlageter, der heute kaum mehr bekannt ist, damals aber als ein ‚Held' galt und zwar seit seiner Erschießung durch die französische Besatzungsmacht im Jahre 1923 wegen eines Sabotageakts im von den Franzosen besetzten Ruhrgebiet. Dazu heißt es bei Stüken, Schlageter habe es im Ersten Weltkrieg - wie Jaeger - zum Leutnant gebracht und war - wie Jaeger - mit dem Eisernen Kreuz I. Klasse geehrt worden. Schlageter sei Katholik und seit 1922 Mitglied der NSDAP gewesen und „zur Feier des zehnten Schlageter-Todestages im Mai 1933 ... kann auch ein katholischer Priester wie Lorenz Jaeger an das Rednerpult treten und diesen Mann würdigen."[21]

Da ist nun einiges geradezurücken. Schlageter war Student der Katholischen Theologie, nach Ende des Weltkrieges Freikorps-Kämpfer im Baltikum und in Oberschlesien - und eben nicht NSDAP-Mitglied[22], wurde jedoch von der NSDAP als Nationalsozialist in Anspruch genommen. Schlageter war am 26. Mai 1923 erschossen worden. Ein Gnadengesuch zu stellen hatte er abgelehnt und vor seinem Tod noch anrührende Briefe an seine Eltern geschrieben. Schlageters Verehrung setzte direkt nach seiner Erschießung auf der Golzheimer Heide in Düsseldorf ein und führte zu Demonstrationen von Tausenden auf den Bahnhöfen, durch die der Zug mit seiner Leiche auf dem Weg in seinen Heimatort Schönau im Schwarzwald fuhr. Noch in den 1920er Jahren entstanden zahlreiche Schlageter-Denkmäler in Deutschland.[23] Stüken zitiert nun aus dem Erlass des Kultusministers und schließt an: „Mit seiner Bereitschaft, in diesem Sinne eine Schulfeier zu gestalten, übernimmt Lorenz Jaeger bei seinem ersten schulöffentlichen Auftreten während des Dritten Reiches die Funktion eines Brückenbauers."[24]

20 Stüken, Wolfgang: Hirten unter Hitler, 51.

21 Ebd., 52.

22 Zwicker, Stefan: „Nationaler Märtyrer", 50f.; Kuropka, Joachim: Schlageter und das Oldenburger Münsterland 1923/1933, 94/95.

23 Vgl. Franke, Manfred: Albert Leo Schlageter, 60f.

24 Stüken, Wolfgang: Hirten unter Hitler, 52.

Kein ‚Brückenbauer‘

Jaeger ist zu diesem Zeitpunkt Geistlicher Studienrat an dieser Schule, die eine Feierstunde abhalten muss, so braucht der Direktor jemanden, der dort redet. Und da fällt seine Wahl bei dem katholischen Schlageter auf den katholischen Religionslehrer Jaeger, das war nur zu naheliegend. Möglicherweise hat dieser die Aufgabe gern übernommen, möglicherweise aber auch nicht, vor allem wissen wir nicht, was er gesagt hat. Insofern grenzt es an Geschichtsfälschung, wenn Stüken daraus die „Funktion eines Brückenbauers" – eben zwischen katholischer Kirche und Nationalsozialismus – ableitet.

Unter den sog. „Brückenbauern" versteht man in der wissenschaftlichen Diskussion solche katholische Gelehrte, die sich um eine „Brücke" vom Katholizismus zum Nationalsozialismus bemühten und u. a. die Schriftenreihe „Reich und Kirche" herausgaben, in der etwa der Kirchenhistoriker Joseph Lortz, der Dogmatiker Michael Schmaus und auch der Philosoph Josef Pieper publizierten und solche Wege und Begegnungen aufzuzeigen suchten.[25] Wenn Stüken also dem Geistlichen Studienrat Jaeger „die Funktion eines Brückenbauers" zuschreibt, dann ist das schlicht falsch. Das hat durchaus Methode, denn auf diese Art wird dem Leser gewissermaßen die Brille aufgesetzt, mit der er Jaegers weiteres Wirken, insbesondere als Erzbischof von Paderborn, betrachten soll.

Und dann sind da noch Jaegers Mitgliedschaften – Mitgliedschaften in NS-Organisationen. Seit 1928 oder 1929 war Jaeger Mitglied im Verein für das Deutschtum im Ausland. Der Verein für das Deutschtum im Ausland (VDA) war 1881 als Allgemeiner Deutscher Schulverein zur Errichtung und Unterhaltung deutscher Schulen und anderer Einrichtungen im Ausland sowie für die Vergabe von Stipendien gegründet worden. Dem Verein gehörten aufgrund dieses Vereinszwecks vorwiegend Lehrer und Schüler an. 1933 wurde der Verein in „Volksbund für das Deutschtum im Ausland" umbenannt und ‚gleichgeschaltet‘ und der „Volksdeutschen Mittelstelle" unterstellt. 1955 wurde der Verein als „Verein für das Deutschtum im Ausland" wiedergegründet.[26]

„Die Tatsachen sprechen eine etwas andere Sprache" – als Stüken

Studienrat Jaeger setzte die Ziele des Vereins auch in die Praxis um, insbesondere durch Fahrten und Wanderungen mit Schülern nach und in Frankreich, Italien und auf dem Balkan. Stüken zitiert dazu Josef Höfer, einen ehemaligen Schüler Jaegers, der vermerkt, dass Jaeger besonders an Frankreich interes-

25 Vgl. Lortz, Joseph: Katholischer Zugang zum Nationalsozialismus; Schmaus, Michael: Begegnungen; Pieper, Josef: Das Arbeitsrecht des Neuen Reiches; zu Pieper vgl. Kuropka, Joachim: Clemens August Graf von Galen, 200.

26 Zur Vereinsgeschichte in der NS-Zeit vgl. Luther, Tammo: Volkstumspolitik des Deutschen Reiches sowie Luther, Rudolf: „Blau oder Braun?".

Im Schullandheim Hillern 3.–16. Juni 1931

siert war, dort in der Urlaubszeit mehrfach den ihm nahestehenden Rektor Franz Stock, Seelsorger der Deutschen in Paris, vertreten hat und mit etwa 30 Jungen seiner neudeutschen Gruppe zur Einweihung der ersten französischen Jugendherberge in Bierville angereist war.[27] Bemerkenswert ist zum einen, dass Jaeger, der im Ersten Weltkrieg an der Westfront gegen die Franzosen gekämpft hatte, keineswegs dem Erbfeind-Denken chauvinistischer Kreise erlegen war, sondern im Gegenteil gerade auch junge Leute in Kontakt mit Frankreich und Franzosen brachte.

Wenn Heribert Gruß den VDA, dem Jaeger eben bereits seit 1929 angehörte, als eine „nichtparteiliche Organisation“ bezeichnet[28], so widerspricht dem Stüken nachdrücklich und schreibt, „die Tatsachen sprechen eine etwas andere Sprache“, habe doch Jaeger „seine VDA-Mitgliedschaft in einem am 21. Juni 1937 ausgefüllten ‚Merkblatt betreffend die Angaben über Militärverhältnisse und Betätigung in der Bewegung‘ ausdrücklich in der Rubrik ‚Zugehörigkeit zur NSDAP, ihren Gliederungen und Verbänden‘ vermerkt“.[29] Wie man im Staatsarchiv Münster feststellen kann, gehörte das Merkblatt zu einem „Fragebogen zur Durchführung des Gesetzes zur Wiederherstellung des Berufsbeamtentums vom 7. April 1933“ und führt eben den VDA als Nr. 14 unter „Zugehörigkeit zur NSDAP, ihren Gliederungen und Verbänden“ auf.[30]

Jaeger hat also keineswegs, wie von Stüken behauptet, seine VDA-Mitgliedschaft „ausdrücklich“ in der Rubrik Zugehörigkeit zur NSDAP und ihren Gliederungen und Verbänden vermerkt, sondern es bestand gar keine andere

27 Vgl. Stüken, Wolfgang: Hirten unter Hitler, 62.
28 Gruß, Heribert: Erzbischof Lorenz Jaeger als Kirchenführer im Dritten Reich, 68.
29 Stüken, Wolfgang: Hirten unter Hitler, 53.
30 Staatsarchiv Münster, Schulkollegium Münster, Personalakte J 12, Lorenz Jaeger.

Möglichkeit, als diese Mitgliedschaft in dieser Rubrik anzugeben. Die Verbände waren ‚gleichgeschaltet' worden und firmierten nun als NS-Organisationen. Wiederum eine falsche Tatsachenbehauptung Stükens, der sich über die Schulgruppe des VDA am Gymnasium in Dortmund hinsichtlich Jaegers in weiteren Vermutungen ergeht, habe sich doch die VDA-Gruppe des Gymnasiums laut Jahresbericht der Schule auch an Propagandamärschen beteiligt, so auch am 30. Mai 1933 bei der Bücherverbrennung auf dem Hansaplatz in Dortmund. Auf diese Weise insinuiert Stüken, Studienrat Jaeger habe daran teilgenommen. Unter dem Gesichtspunkt zwischenmenschlicher Achtung ist dies geradezu infam. Aus der Forschung ist auch nicht ein einziger Fall bekannt, dass ein katholischer Geistlicher an der Bücherverbrennung oder an einem Propagandamarsch zu dieser Bücherverbrennung teilgenommen hätte.

Stüken tut so, als sei das zumindest wahrscheinlich, wenn er weiter schreibt, die katholische Kirche habe „in der Verbrennung und dem Verbot missliebiger Bücher eine lange Tradition". Man ist gespannt, einige Beispiele zu erfahren, doch da ist bei Stüken Fehlanzeige. Als letzte ‚katholische' Bücherverbrennung gilt die vom bayerischen Kurfürsten Maximilian I. im Jahre 1630 veranlasste vor den Toren der Stadt Amberg. In den folgenden 300 Jahren gab es viele weitere Bücherverbrennungen, da hatten, um mit Stüken zu sprechen, eben auch Protestanten, Machthaber und Ideologen aller Art ‚eine lange Tradition'. 1933 waren es die Nationalsozialisten, die die katholischen Borromäus-Büchereien zurückdrängten und als Konkurrenz neue Volksbüchereien gründeten, die „allen Volksständen die Kulturwerte deutschen Schaffens ... nach ausschließlich nationalsozialistischen Grundsätzen" vermitteln sollten, wie beispielsweise der Oberbürgermeister der Stadt Münster am 15. März 1935 an den Regierungspräsidenten schrieb, als dort eine solche NS-Volksbücherei eingerichtet wurde.[31] Der katholischen Borromäus-Bücherei waren schon im Mai 1933 der städtische Zuschuss gestrichen und die Räume gekündigt worden. Am 14. August 1940 erließ der Reichsminister für Wissenschaft, Erziehung und Volksbildung eine Anordnung, nach der die katholischen Pfarrbüchereien diejenigen Bücher aus der Ausleihe zu entfernen hatten, die nicht religiös-katholischen oder erbaulichen, katholisch-kulturellen oder katholisch-caritativen Inhalts waren.[32]

„Auslesekampf" statt „Teil des alltäglichen Lebens"

Dann tritt doch dieser Studienrat Jaeger noch in die NSV ein, die Nationalsozialistische Volkswohlfahrt und wird Fachleiter für katholische Religion beim Staatlichen Pädagogischen Bezirksseminar in Dortmund. Bleiben wir

31 Vgl. Kuropka, Joachim: Aspekte des kulturellen Lebens, 105.
32 Vgl. ebd., 106.

zunächst bei der NSV, der Nationalsozialistischen Volkswohlfahrt. Jaegers Beitritt wird von Stüken als Beleg für Jaegers doch irgendwie nationalsozialistische Gesinnung und Unterstützung des Regimes interpretiert. Dazu greift er zurück auf die NSV-Ideologie, in der der „Auslesekampf" zum Lebensprinzip erklärt wurde, „in dem das Starke sich zu bewähren und das Schwache unterzugehen habe".[33] Stüken zitiert hier aus der Untersuchung von Herwart Vorländer über die NSV[34], der die in der Reichsleitung entwickelte Programmatik nachzeichnet. Stüken ordnet Jaeger hier ein, der mit der Reichsleitung überhaupt nichts zu tun hatte, vielmehr ein einfaches Mitglied war, das seinen Mitgliedsbeitrag bezahlte. Wenn also der Studienrat Jaeger in die NSV eintrat, dann war dies ein Mindesterfordernis für den Untertan – als Bürger kann man ihn im NS-Staat nicht bezeichnen – das er der ‚Volksgemeinschaft' gegenüber zu zeigen hatte. Wer sich dem verschloss, konnte ohne weiteres im KZ landen und dort umkommen, sofern er nicht eine Form von Schutzmechanismus für sich aktivieren konnte, wie der Fall des Konsulatsbeamten Wilhelm Frede in Kleve zeigt, der es ablehnte, in die NSV einzutreten, nichts für das Winterhilfswerk spendete und nicht mit dem sog. Deutschen Gruß grüßte. Er wurde im KZ umgebracht.[35]

Stüken schreibt also dem ‚Untertan' die Verantwortung für die NSV-Programmatik zu und tut so, als habe Jaeger diese unterstützt. Über die Lebenspraxis kann man jedoch bei Vorländer einige Seiten weiter folgendes erfahren: Dem zur Mitgliedschaft Genötigten begegnete die NSV nur durch das Winterhilfswerk und vergleichbare Aktionen, während die Mitgliedschaft die Programmatik der NSV-Führung „vermutlich ... nie wirklich zur Kenntnis genommen hat, weil sie in der praktischen Umsetzung für die meisten zu wenig augenfällig war. Was man, zum Positiven wie zum Negativen, von der NSV erfuhr, scheint derart ausschließlich dem Bereich des Pragmatischen zugehörig empfunden worden zu sein, dass es eine besondere weltanschauliche Identifizierung der NSV vermutlich am wenigsten nahelegte". So war nach Vorländer die NSV „für die meisten Menschen ein Teil ihres alltäglichen Lebens ... Sie war den Menschen so alltäglich, dass viele sie als NS-Organisation kaum mehr wahrnahmen, wenn sie ihnen in der Form der Gemeindeschwesternstation oder des Bahnhofsdienstes begegnete."[36] Weiterhin ist bei Vorländer etwas über den politischen Stellenwert der NSV als NS-Organisation zu erfahren, was Stüken ignoriert:

33 Stüken, Wolfgang: Hirten unter Hitler, 81.
34 Vorländer, Herwart: Die NSV, 118f.
35 Vgl. Küsters, Paul Gerhard: Ein Klever Märtyrer, 35f.
36 Vorländer, Herwart: Die NSV, 176.

> „Eine Mitgliedschaft in der NSV [war] aber auch ein beliebter Weg, die Mitgliedschaft in der Partei oder in einer ihrer sonstigen Organisationen zu umgehen. Die NSV bot sich hier in geradezu idealer Weise an. Man konnte sich von der ‚Politik‘ fernhalten, ohne sich dem Argwohn staatsbürgerlicher Unzuverlässigkeit auszusetzen ... In der breiten Öffentlichkeit las man weder die rassen- und erbbiologischen Abhandlungen der NSV-Führer, noch kannte man die Anordnungen und Verfügungen oder die Korrespondenzen zwischen den Ämtern. Wohl aber verstand man die Appelle an das soziale oder christliche Gewissen. Und man verstand sie so, wie man solche Appelle immer verstanden hatte, und reagierte in aller Regel offenbar in gewohnter Weise: negativ als allzu große Aufdringlichkeit und Belästigung und positiv auf die großen Erfolge“[37].

Ausgerechnet einen katholischen Geistlichen Studienrat für die NSV-Programmatik in Anspruch zu nehmen, der sich genötigt sah, dieser Organisation als schlichtes Mitglied beizutreten, ist schon für sich genommen unseriös. Dann aber auch noch die Einordnung solcher NSV-Mitgliedschaften aus der einschlägigen Untersuchung zu verschweigen, zeigt, dass es hier nicht um historische Unkenntnis oder Naivität geht, sondern dass Jaeger in NS-Nähe gerückt werden soll.

„Für Trenker schwärmt auch Adolf Hitler“

Mit der gleichen Methode, nämlich Jaeger für Entschließungen und programmatische Äußerungen von Gremien auf Reichsebene haftbar zu machen und als für ihn handlungsleitend hinzustellen, arbeitet Stüken bei Jaegers Mitgliedschaft und Mitarbeit im Bund Neudeutschland. Es handelt sich um einen 1919 gegründeten katholischen Schülerverband, der in den Formen der bündischen Jugend für seine Mitglieder die „neue Lebensgestaltung in Christus“ anstrebte. Der Bund war organisiert in Jungengruppen an Gymnasien, von denen mehrere in einem „Gau“ zusammengeschlossen waren. Man führte ein fröhliches Jugendleben mit Zeltlagern und Wanderfahrten und ein intensives religiöses Leben. Lorenz Jaeger war Gruppenkaplan der ND-Gruppen an der Oberrealschule in Herne und am Gymnasium in Dortmund sowie Gaukaplan des Engelbert-Gaues, der die Gruppen in Bochum, Castrop-Rauxel, Herne, Solingen, Wanne-Eickel und Wattenscheid umfasste. Jaeger fand offenbar großen Zuspruch bei den Jungen in den ND-Gruppen. So schrieb einer der Teilnehmer: „Dieser Bund blühte unter dem Wirken von Lorenz Jaeger auf ... er stellte für die Jungen eine geradezu charismatische Führerpersönlichkeit dar. Auch nach seinem Weggang von Herne betreute er die Gruppe weiter bis

37 Ebd., 179.

Auf der Rückfahrt von einer Romreise mit Jungen des ND-Engelbertgaues 1934, Bahnhof Göschenen Schweiz

zu ihrer Auflösung 1937; mit vielen ‚seiner Jungen' blieb er zeitlebens in engem Kontakt".[38] In einer Lagerchronik ist festgehalten: „Freunde! Ihr wisst, was uns Herr Studienrat Jaeger im Lager bedeutete. Denkt immer daran! Vergesst es nie! Alle weiteren Worte sind überflüssig".[39]

So weit, so gut – aber! Da gibt es doch das Freiburger Thing vom August 1933 – also eine Leitungskonferenz – auf der der Philosoph Max Müller proklamierte: „Wir Neudeutschen bejahen also die Totalität unseres Staates und die Totalität unserer Religion. Unser tiefstes Problem und Anliegen ist, beide Totalitäten richtig zu einen und ineinander zu fügen, so wie sich in Christus Fülle der Menschheit und Fülle der Gottheit ganz geeint haben und nicht nebeneinander herliefen".[40] Stüken zitiert dazu Georg Pahlkes Arbeit von 1995.[41] Es hätte eher nahe gelegen, die einschlägige Arbeit zur Geschichte des Bundes Neudeutschland von Rolf Eilers heranzuziehen[42], in der den Unklarheiten und Unsicherheiten in der ND-Führung im Jahre 1933 nachgegangen wird, auch der Differenz zwischen Älterenbund, der distanzierter zum NS-Staat stand, und dem Jüngerenbund. Von Eilers werden die Motive und Hintergründe der Erklärung aufgezeigt, etwa auch das Motiv, die Eltern der ND-Gymnasiasten beruhigen zu müssen, die um die Berufsaussichten ihrer Kinder fürchteten und der Versuch, das Weiterbestehen des Bundes auch in einer nationalsozialistischen Gesellschaft zu ermöglichen. Doch an Differenzierungen ist Stüken nicht interessiert, er zitiert zwar ein Gespräch, das er mit Helmut Neukirch 1996 geführt hat und in dem Jaeger aus Schülersicht sehr positiv dargestellt wird. Der Dortmunder Helmut Neukirch lernte Jaeger 1933 als Messdiener in der Pfarrei St. Josef kennen. Jaeger habe über ein umfangreiches Wissen verfügt und dieses Wissen in verständlicher Weise vermitteln können. „Religionsunterricht war kein langweiliges Herunterbeten von Bibelstellen ... er hat versucht, Religion lebensnah zu bringen, als eine Art Lebenshilfe." Unter den Schülern, ungeachtet ihrer Religionszugehörigkeit, habe Jaeger einen sehr guten Ruf genossen. „Er hat schon mal jemandem geholfen, der wacklig stand,

38 Zit. nach Stüken, Wolfgang: Hirten unter Hitler, 63.
39 Ebd., 60.
40 Ebd., 61.
41 Pahlke, Georg: Trotz Verbot nicht tot.
42 Eilers, Rolf: Konfession und Lebenswelt, 139f.

konnte ein Auge zudrücken. Er war ein ansprechbarer Mensch. Man hatte keine Furcht vor ihm. Im Gegensatz zum Direktor."[43]

Es sind also die vermeintlichen ‚Sünden' des Bundes Neudeutschland aus dem Jahr 1933, wie schwerwiegend sie immer gewesen sein mögen, wenn bereits 1934 der Terror des Regimes und insbesondere der HJ gegen die katholischen NDer losbrach. Doch was erfahren wir dazu bei Stüken über Lorenz Jaeger? Es ist eben wieder die Insinuier-Methode, Jaeger wird von Stüken in Kollektivhaftung genommen für Stellungnahmen von Leitungsgremien, denen er nicht angehörte und die er auch in keiner Weise beeinflussen konnte. Bei so viel Positivem über Jaeger aus Schülersicht darf natürlich bei Stüken das Gegenbild nicht fehlen: habe doch dieser Jaeger in Vertretungsstunden auch Uniformen und Rangabzeichen der deutschen Wehrmacht behandelt und sogar abgefragt und über seine Erlebnisse in der Kriegsgefangenschaft in England berichtet. Und dann: Lorenz Jaeger war Fan von Luis Trenker. Dazu Stüken: „Für Trenker schwärmt auch Adolf Hitler".[44] Was soll das dem Leser sagen? Adolf Hitler schwärmte auch für „Krach um Jolanthe", es war sein „Lieblingsstück"[45]. Waren alle, die das lustige Stück gesehen hatten, NS-infiziert? Hitler war auch Vegetarier – sind alle Vegetarier NS-infiziert?

„... um der Arbeit der Hitler-Jugend zur Erziehung der Jugend entgegenzuwirken"

Jaeger war ganz offenbar ein agiler und engagierter Religionslehrer, nicht nur hinsichtlich seiner Jugendarbeit. Im März 1936 wurde er Diözesanreferent des Verbandes der katholischen Religionslehrer an Höheren Schulen, gründete in dieser Funktion Arbeitsgemeinschaften der Religionslehrer und war selbst einer der Vertrauensmänner dieser Arbeitsgemeinschaften auf der Bistumsebene. Die Gestapo argwöhnte, „die Arbeitsgemeinschaften sollen die Religionslehrer für den Kampf der Katholischen Kirche gegen die Weltanschauung des nationalsozialistischen Staates schulen" und seien im Wesentlichen gegründet, „um der Arbeit der Hitler-Jugend zur Erziehung der Jugend entgegenzuwirken".[46] Das war sicher zutreffend und die Gestapo beobachtete die Vertrauensmänner misstrauisch, zwei der Vertrauensmänner wurden beanstandet, Jaeger hingegen nicht, der als „einwandfrei und politisch zuverlässig bezeichnet werden" könne und außerdem „ein sehr guter Lehrer und Erzieher" sei. Über Jaeger weiter: „Er hat bis zur Machtergreifung dem Zentrum angehört, sich aber nicht politisch betätigt. Nach einem mir vorliegenden politischen Gutachten

43 Zit. nach Stüken, Wolfgang: Hirten unter Hitler, 63.

44 Ebd.

45 Deutschland-Berichte der Sozialdemokratischen Partei Deutschlands (Sopade), 1934–1940, Vierter Jahrgang, Bericht vom 13.12.1937, 1644.

46 Gestapo-Bericht vom 29.6.1936, zit. nach Stüken, Wolfgang: Hirten unter Hitler, 112.

der Gauleitung der NSDAP Westfalen-Süd vom 13.7.1934 ist Jaeger politisch nicht belastet.“[47]. Ende 1937 wurden die Arbeitsgemeinschaften verboten.

Inzwischen hatte Jaeger eine weitere Aufgabe übernommen, nämlich die Redaktion der „Zeitschrift für den katholischen Religionsunterricht an Höheren Lehranstalten“. Die Zeitschrift fiel unter das Schriftleitergesetz und so musste Jaeger die Eintragung in die Berufsliste der Schriftleiter beim Reichsverband der Deutschen Presse beantragen. Stüken vermerkt dazu, dass zu den Voraussetzungen „selbstverständlich die ‚arische Abstammung‘“ gehörte und zitiert weiter aus einem Gutachten des Berliner Bischofs von Preysing, der wiederum aus dem Amtlichen Gesetzeskommentar die Voraussetzungen für den Schriftleiterberuf zitiert, nämlich „Eintreten für eine Weltanschauung, die mit dem vorbehaltlosen Bekenntnis zur Nation im Widerspruch steht, würde als Mangel einer persönlichen Eignung anzusehen sein“.[48] „Eine Hürde für Jaeger?“ fragt Stüken anzüglich, konstatiert, dass die Dortmunder Gestapo am 29. Juli 1937 tatsächlich „staatspolizeiliche Bedenken“ gegen Jaegers Zulassung als Schriftleiter geäußert habe, jedoch wird letztlich Jaeger die Zulassung nicht verweigert.

So wird von Stüken das Diskriminierungsmodell, Jaeger für die Programmatik von Organisationen in Anspruch zu nehmen, denen er angehören musste oder im Fall ND angehören wollte, auch hier angewandt. Stüken kann auch nicht den banalsten Beleg für seine insinuierte Nähe Jaegers zu den Programmatiken beibringen. Vielmehr hält er wieder, wenn diesmal auch nur in der Anmerkung, fest, dass Jaeger seine Schriftleiterfunktion auf dem Personalblatt für Höhere Schulen in der Rubrik „Zugehörigkeit zur und Betätigung in der NSDAP und ihren Gliederungen“ vermerkt habe.[49] – Es ist der gleiche Fall wie beim Verein für das Deutschtum im Ausland, eine andere Rubrik existiert in dem auszufüllenden Formblatt nicht, was Stüken nicht vermerkt, und sich somit nicht zu schade ist, auf diesem wahrheitswidrigen Wege wiederum eine Nähe Jaegers zum Regime nahezulegen.

Sowohl die Arbeitsgemeinschaften der katholischen Religionslehrer als auch die Zeitschrift für den katholischen Religionsunterricht an Höheren Lehranstalten waren Mittel der Kirche, dem weltanschaulichen Einfluss des Regimes auf die Jugend entgegenzuwirken, während das NS-Regime dies verhindern wollte. Jedoch arbeitet Jaeger in dieser Auseinandersetzung auf Seiten der Kirche aktiv mit, entzieht sich nicht den an ihn herangetragenen Aufgaben und wirkt auch als ND-Gaukaplan weiter, bis am 15. August 1935 ein Erlass den Lehrern diese Tätigkeit untersagt, die Jaeger jedoch im Geheimen weiterführte. In diese Auseinandersetzung sind auch Jaegers Aktivitäten ein-

47 Zit. nach ebd., 141.
48 Zit. nach Stüken, Wolfgang: Hirten unter Hitler, 113.
49 Stüken, Wolfgang: Hirten unter Hitler, 201.

zuordnen, die die Zeitzeugin Leonie Wichert-Schmetz als „christliche Untergrundbewegung" von Herrn Jaeger bezeichnet hat.[50] Es handelt sich um die Organisation von Vorträgen eben der Frau Wichert-Schmetz zu Fragen der „Rassenkunde" und den weltanschaulichen Konflikten vor Kirchengemeinden, katholischen Vereinen und selbst vor zahlreichen Geistlichen.[51]

Die von Frau Wichert-Schmetz so bezeichnete „christliche Untergrundbewegung" ordnet Stüken in eine bevölkerungspolitische Aufklärungsaktion der Bischöfe im Spätherbst 1933 ein und nicht als Jaegers spezielle Initiative. Das mag möglich sein, und eine Vortragsaktion ist mit dem Begriff „Untergrundbewegung" sicher überzeichnet, was Jaeger-Biograph Heribert Gruß übernommen hat. Doch bleibt der zentrale Punkt, dass Jaeger außerordentlich engagiert war in der *Abwehr* der NS-Weltanschauung. Dies galt für seinen Religionsunterricht, es galt für sein Engagement im Bund Neudeutschland und es galt eben auch für den Bereich der allgemeinen Seelsorge. Daraus zu konstruieren, die kirchliche Kampagne sei ein „sichtbares Zeichen einer gemeinsamen Interessenlage von NS-Staat und Kirche" gewesen[52] – wohlgemerkt bei sich ausschließenden Inhalten – ist schon infam. In der Enzyklika „Casti conubii" von 1930 hatte sich Papst Pius XI. nachdrücklich gegen staatliche Eingriffe in die körperliche Unversehrtheit des Menschen gewandt und insbesondere Sterilisation und gar Zwangssterilisation aus eugenischen Gründen entschieden abgelehnt, wie sie das „Gesetz zur Verhütung erbkranken Nachwuchses" von 1934 in Deutschland vorsah. Und diese Enzyklika war die Grundlage der bevölkerungspolitischen Aufklärungsaktion der Bischöfe, die sich gegen das NS-Sterilisationsgesetz wandte.

Und warum kein NSLB-Mitglied?

So behandelt Stüken also die Mitgliedschaften Jaegers und seine nebenamtlichen und ehrenamtlichen Tätigkeiten ausführlich und versucht, diese in der einen oder anderen Form als Zeichen von Jaegers angeblicher Nähe zum Nationalsozialismus darzustellen. Nur beim NSLB, dem Nationalsozialistischen Lehrerbund, ist er spürbar kleinlaut. Jaegers Eintritt in die NSV interpretiert Stüken als „ein weiteres Zeichen der Verbundenheit mit dem nationalsozialistischen Staat", das von Jaeger angeblich erwartet wurde, und dem er – wie Stüken nahelegen möchte – willig folgt.[53] In den NSLB einzutreten kam laut Stüken „für Jaeger nicht in Frage", verfolgte doch der NSLB „eine stark anti-

50 Wichert-Schmetz, Leonie: Vita et pax, 13.

51 Ebd., 12f.

52 Stüken, Wolfgang: Hirten unter Hitler, 71.

53 Ebd., 81.

kirchliche Linie"[54]. Das ist reichlich dünn, denn das gleiche Argument lässt sich ja gerade nach Stükens Darstellung auch für die NSV vorbringen. Vor allem aber war es so, dass für jeden Lehrer die NSLB-Mitgliedschaft absolut zwingend war. Wer sich weigerte, wurde aus dem Schuldienst entlassen. So ging es beispielsweise Dr. Johannes Göken, ebenfalls Geistlicher Studienrat, der 1937 aus weltanschaulichen Gründen aus dem NSLB ausgetreten war, dem er seit 1933 angehört hatte, und der sein Amt verlor.[55]

Die naheliegendste Interpretation für Jaegers Nicht-Mitgliedschaft im NSLB dürfte darin zu suchen sein, dass man im NSLB sehr wohl wusste, mit wem man es bei Jaeger zu tun hatte, mit anderen Worten, im NSLB war Jaeger als Mitglied unerwünscht – und er selbst dürfte keineswegs an einer Mitgliedschaft interessiert gewesen sein. Doch hatte man im NSLB Jaeger durchaus im Auge, denn von dort kam 1938 ein „Einspruch des NSLB" gegen Jaegers Tätigkeit als Fachleiter[56], eine Information, die sich bei Stüken nicht findet. Stüken kommt es vielmehr darauf an, Jaeger als Fast-Nationalsozialisten darzustellen. Die Kapitelüberschrift lautet bei Stüken „‚Dem Führer treu und gehorsam' – Studienrat Jaeger wird Fachleiter". Es wird also aus dem obligatorischen Amtseid das ‚Dem Führer treu und gehorsam' herangezogen und Jaegers Beauftragung als Fachleiter als eine Art Beförderung hingestellt. Nun braucht man als Fachleiter schlicht Fachvertreter und dies ist der Geistliche Studienrat Jaeger mit seinem Unterrichtsfach Katholische Religion. So stellt sich doch die Frage nach den Motiven des NSLB, nun gegen Jaeger Einspruch zu erheben. Selbst hier sieht Stüken keinen Konflikt, sei doch der Oberschulrat in dieser Frage „äußerst schonend" mit Jaeger umgegangen.[57]

Weitere Aufklärung der Jugend und Rettung zur Wehrmacht

Es lohnt sich durchaus, den Hintergrund dieser Maßnahme gegen Jaeger auszuleuchten, wofür auch eine bislang unbekannte Quelle vorliegt. So dürfte die Ursache in einer Kontroverse liegen, in die Jaeger im Frühjahr 1937 mit seinen Kollegen Dr. Becker und Dr. Weinich verwickelt war. Im Geschichtsunterricht der Obersekunda (Klasse 11) war von Becker der Jesuitenorden als staatsfeindliche „überstaatliche Macht" dargestellt worden, was Jaeger, von Schülern darauf angesprochen, als „schwere Beleidigung" bezeichnete.[58] Gegenüber der Schulleitung hatte Becker Jaeger vorgeworfen, er überwache seinen Geschichtsunterricht und sabotiere ihn, was Jaeger von sich wies. Jaegers

54 Ebd.

55 Vgl. Kuropka, Joachim: Widerspruch.

56 Gruß, Heribert: Erzbischof Lorenz Jaeger als Kirchenführer im Dritten Reich, 69.

57 Stüken, Wolfgang: Hirten unter Hitler, 115.

58 Erklärung Jaegers vom 10.5.1937, EBAP, NL Jaeger, 237/071.

Stellungnahme vom 17. August 1937 ist sowohl für seine strikte Haltung als auch hinsichtlich seiner Begründungen sehr erhellend und sei daher ausführlicher zitiert:

> „Ich glaube gern, dass die Behandlung des Glaubens bei mir in der Religionsstunde zu anderen Ergebnissen führt, als im Geschichtsunterricht des Herrn Dr. Becker. Aber es ist doch unbillig, mir daraus einen Vorwurf zu machen oder die Behandlung dieser Themen, die im Religionslehrbuch vorgesehen sind, verbieten zu wollen.
> Ich kann auch nicht glauben, dass es zu den Aufgaben des nationalsozialistischen Geschichtsunterrichts gehört, eine neue Religion zu lehren. Das scheint mir nicht dem Willen des Führers zu entsprechen. (Vgl. Hitler, Mein Kampf, 1933, S. 134f.) Die amtl. Erlasse zum Geschichtsunterricht besagen nichts darüber. Herr Reichserziehungsminister Rust hat in seiner bekannten Rede in Köln am 5. April 1935 erklärt, dass es leider in Deutschland eine Reihe von Menschen gäbe, denen die Zielsetzung der nationalsozialistischen Bewegung nicht ausreiche, und sie forderten, dass das deutsche Volk auch über eine gemeinsame Weltanschauung hinaus gesammelt werden müsse in einer gemeinsamen Auffassung über das, was jenseits von Volk und Raum liegt. Sie wollten auch die religiöse Einigung des deutschen Volkes auf das Programm der Bewegung gesetzt sehen. Adolf Hitler hat diesem Wollen nicht eine Minute und nicht einen Zentimeter Raum gegeben. ... Zweimal hat der Führer sein Wort gegeben, dass er nicht nur die Kirchen, sondern auch ihr Bekenntnis schützen werde (vgl. Allg. Ev. - Luth. Kirchenzeitung Nr. 16 v. 12. Apr. 1936, Sp. 355.).
> Selbstverständlich muss der Geschichtslehrer in seinem Unterricht auch kritisch zum Christentum und zur Kirche Stellung nehmen, da es sich um historische Größen in der Geschichte u. Entwicklung unseres Volkes handelt. Ich wüßte nicht, wie man sonst überhaupt die Geschichte des deutschen Volkes behandeln wollte, wenn man diesen geschichtl. Faktor ausschalten wollte. Dabei bleibt aber bestehen, dass der Historiker es nur mit der äußeren, zeitgebundenen Erscheinungsform der Kirche zu tun hat. Darüber hinaus sind für den gläubigen Menschen Christentum und Kirche Gegenstand des Glaubens, uns geschenkt durch Offenbarung und Gnade. In ihnen eröffnet sich erst das letzte und tiefste Verständnis auch für die historische Erscheinung der Kirche. Das gehört aber nicht mehr zum Aufgabenbereich des Historikers. Insofern steht das entscheidende Wort über das Christentum dem Religionslehrer zu.
> Selbstverständlich hat der Schüler das Recht, diesen Bereich seines Glaubens vor jedem fremden Zugriff zu schützen. Wenn es dem Religionslehrer verwehrt ist, irgendwelchen Druck in religiösen Dingen

> auszuüben, er den Schüler der Verantwortung vor dem eigenen Gewissen und der Führung durch die Gnade überlassen muss, dann darf man füglich auch von jedem anderen diese Ehrfurcht vor dem religiösen Innenleben erwarten. Alfred Rosenberg, der Beauftragte des Führers für die Überwachung der gesamten weltanschaulichen und geistigen Erziehung der NSDAP, erklärt ausdrücklich: ‚Die NSDAP steht auf dem Standpunkt, dass die Religionsfrage der persönlichen Entscheidung des einzelnen Menschen unterliegt. Was der Staat fordert, ist der völlige Einsatz des Menschen für sein Volk und für diesen neuen, das Volk schirmenden Staat.' (Vgl. Völkischer Beobachter, Nordd. Ausg. v. 23.8.1934, S. 1). Nichts anderes habe ich sagen wollen, als ich den Schülern riet, sie müssten auch einmal etwas überhören können oder sie sollten selbstkritisch zu dem Vorgetragenen Stellung nehmen. Das konnte sich dem ganzen Zusammenhang nach nur auf das Gebiet des religiösen Glaubens beziehen und nur dazu dienen, den Schülern einen Weg zu zeigen, sich selbst vor religiöser Beunruhigung zu schützen und den Religionsunterricht nicht unnötig mit allen möglichen Zweifeln und Fragen zu belasten.
> Ich möchte mich auf diese wesentlichsten Punkte bei meiner Stellungnahme beschränken, möchte vor allem nicht eingehen auf [die] mannigfachen kränkenden Wendungen in dem Schreiben des Kollegen Dr. Becker. Sollten allerdings die betonten Hervorhebungen seines Unterrichts als nationalsozialistisch, deutsch usw., und der Schlußsatz seines Schreibens v. 27.5., S. 7, unterstellen wollen, als ob ich persönlich nicht genauso gut nationalsozialistisch dächte und handelte oder als ob mein Unterricht nicht genauso gut zum heutigen Staat hin erzöge, so würde ich dagegen die schärfste Verwahrung einlegen, denn für mich ist das noch immer der schwerste Vorwurf und die größte Beleidigung für einen deutschen Menschen, die es gibt, auch wenn es Herr Dr. Becker im Falle Jesuitenorden nicht zu empfinden scheint.“[59]

In diesem letzten Satz könnte man eine Bestätigung der Stüken'schen Thesen sehen, aha, der Studienrat Jaeger will ‚nationalsozialistisch' erziehen. Mit dem Hinweis auf Offenbarung und Gnade und dem Appell, selbst zu denken, wird deutlich, dass man unter den damaligen Bedingungen, mit Denunzianten in der nächsten Umgebung, eine gewisse Camouflage betreiben musste und dennoch inhaltlich den nationalsozialistischen Anforderungen widersprach und die junge Generation entsprechend aufklärte.

Ausgangspunkt dieser Auseinandersetzung war eine Religionsstunde, die Jaeger am 5. Mai 1937 in der Obersekunda (Klasse 11) gegeben hatte und

59 EBAP, NL Jaeger, 237/085.

in der die Schüler die Frage nach der „Überstaatlichen Macht“ vorgebracht hatten. Im Zuge dieser Konflikte hatte der Reichsamtsleiter des NSLB in Dortmund 1937 der dortigen Gestapo einen Bericht über Jaeger geliefert, der wegen seiner Bedeutung in der Folgezeit hier ausführlicher zitiert sei und der auch den ‚nationalsozialistischen‘ Unterricht einordnet:

> „Er ist zweifellos ein Mann von Intelligenz, Wissen und Welterfahrung, viel gereist, u. a. auch mit Schülern. Er versteht es, sich das Vertrauen der Schüler zu erwerben durch Erzählungen aus dem Krieg und eine gewisse Großzügigkeit im Verkehr mit der Jugend. Ohne Zweifel ist er gerade wegen seiner guten Allgemeinkenntnisse und seiner Menschenkenntnis ein für die Sache der römischen Kirche äußerst geeigneter Propagandist. Er rühmt sich selbst gewisser Verbindungen zum Heer und soll nach Aussage des Direktors der Hindenburg-Oberschule, Klein, der mit ihm das beste Einvernehmen unterhält, vom Kultusminister beauftragt worden sein, einen Plan für katholische Religion an Höheren Schulen auszuarbeiten. ... Anscheinend verfolgt die Kirche z. Zt. die Taktik, die Jugend stärker religiös zu erfassen und so über das Elternhaus hinweg Einfluss auf die Jugend zu gewinnen. Dass dabei die Beichte eine besondere Rolle spielt, ist keine Frage. Jaeger hält allmonatlich eine sog. Andacht ab, die der Vorbereitung der Beichte dienen soll, eine Andacht, die von den meisten Schülern besucht wird, ein Beweis für den starken Einfluss, den Jaeger auf die ihm anvertrauten Schüler hat ... Dass Jaeger nationalsozialistischen Unterricht gibt, ist von einem katholischen Theologen nicht zu erwarten. Es ergibt sich aus dem Auftrag, dem er dient, die Schüler für die Sache der Kirche zu gewinnen, und das heißt, ihre Hinwendung zum nationalsozialistischen Gedanken irgendwie zu stören. Dies geschieht zumeist in sehr vorsichtiger Form. Dass er dabei dem Geschichtsunterricht der völkisch eingestellten Lehrer – leider sind es sehr wenig – seine Aufmerksamkeit schenkt, liegt auf der Hand. So erörtert er etwa, wenn im Geschichtsunterricht vom Glauben an den Führer die Rede ist, den Begriff ‚Glauben‘ und sucht diesen Begriff im konfessionellen Sinne zu ‚klären‘. Glaube im natürlichen und übernatürlichen Sinne! Ein Urteil über Rosenberg ist charakteristisch für Jaeger: beim Lesen von Rosenberg müsse man sich übergeben. In einem andern Fall hat er sich auf die Frage eines Schülers über den Jesuitenorden als überstaatliche Macht – davon war im Geschichtsunterricht die Rede gewesen – geäußert: sie (die Schüler) wüssten doch, dass diese Äußerungen von einem Lehrer gefallen seien, der mit der Kirche zerfallen sei. In diesem Zusammenhang hat er die Schüler aufgefordert, solche und ähnliche Dinge einfach zu überhören und er hat dabei die Naivität gehabt, in diesem Zusammenhang an den gesunden Menschenverstand

der Schüler zu appellieren. ‚Ihr müsst euren Verstand gebrauchen und auch manches von den vorgetragenen Dingen überhören'. Weiter hat er die unglaubliche These verfochten, dass das letzte Wort über das Christentum dem Religionsunterricht zukomme."

Im Zusammenhang der Nominierung Jaegers als Bischofskandidat wird im Bericht 1941 von der Dortmunder Gestapo folgendes angefügt:

> „Diese Herabsetzung eines Lehrers in Verbindung mit einer offensichtlichen Sabotage des nationalsozialistischen Geschichtsunterrichts hat zu einer offiziellen Beschwerde geführt, deren Ergebnis noch aussteht. Nach dem Gesamtverhalten Jaegers, der im allgemeinen einen stillen, aber zähen Kampf für die Belange der römischen Kirche führt, ist er als ein äußerst gefährlicher und sehr ernst zu nehmender Gegner des Nationalsozialismus zu bezeichnen. Er ist einer der zielbewussten Propagandisten der Kath. Aktion. J. ist Mitglied der Prüfungskommission für Referendare (Münster).
> Aus einer mir im November 1937 zugeleiteten Mitteilung der HJ-Gebietsführung Westfalen entnehme ich, dass J. in der Hindenburg-Oberschule in Dortmund die Unterprima [Klasse 12] aufgefordert hat, in den Weihnachtsferien an den Exerzitien in Münster sich zu beteiligen. In der gleichen Mitteilung wird zum Ausdruck gebracht, dass Studienrat Dr. Jaeger einen ungewöhnlich starken Einfluss auf die Jungen ausübe."[60]

Jaeger stand also als Studienrat unter Beobachtung und sein weiteres Engagement in der Jugendarbeit blieb nicht unbemerkt. Im Dezember 1939 war ein Verfahren gegen ihn eingeleitet worden „wegen Mitarbeit in einer verbotenen kath. Schülerorganisation mit dem Ziel der Dienstentlassung", das war nicht ungewöhnlich. Ungewöhnlich war auch nicht, wenn Jaeger berichtet: „Ich hatte im Dezember 1939 ein Verfahren wegen Verstoßes gegen eine Verfügung des Innenministers Dr. Frick wegen Mitarbeit in einer verbotenen katholischen Schülerorganisation mit dem Ziel der Dienstentlassung. Ich war Studienrat. Nach nunmaligen Verhören vor der Gestapo war für mich die Einberufung als Kriegspfarrer die Rettung".[61] Es hatte also wahrscheinlich aus dem Gestapo-Umfeld einen Tipp gegeben, wie dies auch bei dem späteren Kirchenhistoriker Erwin Iserloh der Fall gewesen war. Er hatte ebenfalls seine Betreuung der Jugendlichen aus dem verbotenen Bund Neudeutschland im Geheimen fortge-

60 Staatspolizeistelle Dortmund an Oberpräsidenten der Provinz Westfalen v. 13.6.1941, Bundesarchiv Berlin, RKM 51.01, Nr. 2234, Unterstreichungen im Original.

61 Jaeger an Deja v. 27.1.1966, EBAP, NL Jaeger, 1300/092.

setzt. Die Anklage gegen ihn lautete auf „Fortführung illegaler Verbände und auf Zersetzung der Wehrkraft". Ihm ‚besorgte' Bischof von Galen durch seine Beziehungen zum Wehrbezirkskommando einen Gestellungsbefehl. Dies war nach Iserlohs Worten damals ein Weg, dem Konzentrationslager zu entgehen. „Sollte man als Soldat doch belangt werden, dann erhielt man wenigstens ein ordentliches Gerichtsverfahren."[62] Aus der eiligen Einberufung Jaegers erklärt sich auch der in dem Gestapobericht aus Dortmund angesprochene fehlende Überprüfungsantrag der Wehrmacht bei der Einstellung von Wehrmachtspfarrern, der für Jaeger nicht gestellt worden sei.[63]

Fast-Nationalsozialist oder „äußerst gefährlicher und sehr ernstzunehmender Gegner des Nationalsozialismus"?

Nachdem sich Stüken nun alle Mühe gegeben hat, Lorenz Jaeger möglichst nahe an das NS-Regime heranzurücken, passt natürlich die NSLB-Beurteilung vom 31. Mai 1937 nicht in sein Konzept, schon gar nicht die Beurteilung von Jaegers „Gesamtverhalten", der „ein äußerst gefährlicher und sehr ernst zu nehmender Gegner des Nationalsozialismus" sei. Sie wird als Formulierung eines Gestapobeamten abgetan, der durch „eine scharf formulierte Beurteilung Jaegers"[64] hätte verdecken wollen, dass man seit 1937 nichts Neues über Jaeger erhoben habe. Weil sich nun auch Reinhard Heydrich, Chef der Sicherheitspolizei und des SD (Sicherheitsdienst der SS), in seiner Stellungnahme auf diesen Dortmunder Bericht von 1937 stützt, wird er von Stüken gewissermaßen weichgespült, stünde doch Heydrich eben für eine „radikal antikirchliche Linie", der als „Kirchenhasser ... das dürftige belastende Material gegen Jaeger ... zu einem großen Szenario Jaegerscher Staatsfeindlichkeit" aufbausche.[65] Zur Kennzeichnung Heydrichs ist bei Stüken zu lesen, dieser habe durch „unermüdlichen Hass den Motor des nationalsozialistischen Kirchenkampfes" abgegeben. Dies wiederum zitiert Stüken aus einem „Lebensbild", das Günther Deschner über Heydrich verfasst hat.[66] Es handelt sich bei Deschners Buch nicht um eine wissenschaftliche Untersuchung, sondern um eine journalistische Darstellung, für die Quellenstudien nicht unternommen wurden und die für die Beurteilung der Kirchenpolitik des Sicherheitsdienstes der SS wertlos ist.

62 Iserloh, Erwin: Rückschau auf 70 Lebensjahre, 14f.
63 Gestapo Dortmund an Oberpräsidenten in Münster v. 13.6.1941, Bundesarchiv R 51.01, Nr. 22234.
64 Stüken, Wolfgang: Hirten unter Hitler, 130.
65 Stüken, Wolfgang: Hirten unter Hitler, 132.
66 Deschner, Günther: Reinhard Heydrich, 118.

Eingehend aufgearbeitet ist die Religionspolitik des Sicherheitsdienstes der SS und insbesondere Heydrichs Position in Wolfgang Dierkers „Himmlers Glaubenskrieger".[67] So war es für Heydrich praktisch ausgeschlossen, dass jemand gleichzeitig guter Katholik und guter Nationalsozialist sein konnte. Nach seiner Vorstellung war die von Hitler verkündete „Weltanschauung" die Grundlage des nationalsozialistischen Staates, für dessen Sicherheit und Stabilität die staatliche Macht, die man seit 1933 gewonnen habe, durchaus wertlos war, wenn ihr nicht die entsprechende weltanschauliche Ausrichtung des Volkes folgte. „Weltanschauliche Gegner kann man entscheidend nur im geistigen Ringen der Weltanschauung bezwingen", so Heydrich.[68] Vor diesem Hintergrund war die katholische Kirche ein sehr ernst zu nehmender weltanschaulicher Gegner, der sich den nationalsozialistischen weltanschaulichen Vereinheitlichungsmaßnahmen entgegenstellte und mit seinen Konzepten der religiösen Vertiefung die Gläubigen erreichte und auch religiös mobilisierte.[69] Es ging also um einen Kampf der Weltanschauungen und dabei „nicht um irgendwelche Gedankengespinste, sondern um die nackte Existenz und die Grundlagen von Volk, Nation und Reich", so in einem Grundsatzreferat vom September 1935.[70]

Die Brisanz dieser Auseinandersetzung erschließt sich im Blick auf die vom NS-Regime einerseits und katholischer Kirche andererseits vertretenen Werte. Galt es also, im Religionsunterricht und in der kirchlichen Jugendarbeit den Wertekanon des Dekalogs und das allgemeine Liebesgebot an die junge Generation weiterzugeben, stand dem von der NS-Seite entgegen, dass man Nationalsozialisten erziehen wollte, „nicht Religionsdiener mit Hemmungen und Vorbehalten. Hemmungs- und vorbehaltlos" sollten sie werden, die neuen „Träger der nationalsozialistischen Geistesrevolution", wie in der Unzahl von Schulungslagern den Teilnehmern eingebläut wurde.[71] So war die Bewahrung der christlichen Identität eine dauernde Infragestellung der Legitimität des Regimes.

An dieser Front also war Lorenz Jaeger aktiv und erfolgreich tätig und das gibt der NSLB-Bericht vom 31.5.1937 wieder: Ein Mann von Intelligenz, Wissen und Welterfahrung mit guter Allgemeinkenntnis und Menschenkenntnis, mit einem Charisma für den Umgang mit der Jugend, der deren Hinwendung zum nationalsozialistischen Gedankengut stört und diese zu selbstständigem Denken auffordert – auch das im Gegensatz zum Befehl-und-Gehorsam-Prinzip des NS-Regimes – der um die spirituelle Vertiefung seines Unterrichts bei den Schülern durch Beichte, Exerzitien und Einkehrtage bemüht und da-

67 Dierker, Wolfgang: Himmlers Glaubenskrieger.

68 Zit. nach ebd., 132.

69 Vgl. ebd., 150.

70 Zit. nach ebd., 210.

71 Bericht aus einem Schulungslager für Landjahrführer, zit. nach Kuropka, Joachim: Gegen die Umwertung der Werte, 57.

bei auch erfolgreich ist. Es ist durchaus schlüssig, wenn in dem Bericht zusammengefasst wird, Jaeger führe „im allgemeinen einen stillen, aber zähen Kampf für die Belange der römischen Kirche“ und sei „ein äußerst gefährlicher und sehr ernst zu nehmender Gegner des Nationalsozialismus.“[72]

Es liegt auf der Hand, dass dieser Mann eben auch ein Kind seiner Zeit war, geprägt durch seine Herkunft aus einer ärmlichen Arbeiterfamilie, geprägt durch fünf Jahre Militärzeit und Gefangenschaft, durch Theologiestudium mit den zeitspezifischen Akzentuierungen, durch die zeitgenössischen Bedrohungspotentiale in den linksradikalen Aufständen in den ersten Jahren der Weimarer Republik in Deutschland und die bolschewistische Revolution in Russland und deren furchtbare Auswirkungen auf das Christentum in der Sowjetunion, wie dies Heinrich Schoppmeyer in seinem Lebensbild Jaegers anschaulich darstellt hat.[73]

„Jaeger übernimmt das Paderborner Bischofsamt, nicht um den Unrechtsstaat dieses Adolf Hitler zu bekämpfen"

Am 15. September 1941 leistet Lorenz Jaeger vor dem Oberpräsidenten (gleichzeitig NSDAP-Gauleiter) Alfred Meyer den nach dem Reichskonkordat vorgesehenen Treueid und wird am 19. Oktober 1941 in Paderborn von Nuntius Orsenigo, Weihbischof Baumann und Bischof Machens von Hildesheim zum Bischof geweiht.[74] In der Diskussion um die Wahrnehmung des Amtes durch Jaeger geht es heute vor allem um sein Verhältnis zum NS-Staat, um seine Haltung zum nun schon drei Jahre dauernden Krieg, um Äußerungen zum Bolschewismus in der Sowjetunion und um seine Haltung zur Seelsorge während der NS-Zeit.

Kennzeichnend für die Betrachtungsweise Stükens und anderer Kritiker ist eben diese Formulierung Stükens: „Jaeger übernimmt das Paderborner Bischofsamt, nicht um den Unrechtsstaat dieses Adolf Hitler zu bekämpfen.“[75] – Da hat Stüken völlig recht, obwohl er nirgends ein Wort über das Bischofsamt verliert – ebenso wenig übrigens wie der Theologe Peter Bürger. Was also sind die Aufgaben und Pflichten eines Bischofs? Man kann sich darüber leicht im Lexikon für Theologie und Kirche informieren, in dem sich im Laufe der Jahrzehnte die eine oder andere Akzentverschiebung findet. In der letzten Auflage, die die Beschlüsse des II. Vaticanums berücksichtigt, ist der Bischof ‚Vorsteher einer Ortskirche‘ mit drei Aufgabenfeldern, nämlich „im Namen

72 Oberpräsident der Provinz Westfalen Dr. Alfred Meyer an Kirchenminister Kerrl v. 29.6.1941, Bundesarchiv Berlin, RKM, Nr. 22234.

73 Schoppmeyer, Heinrich: Lorenz Jaeger (1892–1973).

74 Vgl. Gruß, Heribert: Erzbischof Lorenz Jaeger als Kirchenführer im Dritten Reich, 113.

75 Stüken, Wolfgang: Hirten unter Hitler, 143.

und in der Vollmacht Christi der ihm anvertrauten Kirche als Lehrer, Priester und Hirte zu dienen".[76] Kirchenrechtlich treten die Bischöfe „an die Stelle der Apostel und werden in der Kirche zu Hirten bestellt. Die bischöfliche Sendung, die sich auf die Verkündigung des Wortes, die Feier der Sakramente und den Leitungsdienst bezieht, ist in einem sakramentalen Bereich verankert".[77] Die bischöfliche Vollmacht „darf nicht mit irgendeiner innerweltlichen Ordnungsmacht verwechselt werden. Sie bedeutet nicht Herrschaft über andere, sondern zielt auf die Ausübung des Hirtendienstes hin, darauf, dass Wort und Sakrament ihre heilsvermittelnde Funktion entfalten können".[78]

Lorenz Jaeger bei der Predigt nach der Bischofsweihe am 19.10.1941

76 LThK 2 (^{3}1994), 487.
77 Ebd., 488.
78 Ebd., 489.

Im Lexikon für Theologie und Kirche aus dem Jahre 1931 ist dies noch etwas prägnanter formuliert und die Verbindung mit dem Papst besonders betont. Jeder Bischof ist „ein Träger der ordentlichen Gewalten der Apostel zur Fortsetzung der Wirksamkeit Christi in und vermittels seiner Kirche, aber stets nur in entsprechender Verbindung mit dem Nachfolger Petri". Er hat in seiner Diözese die priesterliche Gewalt und ist hinsichtlich des Lehramtes „authentischer Zeuge der Lehre Christi, zugleich oberster ... Träger der kirchlichen Lehrgewalt in seinem Bistum. Ihm obliegt die Pflicht zu predigen, für die entsprechende Verkündigung der kirchlichen Lehre zu sorgen ... Er wacht über die Reinerhaltung des Glaubens und kann darum alles tun und anordnen, was hierfür notwendig erscheint".[79]

Der Bischof ist also verantwortlich für den Glauben, der ja verkündet wird, damit diejenigen, die ihn annehmen, den Weg zum Himmel finden, zur ewigen Seligkeit. So ist die cura animarum, die Sorge um das Seelenheil, wichtigste Aufgabe des Bischofs. Dies sind die zentralen Aussagen eines längeren Artikels zum Stichwort „Bischof". Es findet sich nichts, aber auch gar nichts zum Bereich des staatlichen öffentlichen Lebens und zu gesellschaftlichen oder politischen Positionierungen. Insofern hat Erzbischof Jaeger es völlig richtig gemacht, wenn er das Paderborner Bischofsamt nicht übernahm, „um den Unrechtsstaat dieses Adolf Hitler zu bekämpfen".[80] Als Jaeger zum Bischof geweiht wurde, stand das Deutsche Reich schon zwei Jahre lang ununterbrochen im Krieg mit nicht weniger als zehn europäischen Staaten und hatte diese besiegt und besetzt. Am 22. Juni 1941 war die Sowjetunion angegriffen worden.

Politische Situation und Erfahrungen der Zeitgenossen

Im Nachhinein lässt sich leicht sagen, es seien „Überfälle und ungerechte Kriege gewesen", die der Hitler-Staat da geführt hat. Das Verständnis der Zeitgenossen ergab sich demgegenüber aus den zeitgenössischen Erfahrungen. So war man überwiegend überzeugt, dass Deutschland 1914–1918 einen ‚gerechten' Krieg geführt hatte, wenigstens nicht ungerechter als die Kriegsgegner Frankreich, England, Russland, USA, was in der geschichtswissenschaftlichen und geschichtspolitischen Diskussion in unseren Tagen eine gewisse Bestätigung fand mit der Untersuchung des australischen Historikers Christopher Clark, die inzwischen in 10. Auflage vorliegt![81] Mit dem Kriegsende und den Pariser Vorortverträgen endete nicht nur eine Kriegsphase, sondern es begann sogleich eine neue, deren Verlauf heute in der Regel nicht mehr präsent ist: 1920 überfiel Polen die durch den Bürgerkrieg geschwächte Sowjetunion und

79 LThK 2 (^{2}1931), 172f.

80 Stüken, Wolfgang: Hirten unter Hitler, 143.

81 Clark, Christopher M.: Die Schlafwandler.

verschob seine Ostgrenze 250 km nach Osten. Es führte im Übrigen, wie auch heute noch mit gewissem Stolz vorgetragen wird, sechs Grenzkriege, gegen die Ukraine, Deutschland, Tschechoslowakei und Litauen.[82] Im gleichen Jahr 1920 kam es zum griechisch-türkischen Krieg, 1932 eroberte Japan einen Teil der Mongolei, gründete das „Kaiserreich Mandschukuo“, 1935 überfiel Italien Abessinien, 1939 Albanien, im Sommer 1940 überfiel die Sowjetunion Estland, Lettland und Litauen und im November 1939 überfiel die Sowjetunion Finnland, es begann der finnisch-sowjetische Winterkrieg. Vor dem Hintergrund dieser Erfahrungen war es schon einigermaßen schwierig, sich eine Meinung über die Kriegsursachen, -anlässe und -verantwortlichkeiten zu bilden. Dabei hatte neben den politischen Erfahrungen der vergangenen Jahrzehnte auch die Propaganda der in Deutschland seit 1933 gleichgeschalteten Medien eine nicht zu unterschätzende Wirkung.[83]

Eine spezifische Rolle spielte in diesem Zusammenhang der Krieg gegen die Sowjetunion, in zeitgenössischem Verständnis gegen die ‚bolschewistische‘ Sowjetunion, deren erklärtes Ziel die Weltrevolution war und auf dem Weg dahin zuerst Deutschland zu revolutionieren war. Dass es in Deutschland die reale Gefahr einer kommunistischen Revolution gegeben habe, kann man heute leicht bestreiten. Zum einen war es in Russland auch eine ganz kleine Gruppe von Revolutionären gewesen, denen es gelungen ist, das riesige Land unter ihre absolute Herrschaft zu bringen. Die Zeitgenossen in Deutschland hatten in den ersten Jahren der Weimarer Republik eine ganze Reihe von Aufstandsversuchen mit dem Ziel einer kommunistischen Herrschaft in Deutschland erlebt: Spartakus-Aufstand 1919, Ruhr-Aufstand und Rote Armee im Ruhrgebiet 1920, Unruhen und Aufstände in Mitteldeutschland, Räterepublik in München 1919, und einen Termin für die Entfesselung der Revolution hatte man in der Moskauer Zentrale bereits festgelegt.[84] Dazu war es dann doch nicht gekommen, aber die KPD war die zweifellos am straffsten organisierte politische Partei. 5.282.636 Stimmen hatte sie in der Reichstagswahl im Juli 1932 erhalten und im Rotfrontkämpferbund eine schlagkräftige paramilitärische Organisation. Im Herbst 1931 konstatierte ein Polizeibericht zur Aufstandsgefahr durch die KPD: „Personell und technisch sind die Voraussetzungen für den Versuch eines gewaltsamen Umsturzes weit gediehen. Die Möglichkeit, über das Stadium des bewaffneten Aufstandes zum Bürgerkrieg hinüberzugleiten, ist gegeben“.[85] Ob eine kommunistische Machtübernahme eine reale Gefahr war oder nicht, ließ sich weder damals noch lässt es sich heute schlüssig beurteilen. Jedenfalls wurde sie als Gefahr gesehen. Ihre Brisanz erhielt sie durch

82 Vgl. Krzemiński, Adam: Polen im 20. Jahrhundert, 55.
83 Vgl. dazu etwa Kuropka, Joachim: Zur Entwicklung der deutschen Volksstimmung.
84 Vgl. Dederke, Karlheinz: Reich und Republik, 72f.
85 Zit. nach Striefeler, Christian: Kampf um die Macht, 195.

das, was aus der Sowjetunion bekannt wurde und zwar nicht nur über die Christenverfolgung, sondern gewissermaßen über die ‚Menschenverfolgung'. Das Christentum wurde in der Sowjetunion fast gänzlich ausgerottet.

Im Zusammenhang der Auseinandersetzungen wegen der Enteignung der Kirchen gab Lenin im März 1922 die Anweisung, in den geistlichen Zentren jeweils „ein Dutzend Vertreter der lokalen Geistlichkeit, des lokalen Kleinbürgertums und der lokalen Bourgeoisie" zu verhaften und erschießen zu lassen. Die Aktion müsse auf Moskau und die geistlichen Zentren ausgeweitet werden und zwar rasch und entschlossen, bevor das Ausland von den Morden erführe und protestieren könnte.[86] Allein 1922 wurden 2.691 Priester, 1.962 Mönche und 3.447 Nonnen ermordet.[87] 1929/30 kam die nächste Radikalisierungswelle, auf die weitere folgten. Von den 54.692 Kirchen, die im Jahre 1914 genutzt wurden, gab es 1941 nur noch weniger als 1.000. Zu diesem Zeitpunkt waren noch 5.665 Geistliche amtlich registriert, zum überwiegenden Teil in den polnischen, baltischen und ukrainischen Gebieten, die erst 1939 an die Sowjetunion gekommen waren. 1914 waren es in Russland 112.629 Geistliche gewesen.[88]

Doch die Schließung und Zerstörung von Kirchen und die Ermordung der Priester ist aufs Ganze gesehen nur ein Nebenaspekt des bolschewistischen Terrors. Seit 1937 brach auf Stalins Befehl eine Art Vernichtungskrieg gegen die eigene Bevölkerung los. Der Massenterror gegen ‚Saboteure', ‚Schädlinge' und ‚Volksfeinde' wurde durch den Befehl Nr. 00447 ausgelöst, ein Gesetz, in dem für die einzelnen Regionen Quoten von zu verhaftenden und zu ermordenden Personen festgelegt wurden, die von Dreierausschüssen ‚verurteilt' wurden.[89] Zwischen dem 1. Oktober 1936 und dem 1. November 1938 wurden 1.344.923 Menschen ‚verurteilt', davon 681.692 zum Tode, die anderen zu Lagerhaft.[90]

Dazu einige Schlaglichter: In Iwanowo stapelten die NKWD-Männer die Leichen der Hunderten von Erschossenen im Gefängnis und verscharrten sie dann im Gelände. In Orjol wurden die Opfer in den Wäldern der Umgebung erschossen, kurze Zeit später entdeckten Kolchos-Bauern herumliegende Leichenteile. In Butowo, in der Nähe von Moskau, wurden über 20.000 Opfer durch Kopfschüsse von vier NKWD-Männern ermordet. Per LKW antransportierte Opfer wurden vor von Kolchos-Bauern ausgehobenen Gräben aufgestellt und durch Genickschuss getötet. „In Moskau sollen, weil das Mordhandwerk die lokalen NKWD-Männer überforderte, auch Gaswagen zum Einsatz gekommen sein, in denen die Häftlinge auf dem Weg nach Butowo getötet worden seien. Während der Fahrt leiteten die Tschekisten Gas in den Laderaum des Lastwagens,

86 Zit. nach Barberowski, Jörg: Verbrannte Erde, 155.

87 Werth, Nicolas: Ein Staat gegen sein Volk, 143.

88 Angaben nach ebd., 143f.

89 Dokumentation der Aktion in Binner, Rolf/Bonwetsch, Bernd/Junge, Marc: Massenmord und Lagerhaft.

90 Angaben nach Barberowski, Jörg: Verbrannte Erde, 153.

bis die Opfer ... erstickt waren".[91] Terror in solchem Umfang ließ sich nicht geheim halten. Er wurde im Land bekannt und er wurde im Ausland bekannt durch Emigranten, aus dem Land Geflüchtete, Konsulatsmitarbeiter, offiziell Eingeladene u.ä. – Damit kein Missverständnis entsteht: Die Untersuchungen, die hier zitiert werden, sind Forschungsergebnisse ausgewiesener Osteuropa-Historiker, teilweise in Zusammenarbeit mit russischen Historikern.

„Das katholische Russlandbild war von den Nachrichten über Greueltaten an Kirche und Klerus und vom ‚Schreckensregiment des Bolschewismus' geprägt", schreibt Matthias Pape gleich zu Beginn seines Aufsatzes über Erzbischof Jaegers Kampf gegen den antichristlichen Bolschewismus.[92] Er verweist auf den erklärten Atheismus, auf Religionsverfolgung, das Kirchengesetz von 1929 und spricht von einem „Klima von Angst und antibolschewistischer Agitation" in Deutschland, aus dem der Begriff des „Kulturbolschewismus" entstand und all das umfasste, was dem christlich-katholischen Sittengesetz und Selbstverständnis nicht entsprach, dies unter Verweis auf einen Beitrag von Herbert Smolinsky. Über Art und Umfang des Terrors informiert Pape jedoch nicht, während Smolinsky diese ausdrücklich anspricht und den Hintergrund der Ängste in Deutschland als „nicht unrealistisch" bezeichnet.[93] Der Begriff ‚Bolschewismus' hatte also für die Zeitgenossen Jaegers eine umfangreiche Vorstellungsdimension und beinhaltete nicht nur den politischen Gegner der Nationalsozialisten, eine mögliche politische Gefahr für Deutschland, eine große Gefahr für das Christentum, sondern gewissermaßen eine ‚Menschheitsgefahr'.[94]

Als Lorenz Jaeger am 19. Oktober 1941 das Bischofsamt antrat, war der Krieg gegen die Sowjetunion seit vier Monaten im Gange. Die deutsche Heeresgruppe Mitte stand kurz vor Moskau, und es schien so, als ob ein Sieg über die Sowjetunion bevorstehen könnte. Hitler hatte bei der Eröffnung des Winterhilfswerks erklärt, „dieser Gegner ist bereits gebrochen und wird sich nie mehr erheben", und in den Meldungen aus dem Reich hieß es am 13. Oktober, es habe „das Ausmaß der ‚nahezu unwahrscheinlich anmutenden' neuen Erfolge die Erwartungen [der Bevölkerung] übertroffen." Man sah Parallelen zur letzten Phase des Krieges gegen Frankreich 1940, als nach der Einnahme von Paris bald das französische Waffenstillstandsgesuch folgte.[95] Es war also zu erwarten, dass das NS-Regime Deutschland noch lange beherrschen werde

91 Ebd., 338.

92 Pape, Matthias: Erzbischof Lorenz Jaeger von Paderborn im Kampf gegen die antichristlichen Bolschewismus, 147.

93 Smolinsky, Herbert: Das katholische Russlandbild, 335.

94 Vgl. etwa Algermissen, Konrad: Der Bolschewismus; Gurian, Waldemar: Bolschewismus als Weltgefahr.

95 Boberach, Heinz (Hg.): Meldungen aus dem Reich. Die geheimen Lageberichte des Sicherheitsdienstes der SS 1938–1945. Band 8, Meldungen vom 6.10.1941, 13.10.1941 u. 16.10.1941, 2835, 2864 u. 2870.

und insofern ist es nur zu verständlich, wenn Jaeger, um mit Stüken zu sprechen, nicht Erzbischof wurde, „um den Unrechtsstaat dieses Adolf Hitler zu bekämpfen“, sondern in der Tat um „die verbliebenen Freiräume [zu] nutzen, um die Fortexistenz von Kirche und kirchlichem Leben in diesem Staat, in seinem Erzbistum zu sichern.“[96]

„... diese Werte des Christentums im deutschen Volk zu hüten und zu pflegen“

Dieser einfache Zusammenhang erschließt sich jedoch Herrn Stüken nicht, nach seiner Meinung hat Jaeger alles falsch gemacht. Das begann sogar schon vor der Bischofsweihe, als Jaeger am 15. September 1941 den nach dem Reichskonkordat vorgesehenen Treueid vor dem Oberpräsidenten Alfred Meyer in Münster ablegte. Bei dieser Gelegenheit hielt Jaeger eine kleine Ansprache, wie dies üblich war, in der er erklärte, er sei „fest entschlossen, in unwandelbarer Einsatzbereitschaft und Hingabe wie einst als Soldat und Offizier, so auch jetzt im Rahmen des mir übertragenen geistlichen Amtes allen Schaden von Volk und Reich abzuwenden“, er sei „glücklich, dass mein hohes Amt mir noch größere Möglichkeiten bietet, diese Werte des Christentums im deutschen Volk zu hüten und zu pflegen. Ein fester Gottesglaube und christliche Tugend sind die beste Bürgschaft für das Glück und Gedeihen des deutschen Volkes und Reiches im Krieg wie im Frieden“, so habe er den Treueid geschworen „aus ganzem Herzen und ohne Einschränkung“.[97] Von Peter Bürger wird Jaegers Ansprache gar skandalisiert als „freiwillige Auslegung des Staatseides“, es sei eine „an Peinlichkeit nicht mehr zu überbietende ‚Einschleimerei‘, bei der (selektiv) kirchenverfolgenden NS-Staatsobrigkeit“ und dies sei „hochpolitisch und muss richtig eingeordnet werden!“[98] Und so ähnlich Stüken: in seiner Ansprache „fällt Jaeger Bischof von Galen in den Rücken“[99]. Der Bischof von Münster hatte mit seinen Predigten vom Juli und August 1941 gegen die Euthanasieverbrechen und die Verjagung von Ordensangehörigen aus ihren Häusern mit großer Resonanz öffentlich protestiert, worauf das Regime eine Partei-Kampagne gegen ihn in Gang setzte, gegen die er sich wiederum durchaus geschickt wehrte.[100]

Das ist schon eine abseitige Idee, dass der Bischofskandidat bei seiner Vereidigung hätte eine Loyalitätserklärung für Galen abgeben sollen, weil doch seine kurze Ansprache für Propagandazwecke genutzt würde.[101] Stüken und

96 Stüken, Wolfgang: Hirten unter Hitler, 143.

97 Zit. nach Gruß, Heribert: Erzbischof Lorenz Jaeger als Kirchenführer im Dritten Reich, 361.

98 Bürger, Peter: Lorenz Jaeger und die „Stufen der Kollaboration“, 7.

99 Stüken, Wolfgang: Hirten unter Hitler, 143.

100 Entsprechende Dokumente bei Löffler, Peter (Bearb.): Bischof Clemens August Graf von Galen, 913f.

101 Vgl. Stüken, Wolfgang: Hirten unter Hitler, 143.

Bürger sind da absolut ahnungslos über diesen diplomatischen Akt, den der Treueid darstellte. Selbstverständlich konnte der den Eid Leistende nicht Beliebiges von sich geben. Näheres dazu findet sich in dem Beitrag von Bernd Heim in diesem Band.

Zu bedenken ist auch, dass der Treueid und die bei dieser Gelegenheit gehaltene kurze Rede auch für die staatliche Seite nicht ganz unproblematisch waren. Das zeigt gerade der Fall Galen. Auch Clemens August Graf von Galen hat am 19. Oktober 1933, als er den Treueid als zukünftiger Bischof von Münster gegenüber dem preußischen Ministerpräsidenten Göring ablegte, eine solche kurze Rede gehalten, die der Jaegers stark ähnelt, war es doch auch Galen „ein Herzensbedürfnis", sich in seinem Wirkungsbereich „zum Wohle unseres lieben deutschen Vaterlandes einzusetzen".[102]

Am 5. März 1942 hatte Göring den Bischof von Galen unter Hinweis auf seinen Treueid abgemahnt, habe dieser doch geschworen, dass er in der pflichtmäßigen Sorge um das Wohl und das Interesse des deutschen Staatswesens in Ausübung seines Amtes jeden Schaden verhüten wolle. „Im Widerspruch hierzu", schrieb Göring, „sabotieren Sie mitten im Kriege durch Ihre Hetzreden und Hetzschriften die Widerstandskraft des deutschen Volkes".[103] In seiner Antwort vom 16. März 1942 betonte Galen, den Eid treu gehalten zu haben und auf Missstände und Gefahren hingewiesen und auf Abstellung gedrängt zu haben, gerade in Erfüllung seiner Amtspflichten, „getreu meinem Eide, jeden Schaden nach Kräften zu verhüten, der das Wohl und das Interesse des deutschen Staatswesens bedrohen könnte." Und so habe er sich verpflichtet gefühlt, gegen das Vorgehen derjenigen Stellen zu protestieren, „die im Rücken des deutschen Heeres den Kampf gegen die christliche Religion und die katholische Kirche und gegen die Wahrung der unabdingbaren Grundrechte der menschlichen Persönlichkeit fortsetzen und die innere Geschlossenheit durch die Widerstandskraft des deutschen Volkes gefährden."[104] Es erfolgte keine Reaktion Görings. Ähnliche Vorgänge gab es bei den Bischöfen Bornewasser (Trier), Berning (Osnabrück) und Machens (Hildesheim), dies alles ist den Herren Bürger und Stüken unbekannt.

Über Galen verbreitet Stüken im Übrigen schon lange vor Erscheinen seines Buches widerlegte Thesen. Auch hier fällt er Urteile, ohne Belege beibringen zu können. Weder hat Galen im rechten katholischen Lager gestanden, noch war er ein entschiedener Gegner der Weimarer Republik, der von „demokratischem Volkswillen wenig und deshalb von der Notwendigkeit, die Demokratie zu verteidigen, nicht viel hielt", noch hat er die Gefahren der Hitler-Diktatur

102 Galen an Göring vom 16.3.1942, Löffler, Peter (Bearb.): Bischof Clemens August Graf von Galen, 947.

103 Ebd., 919.

104 Ebd., 948.

unterschätzt.[105] Galen hatte sich auch nicht „in Anwesenheit von SA-Formationen ... zum Bischof weihen lassen", wie Stüken wiederum anzüglich schreibt, sondern die SA hatte auf dem Domplatz Spalier gestanden, wogegen man sich damals kaum wehren konnte.

Es ist sehr aufschlussreich zu beobachten, dass damals das einfache Volk sehr viel sensibler war, als der kritische Beobachter Stüken 1999 und der Skandalisierer Bürger 2015, dem zur „richtigen Einordnung" die Kenntnisse und auch der Wille fehlen. Nach dem Bericht der SD-Hauptaußenstelle Bielefeld war man „in einem großen Teil der Bevölkerung, insbesondere bei den Mitgliedern der Partei, stark enttäuscht. Für die Eigenart der Formel wird nicht das geringste Verständnis aufgebracht. Sie wird als nichtssagend bezeichnet und sei ein Hohn, wenn man die im allgemeinen mit den deutschen Bischöfen und insbesondere mit dem Bischof von Münster in letzter Zeit gemachten Erfahrungen in Betracht ziehe. Die jetzige Enttäuschung bezieht sich in erster Linie auf den Satz: ‚Ich schwöre dem Deutschen Reich Treue, wie es einem Bischof geziemt'. Dazu wird geäußert, daß die Treue, die einem Bischof gezieme, in Aufruhr und Hochverrat zum Ausdruck komme, wie es der Bischof von Münster beweise und wie sie aus den Hirtenbriefen der Fuldaer Bischofskonferenz hervorgehe".[106] Es waren also die durch das Bischofsamt gegebenen Grenzen im Verhältnis zum Staat in der Eidesformel aufgezeigt und durchaus verstanden worden.

Vita et pax – Leben und Frieden

Den nächsten Fauxpas begeht Jaeger nach Stükens Darstellung gleich bei seinem Amtsantritt mit seiner Predigt bei der Weihe am 19. Oktober 1941. Stüken kommt es darauf an, Jaeger als den Nationalisten und eben den ‚Fast-Nationalsozialisten' darzustellen, der militaristisch denke und so sieht er eine „vorbehaltlose Unterstützung des Krieges gegen die Sowjetunion, bischöfliche Zustimmung zu einem Vernichtungsfeldzug des nationalsozialistischen Staates".[107] Eine Seite weiter kann man bei Stüken lesen, Jaeger habe in seiner Weihepredigt „mehrfach das Thema Frieden" verlassen.[108]

Da wird man doch aufmerksam, aha, Jaeger hat also über den Frieden gesprochen, was ja angesichts seines Wahlspruches „vita et pax", Leben und Frieden, auch naheliegt. Doch über diesen Inhalt erfährt man bei Stüken

105 Stüken, Wolfgang: Hirten unter Hitler, 143; vgl. dazu Kuropka, Joachim: Clemens August Graf von Galen im politischen Umbruch; Kuropka, Joachim: Politik nach dem Katechismus.

106 Bericht der SD-Hauptaußenstelle Bielefeld v. 7.10.1941, Staatsarchiv Detmold, M 18, Nr. 16, Bd. II.

107 Stüken, Wolfgang: Hirten unter Hitler, 146.

108 Ebd., 148.

nichts, deshalb empfiehlt es sich, die Predigt im Kirchlichen Amtsblatt nachzulesen. Wenn man nun, angeregt durch Stükens Darstellung, eine ‚kriegerische' Predigt erwartet hat, wird man absolut enttäuscht. Es geht um Leben und Frieden! „Da kommt nun der Bischof im Auftrag der Kirche mit der Frohbotschaft: wir bezeugen und verkünden euch das ewige Leben", das „eigentliche Leben", das das übernatürliche Leben sei: „Wie sprengt dieser Glaube an das ewige Leben doch alle Fesseln der Erdgebundenheit ... dieses ewige Leben will ich euch bringen, meine lieben Erzdiözesanen."[109] Jaeger liefert dazu aktuelle Bezüge, konstatiert er doch, dass eine religiöse Welle durch die Welt ginge und „was sich oft als Gotteshass und Religionsfeindschaft gibt, ist häufig nichts anderes als Not und Verzweiflung, die keinen Weg mehr findet heraus aus dem Verlorensein ins Irdische hin zur Geborgenheit in Gott".[110] Gotteshass und Religionsfeindschaft – genau dies erlebten die Christen in Deutschland, ausgeübt durch Menschen, die keinen Weg mehr fänden „heraus aus dem Verlorensein ins Irdische" und eben nicht „die Geborgenheit in Gott".

Jaegers Bischofswappen mit seinem Wahlspruch – Vita et Pax

Dann spricht Jaeger über den Frieden, den es trotz vieler Bemühungen, wie etwa auch durch den Völkerbund, zu bewahren nicht gelungen sei, „weil die Welt nicht mehr die Wahrheit anerkennen wollte ... ‚Christus ist unser Friede'". Sein Auftrag als Erzbischof sei es, die Gläubigen „zu diesem Frieden Christi zu führen" und er erläutert, dass dies nicht leicht sei, dass dies Kampf koste, dass dies „den Hass der gottfeindlichen Welt" auf die Christen zöge. Alles Große müsse durch Kampf errungen werden, „auch das Gottesgeschenk des Friedens", was Kampf gegen sich selbst koste. „Kampf gegen die Welt, die sich von Gott getrennt hat. Jeder Kampf bringt Opfer und Wunden. Aber was macht das? Der wahre Christ trägt das Kreuz Christi, das Siegel seiner Auserwählung mit demselben Stolz wie der Soldat sein Eisernes Kreuz." Und dies sei sein Auftrag, die Gläubigen „hindurchzuführen durch den Kampf und die Not dieser Zeit, hin zum Frieden Gottes, heraus aus der Gebundenheit und dem Verlorensein an das Irdische, hin zur Freiheit der Kinder Gottes. Lasst uns gemeinsam diesen Kampf kämpfen gegen das Gottwidrige in uns, gegen die

109 Kirchliches Amtsblatt für die Erzdiözese Paderborn, Jahrgang LXXXIV v. 30.10.1941, 104.
110 Ebd.

Sünde in jeder Form und Gestalt, dass wir heimfinden in das Leben und in den Frieden Gottes."[111]

Das Gottesreich kommt nicht von allein, man muss sich darum bemühen, als „miles bonus Christi". Militärisches im profanen Sinne taucht in der Predigt nur insofern auf, als Jaeger der im Felde stehenden Soldaten gedenkt und an die im Weltkrieg gefallenen katholischen Theologen erinnert, die vorbildliche Kameraden und ganze Soldaten gewesen seien. So stünden sich soldatische und priesterliche Haltung näher als Außenstehende ahnten, ginge es doch um selbstlosen Dienst, vorbehaltlosen Einsatz, Bewährung aus letzter Verpflichtung heraus, Treue bis in den Tod. Und er fährt fort: „Nicht von ungefähr hat die junge Kirche der Märtyrerzeit für ihre Bekenner und Märtyrer das Wort geprägt vom bonus miles Christi, ‚vom guten Soldaten Jesu Christi'" – der gute Soldat Jesu Christi ist also nicht etwa der im Feld stehende Soldat, sondern der Christ, der in soldatischer Haltung für seinen Glauben eintritt. Zahlreiche Zuschriften habe er aus dem Felde erhalten, in denen die Soldaten ihrer Freude darüber Ausdruck gaben, dass es wieder einen Bischof im Bistum gäbe. Dazu Jaeger: „Mitten in den Strapazen dieses gewaltigen Krieges, umgeben von Tod und Gefahr, lebt ihr das Leben der Heimat mit, um derentwillen ihr all das Schwere ertragt; kämpft und sterbt ihr auch, wie mir das immer wieder aus euren Briefen entgegenklingt für die Bewahrung des Christentums in unserm Vaterland, für die Errettung der Kirche aus der Bedrohung durch den antichristlichen Bolschewismus".[112]

Das ist der Satz, um den allein es Stüken geht. Es interessieren ihn nicht die Ausführungen zum Leben und zum Frieden, es interessiert ihn nicht der Kampf auf dem Weg „hin zur Freiheit der Kinder Gottes", der Kampf „gegen das Gottwidrige in uns, gegen die Sünde in jeder Form und Gestalt". Er sieht eben nur eine „vorbehaltlose Unterstützung des Krieges gegen die Sowjetunion, die bischöfliche Zustimmung zu einem Vernichtungsfeldzug des nationalsozialistischen Staates".[113] Bemerkenswerterweise zitiert Stüken die inkriminierte Stelle nicht wörtlich, deshalb sei sie noch einmal wiederholt: Jaeger sagt, „mitten in den Strapazen dieses gewaltigen Krieges, umgeben von Tod und Gefahr, lebt ihr das Leben der Heimat mit, um derentwillen ihr all das Schwere ertragt; kämpft und sterbt ihr auch, wie mir das immer wieder aus euren Briefen entgegenklingt, für die Bewahrung des Christentums in unserem Vaterland, für die Errettung der Kirche aus der Bedrohung durch den antichristlichen Bolschewismus."

Die Soldaten leben also das Leben der Heimat mit, sie ertragen um der Heimat willen das Schwere und kämpfen und sterben, *„wie mir das immer*

111 Ebd., 105.
112 Ebd., 103.
113 Stüken, Wolfgang: Hirten unter Hitler, 146.

wieder aus euren Briefen entgegenklingt, für die Bewahrung des Christentums in unserem Vaterland, für die Errettung der Kirche aus der Bedrohung durch den antichristlichen Bolschewismus.“[114]

Jaeger dürfte vor dem Hintergrund der oben wiedergegebenen allgemeinen Nachrichten über die Christen- und Menschenverfolgung in der Sowjetunion wohl auch selbst der Ansicht gewesen sein, dass auch für die Errettung der Kirche aus der Bedrohung durch den antichristlichen Bolschewismus gekämpft wurde, er zitiert hier aber aus Briefen, die er von den Frontsoldaten erhalten hatte. Dies enthält Stüken dem Leser vor. Es würde Stükens Behauptung widerlegen, Jaeger habe „die vorbehaltlose Unterstützung des Krieges gegen die Sowjetunion, [und die] bischöfliche Zustimmung zu einem Vernichtungsfeldzug des nationalsozialistischen Staates“ erklärt – ganz abgesehen davon, dass die Zeitgenossen nicht beurteilen konnten, inwiefern es sich um einen Vernichtungsfeldzug handelte. Das macht sich eigentlich nicht so gut für einen Autor, der umfangreich beklagt, dass diese Stelle in früheren Veröffentlichungen ausgelassen worden sei – was natürlich absolut unserlös gewesen ist.

Es zeigt sich in Jaegers Predigt die enge Verbindung zu seinen Jugendlichen aus dem Bund Neudeutschland, wenn der neue Erzbischof schon vor seinem Amtsantritt Briefe von Frontsoldaten bekam. Doch war es nicht ungewöhnlich, dass Soldaten von der Front an ihre Pfarrer und Bischöfe schrieben. So erhielt etwa Bischof von Galen von dem an der Ostfront stehenden Obergefreiten Hubert Teschlade einen Brief vom 5. August 1941 folgenden Inhalts:

> „Heute [3. August] um 9.00 Uhr war Wehrmachtsgottesdienst (kath.) angesetzt. Gestern noch war auf der Turmspitze Sowjetstern und Hammer und Sichel zu sehen. Und die Kirche war ein Kollektivhaus gewesen, verschmutzt und verdreckt. Ein fürchterlich entweihtes Gotteshaus. Ein paar Kameraden holten mit dem Heerespfarrer die Sowjettrophäe vom Turm und richteten in der Kirche ein schlichtes Birkenkreuz auf. Kaum hatten ein paar Russen dieses wahrgenommen, als es wie ein Lauffeuer durch die Stadt ging, und bald darauf kam eine Unmenge Frauen mit Eimer und Besen bewaffnet. In kurzer Zeit war aller Schmutz verschwunden. ... Dann brachten sie in einer nicht aufhören wollenden Prozession alle noch irgendwie versteckt gewesenen Bilder und zeigten dem Pfarrer stolz eine alte Höhle, die sie als Kapelle eingerichtet hatten ... Mütter brachten ihre Kinder, damit sie der Pfarrer taufe ... doch am eindrucksvollsten war wohl die Feier des hl. Opfers ... mit dem Lied ‚Wir treten zum Beten‘ begann die Feierstunde. Wie ein Orkan füllte das Lied die Kirche, drang durch die zerstörten Fenster und offene Türen ins Freie. Und trotzdem die Menge es nicht verstand, ging ein Schluchzen

114 Kirchliches Amtsblatt für die Erzdiözese Paderborn, Jahrgang LXXXIV v. 30.10.1941, 103.

durch die Reihen der Frauen, und die alten bärtigen Männer bissen sich auf die Zähne und mussten sich immer wieder das Sacktuch nehmen und sich verstohlen die Tränen wischen. Sie fühlen das tiefe Geschehen und haben restloses Vertrauen zu uns."
4. August: „Gerade erfahre ich, dass man in der Heimat immer mehr Klöster schließt und Ordensgemeinschaften auflöst. Eine Feigheit und ein Verrat an allen Katholiken und christlichen Männern, die hier draußen stehen. Hier im Osten pflanzen wir das Zeichen des Kreuzes wieder auf und in der Heimat zersetzt man die Religion immer mehr ... Gottseidank kennen alle christlichen Gemeinschaften ihren gemeinsamen Feind, was hoffentlich auch zur Einigung beitragen wird. Ob dieser Feind nun Gottlosenbewegung oder Rassenglauben heißt. Einer gröber, der andere feiner. Entweihte Kirchen wird das Ergebnis beider sein. Die eine Gefahr für die ganze Welt wird bald überwunden sein. In dem betroffenen Lande wird der Christusglaube stärker denn je hervorbrechen. Die andere Gefahr für unser Volk besteht noch und es ist abzuwarten, wie es diese Krise nach dem Krieg überwindet. Beides sind Krankheiten eines zu aufgeklärt sein wollenden Jahrhunderts. ... Ich glaube, dass dieser Brief Euch vieles sagt. Es sind Tatsachenberichte aus dem großen Feldzug im Osten".[115]

Solche Berichte waren nicht selten. Carl Klinkhammer, bekannt geworden als der „Ruhr-Kaplan", seit 1933 mehrfach verhaftet und im Gefängnis, war Sanitätssoldat bei der 24. Infanteriedivision in Russland. Am 19.11.1941 schrieb er an seinen Studienfreund Josef Steinberg:

„Die Einwohner waren aus den Kellern hervorgekrochen und gewannen einiges Zutrauen zum deutschen Militär. Da glaubte ich die Zeit für gekommen. In der Nacht wurde die ehemalige russisch-orthodoxe Kirche, die seit 1919 als Schule, Theater, Vergnügungslokal, Kino und Munitionsmagazin gedient hatte, gesäubert. In der folgenden Nacht wurde sie hergerichtet als sakraler Raum mit Altar usw. ... Darauf brachten die Leute alte Paramente, Ikonen, die über 20 Jahre im Versteck gelegen, wurden hervorgeholt und gemäß russischer Sitte in der Kirche aufgestellt. Und als der Sonntagmorgen gekommen war ... da war gegen 10 Uhr das Gotteshaus nicht nur überfüllt, sondern mehrere 100 Gläubige saßen oder standen betend, singend oder plaudernd vor der Kirche. Wir hatten Mühe, uns durch die erdrückende Menge bis zum Altar vorzuarbeiten. Später erfuhren wir, dass Menschen aus 20

115 Zit. nach Zumholz, Maria Anna: „Der Krieg ist nicht das Allheilmittel für die Gebrechen der kranken Menschheit", 175–76.

> bis 30 km Entfernung gekommen waren, um dem Herrn zu danken für den Sieg über den Kommunismus. Der Gottesdienst selbst war für uns alle ein unvergessliches Erlebnis. Ich zelebrierte mit 2 Confratres das levitierte Hochamt. ... Es war eine Una sancta seltener Prägung. In die Stille der hl. Wandlung hinein hörte man Männer und Frauen weinend laut aufjubeln: ‚Chrestos! Chrestos!'. So erlebten wir die Auferstehung Christi im Lande der Gottlosen, das auch trotz der 24-jährigen bolschewistischen Zwangsherrschaft nicht zu einem tatsächlichen Land der Gottlosigkeit gemacht werden konnte. ... Wenn wir auch glaubten, mit dem sakramentalen Segen den Gottesdienst beschließen zu können, so wurden wir durch die stürmisch nach der Taufe verlangende Menge eines Besseren belehrt. Bärtige Männer und stillende Frauen brachten ihre Kinder bis zu 10 Jahren zur Taufe. ... Und so tauften wir bis weit in den Nachmittag hinein weit über 300 Kinder. Tagelang noch herrschte ein großer Jubel im Städtchen. – Solche Festtage habe ich nachher noch zweimal in Russland erleben dürfen, ... Hier erleben wir Tag für Tag den maßlosen Jammer, dem ein Volk verfällt, wenn es sich naturalistischen Religionssurrogaten verschreiben lässt. Möge der Herr uns die Kraft und noch vorher die Einsicht geben, alles daran zu setzen, auf das wir unser geliebtes Vaterland vor dem bolschewistischen Elend bewahren können."[116]

Der Brief wurde genau vier Wochen nach der Bischofsweihe Jaegers geschrieben. So merkwürdig es heute klingen mag, von den damals Miterlebenden wurde der Krieg als eine Art ‚Befreiungskrieg' empfunden. Wie den Lageberichten der Einsatzgruppen der Sicherheitspolizei und des SD zu entnehmen ist, war die Wiedereröffnung von Kirchen mit gemeinsamen Gottesdiensten von Bevölkerung und deutschen Soldaten eine verbreitete Erscheinung, die die SD-Leitungen abzustellen suchten.[117]

Aus den Feldpostbriefen junger Christen ergibt sich nach der Analyse von Heinrich Walle, dass von ihnen der Krieg als „schicksalhafte, von Gott zugelassene Prüfung" verstanden wurde und der Dienst als Soldat als ein Dienst „zur Verhinderung von Schaden am eigenen Volk" und damit im Widerspruch zur NS-Propaganda stand, die den Krieg als Mittel zur Eroberung sah. So wird der Einsatz von den christlichen Soldaten ausschließlich „als Einsatz für Volk und Vaterland" gesehen, „nie als Einsatz für den Nationalsozialismus oder nationalsozialistische Zielsetzungen". Die moralischen Kräfte, um Gefährdung oder gar Verlust des eigenen Lebens zu bewältigen, kamen aus dem christli-

116 Zit. nach Schleicher, Karl Theodor/Walle, Heinrich (Hg.): Aus Feldpostbriefen junger Christen, 212–214.

117 Vgl. Klein, Peter (Hg.): Die Einsatzgruppen in der besetzten Sowjetunion, 149, 164, 272.

chen Glauben. „Auch das war eine Kampfansage an den Nationalsozialismus, nach dessen Lehre der deutsche Soldat aufgrund seiner Zugehörigkeit zur germanischen Herrenrasse und im Glauben an den ‚Führer' ein fanatischer und unüberwindbarer Kämpfer sein sollte".[118]

Begeisterte Jugend

Noch am Tage der Bischofsweihe gab es in Paderborn eine weitere Veranstaltung mit dem neuen Erzbischof, nämlich eine Jugendkundgebung in der überfüllten Marktkirche, die die herbeigeströmten Teilnehmer gar nicht fassen konnte. Bei Stüken wird dazu lediglich der NSDAP-Kreisleiter von Paderborn zitiert, der in seinem Bericht die Jugendkundgebung in der Marktkirche für wichtiger hielt als die Weihe im Dom.[119] Doch der Ablauf der Veranstaltung und der Inhalt von Jaegers Ansprache interessieren Stüken wiederum nicht. Es interessiert ihn auch hier lediglich nur ein Satz, in dem Jaeger die Voraussetzungen von Zucht und Disziplin für den Kampf des „guten Soldaten Jesu Christi" am Beispiel der Soldatenausbildung aufzeigt: „Das geschieht doch nicht ohne Grund, dass draußen auf dem Kasernenhof wochenlang gebimst wird, wochenlang der Kerl in Zucht genommen wird, bis er blindlings gehorcht. Nur in Zucht und Disziplin wird Mut und Kraft gewonnen!"[120] Stüken zitiert Paul Tigges, der teilgenommen hatte und in seinen Erinnerungen vermerkte: „Ich weiß nicht, ob die Jungen und Mädchen viel damit anfangen konnten, was Jaeger ihnen über die Begeisterung der Stunde hinaus mit auf den Weg gab. Vom Krieg ist zwar viel die Rede, aber nicht von dem Krieg, den die Nationalsozialisten gegen den christlichen Glauben führen und den die jungen Leute in ihren Gemeinden täglich erfahren".[121] Tigges fährt fort, was Stüken nicht zitiert: „Andererseits muss man gerechterweise sagen, dass eine Bischofseinführung 1941 nicht gerade geeignet war, um klare Worte gegen den Nationalsozialismus zu sagen. Galen war immerhin seit 1933 im Amt und in seiner Position gefestigt. Jaeger hatte gerade erst die Bestätigung zu seiner Bischofswahl durch Hitler bekommen. So blieb es nicht aus, dass er zunächst der Reichsregierung gegenüber loyal bleiben wollte und dass ihm die Begeisterung und Erwartung der Jugend, die ihm entgegenbrandeten, nicht nur angenehm waren".[122]

Vielleicht hat Stüken den von ihm benannten, aber nicht zitierten oder ausgewerteten Bericht über die Jugendkundgebung nicht hinreichend wahrgenommen, sonst wäre ihm sicher der ‚soldatische' Beginn der von den Ju-

118 Walle, Heinrich: Zur Einführung, 51–54.
119 Vgl. Stüken, Wolfgang: Hirten unter Hitler, 149.
120 Zit. nach Gruß, Heribert: Erzbischof Lorenz Jaeger als Kirchenführer im Dritten Reich, 374.
121 Stüken, Wolfgang: Hirten unter Hitler, 149; Tigges, Paul: Jugendjahre unter Hitler, 174.
122 Tigges, Paul: Jugendjahre unter Hitler, 174f.

Jugendliche bei der Bischofsweihe vor dem Dom

gendlichen organisierten Kundgebung aufgefallen, dass nach den gewaltigen Heil-Rufen beim Einzug des Erzbischofs in die Marktkirche von einem Jungen, einem Mädchen und einem Soldaten die Anreden an den Bischof „Vater und Führer“, „unser Hauptmann, eingesetzt von unserem obersten Feldherrn Jesus Christus“[123], lauteten. Man bediente sich also von Seiten der Jugendlichen selbst einer gewissen militärischen Diktion. Das war auch nicht zu verwundern, denn auch die katholischen Jugendorganisationen in den 1920/30er Jahren marschierten im Gleichschritt, es wurde ‚angetreten‘, man führte Banner und Wimpel. Es gab also eine gewisse „Hochschätzung soldatischer Tugenden, wie Opferbereitschaft, Kameradschaft und Treue ... wie auch soldatische Formen Ausdruck dieser Tugenden eine Selbstverständlichkeit waren“.[124] Ähnliches gilt für die Metapher vom ‚miles bonus Christi‘, vom guten Soldaten Jesu Christi, ein Bild, das sich einfügt in die Verehrung des Erzengels Michael als Patron der Deutschen und des hl. Georg, die als Idealbilder unter den katholischen Jugendlichen weit verbreitet waren. „Unbestreitbar sollte mit dem ‚miles Jesu Christi‘ auch ein bewusster Gegensatz zum ‚Soldaten

123 SD-Hauptaußenstelle Bielefeld: Bericht über Konsekration und Inthronisation des Erzbischofs von Paderborn Laurentius Jaeger v. 7.10.1941, Staatsarchiv Detmold, M 18, Nr. 16, Bd. II.
124 Vgl. Walle, Heinrich: Zur Einführung, 47; ähnlich Pahlke, Georg: Trotz Verbot nicht tot, 275.

Adolf Hitlers' ausgedrückt werden", wie Heinrich Walle u. a. auch den Feldpostbriefen entnimmt.[125]

Es ist also nicht ein Spezifikum von Lorenz Jaeger, wenn er Soldatisches und entsprechende Metaphern verwendet, sondern er greift Bilder und Formulierungen auf, die in der katholischen Jugend weit verbreitet waren und auch deren Bewusstsein spiegelten, wenn sie ihm wohl selbst auch nahe gelegen haben dürften. Dass er damit den Nerv der Jugend traf, zeigen die Reaktionen der Jugendlichen bei der Jugendkundgebung in der Marktkirche, die Stüken verschweigt. Mehrfach wurde seine Ansprache durch Beifall und „stürmische Heil-Rufe" unterbrochen[126], „es herrschte eine unwahrscheinliche Begeisterung. Selbst während der Predigt in der Kirche wurde geklatscht und Hurra geschrien"[127], „aber wir haben geklatscht und gejubelt, was bis dahin in der Kirche nicht üblich war"[128].

„Zur weiteren Charakterisierung der stimmungsmäßigen Auswirkung [der Bischofsweihe] und zum Beweise, dass die konfessionellen Jugendbünde immer noch bestehen", stellte der SD Auszüge aus von der Zensur erfassten Briefen zusammen. So schrieb ein Schüler am 15. Oktober 1941 an einen in Rom weilenden Geistlichen:

„Lieber Herr Doktor! Wir haben Sonntag hier in Paderborn etwas ganz Großes erlebt. Unser hochwürdigster Herr Erzbischof hat seinen Weihetag erlebt, der wohl nicht schöner hätte sein können. Es war weit voller als auf Libori" – und das will in Paderborn schon etwas heißen! – Und er fuhr fort: „Sie können sich ja wohl denken, was das ein Jubel war, als der Erzbischof einzog. Das Heil-Rufen endete erst, als er schon lange am Altare war. Selbst während der Predigt jubelte man ihm zu."[129]

Irmgard Ahrens aus Gütersloh schrieb am 20.10.1941 an Dr. Völker in Paderborn: „Der gestrige Tag war unvergesslich schön und ein ganz großes und herrliches Erlebnis für uns alle. Die Begeisterung gibt uns neuen Mut und neue Kraft für unsere Arbeit und die ganz gewiß nicht leichten Aufgaben der kommenden Zeit."[130] Der Soldat Linnenberg schrieb aus Russland an Vikar August Heineke am 10.11.1941: „Natürlich sind die Wellen der Begeisterung auch bis hierhin geschlagen. Obwohl wir im Zug keinen Pad[erborner] Katholiken haben (einen Ausgetretenen), nehmen doch einige Kameraden wirklich Anteil an diesem Ereignis. ... Als dann die Fotos kamen, habe ich richtig auf-

125 Walle, Heinrich: Zur Einführung, 49.

126 Gruß, Heribert: Erzbischof Lorenz Jaeger als Kirchenführer im Dritten Reich, 374; vgl. auch Tigges, Paul: Jugendjahre unter Hitler, 174.

127 So Gerd Stumpf in: Tigges, Paul: Jugendjahre unter Hitler, 177.

128 So Beckmann, Günter in: Tigges, Paul: Jugendjahre unter Hitler, 179.

129 Hubert Krusenstette an Dr. Honselmann v. 22.10.1941 (Abschrift von Abschrift), Staatsarchiv Detmold M 18, Nr. 16, Bd. II.

130 Ebd.

Jaeger auf der Freitreppe des Bischofshauses

trumpfen können. Mit so einem Bischof kann man auch vor Andersgläubigen noch ‚angeben'. Der Fahrer, dessen Beifahrer ich bin [früher protestantisch, jetzt gottgläubig] war von dem neuen Bischof sehr beeindruckt und nimmt heute der kath. Kirche gegenüber eine ganz andere Stellung ein wie früher."[131]

Zusammenfassend berichtete der Sicherheitsdienst: „Ganz besonders wird die Freude des Kirchenvolkes über den neuen Oberhirten immer wieder zum Ausdruck gebracht und darauf hingewiesen, dass er einen glänzenden Eindruck hinterlassen habe. Der kath. Bevölkerung kommt es darauf an, auf die bescheidenen Verhältnisse im Elternhaus aufmerksam zu machen und die Verdienste hervorzuheben, die sich Dr. Jaeger als Weltkriegsoffizier erworben habe, wofür er mehrfach dekoriert worden sei. Zuletzt sei er Divisionspfarrer im Osten gewesen ... In seiner ersten Predigt habe er begeistert von seinen Sol-

131 Ebd.

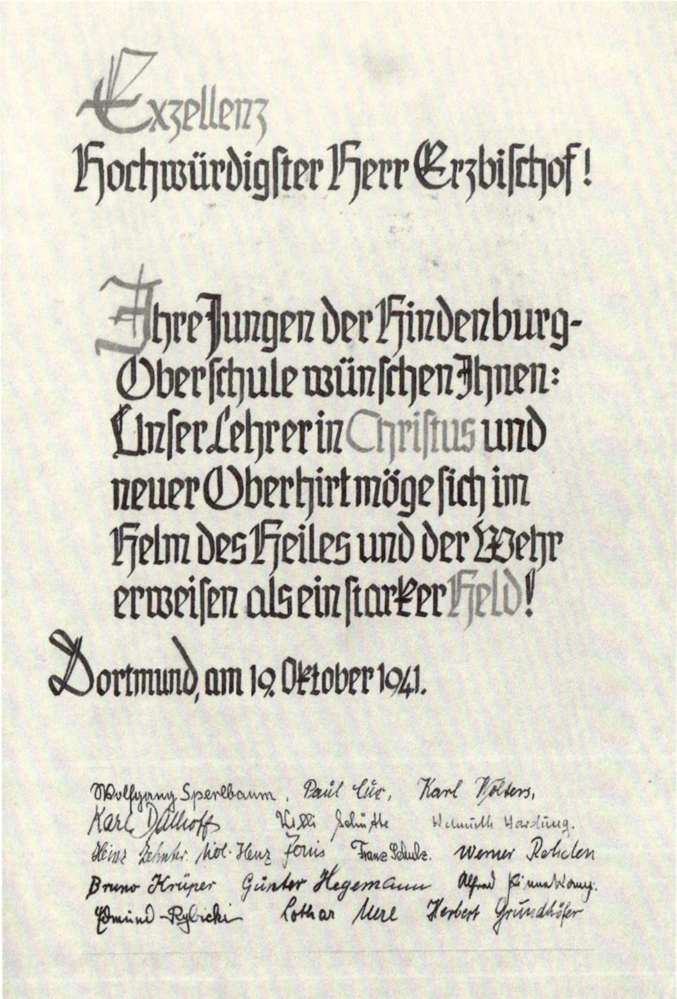

Exzellenz
Hochwürdigster Herr Erzbischof!

Ihre Jungen der Hindenburg-Oberschule wünschen Ihnen: Unser Lehrer in Christus und neuer Oberhirt möge sich im Helm des Heiles und der Wehr erweisen als ein starker Held!

Dortmund, am 19. Oktober 1941.

Glückwunsch der Jungen der Hindenburg-Oberschule in Dortmund zur Bischofsweihe

daten gesprochen, wie er auch ein straffer Soldat und als solcher der katholischen Jugend der Erzdiözese das beste Vorbild sei."[132] Die Wirkungen eines gewissen soldatischen Habitus waren damals eben ganz andere, als Stüken sie in unseren Tagen nahelegen will.

Jaeger hatte also durchaus den Nerv der katholischen Jugend getroffen mit seinen Sprachbildern wie mit dem Inhalt seiner Ansprache. Der ungenannte,

132 SD-Hauptaußenstelle Bielefeld: Nachklänge zur Bischofsweihe in Paderborn v. 2.12.1941, ebd.

aber von allen verstandene Bezug waren die konkreten Erfahrungen der Jugendlichen, deren Verbände verboten und die bei geheimer Weiterarbeit der Verfolgung ausgesetzt waren. Dazu Jaeger: „Wir trauern nicht um Vergangenes ... wir müssen nur vorwärts schauen, und jede Zeit, die Gott, der Herr, uns schickt, ist Gotteszeit. Wenn er uns in diese Zeit gestellt hat, die so Schweres von uns fordert, dann deswegen, weil seine Gnade übermächtig in uns wirken soll".[133] „Nur in Zucht und Disziplin wird Mut und Kraft gewonnen", nur dadurch könne der Kampf bestanden werden und durch „den engen und rechten Anschluss an das Gnadenleben Gottes ... damit Ihr Zeugnis geben könnt durch Eure christliche Haltung, durch Euren Bekennermut, durch Eure vorbehaltlose, einsatzbereite Liebe, die ihr jedem Menschen entgegenbringt!"[134]

Sein Bericht über das Gespräch mit Nuntius Orsenigo, dem er sagte, er wolle nicht Bischof werden, war ebenfalls anrührend für die Jugendlichen. Er wollte nicht Bischof werden, weil er die Arbeit mit der Jugend als Lebensaufgabe und Lebensinhalt sähe und diese nicht aufgeben wollte. Die Antwort des Nuntius war, gerade darum müsse er Erzbischof von Paderborn werden, damit seine Liebe, Sorge und Arbeit nicht nur einzelnen Gruppen, sondern eben der gesamten Jugend der Diözese Paderborn zugutekäme. Es war ein zentrales Kampffeld zwischen Kirche und NS-Regime, der Kampf um die Jugend, für die eben gelten sollte die „vorbehaltlose, einsatzbereite Liebe, die ihr jedem Menschen entgegenbringt!"[135] – Das absolute Gegenprogramm zum nationalsozialistischen Chauvinismus und Rassismus.

Für die Gestapo und andere Vertreter des Regimes muss das Zusammenströmen der Jugendlichen aus dem ganzen Bistum und die Begeisterung für den neuen Erzbischof ein Schlüsselerlebnis gewesen sein. Es war nicht zu erwarten gewesen, dass nach dem Verbot der katholischen Jugendverbände und entsprechenden Zwangsmaßnahmen offenbar doch noch unerkannte Strukturen von Verbindungen, Kontakten und Zusammenwirken vorhanden waren. Dem ging nun die Gestapo nach. Man identifizierte eine nicht geringe Anzahl von Jugendlichen, die an der Bischofsweihe teilgenommen hatten. Bis zu 50 Jugendliche, die genaue Zahl ist nicht bekannt, wurden inhaftiert und es gab Hausdurchsuchungen nach ‚Material' aus der katholischen Jugendarbeit, also Schriften, Liederbücher u.ä. wurden gefunden. So lächerlich das heute klingt, es war ‚staatsfeindlich'. Die Jugendlichen wurden vor Weihnachten wieder entlassen, aber von ihren Schulen verwiesen und eben von anderen Schulen nicht aufgenommen, weil sich die Gymnasialdirektoren nicht trauten. Der damalige Diözesanjugendseelsorger Augustin Reineke berichtet ausführlich darüber.[136]

133 Zit. nach Gruß, Heribert: Erzbischof Lorenz Jaeger als Kirchenführer im Dritten Reich, 373.
134 Zit. nach ebd., 374.
135 Ebd.
136 Reineke, Augustinus: Jugend zwischen Kreuz und Hakenkreuz, 143f.

Dem Vorwurf, der Bischof habe nichts unternommen, widerspricht Reineke, der übrigens selbst ein langes Verhör und eine Hausdurchsuchung in seiner Privatwohnung zu überstehen hatte, denn er wurde von Jaeger in dieser Angelegenheit als Kurier nach Breslau zu Kardinal Bertram, dem Vorsitzenden der Bischofskonferenz, nach Berlin zum Nuntius Orsenigo und zu Bischof Wienken, dem Leiter des Kommissariats der Deutschen Bischofskonferenz, geschickt. Aber Stüken moniert, „er kümmerte sich nicht sichtbar um die verhafteten Jungen".[137] Es ist halt schwierig, mit den Lebensverhältnissen umzugehen, die unter einem totalitären Regime herrschen, das bedenkenlos zur Gewalt greifen kann und auch tatsächlich griff. Jede ‚sichtbare' öffentliche Stellungnahme jedenfalls hätte die Situation der Jugendlichen nur noch verschlechtert.

Ein Satz aus 24 Hirtenbriefen – und der gefälscht

Neben den Pontifikalhandlungen sind Hirtenbriefe der Bischöfe wesentliche Kommunikationsmittel mit den Gläubigen, sie sind ein zentrales Instrument in der Ausübung des Hirtenamtes. Jaeger hat in seiner Amtszeit von 1941 bis Kriegsende insgesamt 24 Hirtenbriefe an seine Diözesanen gerichtet. Von diesen 24 Hirtenbriefen interessiert Stüken nur ein einziger, genau genommen, es interessiert ihn nur ein Satz aus diesem Hirtenbrief, ein Satz, dem er nicht weniger als drei von den 173 Seiten seines Buches widmet. In seinem Fastenhirtenbrief 1942 will Jaeger Antworten suchen auf zwei Grundfragen, was nämlich der Sinn sei dieses gegenwärtigen „gewaltigen weltumspannenden und welterschütternden Zeitgeschehens, in das wir alle, ob wir wollen oder nicht, auf Gedeih und Verderb hineingestellt sind" und er will der Frage nach dem „Sinn all der Opfer und Leiden, die wir Christen in unserem persönlichen Leben und im Schicksal der Kirche heute zu tragen haben" nachgehen.[138]

Jedes Zeitgeschehen ist, so Jaeger, in Bezug auf die Erlösung der Welt durch Christus zu sehen, für die Christen der Mittelpunkt der Weltgeschichte. Deren Verlauf ist bestimmt durch die Entscheidung der Menschen für Christus oder gegen ihn, entscheiden sie sich für Christus, „dann wird auch das äußere menschliche Wirken Gottes Frieden und Liebe überstrahlen". Entscheiden sie sich gegen ihn, „dann wird der innere Unfriede mit Gott auch nach außen als Unfriede und Verderben unter den Menschen sichtbar und fühlbar werden". Wird Christus gewählt, folgen „Freude und Friede, Liebe und Leben", entscheiden sich die Menschen gegen Christus, folgen „Trostlosigkeit und Unfriede, Hass und Tod". An dieser Stelle schließt Jaeger an:

137 Stüken, Wolfgang: Hirten unter Hitler, 150.

138 Kirchliches Amtsblatt für die Erzdiözese Paderborn v. 11.2.1942, 16.

> „Meine lieben Erzdiözesanen! Schaut hin auf Russland! Ist jenes arme unglückliche Land nicht der Tummelplatz von Menschen, die durch ihre Gottfeindlichkeit und durch ihren Christushass fast zu Tieren entartet sind? Erleben unsere Soldaten dort nicht ein Elend und ein Unglück sondergleichen? Und warum? Weil man die Ordnung des menschlichen Lebens dort nicht auf Christus, sondern auf Judas aufgebaut hat.“[139]

Diese Zeilen über Russland gab der amerikanische Politikwissenschaftler Guenther Lewy so wieder:

> „Erzbischof Jaeger bekundete sogar seine Sympathie für die Verleumdungskampagne der Nationalsozialisten gegen die slawischen ‚Untermenschen‘ und bezeichnete Russland als ein Land, dessen Menschen ‚durch ihre Gottfeindlichkeit und durch ihren Christushass fast zu Tieren entartet sind‘.“[140]

Lewy hat also Jaegers Formulierung in zweierlei Hinsicht gefälscht: zum einen ‚erweitert‘ er das Zitat durch „die slawischen ‚Untermenschen‘“; dieser Begriff kommt bei Jaeger überhaupt nicht vor. Die zweite Fälschung besteht darin, dass er Russland als ein Land bezeichnet, „dessen Menschen“ – also die Russen – durch ihre Gottfeindlichkeit zu Tieren entartet sind, obwohl Jaeger Russland als „Tummelplatz von Menschen, die durch ihre Gottfeindlichkeit und durch ihren Christushass fast zu Tieren entartet sind“, bezeichnet, also eindeutig die Herrscherclique der Sowjetunion. Deren Gottfeindlichkeit war allzu offensichtlich in der Ausrottung des Christentums sichtbar geworden, wie oben gezeigt.

Die Fälschung ist Stüken längst bekannt und die Auseinandersetzungen darum sowie die von Jaeger gerichtlich durchgesetzte Korrektur. Aber er schreibt doch tatsächlich, ob denn die Wertung Lewys wirklich unzulässig sei! So bewege sich Jaeger „in verdächtiger Nähe zum Sprachschatz der Nationalsozialisten, die zur Brandmarkung von ‚nichtarischen‘ und ‚minderwertigen‘ gern zu der Vokabel ‚entartet‘ greifen.“[141] Stüken entschuldigt also die Fälschung Lewys, weil das Wort ‚entartet‘ doch aus dem Sprachschatz der Nationalsozialisten stamme, was nicht einmal zutrifft.

Mangelnde sprachliche Bildung

Will man sich über den ‚Sprachschatz der Nationalsozialisten‘ informieren, greift man zu Victor Klemperers „LTI“ (lingua tertii imperii), Notizbuch eines

139 Ebd., 17.
140 Lewy, Guenter: Die katholische Kirche und das Dritte Reich, 255.
141 Stüken, Wolfgang: Hirten unter Hitler, 156.

Philologen.[142] In Klemperers Zusammenstellung ist das Wort ‚entartet' nicht enthalten.

Es findet sich aber im ganz normalen zeitgenössischen Sprachgebrauch:

- Die dezidiert antinationalsozialistische, protestantisch-fromme Dichterin Ricarda Huch bezeichnete den Mord an Kurt Eisner im Februar 1919 in Bayern als ein „deutliches Zeichen der Entartung unserer Zivilisation".[143]
- In seinem Essay „Der historische Roman und wir", erschienen 1936 in der Moskauer Exilzeitschrift „Das Wort", schrieb Alfred Döblin: „Ich bin übrigens der Meinung, dass der Künstler im allgemeinen keine Entartung, sondern die Normalität darstellt gegenüber einer sonstigen reichlich verkümmerten Menschheit".[144]
- Eine Seite weiter heißt es bei Döblin: „Die Entlarvung und Anprangerung dieser ungeheuerlichen Entartung, das ist das Eine, was dem, der heute schreiben will, mit auf den Weg zu geben ist."[145] Döblin war damals bekennender Kommunist stalinistischer Prägung.
- Elisabeth Hömberg, die englische Gattin des späteren Landeshistorikers Albert Hömberg, schrieb am 20. April 1945 in Wolbeck bei Münster in ihr Tagebuch, Bischof von Galen habe mit warnender Klarheit gepredigt „dass unsere kriecherische und feige Furcht nur zur inneren Entartung und Untergrabung unseres nationalen Charakters" führe.[146]
- Helmut Schmidt äußerte 1992: „Das ertragen Gesellschaften nicht, dann entartet die Gesellschaft".[147]
- Im Übrigen gebrauchte Jaeger den Begriff ‚Entartung' auch in seinem amtlichen Schriftverkehr. So schrieb er am 6. Juli 1944 an Bischof von Galen: „Bei der letzten Zusammenkunft des Westdeutschen Konveniats bin ich beauftragt worden, für Fulda ein Hirtenwort vorzubereiten zur Kriegsführung, das vor allem die Gottlosigkeit als die Wurzel aller sittlichen Entartung auf diesem Gebiete herausstellt und zur Buße und Sühne im christlichen Starkmut anleiten sollte".[148]

Popularisiert hat den Begriff ‚Entartung' Max Nordau (1849–1923), der Hausarzt des Zionistenführers Theodor Herzl mit seiner 1895 in London erschienenen Schrift „Degeneration";[149] in der deutschen Übersetzung lautete der Titel

142 Klemperer, Victor: LTI.

143 Zit. nach: Vor dem Spiegel, Frankfurter Allgemeine v. 26.10.2017.

144 Zit. nach Döblin, Alfred: Ausgewählte Werke in Einzelbänden, 179.

145 Ebd., 186.

146 Hömberg, Elisabeth: Dein Volk ist mein Volk, 210.

147 Frankfurter Rundschau v. 12.9.1992.

148 Löffler, Peter (Bearb.): Bischof Clemens August Graf von Galen, 1059.

149 Nordau, Max: Degeneration.

„Entartung“. Wenn sich nun, wie bei Stüken zitiert, die bekannten Kirchenkritiker Missalla und natürlich der ‚Spiegel‘ darüber ereiferten und Stüken sich dem anschließt, dann zeigt das lediglich mangelnde Sprachbildung – das gilt natürlich auch für diejenigen, die im erzbischöflichen Seelsorgeamt bei der Herausgabe der Hirtenbriefe und Predigten Jaegers diese Zeilen stillschweigend getilgt haben.[150]

Nicht viel anders ist es mit der ebenfalls inkriminierten ‚Tiermetapher‘, die sich im gleichen Hirtenbrief (!) noch einmal an anderer Stelle findet, wenn Jaeger sagt: „Will der Mensch nicht auf den Adel seines Geistes verzichten und wie ein Tier stumpf und teilnahmslos dem Trieb verhaftet bleiben, dann muss er zu den Fragen nach dem Sinn und dem Ziel seines Erdenlebens Stellung nehmen.“[151] Im Fastenhirtenbrief der Kölner und Paderborner Kirchenprovinz hieß es im Zusammenhang mit der Abtreibung: Ein Mißbrauch der „gottgeschaffenen Geschlechtsanlage“ sei „Unnatur, denn es ist die Herabwürdigung des Menschen zum Tier“.[152]

Diese Begrifflichkeiten waren damals nicht in irgendeiner Form nationalsozialistisch konnotiert, werden aber heute auf diese Weise skandalisiert. Nun kann man nicht von jedem schriftstellerisch Tätigen sprachliche Sensibilität in Bezug auf die historische Semantik erwarten, doch der heutige Skandal der Herren Stüken und Bürger liegt darin, dass auch in diesem Falle nicht belegbare Behauptungen aufgestellt werden und damit die Leser in die Irre geführt werden. Wenn es bei Stüken im Vorwort heißt, Lorenz Jaeger (und sein Vorgänger Caspar Klein) „haben die Soldaten ihres Erzbistums förmlich in Hitlers Krieg hineingepredigt“, so ist dies durch die Quellen absolut nicht gedeckt. Eine solche Unterstellung kann nur als böswillig bezeichnet werden.

Was der Erzbischof noch sagte – und Stüken verschweigt

Was der bischöfliche Hirte seiner Herde, den Gläubigen, in den dreieinhalb Jahren seiner Amtszeit unter dem NS-Regime zu sagen hatte, enthält der Autor Stüken seinen Lesern vor, der doch „die Rolle“ der Paderborner Erzbischöfe in der NS-Zeit darzustellen verspricht. Die Seelsorge ist die zentrale Aufgabe eines Bischofs und so handelt es sich bei den Hirtenbriefen eben um seelsorgliche Dokumente, auch um Dokumente, aus denen die Haltung Jaegers zu den Zeitphänomenen aus christlich-katholischer Sicht deutlich wird.

150 Vgl. Stüken, Wolfgang: Hirten unter Hitler, 155f.; Erzbischöfliches Seelsorgeamt Paderborn (Hg.): Leben und Frieden, 4.

151 Kirchliches Amtsblatt für die Erzdiözese Paderborn v. 11.2.1942, 16.

152 Fastenhirtenbrief der Bischöfe der Kölner und Paderborner Kirchenprovinz v. 28.1.1943, EAPB, vervielfältigte Anlage zum Kirchlichen Amtsblatt v. 13.1.1943.

Miles bonus Christi

Hätte er die Hirtenbriefe gelesen, so hätte Stüken auch genau erfahren, was es mit dem „miles bonus Christi“ im katholischen Sinne auf sich hat, den angeblich die Gläubigen von damals in einem militaristischen Sinne verstanden haben sollen, den Stüken ihm heute aufzuprägen versucht.[153] Erzbischof Jaeger schrieb 1943 ein „Hirtenwort zum Maimonat für die Kinder“, das am 9. Mai 1943 in der Kindermesse verlesen und in der Christenlehre und in der Kinderseelsorgestunde besprochen wurde. „Du bist vielleicht sogar schon durch die hl. Firmung zum Streiter und Apostel Christi geweiht worden“, spricht Jaeger die Kinder an. „Du heißt nicht bloß ‚Soldat Christi‘, du bist es auch und hast immer wieder in Deinem kleinen Alltag den guten Kampf für Deinen Herrn und Heiland zu kämpfen“. Drei Aufgaben nennt Jaeger für die Jugendlichen: sie sollen allzeit den Heiland im Herzen tragen, sie sollen die Gottesmutter von Herzen lieben, und sie sollen, besonders jetzt im Mai, recht viel für Kirche und Vaterland beten. Jaeger erläutert diese drei Punkte und spricht dabei etwas Hochpolitisches an, wenn er ausführt: „Ihr sollt sein wie Monstranzen, die durch die Welt gehen und überall, wohin sie kommen, den Heiland zu den Menschen tragen. Welche Freude und wieviel Glück könnt Ihr, meine lieben Kinder, hineintragen in Eure Familien, hineintragen zu Euren Kameraden und Freunden, hinein in die Kinderlandverschickungs-Lager und Jugendherbergen, wenn Ihr wirklich Euch jeden Tag sagt: ‚Ich will eine lebendige Monstranz für den Heiland sein! Ich will durch mein Beispiel, durch meine Hilfsbereitschaft, durch mein gutes Wort den Heiland zu den Menschen tragen, damit auch andere sich an ihm erfreuen und zu ihm kommen‘“.[154] In den von der Hitler-Jugend organisierten Kinderlandverschickungslagern – für Kinder aus luftgefährdeten Gebieten – gab es keine religiöse Betreuung, wogegen die Bischöfe protestierten.

Helden

Der Gefallenen des Ersten Weltkrieges und der Gefallenen seit Kriegsbeginn 1939 wurde am sogenannten ‚Heldengedenktag‘ gedacht, der am 15. März begangen wurde. In seinem Hirtenwort zum Heldengedenktag zitiert der Erzbischof ganz offensichtlich zustimmend aus Briefen zweier Gefallener aus der katholischen Jugend:

153 Vgl. Stüken, Wolfgang: Hirten unter Hitler, 149.

154 Hirtenwort zum Maimonat für die Kinder, Kirchliches Amtsblatt für die Erzdiözese Paderborn v. 4.5.1943, 48/49.

„Und welches ist das Vermächtnis der Toten an uns? Einer aus der katholischen Jugend, der auf den Schlachtfeldern Frankreichs sein Leben für uns gelassen hat, fasst es knapp und kurz in die Worte zusammen: ‚Deutschland und Christus, das sind die beiden Pole, zwischen die mein Leben gespannt ist'. Und seine Kameraden bezeugen es ihm nach seinem Heldentod, wenn sie schreiben: ‚Sein Leben war Zeugnis für Gott, sein Sterben Opfer für Deutschland'. Das ist der Grundakkord, der immer wieder anklingt in den vielen Briefen, die als letztes Vermächtnis der Toten dieses Krieges mir vorliegen. Heiße Liebe zu Volk und Heimat, inniges Verbundensein mit Jesus Christus.

Im Namen der vielen toten Helden will ich nur einen zu Euch sprechen lassen, einen Theologiestudenten, der als Flieger sein junges Leben in Afrika für Deutschland ließ. Er schreibt in seinem Abschiedsbrief an seine Freunde: ‚Wir sind hinausgezogen für unser Volk. Jeden Blutstropfen haben wir ihm geschenkt, dass es wachsen kann an Leib und Seele. Unser Herz, unsere Liebe, unseren Geist haben wir ihm gegeben; denn es ist der Raum und die Quelle unserer Kraft. Wer weiß davon? Ihr, meine Freunde, nur ihr wisst es in Stolz und Trauer. Hütet und pflegt die Saat. Werdet nie hart und kalt. Macht unser Volk zum starken und freien Gottesvolk ... Ich ging von Euch und habe bis zuletzt gerungen um das Bild unserer Welt und unseres Lebenswerkes. Ich habe es nicht zu Ende gebracht. Es ist in unserer Zeit eine Herkulesarbeit, aber wir mussten es irgendwie keimhaft grundlegen und daran bauen als Studenten, als Priester, als Werkmänner im täglichen Leben. Himmel und Erde sind in Erschütterung geraten und die Geburtswehen des neuen Zeitalters treiben dem Höhepunkt zu. Baut im Kleinen, wenn Euch das Große noch nicht gelingen will. Baut mitten hindurch durch die Wolkenbrüche der Tagesgeschichte, baut mit unerschütterlichem Vertrauen auf die Sendung Gottes, dessen Werkzeug wir sind zu noch unbekanntem Werk ... Meine Brüder, setzt fort, was ich nicht mehr konnte, macht den Menschen wieder zum Ebenbild Gottes, macht ihn frei und zum Helden in Gott'".

Jaeger dazu: „Meine Erzdiözesanen! Wir hören die Mahnung unserer gefallenen Brüder. Ihr letztes Vermächtnis an uns heißt Deutschland, für dessen Leben und dessen Glück sie kämpften und starben, – heißt Christus, ihre Kraft im Leben, ihre Hoffnung im Sterben ... Wir wollen ihr Vermächtnis heilig halten: diese ihre Liebe zu Volk und Vaterland, diesen ihren Glauben an ihren Herrn und Heiland."[155] Es dürfte aufgefallen sein, dass vom ‚Führer' keine Rede ist.

155 Kirchliches Amtsblatt für die Erzdiözese Paderborn v. 10.03.1942, 31f.

Bemerkenswert ist jedoch, dass Jaeger nicht einfach von einem Soldaten spricht, sondern von einem „Flieger“, aus dessen Abschiedsbrief er zitiert. Für die zeitgenössischen Zuhörer erschloss sich daraus ein Hinweis auf den sog. Mölders-Brief, der seit Januar 1942 in Deutschland verbreitet wurde. Werner Mölders war der erfolgreichste deutsche Jagdflieger, Träger höchster Tapferkeitsauszeichnungen und daher viel bewundert. Er war bekennender Katholik und hatte dem Bund Neudeutschland angehört. Mölders war am 22. November 1941 bei einem Unfall ums Leben gekommen, doch verbreiteten sich Gerüchte, dass er wegen seiner kirchlichen Bindung vom Regime ermordet worden sei. Mölders hatte angeblich kurz vor seinem Tod an einen Propst einen Brief geschrieben, der sein christlich-katholisches Lebensverständnis betonte.[156] Dieser Brief stammte nicht von Mölders, sondern war eine Fälschung der britischen Propaganda, die die Mordgerüchte unterstützen und so die Unruhe in der Bevölkerung schüren wollte. In der katholischen Bevölkerung wurde ebenso wie von der Gestapo der Brief als echt angesehen. Die Gestapo vermutete in dem Brief eine geschickte Aktion der katholischen Kirche, die mit der Fälschung „ein hervorragendes und allgemein beliebtes Soldatenidol herausstellen wollte, um gegenüber der neuheidnischen Propaganda des Regimes aufzuzeigen, dass die größten Helden stets auch gute Katholiken gewesen seien, dass sich also Heldentum und Christentum durchaus vereinen ließen“.[157] Es gab Verhaftungen, auch von Geistlichen und Religionslehrern, Verwarnungen und die Anordnung, in Schulen und Gemeinden, in denen der Brief bekannt gemacht worden war, einen Widerruf zu verlesen, was die Gerüchte in der Bevölkerung nur bestärkte. Mölders hatte übrigens auch gegenüber Bischof von Galen seine Sympathie über die Predigten vom Sommer 1941 zum Ausdruck gebracht.[158] So dürfte Erzbischof Jaeger mit dem Zitat aus dem Brief eines ‚Fliegers‘ einen ‚diplomatischen‘ Hinweis auf den Mölders-Brief gegeben haben.

In einer Predigt zum Libori-Fest am 25.7.1942 vor ca. 8.500 Gläubigen sprach Jaeger über die Heiligen und über das Heldentum.

> Man rede heute „soviel von heldischen Menschen und will von Heiligen nichts mehr wissen. Man lehnt den Heiligen als unmännlich, als schwach, als weltfremd und weltflüchtig, als lebensuntüchtig ab. Und doch, meine Lieben, gerade der Heilige, das ist erst der wahre Held. Denn alles nur irdische Heldentum ist ständig in der Gefahr, überzuschlagen ins Übermenschliche, sich zu verhärten in Titanenstolz, wie einst Prometheus die Faust zum Himmel reckt und sich gegen die Götter auflehnt. Das Heldische kann eine Zeitlang den Menschen tragen, aber

156 Zu Einzelheiten vgl. Witetschek, Helmut: Der gefälschte und der echte Mölders-Brief, 64f.
157 Ebd., 61.
158 Portmann, Heinrich: Kardinal von Galen, 187f.

dann schlägt es immer um, weil im Helden selbst es umschlägt in das übersteigerte Machtbewusstsein, in den Stolz, und bei den anderen, die ihm unterstellt sind, in die Barbarei und Sklaverei. Ständig ist der Held in Gefahr abzusinken ins Brutale gegenüber seinen Mitmenschen ... Unsere Zeit ist heute so erfüllt von dem Bewusstsein ihrer irdischen Aufgaben, ist so voll Kraft und Lebensgefühl, so voll Arbeits- und Einsatzwillen bei den Aufgaben dieser Erde; und ist dabei ständig in Gefahr, der Dämonie der irdischen Dinge zu verfallen, dass der Mensch sich hineinverliert in seine Arbeit und darin untergeht, dass er den Verlockungen der Welt, ihrer Macht, ihrer Ehre, ihrer Freude und ihrer Vergnügungen verfällt und dabei leiblich und seelisch zugrunde geht. ...".[159]

Besonders interessant sind die Informationen, die der V-Mann der Gestapo wiedergibt, nach dessen Eindruck der zweite Teil der Predigt „offenbar selbst von harmlosen Gemütern als recht unpassend, wenn nicht als eine Beleidigung unserer Helden empfunden" wurde. Danach hätten Hörer der Predigt geäußert: „Aber unsere Helden sind doch wahrlich auch Heilige!", eine Frau meinte: „Der Mann redet, als ob es keinen Krieg gegen den Bolschewismus gäbe. Das ist ja traurig. Ich bin ganz empört darüber, dass er unsere gefallenen Helden so schlecht behandelt hat". Auch „durchaus strenggläubige Katholiken" hätten von Jaeger „ein anderes Urteil über das Heldentum unserer Soldaten erwartet ... wenn Erzbischof Jaeger als Offizier des Weltkrieges und als gewesener Divisionspfarrer im gegenwärtigem Kriege für die Heldentaten so wenig übrig habe, so habe man einfach für sein Verhalten kein Verständnis, zumal gerade ihm der Ruf vorausgegangen sei, Freund und Förderer des Soldatentums zu sein." Die Gestapo schrieb dazu: „Der erste Teil der Predigt befasst sich hauptsächlich mit der Bedeutung der Heiligen für die kath. Kirche, während der zweite Teil sich in einer geradezu verwerflichen Polemik mit den Helden der Gegenwart befaßt."[160]

„Es drängt ihn, dem Rußlandfeldzug von daheim die kirchliche Rückendeckung zu sichern"

Die Ausführungen Jaegers über das Heldentum zeigen eine gewisse Distanz zum Krieg, die von den Zuhörern wahrgenommen wurde – und vielen nicht gefiel! Bei Stüken klingt das aber ganz anders. Er schreibt: „Es drängt ihn [Jaeger], dem Russlandfeldzug von daheim die kirchliche Rückendeckung zu

159 Predigttext in der Anlage zu einem Schreiben der Geheimen Staatspolizei Münster an Gauleitung der NSDAP, Oberpräsidenten und Regierungspräsidenten vom 29.7.1942, Staatsarchiv Münster, Oberpräsidium, Nr. 53 11.

160 Ebd.

sichern."[161] In seinem Fastenhirtenbrief von 1942 hatte Jaeger als Ursache für die Drangsale der Welt die Abwendung von Christus beschrieben, was in mancher Hinsicht auch für jeden Christen gelte, „da auch wir durch unser Versagen mitschuldig geworden sind, daß die Welt sich zu einem großen Teil von Christus abgekehrt hat." Darum gelte es, „allen Widerständen zum Trotz Christus in unsere Zeit hineinzutragen, um die Menschenherzen in Christus wieder mit Gott zu versöhnen". Der Glaube an den Heiland gebe auch den Soldaten Kraft, bedeute aber auch, „als christusgläubige Menschen wie der Heiland unser Kreuz [zu] tragen."[162] Diese Position findet sich denn auch im Lagebericht der SD-Hauptaußenstelle Bielefeld vom 14. März 1942 wiedergegeben. Zur Bewertung des Krieges schreibt der Sicherheitsdienst: „In der Bevölkerung ist rein stimmungsmäßig das Gefühl wach für die unbedingte Notwendigkeit und den positiven Sinn des Krieges, abgesehen von den stark katholisch gestimmten Landteilen, in denen vielfach die Auffassung vorherrscht, dass dieser Krieg ein Gottesurteil über die sündige Menschheit sei. In den nicht katholischen und konfessionell nicht bestimmten Kreisen, etwa der Arbeiterschaft usw., besteht zweifellos stimmungsmäßig das mehr oder minder dumpfe oder klare Gefühl von der Notwendigkeit dieses schicksalhaften Ringens."[163]

Dass der Paderborner Erzbischof über den Sinn des Lebens, den Sinn schwierigen Lebens unter den Kriegsbedingungen predigt und auf die Abwendung der Welt von Christus und die Sühnebereitschaft der Christen verweist, kann ja nicht verwundern. Dass es ihn aber „drängt", dem Russlandfeldzug „die kirchliche Rückendeckung zu sichern", ist daraus nicht zu entnehmen. Stüken gibt dafür einen angeblichen ‚Beleg' – man mag es kaum glauben – aus dem Hirtenbrief der Deutschen Bischöfe zur Nüchternheitswoche – richtig – dieser gemeinsame Hirtenbrief der Deutschen Bischöfe richtet sich gegen den Alkohol- und Nikotingebrauch und -missbrauch und unterstützt eine jährlich stattfindende Aktion des Reichsausschusses deutscher Katholiken gegen den Alkoholmissbrauch. In der Einleitung heißt es: „Eine tödliche Gefahr für unsere ganze Kultur ist nicht an uns vorübergegangen, beinahe wäre er Wirklichkeit geworden, der so oft beschriebene und beschrieene ‚Untergang des Abendlandes'. Vom Osten her drängten ungeheure Massen heran, bereit, die Welt unserer Kultur zu zerstören. Im kraftvollen Gegenstoß sind sie abgewiesen worden. Noch schlagen ihre Wogen gegen den schützenden lebendigen Wall." Es wird dann dargelegt, dass immer wieder Kulturen untergegangen sind, weil die Kulturmenschheit leiblich bedroht sei: „Steigender Wohlstand, zunehmendes Wohlleben wirkt entnervend, schwächend. Noch größer ist die

161 Stüken, Wolfgang: Hirten unter Hitler, 158.

162 Kirchliches Amtsblatt für die Erzdiözese Paderborn v. 11.2.1942, 18.

163 SD-Abschnitt Dortmund, Hauptaußenstelle Bielefeld, Bericht v. 14.3.1942, Staatsarchiv Detmold, M 18, Nr. 19.

Gefahr für die Seele. Die seelische Geschlossenheit, schlichte Einfalt und Kraft einfacher Völker geht mit steigender Kultur verloren. Im seelischen Leben zersetzt einseitige Vernunfttätigkeit die grundlegenden Lebenswerte: fromme Gläubigkeit, pietätvolle Sitte", so könne „der natürliche[n] Trieb zur Freude zur krankhaften Sucht entarten". Es ginge also bei der Vermeidung von Alkohol und Nikotin um einen „Kampf um die innere Freiheit und das Leben der Seele".[164] Dazu kann Stüken sich auf zwei Druckseiten ereifern, besonders über den „kraftvollen Gegenstoß" und über die abgewiesenen Massen – von Stüken als „(natürlich bolschewistische) Massen" erläutert.[165] Er bemüht sich um den Nachweis, dass dieses „Hirtenwort" tatsächlich verlesen wurde.

Es ist wiederum die von Stüken mehrfach praktizierte Methode, den Inhalt der Predigten und Hirtenworte zu ignorieren und nach der ‚Hühnerhofmethode' einen oder zwei Sätze herauszupicken. Es ist die Sprache der Zeit und die Sprache im Krieg. Ähnliche Wendungen finden sich auch bei anderen Bischöfen, wie etwa bei Galen, der am 14. September 1941 in einem Hirtenbrief schrieb: „Das deutsche Heer ... das die Wacht für Deutschland hält und alle Einbruchsversuche feindlicher Mächte in tapferer Ausdauer abwehrt, ist in unverbrauchter Kampfkraft auch dem bolschewistischen Gegner im Osten entgegengetreten, hat ihn in zahlreichen Schlachten und Gefechten geschlagen und weit in das russische Land zurückgedrängt".[166] Jedenfalls fehlt im Kirchlichen Amtsblatt die unter den Hirtenbriefen sonst durchweg zu findende Formel: „Vorstehendes Hirtenwort ist am Sonntag, dem ... zu verlesen." Vielmehr heißt es im Kirchlichen Amtsblatt vom 10.3., die Kanzelverlautbarungen hätten sich in letzter Zeit gehäuft und „die Herren Pfarrer wollen diesen Hirtenbrief nach ihrem klugen Ermessen im Laufe des Jahres verlesen oder in Predigt und Katechese auswerten."[167]

Setzt man in den oben geschilderten Hirtenbriefen über die Sinndeutung des Zeitgeschehens diese wenigen Sätze aus Einleitungen – nicht aus dem zentralen Inhalt – zusammen, so lässt sich Jaeger in das von Wilhelm Damberg dargestellte damalige Konzept einer Theologie vom Kriege problemlos einordnen.[168] Damberg macht zunächst darauf aufmerksam, dass die kirchliche Verkündigung während des Krieges die bekannten Elemente der Deutung des Krieges und der Pflichten des Christen aufnimmt, allerdings ohne dass in irgendeiner bischöflichen Verlautbarung der Krieg als ‚gerecht' erklärt worden wäre, wie dies 1914 der Fall gewesen war. Dazu gehörte der Gehorsam gegenüber der Obrigkeit in allem „was nicht offenbar dem Gesetze Gottes wider-

164 Hirtenwort zur Nüchternheitswoche vom 22.–29. März 1942, Kirchliches Amtsblatt für die Erzdiözese Paderborn v. 10.3.1942, 26f.

165 Stüken, Wolfgang: Hirten unter Hitler, 158–160.

166 Hirtenbrief vom 14.9.1941, Löffler, Peter (Bearb.): Bischof Clemens August Graf von Galen, 902.

167 Kirchliches Amtsblatt für die Erzdiözese Paderborn v. 10.3.1942, 33.

168 Das Folgende nach Damberg, Wilhelm: Krieg, Theologie und Kriegserfahrung.

streitet“, wie Bischof von Galen das formuliert hat.[169] Der Krieg wird als Strafe Gottes für den Abfall von seinen Geboten angesehen und seit 1939 auch als Strafe Gottes für die „Gottlosigkeit und Sittenlosigkeit der nationalsozialistischen Führung“, wie der Chef der Sicherheitspolizei in einem Bericht vom 20.10.1939 festhielt. Die Opfer, die insbesondere die Soldaten zu bringen hatten, wurden als stellvertretende Leiden angesehen, die sie für die vielen Sünden auf sich zu nehmen hatten. „Nach dieser Deutung“, so Damberg, „konnte der katholische deutsche Soldat guten Gewissens in einen Krieg ziehen, der von einer durchaus zweifelhaften ... Regierung geführt wurde.“[170] Damberg unterstreicht in diesem Zusammenhang eine Formulierung Heinz Hürtens, dass die Gehorsamsverweigerung für Katholiken im Jahre 1939 „noch nicht einmal als Denkmöglichkeit“ vorhanden gewesen sei.[171]

Jaeger wird also von Stüken und Bürger durch zwei aus dem Zusammenhang gepickte Zitate unter völliger Außerachtlassung der zeitgenössischen Situation und ihrer Wahrnehmung durch die Zeitgenossen zum ‚Kriegs-Rechtfertiger‘ erklärt. Man wundert sich, wie dies die beiden Autoren mit ihrem in diesen Veröffentlichungen unterstrichenen guten Gewissen vereinbaren können.

Mehr Märtyrer oder „Seelsorger und nichts als das“

Mehr Märtyrer hat Stüken offenbar unter dem Episkopat Lorenz Jaegers erwartet, wenn er vorrechnet[172], dass der im Diözesanvergleich höchste Anteil von 60 % an Repressalien und Verfolgungsmaßnahmen des Regimes gegen Geistliche „eine Fehleinschätzung“ sei, weil in einer katholischen Hochburg die Anzahl solcher Fälle „naturgemäß“ höher sei als bei geringerem Katholikenanteil. Außerdem sei die Quellenlage im Erzbistum Paderborn besonders gut und im Übrigen fielen nur 26 % der Fälle in Jaegers Amtszeit und 74 % in die Amtszeit seines Vorgängers.[173]

Zum einen zeugt diese merkwürdige ‚Rechnung‘ von mangelnder Sachkenntnis: der überwiegende Teil der Verfolgungsmaßnahmen hing mit dem antichristlichen und antikatholischen Kampagnen des Regimes zusammen – Auflösung der katholischen Jugendverbände, Einschränkungen und Verbote der katholischen Presse, Flaggenvorschriften u.ä. –, vor allem aber fragt man sich, was Stüken mit dieser ‚Rechnung‘ eigentlich will. Er bringt sie in Zusammenhang mit Jaegers Ansprache an den Klerus am Tag seiner Bischofsweihe, in der

169 Hirtenbrief Galens v. 5.9.1939, Löffler Peter (Bearb.): Bischof Clemens August Graf von Galen, 145.

170 Ebd., 212.

171 Hürten, Heinz: Deutsche Katholiken 1918–1945, 467.

172 Unter Bezugnahme auf Wittig, Michael: Paderborn als kirchlicher Vor-Ort, 386.

173 Stüken, Wolfgang: Hirten unter Hitler, 151.

er u.a. sagte: „Lassen Sie uns gemeinsam die Wege suchen, um die Menschen unserer Tage zu den Quellen des Lebens, des Friedens und der Freude hinzuführen. Wir wollen ernstlich um die Sprache von heute ringen, damit wir die Frohbotschaft Christi in der Sprache unserer Zeit verkünden können. Wir wollen Priester sein, Seelsorger, liebe hochwürdige Mitbrüder, und nichts als das."[174]

Noch deutlicher artikulierte sich Jaeger am 23.10.1941 in einer Ansprache an junge Geistliche, in der er diesen Mut zu machen suchte, nicht zu jammern und zu klagen, sondern die Zeit „freudig [zu] bejahen und Gott [zu] danken, dass er Sie mitten hineingestellt hat, um in ihr zu arbeiten; um so viel armen, abgehetzten und unruhigen Menschen die Frohe Botschaft und das Leben zu bringen. Sie sollen nicht politisieren, sondern studieren und darüber nachsinnen, wie Sie so vielen gehetzten und gequälten Menschen das Leben bringen können ... und die ganze Seelennot zu erfassen, und neue Wege der Hilfe und der Seelsorge zu ersinnen." Besonders legte Jaeger den jungen Geistlichen nahe:

> „Unterlasst alles Politisieren! Wenn Schwierigkeiten auftreten, und wenn Unrecht geschieht – und Unrecht bleibt Unrecht –, dann ist es nicht Aufgabe für Sie da unten in den einzelnen Seelsorgestätten, den Kampf durchzufechten, und so zu kämpfen, dass Sie ins Gefängnis kommen; da müssen Sie scharf die Grenze ziehen; Sie haben sich mit der Seelsorge zu befassen; wenn prinzipielle Entscheidungen zu treffen sind, so hat das Euer Bischof auszufechten und durchzukämpfen. Euer Bischof gehört ins Gefängnis oder ins KZ, nicht Ihr; Ihr habt einfach und schlicht Eure Pflicht zu tun, und das andere habt Ihr Eurem Bischof zu überlassen! Ihr seid nicht für die politischen Streitigkeiten da."[175]

Damit befand sich Jaeger ganz auf der Linie, die die Enzyklika Ad catholici sacerdotii über das Priestertum Papst Pius' XI. vom 20.12.1935 vorgegeben hatte, der den katholischen Priester als Mittler zwischen Gott und den Menschen beschrieben hatte, dessen zentrale Aufgaben in der christlichen Jugenderziehung, in der Verteidigung der christlichen Ehe und in der „Lösung oder wenigstens ... Linderung" der sozialen Gegensätze lägen, indem er die christliche Bruderliebe predigt, die gegenseitigen Pflichten der Gerechtigkeit und Liebe, der bei sittlichen und wirtschaftlichen Missständen vermittelt und auf die wahren Güter hinweist und – schließlich „der wirksamste Bannerträger jenes Kreuzzuges der Sühne und Buße [sei], zu dem Wir alle Guten aufgefordert haben, um die Gotteslästerungen, Schändlichkeiten und Verbrechen zu sühnen, die die Menschheit in der jetzigen Zeit entehren, einer Zeit, die wie wenige andere in der Geschichte Gottes Barmherzigkeit und Verzeihen nötig hat."[176]

174 Kirchliches Amtsblatt v. 30.10.1941, 103.

175 Zit. nach Gruß, Heribert: Erzbischof Lorenz Jaeger als Kirchenführer im Dritten Reich, 377f.

176 Zitat nach Wikipedia – Eintrag: Ad catholici sacerdotii – abgerufen am 30.8.2018.

Nicht politisieren – das mag nicht allen gefallen haben, doch spricht da der Seelsorger, der dafür verantwortlich ist, dass die Geistlichen ihre seelsorglichen Aufgaben vor Ort wahrnehmen und nicht im Gefängnis oder gar im KZ schmachten. – Aus dem Erzbistum Paderborn waren es immerhin 23 Priester, die im KZ inhaftiert waren.[177] Das war die dritthöchste Anzahl nach Münster (36) und Breslau (35), wobei sich in der hohen Zahl für Breslau auch zeigt, dass es keine schlüssige Korrelation zwischen katholischem Bevölkerungsanteil und Verfolgungsmaßnahmen gibt. Wenn also Stüken den ‚Kampf' vermisst und wieder einmal in schlichter Polemik schreibt: „Sie [die Priester] sollten nicht ins KZ – und Jaeger will nicht hinein",[178] kann die Schlussfolgerung ja nur sein, dass Stüken sich mehr Märtyrer wünscht, denn in diesem ‚Kampf' griff das Regime eben brutal zur Gewalt, das war jedermann bekannt. Will also Stüken tatsächlich zu mehr KZ-Häftlingen und Todesopfern auffordern? Man mag es kaum glauben. Ob er sich über die Zustände in den Konzentrationslagern informiert hat, z. B. durch die Lektüre von Wolfgang Langhoffs „Moorsoldaten"[179] oder Ernst Wiecherts „Totenwald"?[180]

Goebbels: „Man könnte vor Wut zerplatzen ..."

Am 16. Mai 1943 schrieb Reichspropagandaminister Joseph Goebbels in sein Tagebuch:

> „Mir wird eine Denkschrift der katholischen Bischöfe an die Reichsregierung vorgelegt, die von Kardinal Bertram unterzeichnet ist. In dieser Denkschrift wird in einer Tonart Beschwerde über das Verhältnis zwischen Staat und Kirche geführt, die alles Maß verloren hat. Es ist bezeichnend, dass diese Denkschrift, kurz nachdem sie verfasst worden ist, schon in der amerikanischen Presse wiedergefunden wird. Die katholische Klerisei arbeitet mit den Landesfeinden in einer geradezu verräterischen Weise zusammen. Man könnte vor Wut zerplatzen, wenn man sich vergegenwärtigt, dass wir heute keine Möglichkeit haben, die Schuldigen zur Rechenschaft zu ziehen. Wir müssen unser Strafgericht auf später verlegen."[181]

177 Vgl. Hehl, Ulrich von/Kösters, Christoph (Bearb.): Priester unter Hitlers Terror, 211.

178 Stüken, Wolfgang: Hirten unter Hitler, 151.

179 Langhoff, Wolfgang: Die Moorsoldaten.

180 Wiechert, Ernst: Der Totenwald.

181 Zit. nach Fröhlich, Elke (Hg.): Die Tagebücher von Joseph Goebbels. Teil 2: Diktate 1941–1945, Band 8, 309.

Erzbischof Jaeger hatte im August 1942 erstmals an der Fuldaer Bischofskonferenz teilgenommen und war mit der Formulierung des Entwurfs dieser Denkschrift beauftragt worden, in der es um die kirchliche Lage in den während des Krieges an das Deutsche Reich angeschlossenen Gebieten ging. Der Vorsitzende der Bischofskonferenz, der Breslauer Kardinal Adolf Bertram, hatte Jaegers Entwurf nur geringfügig geändert.[182]

Bertram vermied allzu scharfe Formulierungen gegenüber dem Regime und gilt als ‚umstritten', weil er sich angeblich nicht hinreichend widerständig gezeigt habe.[183] Diese Haltung glaubt Stüken nun auch an der von Jaeger verfassten Denkschrift erkennen zu können, in der nicht „scharfer Protest formuliert" werde, sondern eine „inständige Bitte vorgetragen wird", und das auch noch „mit dem Blick durch die nationale Brille". Goebbels Wut über die Tonart der Beschwerde habe laut Stüken weniger mit Jaegers Formulierungen zu tun, als mit der Tatsache, dass die Denkschrift im feindlichen Ausland zitiert wurde.[184]

Wir haben es hier wieder einmal mit dem Fall zu tun, dass Stüken aus dem Jaegerschen Entwurf nur einen Satz herauspickt, dem Leser aber den Inhalt, selbst in beschreibender Form, vorenthält, und dieser Inhalt ist hoch aufschlussreich. Es sei deshalb wiederum in einigen Passagen ausführlicher zitiert:

> Die Bischöfe hätten bereits mit ihrer Denkschrift vom 10. Dezember 1941[185] „Ernstliche Beschwerde über Maßnahmen von Partei- und Regierungsstellen [geführt], die sich gegen Kirche und Christentum richten ... Wir haben nicht nur aus religiösem Interesse, sondern auch aus Liebe zum Vaterland um Abhilfe gebeten ... dieses unser Verlangen erstreckt sich ... mit derselben Eindringlichkeit auf die Lebensinteressen der katholischen Kirche und die freie Religionsausübung der katholischen Christen in den neu zu Deutschland gekommenen Gebieten ... Wir können uns nicht der großen Not dieser deutschen Menschen verschließen und wir müssen unsere Stimme erheben auch um das Ansehen des deutschen Namens willen. Die gegnerische Propaganda hat seit der Machtübernahme durch die NSDAP immer wieder gerade die antireligiösen Reden und Maßnahmen von Parteistellen zum willkommenen Anlaß genommen zur Hetze gegen Deutschland und seine Führung. Umso unverständlicher ist es, daß jetzt mitten in diesem schweren Krieg

182 Vgl. Denkschrift des Deutschen Episkopats an die Reichsregierung v. 18.12.1942, in: Volk, Ludwig (Bearb.): Akten deutscher Bischöfe über die Lage der Kirche 1933–1945, Teil 5, 967, dort Anm. 1.

183 Vgl. Kuropka, Joachim: „Mit Eingaben wird wohl nichts zu erreichen sein ...", 207f., 216f.

184 Stüken, Wolfgang: Hirten unter Hitler, 163.

185 S. Volk, Ludwig (Bearb.): Akten deutscher Bischöfe über die Lage der Kirche 1933–1945, Teil 5, 651f.

> nicht nur dieser Propaganda neue Nahrung gegeben wird, sondern auch deutsche Menschen, die mit großem Vertrauen und mit hochgespannter Erwartung zum Reich gekommen sind, in tiefster Seele verbittert und von Deutschland abgedrängt werden. Rings um Deutschland herum baut sich in allen besetzten Gebieten ein Wall von Erbitterung und Feindschaft auf, der zum guten Teil entstanden ist durch die rücksichtslosen Eingriffe der deutschen Partei- und Zivilverwaltungsbehörden in die Gewissensfreiheit und das Glaubensleben der Bevölkerung."

Es werden dann Probleme aus Elsaß-Lothringen und Luxemburg geschildert. Daran anschließend heißt es:

> „Noch trostloser als im Westen ist die religiöse Lage in den neu angegliederten Ostgebieten ... Bis auf ganz wenige Gotteshäuser sind alle Kirchen in den Diözesen Posen und Litzmannstadt dem gottesdienstlichen Gebrauch entzogen und zu profanen Zwecken benutzt oder amtlich versiegelt worden. Zum Teil sind sie Lagerräume irgendwelcher Art. Eine Kirche in Posen ist zur Reitschule herabgewürdigt worden. In sehr großer Zahl sind die Kirchen ihrer Kultgeräte, der Altarwäsche, Meßgewänder beraubt; die Inneneinrichtung ist zerstört worden. Häufig sind die Tabernakel erbrochen und das Allerheiligste Sakrament in gemeinster Weise geschändet worden. Man hat dabei nicht einmal die Kirchen volksdeutscher Gemeinden geschont. Wir verweisen auf die empörenden Vorfälle, die sich laut eingegangenen Berichten bei der Plünderung und Schändung der volksdeutschen Pfarrkirchen z. B. in Lissa, Samter, Tiefenbach (Kreis Schrimm) und Reisen in Böhmen 1941 zugetragen haben. Im Bereich der Diözese Litzmannstadt sind fast alle Kreuze und Heiligenbilder an öffentlichen Wegen und Straßen zerstört worden. Von der Bevölkerung kann alles das nur aufgefasst werden als der Ausdruck eines sinnlosen, gegen alles Christliche gerichteten Hasses.
> Eine geordnete Seelsorge ist im ganzen Warthegau nicht mehr möglich. Fast die gesamte polnische Geistlichkeit der Diözesen Posen und Litzmannstadt ist festgenommen und in Konzentrationslager oder in das Gouvernement geschafft worden ... Die katholische Kirche ist im Warthegau völlig rechtlos, denn selbst die wenigen deutschen Pfarrer, die dort für die Seelsorge übrig blieben, mussten sich die entwürdigende Vorschrift des Reichsstatthalters vom 26. Mai 1941 gefallen lassen, dass Gottesdienste nur mit Genehmigung der zuständigen Staatspolizeistellen gehalten werden dürfen. Praktisch hat für den ganzen Warthegau die Staatspolizei auch den inneren Bereich, die Verwaltung der Kirche übernommen. Alle staatlichen Verordnungen und Verfügungen, welche

> die Kirche betreffen, werden den Geistlichen durch die Geheime Staatspolizei zugestellt. ...
> In ernster Sorge um das Ansehen und das Wohl des Vaterlandes und in tiefer Verantwortung für die Glaubensbrüder in den besetzten Gebieten bitten wir die Reichsregierung inständig, der hemmungslosen antireligiösen Agitation von Parteistellen und den politisch unklugen und aller Menschlichkeit hohnsprechenden Vernichtungsmaßnahmen gegen Kirche und Christentum Einhalt zu gebieten. Man kann nicht arbeitsfrohe und lebenstüchtige Menschen für Deutschland gewinnen und ihnen gleichzeitig das Glück ihres Herzens und Quelle ihrer Kraft stören wollen. Man kann nicht ein neues und schöneres Europa aufbauen und gleichzeitig das Christentum vernichten wollen. Das Abendland ist mit dem Christentum unzertrennlich verbunden. Zerstört man das Christentum, so wird man niemals einen wirklichen Ersatz dafür schaffen können. Wir bitten und beschwören daher die Reichsregierung in dieser ernsten Stunde, da es gilt, alle Kraft zum Wohle des Vaterlandes zu sammeln, die Weisung zu geben, dass von den kirchenfeindlichen Maßnahmen endlich Abstand genommen wird."[186]

Jaeger lieferte mit diesem Denkschriftentwurf eine sehr geschickte Argumentation. Denn worauf hätte sich ein „scharfer Protest" (Stüken) stützen sollen, da doch für die angeschlossenen Gebiete das Reichskonkordat nicht galt. Jaeger zeigt vielmehr auf, dass durch die genannten Maßnahmen das Ansehen Deutschlands beschädigt wird, versucht also, den nationalistischen Nerv des Regimes zu treffen, er deutet an, dass die Auslandspresse solche Nachrichten verwerten würde – was prompt geschah, möglicherweise durch Paderborner Mitwirkung – und er beschreibt klar und deutlich eine Reihe einzelner Maßnahmen, die in direkter Parallele zum Vernichtungsfeldzug der Bolschewisten gegen das Christentum in der Sowjetunion lagen – es gab also den Bolschewismus im eigenen Land!

Zwischen Bertram und Galen?

Die Nachrichten über die Vorbereitung eines Gesetzes zur Trennung von Ehen mit sog. nichtarischen Partnern, über Abtransport von Geisteskranken und Deportation von Juden führten in der Bischofskonferenz zu Überlegungen über einen dagegen gerichteten gemeinsamen Hirtenbrief. Die Initiative war vom Ordensausschuss ausgegangen, einem Beratungsgremium, das nach der Vertreibung von Ordensangehörigen aus ihren Klöstern gebildet worden

186 Ebd., 167–172.

Adolf Kardinal Bertram

war.[187] Ein solcher Hirtenbrief sollte am Passionssonntag des Jahres 1942 verlesen werden, doch konnte zwischen den Bischöfen keine Einigung erzielt werden, sodass stattdessen eine Denkschrift an die Reichsregierung eingereicht wurde.[188] Doch blieb eine Reaktion der Reichsregierung aus und auf Nachfrage erklärte der Chef der Reichskanzlei, Hitler habe „bisher nicht Stellung genommen".[189] Daraufhin wurde die Denkschrift zu einem Hirtenbrief überarbeitet. Der Text gewann dadurch „schärfere Kontur". Es wurde gegen die Bedrängnisse der Kirche und ihrer Verkündigung Beschwerde geführt und die Bischöfe traten erstmals „nicht nur für die religiösen und kirchlichen Rechte an zuständiger Stelle ein ..., sondern auch für die allgemein-menschlichen gott-verliehenen Rechte des Menschen"[190]. Diese Rechte wurden dann im Einzelnen aufgeführt.[191]

Aufgrund eines Einspruchs des Breslauer Kardinals Bertram, Vorsitzender der Bischofskonferenz, und wegen organisatorischer Schwierigkeiten wurde dieser Hirtenbrief nur in den Diözesen Bamberg, Speyer und Würzburg verlesen. Die westdeutschen Bischöfe erarbeiteten deshalb kurzfristig eine neue Fassung[192] und ließen diese verlesen. Der Hirtenbrief wurde nach Angaben der Geheimen Staatspolizei nur in den Bischofsstädten Paderborn und Münster verlesen.[193] Kardinal Bertram hatte zwar dem Hirtenbrief nicht zugestimmt, doch die Anregung gegeben, einen Hirtenbrief zur Geltung der Zehn Gebote auszuarbeiten. Er schrieb am 10. März 1943 an den Hildesheimer Bischof Machens, ihm sei in

187 Vgl. Leugers, Antonia: Gegen eine Mauer bischöflichen Schweigens.

188 Dazu und zum Folgenden: Hürten, Heinz: Deutsche Katholiken 1918–1945, 512f.; Zumholz, Maria Anna: Clemens August Graf von Galen, 206f.

189 Hürten, Heinz: Deutsche Katholiken 1918–1945, 524.

190 Ebd.

191 Hirtenwort des Deutschen Episkopats v. 22.3.1941, in: Volk, Ludwig (Bearb.): Akten deutscher Bischöfe über die Lage der Kirche 1933–1945, Teil 5, 700–704, hier 702.

192 Hirtenbrief der westdeutschen Bischöfe v. 20.3.1942, in: Volk, Ludwig (Bearb.): Akten deutscher Bischöfe über die Lage der Kirche 1933–1945, Teil 5, 705–708.

193 Geheime Staatspolizei Münster an Oberpräsidenten der Provinz Westfalen v. 24.3.1942, Staatsarchiv Münster, Oberpräsidium Nr. 53 11.

diesem Zusammenhang der Gedanke gekommen, „daß es zeitgemäß sein würde, von neuem darzulegen, welche eminente und grundlegende Bedeutung der Dekalog für das gesamte Volksleben hat. Es kann und darf in rein sachlicher Weise geschehen ohne umfangreiche Erörterungen, doch mit größter Offenheit und warmer Eindringlichkeit".[194] Die westdeutschen Bischöfe erarbeiteten einen entsprechenden Entwurf[195]. Allerdings fand auch dieser nicht die Zustimmung Bertrams, doch nahmen die in Fulda versammelten Bischöfe den Entwurf dennoch an – Bertram war erkrankt und daher nicht anwesend – und dieser Hirtenbrief wurde am 12. September 1943 verlesen.[196]

Dies war eine komplizierte Vorgeschichte, doch bildet dieser sog. Dekalog-Hirtenbrief das bedeutendste Dokument kirchlich-katholischen Widerspruchs gegen das NS-Regime. Daher seien hier einige zentrale Aussagen wenigstens schlagwortartig aufgeführt:

- „Kein Volk darf sich selbst zum Abgott machen, als ob sein Wille und nicht der Wille Gottes die Quelle aller Sittlichkeit und alles Rechtes sei. ...
- Das öffentliche Recht, das durch die Auferlegung des Fahnen-, Amts- und Verfassungseides Gott, den Herrn, immer und immer wieder in feierlichster Form zum Zeugen und Bürgen anrufen lässt, kann nicht gleichzeitig die Rechte Gottes im Gemeinschaftsleben dadurch verneinen, dass es die Religion zur unverbindlichen Privatsache erklärt. ...
- Darum darf in keinem Volk und zu keiner Zeit der Sonntag grundsätzlich und allgemein zum Werktag gemacht werden. ...
- [Die Obrigkeit] darf weder ihren Willen dem Willen Gottes entgegensetzen, noch ihre Herrschaft so überspannen, dass sie das Gott verbriefte Eigenrecht der Einzelpersonen noch die ebenfalls in Gott verankerte Autorität der Familie und Kirche unterdrückt. ...
- Darum darf keine irdische Macht in das Recht des Herrn über Leben und Tod willkürlich eingreifen und das Leben eines Unschuldigen frevelhaft verletzen und vernichten. ... Tötung ist in sich schlecht, auch wenn sie angeblich im Interesse des Gemeinwohls verübt würde. An schuld- und wehrlosen Geistesschwachen und -kranken, an unheilbar Siechenden und tödlich verletzten, an erblich belasteten und lebensuntüchtigen Neugeborenen, an unschuldigen Geiseln und entwaffneten Kriegs- oder Strafgefangenen, an Menschen fremder Rassen und Abstammung. ...
- Auch die sog. rassische Mischehe hat, sobald und sofern sie nach göttlichem und kirchlichem Gesetz gültig geschlossen ist, den vollen Anspruch

194 Zit. n. Hürten, Heinz: Deutsche Katholiken 1918–1945, 528.
195 Kölner Entwurf eines Hirtenworts v. 28.6.1943, in: Volk, Ludwig (Bearb.): Akten deutscher Bischöfe über die Lage der Kirche 1933–1945, Teil 6, 184–197.
196 Text ebd., 197–205.

auf den göttlichen Schutz des sechsten Gebotes, auf die darin verbrieften Segensgüter. ...

- Persönlichkeitswürde des Menschen erheischt also das persönliche Nutzungsrecht an den Gütern dieser Erde als normale und naturgemäße Lebensgrundlage. Dem entspricht die grundsätzliche Förderung des Privateigentums ... Ob diese Unfreiheit [der wirtschaftlichen Abhängigkeit oder Unfreiheit] von der Übermacht des Privatkapitals oder der öffentlichen Macht ausgeht, ist für die Wirkung selbst ohne Belang. Im Gegenteil, unter dem Druck eines Staates, der alles beherrscht und das Gesamtgebiet des privaten und öffentlichen Lebens regeln will, bis hinein selbst in den Gesinnungs-, Überzeugungs- und Gewissensbereich, könnte diese Unfreiheit noch viel schwerer wiegende Folgen zeitigen, wie die Erfahrung lehrt und bezeugt. ...
- Lüge – von wem sie auch ausgeht – zerstört Glaube und Vertrauen unter den Menschen und untergräbt damit die menschliche Lebensgemeinschaft. ...
- Was der hl. Augustinus zu Zeiten der Völkerwanderung schrieb, das gilt auch heute noch: ‚Schlecht ist nicht der Himmel noch die Erde, noch das Meer und das, was in ihnen ist ... . Alles das ist gut, aber schlechte Menschen machen die Welt schlecht.' ...
- Alles, was wir mit Berufung auf die zehn Gebote Gottes fordern, ist die Wahrung der Gottesrechte und der in ihnen wurzelnden Menschenrechte im öffentlichen Leben der Völker. ...[197]

Im Kontext der Gemeinsamen Hirtenbriefe der Fuldaer Bischofskonferenz ist der Paderborner Erzbischof nur dreimal in den Quellen greifbar. Das Konveniat der Kölner und Paderborner Kirchenprovinz nahm am 17./18. März 1943 unter dem Vorsitz Jaegers die Anregung Bertrams zu einem Hirtenwort über die Zehn Gebote auf. Kardinal Bertrams fürchtete, dass ein solcher Hirtenbrief von der Regierung als „politisch" angesehen und eine „Ausnutzung ... durch das feindliche Ausland Anlass zu schweren Vorwürfen geben würde".[198] Aus diesen Verlautbarungen gibt es eine Notiz von Pater Delp „Brief von Paderborn. Breslau lehnt Unterschrift ab, da brauchbar für Feindpropaganda. Paderborn wankend."[199] Und im Juli schrieb Jaeger an den Fuldaer Bischof Dietz: „Mir will ebenfalls scheinen, dass in dieser Kriegszeit unser Volk etwas anderes als ‚Wort von Fulda' erwartet".[200] Im Abschlussgottesdienst der

197 Hirtenwort des deutschen Episkopats v. 19.8.1943, zit. nach Volk, Ludwig (Bearb.): Akten deutscher Bischöfe über die Lage der Kirche 1933–1945, Teil 6, 197–205.

198 Bertram an die deutschen Metropoliten v. 24.7.1943 in: Volk, Ludwig (Bearb.): Akten Kardinal Michael von Faulhabers 1917–1945, Teil 2, 988/89.

199 Volk, Ludwig (Bearb.): Akten deutscher Bischöfe über die Lage der Kirche 1933–1945, Teil 6, 122, dort Anm. 1; vgl. Stüken, Wolfgang: Hirten unter Hitler, 164.

200 Zit. n. Leugers, Antonia: Gegen eine Mauer bischöflichen Schweigens, 278.

Fuldaer Bischofskonferenz am 19. August 1943 hielt Jaeger die Predigt – deren Inhalt Stüken auch diesmal nicht wiedergibt – daraus aber einen Satz Jaeger zum Vorwurf macht[201] und weiter kritisiert, Jaeger habe die in Fulda beschlossene Einleitung zu dem Hirtenbrief verlesen lassen, was doch der Münchener Kardinal und der Kölner Erzbischof nicht getan hätten. Wenn man sich über die Haltung Bertrams ein Urteil bilden und ebenso über die Haltung des von Stüken mehrfach präferierten Galen, so ist es nur fair, zum einen Bertrams Argumente wenigstens zur Kenntnis zu nehmen, zum anderen die Position Galens näher zu bestimmen und zum dritten nach der Zielsetzung der Hirtenbriefe zu fragen.

Kardinal Adolf Bertrams Position

„Jede Spannung von sich aus zu vermeiden und alle Gefahren von der Kirche abzuwenden", bezeichnete Bertram gegenüber dem Berliner Domkapitular Walter Adolph als seine grundsätzliche Haltung[202], Ausdruck dieser Haltung war seine viel gescholtene ‚Eingabenpolitik', in der er es allerdings nach Ludwig Volks Einschätzung „zu unbestrittener Meisterschaft" gebracht hat.[203] Bertram wird die Wirkungslosigkeit seiner Eingaben vorgehalten, seine Argumente hingegen werden nicht zur Kenntnis genommen. Hinsichtlich des Vorwurfs mangelnder Wirksamkeit wird impliziert, dass eine schärfere Gangart wirksamer gewesen wäre. Dies ist einfach unrealistisch, wie sich am Beispiel Bischof von Galens zeigen lässt.

Heinz Hürten hat die aus Bertrams Grundsatz fließenden praktischen Folgerungen formuliert: Orientierung der kirchlichen Forderungen am möglicherweise Durchsetzbaren, Vorrang von Seelsorge und Verkündigung und „Verzicht auf jedes Handeln, das vielleicht den Nachruhm förderte, in der Gegenwart aber vermeidbare Schwierigkeiten hervorrief".[204]

Bei den oben geschilderten Hirtenbriefen führte Bertram an, dass hinsichtlich Deportationen, der Situation in Osteuropa usw. kein Bischof für die Richtigkeit der Darstellung bürgen könne und schon von daher solche Bezüge von staatlicher Seite leicht abgewehrt würden. Zu einer humaneren Behandlung der Juden und seelsorglichen Betreuung von Deportierten, werde die andere Seite die Zuständigkeit bestreiten. Dazu Hürten: „Bertrams Argumente sind kaum zu widerlegen".[205] Wenn sich also Erzbischof Jaeger eher auf Bertrams Seite schlug, was eindeutig nicht einmal belegt werden kann, dann aus durch-

201 Stüken, Wolfgang: Hirten unter Hitler, 165f.
202 Vgl. Kuropka, Joachim: „Mit Eingaben wird wohl nichts zu erreichen sein ...", 215.
203 Volk, Ludwig: Adolf Kardinal Bertram, 282.
204 Hürten, Heinz: Deutsche Katholiken 1918–1945, 508.
205 Ebd., 516.

aus ehrenwerten Gründen, wobei schon oben deutlich wurde, dass er in der Seelsorge die Priorität seines Amtes im kirchlichen Handeln sah.

Bischof Clemens August Graf von Galen

In seinen Predigten im Juli/August 1941 mit den Anklagen gegen das Regime konnte sich Bischof von Galen auf konkrete Tatsachen stützen, die angesichts der vielen Todesfälle in Heilanstalten, nach denen den Angehörigen nur eine Urne ausgehändigt wurde, allgemein bekannt waren. Aber er konnte auch Namen von unrechtmäßig Verfolgten nennen und er konnte das vorbringen, was er über die Ermordung Geisteskranker „zuverlässig erfahren" hatte[206] und einen solchen Fall direkt benennen: „Ich will euch ein Beispiel sagen von dem, was jetzt geschieht. In Marienthal war ein Mann von etwa 55 Jahren, ein Bauer aus einer Landgemeinde des Münsterlandes – ich könnte euch den Namen nennen – der seit einigen Jahren unter Geistessstörungen leidet ... den Mann, der sich der Provinzial-, Heil- und Pflegeanstalt Marienthal zur Pflege anvertraut hat ...".[207] Galen sah sich aufgrund des von ihm in der Predigt zitierten Paragraphen 139 des Reichsstrafgesetzbuches sogar verpflichtet, Anzeige zu erstatten, lautet der doch: „Wer von dem Vorhaben ... eines Verbrechens wider das Leben ... glaubhafte Kenntnis erhält und es unterlässt, der Behörde oder dem Bedrohten hiervon zur rechten Zeit Anzeige zu machen, wird ... bestraft."[208] Letztlich hatte der direkte Bezug zu seinen Zuhörern durchschlagende Wirkung – bei diesen und bei den Vertretern des Regimes:

Bischof Clemens August Graf von Galen

> „Wenn man den Grundsatz aufstellt und anwendet, daß man den ‚unproduktiven' Mitmenschen töten darf, dann wehe uns allen, wenn wir alt und altersschwach werden! Wenn man die unproduktiven Mitmenschen töten darf, dann wehe den Invaliden, die im Produktionsprozeß ihre Kraft, ihre gesunden Knochen eingesetzt, geopfert und eingebüßt haben! Wenn man die unproduktiven Mitmenschen gewaltsam besei-

206 Predigt v. 3.8.1941, Löffler, Peter (Bearb.): Bischof Clemens August Graf von Galen, 876.
207 Ebd., 879.
208 Ebd., 877.

tigen darf, dann wehe unseren braven Soldaten, die als Schwerkriegsverletzte, als Krüppel, als Invaliden in die Heimat zurückkehren! Wenn einmal zugegeben wird, daß Menschen das Recht haben, ‚unproduktive' Mitmenschen zu töten – und wenn es jetzt zunächst auch nur arme, wehrlose Geisteskranke trifft –, dann ist grundsätzlich der Mord an allen unproduktiven Menschen, also an den unheilbar Kranken, den arbeitsunfähigen Krüppeln, den Invaliden der Arbeit und des Krieges, dann ist der Mord an uns allen, wenn wir alt und altersschwach sind und damit unproduktiv werden, freigegeben. Dann braucht nur irgendein Geheimerlaß anzuordnen, daß das bei Geisteskranken erprobte Verfahren auch auf andere „Unproduktive" auszudehnen ist, daß es auch bei den unheilbar Lungenkranken, bei den Altersschwachen, bei den Altersinvaliden, bei den schwerkriegsverletzten Soldaten anzuwenden ist. Dann ist keiner von uns seines Lebens mehr sicher."[209]

Winfried Süß hat den Zusammenhang präzise analysiert, habe doch Galens Protest zum einen über „das skandaltypische Element der Enthüllung" gewirkt, vor allem aber durch die „diskursive Enttabuisierung der Krankenmorde, indem Galen das, was ein Geheimnis sein sollte, doch längst keines mehr war, mit der Autorität seines bischöflichen Amtes offen als Staatsverbrechen brandmarkte".[210]

Nicht der politische Erfolg war das eigentliche Ziel

Der Verweis auf Galen und sein mutiges Auftreten lässt in der Regel diesen Zusammenhang völlig außer Acht. Auch mit ‚schärferen' Formulierungen hätte der Dekalog-Hirtenbrief tiefere Wirkungen nicht erzielen können. Politisch blieb der Erfolg aus – wie eben auch bei den Eingaben Bertrams – es gab Zustimmung im Kirchenvolk und Ärger bei der Partei, wie Heinz Hürten schreibt.[211]

Dass Proteste der Bischöfe, in welcher Tonlage auch immer, nicht einen Wandel in der Politik des Regimes herbeiführen konnten, war den Zeitgenossen durchaus bewusst. So schrieb denn auch der Trierer Bischof Bornewasser: „Regierung und Partei ... kümmern sich weder um die Denkschrift noch um allgemeine oder einzelne Hirtenbriefe ... Ihr Vernichtungsplan für Christentum und Kirche ist fertig. Sie werden ihn brutal durchführen, sobald sie können ... Für uns handelt es sich um das von Gott anvertraute Volk. Dies in seiner Glaubenshaltung stark und unbeugsam festzumachen für die kommenden

209 Ebd., 878.
210 Süß, Winfried: „Bischof von Münster – Tötung verwundeter Soldaten.", 69, 77.
211 Hürten, Heinz: Deutsche Katholiken 1918–1945, 526.

schweren Prüfungen, ist unsere Aufgabe. Deshalb die Notwendigkeit eines Hirtenworts, das auch das Vertrauen des Volkes auf seine geistlichen Führer stärkt".[212] Diese Position vertrat auch Bischof von Galen, wenn er am 20. Juli 1941 in der Liebfrauenkirche in Münster sagte:

> „Gewiß, wir Christen machen keine Revolution! Wir werden weiter treu unsere Pflicht tun, im Gehorsam gegen Gott, aus Liebe zu unserem deutschen Volk und Vaterland. Unsere Soldaten werden kämpfen und sterben für Deutschland: aber nicht für jene Menschen, die durch ihr grausames Vorgehen gegen unsere Ordensleute, gegen ihre Brüder und Schwestern, unsere Herzen verwunden und dem deutschen Namen vor Gott und den Mitmenschen Schmach antun. Wir kämpfen tapfer weiter gegen die äußeren Feinde. Gegen den Feind im Innern, der uns peinigt und schlägt, können wir nicht mit Waffen kämpfen. Es bleibt uns nur ein Kampfmittel: starkes, zähes, hartes Durchhalten![213]

Und noch einmal: die ‚Hühnerhofmethode'

Wenn die Texte, aus denen Stüken zu seinem Jaeger-Bild passende Zitate präsentiert, nicht so ohne weiteres zugänglich sind, dann kann er den Leser umso leichter in die Irre führen. Das gilt in besonderem Maße für Jaegers Predigt am 19. August 1943 im Dom zu Fulda, wo er vor den 36 zur Konferenz zusammengekommenen Bischöfen und einigen tausend Zuhörern die Abschlusspredigt hielt. Der Text dieser Predigt findet sich allein in den Akten des Reichskirchenministeriums im Bundesarchiv in Berlin. Der interessierte Zeitgenosse muss also eigens nach Berlin fahren, wenn er den Inhalt dieser Predigt zur Kenntnis nehmen will, die im Übrigen noch umfangreicher gewesen sein dürfte, als auf den in Berlin befindlichen viereinhalb Schreibmaschinenseiten niedergelegt, denn zu Beginn dieser Niederschrift heißt es, Jaeger habe eine Ansprache gehalten, „in der er u. a. folgendes ausführte".[214]

Aus diesen viereinhalb Schreibmaschinenseiten pickt Stüken eben nach der ‚Hühnerhofmethode' einige Satzteile heraus und biegt sie in seinem Sinne zurecht: Wenn Jaeger sagte, „Es ist nicht unseres Amtes zu den Fragen der Weltpolitik Stellung zu nehmen. Wir haben andere Berufung vom Herrn empfangen", sieht Stüken eine Abgrenzung vom zwei Tage zuvor verabschiedeten Dekalog-Hirtenbrief. Wenn Jaeger davon spricht, die Arbeit und Sorge der Bischöfe gelte „nicht einer Kirche im luftleeren Raum, auch nicht einer

212 Ebd., 536f.

213 Predigt v. 20.7.1941, Löffler, Peter (Bearb.): Bischof Clemens August Graf von Galen, 859.

214 Bundesarchiv Berlin, Reichskirchenministerium 5101 / 21793.

Bei der Altarweihe des wiederhergestellten Patroklidoms
in Soest 4. Juli 1948

politischen Macht und Idee, sondern sie gilt unseren deutschen Brüdern und Schwestern, die mit uns eines Blutes sind, deren Schicksal wir teilen, auf dass sie an den zeitlichen und ewigen Segnungen des Reiches Gottes teilnehmen", dann grenze Jaeger angeblich „die Juden ausdrücklich aus seiner Hirtensorge aus". Ausgerechnet Jaeger, der bereits an seinem Weihetage in der Predigt bei der Jugendkundgebung die Jugendlichen aufgefordert hatte, Zeugnis zu geben durch die christliche Liebe, durch den Bekennermut, „durch Eure vorbehaltlose, einsatzbereite Liebe, die ihr jedem Menschen entgegenbringt!"[215] Wenn Jaeger sagt, „im Glauben an unseren Herrn Jesus Christus, in seiner Kraft und Gnade fließt unserem deutschen Volke Segensquellen, die sein Glück auch für die Zukunft verbürgen. Darum pflanzen wir das Kreuz auf an der Wende zweier Zeiten, das Kreuz als Zeichen des Sieges, darum blicken wir hin auf Christus herrliches Vorbild als auf den Grundriss einer neuen Welt", dann zeige dies nach Stüken Jaegers „Überzeugung vom baldigen Endsieg".

215 Text bei Gruß, Heribert: Erzbischof Lorenz Jaeger als Kirchenführer im Dritten Reich, 374.

„Hitlers und sein Glaube“, also Jaegers Glaube, sei es, wenn Jaeger formuliere, dass „unser Reich und ... die ganze Welt das Glück eines dauerhaften Friedens finden“.[216] Was Stüken da liefert, ist schlichte Verfälschung.

Erzbischof Jaeger spricht in dieser Predigt als Seelsorger und erinnert an die Aufgaben eines Bischofs, die nicht in den „Fragen der Weltpolitik“ liegen, die vielmehr als Diener Christi „Ausspender seiner Geheimnisse“ (1 Kor 4,1) seien, mit der Aufgabe, Christi Evangelium zu verkünden, sein Gnadenleben zu vermitteln, in seinem Geist und in seiner Kraft zu heilen und zu helfen.“ Er erinnert an Bonifatius, in dessen Erbe es Aufgabe der Bischöfe sei, „unserem deutschen Volke zu dienen und den Glauben zu erhalten, ... das Erbe zu bewahren, das er uns hinterlassen hat.“ Ihre Sorge gelte „nicht einer Kirche im luftleeren Raum, auch nicht einer politischen Macht und Idee“, sondern sie gelte den deutschen Katholiken, „auf dass sie an den zeitlichen und ewigen Segnungen des Reiches Gottes teilnehmen ... Wir wären schlechte Hirten der Herde Christi, wenn uns das menschliche Geschick der uns anvertrauten Gläubigen gleichgültig ließe.“ Jaeger widerspricht „allen böswilligen Verdächtigungen von draußen wie von drinnen“, hätten doch auch große Kriege „nur dann einen Sinn, wenn neue Ordnungen aus ihm erstehen“ und dafür sei „das ewiggültige Vorbild ... das geschichtswendende und weltumgestaltende Opfer Christi. Die Stunde, da unser Herr am Kreuze starb, war die Geburtsstunde einer neuen Welt, war der Beginn eines neuen Reiches“. Soll denn „aus dem Meer von Blut und Tränen“, das sich augenblicklich zeige, „die Friedensinsel einer neuen glücklicheren Welt steigen, so müssen Welt und Christenheit wieder das Wort der Schrift hören und bitter ernst nehmen: ‚Jesus Christus ist der Stein, von menschlichen Bauleuten verworfen und dennoch zum Grundstein geworden. In keinem anderen ist das Heil, denn kein anderer Name ist unter dem weiten Himmel uns Menschen gegeben, in welchem wir die Seligkeit erlangen (Apg 4,11f.)‘.“ Eine neue Welt könne nur in Christus als dem Garanten einer neuen Ordnung entstehen, „jeder andere Weg führt in die Irre“. Er beschwor die Anwesenden, „fest und treu zu Christus zu stehen. Daß Ihr als deutsche Katholiken daheim wie an der Front in Treue Eure Pflicht gegen Volk und Vaterland erfüllt, versteht sich von selbst. Deutschland muss leben, auch wenn wir sterben müssen. So ist Euer Grundsatz. Darüber hinaus aber habt Ihr auch Christus in die Welt zu tragen. Unserem vielgeliebten und vielgeprüften Vaterland tut nämlich nichts mehr not, als daß es Christus als dem alten Quell neuer Kraft auch in dieser Weltstunde gewahrt und erlebt.“ Mehr als für andere Völker gelte darum für das deutsche Volk, „das Herzvolk Europas, das prophetische Wort: Dieser (Christus) ist gesetzt zum Falle und zur Auferstehung, an ihm entscheidet sich unser deutsches Schicksal“. In diesen so sehr schweren Zeiten sei es die Aufgabe der Gläubigen, „durch Euer Bekennt-

216 Stüken, Wolfgang: Hirten unter Hitler, 165f.

nis zu Christus, durch Euer Leben im Geiste und in der Kraft Christi, durch Euer selbstloses Dienen in der Liebe Christi die Welt aus ihrem Unfrieden zu erlösen und hinzuführen auf die Wege, die hinführen in Glück und Frieden ... Darum pflanzen wir das Kreuz auf an der Wende zweier Zeiten, das Kreuz als ein Zeichen des Sieges, darum blicken wir hin auf Christi herrliches Vorbild als auf den Grundriß einer neuen Welt. Mitten im Wirbel des Krieges heißen wir Euch hoffen, mitten im Toben der Elemente heißen wir Euch lieben, Gott, unsern Herrn, und die Menschen, unsere Brüder. Wer kann gegen uns sein, wenn der lebendige Gott und sein Gesalbter für uns sind!"[217]

Es war eine rhetorische Meisterleistung, es war eine mitreißende Predigt, und es war – eine antinationalsozialistische Predigt! – und Wolfgang Stüken hat es nicht gemerkt oder wollte es nicht bemerken, er will uns weismachen, „Hitlers und sein [Jaegers] Glaube" sei, daß „unser Reich und ... die ganze Welt das Glück eines dauerhaften Friedens finden"[218]. In der Predigt ist von Hitler überhaupt nicht die Rede, sondern es heißt an dieser Stelle bei Jaeger: „Soll unser Reich und soll die ganze Welt das Glück eines dauerhaften Friedens finden, ... so kann das nur im Namen dessen geschehen, den wir den Heiland nennen, in seiner Kraft und unter seiner Führung. Christus ist der Garant einer neuen Ordnung, er ist der Ausweg aus der heillosen Welt dieser Tage, jeder andere Weg führt in die Irre"[219] – und so eben der Weg Hitlers und des Nationalsozialismus.

Methoden der Diskriminierung

„Stufen der Kollaboration mit dem NS-Regime" will Peter Bürger bei Kardinal Jaeger in seiner „Stellungnahme und Dokumentation zum Antrag der Demokratischen Initiative Paderborn" aufzeigen und führt in skandalisierenden Wendungen die im vorstehenden behandelten Vorgänge und Zitate aus Stükens Buch auf. In die Diskussion um den Widerstand gegen das NS-Regime waren in den 1980er Jahren hinsichtlich des katholischen Bevölkerungsteils Stufenmodelle von Widerstand eingebracht worden, deren Bezugspunkt das Risiko war, das für den öffentlichen Ausdruck widerständigen Verhaltens eingegangen werden musste. So wurde punktuelle Unzufriedenheit, die öffentlich geäußert wurde, als erste Stufe gewertet, es folgte als zweite die Ablehnung der Anpassung an die nationalsozialistischen Normen, als dritte der öffentlich eingelegte Protest, also eine Form der aktiven Gegenwirkung, und als vierte Stufe der aktive Widerstand, der durch entsprechende Handlungen die Besei-

217 Predigt Jaegers, Bundesarchiv Berlin, Reichskirchenministerium 5101 / 21793.
218 Stüken, Wolfgang: Hirten unter Hitler, 166.
219 Predigt Jaegers, Bundesarchiv Berlin, Reichskirchenministerium 5101 / 21793.

tigung des Regimes zum Ziel hatte.[220] Dem versuchte 2010 Olaf Blaschke ein Modell von „Stufen der Kollaboration“ gegenüberzustellen und sah als erste Stufe die punktuelle Zufriedenheit, „die Übereinstimmung mit einigen Einstellungen und Maßnahmen der Nationalsozialisten“, als zweite Stufe Kooperation und Anpassung, „das gewöhnliche Mitläufertum, die allgemeine Unterwerfung unter die Zeitumstände“, als dritte Stufe die Loyalität bis zum Konsens, „die Loyalität zum Reich und zu dessen Führung bis hin zur Übereinstimmung mit der nationalsozialistischen Politik“ und als vierte Stufe die aktive Kollaboration, „die authentische Partizipation, etwa durch Parteianhängerschaft bei gleichzeitigem Festhalten an christlichen Grundüberzeugungen“.[221]

Blaschke hat bei dieser Idee nicht berücksichtigt, dass der Begriff ‚Kollaboration‘ – ursprünglich einfach ‚Zusammenarbeit‘ – seit dem 2. Weltkrieg festgelegt ist, nämlich auf die ‚Kollaboration‘ in von Deutschland besetzten Ländern mit der deutschen Besatzungsmacht. Es handelte sich also um eine Zusammenarbeit mit dem siegreichen Feind und damit um aktive Unterstützung von dessen brutaler ideologisch motivierter Politik, wofür die Deportation der Juden aus Frankreich ein hervorstechendes Beispiel ist. Ein weiteres Problem dieses Vorschlages ist es, dass das ganz normale Weiterleben in Deutschland nach 1933 als eine Form der ‚Kollaboration‘ angesehen und das in dem Stufenmodell ausdrücklich geforderte Risiko von Widerstandshandlungen ausgeblendet wird. Das sieht in gewisser Weise auch Blaschke, wenn er schreibt, „es gab Übergänge zwischen den Stufen und vor allem Querverbindungen zwischen beiden Seiten. Das machte die Zeit von 1933 bis 1945 aus: Zugleich im Konsens und im Widerspruch leben zu können, in einer Gemengelage von Zustimmung und Unzufriedenheit, im Amalgam aus Begeisterung und Distanz“.[222] Insofern haftet dem Begriff ‚Kollaboration‘ in der von Blaschke vorgeschlagenen Verwendung von vornherein ein Diskriminierungsakzent an. Peter Bürger verwendet den Begriff nun ganz platt, ohne die von Blaschke formulierten Umstände, und betont den diffamierenden Charakter, weil bereits durch die Verwendung nahelegt wird, dass in unserem Fall Erzbischof Jaeger das NS-Regime tatkräftig unterstützt habe, was eindeutig nicht zutrifft.

Stükens Darstellung ist insgesamt geprägt vom Versuch der Diskriminierung. Zwar hat der Autor versucht, seiner Studie einen wissenschaftlichen Anstrich zu geben, etwa indem zu den 173 Textseiten nicht weniger als 1029 Anmerkungen gehören. Der Autor hat ja auch tatsächlich Literatur und archivalische Quellen herangezogen, allerdings nur insofern er für sein vorab festliegendes Jaeger-Bild nach passenden ‚Belegen‘ Ausschau gehalten hat. Dies

220 Vgl. dazu Gotto, Klaus/Hockerts, Hans-Günter/Repgen, Konrad: Nationalsozialistische Herausforderung; Hürten, Heinz: Verfolgung, Widerstand und Zeugnis, 70f.

221 Blaschke, Olaf: Stufen des Widerstandes, 80f.

222 Ebd., 87.

ist im vorstehenden Text aufgezeigt worden und soll hier knapp zusammengefasst werden.

Stüken greift zu herabwürdigenden, Jaeger in NS-Nähe rückenden Behauptungen, für die er keine Belege vorweisen kann. Er akzentuiert Handlungen Jaegers sachwidrig als nationalsozialistisch und unterstellt NS-Nähe. Das gilt z. B. für die Kennzeichnung des Zentrums-Mitgliedes Jaeger als deutsch-national, für die entsprechende Einordnung der Gedenkrede auf Schlageter in der Schulveranstaltung, für die Behauptung, Jaeger habe der Republik reserviert gegenübergestanden, für die Einordnung Jaegers unter die sog. „Brückenbauer", ein in der wissenschaftlichen Diskussion festgelegter Begriff, der auf Jaeger absolut nicht zutrifft. Zu einer direkten Fälschung greift Stüken mit der Behauptung, Jaeger habe seine VDA-Mitgliedschaft „ausdrücklich" als NS-Organisation angegeben. Mit der Behauptung, Jaeger habe „keine Probleme" mit den für Beamte verpflichtenden Angaben zum sog. Arier-Nachweis gehabt, rückt er Jaeger sogar in die Nähe des Antisemitismus. Durch die unzutreffende Darstellung des Arier-Nachweises in der evangelischen Kirche insinuiert Stüken eine antisemitische Praxis in der katholischen Kirche.

In Bezug auf Jaegers Mitgliedschaft im Verein für das Deutschtum im Ausland legt Stüken eine Beteiligung Jaegers an der Bücherverbrennung im Mai 1933 nahe, hinsichtlich der Mitgliedschaft in der NS-Volkswohlfahrt unterstellt er eine Verantwortung für die Leitungsebene, wiewohl die von Stüken zitierte Studie die damalige Lebenspraxis ausdrücklich darlegt, was Stüken verschweigt. Ähnliches gilt für die Beschreibung von Jaegers Tätigkeit im Bund Neudeutschland und als Schriftleiter der Zeitschrift für den katholischen Religionsunterricht an Höheren Lehranstalten.

Als Fälschung einzuordnen ist die unzutreffende Behauptung, die NS-Bevölkerungspolitik mit dem Sterilisationsgesetz hätte eine „gemeinsame Interessenlage" mit dem Aufklärungsprogramm der Katholischen Kirche verbunden, das Jaeger mit organisiert hat. Mit Hilfe der ‚Hühnerhof-Methode' versucht Stüken, den Bischof als Nationalisten und Kriegstreiber hinzustellen, indem er aus Hirtenbriefen und Predigten ein oder zwei Sätze herauspickt, dem Leser jedoch den Inhalt der Predigten bzw. Hirtenbriefe vorenthält. Der Autor ist sich sogar nicht zu schade, zur „Reductio ad Hitlerum" zu greifen, mit der alles, was mit Hitler in irgendeine Verbindung gebracht werden kann, dadurch als schlecht und schändlich bewertet wird – und auf diese Weise eben auch Erzbischof Jaeger. Beschrieben wurde diese Methode übrigens von einem Franzosen.[223] Wie Hitler las Jaeger gern die Bücher von Luis Trenker, so Stüken.

Ein entscheidender methodischer Mangel der Stükenschen Darstellung liegt darin, dass er die zeitgenössische Gesamtsituation und die daraus resultierenden Sichtweisen der Bevölkerung und auch des Studienrats und Erzbi-

223 Smet, François de: Reductio ad Hitlerum.

schofs Jaeger völlig außer Acht lässt. Es ist schwer zu beurteilen, ob dies ein schlichter Mangel an Kenntnissen ist, der Stüken selbst gar nicht aufgegangen ist, oder ob er diese Verortung im Interesse seiner Zielsetzung gar nicht für wünschenswert hielt. Das geht bis hin in die sprachlichen Eigenheiten wie am Begriff „Entartung" oben aufgezeigt wurde.

Man kann ein solches Werk nur als Pamphlet bezeichnen, als eine Schmähschrift, also eine Schrift, wie man bei Wikipedia nachlesen kann, „in der sich jemand engagiert, überspitzt und polemisch zu einem wissenschaftlichen, religiösen oder politischen Thema äußert. Die sachliche Argumentation tritt dabei in den Hintergrund; die leidenschaftliche Parteinahme gegen eine Sache hingegen überwiegt bei der Argumentation. Die Herabsetzung einer anderen Person wird dabei billigend in Kauf genommen oder ist sogar das eigentliche Ziel des Pamphlets. Diesem Ziel werden Argumentation, Sprachstil und besonders die rhetorische Ausgestaltung untergeordnet."[224] Stüken kann mit seiner Arbeit in die Reihe einer bestimmten Spezies von Kirchenkritikern wie Denzler, Missalla, Mynarek und Deschner eingeordnet werden. Über Deschner fasste sein Kirchenkritiker-Kollege Denzler die Einwände von Historikern zu seinen Werken so zusammen, was in etwas abgewandelter Form auch für Stüken gelten kann: Er kennt kein historisch-kritisches Quellenstudium, er trifft eine höchst einseitige Literaturauswahl, interpretiert Quellen ohne Berücksichtigung des Zusammenhangs, nimmt Einzelereignisse für das Ganze und täuscht einen gelehrten Anmerkungsapparat vor, bei dem oft nicht zu kontrollieren ist, was behauptet wird.[225]

Die Ehrenbürgerschaft

Aus der Politik ist man einiges gewöhnt und so verwundert es auch nicht, dass die Mini-Fraktion der „Demokratischen Initiative Paderborn" die Ehrenbürgerschaft des Erzbischofs Jaeger hervorholt und den bekannten Antrag stellt. In diesem Antrag, unterstützt durch die „Stellungnahme" von Peter Bürger, der in der Paderborner Presse als „Kirchenhistoriker" firmiert, vermisst man eine der Grundvoraussetzungen der Demokratie, nämlich die Achtung des anderen, hier des Erzbischofs Lorenz Jaeger.

CDU-Ratsvertreter widersprachen dem Antrag und der FDP-Vertreter machte darauf aufmerksam, man dürfe nicht „mehr als 70 Jahre später unsere eigene, heutige normative Schablone auf die Sprache der damaligen Zeit" legen.[226] Eigentlich ist man es gewohnt, bei den Kommunalpolitikern der SPD Leute

224 Stichwort Pamphlet in Wikipedia – abgerufen am 4.9.2018.
225 In Anlehnung an Wikipedia-Eintrag Deschner – abgerufen am 4.9.2018.
226 Westfälisches Volksblatt v. 21.5.2015.

mit solider Bodenhaftung zu treffen. Hier nun erklärte einer, „dass Jaegers Rhetorik zumindest eine bedenkliche Nähe zur NS-Propaganda und in Teilen auch zu ihrer Rassenlehre zeigt."[227] Die in den Unterlagen und in der Diskussion bekannt gewordene ‚Rhetorik' besteht aus drei kurzen Sätzen. Die Abgehobenheit der Antragsteller erhellt am deutlichsten aus dem Vorwurf, Jaeger habe angeblich von der bevorstehenden Zerstörung der Stadt erfahren, und der Sprecher der Demokratischen Initiative stellt die Frage: „Und was hat Jaeger als Mitwisser zur Rettung der Stadt getan?"[228] Man fragt sich, welche Vorschläge zur Rettung der Stadt durch den Bischof Herr Borgmeyer da anzubieten hat. Von der Todesstrafe bei sog. Wehrkraftzersetzung – nicht nur für den Bischof, sondern auch alle diejenigen, die seinen möglichen Ratschlägen gefolgt wären, hat er offenbar noch nie gehört.

Bei Durchsicht der Presseberichterstattung fällt auf, dass doch wirklich so getan wird, als wenn Wolfgang Stüken die zentrale Untersuchung zu Jaeger geboten hätte, die nun von Peter Bürger zugespitzt wird. Bürger erklärt so leichthin, die Arbeiten von Heribert Gruß und die Bistumsgeschichte von Hans Jürgen Brandt und Karl Hengst zeichneten ein „völlig falsches Bild des Oberhirten".[229] Bürger hat auch nicht den kleinsten Forschungsbeitrag zu dem Thema geliefert und Stüken eine wissenschaftlich nicht ernst genommene und nicht ernstzunehmende Darstellung, auf die man sich jetzt fast 20 Jahre nach Erscheinen mit diesem Antrag stützt. Immerhin macht ein Leserbriefschreiber darauf aufmerksam, „aus der Rückschau ... lässt sich heute bequem urteilen".[230] Ein anderer sieht die Beckmesserei, „jede Äußerung auf ihre ‚political correctness' abzuklopfen".[231] Wenigstens widersprach Wolfgang Thönissen der abseitigen Behauptung, „Ökumene sei im damaligen Verständnis bezogen gewesen ‚auf blutsmäßige Volksgemeinschaft'," was „sich jedenfalls nicht auf Kardinal Jaeger beziehen" könne.[232]

Wenn nun die „Demokratische Initiative Paderborn" mit ihren damals vier Ratsmitgliedern mit einem solchen Antrag daherkommt, dann „geht [es] wohl auch um Effekthascherei", wie der Kommentator im Westfälischen Volksblatt schrieb.[233] Man sollte es deutlicher sagen, es geht *nur* um Effekthascherei und die ist, wie die Leserbriefe, Nachrichten und Kommentare von Anfang Mai bis Mitte August 2015 zeigen, durchaus gelungen. Peter Bürger kommt nicht weniger als siebenmal zu Wort und verbreitet erfundene Geschichten über

227 Neue Westfälische v. 23./24.5.2015.
228 Neue Westfälische v. 6.5.2015.
229 Erzbischof im braunen Zwielicht. Neue Westfälische v. 9./10.5.2015.
230 Neue Westfälische v. 27.5.2015.
231 Westfälisches Volksblatt v. 17.6.2015.
232 Neue Westfälische v. 2.7.2015.
233 Westfälisches Volksblatt v. 7.5.2015.

Erzbischof im braunen Zwielicht

Theologe und Publizist Peter Bürger wertet Jaegers Verhalten als Kollaboration

Bleibt Kardinal Jaeger in der Ehrenbürgerliste?

KOMMENTAR

Umstrittener Eintrag in Ehrenbürgerliste

Auseinandersetzung tut Not

LESERBRIEFE

Kandidat der braunen Machthaber

Aberkennung ist überfällig

Ehrenbürgerschaft von Lorenz Jaeger

Kirchenführer als Kriegstreiber

DIP-Fraktion im Rat beantragt Aufhebung der Ehrenbürgerschaft von Lorenz Kardinal Jaeger

LESERBRIEFE

Entsetzt über Mittäterschaft

„Treue bis in den Tod"

Schlagzeilen und Leserbrief-Titel in der Lokalpresse Paderborns im Mai 2015

Jaeger[234] und absolut haltlose Urteile über die soliden Arbeiten von Heribert Gruß und Jürgen Brandt / Karl Hengst[235]. Heribert Gruß habe über Jaeger „ein völlig falsches Bild" gezeichnet und der Artikel von Hans Jürgen Brandt und Karl Hengst über die Zeit von 1930 bis 2010 „ignoriere die Ergebnisse der Forschungen u. a. von NW [Neue Westfälische Zeitung]-Lokaljournalist Stüken, der 1999 Jaegers Nähe zur NS-Ideologie in seinem Buch ‚Hirten unter Hitler' sauber nachgewiesen habe."[236]

Wie ‚sauber' wurde oben aufgezeigt. Stükens Buch und Bürgers Skandalisierung haben mit Geschichtswissenschaft nichts zu tun. Bei Bürger handelt es sich um reine Propaganda, für die er bei Stüken die Vorlagen findet. Als Heribert Gruß sein Buch erarbeitete, wurde in der Geschichtswissenschaft intensiv über den Widerstand gegen den Nationalsozialismus im allgemeinen und über den Widerstandsbegriff diskutiert. Es ging vor allem um die Frage des ‚politischen Widerstandes', den, sieht man einmal vom 20. Juli 1944 ab, nur die Kommunisten geleistet hätten. Kaum thematisiert wurde allerdings, dass deren Ziel ein bolschewistisches Regime in Deutschland war und übersehen wurde, dass es zwar viele Zeugnisse persönlichen Mutes von Kommunisten gibt, dass aber totalitäre Regime durch die geheime Verteilung von Flugblättern und Flugschriften nicht gestürzt werden können, wohl aber daraufhin Tausende von KPD-Leuten in den KZs gequält wurden.

Martin Broszat war es dann, der den wirkungsgeschichtlichen Ansatz in die Diskussion einbrachte, der nach der Begrenzung, Abwehr, Eindämmung der NS-Herrschaft, gleich aus welchen Motiven, fragte, weil ja politisch wie historisch vor allem das zähle, „was getan und bewirkt, weniger das, was nur gewollt ober beabsichtigt war".[237] Nun ist es natürlich schwierig, die Wirkung von resistenten Verhaltensformen zu bewerten. Hier kann allerdings ein Blick in die Stoßrichtungen des Regimes weiterführen, denn es kann ja nur verwundern, dass katholischen Jugendlichen Wandern, Zelten und Zeltlager verboten wurden, dass man den Religionsunterricht einschränkte, schließlich auch eine Reihe von Schulformen ganz verbannte, dass die Privatschulen geschlossen wurden, dass Kampagnen wie die Devisen- und Sittlichkeitsprozesse gegen Geistliche und Ordensleute inszeniert wurden, durchweg mit der Begründung, es handele sich um Maßnahmen gegen den ‚Politischen Katholizismus'. Das Geheime Staatspolizeiamt beschrieb schon Ende 1934 den Konflikt als den „Weltanschaulichen Kampf zweier an das Gefühl und das Übersinnliche appellierender Gewalten um die Seele jedes kath. Volksgenossen", mache doch der Nationalsozialismus mit der Durchsetzung seines Totalitätsanspruches ernst

234 Z. B. Neue Westfälische v. 9.5.2015.

235 Brandt, Hans Jürgen/Hengst, Karl: Geschichte des Erzbistums Paderborn. Band 4, 61–79 sowie 110–114.

236 Neue Westfälische v. 9./10.5.2015.

237 Broszat, Martin/Fröhlich, Elke: Alltag und Widerstand, 50.

und suche die Kirche daher „neue Formen der politisch-weltanschaulichen Beeinflussung".[238] Das öffentliche Glaubenszeugnis und die Weitergabe des Glaubens an die Jugend waren also für das NS-Regime politische Handlungen, die Religion war nach ihrer totalitären Auffassung mit dem Nationalsozialismus nicht vereinbar. Das wurde auch auf der kirchlichen Seite gesehen, sehr früh von Bischof von Galen, der am 17. Mai 1934 dem Kardinalstaatssekretär schrieb: „Mit scheint, daß eine solche Herbeiführung klarer Fronten in dem Ringen um die direkt religiösen Fragen zur Zeit nötiger ist, wie eine etwaige öffentliche Feststellung der Verletzungen des Konkordats".[239]

Dass Christentum und Nationalsozialismus unvereinbare Gegensätze waren, hatten sogar die Deutschlandberichte der Sozialdemokratischen Partei Deutschlands bereits 1935 formuliert: „Heute ist sich die katholische Kirche darüber klar geworden ... dass Christentum und Hitlertum unvereinbare Gegensätze sind, nicht nur wegen des Totalitätsanspruchs der Nationalsozialisten, sondern auch wegen der Rassenlehre und Sterilisation usw."[240] Dies war auch dem Studienrat Lorenz Jaeger völlig klar, der in seinem Unterricht und in seinen weiteren Aktivitäten diesen geistigen Kampf aufnahm und diese Unvereinbarkeit mehrfach formuliert hat. Über Rosenbergs ‚Mythus des 20. Jahrhunderts' hatte er geäußert, beim Lesen dieses Buches müsse man sich übergeben. Und am 5. Januar 1943 schrieb Jaeger an Richard Kleine, Geistlicher Studienrat in Duderstadt und NSDAP-Mitglied, es ginge „um eine christliche und antichristliche Weltanschauung. Hier geht es um unversöhnliche Gegensätze. Diese lassen sich nicht wegdiskutieren und durch äußerliche Treuebekenntnisse zum Staat verharmlosen und aus der Welt schaffen".[241]

Erzbischof Lorenz Jaeger – eine außergewöhnliche Persönlichkeit auf dem Paderborner Bischofsstuhl

Mit Jaeger kam eine durchaus außergewöhnliche Persönlichkeit auf den Paderborner Bischofsstuhl. Selbst seine Gegner attestierten ihm Intelligenz, Wissen, Welterfahrung, gutes Allgemeinwissen, Menschenkenntnis, vielseitige Bildung, Lebensgewandtheit, psychologisches Geschick, er sei außerordentlich aktiv, habe eine fesselnde und imponierende Art, sei allgemein beliebt, auch bei Schülern anderer Konfession, werde „durch seine Klugheit und Besonnenheit

238 Zit. n. Kuropka, Joachim: Gegen die Umwertung der Werte, 46f.; dort auch weitere Einzelheiten zum Zusammenhang.

239 Reproduktion des Briefes bei Kuropka, Joachim: Religion oder Politik?, 24, Unterstreichung im Original.

240 Deutschland-Berichte der Sozialdemokratischen Partei Deutschlands (Sopade), 1934–1940, Zweiter Jahrgang, 1301.

241 Zit. n. Ernesti, Jörg: Ökumene im Dritten Reich, 236.

dem Staat keine Handhabe zu einem evtl. Einschreiten bieten"[242] und handle eben mit einer gewissen Vorsicht. Die NS-Verlautbarungen verfolgte er offenbar genau, wenn er in seiner Erklärung zu seinem Unterricht aus Hitlers „Mein Kampf", aus Rosenbergs Reden, aus dem Völkischen Beobachter ebenso zitiert wie aus der Evangelisch-lutherischen Kirchenzeitung und aus Verlautbarungen des Reichserziehungsministers. Vor allem habe Jaeger die Fähigkeit, ohne Konflikte mit dem Staat auszukommen und trotzdem die Jugend auf seiner Seite zu haben, was Nuntius Orsenigo eine gewisse Bewunderung abnötigte, der sich in diesem Sinne gegenüber einem – unerkannten – V-Mann äußerte.[243]

Im Übrigen war er ein Mann von gewandtem und sicherem Auftreten, durchaus mit einem militärischen Anklang, was damals als positives Persönlichkeitsmerkmal angesehen wurde.

Neben der Jugendseelsorge hatte Jaeger auch in dem besonders fordernden Gebiet der Militärseelsorge während des Krieges Erfahrungen gesammelt. Darüber gibt eine Sammlung von Erfahrungsberichten von Wehrmachtspfarrern sehr eindrücklich Auskunft, darunter auch von Josef Buslay, dem Nachfolger Jaegers als Wehrmachtspfarrer bei der 302. Infanteriedivision.[244] Es kam also mit Jaeger ein profilierter Seelsorger in das Bischofsamt, der in der Seelsorge auch den absoluten Schwerpunkt seiner bischöflichen Tätigkeit sah, ganz im Einklang mit eben diesem Auftrag seines Amtes. Diesen Schwerpunkt hat Jaeger dann auch direkt nach seiner Weihe den jungen Klerikern besonders ans Herz gelegt und auf diesem Gebiet umgehend besondere Aktivität entfaltet. Schon am 2. Dezember 1941 berichtet die SD-Hauptaußenstelle Bielefeld über „eine erheblich gesteigerte Aktivität seitens der Kirche vor allem in der Jugendbetreuung und -Erziehung", nachdem der neue Bischof in Paderborn eingeführt worden ist.[245] Im Bericht der NSDAP-Gauleitung Westfalen-Nord hieß es: „Der Bischof von Paderborn entwickelt eine äußerst rege Tätigkeit in Bezug auf eine Aktivierung der katholischen Jugend".[246]

Diese Betonung der Seelsorge brachte Jaeger offenbar auch in die Beratungen der Bischofskonferenz ein, und dem entspricht auch das Thema der von Jaeger erarbeiteten Denkschrift vom August 1942, ging es doch um die Seelsorge in den Deutschland neu angeschlossenen Gebieten. Bei der Aussichtslosigkeit, durch Eingaben, Denkschriften, Hirtenbriefe eine Änderung der Politik

242 Inspekteur der Sicherheitspolizei und SD v. 20.8.1941, zit. n. Gruß, Heribert: Erzbischof Lorenz Jaeger als Kirchenführer im Dritten Reich, 359.

243 Chef der Sicherheitspolizei und des SD v. Reichsminister des Auswärtigen v. 18.12.1941, zit. n. Gruß, Heribert: Erzbischof Lorenz Jaeger als Kirchenführer im Dritten Reich, 380.

244 Katholisches Militärbischofsamt (Hg.): Mensch, was wollt ihr denen sagen?, 42–49.

245 SD-Hauptaußenstelle Bielefeld v. 2.12.1941: Zunehmende Aktivität der kath. Kirche, Staatsarchiv Detmold M 18 Nr. 16, Bd. II.

246 Bericht für Oktober 1941, Staatsarchiv Münster, Gauleitung Westfalen-Nord, Hauptleitung, Nr. 17.

des Regimes herbeizuführen, musste der Schwerpunkt auf der Stärkung der Gläubigen liegen, auf deren ‚starkem, zähem, harten Durchhalten', wie Bischof von Galen dies formuliert hat und nicht auf ‚scharfen' Worten, die evtl. sogar völlig unvorhersehbare Reaktionen auslösen konnten, hatte man doch die gewaltsame Auslöschung des Glaubens in Russland durchaus vor Augen. So hatte die in Paris erscheinende Exilzeitschrift „Kulturkampf" im Dezember 1938 geschrieben, die Alternative zu der von den Bischöfen eingenommenen Haltung sei der offene Bruch „mit der Gewißheit, daß ihm die Entfesselung des Vernichtungskampfes gegen die katholische Kirche folgen würde".[247]

Über die Aufgaben der Kirche unter den totalitären Bedingungen hat Dietrich Bonhoeffer intensiv nachgedacht. Zum Mandat der Kirche formulierte er, die Kirche habe „den Auftrag, die Wirklichkeit Jesu Christi in Verkündigung, kirchlicher Ordnung und christlichem Leben wirklich werden zu lassen", mit der Folge, „die Herrschaft Christi über alle Obrigkeit bedeutet keineswegs die Herrschaft der Kirche über die Obrigkeit".[248] Es geht allein um die Verkündigung des Evangeliums, die Erhaltung der kirchlichen Ordnung und des christlichen Lebens. Wenn nun die Kirche diesem ihrem Mandat untreu wird, *dann* ist Widerstand dagegen geboten, den Bonhoeffer in seiner evangelischen Kirche auch geleistet hat. „Die Evangeliumsverkündigung und nicht Weltverbesserung [sei] zentrale und ureigene Aufgabe der Kirche", fassen die Herausgeber des Buches über Bonhoeffer zusammen.[249]

Blicken wir also noch einmal zurück auf die Aufgaben, die ein Bischof im Rahmen seines Amtes als Träger der kirchlichen Lehrgewalt in seinem Bistum wahrzunehmen hat. Er hat für die Verkündigung der kirchlichen Lehre zu sorgen und über die Reinhaltung des Glaubens zu wachen, also „der ihm anvertrauten Kirche als Lehrer, Priester und Hirte zu dienen."[250] Genau dies hat Lorenz Jaeger eingelöst und dabei eine ungewöhnlich hohe Zustimmung der Gläubigen, insbesondere der Jugend erfahren. Er führte in der Tat, wie die Gestapo Dortmund schrieb, „einen stillen, aber zähen Kampf für die Belange der römischen Kirche"[251] und war für das Regime tatsächlich ein „äußert gefährlicher und sehr ernst zu nehmender Gegner"[252], weil er als Studienrat und als Erzbischof mit einem besonderen Charisma für die Jugend verhinderte, dass das NS-Regime seinem Ziel, Glauben und Kirche zu vernichten, näher kam.

Zusammengefasst: Er hat es gut gemacht.

247 Kulturkampf, Nr. 43 v. 8.1.1937, zit. n. Hürten, Heinz (Bearb.): „Kulturkampf ...", 82f.; zum Zusammenhang vgl. Kuropka, Joachim: Zwischen Seelsorge und Politik.

248 Zit. n. Mayer, Rainer/Zimmerling, Peter (Hg.): Dietrich Bonhoeffer aktuell, 166.

249 Ebd., 167.

250 LThK 2 (^{3}1994), 487.

251 Staatspolizeistelle Dortmund an Oberpräsidenten der Provinz Westfalen v. 13.6.1941, Bundesarchiv Berlin, RKM 51.01, Nr. 2234.

252 Ebd.

Jaeger und die Ökumene im Dritten Reich

Burkhard Neumann

„Ich kann das Wort Frieden nicht aussprechen in dieser Stunde, ohne auch unserer *evangelischen Glaubensbrüder* in der Liebe des Guten Hirten zu gedenken."[1] Mit diesen bekannten und immer wieder zitierten Worten spricht Erzbischof Lorenz Jaeger in seiner Predigt am Tag seiner Bischofsweihe am 19. Oktober 1941 in einer für die damalige Zeit wohl eher ungewöhnlichen Weise ausdrücklich auch die evangelischen Christinnen und Christen an und zeigt damit bereits zu diesem Anlass, dass die Ökumene, die Suche nach der sichtbaren Einheit der Kirche oder, wie es damals hieß, der „Wiedervereinigung im Glauben"[2], ein wichtiges Anliegen seines bischöflichen Wirkens werden und bis an das Ende bleiben sollte.[3]

Neben dieses Zitat kann aber ein zweites gestellt werden, das ebenfalls charakteristisch ist für Jaeger und sein Verständnis der Ökumene: „Die Kirchenspaltung ist einst durch die Theologen gekommen, sie muß auch wieder durch theologische Arbeit überwunden werden."[4] Der Theologie kommt seiner Ansicht nach darum eine, wenn nicht gar die zentrale Rolle für die Überwindung der Spaltung der Christenheit zu.

Der vorliegende Beitrag möchte neben einigen (möglichen) Wurzeln von Jaegers ökumenischem Engagement die charakteristischen Züge seines Verständnisses einer solchen Wiedervereinigung der Christen in den ersten Jahren seines bischöflichen Wirkens, die in die NS-Zeit fallen, umreißen. Dabei wird ein besonderer Schwerpunkt auf die Abgrenzung zur so genannten „völkischen" Ökumene gelegt werden, wie sie sich vor allem im Kontakt mit dem Duderstädter Religionslehrer Richard Kleine widerspiegelt. Dabei kann er sich an vielen Stellen berufen auf die bisherigen Forschungen zu Jaegers Wirken, die an der einen oder anderen Stelle ergänzt bzw. erweitert werden sollen um diejenigen Hinweise und Spuren, wie sie sich u.a. aus dem inzwischen erschlossenen Nachlass Jaegers ergeben.[5]

1 Jaeger, Lorenz: Einheit und Gemeinschaft, 7.

2 Ebd.

3 Vgl. Thönissen, Wolfgang: Einheit und Erneuerung; ders.: Lorenz Kardinal Jaeger.

4 Abschied und Dank, 3.

5 Einige Akten, die die Ökumene betreffen, lagerten noch im Johann-Adam-Möhler-Institut für Ökumenik in Paderborn und sind erst nach dem Verfassen dieses Beitrags in das Archiv

1. Biographische Wurzeln

Fragt man nach den Wurzeln von Jaegers Interesse an der Ökumene, das angesichts der faktischen Stellung der katholischen Kirche zur ökumenischen Bewegung zur damaligen Zeit keineswegs selbstverständlich war,[6] so ist man zunächst angewiesen auf die Biographie Jaegers sowie auf Hinweise aus seinem priesterlichen und bischöflichen Wirken, wie sie sich in den entsprechenden Akten finden lassen. Da es wie bei anderen Punkten auch hier so gut wie keine persönlichen Zeugnisse Jaegers gibt, bleibt man allerdings an vielen Stellen auf Vermutungen angewiesen.

In allen biographischen Darstellungen wird in diesem Zusammenhang an erster Stelle auf die Herkunft Jaegers hingewiesen, der in einer konfessionsverschiedenen Ehe oder, wie es damals hieß, in einer „Mischehe" groß geworden ist,[7] die damals bekanntlich nicht nur in der katholischen Kirche, sondern in allen Konfessionen nur sehr ungern gesehen und dementsprechend weitgehend nur geduldet wurde.[8] Michael Hardt sieht Jaegers Offenheit für die Ökumene darüber hinaus grundgelegt in „seinem Aufwachsen in der Diaspora, seinen Erfahrungen als Soldat aus dem Ersten Weltkrieg und in seinen Begegnungen mit evangelischen Christen während der 14-jährigen Tätigkeit im Schuldienst im Ruhrgebiet."[9] Darüber hinaus lassen sich aber weitere Prägungen bzw. Einflüsse geltend machen, auf die im Folgenden verwiesen werden soll.

2. Jaeger als Wehrmachtspfarrer

Eher vernachlässigt bzw. nur selten wahrgenommen wird in diesem Zusammenhang seine Zeit als Kriegspfarrer 1940/41, zunächst in Flandern, dann in Mecklenburg und zuletzt in Frankreich.[10] Allerdings ist bisher kaum erforscht, welche Rolle die Militärseelsorge insgesamt für die Ökumene gespielt hat, und

des Erzbistums Paderborn übernommen worden. Darauf wird in den Belegen entsprechend hingewiesen.

6 Zur Geschichte und Situation der Ökumene in dieser Zeit vgl. Ernesti, Jörg: Ökumene im Dritten Reich; Ernesti, Jörg/Thönissen, Wolfgang (Hg.): Die Entdeckung der Ökumene; Petri, Heinrich: Die römisch-katholische Kirche und die ökumenische Bewegung; Rouse, Ruth/Neill, Stephen Charles (Hg.): Geschichte der ökumenischen Bewegung. Teil 2.

7 Vgl. etwa Ernesti, Jörg: Ökumene im Dritten Reich, 338; Hardt, Michael: Art. Jaeger, Lorenz; Thönissen, Wolfgang: Einheit und Erneuerung, 301f.; ders.: Lorenz Kardinal Jaeger, 196.

8 Vgl. Althaus, Rüdiger: „Und sie bewegt sich doch", 274–77.

9 Hardt, Michael: Art. Jaeger, Lorenz, 99; vgl. Schoppmeyer, Heinrich: Lorenz Jaeger, 185f.

10 Vgl. Gruß, Heribert: Erzbischof Lorenz Jaeger als Kirchenführer im Dritten Reich, 73–80.

auch die Quellen zu Jaeger lassen an diesem Punkt letztendlich nur Vermutungen bzw. Wahrscheinlichkeiten zu.[11]

Im Nachlass Jaegers finden sich drei Quellen aus dieser Zeit: zum einen die offiziellen Tätigkeitsberichte, die Jaeger als Wehrmachtspfarrer zu verfassen hatte,[12] sowie zwei z.T. in Stenografieschrift verfasste und inzwischen transkribierte private Tagebücher, die Jaeger wie viele andere Wehrmachtsgeistliche trotz des offiziellen Verbots geführt hat,[13] von denen das erste die Zeit vom 9.6.1940 bis zum 3.2.1941 umfasst[14] und das zweite die Zeit bis zum 17.8.1941.[15]

Darin finden sich zwar keinerlei programmatischen Aussagen zur Ökumene, wohl aber zahlreiche Hinweise auf die praktische Zusammenarbeit der katholischen und evangelischen Seelsorger, die für Jaeger sicherlich prägend geworden ist. Dabei gilt es aber immer zu beachten, unter welchen Umständen diese Texte verfasst wurden und was auch in den privaten Notizen gesagt werden konnte und was nicht.[16]

11 Vgl. einige Hinweise bei Pöpping, Dagmar: Kriegspfarrer an der Ostfront, 13 sowie ausführlicher Röw, Martin: Militärseelsorge unter dem Hakenkreuz, 157–172. In einem undatierten und nicht unterschriebenen maschinenschriftlichen Text aus dem Nachlass von Paul Simon, der vermutlich Anfang 1946 entstanden ist (darauf deutet die Abheftung zwischen entsprechend datierten Briefen) heißt es u.a.: „Was die Voraussetzungen für die neue Arbeit angeht, so ist festzustellen, daß das Verständnis für die Una Sancta gewachsen ist. Das Zusammenleben und Zusammenarbeiten vieler junger katholischer und evangelischer Geistlicher bei der Armee hat viele Vorurteile und viel Mißtrauen beseitigt. Gerade im Felde haben katholische und evangelische Theologen oft fruchtbare Aussprachen miteinander gehabt, und sie haben sich häufig zur Lektüre der hl. Schrift zusammengefunden. Es ist kein Zweifel, daß in vielen Städten Aussprachekreise über kirchliche und theologische Fragen zwischen katholischen und evangelischen Theologen und Laien zustandekommen werden, sobald die Verkehrsmöglichkeiten einigermaßen geregelt sind." (EBAP, NL Simon II).

12 EBAP, NL Jaeger, 231.

13 Vgl. Pöpping, Dagmar: Kriegspfarrer an der Ostfront, 14f.

14 EBAP, NL Jaeger, 2317.

15 EBAP, Der Erzbischof 1 II 7, 378–424.

16 Vgl. Röw, Martin: Militärseelsorge unter dem Hakenkreuz, 291: „Das Gros der Seelsorger setzte sich schriftlich nicht dezidiert mit dem Nationalsozialismus und seiner Ideologie auseinander. Die wenigsten bezogen klar einen politischen Standpunkt. Auf die Grenzen der freien Meinungsäußerung in einer totalitären Diktatur hinzuweisen, erscheint müßig. Die geistlichen Angehörigen der deutschen Streitkräfte hatten kaum Spielraum, sich offen zu äußern. Sie konnten es nicht in ihren Tätigkeitsberichten, sie taten es nicht in Feldpostbriefen wegen des stetig dräuenden Damoklesschwertes der Zensur. Öffentliche Stellungnahmen waren selbstredend lebensgefährlich. Einzig persönliche Tagebücher ließen bedingt Raum für kritische Reflexion. Und selbst diese unterlagen oftmals einer Selbstzensur, die offene Formulierungen in der Regel ausschloss. Zu groß war für viele die drohende Gefahr, sollte das Tagebuch in falsche Hände geraten. Nur vereinzelt geben zeitgenössische Selbstzeugnisse Aufschluss über weltanschauliche Nähe oder Distanz der Pfarrer zum Nationalsozialismus."

Da die Wehrmachtsseelsorge gemäß dem bis 1942 geltenden „Merkblatt über die Feldseelsorge" überkonfessionell sein sollte,[17] finden sich in den Tätigkeitsberichten ebenso wie in den Tagebüchern immer wieder Hinweise auf solche überkonfessionellen Gottesdienste, die Jaeger für alle Soldaten abhielt, oft genug, um daran im Anschluss noch eine Messe für die Katholiken zu feiern.[18] Solche überkonfessionellen Gottesdienste konnten auch an besonderen kirchlichen Feiertagen wie etwa dem Karfreitag gefeiert werden.[19] Ebenso selbstverständlich war die Beerdigung evangelischer Soldaten, wenn der zuständige Wehrmachtspfarrer nicht kommen konnte.[20] Auch der religiöse Unterricht in den so genannten „Kasernenstunden"[21] konnte im Notfall überkonfessionell

17 Vgl. Pöpping, Dagmar: Kriegspfarrer an der Ostfront, 22; Röw, Martin: Militärseelsorge unter dem Hakenkreuz, 91–93. Die Einschränkungen der Wehrmachtseelsorge durch die „Richtlinien für die Durchführung der Feldseelsorge vom 24.5.1942" sowie den „Erlass des OKH vom 10. Oktober 1942, der entschied, dass fortan vakante Stellen in der Feldseelsorge nicht wiederbesetzt werden sollten" (ebd., 120), hat Jaeger nicht mehr als Kriegspfarrer erlebt, vgl. dazu den ganzen Abschnitt ebd., 118–125.

18 Vgl. EBAP, NL Jaeger, 231/006; EBAP, NL Jaeger, 231/018, Eintrag zum 7.7.1940: „Die Beteiligung am Wehrmachtsgottesdienst in Veert am gleichen Tag war sehr gut: 170 Mann, davon 45 evangelische Mannschaften. Dieser hohe Prozentsatz, auch der evangelischen Besucher, ist darauf zurückzuführen, daß ich Gelegenheit gehabt hatte, am voraufgegangenen Donnerstag den Leuten einen Lichtbildvortrag über ‚Christliches Soldatentum am Niederrhein' zu halten. Dadurch war überhaupt wieder einmal das religiöse Interesse geweckt worden, und die Leute hatten mich auch persönlich kennengelernt. Es wäre wünschenswert, daß jeder Wehrmachtsgottesdienst durch einen religiösen Vortrag in der voraufgehenden Woche vorbereitet werden könnte." Ebenso im handschriftlichen Kriegstagebuch, Eintrag vom 16. Juni und vom 7. Juli 1940 (EBAP, NL Jaeger, 2317). Anscheinend konnten solche überkonfessionellen Gottesdienste auch gemeinsam abgehalten werden. Darauf deutet ein Eintrag im zweiten Tagebuch Jaegers hin: EBAP, Der Erzbischof 1 II 7, 387r: „Nachmittags Feld=Gottes Dienst im Freme Tilloloy für 4. und 6. Fahrkolonne sowie Nachschubkompanie auf einer Wiese. T. hat gesprochen." (Eintrag vom 11.4.1941).

19 Vgl. EBAP, NL Jaeger, 231/065: „Die Division wurde in der Zeit vom 5.–10. April aus ihrem Aufstellungsgebiet – Mecklenburg – nach dem Westen verlegt. Die damit gegebene starke Beanspruchung der Truppe in den der Verlegung vorangehenden, bzw. nachfolgenden Tagen machte in der ersten Hälfte des Monats April die Abhaltung von Gottesdiensten unmöglich. Nur am Karfreitag, d.11.4., konnten 2 Feldgottesdienste im Freien – nicht nach Konfessionen getrennt – abgehalten werden für Einheiten, die ausdrücklich darum gebeten hatten." (Tätigkeitsbericht vom 1.4.–30.4.1941).

20 Vgl. EBAP, NL Jaeger, 231/009; EBAP, Der Erzbischof 1 II 7, 387v (Eintrag vom 17.4.1941).

21 Dazu heißt es in den Erläuterungen zum Tätigkeitsbericht II/941: „II. Kasernenstunden: Sie haben großen Anklang bei der Truppe gefunden. Die katholischen Mannschaften fanden sich dazu nahezu vollzählig ein und beteiligten sich recht rege an der Aussprache. Sie sind das beste Mittel, Pfarrer und Truppen schnell miteinander bekanntzumachen und die Voraussetzungen für eine vertrauensvolle Zusammenarbeit zu schaffen." (EBAP, NL Jaeger, 231/058, ähnlich im Tätigkeitsbericht vom 1.5.–31.5.1941: EBAP, NL Jaeger, 231/068).

erfolgen, auch wenn Jaeger das nicht sehr schätzte.[22] Hinzu kam die Erfahrung, dass bei den Besuchen im Lazarett die Konfession des Pfarrers in der Regel keine Rolle spielt.[23] Ebenso selbstverständlich scheint die Bereitstellung evangelischer Kirchen für katholische Gottesdienste gewesen zu sein[24] wie auch die Sorge darum, dass die evangelischen Soldaten an einem konfessionellen Gottesdienst teilnehmen können.[25] In diesem Zusammenhang ist vor allem Jaegers evangelischer Kollege, Superintendent Bruno Tecklenburg aus der Gemeinde St. Gotthardt, Brandenburg, zu nennen, der in seiner kirchenpolitischen Haltung offensichtlich der Bekennenden Kirche nahestand und der immer wieder in den handschriftlichen Tagebüchern genannt wird.[26] Trotz mancher Dinge, die den disziplinierten Jaeger wohl stören,[27] scheinen beide insgesamt gut miteinander ausgekommen zu sein. Dafür spricht vor allem, dass es gemäß dem Eintrag im handschriftlichen Tagebuch vom 18.12.1940 Tecklenburg ist, der darauf drängt, dass Jaeger mit ihm zur 302. Infanterie-Division versetzt wird, einer Bitte, der dann vom Ministerialrat Senftleben in Berlin entsprochen wurde. Angesichts dieser Beziehung ist es nicht zu verwundern, dass Tecklenburg laut Auskunft des damaligen Generalvikars Friedrich Maria Rintelen bei der Bischofsweihe von Lorenz Jaeger anwesend war.[28]

22 Vgl. EBAP, Der Erzbischof 1 II 7, 384v: „Da Tecklenburg fehlte, musste ich beide Konfessionen zusammen zum Unterricht nehmen. Ich tue das nicht gerne, da man doch nicht so persönlich sprechen kann, ... man nur die Leute eines Glaubens hat.“ (Eintrag vom 5.3.1941) sowie den Eintrag vom 6.3.1941 (ebd.) und vom 23.5.1941 (ebd., 391r).

23 Vgl. EBAP, NL Jaeger, 231/015; EBAP, Der Erzbischof 1 II 7, 394v: „Nach dem Mittag=Essen nach Dieppe gefahren und Kranken=Besuch auf der chirurgischen Station gemacht. Leute waren recht froh. Es sind zwar überwiegend Protestanten, aber alle kennen mich und freuen sich, wenn ich komme.“ (Eintrag vom 7.7.1941).

24 Vgl. EBAP, NL Jaeger, 231/031: „Nach der Verlegung der Division in den Raum von Küstrin – Frankfurt/Oder gestaltete sich die kath. Wehrmachtsseelsorge schwieriger, da im Raum, in dem die Truppen lagen, keine katholischen Kirchen sich befinden. Es mußte auf die ev. Pfarrkirchen zurückgegriffen werden, die aber bereitwilligst zur Verfügung gestellt wurden.“ (Tätigkeitsbericht IV/1940 vom 1.9.–25.9.1940).

25 Vgl. EBAP, NL Jaeger, 2317: Handschriftliches Kriegstagebuch, Eintrag vom 31.8.1940.

26 Zur Rolle Tecklenburgs im Dritten Reich vgl. die Hinweise auf: https://sonderausstellung.stadtmuseum-brandenburg.de/uebersicht/machtergreifung/bekennende-kirche/bekennende-kirche-und-kirchenkampf-in-brandenburg-an-der-havel.html – abgerufen am 21.05.2019.

27 Vgl. etwa EBAP, NL Jaeger, 2317: Handschriftliches Kriegstagebuch, Eintrag vom 30.10.1940: „Nachmittags muß ich wieder Pfarrer Tecklenburg zu seinem Pelz=Geschäft begleiten, wo er Mäntel für seine Frau erstanden hat, weil er das Geschäft nicht wiederfindet. Den ganzen Tag liegt er mir stark auf der Pelle, dass ich nicht zu eigener Arbeit komme.“; ferner die Einträge vom 26. und 29.12.1940, sowie im zweiten Tagebuch die Einträge vom 3.–5.4.1941, vom 19.4.1941, vom 17.6.1941 oder vom 5.7.1941: EBAP, Der Erzbischof 1 II 7, 386v; 387v; 393r; 394r.

28 Vgl. Gruß, Heribert: Erzbischof Lorenz Jaeger als Kirchenführer im Dritten Reich, 75, Anm. 18.

Präses Ernst Wilm

Zwar kann Jaeger im Einzelfall trotz aller guten Kameradschaft auch konfessionellen Vorurteilen begegnen,[29] aber viel mehr erfährt er hier eine Form des praktischen Miteinanders und der gegenseitigen Hilfe unter katholischen und evangelischen Christen, die ihn in seinem weiteren ökumenischen Wirken sicherlich geprägt hat.

Im Kontext der persönlichen Begegnungen, die Jaeger in dem hier zu behandelnden Zeitraum geprägt haben, ist auch hinzuweisen auf den Kontakt zu dem evangelischen Pfarrer und späteren Präses der Evangelischen Kirche von Westfalen, Ernst Wilm (1901–1989), der bedauerlicherweise nur auf Basis weniger Quellen rekonstruiert werden kann.[30] Wilm war als Mitglied der Bekennenden Kirche vom 23.5.1942 bis 2.1.1945 im Konzentrationslager Dachau inhaftiert. Nach seiner Entlassung wurde er am 28.1.1945 von der Wehrmacht einberufen und geriet vom 27.4. bis zum 4.9.1945 in russische Kriegsgefangenschaft. In einem kurzen, nicht adressierten Schreiben vom 16. August 1945 wendet sich Jaeger an einen wohl evangelischen Pastor, um zu erfahren, wo Wilm gefangen gehalten wird. In einem für ihn ungewöhnlich persönlichen Ton heißt es: „Ich hatte im Dezember letzten Jahres die Freude, ihn hier kennen zu lernen und habe ihn sofort lieb gewonnen. Teilen Sie mir bitte mit, wenn Sie festgestellt haben, in welchem Gefangenenlager er sich befindet. Ich werde alles tun, um ihm zu einer baldigen Rückkehr in die Heimat zu verhelfen. Ich werde ihn täglich in mein Gebet einschließen, damit Gott ihm die Gesundheit erhält und ihm Kraft gibt, die erneute Gefangenschaft in Geduld und Starkmut zu ertragen."[31] Nach

29 Vgl. EBAP, NL Jaeger, 2317: Handschriftliches Kriegstagebuch, Eintrag vom 15.10.1940: „14 ½ mit Pfarrer Tecklenburg nach Tourcoing zum evangelischen Armee=Pfarrer Bauerle gefahren, bei [dem] wir noch den evangelischen Armee=Pfarrer der 9. Armee treffen. Bauerle macht frischen, frohen Eindruck. Trotzdem stieß mich eine Bemerkung, die ihm ungewollt entschlüpfte, als er von seinen Kasernen=Stunden sprach, wo er dann in der Vorbereitung ~~zur Buße durch~~ zur Osterzeit von der Buße und Buß=Gesinnung zu den Soldaten über die ___ Beichte die Bemerkung machte ‚Eure katholischen Kameraden werden jetzt zur Osterbeichte geführt. Solchen Unfug machen wir natürlich nicht, aber auch wir müssen den Geist wahrer Buß=Gesinnung pflegen …'."

30 Vgl. Brinkmann, Ernst: Ernst Wilm; Kampmann, Jürgen: Pastor Ernst Wilm; https://www.lwl.org/westfaelische-geschichte/portal/Internet/finde/langDatensatz.php?urlID=683&url_tabelle=tab_person - abgerufen am 20.7.2019.

31 LkA EKvW 3.2 Nr. 250; ich danke Frau Anna Warkentin ganz herzlich für die Bereitstellung dieses Dokumentes.

seiner Wahl zum Präses der Evangelischen Kirche von Westfalen am 3.11.1948 gratuliert ihm Jaeger in einem Schreiben vom 19.11.1948. Darin schreibt er u.a.: „Gottes Güte waltet wahrlich wunderbar in Ihrem Leben. KZ, Soldatenzeit, Gefangenschaft und nunmehr die Führung der Evangelischen Kirche von Westfalen – das ist sicherlich kein gewöhnlicher Weg. Gern erinnere ich mich noch an unsere mehrmaligen Zusammentreffen.“[32] Wilm bedankt sich dafür am 7.12.1948 mit einem Brief, der an „Seine Eminenz den Herr Erzbischof Clemens von Paderborn“ [sic!] gerichtet ist: „Ich denke noch mit großer Freude an meinen Besuch bei Ihnen zurück, als ich im Januar 1945 nach Dachau und vor der schweren Zeit an der Oderfront und in russischer Kriegsgefangenschaft bei Ihnen war, um Ihnen von dem Ergehen Ihrer Diözesangeistlichen in Dachau und von ihren besonderen Nöten und Bedürfnissen zu berichten. Die Unmittelbarkeit des furchtbaren Geschehens, in dem wir alle mitten drinstanden, aber zugleich die Erfahrung der Gegenwart Christi und Seines Sieges waren so stark, daß die Gewißheit unseres gemeinsamen Glaubens an Jesus Christus nicht erst gesucht werden mußte, sondern einfach da war. Dabei blieb das Wissen um die großen Verschiedenheiten bestehen. Es ist mein herzliches Anliegen, auch für meine künftige Arbeit und mein Amt in unserer Kirche, daß das gemeinsame Gebet, das uns in der Dachauer Bruderschaft geschenkt worden ist und die Verantwortung, die wir dort füreinander getragen haben, ein uns anvertrautes Gut bleiben, das wir nun nicht einfach wieder beiseitelegen, als wenn wir uns dessen schämen müßten, sondern dessen wir uns auch weiter freuen und mit dem wir auch weiter wuchern. Und ich würde mich freuen und Gott danken, wenn auch zwischen uns, hochwürdigster Herr Erzbischof, eine Brücke dieser Gemeinsamkeit bleiben dürfte, nicht eine großmächtige Autobahnbrücke vor den Augen der Welt, aber ein stiller Steg, auf dem wir zueinander gehen und finden können, weil wir in beiden Kirchen dem Tag Jesu Christi entgegengehen.“[33] Offenkundig ist hier eine gegenseitige Verbundenheit spürbar, der weiter nachzugehen sich lohnen würde, die aber über den zeitlichen Rahmen dieses Beitrags hinausgeht. Immerhin fällt auf, dass sowohl Pfarrer Tecklenburg wie Präses Wilm zur Bekennenden Kirche gehörten bzw. ihr nahestanden, so dass man, auch wenn konkrete Belege fehlen, doch vermuten darf, dass ihre Verbundenheit mit Jaeger nicht nur auf einer persönlichen Wertschätzung gründete, sondern auch in der Gemeinsamkeit einer kritischen Haltung gegenüber dem Nationalsozialismus.

32 EBAP, NL Jaeger, 056/476.
33 EBAP, NL Jaeger, 056/475.

3. Die Rolle Paul Simons für Jaegers Ökumeneverständnis

Ausdrücklich ans Herz gelegt wird dem neu ernannten Erzbischof von Paderborn die Arbeit an der Wiedervereinigung im Glauben durch den Paderborner Dompropst Paul Simon,[34] der schon seit langem die ökumenische Bewegung aufmerksam wahrnahm und der u.a. zu jener Gruppe katholischer Theologen gehört, die an der ersten interkonfessionellen Konferenz in Deutschland in Berlin-Hermsdorf vom 29. bis 31.5.1934 teilnahmen.[35] In seiner Begrüßungsansprache bei der Besitzergreifung des neuen Erzbischofs von seinem Bistum am 17.10.1941 kommt Simon am Ende auch auf die Notwendigkeit der Ökumene zu sprechen. Er bedauert, dass „sich, vor allem in Deutschland, die Katholiken mit dem jetzigen Zustand des Nebeneinanderbestehens von Bekenntnissen abgefunden“[36] haben und sie die Einheit der Christen „eher für eine Utopie als für eine im Glauben gegebene Wirklichkeit halten.“[37] Ausdrücklich erinnert er an Jaegers Vorgänger, Bischof Konrad Martin, der sich mehrfach an die Protestanten seiner Diözese gewandt habe, was auch heute Aufgabe der Bischöfe sei, und dies „nicht um den Protestanten zu sagen, daß sie katholisch werden müssten, sondern um der Welt zu sagen, daß sie, die Bischöfe, an die Einheit, an die Universalität und Katholizität der Kirche glauben und nicht den geringsten Zweifel daran haben, daß sie einst da sein wird, auch wenn wir die Formen, in denen sie realisiert wird, heute nicht kennen können.“[38] Möglicherweise war es eben diese Rede, die Jaeger dazu veranlasste, in seiner Predigt am Tag seiner Bischofsweihe auch die evangelischen Christen anzusprechen. Paul Simon wird bis zu seinem Tod 1946 derjenige sein, der Jaeger in Fragen der Ökumene theologisch zur Seite steht und die wesentlichen Texte für ihn entwirft. Denn Jaeger selbst war, wie Jörg Ernesti zu Recht festhält, „kein Wissenschaftler oder theoretischer Kopf, sondern vielmehr Organisator, der um die Bedeutung äußerer Gestalt und Struktur wußte.“[39] Wohl gerade darum spielt aber die Theologie seiner Ansicht nach eine entscheidende Rolle für die Ökumene, wie im Folgenden immer wieder deutlich wird.

So ist es nicht verwunderlich, dass die „Bemerkungen zur ökumenischen Frage“, die Erzbischof Jaeger am 5.8.1942 den Mitgliedern der Fuldaer Bi-

34 Vgl. zu Paul Simon Höfer, Josef: Erinnerungen an Dompropst Professor Dr. Paul Simon; Ernesti, Jörg: Paul Simon (1882–1946) – Humanist und Pionier der Ökumene; ders.: Art. Simon, Paul; ders.: Ökumene im Dritten Reich, 327–337; Riesenberger, Dieter: Der Paderborner Dompropst Paul Simon (1882–1946), bes. 24–39: „2. Paul Simon und die Ökumene“.

35 Vgl. dazu Ernesti, Jörg: Ökumene im Dritten Reich, 42–123; Thönissen, Wolfgang: Einheit und Erneuerung, 303f., 310, 313.

36 Ernesti, Jörg: „Nicht rückwärts, sondern vorwärts schauen …“, 634.

37 Ebd.

38 Ebd.

39 Ernesti, Jörg: Ökumene im Dritten Reich, 339; ebenso Thönissen, Wolfgang: Einheit und Erneuerung, 303f., 310, 313.

schofskonferenz vorlegt,[40] eindeutig die Handschrift Simons tragen und zugleich deutlich machen, welches Verständnis von Ökumene Jaeger sich dadurch zu eigen macht.[41] Aus heutiger Sicht auffallend ist zunächst die Differenz in der Terminologie, in der sich die Unterschiede im jeweiligen Kirchen- und Einheitsverständnis widerspiegeln: „Auf katholischer Seite spricht man meist von einer ‚Wiedervereinigung', und der Katholik denkt dabei in erster Linie an eine ‚Rückkehr' der Protestanten zur Kirche. Auf seiten der Protestanten wird die ökumenische Frage anders gesehen, und es ist wichtig, das mit aller Deutlichkeit zu betonen."[42] Angesichts der zahlreichen positiven Wandlungen im Protestantismus in Deutschland, auf die mehrfach verwiesen wird und in denen sich die Aufnahme katholischer Anliegen ebenso widerspiegelt wie ein wachsendes Bewusstsein für die faktischen Gemeinsamkeiten zwischen Katholiken und Protestanten,[43] erscheinen Jaeger

Dompropst Paul Simon

40 Abgedruckt in: Jaeger, Lorenz: Einheit und Gemeinschaft, 8–17. Zur Vorgeschichte vgl. Ernesti, Jörg: Ökumene im Dritten Reich, 339–343. Auch wenn das Anliegen in der Sitzung nur kurz behandelt und im Protokoll gar nicht erwähnt wird, wurde Jaeger damit beauftragt, sich um die Errichtung einer entsprechenden Kommission zu kümmern; vgl. Klein, Aloys: Es begann mit der Una-Sancta-Bewegung, 330–333.

41 Vgl. Riesenberger, Dieter: Der Paderborner Dompropst Paul Simon (1882–1946), 33f; vgl. auch die in Jaeger, Lorenz: Einheit und Gemeinschaft, 404 genannten Aufsätze Simons. Bereits auf der Konferenz der westdeutschen Bischöfe in Bonn vom 1. bis 2.6.1942 war die Frage der Ökumene angesprochen worden. Laut dem Protokoll wäre es „wünschenswert, auf katholischer Seite eine Studienkommission für ökumenische Fragen einzurichten, welche die Gesamtarbeit der Einzelgruppen ausrichten könnte. Es soll ein dahingehender Antrag an die Fuldaer Plenarkonferenz gerichtet werden. Für den Vorsitz in der Studienkommission soll in Vorschlag gebracht werden Dompropst Prof. Dr. Paul Simon, Paderborn.": Protokoll der Konferenz der westdeutschen Bischöfe, Bonn, 1.–2. Juni 1942, in: Volk, Ludwig (Bearb.): Akten deutscher Bischöfe über die Lage der Kirche 1933–1945, Teil 5, Nr. 769, 754–761, 760.

42 Jaeger, Lorenz: Einheit und Gemeinschaft, 12.

43 Vgl. ebd., 11–13. Dort heißt es u.a., dass evangelische Theologen „die Bedeutung und das Wesen der sichtbaren Kirche und viele andere katholische Positionen" (11) neu entdeckt hätten.

theologische Gespräche nur dann sinnvoll, wenn man die Überzeugung haben darf, „daß die Lehrentwicklung auf evangelischer Seite so weit fortschreiten kann, daß tatsächlich eines Tages eine korporative Wiedervereinigung möglich wird.“[44] Mit der Feststellung, dass es erste katholische Aufgabe sei, die Glaubensüberzeugung der Verheißung der Einheit bewusst zu halten und das zu tun mit Rücksicht auf die Nichtkatholiken, wird deutlich das entsprechende Anliegen von Paul Simon aufgenommen. Auch wenn hier einerseits Ökumene (im Sinne der damaligen offiziellen Sicht) als Rückkehr zur katholischen Kirche verstanden wird, weil die katholische Kirche der Überzeugung ist, die eine Kirche Christi zu sein, wird zugleich festgehalten, dass man die zukünftige Gestalt der einen Kirche nicht kennen kann und ein Verständnis der Einheit „als das *völlige* Aufgehen aller nichtkatholischen Gruppen in der römisch-katholischen Kirche“[45] wird ausdrücklich ausgeschlossen.

Als zweite Aufgabe sieht Jaeger Vorträge oder Predigten zur rechten Darstellung der katholischen Lehre „ausdrücklich für Nichtkatholiken“,[46] wobei es bezeichnend ist, dass er dafür derzeit nur wenige Prediger für geeignet hält.

Der dritte und wichtigste Punkt spricht eben jenes Anliegen Jaegers an, das er bis an das Ende seines Episkopats durchhalten wird und das bereits im historischen Abriss zu Beginn seines Votums deutlich geworden ist, insofern auch dort immer wieder die Rolle der Theologen betont wird, nämlich die Bedeutung der Theologie. Jaeger fordert die Einsetzung einer Gruppe von katholischen Theologen, die die ökumenische Bewegung und die Wandlungen innerhalb der evangelischen Theologie beobachten, in einem ökumenischen „Seminar“ regelmäßig besprechen und die Bischöfe darüber informieren. Relativ vorsichtig formuliert wird dabei auch der Vorschlag, dabei „gelegentlich den einen oder anderen evangelischen Theologen, oder auch mehrere, zu ihren Konferenzen einzuladen.“[47] Ziel dieses „Seminars“ soll es ausdrücklich sein, „eine Ordnung in die gegenwärtig allzu eifrig betriebenen ‚Gespräche‘ in Deutschland“[48] zu bringen. Damit würde, darüber ist sich Jaeger klar, so etwas wie „eine offizielle Stelle“[49] für die Ökumene geschaffen. Wohl um entsprechenden Einwänden vorzubeugen, wird gleich hinzugefügt, dass damit

44 Ebd., 13. Im gedruckten Text steht fälschlicherweise „kooperative Wiedervereinigung“, hier korrigiert nach dem Originalmanuskript.

45 Ebd., 15.

46 Ebd.

47 Ebd.,16. Die Studienkonferenz zur Ekklesiologie, die am 22./23.9.1942 in Paderborn stattfand und an der auch Jaeger teilnahm, kann als Vorläufer dieses Arbeitskreises bzw. ökumenischen Seminars verstanden werden, vgl. Ernesti, Jörg: Ökumene im Dritten Reich, 343–346; Riesenberger, Dieter: Der Paderborner Dompropst Paul Simon (1882–1946), 32.

48 Jaeger, Lorenz: Einheit und Gemeinschaft, 16.

49 Ebd.

der Vorwurf, die Frage nach der Einheit läge der katholischen Kirche nicht am Herzen, verstummen würde.

Die vorhandenen lokalen Gruppen, in denen sich Katholiken und Protestanten begegnen und miteinander sprechen, werden grundsätzlich positiv beurteilt, weil sie dazu dienen, das bisher vorherrschende Misstrauen abzubauen und Vertrauen zu schaffen. Um aber für die nötige theologische Kompetenz zu sorgen, sollte mindestens ein katholischer Theologe dabei sein.

Eine Kritik an bestimmten, namentlich nicht genannten Personen formuliert der letzte Punkt, nämlich an solchen, die an zahlreichen Gesprächen teilnehmen und darum fordern, katholische Theologen müssten nun ausdrücklich das Gespräch mit evangelischen Theologen aufnehmen. Da solche Gespräche aber keine Unionsverhandlungen seien, sieht Jaeger in der Häufigkeit solche Gespräche eher eine Gefahr und plädiert demgegenüber für einen kleinen, kompetenten Kreis, der sich in größeren Abständen trifft. Im Grunde klingt hier bereits ein Anliegen an, dass Jaeger dann unmittelbar nach Kriegsende mit dem so genannten Jaeger-Stählin-Kreis, dem bis heute bestehenden Ökumenischen Arbeitskreis evangelischer und katholischer Theologen, verwirklichen wird.[50] Eine weitere Gefahr sieht er darin, eine Wiedervereinigung von unten auf Gemeindeebene erreichen zu wollen, vor allem, wenn Gesprächen gemeinsame Gottesdienste folgten. „Die Folge solcher Gottesdienst würde zweifellos eine große Verwirrung sein."[51]

Einerseits macht sich hier die Sorge vor Unklarheit und Verwirrung bemerkbar, vor allem bei den Laien, denen das nötige theologische Wissen fehle. Auf der anderen Seite werden die in den vergangenen Jahrzehnten erfolgten Veränderungen im Protestantismus positiv wahrgenommen und es wird dazu aufgerufen, die theologische Kompetenz auf katholischer Seite entsprechend zu nutzen. Ganz offenkundig geht es dabei nicht um Ökumene, wie sie heute verstanden wird, nämlich als eine *gemeinsame* Suche aller Kirchen nach der sichtbaren Einheit im Glauben, sondern um ein Beobachten, Bewerten und Fördern des Gedankens der Einheit innerhalb der katholischen Kirche und in der aufgrund der faktischen Entwicklung im Protestantismus als durchaus realistisch beurteilten Erwartung, dass eine Wiedervereinigung der Christen darum zwar eine Rückkehr zur katholischen Kirche sein müsse, deren faktische Gestalt sich aber nicht vorhersehen lasse.

Da es auf der Plenarkonferenz vom 18.–20.8.1942 zu keinen konkreten Beschlüssen kommt,[52] bringt Jaeger sein Anliegen ein Jahr später noch einmal in

50 Vgl. Schwahn, Barbara: Der Ökumenische Arbeitskreis; Ernesti, Jörg: Ökumene im Dritten Reich, 335–337.

51 Jaeger, Lorenz: Einheit und Gemeinschaft, 17.

52 Vgl. Protokoll der Plenarkonferenz des deutschen Episkopats, Fulda 18.–20. August 1942, in: Volk, Ludwig (Bearb.): Akten deutscher Bischöfe über die Lage der Kirche 1933–1945, Teil 6, Nr. 826, 43–51.

die Plenarkonferenz der deutschen Bischöfe vom 17.–19.8.1943 in Fulda ein, wo er diesmal ein ausführliches, ebenfalls wesentlich von Paul Simon geprägtes Referat „Zur Una-Sancta-Arbeit“ halten kann, in dem die wesentlichen Punkte seines Votums vom Jahr zuvor aufgenommen sind und in dessen Folge Erzbischof Jaeger und Kardinal Innitzer beauftragt werden, der Bischofskonferenz über die Entwicklung der Una-Sancta-Arbeit zu berichten, wobei Jaeger für den Protestantismus und Innitzer für die Ostkirchen zuständig ist. Zusätzlich wird die Einrichtung einer theologischen Arbeitsgemeinschaft beschlossen.[53] Konkretisiert wird dies in der „Arbeits- und Aufbauordnung des Referates der Fuldaer Bischofskonferenz für die Fragen betr. die Wiedervereinigung im Glauben, 1943“,[54] so dass die entsprechende Arbeitsgemeinschaft katholischer Theologen am 11./12. Januar 1944 erstmals in Fulda zusammenkommen kann, die mit einem Vortrag Jaegers zur Bedeutung und zur Arbeitsweise dieses Referats beginnt, in dem noch einmal dessen rein beratende und den Bischöfen zuarbeitende Funktion herausgehoben wird.[55]

4. Die Paderborner Antwort auf das „Memorandum" Gröbers 1943

Dass diese Sicht auf die Ökumene auch innerhalb der Bischofskonferenz nicht unumstritten war, ist bekannt. Hier ist auf zwei Auseinandersetzungen näher einzugehen, die beide mit der Person des Freiburger Erzbischofs Conrad Gröber verbunden sind und in denen sich zeigt, welche Rolle Jaeger gerade der Theologie zumisst.[56]

Mit dem Datum vom 18.1.1943, also noch vor der Einrichtung der Arbeitsstelle der Bischofskonferenz, veröffentlicht Erzbischof Gröber ein Memorandum, in dem er in 17 Punkten seine Besorgnis um die aktuellen Entwicklungen innerhalb der katholischen Kirche zum Ausdruck bringt.[57] Neben der liturgischen Bewegung werden darin auch die Bemühungen um eine Wieder-

53 Vgl. Protokoll der Plenarkonferenz des deutschen Episkopats, Fulda, 17.–19. August 1943, in: ebd., 144f.

54 Vgl. Arbeits- und Aufbauordnung des Referates der Fuldaer Bischofskonferenz für die Fragen betr. die Wiedervereinigung im Glauben, 1943, in: Jaeger, Lorenz: Einheit und Gemeinschaft, 18f.

55 Vgl. Klein, Aloys: Es begann mit der Una-Sancta-Bewegung, 334–339; Ernesti, Jörg: Ökumene im Dritten Reich, 357–362. Vor allem in dem „Bericht über die Besprechung des Referates der Fuldaer Konferenz für die Fragen der Wiedervereinigung mit dem zu Fulda am 11. und 12.I.1944 geladenen Mitarbeiterkreis“ wird deutlich, welche auch ökumenisch relevante Debatte die Enzyklika „Mystici Corporis“ Pius XII. vom 29. Juni 1943 in diesem Zusammenhang ausgelöst hat, worauf hier aber nicht weiter eingegangen werden kann.

56 Zu Gröber vgl. Schmider, Christoph: Ein merkwürdiger Mann?.

57 Vgl. dazu Maas-Ewerdt, Theodor: Die Krise der Liturgischen Bewegung, darin findet sich 540–569 der Text des Memorandums; ferner Wolf, Hubert: Einleitung. Zur Verfasserschaft

Erzbischof Conrad Gröber

vereinigung im Glauben einer scharfen Kritik unterzogen. Gröber verurteilt dabei nicht nur den wachsenden Einfluss der protestantischen Dogmatik auf die katholische Lehre, sondern kritisiert ausdrücklich auch die Una-Sancta-Bewegung, der er mit dem Begriff der „Grenzöffnung" faktisch vorwirft, die Einheit auf Kosten der Wahrheit anzustreben. In diesem Zusammenhang verweist er auf nicht weiter erläuterte Ansätze, wonach die skandinavischen Kirchen, wohl insofern sie die historische Sukzession behalten haben, als Teilkirchen der katholischen Kirche betrachtet würden. Darüber hinaus kritisiert er neuere Ansätze zur Ekklesiologie, die die Kirche vor allem als den mystischen Leib Christi betrachteten, womit für ihn die Gefahr verbunden ist, Kirche primär wie der Protestantismus als unsichtbare Kirche zu verstehen. Unter den zahlreichen Stellungnahmen und Gutachten zu Gröbers Memorandum finden sich auch zwei offizielle Gutachten aus Paderborn, die wohl ebenfalls wesentlich von Paul Simon mitverfasst worden sind.[58] Der kürzere, 14 Seiten umfassende Text trägt den Titel „Stellungnahme zu der Freiburger Denkschrift vom 18.1.1943", darüber ist handschriftlich ergänzt: „Der Erzbischof von Paderborn", der längere Text, der insgesamt 23 Seiten umfasst, ist handschriftlich überschrieben mit „Gutachten Paderborn".[59] In der „Stellungnahme" wird gegen das erste Bedenken Gröbers festgehalten: „Nur wer die Meinungen der Getrennten wirk-

des von Wolf Karl Rahner zugeschriebenen sogenannten Wiener Memorandums vgl. den Editionsbericht in: Rahner, Karl: Sämtliche Werke. Band. 4, XXV-XXXI.

58 Vgl. die entsprechenden Hinweise bei Riesenberger, Dieter: Der Paderborner Dompropst Paul Simon (1882–1946), 34f.; Wolf, Hubert: Einleitung, 28–60; zu den Paderborner Gutachten ebd., 37–50; Maas-Ewerdt, Theodor: Die Krise der Liturgischen Bewegung, 370–379, der sich allerdings nicht mit den Anfragen an die Una-Sancta-Bewegung befasst.

59 Dieses Gutachten besteht aus drei jeweils einzeln durchnummerierten Texten, die folgende Titel tragen: „I. Die Zeitsituation" (7 Seiten), „II. Die theologische Wissenschaft" (11 Seiten), „III. Die liturgische Bewegung" (5 Seiten). Beide Texte, Stellungnahme wie Gutachten, finden sich im Archiv des Liturgischen Instituts Trier; für die Bereitstellung danke ich sehr herzlich Herrn Artur Waibel. Reineke, Augustinus: Jugend zwischen Kreuz und Hakenkreuz, 190, vermutet für diesen längeren Text neben Paul Simon den Paderborner Regens Friedrich Jürgensmeier sowie den damaligen Dogmatiker und Dozenten für Liturgik Johannes Brinktrine als Verfasser. Auf ein drittes Gutachten, das den handschriftlichen Titel trägt: „Gutachten der Bischöfe der Kölner und Paderborner Provinz. Streng vertraulich" und das von dem Mainzer Bischof Johannes Stohr verfasst worden ist, wird hier nicht näher eingegangen, vgl. dazu Wolf, Hubert: Einleitung, 50–54; Maas-Ewerdt, Theodor: Die Krise der Liturgischen Bewegung, 380–383, zu den unterschiedlichen Standpunkten der westdeut-

lich kennt, kann sie überzeugend widerlegen, wie der heilige Thomas in der Summa contra Gentiles I 2 gesagt hat. Zudem haben die Protestanten manche katholische Glaubenslehre mitgenommen und einzelne protestantische Autoren haben dieselbe in glücklicher Weise formuliert.“[60] Was das Modell einer von Nathan Söderblom[61] und Friedrich Heiler[62] vertretenen Einheitsekklesiologie betrifft, wonach die skandinavischen Kirchen Teil der einen Kirche Christi seien, wird deutlich gemacht, dass dieser Gedanke von allen katholischen Theologen ausdrücklich zurückgewiesen werde. Dann wird aber ausdrücklich hinzugefügt: „Die Bemühungen, die Andersgläubigen durch verständnisvolle Darlegungen der katholischen Glaubenslehre, Beseitigung ihrer Vorurteile, Richtigstellung ihrer Einwände einer Wiedervereinigung mit der Una Sancta Catholica et Apostolica Ecclesia näherzubringen, bedeutet keine ‚Grenzöffnung‘.“[63] Der Vorschlag, die Rede von der Kirche als dem mystischen Leib Christi zu vermeiden, widerspreche nicht nur der katholischen Theologie, sondern auch kirchenamtlicher Lehre, wie ausdrücklich aufgezeigt wird.[64] Und auch andere Einwände Gröbers, etwa gegen eine Überbetonung des allgemeinen Priestertums, werden zurückgewiesen, wobei immer auch auf die Differenzen zwischen der protestantischen und der katholischen Auffassung hingewiesen wird.[65]

Der längere, als „Gutachten Paderborn“ betitelte Text verweist, ähnlich wie Jaegers Votum vor der Plenarkonferenz, bei seiner Beurteilung des modernen Protestantismus darauf, dass die mit dem Ende des Ersten Weltkriegs verbundene Erschütterung der liberalen Theologie zu einem erneuerten Bewusstsein der Kirche und der Schrift als dem Wort Gottes geführt hat, wobei vor allem die Theologie Karl Barths genannt wird.[66]

Wenn katholische Theologen zu Werken protestantischer Exegese griffen, so liege das daran, dass es keine entsprechenden katholischen Werke gebe. Und auch wenn es, angeregt durch die Entwicklungen außerhalb der katholischen Kirche, inzwischen Gespräche zwischen katholischen und evangelischen Theologen gebe, so seien es doch sehr wenige, die in diese Gespräche eingebunden seien, so „daß von einer ‚Bewegung‘ in der Breite überhaupt

schen Bischöfe, die eine gemeinsame Stellungnahme schließlich unmöglich machten, vgl. ebd., 361–370.

60 Stellungnahme, 5.

61 Vgl. Hardt, Michael: Art. Söderblom, Nathan; Horyna, Břetislav: Art. Söderblom, Nathan; Lange, Dietz: Nathan Söderblom.

62 Vgl. Ernesti, Jörg: Art. Heiler, Friedrich, in: Ernesti, Jörg/Thönissen, Wolfgang (Hg.): Personenlexikon Ökumene, 89f.; Kraatz, Martin: Art. Heiler, Friedrich; Hartog, Hans: Evangelische Katholizität.

63 Stellungnahme, 6.

64 Vgl. Stellungnahme, 6f.

65 Vgl. ebd., 9–11.

66 Vgl. dazu Dahlke, Benjamin: Die katholische Rezeption Karl Barths.

nichts zu spüren ist.“[67] Und auch hier wird der Vorwurf, man würde die skandinavischen Kirchen als Teilkirchen ansehen, deutlich zurückgewiesen: „Die Kenntnis der nordischen Staatskirchen ist bei den Katholiken in Deutschland gleich Null.“[68] Ganz unmittelbar wird das Anliegen, das Jaeger in der Plenarkonferenz 1942 vorgetragen hat, noch einmal stark gemacht: „Es wäre dringend zu wünschen, daß die Bischöfe die Una-Sancta-Bewegung in Deutschland nicht nur aufmerksam beobachten, sondern auch, soweit Katholiken in Frage kommen, sie führten.“[69]

5. Die Auseinandersetzung um Adolf Hertes Studien zum Lutherbild

Zu einer weiteren Auseinandersetzung mit Erzbischof Gröber kommt es im Herbst 1944, die insofern aufschlussreich ist, als sich daran noch einmal „die Frontstellungen im deutschen Episkopat in der *Una-Sancta-Frage* ablesen lassen.“[70] Anlass ist das nach mehreren Vorarbeiten 1943 veröffentlichte und, was seine Ergebnisse betrifft, bis heute maßgebliche dreibändige Werk des Paderborner Kirchengeschichtlers Adolf Herte[71] über die Beeinflussung des katholischen Lutherbildes durch den Kontroverstheologen Johannes Cochläus.[72] 1944 veröffentlichte der evangelische Kirchengeschichtler Karl August Meißinger[73] in der Zeitschrift „Theologie und Seelsorge“, einer kriegsbedingten gemeinsamen Fortsetzung mehrerer Zeitschriften, u.a. der von der Theologischen Fakultät herausgegebene Zeitschrift „Theologie und Glaube“, eine äußerst positive Besprechung dieses Werkes.[74] Der damalige Schriftleiter Eduard Stakemeier bezeichnet sie in einem Brief an Jaeger, den dieser laut handschriftlichem Vermerk am 3.9.1944 empfangen hat, als „Schmerzenskind“ und fügt hinzu:

67 Gutachten I., 5.

68 Ebd.

69 Ebd.

70 Ernesti, Jörg: Ökumene im Dritten Reich, 161.

71 Vgl. Klein, Aloys: Herte, Adolf; Bäumer, Remigius: Adolf Herte †; Klein, Aloys: Adolf Herte. Eine Episode; Drobner, Hubertus: Herte, Adolf; Ernesti, Jörg: Art. Herte, Adolf; ders.: Ökumene im Dritten Reich, 159–170; die ebd., 164, Anm. 484 kurz erwähnten Briefe sind veröffentlicht in: Denzler, Georg: Schmerzhafte ökumenische Erinnerungen. Hertes Sympathien für den Nationalsozialismus und seine Zusammenarbeit mit dem Regime sind inzwischen keine offene Frage mehr, wie das nicht nur bei Ernesti, sondern auch bei Brüggenthies, Kathrin: Die Philosophisch-Theologische Akademie Paderborn, 227 noch anklingt; vgl. Dahlke, Benjamin: Die Zeit des Nationalsozialismus, 320f., 331f., 338f.; Priesching, Nicole: Die erzbischöfliche philosophisch-theologische Akademie, 205–210.

72 Herte, Adolf: Die Lutherbiographie; ders.: Die Lutherkommentare; ders.: Das katholische Lutherbild; zu Cochläus vgl. Blum, Daniela: Der katholische Luther, 137–146; Löser, Werner: Johannes Cochlaeus und die Reformationsgeschichte.

73 Vgl. Schulze, Werner: Meißinger, Karl August.

74 Meißinger, Karl August: Zum katholischen Lutherbild.

Prof. Adolf Herte

„Erst nach vielen Überlegungen mit dem Herrn Generalvikar und nach Ausmerzung zahlreicher Anstösse habe ich ihn veröffentlicht".[75] Sowohl diese Rezension wie auch Hertes Werk veranlassen Erzbischof Gröber, in einem Brief vom 19.8.1944 an Kardinal Bertram die Einsetzung einer bischöflichen Kommission zu fordern, „um zu der Art und Weise dieser Una-Sancta-Bestrebungen Stellung zu nehmen." Da Jaeger diesen Brief in Durchschrift erhält, kommt es in den folgenden Monaten zu einem äußerst regen teils direkten, teils indirekten brieflichen Austausch zwischen den Beteiligten.[76] Zum einen zeigt sich Jaeger in seinem Brief an Bertram vom 24.8.1944 enttäuscht darüber, dass Gröber offenkundig nicht zur Kenntnis genommen hat, dass es diese Kommission ja bereits gibt und sie unter dem Vorsitz von Kardinal Innitzer und ihm arbeitet.[77] Weder der Episkopat noch die Kommission hätten Einfluss auf die Arbeit Hertes oder die Rezension Meißingers genommen. Zugleich fügt er hinzu, dass er Hertes Werk bisher nicht ganz gelesen habe und das Imprimatur nicht von Paderborn erteilt worden sei.[78] Und dann wird wieder die theologische Expertise eingefordert: „Es wird Sache der Fachleute sein zu beurteilen, ob die Forschungen von Herte zu Recht bestehen." Abschließend äußert er die Hoffnung, „daß eine wissenschaftliche Diskussion von kirchengeschichtlichen Fragen nicht Anlaß wird zu Beargwöhnung und Diskriminierungen der uns allen am Herzen liegenden seelsorgerischen Bemühungen um die Heimkehr der getrennten Brüder."[79] Um das Gutachten, das er Bertram dann in seinem Brief vom 26.8.1944 ankündigt, bittet er den Dillinger Kirchengeschichtler Prof. Friedrich Zoepfl,[80] der in seiner Antwort vom

75 Die im Folgenden zitierten Dokumente fanden sich gesammelt im Archiv des Johann-Adam-Möhler-Instituts in einem Ordner, der beschriftet ist mit: „Schriftwechsel und Gutachten für Prof. Dr. Hertes ‚Lutherbild im Banne des Cochläus'".

76 Vgl. zum Folgenden Ernesti, Jörg: Ökumene im Dritten Reich, 161–164; Denzler, Georg: Schmerzhafte ökumenische Erinnerungen, 188–194.

77 Bertram hat bereits am 22.8.1944 an Jaeger geschrieben, dass er nichts weiter veranlassen werde, da es ja die entsprechende Kommission gebe.

78 Das Imprimatur wurde am 30.4.1943 vom Münsteraner Generalvikar Franz Meis erteilt.

79 JAMI Nachlass Jaeger.

80 Kränzle, Gertraud: Art. Zoepfl, Friedrich.

3.9.1944 entsprechend zusagt und prüfen will, „ob das Werk den geschichtswissenschaftlichen Grundforderungen der geschichtlichen Wahrheit und der Zuverlässigkeit entspricht." Im gleichen Brief an Bertram, dem er auch noch die Abschrift einer für die „Theologische Revue" bestimmten Rezension von Prof. Anton Mayer-Pfannholz beilegt,[81] äußert Jaeger trotz aller grundsätzlichen Zustimmung auch erstmals persönliche Kritik an Hertes Werk, dem er vor allem vorwirft, dass er „nicht wenigstens zum Abschluß des dreibändigen Werkes grundsätzlich zum ‚katholischen Lutherbild' Stellung genommen hat." Obwohl Jaeger um die persönliche Gegnerschaft von Herte und Joseph Lortz weiß,[82] möge Bertram entscheiden, ob man auch noch Joseph Lortz um ein Gutachten bitten soll.

In seiner Antwort an Bertram vom 28.8.1944 gesteht Gröber zu, dass es ihm entgangen sei, dass es die von ihm geforderte Kommission bereits gebe, sieht sich aber auch persönlich getroffen: „Sofern am Schluß des Schreibens aber von ‚Beargwöhnung' und ‚Diskriminierung der Una-Sancta-Bewegung' gesprochen wird, so bedaure ich diese, wohl auf mich selber gemünzten beleidigenden Ausdrücke." Das ändert aber nichts an seiner deutlichen Ablehnung von Hertes Werk. Zum einen würde selbst eine einheitliche Beurteilung Luthers an den Gegensätzen zwischen den Kirchen nichts ändern. Vor allem aber entehre Hertes Werk die katholische Vergangenheit: „Es blendet jeden katholischen Leser, wenn unzählige Folianten und Traktätchen aus vier Jahrhunderten exzerpiert werden, um die Gestalt Luthers von allen Anwürfen zu reinigen, während andererseits berühmte katholische Namen in den Schatten der Voreingenommenheit oder gar der Fälschung des Lutherbildes versinken. Ich befürchte, dass die Reaktion auf Herte's Buch nicht zugunsten der Una Sancta ausfällt." Diesmal antwortet Jaeger direkt an Gröber und verweist u.a. auf die geringe Auflage des Werkes Hertes, so dass die Diskussion darüber nur unter Fachleuten verlaufen werde. Zwar wollte er Gröber nicht persönlich nahetreten, aber er hält nochmals fest, dass er in dessen Forderung einer Kommission für die Una-Sancta-Arbeit „ein Mißtrauens-Votum gegen den von mir und dem Herrn Erzbischof von Wien im Vorjahr von der Plenar-Konferenz gewordenen Auftrag" sehen musste. Gröber antwortet darauf in einem Brief vom 23.9.1944 an Jaeger und äußert nun die Ansicht, dass alles auf einem Missverständnis beruhe. Er habe nicht die ganze Una-Sancta-Bewegung gemeint, „sondern von ‚dieser' Una-Sancta-Bewegung" gesprochen, „womit ich,

81 Vgl. dazu Anton Mayer-Pfannholz, in: Kritische Online-Edition der Tagebücher Michael Kardinal von Faulhabers (1911–1952). Verfügbar unter: https://www.faulhaber-edition.de/kurzbiografie.html?idno=00417 – abgerufen am 25.1.2019.

82 Hintergrund ist laut Herte die Besetzung des Lehrstuhls für Kirchengeschichte um 1937, vgl. seinen Brief an Walter von Loewenich vom 28.8.1944: Denzler, Georg: Schmerzhafte ökumenische Erinnerungen, 198. Zu Lortz vgl. Ernesti, Jörg: Art. Lortz, Joseph; Lautenschläger, Gabriele: Joseph Lortz (1887–1975).

wie sich aus dem Zusammenhang ergibt, die von Herte vertretene meinte.“ Sein ablehnendes Urteil nimmt er aber nicht zurück: „Für mich bedeutet das Werk, dessen Verfasser ich sonst schätze, einen tiefen katholischen Schmerz.“

Auch Kardinal Innitzer, den Jaeger in einem Schreiben vom 28.9.1944 über den Briefwechsel mit Gröber informiert hat und der am 11.10.1944 darauf antwortet, kennt Hertes Werk: „Es ist eine fleißige, mühsame Arbeit. Aber ich hatte bei der Lektüre ein ungutes Gefühl. Werde für gütige Zusendung eines Gutachtens sehr dankbar sein.“

Das von Jaeger erbetene Gutachten von Zoepfl, datiert auf den 18.9.1944, fällt durchgehend positiv aus. Es weist zu Beginn darauf hin, dass Herte ja keine neue Lutherdeutung liefern wolle und entkräftet so faktisch die Vorwürfe Gröbers. Ihm gehe es vielmehr darum, „den Einfluß aufzudecken, den die aus leidenschaftlicher Abneigung gegen Luther geschriebene, mit zahlreichen Irrtümern durchsetzte erste Lutherbiographie, die ‚Commentaria de actis et scriptis Martini Lutheri‘ des Johannes Cochläus (1549), auf die katholische Lutherdarstellung der Folgezeit ausgeübt hat“. (S. 1) Das Ergebnis der Arbeit ist für ihn „wissenschaftlich unanfechtbar“ (S. 2), unbeschadet der Wünsche, die man an Herte richten könnte. „Für den Reformationshistoriker ist das Ergebnis der Arbeit Hertes nicht sehr überraschend.“ (S. 2) Er schließt mit den Worten: „Hertes Werk bedeutet somit einen Markstein in der katholischen Lutherdarstellung, der ein Zurück zum Irrweg des Cochläus unmöglich macht und zu einem Umlernen zwingt, einen Markstein aber auch in den Bestrebungen zur Bereinigung der mit Luthers Namen verknüpften Spaltung der abendländischen Christenheit.“ (S. 3). In seiner Antwort vom 27.9.1944 dankt Jaeger herzlich für dieses Gutachten: „Ich freue mich, daß Sie als Fachmann zu der Arbeit in dieser Form Stellung nehmen und hoffe, daß Ihre Rezension nicht wenig zur Beruhigung der Gegenkritik beitragen wird.“

Sowohl dieses Gutachten wie auch die bereits genannte Rezension von Mayer-Pfannenholz schickt Jaeger dann am 6.11.1944 an Kardinal Innitzer und wiederholt hier seine Kritik bzw. seinen Wunsch an Herte: „Und dennoch hätte man gern, wenigstens abschliessend ein Wort zu dem katholischen Lutherbild überhaupt gehört. Sonst kommt der Nicht-Fachmann zu einem notwendig schiefen Urteil über den Wert der katholischen Forschungen zur Reformationsgeschichte überhaupt. Ich habe Prof. Herte gesagt, er müsse nun als Ergänzung zu dem Werk über die Cochläus Kommentare [sic] uns das katholische Lutherbild zeichnen.“

Kurz darauf wendet sich Kardinal Bertram noch einmal an Jaeger. In einem Brief vom 9.11.1944 empfiehlt er u.a., doch noch ein zusätzliches Gutachten von Lortz einzuholen. Er habe zwar über Gröber hinaus keine weitere Stellungnahmen erhalten, bitte Jaeger aber dennoch, beide Gutachten an alle Ordinarien zu schicken. Im Blick auf eine mögliche Intervention der Indexkongregation empfiehlt Bertram, weitere Rezensionen abzuwarten und dann der Kongregation das Urteil der Forschung mitzuteilen „und wie überaus vorsichtig kirchenbehördlich eine Stellungnahme zu erwägen sein würde, falls solche in Aussicht steht." Jaeger wendet sich daraufhin am 17.11.1944 mit der Bitte um ein entsprechendes Gutachten an Lortz. Da Lortz, in Münster ausgebombt, inzwischen in Meschede lebt, erreicht ihn dieser Brief erst über Umwege. Er muss Jaeger zwar absagen, weil er Hertes Werk nicht zur Hand hat, erklärt sich aber bereit, nach Paderborn zu kommen und Jaeger in einem persönlichen Gespräch seine Ansicht mitzuteilen. Ob dieser Besuch erfolgt ist, geht aus den Unterlagen nicht hervor.

Daneben melden sich auch andere Persönlichkeiten in dieser Debatte zu Wort. So wendet sich der emeritierte Würzburger Kirchengeschichtler Sebastian Merkle[83] im September 1944 in einem handschriftlichen Brief an Jaeger, in dem er festhält, dass Hertes Werk keinen Anlass zu kirchlichen Maßnahmen biete und er Jaeger darum bittet, Kardinal Bertram zu unterstützen, wenn in der Bischofskonferenz darüber gesprochen werde.[84] Am 4.10.1944 bedankt sich Jaeger für diesen Brief und Merkles Urteil und fügt hinzu: „Ich glaube, Ihnen aber mitteilen zu können, daß eine Gefahr wohl kaum noch bestehen dürfte." Daneben findet sich in dem entsprechenden Ordner zu Herte auch ein undatiertes mehrseitiges Gutachten von Matthias Laros,[85] das Herte von ihm erbeten hatte[86] und das er samt einer Schrift zu „Index und Bücherzensur" an Jaeger schickt, um ebenfalls zu verhindern, dass die Bischofskonferenz Gröbers ablehnendes Urteil offiziell übernimmt. In diesem Gutachten weist er u.a. auf die möglichen ökumenischen Folgen einer solchen Verurteilung hin. Nach seiner Erfahrung werde Hertes Werk auf evangelischer Seite äußerst positiv aufgenommen und zwinge nun den Protestantismus, ebenfalls die antikatholischen Missverständnisse und Vorurteile wissenschaftlich sauber aufzuklären. Auch er habe im Blick auf die Auswirkung auf katholische Leser Herte gedrängt, nun eine entsprechende positive Darstellung des katholischen Lutherbildes zu liefern. In seiner Antwort vom 28.9.1944 stimmt Jaeger Laros' Beurteilung zu und schreibt hier ähnlich wie an Merkle: „Ich glaube Ihnen aber mitteilen zu können, daß z.Zt. keinerlei Gefahr für das Werk von H. besteht." Tatsächlich ist es dann zu keinen weiteren Maßnahmen gekommen.

83 Vgl. Jedin, Hubert: Sebastian Merkle.

84 Wie sein Schreiben an Jaeger vom 30.9.1944 zeigt, weiß Herte um diesen Brief. Er schickt Jaeger in diesem Schreiben die Abschrift eines Briefes von Gröber an Matthias Laros vom 10.9.1944 zur Kenntnisnahme, der für ihn Gröbers längst nicht mehr haltbares Festhalten an der Lutherdeutung von Grisar und Denifle deutlich macht.

85 Vgl. Persch, Martin: Art. Laros, Matthias; Schütte, Heinz: Art. Laros, Matthias.

86 Vgl. Hertes Brief an Walter von Loewenich vom 6.9.1944: Denzler, Georg: Schmerzhafte ökumenische Erinnerungen, 200.

6. Völkische Ökumene? Richard Kleines Bemühungen um Jaeger

Wie Jörg Ernesti dargelegt hat, wurde Jaeger bereits in einem Schreiben des Braunsberger Dogmatikprofessors Heinrich Kühle[87] an den ermländischen Bischof Maximilian Kaller vom 10.6.1942 zum bischöflichen Ansprechpartner für ökumenische Fragen vorgeschlagen.[88] Laut Kühles Brief wurde dieser Vorschlag von dem Paderborner Moraltheologen Prof. Dr. Joseph Mayer angeregt. Dieser Umstand, verbunden mit dem Urteil, dass die Fakultät in Braunsberg, wie Ernesti schreibt, „stärker als andere von braunem Gedankengut infiziert war",[89] führt zur Frage, ob und inwieweit solches Gedankengut auch Jaegers ökumenisches Denken mit beeinflusst haben könnte. Damit kommen wir zu einem letzten Punkt, der bisher innerhalb der Geschichte der Ökumene nur wenig erforscht ist, nämlich die so genannte „braune" bzw. völkisch-nationale Ökumene, d.h. all die Versuche, über die Einheit des deutschen Volkes und damit in mehr oder weniger starker Annäherung an den Nationalsozialismus eine Annäherung oder gar eine Einheit der katholischen und evangelischen Kirche auf deutscher Ebene zu erreichen. Dabei sind zwei grundsätzliche Richtungen zu unterscheiden, auch wenn es zwischen ihnen durchaus inhaltliche und personale Überschneidungen gibt.[90] Zum einen sind hier Theologen wie Joseph Lortz, Michael Schmaus oder Karl Adam zu nennen, die zu Beginn mit dem Nationalsozialismus sympathisieren, vor allem in der Hoffnung, dadurch bestimmte Reformanliegen innerhalb der katholischen

87 Lt. Burkard, Dominik: Die Theologische Fakultät der Staatlichen Akademie Braunsberg, 35, wurde Kühle „1939 – wohl nicht ganz unfreiwillig – als ‚Kriegspfarrer' in Polen und Russland eingesetzt und blieb es bis zum Ende des Weltkriegs", vgl. das Biogramm ebd., Anm. 61, sowie zu seiner Berufung als Fundamentaltheologe und dann als Dogmatiker ebd., 94–96. Zu Kühle vgl. auch Kühle, Dr. phil. Dr. theol. Heinrich, in: Brandt, Hans Jürgen/Häger, Peter (Hg.): Biographisches Lexikon der Katholischen Militärseelsorge, 446; Burkard, Dominik: Thomas von Aquin als Autorität, 880–884.

88 JAMI Nachlass Jaeger; Jaeger erfährt davon durch ein Schreiben von Kardinal Adolf Bertram vom 13.6.1942; vgl. zu dem ganzen Vorgang Ernesti, Jörg: Ökumene im Dritten Reich, 339–343. In seinem Brief an Kardinal Bertram vom 25.6.1942 äußert Jaeger seine Bedenken, einen Bischof „sozusagen zum Protektor der ‚Una-Sancta-Bestrebungen' zu machen. [...] Dagegen glaube ich, daß man gewisse heute bestehende Möglichkeiten eines theologischen Gesprächs beobachten und den Gebrauch, den katholische Theologen davon machen, überprüfen sollte" und stellt in Aussicht, dazu demnächst Vorschläge zu unterbreiten. Das geschieht dann, wie oben gezeigt, in der Sitzung der Fuldaer Bischofskonferenz am 5.8.1942.

89 Ernesti, Jörg: Ökumene im Dritten Reich, 340. Vgl. Burkard, Dominik: Die Theologische Fakultät der Staatlichen Akademie Braunsberg. Zu Bischof Kaller vgl. Fittkau, Gerhard: Art. Kaller, Maximilian.

90 Vgl. Ernesti, Jörg: Ökumene im Dritten Reich, 220–238.

Kirche durchsetzen zu können, die sich aber im Laufe der Zeit mehr oder weniger davon distanzieren.[91]

Zum anderen gibt es die kleine Gruppe von so genannten „braunen" Priestern, die der festen Überzeugung waren, durch den Nationalsozialismus nicht nur eine tiefgreifende Reform der katholischen Kirche, sondern auch eine auf völkischer Grundlage beruhende Einheit der christlichen Kirchen erreichen zu können. Kevin Spicer spricht im Blick auf diese Gruppe von „der kleinen Anzahl Priester – es waren ungefähr 150 –, die entgegen den Wünschen ihrer Ordinariate entweder der Nazipartei beitraten oder sie förderten. Es besteht ein erheblicher Unterschied zwischen diesen braunen Priestern [...] und allen anderen Geistlichen, die zunächst Teil der ersten Welle nationaler Begeisterung für Hitler waren, als er zum Reichskanzler ernannt wurde. Ihre Hitlertreue ging überdies weit über den traditionellen deutschen Nationalismus hinaus, dem die Mehrheit der katholischen Priester während des gesamten ‚Dritten Reiches' Ausdruck verlieh."[92]

Zu diesem kleinen Kreis nationalsozialistischer Priester gehört der in seiner Heimat und bei seinen Schülern bis zu seinem Tod äußerst beliebte Duderstädter Religionslehrer und Hildesheimer Diözesanpriester Richard Kleine (1891–1974), ein ebenso von sich und seinen Fähigkeiten wie vom Nationalsozialismus überzeugter Priester, der früh an den neugeweihten Erzbischof und ehemaligen Wehrmachtspfarrer Jaeger herantritt in der Hoffnung, ihn für seine Anliegen gewinnen zu können.[93] Kleine geht es dabei nicht nur um eine Versöhnung zwischen Christentum und Nationalsozialismus, sondern auch ausdrücklich darum, den christlichen Glauben von angeblichen jüdi-

91 Vgl. Scherzberg, Lucia: Das kirchenreformerische Programm; speziell zu Karl Adam vgl. Scherzberg, Lucia: Kirchenreform mit Hilfe des Nationalsozialismus; Lüttich, Stephan: Karl Adams Weg; Burkard, Dominik: Die Katholisch-Theologische Fakultät Tübingen, 243–247 sowie die in: Wolf, Hubert/Arnold, Claus (Hg.): Der Rheinische Reformkreis, 33–120 gesammelten Dokumente. Zum geistesgeschichtlichen Hintergrund vgl. Unterburger, Klaus: Katholische Theologie in der NS-Zeit: „Schon von hier aus wird klar, dass die Brückenbauversuche Konkretionen einer weit verbreiteten, lange vorbereiteten und noch lange nachwirkenden Denkform gewesen sind, die zudem gerade nicht von theologischem Liberalismus, historischer Kritik und Subjektivitätsphilosophie getragen waren, also nicht von ‚Modernismus', sondern von dem auf den Zusammenbruch von 1918 aufbauenden katholischen Antiliberalismus und Siegkatholizismus." (189).

92 Spicer, Kevin P.: Im Dienst des Führers, 18.

93 Zu Richard Kleine vgl. Spicer, Kevin P.: Hitler's Priests, 154–202, 212–217 sowie die biographischen Angaben ebd., 264. Kleines Nachlass, der sich im Johann-Adam-Möhler-Institut befindet und bisher nicht aufgearbeitet ist, besteht zum einen aus Aktenordnern, die nach Jahrgängen geordnet seine Korrespondenz, eigene Texte und gesammelte Zeitungsausschnitte enthalten. Daneben gibt es eine Reihe von teilweise nummerierten Aktendeckeln, die weitgehend ungeordnet Briefe, Zeitungsartikel und Texte Kleines wie auch anderer Personen enthalten. Sofern keine anderen Quellen angegeben sind, finden sich die im Folgenden zitierten Dokumente alle im Nachlass Kleines.

schen Einflüssen zu befreien, eine Haltung, die er, wie sein Nachlass zeigt, auch nach dem Krieg beibehalten hat, auch wenn er sie dann nach außen hin weniger offensiv vertrat.[94] Dementsprechend knüpft er früh Kontakte zum Eisenacher „Institut zur Erforschung und Beseitigung des Jüdischen Einflusses auf das Deutsche Kirchliche Leben“,[95] nimmt z.T. an dessen Tagungen teil und steht in regem Schriftverkehr mit dessen Vertretern. Auffallend ist dabei, wie sehr er auf der einen Seite versucht, durch entsprechende Netzwerke Einfluss zu nehmen und bis an das Ende des Krieges und darüber hinaus nicht nur von seiner Sache, sondern auch von seiner eigenen Bedeutung zutiefst überzeugt ist,[96] er dabei aber andererseits immer im Hintergrund agiert und „das öffentliche Scheinwerferlicht meidet“.[97] Das dürfte mit ein Grund dafür sein, dass er nach dem Zweiten Weltkrieg relativ bald wieder in den Schuldienst

94 Vgl. Scherzberg, Lucia: Art. Kleine, Richard; Spicer, Kevin P.: Hitler's Priests, 216f.: „Only now is the extent of Richard Kleine's antisemitism known.“ (217). Als Beispiel können seine im Nachlass befindlichen Notizen vom 30.9.1970 dienen, in denen es u.a. heißt: „Eine christliche Verkündigung kommt grundsätzlich und nicht zuletzt auch praktisch ohne das Alte Testament als ein ‚praeambulum fidei‘ aus.“

95 Vgl. zu diesem Institut: Arnhold, Oliver: „Entjudung“ – Kirche im Abgrund. Teil 2 sowie ergänzend Lautenschläger, Gabriele: Die „Fachabteilung Römisch-Katholische Kirche“ in Eisenach, bes. 452–467. In einem Schreiben an Joseph Mayer vom 10.6.1941 berichtet Kleine u.a. davon, dass er eingeladen sei, an einem vom Institut gegründeten Arbeitskreis teilzunehmen, „der ‚die Fragen des jüdischen Einflusses und das Fortwirken germanischer Frömmigkeit innerhalb des deutschen Katholizismus‘ untersuchen soll“. Er konnte zwar nicht kommen, fügt aber hinzu, er werde sich „aber wohl eines maßgeblichen Einflusses auf diese Arbeit versichert halten dürfen.“ Der Brief ist auch ein aus heutiger Sicht erschreckendes Zeugnis über den Glauben Kleines an den Führer; vgl. auch seinen Brief an Pircher vom 28.7.1944, wo er schreibt: „Auch ich glaube an die wunderbare Errettung des Führers. Die Souveränität des göttlichen Waltens ist wieder einmal – für ein ganzes Volk erkennbar – in die Erscheinung getreten.“

96 Vgl. etwa seinen Brief an Jaeger vom 12./13.1.1943: „Ich bin, ohne es irgendwie angestrebt zu haben, einfach durch mein Ringen um Reich und Kirche in einen so weitgespannten Aufgabenbereich hineingewachsen, dass von mir tatsächlich Entscheidendes abhängt.“ [Die letzten Worte sind handschriftlich unterstrichen] Dass Kleine seinen Nachlass dem Johann-Adam-Möhler-Institut hinterlassen hat, gründet wohl auch in der Selbsteinschätzung bzw. -überschätzung seiner Bedeutung für die Ökumene. So heißt es in einem mit „Nachlaß“ betitelten Text, in dem er Rechenschaft gibt von seinem beruflichen Lebensweg: „Ein weiteres persönliches Hauptanliegen, dem ich von früher Jugend her verschworen bin, ist das ö k u - m e n i s c h e . Auch davon zeugt ein Großteil meiner Nachlasses seit dem Anfanf [sic!] der zwanziger Jahre, Ich darf bekennen, daß durch m i c h (meine praktische Mitarbeit in ökumenischen Tagungen, Veröffentlichungen meinerseits, Niederschriften, und Materialsammlungen von mir) das ökumenische Anliegen wirklich g e f ö r d e r t ist und daß man durch m e i n e n Nachlaß erst eigentlich einen zureichenderen Einblick in den Werdegang der ökumenischen Bewegung von unserer Seite erhält!“ (2).

97 Spicer, Kevin P.: Hitler's Priest, 155.

zurückkehren kann und im Entnazifizierungsverfahren 1948 entlastet wird.[98] Lucia Scherzberg fasst seine Überzeugung folgendermaßen zusammen: „Kleine vertrat entschieden die Auffassung, dass die Ökumene beim Völkisch-Nationalen anzusetzen habe. Die ökumenische Bewegung dagegen war in seinen Augen durch ihren Internationalismus zur Stagnation verurteilt und bewegte sich unter dem Beifall des internationalen Juden- und Freimaurertums im Fahrwasser des britischen Imperialismus. Sie habe die Prägung durch Blut und Boden und damit die Schöpfungsordnung niemals als einen Wert begriffen, sondern eher als Hindernis auf dem Weg zur Einheit. Man wollte die nationale Perspektive hinter sich lassen. Doch so wie in der sozialen Frage sei nur der Ansatz beim Nationalen wirklich Erfolg versprechend, weil das Volk eine entscheidende Rolle für die Religion spiele. Das deutsche Volk müsse endlich in der Kirche sein Recht bekommen und seine Sendung verwirklichen können."[99]

Religionslehrer Richard Kleine

Im Folgenden geht es nur darum, wie Kleine Jaeger wahrnimmt und versucht, ihn auf seine Seite zu ziehen und wie er gerade in der Korrespondenz mit seinen „Kameraden" Jaegers Wirken in dieser Zeit beurteilt. Dieser Blick von außen ist insofern hilfreich, weil Jaeger auf der einen Seite unbestreitbar antibolschewistisch und

98 Es ist insofern bezeichnend, dass Kleine in der umfassenden Studie von Oliver Arnhold, 856 ohne Vornamen nur einmal im Verzeichnis der Institutsmitarbeiter und nur als Mitglied des Arbeitskreises Probleme der Religionspädagogik erwähnt wird, obwohl er nach seiner eigenen Aussage auch Mitglied im Arbeitskreis „für katholische Fragen" ist (vgl. den Brief Kleines an Herrn Pfarrer Wang aus Konstanz vom 28.7.1944). Im Personenregister wird Kleine nicht aufgeführt. Zu den beiden Arbeitskreisen vgl. Arnhold, Oliver: „Entjudung" – Kirche im Abgrund. Teil 2, 569–571, 578–583.

99 Scherzberg, Lucia: Das kirchenreformerische Programm, 66f. In einem Brief Kleines an den evangelischen Pfarrer Werner May aus Neu-Kaliß vom 1.3.1943 kommt diese Ablehnung der ökumenischen Bewegung deutlich zum Ausdruck: „Mit blossen ‚theologischen Gesprächen', und hätten sie das Ausmass von Weltkirchenkonferenzen (‚Oekumenische Bewegung'), kommt man nicht vorwärts, zumal dort der nationale Wert nicht nur nicht in Rechnung gesetzt, sondern geflissentlich hintangesetzt wird. Das Problem der Wiedervereinigung im Glauben will vom nationalen Ansatz aus angepackt werden."

patriotisch eingestellt ist,[100] auf der anderen Seite aber in seiner Ablehnung des Nationalsozialismus wie auch in seiner Einstellung zur ökumenischen Bewegung in keinster Weise mit Kleine übereinstimmt.

Es ist nicht geklärt, wann und wie Kleine auf Jaeger aufmerksam wird. Da er regelmäßig in der von 1939 bis 1941 erscheinenden Zeitschrift „Der Neue Wille" publiziert, die wohl „geradezu als bewußtes, auf katholische Kreise zugeschnittenes Propagandainstrument intendiert war",[101] und Jaeger in seinem ersten handschriftlichen Kriegstagebuch eine Begegnung mit dem Schriftleiter Paul Hübner erwähnt, könnte dies eine Möglichkeit sein.[102] Eventuell hat auch der damalige Schriftleiter des Kolpingblattes, Josef Bagus, mit dem Kleine in engem Kontakt stand, hier eine Rolle gespielt.[103] Denn Bagus muss Erzbischof Jaeger schon kurz nach dessen Weihe besucht haben, wie aus der im Nachlass Kleines enthaltenen Abschrift eines Schreibens von Feldgeneralvikar Georg Werthmann, datiert vom 21.11.1941, an Josef Bagus hervorgeht, in dem Jaeger sehr positiv beurteilt wird.[104] Dementsprechend erkundigt sich Kleine in seinem Brief an Josef Bagus vom 7.12.1941 nach dessen Eindruck von Jaeger: „Es wäre für mich sehr wertvoll zu wissen, ob man bei ihm auf Verständnis hoffen darf."

In dem gleichen Anliegen wendet sich Kleine wenige Tage vorher, am 2.12.1941, an den Paderborner Moraltheologen Joseph Mayer[105] und fragt ihn, „welche Stellungnahme der neue Erzbischof Lorenz Jaeger einnimmt." Be-

100 Zur Sicht Jagers auf den Bolschewismus vgl. Pape, Matthias: Erzbischof Lorenz Jaeger von Paderborn im Kampf gegen den antichristlichen Bolschewismus. Sein Patriotismus zeigt sich u.a. in seinen Hirtenbriefen aus dieser Zeit. Auch in seinem ersten handschriftlichen Kriegstagebuch spiegeln gerade die letzten Einträge diesen Patriotismus etwa in seinem damaligen Glauben an den Endsieg wider.

101 Ernesti, Jörg: Ökumene im Dritten Reich, 228, vgl. den gesamten Abschnitt 228–231.

102 EBAP, NL Jaeger, 2317: „Nach dem Gottes=Dienst lerne ich Paul Hübner den Schrift=Leiter des ‚Neuen Willen' kennen, der sich mir in der Sakristei vorstellte. Er dient als Gemeiner bei der Luft=Nachrichten=Truppe in Gent-Mariakerke" (Eintrag vom 10.11.1940).

103 Der in Köln lebende Josef Bagus war u.a. Schriftleiter des Kolpingsblatts. Lt. Manuskript eines Truppenvortrags vom 28.2.1943 im Ordner „Korrespondenz und Dokumente des Jahres 1944" ist er zu diesem Zeitpunkt Obergefreiter in der Wehrmacht und lt. einem Brief zum Bonifatiustag, datiert vom 5.6.1944, Reichsaltsenior der Deutschen Kolpingfamilie.

104 „Schön, dass Sie beim neuen Erzbischof von Paderborn waren. Ich kenne ihn gut und habe ihn etwa 8 Tage vor seiner Ernennung noch in seiner Ortsunterkunft aufgesucht, ohne dass er oder ich ahnen konnten, was mit ihm würde. Ich hatte damals einen sehr starken Eindruck von seinen menschlichen Qualitäten, von seinem priesterlichen Eifer und nicht zuletzt von seinem soldatischen Wesen gehabt. Es wird ja für ihn nicht immer leicht sein, sich durchzusetzen, aber er ist Soldat, für den es ja bekanntlich kein ‚Unmöglich' gibt." Laut dem zweiten Kriegstagebuch Jaegers hat dieser Besuch am 12.7.1941 stattgefunden, vgl. den entsprechenden Eintrag: EBAP, Der Erzbischof 1 II 7, 394v.

105 Zu Joseph Mayer, um dessen Spitzeldienst für den SD Jaeger bereits unmittelbar nach seiner Bischofsweihe wusste, vgl. Brüggenthies, Kathrin: Die Philosophisch-Theologische Akademie Paderborn, 212, 227–237, 242–250; Dahlke, Benjamin: Die Zeit des Nationalsozialis-

zeichnend ist die darin ausgedrückte feste Zuversicht, dass nun endlich eine neue Phase der Kirchengeschichte beginne, der Einsatz Kleines und seiner Kameraden Früchte trage und entsprechend rücksichtlos durchgesetzt werden müsse: „Jeder von uns muss jetzt an die vorderste Front. Die wirklich wohlmeinenden Bischöfe können sich nur glücklich schätzen, wenn solchermassen wahrhaft katholische Männer ihren Einsatz vollziehen. Und diejenigen Bischöfe, die sich quer stellen wollen, müssen rücksichtslos kalt gestellt werden. Das verlangt unsere vaterländische und kirchliche Verpflichtung, die wir gerade als Priester haben.“[106] Kleines Hoffnung ist offenkundig, dass Jaeger eben zu diesen wohlmeinenden Bischöfen gehört.

Prof. Joseph Mayer

Mayers Antwort ist etwas zurückhaltender. Am 5.12.1941 schreibt er an Kleine: „Unser neuer Bischof wird sich als alter Divisionspfarrer wohl vaterländisch halten; doch würde ich an Deiner Stelle ihn erst später anschreiben; er ist noch gar nicht zu sich selber gekommen.“[107] Am Ende beklagt er sich, dass

mus, 321–323, 328–330; Priesching, Nicole: Die erzbischöfliche philosophisch-theologische Akademie, 210–215; Burkard, Dominik: Joseph Mayer (1886–1967).

106 Dass Kleine diese Worte vom „Kaltstellen“ ernst gemeint haben dürfte, zeigt ein Brief an Joseph Mayer vom 14.3.1940: „Dann erhielt ich ebenfalls heute das neuerliche Rundschreiben des ‚Pfarrer Notbundes‘, in dem zu meiner größten Bestürzung zu lesen ist, dass er die Kölner Konferenz vom 30.12.39 arrangiert habe und im gleichen Sinne weiterarbeiten würde. Diese Unverfrorenheit wollen wir ihm nötigenfalls schon mit der Gestapo austreiben. Es hat gar keinen Zweck, weiter zu arbeiten, ehe wir den oder die Männer nicht erledigt haben, die uns mit einer so frechen Gemeinheit ins Handwerk fuschen [sic] wollen. Ich habe schon nach allen Seiten das Nötige unternommen, um hier mit eisernem Besen vorzugehen.“ Zum Pfarrernotbund vgl. Nicolaisen, Carsten: Art. Pfarrernotbund.

107 Zugleich berichtet Mayer in diesem Schreiben auch, dass Adolf Herte die Schriftleitung der Zeitschrift „Theologie und Glaube“ aufgrund der Kritik an seinen politischen Äußerungen niedergelegt und der „neutrale“ Eduard Stakemeier sie übernommen habe. Auslöser dürfte u.a. die von der Schriftleitung hinzugefügte Fußnote zum Artikel von Kologriwof, Iwan von: Geist und Streben des satanischen Bolschewismus, gewesen sein (vgl. den Brief Kleines an Joseph Bagus vom 7.12.1941). Darin heißt es u.a. zum Bolschewismus: „Das Gesicht und Gepräge dieses aus marxistisch-jüdischem Geiste gezeugten Systemes beleuchtet eindrucksvoll der hier abgedruckte Aufsatz eines ersten Sachkenners. ... Er hat gegen sie landauf, landab in vielen europäischen Ländern gepredigt und geeifert, wobei er bezeichnenderweise auf ärgsten Widerstand gerade auch auf jüdischer Seite stieß .... Im felsenfesten Vertrauen, daß nur Deutschland den Kreuzzug gegen diese Ausgeburt der Hölle siegreich führen kann und wird, hat der Verfasser mehr als ein Jahrzehnt hindurch gelebt und gekämpft. Nun hat durch Deutschlands Heldensöhne die lang ersehnte Stunde der Abrechnung mit dem

er und Kleine „völlig isolierte Leute" seien und es daher für ihn am besten sei, „gar nicht hervorzutreten".

Die entsprechenden Auskünfte müssen aber für Kleine so ermutigend gewesen sein, dass er sich daraufhin mehrfach persönlich an Jaeger wendet. Dieser antwortet am 17.3.1942 und geht kurz auf einige von Kleines Anliegen ein. Auf der einen Seite bittet er ihn darum, einmal „klar und ohne jede Rücksichtnahme die Forderungen und Vorschläge für die innerkirchliche Reform und die staatspolitische Einstellung der Kirche in Deutschland" zu formulieren. Er betont aber zugleich (und benennt hier einen, wenn nicht den entscheidenden Unterschied zu Kleine in der Einschätzung der Lage), dass er wie auch seine Mitbischöfe aufgrund der Maßnahmen gegen die Kirche keine Möglichkeit einer vertrauensvollen Zusammenarbeit mit dem Staat sehe – ein Aspekt, der deutlich für ihn im Vordergrund steht und den er auch in allen folgenden Briefen immer wieder deutlich machen wird. Kleine gibt diesen Brief an den Landesbischof Walther Schultz, Mecklenburg, einen Anhänger der „Deutschen Christen" weiter, den er seit 1939 kennt und der Kleines Wünschen entsprechend auch die Reichskanzlei darüber informiert.[108]

Allerdings scheint Kleine die Kritik von Jaeger nicht ernst genommen zu haben. Das wird deutlich in einem weiteren Schreiben Jaegers vom 9.9.1942, das offenkundig auf einen ausführlichen, wohl nicht erhaltenen Brief von Kleine antwortet. Darin anerkennt Jaeger zwar das Bemühen Kleines um die Versöhnung von Staat und Kirche und wünscht sich deren „Einmütigkeit im gleichen Ziel, das in der schöneren Zukunft unseres Volkes im Verband der übrigen Völker liegt" (S. 1). Aber er lehnt dezidiert einen Staat ab, der Rosenbergs „Mythus des 20. Jahrhunderts" zur offiziellen Staatsdoktrin macht. Den Ausführungen Kleines wirft er zudem in einer für ihn sehr ungewöhnlichen Schärfe vor, einen falschen Kirchenbegriff zu haben, der Kirche nicht als den mystischen Leib Christi betrachte, sondern „nur eine mehr oder weniger menschliche Angelegenheit, die sich darum auch allen menschlichen geschichtlichen, politischen, sozialen etc. Schicksalen anzupassen hat." (S. 2) Dabei setze die Kirche selbstverständlichen die natürlichen Ordnungen voraus, die durch die Gnade nicht zerstört, sondern vervollkommnet werden, sie müsse aber auch deutlich widersprechen, wenn diese von Gott geschaffenen natürlichen Ordnungen verletzt werden. Ein vertrauensvolles Zusammenwirken von Staat und Kirche unter Respektierung ihrer je eigenen Angelegenheiten sei nur dann möglich, wenn der Staat der Kirche das Vertrauen entgegen-

Bolschewismus geschlagen. So kann denn jetzt der Verfasser unseres Aufsatzes sein ‚Nunc dimittis servum tuum' in dieser Hinsicht mit wahrem Glückgefühle sprechen." (241); zum Verfasser des Artikels vgl. Madey, Johannes: Art. Kologriwof, Iwan von; zu Stakemeiers politischer Positionierung vgl. Dahlke, Benjamin: Die Zeit des Nationalsozialismus, 316.

108 Vgl. Spicer, Kevin P.: Hitler's Priests, 194–196; zur Person von Schultz vgl. Seidel, Jürgen: Art. Walther Schultz; Peter, Ulrich: Art. Walther (eigentlich: Walter) Martin Albert Carl Robert.

bringt, „daß sie in allen ihren Gliedern ihr Letztes zu opfern bereit ist für das Wohl unserer lieben deutschen Heimat. Er muß seinen Einfluß geltend machen, daß man nicht ungestraft Kirchentreue mit politischer Unzuverlässigkeit gleichsetzen darf und alle Angriffe, offene und versteckte, abwehren oder in Parität auch uns das Wort zur Verteidigung gewähren. Die Kirche wird den heutigen Staat als die von Gott gegebene Autorität anerkennen und alles tun, daß sie geachtet wird und man ihr freudig gehorcht in allem, was nicht gegen Gottes Gebot sich richtet." Bei aller Problematik der Position Jaegers, wie sie aus heutiger Sicht deutlich zu erkennen ist, wird aber auch deutlich, dass Kleines Überzeugung, wonach die Kirche dem Staat dienen müsse, für Jaeger mit dem katholischen Kirchenverständnis grundsätzlich nicht vereinbar ist.

Trotz allem gibt Kleine, der Landesbischof Schultz weiterhin einbindet, nicht nach und formuliert über die Weihnachtstage 1942 den Entwurf eines gemeinsamen Hirtenwortes, von dem er am 29.12.1942 Jaeger persönlich zu überzeugen versucht und dem ein längerer, auf den 2./4.1.1943 datiertes Schreiben folgt, in dem er seinen Entwurf eines solchen gemeinsamen Hirtenschreibens der evangelischen und der katholische Kirche noch einmal vorstellt. Liest man diesen Entwurf, dann wird neben der unterschiedlichen Einschätzung der politischen Lage auch die Differenz zu Jaegers Auffassung der Wiedervereinigung der Christen deutlich. Denn für Kleine steht die Einigung der christlichen Kirchen in Deutschland ganz im Dienst der Einheit des Volkes und damit seiner besonderen Sendung, für die gerade der Führer kämpfe. Kleine bezeichnet hier das Vaterland als „unser höchstes Gut auf Erden" und deutet das christliche Gebot der Nächstenliebe so um, dass „sie zunächst und vornehmlich dem Nahestehenden gilt." Wenn es dann heißt, sie „will alle umspannen, je nach dem Grade, in dem sie uns nach der natürlichen Schöpfungsordnung nahestehen, also vor allem glutvolle Hingabe an Volk und Vaterland bedeuten", dann kehrt das den klassischen katholischen Grundsatz des „gratia supponit naturam", den Jaeger angeführt hat, schlichtweg um.[109]

Ihm folgt noch ein weiterer, drängender Brief vom 12./13.1.1943, in dem Kleine nicht nur Aufschluss gibt über die besondere Aufgabe, die ihm seiner Überzeugung nach zugefallen sei, sondern auch auf seine vielfältigen Kontakte in die evangelische Kirche hinein hinweist. Die auf den 5.1.1943 datierte Antwort Jaegers, die Kleine am 18.1.1943 erreicht,[110] zeigt aber noch einmal, wie sehr Jaeger Kleine kritisch gegenübersteht. Er verteidigt hier den von Kleine kritisierten Episkopat, verweist auf dessen zahllose Eingaben und Hirtenbriefe und sieht nun, wenn überhaupt, den Staat in der Pflicht, das Gespräch mit der

109 „Entwurf zu einem gemeinsamen Hirtenschreiben der beiden christlichen Kirchen Deutschlands".

110 Vgl. seine Briefe an Landesbischof Schultz vom 18.1. und an Johannes Pircher vom 19.1.1943.

Kirche wieder aufzunehmen bzw. sich tatsächlich an die Vereinbarungen des Reichskonkordats von 1933 zu halten.[111] Für den Stil Jaegers klingt es wie eine sehr deutliche Ermahnung bzw. Kritik, wenn er schreibt: „Bei Ihren Unternehmungen aber wollen Sie sich von dem Gesichtspunkte stets leiten lassen: das Verhältnis von Kirche und Vaterland, von Kirchentreue und Vaterlandsliebe ist kein Problem. Hier gelten Gottes unverrückbare Gesetze. Wer hierin den Kern des Problems von heute sähe, wäre in kirchlichen Dingen schlecht beraten. ... Das ganze Problem geht eben um christliche und antichristliche Weltanschauung. Hier geht es um unversöhnliche Gegensätze. Diese lassen sich nicht wegdisputieren und durch äußere Treuebekenntnisse zum Staate verharmlosen und aus der Welt schaffen."[112] Diese Äußerungen scheinen Kleine zu desillusionieren, wie aus seinem Brief an Landesbischof Schultz vom 18.1.1943 hervorgeht: „Recht niedergedrückt bin ich heute. Ich erhielt von Paderborn heute einen in der Form zwar recht konzilianten, aber im Grundsätzlichen völlig ablehnenden Brief. Der Plan mitsamt dem Entwurf dürfte damit erledigt sein. Ich kann wieder einmal etwas zu meinen Akten legen."

Am gleichen Tag schreibt Kleine auch an Jaeger und bedankt sich für dessen Antwortschreiben, in dem er seine Aufrichtigkeit ebenso anerkenne wie seine Korrektheit, fügt dann aber sogleich hinzu: „so tiefreichend auch der Unterschied der Beurteilung der Lage und der daraus resultierenden Sicht des Einsatzes sein mag. Ich bin zwar recht niedergedrückt, weil – im Grunde genommen – sehr wenig von dem, was ich in Briefen, Denkschrift und Aussprechen vortragen durfte, akzeptiert werden konnte. Aber ich muss und will selbstverständlich auch Urteil und Standpunkt Ew. Gnaden ebenso anerkennen, wie es mir selbst zuteil geworden ist." Die hier im Ton gemildert klingende Enttäuschung ist in Kleines Brief an den Wiener Priester und Religionslehrer Johannes Pircher[113] vom 19.1.1943 wesentlich deutlicher zu spüren: „Gestern erhielt ich die endgültige Absage: man verspricht sich nichts von einem solchen Vorhaben, ist wegen der antikirchlichen Haltung aufs äusserste erbost und möchte sich nichts vergeben; die Gläubigen würden so etwas nicht hören wollen." In Pirchers Antwort vom 25.1.1943 werden, mehr noch als in Kleines

111 Wenn Spicer, Kevin P.: Hitler's Priests, 197 schreibt, „the archbishop agreed to enter into a dialogue with the state, but only if a government official initiated it", dann wird Jaegers hypothetisch bzw. grundsätzlich gemeinte Aussage, die in seinem Verständnis des Verhältnisses von Staat und Kirche wurzelt, zu einem konkreten Gesprächsangebot gemacht, das sich so in dem Brief aber eben nicht findet, zumal Kleines Intention ja gerade umgekehrt der gemeinsame Schritt der Kirchen auf den nationalsozialistischen Staat zu ist.

112 Es stellt darum eine Verzerrung von Jaegers Position dar, wenn Stüken, Wolfgang: Hirten unter Hitler, 161 im Blick auf den oben erwähnten Brief Jaegers an Kleine vom 17.3.1942 schreibt: „Jaeger will erklärtermaßen die Zusammenarbeit mit dem nationalsozialistischen Staat".

113 Zu Johannes Pircher vgl. Spicer, Kevin P.: Hitler's Priests, bes. 168–178 sowie das Biogramm 214.

Landesbischof Walther Schultz

Entgegnung vom 1.2.1943, nicht nur die Enttäuschung über Jaeger, sondern auch die ganze Verachtung gegenüber der Kirchenpolitik der deutschen Bischöfe sowie sein Antisemitismus auf erschreckende Weise deutlich.[114]

Dass Kleine dennoch nicht nachlässt in seinem Bemühen, zumindest das gemeinsame Hirtenwort mit dem ausdrücklichen Bekenntnis der Kirchen zum Führer und zum nationalsozialistischen Staat zu erreichen, dürfte wesentlich zurückgehen auf die Ermutigung von Landesbischof Schultz in seinem Brief an Kleine vom 25.2.1943. Neben grundsätzlicher Zustimmung und einem gewissen Verständnis für die Position der Bischöfe als Teil der Weltkirche empfiehlt er anschließend als einzige Möglichkeit des Austausches ein persönliches Gespräch. Nach intensiven Bemühungen von Seiten Kleines, die hier nicht noch einmal nachgezeichnet werden müssen,[115] kommt es schließlich am 25.3.1943 tatsächlich zu einem Treffen Jaegers mit Landesbischof Walther Schultz in Paderborn, an dem auch Richard Kleine teilnimmt.[116]

In seinen vorbereitenden Notizen zu dem Gespräch sind es vier Punkte, die Kleine einbringen will und die hier etwas ausführlicher vorgestellt werden sollen, weil sie ein bezeichnendes Licht auf seine Überzeugungen werfen: eben den gemeinsamen Hirtenbrief katholischer und evangelischer Kirchenleitungen, damit verbunden die Klärung des Verhältnisses von Kirche und Nationalsozialismus, die Zusammenarbeit zwischen den Kirchen, um die Spaltung zu überwinden, und der Kontakt mit dem Führer Adolf Hitler. Der Ökumenischen Bewegung steht er, wie schon gesehen, äußerst kritisch gegenüber, weil sie

114 Pircher kritisierte etwa „das blöde Gewinsel über nichtssagende Entbehrungen seitens des Klerus gegenüber den grossen Opfern der Volksmassen, das Blödeln um [handschriftlich korrigiert] Katechismusphrasen gegenüber aufgeschlossenen Zeiterfordernissen. Das Gonglieren [sic] mit asketischen Sprüchen anstelle eines Tatchristentums ...!" [Unterstreichung handschriftlich hinzugefügt]. Er wirft ihnen vor, dass sie noch kein ehrliches Vaterunser für den Sieg gebetet hätten und fügt hinzu: „Diese Herren stören auch in keiner Weise die altttestamentlichen Hassgesänge der Psalmen oder das jüdische Rituale und Zeremoniale; auch nicht die Zerrissenheit des deutschen Volkes durch die hundertjärigen [sic] Kirchenspaltungen – all dies unser ideales Bemühen um diese ernsten Ziele sind diesen Herren Luft."

115 Vgl. Spicer, Kevin P.: Hitler's Priests, 197.

116 Vgl. ebd., 198f.; Ernesti, Jörg: Ökumene im Dritten Reich, 236f.

„den nationalen Ansatz“ nicht sehe, was sich auch in seinen großen Vorbehalten gegenüber einer Gestalt wie Max Josef Metzger zeigt, die er an anderer Stelle deutlich formuliert.[117] Das gemeinsame Wort der Kirchen solle sich richten „gegen den Bolschewismus, wenn möglich gegen Materialismus, unsoziale Plutokratie, Judentum, Weltmaurerei, Terrorangriffe, Feindpropaganda“. Bezeichnend ist die hier formulierte Ansicht Kleines, wonach die Mehrheit des katholischen Klerus und Episkopats gegen das Reich stehe bzw. sich sogar eine deutsche Niederlage wünsche, um so „den Nationalsozialismus loszuwerden“. Von der Kirche werde der Nationalsozialismus „als eine Anschauung neben vielen möglichen anderen angesehen, zumal als eine, die in sich abwegig ist oder wenigstens für die Kirche, wie man diese verstehen will, untragbar.“ Für ihn kann die Lösung darum nur darin liegen, „zu einem Echtverständnis der Idee des NS“ umzukehren. So müssten Werte wie „Heimat, Volk und Vaterland“ in die Katechismen und in das Messbuch aufgenommen werden. Dass sie fehlen, ist für Kleine ein wesentlicher Grund für die Spannungen zwischen Nationalsozialismus und Kirche. „Wenn ich persönlich in meiner Beurteilung der prekären Lage zwischen Reich und Kirche unerschütterlich immer den

117 Zu den Kontakten zu Metzger vgl. neben den Briefen von Alois Brücker vom 30.3.1941 und vom 22.9.1941 den Brief von Kleine an ihn vom 18.5.1941, der zeigt, wie wenig Kleine von Metzger und seinem Einsatz für die Ökumene hält und dem er auch wegen seines friedenspolitischen Einsatzes zutiefst misstraut; vgl. auch Kleines Brief an Joseph Lortz vom 8.6.1941. Im Nachlass Kleines findet sich in einem Aktendeckel mit der Nr. 133 ein Text mit dem Titel: „Wiedervereinigung im Glauben“, laut handschriftlicher Notiz „abgeschlossen am 26.3.1944“. Darin wird Kleines Ablehnung der ökumenischen Bewegung deutlich formuliert: „Die Missionskonferenz in Edinburgh im Jahre 1910 hatte schon den Alarmruf vom Ende der Missionsmöglichkeit in die Welt hinausgerufen, ohne aber die tieferen Gründe dieses Zusammenbruchs erkannt zu haben. Die sogenannte ‚ökumenische Bewegung‘ erhielt durch den Schrecken, den dieser Ruf auslöste, neuen Auftrieb, verfiel aber nun erst recht der verhängnisvollen [!] Ansicht, dass der völkisch=nationale Wert ob der Verschiedenheit der Rassen und Völker geradezu eine zusätzliche Belastung zu der Verschiedenheit der Konfessionen hinzu beinhalte und deshalb gänzlich zurückzutreten, ja überhaupt keine Rolle mehr zu spielen habe. Man glaubte sich durch den Weltkrieg 1914–1918 in dieser Meinung nur bestärkt fühlen zu müssen. Die pazifistische und internationalistische Haltung setzte sich in dieser Bewegung durch, die schon vorher von der Anglikanischen Kirche des imperialistischen England gesteuert wurde. Der ‚life and work‘=Zweig dieser Bewegung, der 1925 auf der ‚Weltkonferenz für praktisches Christentum‘ in Stockholm aus der Taufe gehoben wurde, versuchte sich an der Sozialen Frage von diesem falschen Ansatz aus und bildet insofern, wenn auch gewiss nicht nach der religiösen Seite, eine Parallele zum kommunistisch=bolschewistischen Ansatz: ‚Proletarier aller Länder, vereinigt euch!‘ Hier liegt der Grund für den Hassgesang auf den Nationalsozialismus von seiten der Weltkonferenzen zu Oxford und Cambridge im Jahre 1937 und auch für das Bündnis mit dem Bolschewismus. So hat also der nationale Wert auf dem Gebiete der christlichen Mission und der Sozialen Aufgabe die Geister zur Entscheidung gestellt und seine grundlegende, totale Bedeutung ausser Zweifel gestellt.“ (6f.); vgl. Ernesti, Jörg: Ökumene im Dritten Reich, 234f.; Spicer, Kevin P.: Hitler’s Priests, 178f.

Nachdruck auf das kirchliche Versagen und Widerspiel gelegt habe, so tat und tue ich das aus meinem persönlichen Erlebnis vom Kampf des Führers und seiner besten Gefolgsmannen, von denen ich mich stets überzeugt halten konnte, dass dieses Ringen unter gar keinen Umständen von satanischen Mächten inspiriert sein kann, sondern ein Höchstmass sittlich-religiöser Verantwortlichkeit verkörpert." Den Teufel sieht Kleine darum nur auf Seiten des Bolschewismus wirken. Dabei habe nicht der Klerus, sondern hätten die Laien seiner Überzeugung nach die Wende herbeigeführt, so dass sich „ein neues kirchengeschichtliches Zeitalter" ergebe, in dem die Laien nun auch voll mitverantwortlich in der Kirche sind. „Ebenso ist heute ganz offensichtlich geworden, welche bedeutsame Rolle die deutsche Nation – als Nation und als d i e s e Nation – auch für die Kirche gespielt hat und insbesondere jetzt im Kampf gegen den Bolschewismus, Materialismus, Judentum, Maurerei und Weltausbeutung spielt, und welche providentielle Sendung sie für Bestand und Zukunft der Kultur und des Christentums verkörpert." Die katholische Kirche in anderen Ländern verstehe das nicht, ebensowenig der Papst und die römische Kurie, die den Deutschen feindlich gegenüberstünden.

Von dem Treffen in Paderborn liegen zwei Berichte vor, die sich deutlich unterscheiden, zum einen die Aktennotiz Jaegers, zum anderen die Notizen Kleines über dieses Gespräch.[118]

Kleine selbst ist offenkundig zutiefst enttäuscht von dem Gespräch. Die, wie er sie nennt, „sicherlich geschichtlich bemerkenswerte Gelegenheit eines erstmaligen persönlich=internen Zusammentreffens eines katholischen und evangelischen Bischofs" habe Jaeger nicht wahrzunehmen genutzt. Er habe stattdessen auf das Scheitern all seiner Versuche, mit den Stellen der Partei gut auszukommen, verwiesen und er sehe angesichts des Verlaufs des Krieges keine Notwendigkeit eines gemeinsamen Hirtenwortes von katholischer und evangelischer Seite gegen den Bolschewismus. Kleine wirft Jaeger dabei immer wieder vor, seinem Anliegen ausgewichen zu sein und dessen Ablehnung deutlich gespürt zu haben. Auch in seinem Brief an Aloys Brücker[119] vom 26.3.1943 zeigt sich diese tiefe Enttäuschung: „Bin gestern selbst in Paderborn

118 Die Aktennotiz Jaegers findet sich in einem Ordner, beschriftet mit „Briefwechsel zur ökumenischen Frage mit deutschen Bischöfen und mit Kardinal Dr. Theodor Innitzer, Wien, sowie ev. und kath.Geistlichen, 1942–1944" im Archiv des Johann-Adam-Möhler-Instituts sowie im EBAP, Der Erzbischof 1 II 7, 555, der Bericht Kleines findet sich in seinem Nachlass.

119 Vgl. zu Aloys Brücker, einem in Köln lebenden Laien, der sich ebenfalls mehrfach an Jaeger gewandt hat, Spicer, Kevin P.: Hitler's Priests, 178–182 sowie den Brief von Kleine an Karl Dahmen vom 4.12.1943: „Ich habe einen prächtigen Kameraden und Freund in Köln: Aloys Brücker, Köln=Mülheim (Stammheim), Schlossstrasse 33, ein Laie, der mit mir schon manchen Strauss zusammen durchgekämpft hat und der Dir sehr gefallen wird. Sein Ziel ist die Mobilisation der katholischen Laien. Er ist ein vorbildlicher Katholik, war früher Schriftleiter, verlor seine Stellung, weil er sich der NSDAP anschloss, wurde Kreisredner in Köln und musste sich, weil er der Zumutung, aus der Kirche auszutreten, selbstverständlich nicht

gewesen. Erfolg im grossen und ganzen gleich Null!" Er empfiehlt Brücker, es seinerseits noch einmal zu versuchen und so zu tun, als ob er von Kleines Besuch nichts wisse. „Im grossen und ganzen wirst Du aber einen Herrn kennen lernen, der unsere Hoffnungen enttäuscht."[120] Ein wenig anders klingt es dann in seinem Brief an Johannes Pircher vom 25.4.1943. Dort schreibt er: „Teilweise bin ich unbefriedigt, teilweise aber auch voller Hoffnung. Es geht vorwärts; leider verbietet mir die Vertrauenspflicht, die ausdrücklich ausgemacht und gerade von mir betont wurde, Näheres selbst Dir mitzuteilen."[121]

Die Aktennotiz Jaegers, handschriftlich datiert auf den 25.3.1943, setzt die Akzente etwas anders, auch dadurch, dass Kleine zwar erwähnt, aber keine Aussagen von ihm wiedergegeben werden. Sie beginnt ausdrücklich mit der Erwähnung der *captatio benevolentiae* des Landesbischofs, er habe von Rittergutsbesitzern in Pommern gehört, Jaeger sei „ein durch und durch deutscher Mann" – ein Wort, das Jaeger „nicht ohne tiefere Zustimmung zu berichten"[122] scheint. Die Anliegen Schultzes sind das gemeinsame Angehen gegen den Bolschewismus und die Frage der Wiedervereinigung der Kirchen. Im Blick auf den ersten Punkt schlage er darum ein gemeinsames Hirtenwort der katholi-

Folge leistete, mit einem Posten in der Städtischen Krankenversicherung in Köln begnügen. Trotzdem blieb er dem Führer treulich!"

120 Brücker schreibt darauf einen Brief an Jaeger, der in Abschrift in Kleines Nachlass enthalten ist, datiert vom 18.4.1943. Darin heißt es: „Die religiöse Lage scheint ein stärkeres Hervortreten des Laientums zu erfordern und zwar desjenigen Laientums, das positiv zum Nationalsozialismus und seinen nicht bestreitbaren ethischen Werten eingestellt ist." Dementsprechend hätten diese Laien den „Meister Eckehard=Bund" gegründet, der sich dem evangelischen „H.St.Chamberlain=Bund" angeschlossen habe. Nun hoffe man darauf, dass auch die katholische kirchliche Leitung diesen Schritt begrüße. Konkret wirbt Brücker wiederum für ein gemeinsames Hirtenwort gegen den Bolschewismus. Bevor der Bund offiziell an die Bischöfe herantrete, wird Jaeger gebeten, „meine Mitteilung wohlwollend zu prüfen". Die Zusammenarbeit mit dem „Institut zur Erforschung und Beseitigung des Jüdischen Einflusses auf das Deutsche Kirchliche Leben" in Eisenach wird nicht erwähnt, und auch die völkische Ökumene, wie sie Kleine und Brücker vertreten, kommt hier nicht zur Sprache. Man gewinnt daraus den Eindruck, als versuche man, den Antibolschewismus als Instrument zu benutzen, um eine gemeinsame Aktion katholischer und evangelischer Kirchenleitungen zu erreichen und so den Weg zu bereiten für die Durchsetzung der weiteren Ziele.

121 Diese Hoffnung lässt sich wohl nur erklären durch Kleines überzogenes persönliches Sendungsbewusstsein, wie es etwa aus einem Brief an A. Brücker vom 16.6.1943 spricht: „Ich glaube vielmehr die tieferen und massgeblichen Zusammenhänge genügend durchschaut zu haben. Und an diese anzuknüpfen, verspricht mir allein ein erfolgssicheres Handeln. Ich kann eben nicht untätig zuschauen und bloss zur Notiz nehmen. Das wäre gerade heutzutage, wo Vaterland und Kirche in solcher Gefahr stehen, buchstäblich der Verlust meines Seelenheiles." Aufschlussreich ist auch sein Brief an Johannes Pircher vom 4.3.1943, in dem Kleine behauptet, im Gegensatz zu Joseph Mayer, der zwar an der Quelle sitze, aber faktisch nichts tue für die Bewegung, „deutsche Fraktur" mit Jaeger zu reden und er die Beziehung zu Jaeger auf jeden Fall aufrecht erhalten müsse.

122 Gruß, Heribert: Erzbischof Lorenz Jaeger als Kirchenführer im Dritten Reich, 76.

schen und evangelischen Bischöfe gegen den Bolschewismus vor, das im Namen Deutschlands zum totalen Krieg aufrufen müsse. Ein solches Hirtenwort sei auch ein wichtiger erster Schritt hin zur Wiedervereinigung der Christen, die nicht von Religionsgesprächen kommen könne, sondern nur „von oben durch die Bischöfe". Jaegers Antwort besteht in dem Hinweis darauf, dass die Hilfe der Kirche vom Staat derzeit nicht gewollt sei. Zwar bestünden gegen ein gemeinsames Hirtenwort in dieser Sache wohl „keine grundsätzlichen Bedenken", aber er äußert Zweifel daran, dass damit eine wirkliche Annäherung erreicht werde, was nicht verwundert, wenn man bedenkt, welche Rolle Jaeger der Theologie für die Ökumene zuschreibt. Zu konkreten Ergebnissen kommt es offenkundig nicht, auch wenn Jaeger den Eindruck vermittelt, dass Schultz zufrieden mit dem Besuch gewesen sei, weil ein gemeinsames Wirken der Bischöfe nicht grundsätzlich ausgeschlossen ist.

Ein weiterer Versuch Kleines, durch eine Audienz bei dem Vorsitzende der Fuldaer Bischofskonferenz, dem inzwischen 84-jährigen Kardinal Adolf Bertram in Breslau am 13.8.1943, ein entsprechendes gemeinsames Wort der Kirchen oder zumindest ein Wort der Bischofskonferenz zu erreichen, bleibt ebenfalls erfolglos.[123]

Kleines Blick auf die offizielle katholische Haltung und damit verbunden auch seine Sicht auf Erzbischof Jaeger, der sich offensichtlich nicht gegen die anderen Bischöfe instrumentalisieren lässt, wird in der Folgezeit immer negativer. Das zeigt sich besonders deutlich in seiner Reaktion auf den sogenannten Dekalog-Hirtenbrief der Deutschen Bischöfe vom August 1943, an dessen Erstellung Jaeger bekanntlich mitgearbeitet hat.[124] Wie immer man auch die Abschwächungen bzw. Überarbeitungen des ursprünglichen Entwurfs beurteilen mag, man sollte dabei auch berücksichtigen, wie durchgehend negativ der

123 Vgl. zu den Hintergründen und dem Ablauf die „Niederschrift von dem Verlauf der Audienz beim Kardinal Dr. Bertram in Breslau am 13. August 1943, 10–10,35 Uhr."; zu Bertram vgl. Hinkel, Sascha: Gefangen zwischen bischöflichem Amtsverständnis und staatskirchenrechtlichen Überzeugungen, sowie die Hinweise von Kuropka, Joachim: Zwischen Seelsorge und Politik, 22–30. Bereits einen Monat zuvor hatte sich der Dresdener Regierungspräsident a.D. Felix Eichler mit einem Entwurf für ein gemeinsames christliches Wort gegen den Bolschewismus an Bertram gewandt, der darauf in seinem Schreiben vom 26.7.1943 vorsichtig ablehnend antwortete, vgl. die beiden Dokumente in: Volk, Ludwig (Bearb.): Akten deutscher Bischöfe über die Lage der Kirche 1933–1945, Teil 6, Nr. 856 und 856a, 107–110. Auf der nächsten Plenarkonferenz der Bischöfe wird dieser Punkt nicht behandelt, vgl. die Tagesordnung der Plenarkonferenz des deutschen Episkopats, Breslau, 5. Juli 1943, in: ebd., Nr. 868/I, 131–133, sowie das Protokoll der Plenarkonferenz des deutschen Episkopats, Fulda, 17.–19. August 1943, in: ebd., Nr. 868/II, 133–146.

124 Hirtenwort des deutschen Episkopats (II), Fulda, 19. August 1943, in: Volk, Ludwig (Bearb.): Akten deutscher Bischöfe über die Lage der Kirche 1933–1945, Teil 6, 197–205; vgl. dazu zum einen Stüken, Wolfgang: Hirten unter Hitler, 163–168, zum anderen Zumholz, Maria Anna: Die Fuldaer Plenarkonferenz 1933–1945, 757–761.

Text von einer Gestalt wie Kleine wahrgenommen wurde. Auch wenn man davon ausgehen muss, dass er die Einleitung zur im Erzbistum Paderborn verlesenen Fassung des Hirtenbriefes nicht gekannt hat, die u.a. zuerst „der tapferen Soldaten auf allen Fronten und in den Lazaretten gedenkt“[125] und ihnen dankt, so richtet sich seine Kritik an andere, grundlegende Punkte des Hirtenbriefs. Er versteht ihn, wie es im Entwurf eines Briefes an Jaeger vom 17.9.1943 heißt, als „Absage des Episkopates an das neue Reich der Deutschen mit seinem Schöpfer und Führer, seinem Ideengehalt, seiner Sendung und seinem ungeheuerlichen Ringen in dieser völkischen Entscheidungsstunde“, als den „Versuch eines Dolchstosses in der höchsten Gefahrenstunde“ sowie als „eine einzige Anklageschrift durch sämtliche 10 Gebote hindurch gegen die parteiliche und staatliche Führung.“ Dass man sich fast nur auf den alttestamentlichen Text beziehe und sich „ostentativ des Judentums und der rassischen Mischehe“ annehme, übersehe zudem all das, „was unsere besten Theologen über den gewaltigen Unterschied zwischen der alttestamentlichen Gesetzesgerechtigkeit und der christlichen Haltung und Aufgabe herausgearbeitet haben“ – wohl ein Hinweis auf die entsprechenden Bemühungen des Eisenacher „Instituts zur Erforschung und Beseitigung des Jüdischen Einflusses auf das Deutsche Kirchliche Leben“. Damit ist für Kleine klar, „dass alles Ringen um einen Austrag von kirchlicher Seite ein gänzlich vergebliches Unterfangen ist.“ Zwar hat Kleine diesen Brief offenkundig nicht abgeschickt,[126] aber auch das endgültige Schreiben vom 22.9.1943 muss so deutlich gewesen sein, dass Jaeger sich auch persönlich getroffen fühlt, wie seine Antwort vom 25.9.1943 zeigt: „Wenn ich Sie nicht kennte, müßte mich ja eigentlich der Ton der Kritik an dem, was der Gesamt-Episkopat gesagt hat, verletzen. So aber schreibe ich es Ihrem Eifer für die Sache zu.“ Inhaltlich verteidigt Jaeger hier auch hier wieder entschieden die Bischöfe und wiederholt faktisch das, was er bereits früher an Kleine geschrieben hat. Denn die zehn Gebote seien die Grundlage des übernatürlichen Lebens und eine „neue Ordnung“ müsse gebaut werden „auf dem Fundament der Gottes-Rechte und der christlichen Liebe“, weil allein dieser Weg zum Heil führe. Auch die weiteren Briefe, die Kleine an Jaeger richtet, zeigen, dass für ihn mit diesem Hirtenbrief die Hoffnung auf eine Verständigung zwischen Kirche und Reich im Kampf gegen den Bolschewismus, „den nur dieses nationalsozialistische Deutschland auszufechten im stande ist“,[127] verloren ist. Dennoch schickt er Jaeger am 1.11.1943 sein Referat „Die Bergpredigt als Kampfansage gegen das Judentum“ zu, das er vor kurzem im Eisenacher Institut gehalten habe. Auch hier wird die auch in seinem Anti-

125 EBAP, Generalia IV 8b: „Gemeinsamer Hirtenbrief der deutschen Bischöfe über die zehn Gebote als Lebensgesetz der Völker“ (1).

126 Der Brief trägt den handschriftlichen Vermerk „nicht abgesandt“.

127 Brief vom 6.10.1943.

semitismus gründende Ablehnung des Dekalog-Hirtenbriefs deutlich: „Aus den Verlautbarungen des Episkopats erhellt ganz klar, dass dieses Problem noch garnicht in blosse Erwägung gezogen ist; ja auf Grund des letzten gemeinsamen Hirtenschreibens, das sich sogar für die Ehe zwischen christlichen Deutschen und Juden einsetzte, erhellt sogar, dass der Episkopat sogar eine Judenfrage als solche radikal ablehnt mit betonter Spitze selbst zu den nur rein völkischen Nürnberger Gesetzen, welche eine wesentliche Grundlage unseres neuen deutschen Reiches darstellen.“ Eine Antwort auf diese Briefe findet sich in den Unterlagen nicht, möglicherweise hat sie Kleine nach Jaegers deutlicher Verteidigung der Linie des Episkopats auch gar nicht erwartet.

Seiner Frustration lässt Kleine in einem Brief an Karl Dahmen[128] vom 4.12.1943 freien Lauf. Die Bischöfe, die seine Position nicht verstanden hätten, trügen die größte Schuld an dem Versagen der Kirche gegenüber dem Staat. Dann kommt er ausdrücklich auf seine Kontakte zu Jaeger zu sprechen: „Ich habe in einer 2=jährigen ausgedehntesten und eindringlichsten Korrespondenz an den Paderborner Erzbischof und in viermaligen je über 2=stündigen persönlichen Absprachen mit ihm vergeblich das zu ändern versucht und erkennen müssen, dass diese Herren unbelehrbar sind!!! Nur eins hat man mir zugebilligt, dass ich in meinem Sinne ungehindert arbeiten kann; aber ich habe immer wieder betont, dass ich garnicht arbeiten kann, solange von oberster kirchlicher Seite kein Wandel eintritt. Kurzum: ehe nicht die Führung der Kirche in die Hände ganz anderer Persönlichkeiten gelegt wird, ist tatsächlich nichts zu erwarten.“ Wenige Tage später, am 13.12.1943 schreibt er an den Kölner Priester Johannes Nattermann:[129] „An einem solchen Neuaufbruch der Kirchengeschichte stehen wir zweifelsfrei heute und zwar durch die deutsche Zeitenwende, die ihrerseits durch den Führer und sein Werk, kurzum durch den Nationalsozialismus, heraufgeführt ist.“ Und dabei habe sich die Vorsehung gerade nicht der Kirche und vor allem nicht der Bischöfe bedient!

Kleines eigene Sicht von der Bedeutung seiner Kontakte bis in die evangelische Kirche hinein wird auch deutlich in seinem laut handschriftlichem Vermerk nicht abgesandten Brief an den neu ernannten Bischof von Aachen, Johannes Josef van der Velden, vom 16.12.1943.[130] Auch hier berichtet er wieder von seinen Kontakten zu Jaeger, wobei er seine Worte verständlicherweise vorsichtiger wählt, was an der Schärfe seines Urteils aber nichts ändert: „Der Erzbischof ist mir zwar weit entgegen gekommen und hat mich immer auf das freundlichste behandelt, weshalb ich ihm auch zu grossem Dank verpflichtet

128 Lt. Stempel auf einem Schreiben vom 8.7.1943: Dr. iur. Karl Dahmen, Düsseldorf-Oberkassel.

129 Vgl. zu ihm das Biogramm bei Spicer, Kevin P.: Hitler's Priests, 277.

130 Kleine hatte bereits am 14.9.1943 einen Brief an „Herrn Prälat Josef van der Velden“ gesandt, zusammen mit einer Denkschrift über „die innerkirchliche Reform und das Verhältnis von Reich und Kirche“ zugesandt. Der inzwischen zum Bischof Geweihte bestätigt den Erhalt mit einer Karte, datiert vom 23.10.1943.

bin. Aber ich habe schliesslich meine unsägliche Mühe ihm gegenüber als vergeblich erkennen müssen; es läuft halt alles in den alten Geleisen weiter."

Dieses Verhalten Kleines setzt sich bis an sein Lebensende fort. In einer der mit „Interea" betitelten Notizen aus seinem Nachlass, in denen er sein Verhalten im Dritten Reich tatsächlich als Widerstand gegen den Nationalsozialismus uminterpretiert und dies mit der Behauptung verbindet, die Deutschen Christen seien ökumenischer eingestellt gewesen seien als die „Bekennende Kirche", findet sich eine auf den 23.7.1967 datierte Liste von Personen bzw. Institutionen, die für Kleine „erledigt" sind. Zu ihnen gehört auch Kardinal Jaeger. Warum er dennoch den Kontakt zu Jaeger nicht abgebrochen hat und sich etwa in einem Brief vom 11.10.1973 in einem vom Ton her ebenso servilen wie von der Bedeutung des eigenen Wirkens überzeugten Schreiben an Jaeger wendet und nicht nur seine Bibliothek, sondern auch seinen Nachlass dem Johann-Adam-Möhler-Institut hinterlassen hat, bleibt erstaunlich und wohl nur von seiner eigenartigen Persönlichkeit her zu erklären.

Dass auch Jager diesen Kontakt nicht abgebrochen hat, sondern ihm 1946 sogar eine mögliche Stelle im Erzbistum anbot,[131] ist angesichts der harten Kritik Kleines an Jaeger verwunderlich und dürfte von ihm, wie Spicer vermutet (und zugleich kritisiert[132]) ähnlich wie wohl auch der (freiwillige oder erzwungene) Stellenverzicht Joseph Mayers und Adolf Hertes, der beide einem Entnazifizierungsverfahren entgehen ließ,[133] als ein Akt der Nächstenliebe bzw. einer klerikalen Solidarität verstanden worden sein,[134] die heute aus nur zu berechtigten Gründen angefragt werden muss.

7. Abschluss

Wenn man davon ausgehen darf, dass sich Jaegers Auffassung von der Ökumene in dieser Zeit weitgehend der Position Paul Simons verdankt, dann wird schon allein von daher offenkundig, wie weit entfernt sie tatsächlich von den Gedanken eines Richard Kleine ist, wobei bei all dem offen bleiben muss, inwieweit Kleine in den persönlichen Gesprächen Jaeger gegenüber tatsächlich seine ehrlichen Überzeugungen geäußert hat. Der von ihm (und anderen) unternommene Versuch, über die gemeinsame Gegnerschaft zum Bolschewismus einen ersten Schritt zu tun, der dann zu einer von Kleine erträumten Versöh-

131 Vgl. Spicer, Kevin P.: Hitler's Priests, 213f.

132 Vgl. Spicer, Kevin P.: Hitler's Priests, 233.

133 Vgl. Dahlke, Benjamin: Die Zeit des Nationalsozialismus, 328f.; vgl. dazu grundsätzlich Ruff, Mark Edward: Katholische Kirche und Entnazifizierung, 143f.

134 Vgl. dazu Jaegers Briefe an den erkrankten Joseph Mayer vom 3.9.1966 sowie an dessen früheren Schüler Joseph Auda vom 5.9.1966, in: Brüggenthies, Kathrin: Die Philosophisch-Theologische Akademie Paderborn, 245–247.

nung der Kirchen in Deutschland untereinander und darüber hinaus mit dem Nationalsozialismus führen könnte, gelingt jedenfalls nicht. Angesichts von Jaegers Positionierung gegenüber dem Nationalsozialismus sowie seiner Verbundenheit mit den anderen Bischöfen war sie von vornherein zum Scheitern verurteilt. So problematisch aus heutiger Sicht die Spannung zwischen der selbstverständlichen Treue zur staatlichen Obrigkeit einerseits und der strikten Ablehnung der nationalsozialistischen Diktatur andererseits erscheint,[135] so wird doch deutlich, dass Jaegers Patriotismus, von dem u.a. auch seine in den Kriegsjahren veröffentlichten Hirtenworte zeugen, sich nicht im Sinne der völkischen Ökumene instrumentalisieren ließ. An diesem Punkt wird auch, bei allen Unterschieden im Blick auf die konkrete Kirchenpolitik, Jaegers für sein Verständnis des Bischofsamtes selbstverständliche Solidarität mit den anderen Bischöfen immer wieder deutlich. Und auch die Ablehnung der Theologie, wie sie bei Kleine immer wieder zu spüren ist und in seinem oben bereits genannten Text zur „Wiedervereinigung im Glauben"[136] deutlich zur Sprache kommt, widerspricht dem, was Jaeger gerade von der Theologie für die Ökumene erwartet und wofür er sich in den folgenden Jahrzehnten seines Wirkens eingesetzt hat. Beides gilt es für ein angemessenes Bild Jaegers und seiner Einstellung zur Ökumene auch und gerade in den ersten Jahren seines Bischofsamtes wahrzunehmen.

135 Schoppmeyer, Heinrich: Lorenz Jaeger, 195 spricht m.E. zu Recht von dem unlösbaren Widerspruch „zum einen die nationalsozialistische Diktatur bekämpfen zu müssen, zum anderen das Vaterland gegen die bolschewistische Gefahr verteidigen zu wollen".

136 So o. Fußnote 117, dort heißt es auf S. 14: „Deshalb ist es auch nicht wahr, dass die Zunft der Fachtheologie einen Primat in der Ueberwindung der Aufgespaltenheit beanspruchen müsste oder gar diese Aufgabe ganz vor ihr Forum gehörte. Die theologische Funktion in der Kirche ist trotz ihres hochbedeutsamen Wertes nur von nachgeordneter Sendung, und das ist sie umso mehr, als sie rein wissenschaftlich arbeitet. Auch für Kirche gilt der Grundsatz: ‚Primum vivere, deinde philosophare!' Ja, das gilt für sie um so ausgesprochener, als sie von jenem Leben zu leben gesandt und begnadigt ist, das aus Gnade und Glaube den Tod überdauert. Theologie ist nur Dienst an diesem Leben, ist ancilla gratiae et fidei. Sie hat ehrfürchtig das zu verehren, was aus diesen tieferen Tiefen unter dem Wehen des Gottesgeistes hervorquillt, nicht aber dieses schöpferische Wachsen und Gestalten aus dem Glauben in eigene Regie zu nehmen. Zudem ist weithin Theologie einer intellektualistischen Ausartung verfallen, infolge dessen auch in Kirche sich nachgerade ein gesunder Abwehrinstinkt ‚wider die Intellektuellen' durchzusetzen beginnt. Was man ‚interkonfessionelle Gespräche' zu nennen beliebt, ist meistens eine dermassen intellektualistische wechselseitige Tuchfühlung innerlich gänzlich unverbindlicher Art zwischen Theologen, die garnicht zueinander finden können, weil sie ‚das Leben nicht in sich haben'. Nur Theologen, die lebendige Gottesmänner sind und ‚von der Liebe Christi verhaltene' echt priesterliche Persönlichkeiten, vermögen das Zukünftige zu gestalten."

Kardinal Jaeger in der kirchenkritischen Öffentlichkeit: Moralische Entlastung oder Stigmatisierung als ‚Nazi'-Bischof?

Dietmar Klenke

Als kirchenpolitisch streitbarer Bischof fand Lorenz Kardinal Jaeger in der bundesdeutschen Öffentlichkeit ein vielgestaltiges Echo. Als Vorreiter des ökumenischen Gedankens genoss er bis zu seinem Rücktritt vom Amt des Erzbischofs im Jahre 1973 hohes Ansehen auch bei Fernstehenden, die nicht Gläubige seiner Kirche waren. Auch Gegner zollten ihm trotz aller weltanschaulichen Distanz Respekt. Aber zeitweilig geriet er massiv in die Schusslinie der öffentlichen und massenmedialen Kritik: zum einen im Hinblick auf sein umstrittenes Wirken zur Zeit des Dritten Reichs und zum anderen als Befürworter strikter konfessioneller Abgrenzung in schulpolitischen Fragen und als konservativer Mahner in Fragen der Geschlechter- und Sexualethik. Zu einer Herausforderung für seine Reputation wurde, dass gegen Ende der 1960er Jahre konservative kirchliche Stimmen in der Medienlandschaft zunehmend in eine Defensivstellung abgedrängt wurden. Die Meinungsführerschaft ging auf das breite Spektrum liberaler und sozialdemokratisch orientierter Medien über, die die neuen sozialliberalen Koalitionsbildungen in Bund und Ländern massenmedial stützten.

Jaeger widerfuhr erstmals 1965 eine kritische bis negative Berichterstattung über sein Wirken im Bischofsamt, wobei er zunächst nur vergangenheitspolitisch Anfechtungen ausgesetzt war.[1] Seither entwickelte sich v.a. das linksliberale Hamburger Nachrichtenmagazin „DER SPIEGEL" zum Flaggschiff kirchenkritischer bis strikt antiklerikaler linksliberaler Positionen. Von dort aus sah sich Jaeger massivster Kritik ausgesetzt. Vor 1965 hatte es weder im „Spiegel" noch in anderen überregional verbreiteten Medien gegenüber Jaeger eine auffallend negative Berichterstattung gegeben. Zum Inbegriff eines erzkonservativen „schwarzen" Katholizismus war seit den frühen Nachkriegsjahren zunächst die Bistumsstadt Münster geworden, nicht Paderborn. Auch andere Oberhirten wie Kardinal Frings oder Kardinal Döpfner zogen bis dahin eher die Aufmerksamkeit einer kirchenkritischen Öffentlichkeit auf sich als Erzbischof Jaeger. Denn er galt als Vorreiter einer vorsichtigen ökumenischen Öffnung. Er wurde daher in der kirchenkritischen und mit dem II. Vatikanum

1 Klenke, Dietmar: Schwarz – Münster – Paderborn, 140ff.

sympathisierenden Öffentlichkeit zeitweilig sogar als reformbereiter bis reformfreudiger Kleriker angesehen, der trotz seines hohen Alters die Fähigkeit zur Selbstkritik und Veränderung nicht verloren zu haben schien. So rechnete man ihm hoch an, dass er sich 1965 bereitfand, ohne Arroganz im Geiste der Verständigung auf dem Evangelischen Kirchentag gemeinsam mit Präses Beckmann zu diskutieren. Er schien damit ein deutliches Zeichen im Sinne des konziliaren Aufbruchs zu setzen.[2]

In diesem Geiste trat er auch auf dem Bamberger Katholikentag von 1966 in erfrischender Weise auf, was ihn als selbstkritischen und zukunftsorientierten Kirchenführer auszuzeichnen schien.[3] Er betonte dort, dass Forschung und technischer Fortschritt auf der einen und Gottgläubigkeit auf der anderen Seite keine Gegensätze seien, weil auch der technische Fortschritt seinen Ursprung in Gott als Schöpfer des Menschen habe. Er glaubte, dass dies eine herausfordernde Botschaft des Konzils gewesen sei, die die Katholiken zur Selbstkritik auffordere. Denn es gebe bei Katholiken einen echten Nachholbedarf in Sachen Bildung, Technik, moderner Literatur und moderner Massenmedien. Es gebe bei Katholiken zu viel Verklemmtheit und eine schädliche, typisch katholische Abwehrmentalität, die sich in einem übertrieben ängstlichen Schutz- und Konservierungsbedürfnis äußere. Hier habe das Konzil befreiend gewirkt. Nunmehr komme es darauf an, dass der Pendelausschlag nicht zum anderen Extrem der theologischen Beliebigkeit führe. Die Kirche müsse die Anpassung an den politischen und kulturellen Pluralismus und an den technischen Wandel als positive Herausforderung begreifen, weil seit jeher die Welt der Technik und Zivilisation ein „Doppelantlitz" trage und der Christ immer wieder neue Antworten finden müsse, um nicht zu erstarren. Dies war ein Aufruf zu einem moderaten, gut ausbalancierten Aufbruch. Sogleich griff das Paderborner Bistumsorgan „Der Dom" dies auf, indem es die üblichen Praktiken der Teilhabe am kirchlichen Leben in Teilen als fragwürdig kritisierte: als Gewohnheit, Anstandspflicht und Milieutreue, nicht aber als Ausdruck einer von Überzeugung geprägten christlichen Lebensführung. Kurzum, selbstkritisch wurde hier ein gewisses Maß an hohler Identifikation diagnostiziert.[4] Es schien, so „Der Dom", jahrhundertealte Vorbelastungen zu geben im Hinblick auf eine Glaubenspädagogik, die Einübung und stumpfsinnige Gewohnheit wichtiger genommen habe als die ethische Glaubenssubstanz. Offensiv griff man hier die in der Öffentlichkeit lebendige Kirchenkritik auf, die an der Erstarrung des kirchlichen Lebens in scheinbar inhaltsleer gewordenen rituellen Praktiken Anstoß nahm. Denn die nicht-katholische Welt frage in aller Unerbittlichkeit

2 Dirks, Walter: Das Fest des einen Herrn, in: Freie Presse/Ausgabe Paderborn vom 25.12.1965 (Im Folgenden immer: Freie Presse).

3 Lorenz Kardinal Jaeger: Gefährliche Freiheit. Wohin steuert die Katholische Kirche nach dem Konzil, in: Feuerreiter, Nr. 13, 1966, 26.

4 Zeit offener Selbstkritik und Reinigung, in: Der Dom (Paderborn) vom 24.7.1966, 7.

nach der theologischen Wahrhaftigkeit der Römischen Kirche. Solche Signale aus berufenem Mund, seitens des Erzbischofs wie auch der Bistumszeitung, erweckten in der Öffentlichkeit den Eindruck, dass es an der Spitze der Paderborner Diözese reformbereite Kräfte gebe.

Es sollte sich zeigen, dass dieser Reformanspruch, hinter den sich auch Jaeger als Vorreiter der Ökumene stellte, seit den späten sechziger Jahren mit großen Herausforderungen zu kämpfen hatte und den katholischen Klerus zwischen Tradition und modernen Trends vor schwere Zerreißproben stellte. Denn an den Kirchen ging in den späteren sechziger Jahren der reformfreudige bis revolutionsromantische Umbruch der jungen Generation nicht spurlos vorbei, auch nicht der eisige Wind atheistischer fortschrittsgläubiger Religionskritik. Diese ging weit über Kirchenkritik hinaus. Ihr zufolge stellte der Gott- und Jenseitsglaube ein großes Hindernis für die tatkräftige Selbstvervollkommnung des Menschen dar.[5] Dahinter lag bei der akademischen Linken nicht allein die laizistische Forderung nach einer radikalen Trennung von Kirche und Staat verborgen, sondern Kirche und Gottglaube traf der Vorwurf, ideologisches Instrument fragwürdiger Herrschafts- und Ausbeutungsinteressen zu sein. Mit generationellen Langzeitwirkungen prägte diese Infragestellung des Gottglaubens seit den späten 1960er Jahren die universitäre Sozialisierung zahlloser Studierender vor allem an den Philosophischen und Sozialwissenschaftlichen Fakultäten, die wiederum zur Hauptrekrutierungsbasis der massenmedialen Meinungsbildner wurden. Modernisierungseuphorie und fortschrittsgläubiger Zeitgeist katapultierten dabei die konservative Grundhaltung der katholischen Kirche in eine prekäre Defensivstellung, die sich im nordwestdeutschen Raum symbolisch in einem Bonmot verdichtete, und zwar in der Wortreihung „Schwarz-Münster-Paderborn“ als scherzhafte Antwort auf die Frage nach der Steigerung von „schwarz“. Damit war das Adjektiv „schwarz“ im Sinne von konservativ/reaktionär gemeint. Hintergründig verbarg sich dahinter Skepsis gegenüber dem Katholizismus und bei radikalen Liberalen und Linken gegenüber dem Gottglauben generell.[6]

Zum Stein des Anstoßes wurde für eine in die gesellschaftliche Breite gehende Kirchenkritik das Beharren des Klerus auf konservativen Positionen vor allem auf zwei Gebieten: der Schulpolitik und der Ethik der Geschlechterbeziehungen. Hier wiederum spielte auch die Paderborner Bistumszentrale eine aktive Rolle in der Verteidigung überkommener konfessioneller Positionen. Allerdings wurde in der massenmedialen Öffentlichkeit teilweise deutlich zwischen Kardinal Jaeger und der Paderborner Bistumszentrale unterschieden. In solchen Fällen gestand man Jaeger ein höheres Maß an interkonfessioneller

5 Klenke, Dietmar: Schwarz – Münster – Paderborn, 9ff., 68ff., 158ff., 159ff.

6 Siehe die Fallstudie zur atheistischen akademischen Subkultur Münsters in: Klenke, Dietmar: Schwarz – Münster – Paderborn, 71ff.

Offenheit zu als anderen Persönlichkeiten auf der Leitungsebene des Bistums. Hier fiel der Blick insbesondere auf den Schuldezernenten des Generalvikariats Gerhard Horstkemper. Das Bemühen, dem Kardinal im Gegensatz zu seinen Kirchenbehörden eine auratisch entrückte Position zuzugestehen, mag beim ersten Hinsehen überraschen. Denn bereits vor der ersten großen Welle radikaler Kirchenkritik hatte der Anfang 1965 in den Kardinalsstand erhobene Paderborner Erzbischof bereits eine erste schwere massenmediale Herausforderung zu meistern gehabt, in der es um die Substanz seiner persönlichen Integrität und Reputation ging. Der Anstoß ging 1965 von einem massiven Angriff des Hamburger Nachrichtenmagazins „DER SPIEGEL" aus, als dieses Leitmedium des linksliberalen Meinungsspektrums sich des Verhältnisses von Katholischer Kirche und NS-Regime annahm und dabei Jaeger als scheinbar hochproblematische Figur in das Zentrum der Bemühungen um Vergangenheitsbewältigung rückte. Erstaunlicherweise hinterließ dieser nicht kirchen-, sondern nationalpolitisch motivierte Angriff in den nachfolgenden kirchenpolitischen Auseinandersetzungen der späten sechziger Jahre erheblich weniger Spuren im öffentlichen Ansehen des Kardinals, als im Lichte der Jaeger-kritischen Historiographie der letzten drei Jahrzehnte vermutet werden könnte. Erst unter dem Einfluss eines in den siebziger Jahren sehr nationalkritisch werdenden Geschichtsbildes geriet Jaeger posthum ins Visier einer sich denkbar weit verbreitenden Verurteilungsmentalität gegenüber Persönlichkeiten, die – in welcher Weise auch immer – mit dem NS-Regime kooperiert hatten.

Dieser Mentalität entsprang auch der Antrag der Rathausfraktion der „Demokratischen Initiative Paderborn" vom Mai 2015, wonach dem Kardinal posthum die Ehrenbürgerwürde der Stadt Paderborn mit Blick auf dessen umstrittenes Wirken in der NS-Zeit aberkannt werden sollte.[7] Formal ging es dabei um die Tilgung aus einer Liste, die nicht nur für noch lebende Ehrenbürger geführt wird, sondern auch posthum die Erinnerung an sie bewahren soll. Deshalb war längst überfällig gewesen, Adolf Hitler im Jahre 1983 aus dieser Liste zu streichen. Als Rechtfertigung diente dem Antrag von 2015 die Einschätzung, Jaeger habe aus militaristischen und religiösen Gründen den nationalsozialistischen Krieg unterstützt und darüber hinaus auch Anleihen beim völkisch-rassistischen Jargon des NS-Regimes gemacht. Auf diese hochproblematischen Seiten in Jaegers Denken hebt auch das dem Antrag beigefügte Gutachten des Publizisten Peter Bürger ab, das Reizworte wie „ger-

7 Beschlussvorlage der Ratsfraktion der Demokratischen Initiative Paderborn (DIP) vom 7.5.2015 für den Rat der Stadt Paderborn, in: www.di-paderborn.de. Ärgerlicherweise greift der Antrag ungeprüft ein Falschzitat des Spiegel-Herausgebers Rudolf Augstein aus dem Jahre 1972 wieder auf, wo Augstein dem Kardinal völkisch-rassistische Anleihen bei der Ideologie des NS-Regimes vorwirft. (Vgl. S. 3 Beschlussvorlage) Jaeger hatte nicht einen Krieg gegen die „Russen" generell gerechtfertigt, sondern einen Krieg gegen die Bolschewisten. Dazu später Genaueres!

manisch-christliche Kultur“ und die „Blut“-Metapher zur Kennzeichnung der Verbundenheit der Deutschen untereinander in denjenigen Verlautbarungen Jaegers nachweist, die laut Bürger der Rechtfertigung des nationalsozialistischen Krieges gegen die Sowjetunion dienten.[8] Vor allem irritierte die Antragsteller die innige Verbindung christlichen und nationalreligiösen Denkens bei Jaeger. Inwieweit damit zugleich eine besondere Nähe des Bischofs zu spezifisch nationalsozialistischem Gedankengut, insbesondere zu völkisch-rassistischem Denken, einherging, darauf fanden jedoch weder der Aberkennungsantrag der DIP-Ratsfraktion noch das Gutachten Bürgers eine klare, schlüssige Antwort. Im Lichte des nunmehr jahrzehntelang andauernden Meinungsstreits werde ich am Ende dieses Betrags auf die aktuelle Debatte über Jaegers Rolle in der NS-Zeit zurückkommen. Die Frage nach den Motiven, die Jaeger veranlasst hatten, die NS-Kriegspolitik zeitweilig zu unterstützen, interessierte bereits die Zeitgenossen zu Lebzeiten Jaegers, als dieser in der Nachkriegszeit wiederholt in die Schusslinie der Vergangenheitsbewältigung geriet. Und von der Beantwortung dieser Frage schien seither abzuhängen, ob man Jaeger trotz seiner partiellen Unterstützung der Kriegspolitik des NS-Regimes nachträglich glaubte rehabilitieren zu können, nachdem erstmals 1965 einer breiten Öffentlichkeit bekannt geworden war, wie weit er als Bischof in der Unterstützung der NS-Kriegspolitik gegangen war.

Es zeigt sich insgesamt eine große Spannbreite, wenn wir das Bild Jaegers in der Öffentlichkeit betrachten: Es reicht vom fortschrittlichen Vorreiter einer gesamtchristlichen Ökumene bis hin zur schroffen Ablehnung seiner Person aus zwei unterschiedlichen Perspektiven: Zum einen haben wir es mit kirchenpolitisch und theologisch motivierter Ablehnung zu tun, die ihn als dogmatisch-konservativen Kirchenvertreter ansieht, und zum anderen mit vergangenheitspolitischer Kritik, die Jaegers Zusammenarbeit mit dem NS-Regime in den Blick nimmt und im Kern auf den Vorwurf hinausläuft, Jaeger habe als Erzbischof im Rahmen der Kooperation mit dem NS-Regime in eklatanter Weise christliche Grundsätze missachtet und verraten, statt die ihm zu Gebote stehenden Spielräume zu nutzen, gegenüber einem verbrecherischen Regime so deutlich auf Distanz zu gehen, wie dies andere Bischöfe anscheinend getan hatten, wenn auch recht behutsam.

Um die Diskurse, die sich um die letztgenannte Streitfrage rankten, wird es im nachfolgenden Beitrag schwerpunktmäßig gehen. Kirchenpolitische und theologische Fragen finden nur insoweit Berücksichtigung, als sie Bedeutung für die vergangenheitspolitischen Debatten über Jaegers Verhalten in der NS-Zeit haben. Mit anderen Worten: Es geht um die Diskursgeschichte der deutschen Vergangenheitsbewältigung und nicht in erster Linie um konfessions- und kirchengeschichtliche Fragen. Und diese Diskursgeschichte ist weniger

8 Bürger, Peter: Lorenz Jaeger und die „Stufen der Kollaboration“.

von der historiographischen Methode des „Verstehens“ geprägt als vielmehr von abstrakten normativen Prinzipien, die im Akt des erinnernden Rückblicks jeweils aufs Engste mit gesellschafts- und kirchenpolitischen Streitfragen der bundesdeutschen Gegenwart verwoben sind. Insoweit hängt die Färbung des Bildes, das man sich von Erzbischof Jaeger im III. Reich macht, stets davon ab, welche Handlungsmaximen man als ethische Messlatte anlegt und welche Bedeutung diesen Maximen im jeweils aktuellen bundesdeutschen Diskursumfeld zukommt.

Das Spektrum der Handlungsoptionen, die man Jaeger unter den Bedingungen der NS-Diktatur rückblickend zugeschrieben hat, ist dabei recht breit: begrenzte zwiespältige Unterstützung des NS-Regimes angesichts partieller gemeinsamer Haltungen und Interessen unter problematischer Ausblendung des Trennenden, begrenzte pragmatische Kooperationsbereitschaft als kleineres Übel zum Zwecke der pastoralen Versorgung und des innerkirchlichen Personen- und Bestandsschutzes, schweigende Zurückhaltung gegenüber den Verbrechen des Regimes aus Unsicherheit, Opportunismus oder skrupulöser Güterabwägung und schließlich begrenzte Widersetzlichkeit unter Inkaufnahme von Risiken. Hingegen vermag man bei Jaeger offene Formen des Protestes bis hin zu massiver Existenzgefährdung im Geiste einer Aufopferungs- und Märtyrerethik kaum zu entdecken. Sämtliche graduell unterschiedlichen Formen der Kooperation mit dem NS-Regime hatten aus der Sicht wohlwollender Kritiker der katholischen Kirche mehr oder minder dilemmatischen Charakter, wonach jeder Entscheidung der Bischöfe eine äußerst schwierige Abwägung zwischen Kosten und Nutzen, zwischen größeren und kleineren Übeln zugrunde lag. Hingegen hatten die Bischöfe aus der Sicht scharfer Kritiker rückblickend mit dem Opportunismus- und Verratsvorwurf zu kämpfen oder mit der Diagnose ideologischer Verblendung. Zwischen den genannten Polen bewegt sich jede Debatte, die rückblickend klären will, ob Jaegers Verhalten als Erzbischof unter dem NS-Regime im Lichte christlicher Maximen als verantwortungsvoll und ehrenhaft oder aber als untreu und ehrlos zu bewerten ist. Ob angesichts einer solch komplexen, widersprüchlichen Kriterienwelt überhaupt eine eindeutige Antwort möglich ist, sei dahingestellt.

Kardinal Jaeger im Fadenkreuz der NS-Vergangenheitsbewältigung

Einen Einschnitt gab es in der öffentlichen Wahrnehmung Jaegers zunächst nur in vergangenheitspolitischer Hinsicht, als 1965 die Erinnerung an die Rolle der katholischen Kirche in der NS-Zeit kurzzeitig aufflackerte und Jaeger dabei im Unterschied zu früheren massenmedialen Erinnerungsschüben zu einer zwielichtigen Gestalt zu werden drohte. Gleichwohl trübte sich 1965 sein robustes positives Image auch in der kirchenfernen Öffentlichkeit nur kurzzeitig ein – ohne nachhaltige Wirkungen. Ins Rampenlicht der öffentlichen Aufmerksamkeit rückte ihn ein Buch des von deutsch-jüdischen Eltern abstammenden US-amerikanischen Politikwissenschaftlers Guenter Lewy. Über einen auszugsweisen Vorabdruck im Nachrichtenmagazin „DER SPIEGEL“ erreichten Lewys Enthüllungen über die Beziehungen der katholischen Kirche zum NS-Staat eine breite liberal gesinnte Leserschaft.[9]

Dort widerfuhr Jaeger im Bischofsamt eine wenig schmeichelhafte Charakterisierung als Exponent einer vergleichsweise großen Nähe zum Nationalsozialismus mit Blick auf die Gesamtheit des Episkopats.[10] Auch ikonographisch unterstrich „DER SPIEGEL“ den Eindruck einer verdächtigen ideologischen Verwandtschaft, indem er Lewys Ausführungen mit einem Porträtbild Jaegers in der Uniform des Militärpfarrers illustrierte und als Unterschrift Teile eines belastenden Zitats aus Jaegers Fastenhirtenbrief von 1942 wählte. Dort hatte Jaeger aus christlicher Sicht den Krieg gegen die Sowjetunion gerechtfertigt und in diesem Kontext den Bolschewisten attestiert, „durch ihre Gottesfeindlichkeit und durch ihren Christushass fast zu Tieren entartet“ zu sein. Aber in der Unterschrift, die die Redaktion für das Porträtbild wählte, wurde daraus: „Die Russen sind durch Christus-Hass [...]“[11] Mit dieser inkorrekten, ja irreführenden Zitierweise legte „DER SPIEGEL“ Jaeger in den Mund, er habe damit die Russen generell gemeint und nicht etwa nur das bolschewistische Stalin-Regime. Aber der „Spiegel“ stützte sich damit nur auf die bereits inkorrekte Zitierweise Lewys, der auch seinerseits im Vorabdruck des Buches Jaeger irrtümlich unterstellte, über die Russen als Volk abfällig gesprochen zu haben. Lewy hatte Jaeger dabei sogar zusätzlich unterstellt, von den Russen als slawischen „Untermenschen“ gesprochen zu haben, indem er das Wort „Untermensch“ versehentlich als Zitat ausgewiesen hatte.[12] Diese vermeintliche Anleihe Jaegers bei der Rassenideologie der Nationalsozialisten schien zu rechtfertigen, Jaeger vor allen anderen Bischöfen in besonderer Weise anzuprangern. Ihn zum Inbegriff der ideologischen Annäherung an das NS-Regime zu machen, unterstrich suggestiv die ikonographische Eindringlichkeit des Porträtbildes, das Jaeger in der Uniform des Militärpfarrers abbildete.[13] Dieses Amt hatte er vor seiner Berufung auf den Bischofsstuhl bekleidet. Auch wenn die katholischen Bischöfe im II. Weltkrieg mehrheitlich soldatische Pflichterfüllung für das Vaterland angemahnt und sich auf diese Weise halbherzig

9 Lewy, Guenter: „Mit festem Schritt ins Neue Reich“. Die katholische Kirche zwischen Kreuz und Hakenkreuz (Spiegel-Serie in 8 Teilen), in: DER SPIEGEL (Nachrichtenmagazin/Hamburg), ab Nr. 8 vom 17.2.1965. (Im Folgenden immer: DER SPIEGEL).

10 Lewy, Guenter: „Mit festem Schritt ins Neue Reich“, in: DER SPIEGEL vom 17.3.1965 (4. Fortsetzung), 95ff.

11 DER SPIEGEL vom 17.3.1965, 96.

12 DER SPIEGEL vom 17.3.1965, 98.

13 DER SPIEGEL vom 17.3.1965, 96.

SPIEGEL-Titelblatt der ersten Ausgabe, mit der 1965 die Artikel-Serie „Katholische Kirche zwischen Kreuz und Hakenkreuz" von Guenter Lewy startet (17.2.1965)

zu Instrumenten der nationalsozialistischen Kriegspropaganda hatten machen lassen, rückte diese Ikonographie vor allen anderen Jaeger in die exponierte Stellung einer besonderen Nähe zum NS-Regime.

Jaeger wusste sich mit Erfolg zur Wehr zu setzen. Auf seine Intervention hin wurden die Zitierfehler im vom Piper-Verlag herausgegebenen Buch Lewys richtig gestellt und „DER SPIEGEL" sah sich gezwungen, eine Klarstellung des Erzbischofs abzudrucken.[14] Die Einschaltung eines Rechtsanwalts half hier nach. Was zurückblieb, war trotz aller Korrekturen ein fahler Beigeschmack, was Jaegers Rolle während des Dritten Reichs im Allgemeinen betraf. Aber es gab auf der anderen Seite den unstrittigen Tatbestand, dass Lewy mit seiner Unterstellung, Jaeger habe von slawischen „Untermenschen" gesprochen, eindeutig zu weit gegangen war, vielmehr Jaeger keine rassistischen Töne an-

14 Schreiben des Sekretärs des Erzbischofs Aloys Klein an das Nachrichtenmagazin DER SPIEGEL vom 12.3.1966, in: EBAP, NL Jaeger, Akte 712, Bl. 047.

Militärpfarrer **Jaeger** (1940)*
„Die Russen sind durch Christus-Haß ...

wir unsere katholischen Soldaten, in Gehorsam gegen den Führer, opferwillig unter Hingabe ihrer ganzen Persönlichkeit ihre Pflicht zu tun."

Außerdem erließen die meisten Bischöfe eine Mitteilung an ihre eigenen Diözesanen. Bischof Sproll von Rottenburg erflehte Gottes Segen für alle, die dem Aufruf des Führers gefolgt waren, und bat Gott den Herrn, ihnen „Mut und Kraft" zu geben, „für das teure Vaterland siegreich zu kämpfen oder mutig zu sterben".

Nur Bischof Preysing von Berlin schlug einen anderen Ton an; er gab lediglich seiner väterlichen Sorge um alle zu den Waffen gerufenen Männer Ausdruck.

Am 30. September ordnete Reichskirchenminister Kerrl an, nach dem Einzug der deutschen Truppen in Warschau sieben Tage lang alle Kirchenglocken um zwölf Uhr mittags zu läuten, „zum dankerfüllten Gedenken des Sieges und zum Gedenken an die Gefallenen". Kardinal Bertram schlug vor, man solle dem Wunsch stattgeben, und die Kirchenglocken läuteten in allen Diözesen, um Hitlers ersten Sieg zu feiern.

Währenddessen hatte die SS damit begonnen, gemäß dem Befehl des Führers die Polen-Frage durch die Ausrottung der Intelligenz des Landes zu lösen. Der Klerus gehörte zu den ersten Opfern. Im Oktober und November wurden 214 polnische Priester hingerichtet, darunter das gesamte Domkapitel in Pelplin. Gegen Ende des Jahres 1939 waren 1000 polnische Welt- und Ordenspriester inhaftiert, viele in neu errichteten Konzentrationslagern.

Radio Vatikan und der „Osservatore Romano" informierten die Welt über die Ereignisse. Aber trotz dieser Berichte unterstützten die deutschen Bischöfe Hitlers Kriegsziele auch weiterhin.

Der geistliche Herausgeber des Passauer Bistumsblattes würdigte den raschen Sieg über Polen und entrüstete

* **Jaeger wurde 1941 zum Erzbischof, Anfang 1965 zum Kardinal ernannt.**

Porträtfoto von Lorenz Jaeger als Militärpfarrer im Jahr 1940 in der SPIEGEL-Serie von 1965 mit verfälschendem Zitat abgedruckt (17.3.1965)

geschlagen und auch nicht andeutungsweise von Untermenschen gesprochen hatte. Er hatte die Bolschewisten gemeint, die Rußland zu dieser Zeit diktatorisch beherrschten. Aus dem Kontext der Textpassage erschloss sich eindeutig, dass die Russen nicht generell gemeint waren. So hieß es im Original des Fastenhirtenbriefs: „Schaut hin auf Rußland! Ist jenes arme unglückliche Land nicht der Tummelplatz von Menschen, die durch ihre Gottesfeindlichkeit und durch ihren Christushaß fast zu Tieren entartet sind?"[15]

Allen Zitierfehlern zum Trotz war an Lewys Forschungsergebnissen jedoch zutreffend, dass Jaeger mit seinen abfälligen Bemerkungen über den Kriegs-

15 Fastenhirtenbrief von Erzbischof Lorenz, in: Kirchliches Amtsblatt für die Erzdiözese Paderborn Jg. 85, Stück 3, Nr. 38 vom 11.2.1942, 17.

gegner im Osten die Kriegsführung des NS-Regimes unterstützt und im besagten Fastenhirtenbrief wie auch in anderen Verlautbarungen bei den Wehrmachtsoldaten ausdrücklich vaterländischen Opfergeist im Krieg gegen die Sowjetunion angemahnt hatte. Die Begründung folgte gleichwohl dezidiert christlich-religiösen Mustern, kaum aber abwertenden völkisch-rassenbiologischen oder nationaldarwinistischen Leitbildern, wie sie für den Nationalsozialismus kennzeichnend waren. So hieß es im oben zitierten Fastenhirtenbrief von 1942: „Wir wollen uns unsere tapferen Soldaten zum Vorbild nehmen. Ihre heilige Liebe zu Volk und Heimat, ihr sieghafter Glaube an unseren Herrn und Heiland gibt ihnen die Kraft, so unendlich große Opfer und Heldentaten für uns alle zu vollbringen, um die Welt zu erretten vom gottlosen, christusfeindlichen Bolschewismus, der, wenn er Sieger bliebe, die ganze Menschheit in ein grauenvolles Unglück stürzen würde."[16] Auch wenn diese Mahnung die NS-Ideologie als Rechtfertigungsgrundlage für soldatische Opferbereitschaft sorgfältig umging, wirkte sie in ihrer kriegstheologischen, defensive Motive beschwörenden Diktion als Unterstützung des Krieges gegen die Sowjetunion, deren Bolschewismus hier als aggressiver antikirchlicher Gegner in Erscheinung trat. Wer die Spiegel-Serie zum Buch von Lewy las, dem entgingen diese Aspekte keineswegs, auch wenn Jaegers Verstrickung in das NS-Regime im Lichte dieser Befunde auf Haltungen zurückgeführt werden konnte, die im Rückblick der sechziger Jahre bei weitem nicht so kompromittierend empfunden wurden wie genuin nationalsozialistische Motive oder andere Varianten eines nationalen Chauvinismus.

Lewy bettete die Kritik an Jaeger in eine kritische Einschätzung der Rolle des Episkopats im III. Reich ein.[17] Auch hinsichtlich der ersten Kriegsjahre, in denen Jaeger noch nicht das Paderborner Bischofsamt bekleidet hatte, diagnostizierte er für den Katholizismus eine stark patriotische Komponente, die zu einer hohen Identifikation mit den Kriegshandlungen des Regimes geführt und die Bischöfe veranlasst habe, beispielsweise die Verurteilung der Angriffe auf die Niederlande und Belgien durch Papst Pius XII. zu ignorieren und sich im Gegenteil von der Siegeseuphorie im Lande anstecken zu lassen. Der Druck, der vom Regime ausging, Kriegsbegeisterung zu zeigen, traf bei fast allen Bischöfen auf eine hohe innere Bereitschaft, die endgültige Liquidierung der verhassten Versailler Nachkriegsordnung freudig zu begrüßen, auch wenn dieses Ziel auf kriegerischem Wege erreicht wurde. Auch spielte laut Lewy in den ersten Kriegsjahren eine Rolle, dass man den Argwohn des Regimes, die Kirche leiste sich eine unpatriotische Abseitsstellung, opportunistisch durch rhetorische Überkompensation zu entkräften suchte. In der folgenden Kriegsphase kam dann mit dem Angriff auf die Sowjetunion ein anderes Rechtfer-

16 Ebd., 17.

17 Lewy, Guenter: Die katholische Kirche und das Dritte Reich, 247ff.

tigungsmuster ins Spiel, um die Kriegspolitik des Regimes auch kirchlicherseits zu rechtfertigen. Es war nunmehr der antibolschewistische „Kreuzzug" als gemeinsame ideologische Schnittmenge mit dem NS-Regime, auf deren Basis Teile des Episkopats, so auch Jaeger, den Krieg gegen die Sowjetunion propagandistisch unterstützten und den Krieg im Osten als gerechten Krieg darstellten. Lewy sah hier insofern Verblendung am Werk, als die Bischöfe im Lichte ihres antibolschewistischen Feindbildes die irritierenden Seiten des NS-Regimes vor sich selbst herunterspielten und den gemeinsamen Kampf gegen den Kommunismus als ideologischen Brückenschlag nutzten, um die Existenz der Kirche unter einer an sich feindselig gestimmten Diktatur zu sichern.[18] All diese Motive spielten eine so große Rolle, dass der Episkopat erst im Laufe des Weltkrieges unter dem Eindruck einer erdrückenden Fülle von Informationen über die Gewaltverbrechen des Regimes nachdenklicher wurde, ohne allerdings die Aktivitäten des Widerstands aktiv zu unterstützen.[19] Eine extensive theologische Auslegung des Gehorsamsgebots gegenüber der weltlichen Obrigkeit schien hilfreiche Dienste zu leisten, um die eigene Passivität zu rechtfertigen und nicht existenzgefährdend anecken zu müssen.

Die Ergebnisse Lewys, die über die Spiegel-Serie auf breite Resonanz trafen, dürften auf katholische Spiegel-Leser zunächst einmal schockierend gewirkt haben. Dies betraf vorneweg die Kardinal Jaeger zugeschriebene Rolle eines regimenahen Bischofs, und dies wenige Monate, nachdem ihm die Ehre zuteil geworden war, in den Kardinalsstand gehoben zu werden. Typisch für solche Reaktionen war eine Leserbriefstimme aus dem katholischen Sauerland. Den betreffenden Leser ergriff „Schauder" bei dem Gedanken, dass ein Mann, der die russische Bevölkerung aus Opportunismus als zu Tieren entartete Menschen bezeichnet habe, in Rom die Kardinalswürde erhalten habe.[20] Ein anderer Leser fragte polemisch, warum die katholische Kirche nicht unmittelbar nach Kriegsende vor dem Nürnberger Tribunal zur Verantwortung gezogen worden sei.[21] Es gab aber auch gewichtige kirchenfreundliche Stimmen, die im Gegenteil betonten, dass sich das Handeln der Bischöfe im III. Reich auf Verantwortungsdenken gegründet habe. An Lewys Buch sei zu kritisieren, dass es rückblickend mit den falschen Maßstäben einer freiheitlichen Staatsordnung gemessen habe und die Bildauswahl der SPIEGEL-Serie den falschen Eindruck einer sehr großen Nähe des Klerus zum Regime erwecke.[22] Jaeger zitierten die kirchenfreundlichen „Ruhr-Nachrichten" aus Dortmund mit dem Hinweis, dass das Denken und Handeln aus den besonderen Umständen der damali-

18 Ebd., 227ff.

19 Ebd., 289ff.

20 Gerd Schulte aus Olsberg, Leserbrief zu: Glocken im Erzbistum, in: DER SPIEGEL vom 3.4.1965, 9.

21 Leserbriefe zu: Glocken im Erzbistum, in: DER SPIEGEL vom 3.4.1965, 16.

22 Kirchliche Stimmen zu Lewys Buch, in: DER SPIEGEL vom 3.4.1965, 103.

gen Zeit erklärt werden müsse.[23] In solchen Äußerungen kam eine Verteidigungshaltung zum Ausdruck, die allenfalls kritisierte, dass die katholischen Bischöfe die ihnen verbliebenen Handlungsspielräume unter den Bedingungen einer Diktatur nicht so ausgeschöpft hatten, wie man sich das rückblickend gewünscht hätte, dass sie aber ihren religiösen Auftrag im Geiste des Christentums ernst genommen hätten, soweit ihnen das möglich gewesen sei. Die Kooperation mit dem NS-Regime geriet aus dieser Perspektive zu einer schwierigen bis quälerischen Kompromisssuche zwischen dem religiösen Auftrag als Kirche und der existenzsichernden Unterordnung unter ein Regime, dessen Absichten und dessen verbrecherischer Charakter sich teilweise bereits für die Zeitgenossen erschlossen. Mit anderen Worten: in den entlastenden Äußerungen artikulierte sich bis in die sechziger Jahre hinein im kirchlichen Lager ein Zeitgeist, der Verständnis für ein gewisses Maß an Anpassung gegenüber diktatorischen Regimen aufbrachte und sich zurückhaltend gegenüber Verratsvorwürfen zeigte, die sich auf der politischen Linken artikulierten. Bei all dem prägte den Zeitgeist der Nachkriegsepoche das Bewusstsein, dass es bezüglich der NS-Zeit eine deutliche Kluft zwischen zeitgenössischer und rückblickender Perspektive gab.

Trotz aller Kritik am hohen Klerus bot Lewys Studie deutliche Ansatzpunkte, die Haltung der Bischöfe gegenüber vorschnellen Opportunismus- oder Verrats-Vorwürfen in Schutz zu nehmen. Denn Lewy hob hervor, dass nach dem I. Weltkrieg patriotische bis nationalistische Vorstellungen im Bewusstsein der katholischen Bischöfe größeres Gewicht gehabt hätten, als der bundesdeutschen Öffentlichkeit bis dahin bewusst war.[24] Bedeutung hatte diese Feststellung, weil Lewy solche Haltungen keineswegs mit der nationalsozialistischen Weltanschauung identifizierte, auch wenn er einzelnen Bischöfen wie Lorenz Jaeger ohne handfeste Belege eine größere ideologische Nähe zum NS-Regime attestierte. Vielmehr hob Lewy mit der Unterstellung nationalistischer Regungen auf die Ablehnung der Versailler Nachkriegsordnung ab. So erklärte sich aus seiner Sicht, dass die erste Phase des II. Weltkriegs von den Bischöfen mehrheitlich als Liquidierung des für ungerecht gehaltenen Versailler Nachkriegssystems verstanden und in diesem Sinne Hitlers Kriegspolitik gebilligt wurde. Eben diese Rechtfertigungsrolle für die Unterstützung des NS-Krieges übernahm mit Beginn des Krieges gegen die Sowjetunion die tief verankerte Furcht vor dem Bolschewismus.

Wenn Lewy hier eine Mischung von zeitbedingter Fehlwahrnehmung des Nationalsozialismus und Opportunismus vorliegen sah, dann fassten dies große Teile der Öffentlichkeit Mitte der sechziger Jahre noch anders auf als Jahre später. Noch war die Erinnerung an die zeittypischen Umstände und

23 Ebd.
24 Lewy, Guenter: Die katholische Kirche und das Dritte Reich, 197ff.

Perspektiven im Bewusstsein der Erwachsenenwelt biographisch bedingt recht lebendig. Man wusste in der damaligen Geschichtskultur noch deutlich zwischen zeitbedingten und rückblickenden Perspektiven zu unterscheiden. Denn die Träger des historischen Rückblicks, die zugleich Medienmacht ausübten, zählten größtenteils noch zu den Erfahrungsgenerationen des III. Reiches. Im Jahre 1965 hatte das Recht auf den historischen Irrtum als vergangenheitspolitisches Rehabilitierungsmuster noch weitgehend Gültigkeit.[25] Das galt auch für den entlastenden Verweis auf außergewöhnliche Zwangslagen, die ein schwieriges, häufig dilemmatisches Abwägen zwischen Anpassung und Widersetzlichkeit, zwischen kleineren und größeren Übeln erforderten. Was den Erwartungsdruck, Kriegsbegeisterung zu zeigen, betraf, grenzte die Anpassung der Bischöfe laut Lewy teilweise jedoch an Opportunismus mit der Folge, dass in solchen Fällen rückblickend Zweifel aufkamen, ob solche Motive entlastend wirken konnten. Was hingegen den antibolschewistischen Kreuzzugs-Gedanken der Bischöfe zur Rechtfertigung ihrer Unterstützung der Kriegspolitik betraf, so war dieser Aspekt inmitten des Kalten Krieges vier Jahre nach dem Berliner Mauerbau für sich genommen für große Teile der bundesdeutschen Öffentlichkeit kein Stein des Anstoßes; im Gegenteil, solch ein Motiv wirkte rückblickend eher entlastend als belastend. Ähnlich sah es mit der rückblickenden Deutung der Anti-Versailles-Reflexe aus, die die Bischöfe zeitweilig in eine gefährliche Nähe zum NS-Regime gerückt hatten. Da man nämlich bis Mitte der sechziger Jahre größtenteils noch von einer gleichverteilten Schuld am I. Weltkrieg ausging, wurde infolgedessen die Versailler Nachkriegsordnung als verfehlt angesehen und der politische Widerstand dagegen entsprechend positiv gewürdigt.

Nachdem der Piper-Verlag die Zitierfehler Lewys korrigiert, der Autor sich bei Jaeger persönlich entschuldigt und auch „DER SPIEGEL“ eine Richtigstellung veröffentlicht hatte, entfiel jeder Ansatzpunkt, Jaeger als Erzbischof des Dritten Reichs weiterhin eine exponierte Rolle hinsichtlich einer engen Kooperation von katholischer Kirche und NS-Regime zuzuschreiben. Das heißt: Auch Jaeger wurde bei der Beurteilung seines Fehlverhaltens neben dem Blick auf die schwierigen Zeitumstände das Recht auf den historischen Irrtum zugestanden. Das belegte auf eindrucksvolle Weise ein Leserbrief des Hamburger „Spiegel“ ein Jahr nach der Lewy-Veröffentlichung, als die Erinnerung an Jaegers Rolle in der NS-Zeit kurzzeitig im Kontext einer völlig andersgearteten Streitfrage wieder aufflackerte. Anlass war das restriktive Vorgehen Jaegers gegenüber jungen experimentierfreudigen Priestern, das „DER SPIEGEL“ als „Methode der Inquisition“ brandmarkte.[26] Der Stein des Anstoßes waren

25 Frei, Norbert: Vergangenheitspolitik; Wolfrum, Edgar: Geschichtspolitik in der Bundesrepublik Deutschland; Assmann, Aleida: Der lange Schatten der Vergangenheit.

26 Bischöfe „Schwarze Schafe“, in: DER SPIEGEL vom 2.5.1966, 104.

liturgische Eigenmächtigkeiten bei modernen Messfeiern gewesen, was dem Kardinal allem Anschein nach missfiel. Auf den fraglichen Bericht des Magazins antwortete ein abwägender Leserbrief aus der Perspektive der damals noch tonangebenden Kriegsgeneration.[27] Der Schreiber mahnte Jaeger, seinen Umgang mit jungen Theologen zu überdenken, wenn er diesen vorwarf, sie stifteten mit ihrer Experimentierfreudigkeit nur Verwirrung unter den Gläubigen. An dieser Stelle brachte er Jaegers Rolle im II. Weltkrieg ins Spiel, indem er ihm rückblickend als jungem, frisch berufenem Bischof seinerseits Fehlverhalten attestierte und ihm deshalb in der Gegenwart mehr Bescheidenheit und Selbstbesinnung empfahl, wo er doch damals selber Verwirrung gestiftet habe. Gemeint war seine umstrittene Kriegsrhetorik. Solche Reaktionen waren in der Nachkriegszeit typisch für die generationelle Erfahrungsperspektive derjenigen, die das NS-Regime als junge Erwachsene ohne Führungsverantwortung mitgetragen hatten und um die Naivität und Verführbarkeit junger Menschen unter diktatorischen Bedingungen wussten. Der Schreiber stellte sich nämlich als Kriegsteilnehmer vor, der damals selber vom Auftreten des jungen Erzbischofs irregeführt worden sei, und zwar in dem Sinne, dass Nationalsozialismus und Katholizismus trotz aller Unterschiede „grundsätzlich" vereinbar seien. Millionen junger Katholiken hätten damals, so hieß es weiter, den Schluss gezogen, dass der Krieg im Lichte der Botschaften des Klerus keinen verbrecherischen Charakter haben konnte. Mit dem 1965 im „Spiegel" veröffentlichten Porträt Jaegers in Militäruniform verband der Schreiber die persönliche Erinnerung, dass dieses Foto anlässlich der Bischofsweihe von 1941 vervielfältigt worden und auch von ihm als jungem Mann erworben worden war. Diese Ikonographie habe verhängnisvoll gewirkt, weil das einträchtige Nebeneinander von Christenkreuz und Hakenkreuz auf der Militärmütze des Militärpfarrers und zusätzlich das offizielle Emblem des NS-Regimes auf der Brust der Militärjacke nur Verwirrung habe stiften können. Bemerkenswert an der Haltung des Schreibers war, dass er hinter der Haltung Jaegers in der NS-Zeit eine Mixtur aus zeittypischer Verblendung und Opportunismus erblickte. Er zog daraus wie so viele irregeführte Kriegsteilnehmer die Folgerung, dass der Klerus um seiner Glaubwürdigkeit willen eher Bescheidenheit und Demut zeigen solle als selbstgerechtes Beharren auf kirchlichen Dogmen, wo man doch in der NS-Zeit teilweise recht großzügig mit den eigenen Prinzipien umgegangen sei. So wie der Schreiber für sich als Angehöriger der Kriegsgeneration Irreführung durch das NS-Regime in Anspruch nahm, gestand er auch dem Klerus ein Gleiches zu. Das war typisch für die bis zur Mitte der sechziger Jahre vorherrschende Mentalität, selbstehrliches Eingeständnis von Irrtum und Versagen im Dritten Reich als Entlastungs- und Rehabilitationsgrund gelten zu lassen.

27 Edgar Hügel aus Krefeld, Leserbrief in: DER SPIEGEL vom 23.5.1966, 6.

Lewys Attacke auf Kardinal Jaeger ohne nachhaltige Resonanz

Rigorose Kritiker der deutschen Vergangenheitsbewältigung mag verwundern, dass nach der Attacke des „Spiegel" der Kollaborations-Verdacht gegenüber Jaeger nach 1965 sehr rasch verblasste. Dafür gab es gute Gründe. Zum ersten geriet Lewy in die Defensive, weil er Jaeger mit Blick auf den anstößigen Hirtenbrief aus dem Jahre 1942 irreführend bis falsch zitiert hatte und sich damit der Verdacht, Jaeger habe deutliche ideologische Anleihen bei der NS-Ideologie gemacht, als haltlos erwies. Hier hatte Bedeutung, dass der Zeitgeist um 1965 die Unterscheidung zwischen antibolschewistischem und nationalistisch-rassenbiologischem Feindbild mit Blick auf die Sowjetunion sehr wichtig nahm, wenn es um Fehlverhalten im III. Reich ging. Infolgedessen fiel auf die Seriosität der Studie Lewys ein Schatten. Von noch größerem Gewicht waren zwei diskursive Faktoren. 1965 hatten sich die vergangenheitspolitischen Diskurse zur NS-Zeit noch nicht radikalisiert, d.h. der rückblickende Umgang mit Fehlverhalten und Versagen in der NS-Diktatur gründete sich auf weniger strenge Grundsätze, als dies in der Folgezeit, vor allem nach 1968, zunehmend üblich wurde. In dieser Frage markierte die Ära der Studentenrevolte ab 1967 einen tiefen Einschnitt in der vergangenheitspolitischen Kritik an der älteren Generation.

Eine große Rolle spielte in diesem Kontext, dass Diskurse zur Vergangenheitsbewältigung auch deshalb nach 1965 an radikalisierender Dynamik gewinnen konnten, weil eine große Schubkraft von einem neuen Geschichtsbild ausging, das eine doppelte deutsche Verantwortung für *beide* Weltkriege zur zentralen historiographischen Bezugsgröße erhob.[28] Für diese Vorstellung, es gebe die Bürde einer doppelten Schuld, lieferte die entscheidende argumentative Substanz das 1969 erschienene Buch „Krieg der Illusionen" des Hamburger Geschichtsprofessors Fritz Fischer, der dort seine provokativen Thesen von 1961 zum Ausbruch des I. Weltkriegs in Richtung einer deutschen Hauptverantwortung weiterentwickelte.[29] Im Lichte dieses Geschichtsbildes fielen alle reichsdeutschen kriegspolitischen Entscheidungen im I. Weltkrieg und alle deutschen Anti-Versailles-Reflexe nach 1918 unter den Generalverdacht, Ausdruck nationalistischer Übersteigerung zu sein, die eine Art Wegbereitung für die NS-Machtergreifung darzustellen schien. Unter dem Eindruck der wirkungsmächtigen Thesen Fischers nahm im öffentlichen Diskurs rückblickend das Verständnis für die lagerübergreifende Abwehrhaltung gegenüber „Versailles" dramatisch ab und damit auch das Verständnis für einen Kleriker wie Jaeger, der ‚national' dachte, auf seinen Einsatz im I. Weltkrieg stolz war und

28 Geiss, Immanuel: Das Deutsche Reich und der Erste Weltkrieg; Fischer, Fritz: Juli 1914: Wir sind nicht hineingeschlittert.

29 Fischer, Fritz: Krieg der Illusionen; ders.: Griff nach der Weltmacht.

sogar begrenztes Verständnis für die radikale Anti-Versailles-Propaganda der Nationalsozialisten aufgebracht hatte.[30]

Erst in den siebziger Jahren setzte sich der vergangenheitspolitische Paradigmenwechsel in Richtung einer doppelten deutschen Verantwortung für das gesamte Zeitalter der Weltkriege durch. Wie stark dieser Paradigmenwechsel den Blick auf die gesamte jüngere deutsche Geschichte bis in die Gegenwart geprägt hat, trat grell ins Bewusstsein der Öffentlichkeit, als diese Sichtweise ab 2013 durch die Studie des australischen Historikers Christopher Clark grundsätzlich in Frage gestellt wurde und die Gegner der Thesen Clarks die Befürchtung hegten, dass die jüngere deutsche Geschichte nunmehr in Teilen eine fragwürdige moralische Rehabilitation erfahren werde und Clarks Thesen diesem Bedürfnis Vorschub leisteten.[31]

Noch ein zweites diskursives Moment verdient Erwähnung. Für Jaegers angegriffene Reputation fügte sich glücklich, dass 1965 zeitgleich ein politischer Konflikt die Gemüter bewegte, der in der überregionalen Öffentlichkeit der Stadt Paderborn einen schweren Imageschaden zufügte, von dem aber der Erzbischof nicht betroffen war, von dem er aber ironischerweise indirekt profitierte.[32] Seinen Ursprung hatte das Paderborner Imagedesaster im erbittert ausgetragenen Streit um die Gründung einer ersten ostwestfälischen Universität, wobei in erster Linie die Standortfrage umstritten war. In unserem Kontext ist von Bedeutung, dass in der Standortkonkurrenz zwischen Bielefeld und Paderborn auch vergangenheitspolitische Diskurse bezüglich der NS-Zeit eine Rolle spielten. Aber bei diesem Streit traten die Paderborner Akteure als Aufklärer und nicht als Beschweiger der NS-Vergangenheit in Erscheinung, also eine spiegelverkehrte Rollenverteilung gegenüber dem zeitgleichen Konflikt zwischen Jaeger und dem Historiker Lewy, wo der Außenstehende die Rolle des Aufklärers und der Paderborner die des Beschweigers zu spielen schien. Zum Dreh- und Angelpunkt des Universitätsstreits wurde das politische Vorleben des Hauptgutachters in der Standortfrage, des renommierten Münsteraner Soziologieprofessors Helmut Schelsky. Dieser hatte Paderborn als Universitätsstandort mit dem Argument abgekanzelt, die Stadt sei zu provinziell, katholisch-konfessionell und wissenschaftsfern, um eine weltoffene Universität beherbergen zu können. Die Paderborner Christdemokraten konterten mit dem Hinweis, dass Schelsky auf Grund seines vormaligen Engagements im NS-Studentenbund jede Autorität verspielt habe, sich

30 Schoppmeyer, Heinrich: Lorenz Jaeger, 193.

31 Vgl. zu den kritischen Reaktionen auf das Buch von Clark, Christopher M.: Die Schlafwandler stellvertretend: Ullrich, Volker: 1914: Nun schlittern sie wieder. Mit Clark gegen Fischer: Deutschlands Konservative sehen Kaiser und Reich in der Kriegsschuldfrage endlich rehabilitiert, in: Die Zeit (Hamburg) vom 24.1.2014; Winkler, Heinrich August: Erster Weltkrieg. Und erlöse uns von der Kriegsschuld, in: Die Zeit (Hamburg) vom 18.8.2014.

32 Klenke, Dietmar: Schwarz – Münster – Paderborn, 148ff.

zum Richter über Paderborn aufzuschwingen, dessen katholisches Milieu in der NS-Zeit im Gegensatz zu Schelsky eine respektable Abseitsstellung verteidigt habe. Während also im Standortstreit die tonangebenden konservativen Kräfte Paderborns Schelskys Vorbelastung aus der NS-Zeit als Kampfargument ins Feld führten, um ihn zu diskreditieren, entlasteten die Pro-Bielefeld-Gegenstimmen, die ein eher liberales Erscheinungsbild boten, Schelsky in vergangenheitspolitischer Hinsicht, indem sie seine einstmalige Verstrickung in das NS-Regime herunterspielte und ihm großherzig das Recht auf den politischen Irrtum glaubte zugestehen zu müssen. Unter diesen, die so dachten, waren nicht nur Ältere, sondern zu dieser Zeit auch landes- und bundesweit die studentischen Vertretungen an den Universitäten, die sich nahezu geschlossen hinter Schelsky stellten. Die Paderborner erschienen aus dieser Warte engherzig, borniert und zudem ignorant gegenüber einem international angesehenen Wissenschaftler. Dieses diskursive Vorgehen traf bundesweit auf breite Resonanz – dies alles zeitlich vor dem besagten geschichtskulturellen Paradigmenwechsel der späten sechziger Jahre.

In vergangenheitspolitischer Hinsicht konnten sich die zeitgleich erfolgenden Bemühungen um die Belastung Jaegers und Schelskys wechselseitig nicht bestätigen oder verstärken, weil die diskursiven Belastungsakteure gegnerischen Lagern angehörten: Im Hochschulstreit bemühten die konservativen Kräfte im Paderborner Raum Kampfargumente aus dem Arsenal der NS-Vorbelastungen, um Gegner im linksliberalen Lager zu treffen. In den kirchenpolitischen Debatten um Lewys Buch waren die Fronten quasi vertauscht: Hier waren es die linksliberalen Kritiker des Kirchenkonservativismus, die die NS-Zeit als vergangenheitspolitisches Kampfargument benutzten. Aus dieser Konstellation ergab sich ein diskurspolitischer Neutralisierungseffekt, von dem Jaeger ironischerweise profitierte, auch wenn das Prestige seiner Bischofsstadt darunter litt. Jaeger hatte sich wohlweislich aus dem öffentlichen Streit um die Universitätsgründung herausgehalten. Denn er stand seit Jahren mit der CDU-geführten Düsseldorfer Landesregierung in vertraulichen Verhandlungen, bei denen es um Weiterentwicklung der Kirchlichen Hochschule vor Ort ging.[33] Auch wenn er davon enttäuscht war, dass man im Zuge der Planungen für die Universitäten in Bochum und Bielefeld dem Wunsch nach einem Ausbau der Kirchlichen Hochschule in Richtung Lehrerausbildung nicht nachkam, vermied er den öffentlichen Protest, weil ihm Kultusminister Paul Mikat für die Kirchliche Hochschule zumindest eine akademische Statusaufwertung mit Promotionsrecht zugestand. Zu seinem Glück blieb ihm auf diese Weise erspart, in den erbitterten öffentlichen Streit um den Universitätsstandort hineingezogen zu werden.

33 Dahlke, Benjamin: Vom Ende des Kulturkampfs bis zur Erhebung zur theologischen Fakultät (1877–1966), 290ff.; Klenke, Dietmar: Schwarz – Münster – Paderborn, 157.

Politischer Klimawandel in den späten sechziger Jahren

Nach langen Jahren relativer kultureller Dominanz sah sich die katholische Kirche mit einer neuartigen Situation konfrontiert, als sich in NRW und im Bunde parallel zur Studentenrevolte sozialliberale Koalitionen bildeten. Massenmediale Negativ-Schlagzeilen nahmen zu und das Schwergewicht verlagerte sich bei den machtausübenden politischen Repräsentanten in Richtung kirchenferner Haltungen. Man hatte sich auf eine ungekannte Defensivposition einzustellen, da nunmehr demokratische Mitwirkungsansprüche auf allen gesellschaftlichen Feldern einschließlich des kirchlichen Lebens massiv geltend gemacht wurden und in zuvor ungekannter Intensität auch moralische Fragen der privaten Lebensführung politisiert wurden. Das hochemotionale Feld ehe-, familien- und sexualpolitischer Streitfragen rückte auf der politischen Agenda nach vorn. Mit der alltagspraktischen Lockerung der ethischen Maximen im Geschlechterverhältnis gerieten konservative Kirchenvertreter in die Schusslinie eines offensiven sozialliberalen Medien- und Wählerlagers, dessen treibende Kraft die Nachkriegsgeneration war, die das III. Reich allenfalls noch aus der frühkindlichen Perspektive kannte.

Mit anderen Bischofskollegen wurde Jaeger trotz seines Prestiges als Wegbereiter der Ökumene im sozialliberalen Gesinnungslager zunehmend als rückwärtsgewandter konservativer Kirchenvertreter wahrgenommen. Vor allem war es der Respekt vor seinem hohen Alter, seiner Kardinalswürde und seinem hohen sozialen Engagement, was ihm trotz aller Anfechtungen bis zu seinem Rückzug aus dem Bischofsamt noch ein gewisses Maß an Respekt sicherte, auch wenn sein Stern als Ökumeniker im Zusammenhang mit dem Streit um den Erhalt der Konfessionsschulen zunehmend verblasste. Weltliche Fortschrittsgläubigkeit in liberaler, sozialdemokratischer und zunehmend auch neomarxistischer Ausprägung wurde in diesen Jahren auch auf höchster politischer Ebene mehrheitsfähig und überhöhte sich vor allem an den Universitäten zu teils atheistischer wissenschaftsgläubiger und technokratischer Säkularreligiosität.[34] Gottglaube und mehr noch konfessioneller Dogmenglaube schienen sich historisch überholt zu haben, passten nicht zu einer auf Wirtschaftswachstum, sozialen Fortschritt, Bildung und Staatsreformen setzenden Wählermehrheit, in der die jüngeren Alterskohorten stark überrepräsentiert waren. Für diese hatten sich alle Strukturen konfessioneller Trennung und Absonderung weitgehend überlebt und waren deshalb nichts weiter als ein lästiges bis ärgerliches Fortschrittshindernis. Diese mentalen Wandlungen er-

34 Siegfried, Detlef: „Trau keinem über 30"?; Jureit, Ulrike/Wildt, Michael (Hg.): Generationen; Schildt, Axel/Siegfried, Detlef: Between Marx and Coca-Cola; Klenke, Dietmar: Schwarz – Münster – Paderborn, 9ff., 77ff.; Koenen, Gerd: Das rote Jahrzehnt.

klären zu einem guten Teil die wachsende Defensivstellung katholischer Kirchenvertreter seit den späten sechziger Jahren.

Vor allem auf dem Feld der Schulpolitik wurden diese Konflikte nicht nur mit großer Leidenschaft, sondern auch mit großer Breitenwirkung ausgetragen, ging es doch zuvorderst um die Reform des konfessionell gegliederten Volksschulwesens. Diese Konflikte in den Blick zu nehmen, lohnt in unserem Zusammenhang vor allem deshalb, weil die Wahrnehmung Jaegers in der Rolle des streitbaren Schulpolitikers zugleich auch ein repräsentatives Spiegelbild seines Ansehens in der Medienöffentlichkeit liefert. Von Interesse ist hier, ob und inwieweit sich die vergangenheitspolitische Eintrübung, die Jaegers Reputation durch die Forschungen Lewys erfahren hatte, auf die anderen politischen Konfliktfelder auswirkte und sich möglicherweise mit anderen Aspekten zu einem neuen negativen Bild vom Paderborner Kardinal verschränkte.

Jaegers Reputation wurde seit 1966 im Zuge des Regierungswechsels in NRW auf eine harte Probe gestellt. Die neue sozialliberale Koalition aus SPD und FDP betrieb sogleich den Umbau der größtenteils konfessionell gegliederten Volksschulen. Deren geplante Aufspaltung in Grund- und Hauptschulen eröffnete einen Kompromissweg zwischen Konfessionalisten und Reformern, indem die konfessionelle Gliederung der Grundschulen weitgehend bewahrt blieb, aber die Hauptschulen im Regelfall überkonfessionelle Gemeinschaftsschulen werden sollten und nur auf Antrag bei ausdrücklich geäußertem Elternwillen Bekenntnisschulen werden konnten, wenn die örtlichen Umstände dies zuließen. Den Reformern ging es vor allem um die Beseitigung von Zwergschulen und die Überwindung des gemeinsamen Unterrichts mehrerer Schulstufen in einem Klassenverband. Dazu bedurfte es einer Schulorganisation in Größenordnungen, die vielerorts mit einer konfessionell aufgespaltenen Schullandschaft nicht mehr vereinbar waren, zumal mit dem Ausbau des höheren Schulwesens die Zahl der potentiellen Hauptschüler ab der 5. Klasse tendenziell schrumpfte. Das heißt: man machte die konfessionelle Zersplitterung des Schulwesens für den akuten Bildungsnotstand Mitte der sechziger Jahre mitverantwortlich.

Der schulreformerische Ansatz der Landesregierung traf in der Bevölkerung wie in der Lehrerschaft mehrheitlich und auch in großen Teilen der CDU als Oppositionspartei auf Zustimmung. Selbst die evangelischen Landeskirchen befürworteten das Regelmodell einer christlichen Gemeinschaftsschule neben den weithin zugelassenen Konfessionsschulen als Antragsschulen. Konträr zum Trend positionierten sich die katholischen Bischöfe im Lande. Aber sie versäumten, im Vorfeld der Auseinandersetzungen in einen offenen innerkirchlichen Austausch mit den Gemeindepriestern und den Gläubigen zu treten, erkennbar an den Protesten reformfreudiger Stimmen.[35] Insofern haftete

35 Vgl. beispielhaft als Spitze des Protestes an der kirchlichen Basis: „160 katholische Lehrer warnen die Bischöfe“ vor einer „Verschärfung des Kulturkampfes“, in: Freie Presse vom

ihrem Vorstoß von oben der Makel des hierarchisch selbstherrlichen Schnellschusses an. Obwohl sich Jaeger ebenso wenig wie seine Bischofskollegen ausreichenden Rückhaltes an der kirchlichen Basis versicherte, trat er in den Auseinandersetzungen nicht als sonderlich exponierter Vorkämpfer für den Erhalt der Konfessionsschulen in Erscheinung, sondern wurde eher als jemand wahrgenommen, der im Strom seiner dezidiert konservativ auftretenden nordrhein-westfälischen Bischofskollegen mitschwamm und die konservativen Vorreiter in seiner Bistumszentrale weitgehend gewähren ließ, als diese im Gleichklang mit anderen Bistümern das Kirchenvolk mit Unterschriftensammlungen, Protestveranstaltungen und Sonderanträgen zur Einrichtung konfessioneller Hauptschulen mobilisierten.

Als im Vorfeld der Schulreform beide Seiten das staatliche Angebot aufgriffen, Versuchs-Hauptschulen einzurichten, taten sich überall im Lande vorpreschende Antragsinitiativen hervor, die vor der gesetzlichen Einführung der Gemeinschaftsschulen je nach örtlichen Voraussetzungen mit konfessionellen bzw. konfessionsübergreifenden Hauptschulen vollendete Tatsachen schaffen wollten. Infolgedessen verschärfte sich im Laufe des Jahres 1967 noch einmal der Ton zwischen den Kontrahenten. Während in katholischen Regionen die kirchlichen Vorkämpfer die Majoritätsverhältnisse zu nutzen suchten, um konfessionelle Versuchsschulen zu installieren, tat die Gegenseite das in gemischtkonfessionellen Kommunen mit Gemeinschaftsschulen. Besonders energisch ging die wenig kirchenfreundliche Dortmunder Stadtregierung vor, was seitens der Paderborner Bistumsleitung, unterstützt von allen Bischöfen im Lande, im September 1967 zu selten massivem Protest führte. Die Rede war von einem „vernichtenden Schlag gegen die katholische Schule“.[36]

Jaeger trat hier nur als Teil einer geschlossenen Front aus Bischöfen in Erscheinung. Das mag verwundern, hatte doch Monate zuvor in der Schulfrage allen voran die Paderborner Bistumszentrale für öffentlichen Wirbel gesorgt, als ihr Schuldezernent Horstkemper in selten polemischer Diktion die Bemühungen um die Auflösung der Konfessionsschulen mit den Schulkämpfen im III. Reich und in der DDR verglich.[37] Zur Gegenattacke holte im Düsseldorfer Landtag SPD-Fraktionschef Johannes Rau aus. Mit kulturkämpferischem Vokabular parierte er den Paderborner Vorstoß als „Ungeist“. Bildungsreform und Entkonfessionalisierung des Schulwesens identifizierte er mit dem „Licht der Welt“, und aus der katholischen Kirche wurde in dieser modernisierungsfreu-

17.4.1967; Offener Brief von 56 Geistlichen aus der Diözese Paderborn, in: Der Dom vom 11.6.1967, 6.

36 Erklärung der nordrhein-westfälischen Bischöfe zur Schulsituation in Nordrhein-Westfalen vom 17. September 1967, 127f., in: Kirchliches Amtsblatt für die Erzdiözese Paderborn 110/19, 13.10.1967, Nr. 267.

37 Schwarze, Alois: Nicht gegen – sondern miteinander!, in: Freie Presse vom 4.2.1967; Freiheit, nicht Reglementierung!, in: Der Dom vom 5.2.1967, 2.

digen Optik das „Schlusslicht der Geschichte“. Dabei war Rau alles andere als ein Kirchengegner: Er verkörperte – aus einem pietistischen Elternhaus stammend – als gläubiger evangelischer Christ den politischen Richtungswechsel innerhalb der nicht-katholischen Kirchenlandschaft.

Als rhetorische Entgleisung stellte der polemische Vergleich im Schulstreit eher die Ausnahme dar, hätte aber das diskursive Potential gehabt, Jaeger erneut in den Strudel polemischer NS-Vergleiche zu ziehen, wenn dem nicht Einhalt geboten worden wäre. Tatsächlich waren beide Seiten sichtlich bemüht, den Konflikt nicht eskalieren zu lassen. Hier spielte Jaeger gegenüber ideologischen Heißspornen im katholischen Lager, zu denen neben Schuldezernent Horstkemper die Paderborner PH-Professoren Staudinger und Schlüter zählten, eine eher moderierend zurückhaltende Rolle.[38] Ihm dürfte nach den Vorerfahrungen von 1965 bewusst gewesen sein, wie sehr er selber angreifbar sein würde, wenn der schulpolitische Konflikt eskalierte und thematisch weitere Kreise zog. Vor allem bestand die Gefahr, dass mit Blick auf die NS-Zeit das diskursive Niveau plumper Vergleichs-Polemik mehr und mehr Schule machte. Er konnte kein Interesse haben, ein weiteres Mal in der Medienöffentlichkeit auf dem Präsentierteller eines vorbelasteten Erzbischofs vorgeführt zu werden. Dies dürfte mitgespielt haben, als er sich in Abstimmung mit dem neuen sozialdemokratischen Ministerpräsidenten Heinz Kühn in der Schulfrage um Mäßigung und Kompromissfindung bemühte. Auch wusste er, dass sein guter Ruf als Ökumeniker auf dem Spiel stand, wenn er sich trotz allen Beharrens zu stark für den gewünschten Erhalt der Konfessionsschulen einsetzte.

Es war daher nur folgerichtig, wenn Jaeger moderater und differenzierter als die genannten ‚Hardliner‘ in seinem Umfeld zu begründen versuchte, dass ökumenischer Anspruch und das Eintreten für die konfessionelle Gliederung des Schulwesens kein Widerspruch sei, sondern im Gegenteil jeder religionspsychologische Pragmatismus dafür spreche, nicht Kindern und Jugendlichen die Aufgabe der schwierigen gesamtchristlichen Annäherung in einer entwicklungspsychologischen Phase aufzubürden, in der es zunächst einmal darauf anzukommen schien, eine gefestigte weltanschauliche Identität aufzubauen.[39] Auf einer Paderborner Auftaktkonferenz zur Mobilisierung der Reformgegner verneinte Jaeger ausdrücklich, dass die Gemeinschaftsschule den „echten Ökumenismus“ fördern könne. Diese Aufgabe überfordere ja bereits die Erwachsenen, also dürfe man sie nicht den Kindern durch vorzeitige

38 „Aktion Bekenntnisschule“ im Erzbistum Paderborn, in: Freie Presse vom 22.1.1967; Sind christliche Gemeinschaftsschulen von „Amts wegen“ atheistische Schulen?, in: Neue Westfälische/Paderborn (Im Folgenden immer NW) vom 11.11.1967; Ministerpräsident Kühn weilte gestern in Paderborn; Man sprach über Schulprobleme – Wichtig: Unnötige Schärfen vermeiden!, in: Freie Presse vom 28.1.1967. Hugo Staudinger war Geschichts-, und Johannes Schlüter Psychologieprofessor an der PH Paderborn.

39 Aktion Bekenntnisschule im Erzbistum Paderborn, in: Der Dom vom 29.1.1967, 11.

Zusammenführung im gemeinsamen Unterricht zumuten. Weltanschauliche Festigung sei ein wichtiges pädagogisches Ziel und zugleich zwingende Voraussetzung für religiöse Toleranz statt der verbreiteten Annahme des Gegenteils. Wenn Jaeger so argumentierte und damit im eigenen Gesinnungslager auf Resonanz traf, dann stand dahinter eine spezifisch katholische Sicht des Staat-Kirche-Verhältnisses, die sich in Deutschland seit der Zeit des großen Kulturkampfes im 19. Jahrhundert tief im katholischen Bewusstsein verankert hatte. Demzufolge beschränkte sich das Grundrecht auf Religionsfreiheit nicht auf das Verbot staatlicher Behinderung der freien Religionsausübung, sondern kulturell bedeutsame Teile des gesellschaftlichen Lebens sollten ebenfalls nicht staatlich reglementiert sein, stattdessen dezentral in die Hände der Weltanschauungsgemeinschaften gelegt werden, vorneweg die Bereiche Familie und Erziehung.[40] Daraus leitete sich ein fundamentales Elternrecht auf Wahlfreiheit bezüglich des weltanschaulichen Charakters des Schulwesens ab, sofern es staatlicherseits die Schulpflicht gab. Eine staatliche Einheitsschule war demnach nicht Ausdruck einer freiheitlichen Gesellschaft, sondern verstieß gegen die Grundsätze einer pluralistischen Gesellschaft. Der Gegenseite unterstellte man unreflektierte Staatsgläubigkeit, die allein dem Staat, nicht aber dem pluralistischen Wettstreit der Weltanschauungsgemeinschaften zutraute, den gesellschaftlichen Fortschritt voranzubringen. Hier schwang der Verdacht mit, dass eine staatliche Einheitsschule zu verengt an marktkonformem Qualifikationserwerb interessiert sei, nicht jedoch an ethisch und religiös fundierter Persönlichkeitsbildung.[41]

Mit solchen Überlegungen waren Jaeger und seine Paderborner Bistumszentrale durchaus anschlussfähig an die sozialliberalen Reformdiskurse der späten sechziger Jahre, aber ein Dissens tat sich dort auf, wo es nicht allgemein um den dezentralen pluralistischen Eigensinn der Religionsfreiheit ging, sondern um die speziell katholischen Haltungen und Praktiken bei der Inanspruchnahme der Religionsfreiheit. Der Stein des Anstoßes waren hier die streng hierarchischen Strukturen im kirchlichen Binnenraum und die von starkem Sendungsbewusstsein geprägten Vorranganspruche gegenüber anderen Konfessionen, die nicht in eine pluralistisch offene Gesellschaft zu passen schienen. Aus diesem Grunde wirkte die moderate evangelische Verteidigung der religiösen Elternrechte und der Konfessionsschule auf die sozialliberale Gegenseite glaubwürdiger. Zwar konnte niemand den Bischöfen die Sorge um den Erhalt wichtiger konfessioneller Prägeinstanzen nehmen, aber reformorientierte Christen setzten mehr

40 Hirtenwort zur Schulfrage vom 10. August 1966 von Lorenz Kardinal Jaeger, zu verlesen am 11. September, dem 1. Sonntag nach den Herbstferien mit Blick auf die Anmeldungen zum neuen Schuljahr mit Beginn am 1. Dezember (Kurzschuljahre), in: Kirchliches Amtsblatt für die Erzdiözese Paderborn 109/19, 2.9.1966, Nr. 265.

41 Erklärung der deutschen Bischöfe zur Schulfrage, in: Kirchliches Amtsblatt für die Erzdiözese Paderborn 109/8, 21.4.1966, Nr. 112.

auf die Überzeugungskraft eines lebendigen Gemeindechristentums als auf eine starre Trennung der Konfessionen im staatlichen Schulwesen. Im Übrigen war der damals jüngeren Generation von Erwachsenen kaum mehr zu vermitteln, warum in den Unionsparteien und im höheren Schulwesen die Konfessionen zusammengingen, aber im Volksschulbereich getrennt bleiben sollten.

Massiver Gegenwind gegen den Konfessionalismus in der Schulfrage

Auch in kirchlichen Medien hinterließ das Unbehagen am konfessionellen Rigorismus der Bischöfe seine Spuren. Ein Leserbrief des Paderborner Bistumsblatts brachte das Unbehagen in Teilen des Laienkatholizismus auf den Punkt.[42] Geäußert wurde der Verdacht, dass sich die Bischöfe auf „das viel gepriesene und strapazierte Elternrecht" allein aus taktischen Gründen beriefen, solange sie eine Mehrheit für die katholische Bekenntnisschule vermuteten. Statt einer fragwürdigen Dogmatisierung der Bekenntnisschule solle von den Eltern frei ohne amtskirchliche Bevormundung im christlichen Geiste entschieden werden, welche Schulform die bessere sei. Kritik erfuhr hier das vorschnelle Beharren auf dem Status quo der Schullandschaft von Seiten der Kirchenführungen. Insofern hatte die kulturkämpferische Gereiztheit in Teilen der Amtskirche kein entsprechendes Gegenstück an der kirchlichen Basis, als der schulpolitische Umbau in Richtung Gemeinschaftsschule begann. Wenn die Bischöfe weitgehend auf verlorenem Posten kämpften, dann hatte das seinen Grund darin, dass der Zeitgeist mit der Staatsschule in einem sich demokratisch öffnenden Staatswesen erheblich mehr Modernität, Pluralität und Entwicklungsfähigkeit verband als mit konfessionell gegeneinander abgeschotteten Schulen. So erklärt sich, dass die Bischöfe auch im katholischen Raum massiven Gegenwind zu spüren bekamen, dem sich prominente Stimmen anschlossen, so etwa katholische Professoren der Pädagogischen Hochschulen,[43] eine Gruppe von Geistlichen im Bistum Essen,[44] sodann 160 katholische Volksschullehrer, die vor einem Kulturkampf warnten,[45] und schließlich massiv ein Offener Brief von 56 Geistlichen der Diözese Paderborn um den Dortmunder Religionslehrer Franz Brox.[46] Auch Geistliche vermissten dem-

42 Leser schreiben dem Dom, in: Der Dom vom 12.2.1967, 6.

43 Keine gemeinsame Antwort der Bischöfe auf Professoren-Brief, in: Der Dom vom 16.4.1967, 2; Katholische Professoren wenden sich gegen Bischöfe, in: Freie Presse vom 4.2.1967.

44 Auch Geistliche schrieben Offenen Brief, in: Der Dom vom 14.5.1967, 17.

45 „160 katholische Lehrer warnen die Bischöfe" vor einer „Verschärfung des Kulturkampfes", in: Freie Presse vom 17.4.1967.

46 Verpaßte Chance, in: Der Dom vom 28.5.1967, 2; Brox, Franz: Die „verpaßte Chance", Leserbrief in: Der Dom vom 11.6.1967, 6; Der Inhalt des Offenen Briefs, in: Der Dom vom 11.6.1967, 6. Gemeint ist der Offene Brief von 56 Geistlichen aus der Diözese Paderborn.

nach den innerkirchlichen Dialog und sprachen deshalb von kirchlichem Dirigismus. Die Propaganda für die Bekenntnisschule stehe in keinem Verhältnis zu dem, was diese Schulen für den Glauben der Kinder tatsächlich leisteten und deshalb tue die kirchliche Obrigkeit gut daran, sich sachlich mit den Kritikern auseinanderzusetzen.

Den Professorenprotest griff der „Spiegel" aus Hamburg auf: Er sekundierte mit der Einschätzung, ein anmaßender bischöflicher Anspruch setze sich über den entgegengesetzten Elternwillen hinweg.[47] In seltener Deutlichkeit erhob man vor der Öffentlichkeit den Vorwurf der hierarchischen Bevormundung durch die Bischöfe und bedauerte einen Mangel an innerkirchlicher Meinungsfreiheit, die zu bedenklicher Entfremdung zwischen Basis und amtskirchlicher Leitung geführt habe. Schützenhilfe gaben den Kritikern auch Leserbriefe in der Paderborner Bistumszeitung.[48] So hieß es, man setze sich höheren Orts trotz aller rhetorischen Toleranz gegenüber abweichenden Meinungen mit den Kritikern nicht sachlich auseinander.

Bemerkenswert ist bei all dem, dass die kirchenunabhängige Medienlandschaft unbeeindruckt von der Schärfe des Schulkonflikts zwischen Jaeger und seiner Bistumszentrale deutlich unterschied. So zeichnete die „Freie Presse" als SPD-nahe Paderborner Tageszeitung ein sehr differenziertes Bild von den Binnenverhältnissen der katholischen Kirche am Bischofssitz. Indiskretionen aus den Kirchenbehörden beförderten die Neigung, zwischen den Bistumsbeamten und dem Kardinal zu unterscheiden. So wusste man zu berichten, dass Jaeger sich intern deutlich von der Provokation des NS-Vergleichs distanziert hatte, aber nach außen den Eindruck habe erwecken wollen, dass es in schulpolitischen Fragen in der Bistumszentrale keine Meinungsverschiedenheiten gebe.[49] Dass Jaeger den polemischen Stil seines Schuldezernenten zurückgewiesen und in Schulfragen von NS-Vergleichen abgeraten hatte, wusste die „Freie Presse" glaubhaft zu berichten. Mit Blick darauf gestaltete der Kardinal den Paderborner Besuch des neuen sozialdemokratischen Ministerpräsidenten Heinz Kühn in einer demonstrativ harmonischen Atmosphäre, in der beide ihre schulpolitische Kompromissbereitschaft beteuerten.[50] Die regierungsnahe „Freie Presse" bekräftigte dieses Bemühen, indem sie von vertraulichen Botschaften zu berichten wusste, wonach es weder dem Kardinal noch den anderen Bischöfen um eine Verteidigung der Bekenntnisschule um jeden Preis gehe. Als das Paderborner Generalvikariat alle Spekulationen hinsichtlich eines Dissenses zwischen Jaeger und seiner Schulbehörde erbost zurückwies,

47 Auf dem Rückzug. Konfessionsschulen, in: DER SPIEGEL vom 8.5.1967, 52ff.

48 Neuhaus, Elisabeth: Das eigentliche Anliegen des Briefes, Leserbrief in: Der Dom vom 11.6.1967, 6f.

49 Schwarze, Alois: Nicht gegen – sondern miteinander!, in: Freie Presse vom 4.2.1967.

50 Ministerpräsident Kühn weilte gestern in Paderborn; Man sprach über Schulprobleme – Wichtig: Unnötige Schärfen vermeiden!, in: Freie Presse vom 28.1.1967.

beharrte die „Freie Presse“ darauf, dass ihr aus berufenem Munde vertraulich zugespielt worden sei, dass sich der Kardinal anstößige Polemik aus dem eigenen Haus verbitte.[51] Auch andernorts wurde Kritik am polemischen Stil führender Bistumsbeamten geübt.[52] Aufhorchen lässt, wie sehr sozialdemokratische Journalisten bemüht waren, zwischen dem hochangesehenen Kardinal und seinem Umfeld zu unterscheiden.

Während der Essener Bischof Hengsbach glaubte, Professoren wie Geistliche für ihren angeblich schlechten Dialogstil kritisieren zu müssen,[53] vorneweg die Priester, die mit ihrem Offenen Brief größtenteils anonym geblieben waren, verzichtete Jaeger von vornherein auf Gegenattacken und zeigte sowohl gegenüber den PH-Professoren als auch gegenüber den protestierenden Geistlichen seiner Diözese demonstrativ Gesprächsbereitschaft.[54] So zu handeln und auf die Kritiker zuzugehen, wurde ihm leicht gemacht, weil diese sich in ihrem „Offenen Brief“ bezeichnenderweise darüber beklagt hatten, dass eine „unseriöse Schrift“ aus dem Paderborner Generalvikariat die Autorität des Kardinals in ungerechtfertigter Weise für sich in Anspruch genommen habe. Mit anderen Worten: Der Kardinal erfuhr hier von Priestern aus der Region Dortmund, dass man ihm einen argumentativen Tiefstand dieser Art schlichtweg nicht zutraute.[55] Damit erhielt er ein deutliches Signal, dass sein Ansehen das seiner Bistumsbehörden bei weitem übertraf und er gut beraten war, sich von den schulpolitischen ‚Hardlinern‘ seiner Diözese ein wenig zu distanzieren. Indem er eingestand, dass es Defizite im innerkirchlichen Dialog gab, wusste er die angespannte Lage in seinem Bistum zu entschärfen. So kann kaum verwundern, dass sich die Kritiker von der persönlichen Einladung des Kardinals beeindruckt zeigten, was auch die sozialdemokratisch gesinnte Presse positiv zu würdigen wusste.[56]

Beide Seiten, Jaeger und die Sozialdemokraten, hatten ein vitales Interesse daran, den Schulkonflikt nicht eskalieren zu lassen.[57] Vermutlich war sich Jaeger des Risikos bewusst, wie schnell sich vor dem Bemühen um öffentliche Reputationspflege Abgründe auftun konnten, wenn man rhetorisch und argumentativ überzog und dabei auch noch die emotional hochbelastete Erinnerung an die NS-Zeit diskursiv ins Spiel kam. Das hatte ihn die Spiegel-Serie über das Lewy-Buch gelehrt. Die Sozialdemokraten wiederum waren daran interessiert, die Wahlerfolge, die sie in den jüngsten Landtagswahlen bei Katholiken er-

51 Schwarze, Alois: Nicht gegen – sondern miteinander!, in: Freie Presse vom 4.2.1967.

52 Schwarze, Alois: Des lieben Friedens willen?, in: Freie Presse vom 25.2.1967.

53 Hengsbach tadelt Professoren und Geistliche, in: Freie Presse vom 10.5.1967.

54 Der Kardinal Jaeger hat Gesprächsbereitschaft gegenüber den Professoren signalisiert, in: Freie Presse vom 22.4.1967.

55 Ebd.

56 Kardinal empfing Geistliche zu einem „klärenden Gespräch“, in: Freie Presse vom 16.6.1967.

57 Licht der Welt, in: DER SPIEGEL vom 6.2.1967, 30f.

zielt hatten, dauerhaft zu sichern. Infolgedessen schlug die sozialdemokratisch orientierte Presse bemerkenswert moderate Töne an, um das Verhältnis zum katholischen Klerus nicht über Gebühr zu belasten. So erklärt sich, dass das Porträt, das die „Neue Westfälische" als SPD-nahes Organ aus Anlass des 75. Geburtstages Jaegers zeichnete, mit Blick auf die Ökumene auffallend positiv ausfiel, obwohl der Kampf um die Konfessionsschule zeitgleich auf ihren Höhepunkt zusteuerte.[58] Hier spielte gewiss eine nicht zu unterschätzende Rolle, dass sich in der Wahrnehmung der Öffentlichkeit die konservativen Kräfte in den Bistümern Köln, Aachen, Essen und Münster mindestens ebenso stark für die Konfessionsschule engagierten wie in der Paderborner Diözese, also weder Paderborn noch Jaeger trotz des Dortmunder Schulstreits sonderlich herausstachen. Denn die schulpolitischen Auseinandersetzungen überzogen das Bundesland flächendeckend. Insofern konnte Jaegers öffentliche Reputation nach wie vor vom interkonfessionellen Dialog früherer Jahre zehren – trotz aller Belastungen, die der Streit um die Konfessionsschulen mit sich brachte.

Kirchenkritischer Wertewandel in den späten 1960er Jahren

Je weiter sich das politische Spektrum nach links verschob, umso schwieriger wurde es auch für Jaeger, noch als Vorreiter der kirchlichen Öffnung zu gelten. Das zeigte sich, nachdem der Schulstreit 1968 mit einem Kompromiss geendet hatte, auf weiteren Konfliktfeldern. 1968 machte Schlagzeilen, dass der Papst sechs Kardinäle, darunter Jaeger, beauftragt hatte, den sog. „Holländischen Katechismus" auf seine Dogmentreue hin zu überprüfen. Die Kritik der Kardinäle an dieser theologischen Reformschrift mobilisierte in der liberalen Medienöffentlichkeit das Klischee vom kirchlichen Inquisitionsanspruch, womit auch auf Jaeger ein Schatten fiel.[59] Auch der Umstand, dass sich die liberale katholische Wochenzeitung „Publik" kurz nach ihrer Gründung an vorderster Front mit konservativer Kritik aus Paderborn auseinanderzusetzen hatte, drohte dem Ansehen des Kardinals zunächst zu schaden.[60] Aber allen konservativen Kräften zum Trotz, die der vom Paderborner Generalvikariat verhängten Finanzsperre gegenüber „Publik" beipflichteten, schritt Jaeger gegen den eigenmächtigen Schritt seines Finanzreferenten ein und verhinderte damit eine nachhaltige Schädigung seines Ansehens in der katholischen Öffentlichkeit. Zunehmend bereitete Probleme, wie sich hierarchische Lehrautorität und demokratischer Mitwirkungsanspruch von unten produktiv verbinden ließen.

58 Das Porträt, Toleranz und Humor. Lorenz Kardinal Jaeger, in: NW vom 23.9.1967; Viele Gratulanten kamen am Samstag zum 75. Geburtstag von Kardinal Dr. Lorenz Jaeger, in: NW vom 25.9.1967.

59 Katechismus. Wollt ihr weggehen?, in: DER SPIEGEL vom 9.12.1968, 178.

60 „Publik". Stück von heute, in: DER SPIEGEL vom 2.12.1968, 65.

So äußerte sich Jaeger öffentlich besorgt über die Gefahren einer Kirchenspaltung durch oppositionelle Priester.[61] Das Problem, wieviel innerkirchlichen Pluralismus man zugestehen wollte, gewann an Bedeutung, je mehr sich in den frühen siebziger Jahren Abwanderungstendenzen im Kirchenvolk zeigten und die klerikale Führungsschicht sich in der Optik der Kritiker einzuigeln schien.[62] Auf diesem Feld waren vom mittlerweile hochbetagten Kardinal keinerlei Impulse mehr zu erwarten, auch nicht im politisch extrem unruhigen Jahr 1972, in dem er sich auf zwei persönliche Jubiläen konzentrierte, die mit all den öffentlichen Ehrenbezeugungen und protokollarischen Akten für Schlagzeilen sorgten, aber die Aufmerksamkeit Jaegers von den brennenden Zeitfragen eher ablenkten.

Das Jahr 1970 brachte neue Herausforderungen, weil nunmehr der Trend der sexualethischen Lockerungen voll auf die Medienöffentlichkeit durchschlug. Die öffentliche Darstellung von Nacktheit und ‚normierten' Sexualpraktiken galt in liberalen großstädtischen Milieus nicht mehr als Tabubruch.[63] In diesem Klima, in dem Fragen der Sexualität in einem zuvor kaum gekannten Ausmaß öffentlich verhandelt wurden, bauten sich neue Frontstellungen zwischen kirchlichem Konservativismus und linkem Reformgeist auf, namentlich in der Frage der Verhütungsmethoden und des Verbots der Abtreibung. Auf eine massive Konfrontation mit den Gegnern steuerte der katholische Klerus 1971 zu, als sich die Debatte um die Lockerung der Abtreibungsparagraphen des Strafgesetzbuches zuspitzte, ausgelöst durch eine spektakuläre Reportage im Hamburger Magazin „Stern". Dort legten prominente Frauen ein öffentliches Bekenntnis ab, dass sie abgetrieben hatten.[64] Solch ein massiver Tabubruch konnte von keiner moralischen Instanz des öffentlichen Lebens ignoriert werden, erst recht nicht von strikten Gegnern einer Lockerung des § 218 StGB.[65] Selbst die liberale „Süddeutsche Zeitung" sprach von schamlosem Exhibitionismus und die linksgerichtete Frankfurter Rundschau argwöhnte hinter dem Selbstoffenbarungsakt der Prominenten das Motto „Pelzmantel statt Kind"; mit anderen Worten, die Grenzlinie des moralisch Statthaften schien für weite Teile auch der sozialliberalen Öffentlichkeit überschritten zu sein, wie rückblickend die Frauenrechtlerin Alice Schwarzer als Initiatorin der Selbstoffenbarungskampagne missmutig feststellte.[66] Sie erblickte dahinter auch unerwartete Schützenhilfe für den konservativen Klerus und auch für Kardinal Jaeger, den sie stellvertretend für eine Vielzahl von Gegnern

61 Kardinal Jaeger, Wo der Blitz zuckt, in: DER SPIEGEL vom 18.5.1970, 50f.

62 Purer Leerlauf, in: DER SPIEGEL vom 8.5.1972, 46ff.

63 Sex-Welle, Thema eins, in: DER SPIEGEL vom 3.8.1970, 32ff.

64 Titelblatt mit der Schlagzeile „Wir haben abgetrieben!" mit 28 Gesichtern, in: Stern Magazin (Hamburg), Nummer 24 vom 6.6.1971.

65 Ebeling, Jana: Religiöser Straßenprotest?, 256ff.

66 Schwarzer, Alice: Lebenslauf, 242f.

namentlich nannte, weil er drastisch zugespitzt Abtreibung mit der NS-Euthanasiepraxis verglichen hatte. Die radikalen Frauenrechtlerinnen waren damals überrascht, wieviel Gegenwind ihnen ins Gesicht blies und wie sehr in dieser Frage kirchlicher Konservativismus auf Rückenwind bauen konnte. Unter den großen Leitmedien sprangen allein „DER SPIEGEL" und „Die Zeit" den bekennenden Frauen zur Seite, als sich die Anklagebehörden zu rühren begannen.[67] Es gab auch im sozialliberalen Lager gewichtige Stimmen, die den feministischen Radikalismus und das öffentliche Bekenntnis zu Straftaten ablehnten. Zugleich aber gingen zahllose Stimmen gegenüber den katholischen Kritikern auf Distanz, indem sie ihnen Doppelmoral vorwarfen. Demzufolge schien man kirchlichererseits vehement für den Schutz des ungeborenen Lebens einzutreten, aber kaum Sensibilität für soziale Notlagen bei schwangeren Frauen aufzubringen.[68] Auch die ablehnende Haltung gegenüber Verhütungsmethoden schien den Klerus zu disqualifizieren, wenn es um Familienplanung ging. Dieses Glaubwürdigkeitsdefizit beeinträchtigte die Überzeugungskraft des kirchlichen Standpunktes.

Kardinal Jaeger trat in diesen Fragen massenmedial nicht stärker in Erscheinung als seine Bischofskollegen, jedoch mit einer bereits erwähnten Ausnahme, die in unserem thematischen Zusammenhang von größtem Interesse ist. Es handelte sich dabei um den polemischen Vergleich, den Jaeger – provoziert durch das Abtreibungsbekenntnis im „Stern" – mit Blick auf die Euthanasiepraxis im III. Reich vornahm. Dieser Vorstoß des Kardinals lässt sich im Hinblick auf das massenmediale Echo als Testfall gewichten, wie sehr sich das Jaeger-Bild außerhalb konservativ kirchlicher Kreise eingetrübt hatte. Hätten die Enthüllungen Lewys nach 1965 noch einen nachhaltig hohen Erinnerungswert in der bundesdeutschen Öffentlichkeit gehabt, so hätte sich das vorneweg 1971 zeigen müssen, als Jaeger die sexualpolitischen Gegner im sozialliberalen Lager mit einem NS-Vergleich provozierte, indem er deren Haltungen in der Abtreibungsfrage in die Nähe der Euthanasiepolitik des NS-Regimes rückte. Ihm in dieser Situation als Retourkutsche seine eigenen anfechtbaren Äußerungen aus der NS-Zeit vorzuhalten, hätte durchaus nahegelegen, wäre dieser Sachverhalt in der historischen Rückschau emotional lebendig geblieben. Aber es verhielt sich anders. Selbst Alice Schwarzer, die sich durch Jaegers polemischen Vergleich persönlich angegriffen fühlte, sah keine Veranlassung, auch nur mit einem Wort auf dessen NS-Jahre einzugehen. Konkret ging es um Jaegers Hirtenbrief vom 27. Juni 1971, in dem dieser die sich abzeichnende Reform des § 218 als „neues Euthanasieprogramm" bezeichnete und als moralischen Irrweg im Sinne falsch verstandener weiblicher

67 Schueler, Hans: Frauen gegen einen Paragraphen, in: Die Zeit (Hamburg) vom 11.6.1971.
68 Halbe Wahrheit, in: DER SPIEGEL vom 6.3.1972, 36.

Emanzipation brandmarkte.[69] Zwar berichteten die Medien teilweise über den provokativen Vergleich, aber Gegenattacken nach Jaegers Vergleichsmuster mit Blick auf dessen Rolle im Nationalsozialismus blieben aus der Richtung des sozialliberalen Lager aus, obwohl es ein Leichtes gewesen wäre, ihm vorzuhalten, dass er in der NS-Zeit öffentlich eine Kriegsführung im Osten gerechtfertigt hatte, die im eroberten Hinterland eine fast beispiellose Mordpraxis ermöglicht hatte.[70] Die liberale „Süddeutsche Zeitung" bekundete sogar unterschwellig Zustimmung zu Jaegers Kritik an der „massiven Meinungsmache" des Hamburger „Stern". Selbst der „Spiegel" ließ sich als kirchenkritisches massenmediales Sprachrohr die Chance entgehen, in dieser Situation Jaeger mit der eigenen anfechtbaren Vergangenheit zu konfrontieren. Zwar war Jaeger zu dieser Zeit nicht die einzige Stimme im konservativ kirchlichen Raum, die wie die „Bildpost" die liberalen Abtreibungsbefürworter mit den „braunen Schergen" der NS-Mordpraxis verglich, aber er hatte eine exponierte Führungsstellung mit hohem Beachtungswert inne.[71] Auch der Hamburger „Stern", der sich den bekennenden Frauen als Plattform angeboten hatte, sah sich nicht veranlasst, dem provokativen Vergleich Jaegers über eine beiläufige Erwähnung hinaus nachzugehen.[72] Mit Blick auf die angespannte Aufmerksamkeit, die die staatsanwaltlichen Ermittlungen gegen zahllose Bekennerinnen hervorriefen, gab es genügend emotionalen Zündstoff, um argumentativ wunde Stellen der Gegenseite auszunutzen.[73] Aber genau dies widerfuhr Jaeger nicht. Auch die prominente Freidemokratin Liselotte Funcke ließ es dabei bewenden, Jaegers Attacke als „typisch männliche" Perspektive abzukanzeln, ohne auf seine Rolle in der NS-Zeit einzugehen.[74] Dabei wäre dies argumentativ kein großer Schritt gewesen, da die FDP-Politikerin den Tötungsvorwurf der klerikalen Abtreibungsgegner mit dem Gegenargument zurückwies, dass es doch Jahrtausende lang die Männerwelt gewesen sei, die Kriege geführt und dabei systematisch getötet habe.

Der Tatbestand, dass trotz Jaegers Provokation die sexualpolitischen Auseinandersetzungen in den Medien nicht auf das Feld der Vergangenheitsbewältigung übergriffen, zeigt eindrucksvoll, dass in der öffentlichen Wahrnehmung

69 Kardinal Jaeger. Töten bleibt töten, in: NW vom 28.6.1971.

70 Schriftsteller solidarisieren sich mit „Aktion § 218", in: Frankfurter Rundschau vom 28.6.1971; Abtreibung ist Euthanasie. Kardinal Jaeger verurteilt die Auseinandersetzungen um den Paragraphen 218, in: Süddeutsche Zeitung vom 28.6.1971; „Anti-Baby-Kliniken" helfen Frauen, in: Westfälische Rundschau vom 26./27.6.1971; Ärzteverband: Abtreibung ist Akt der Tötung, in: ebd.; Ein Paragraph – tausend Meinungen, in: Die Zeit (Hamburg) vom 16.7.1971.

71 „Ich habe nur Umgang mit Mörderinnen", in: DER SPIEGEL vom 31.5.1971, 138.

72 Dieser Paragraph muß weg, in: Stern Magazin vom 11.7.1971, 48.

73 § 218: Polizeiaktion gegen Frauen, in: Stern Magazin vom 4.7.1971, 18ff.

74 Interview des Stern mit Walter Scheel und Liselotte Funcke, in: Stern Magazin vom 11.7.1971, 48.

die Enthüllungen über Jaegers Wirken im Dritten Reich Jahre später kaum noch negative Spuren hinterlassen hatten, er vielmehr ähnlich wie andere Bischöfe allein gegenwartsbezogen als umstrittene Persönlichkeit galt. Hinter der Debatte um die Ethik des Geschlechterverhältnisses verblasste der Erinnerungswert von Jaegers Kriegsunterstützung für das NS-Regime vollständig. Das heißt: die Attacken Lewys und des Nachrichtenmagazins „DER SPIEGEL" aus dem Jahre 1965 waren nahezu folgenlos geblieben. Im Lichte dieses Befundes ist der rhetorische Fehlgriff, den der Kardinal im Bundestagswahlkampf von 1972 tat, umso stärker zu gewichten, wenn es darum geht, die bis in die Gegenwart lebendige Kritik an seinem Wirken im Dritten Reich zu erklären.

Der Jaeger-Augstein-Konflikt von 1972

In der öffentlichen Wahrnehmung von Jaegers Person stellte die Schlussphase des Bundestagswahlkampfes von 1972 einen gewichtigen Einschnitt dar. In den Auseinandersetzungen zwischen konservativem und sozialliberalem Lager barg vor allem die Ostpolitik der Koalition unter Willy Brandt extremes Erregungspotential. Brisanz enthielt die Entspannungspolitik gegenüber dem kommunistischen Osten auch deshalb, weil mit Blick auf die strittige deutsch-polnische Grenze das Problem der Vergangenheitsbewältigung eine große Rolle spielte. Als die Unionsparteien gegen die Ostverträge mit Polen und der Sowjetunion mobil machten und der christdemokratische Herausforderer des Kanzlers Rainer Barzel den Vergleich zwischen dem Versailler Diktatfrieden von 1919 und dem Moskauer Vertrag von 1970 bemühte, offenbarte sich darin eine tiefe Kluft zwischen den Großlagern im Grundverständnis, welche Lehren aus der NS-Vergangenheit zu ziehen waren. Die christdemokratische Opposition rückte aus der Sicht der Gegner mit ihrer Verweigerungshaltung gegenüber den Ostverträgen in eine verdächtige ideologische Nähe zur Rechtsopposition der Weimarer Republik.[75] Gut beraten war die katholische Kirche, wenn sie sich trotz ihrer programmatischen Nähe zu den Unionsparteien aus dem vergangenheitspolitisch aufgeheizten Wahlkampf heraushielt, zumal sich gewichtige Teile des Klerus in außenpolitischen Fragen keineswegs mit der Linie der Unionsparteien identifizierten. Auch Kardinal Jaeger vermied jede Parteinahme, bis er sich in den letzten Wochen des Wahlkampfes von einem kirchen-, nicht nationalpolitisch provokativen Buch des Spiegel-Herausgebers Rudolf Augstein zu einer unvorsichtigen Äußerung hinreißen ließ.

Seinen Grund hatte der rhetorische Fehltritt Jaegers in einer unglücklichen symbolpolitischen Zufallskonstellation.[76] Denn Rainer Barzel traf als

75 Chinesische Mauer, in: DER SPIEGEL vom 27.12.1971, 30f.

76 Klenke, Dietmar: Schwarz – Münster – Paderborn, 165ff.

Herausforderer des Kanzlers in seinem angestammten Wahlkreis Paderborn-Wiedenbrück auf den „Spiegel“-Herausgeber Rudolf Augstein, der sich als FDP-Bundestagskandidat in Barzels Wahlkreis aufstellen ließ, um mit dem Herausforderer des Bundeskanzlers in dessen Wahlkreis symbolpolitisch wohlüberlegt die Direktkonfrontation zu suchen. Er hoffte damit, auf sich und seine Partei erhöhte öffentliche Aufmerksamkeit zu ziehen. Im Hintergrund stand, dass sich die FDP nach Abspaltungen am rechten Rand als fester Teil des sozialliberalen Gesinnungslagers und loyaler Träger der sozialliberalen Koalition begriff und sich über markante Abgrenzung gegenüber den konservativen Kräften im Unionslager profilieren wollte. Auch im Hinblick darauf, dass der Wahlkreis Barzels als herausstechend „schwarz“ galt, hatte Augsteins Kandidatur dort hohen Symbolwert. Dass er dann in der Schlussphase des Wahlkampfs als atheistisch gewordener Ex-Katholik auf der Frankfurter Buchmesse sein antiklerikales Buch mit dem Titel „Jesus Menschensohn“ vorstellen konnte, erhöhte die öffentliche Aufmerksamkeit und wirkte auf katholische Kreise entsprechend provokativ.[77] Die Medienwelt registrierte denn auch sogleich, dass Augstein gekommen war, sich im katholisch geprägten Wahlkreis Barzels als Fahnenträger eines kirchenkritischen Liberalismus zu profilieren. In solch einer Situation konnte Jaeger, der nicht gerade konfliktscheu war, kaum der Versuchung widerstehen, sich auf die Provokationen der Gegenseite einzulassen. Unbedacht verstieß er gegen die Maxime der Bischöfe, parteipolitische Zurückhaltung zu wahren, und zog auf dem Höhepunkt des Wahlkampfes im Rahmen seiner Allerheiligen-Predigt polemisch überzeichnend gegen Augstein zu Felde.[78] Er attestierte dessen Buch „Jesus Menschensohn“ eine ähnlich antikirchlich demagogische Machart wie dem „Mythus des 20. Jahrhunderts“ aus der Feder des prominenten NS-Ideologen Alfred Rosenberg. Das konnte nicht unbeantwortet bleiben. Zwar hatte Augstein in seinem Buch ähnlich wie Rosenberg das Christentum an seiner weltanschaulichen Basis angegriffen, aber aus der Warte eines atheistischen Humanismus, der in der Tradition der liberalen Aufklärung stand. Ein völlig anders gelagerter Traktat war der „Mythus des 20. Jahrhunderts“, in dem Rosenberg bereits vor der Machtergreifung der Nationalsozialisten für eine rassenbiologische Ethik als politische Säkularreligion geworben hatte und dabei zwischen bevorrechtigten und diskriminierungswürdigen Rassen und Menschengruppen unterschieden hatte, vorneweg auf die Juden zielend, denen er letztlich das Existenzrecht absprach.[79] Das alles stand dem christlichen Humanismus und Universalismus, der allen Menschen vor Gott ohne Unterschied gleiche Würde zusprach, diametral entgegen.

77 Augstein, Rudolf: Jesus Menschensohn. Das Buch erschien im Bertelsmann-Verlag.

78 Allerheiligenpredigt Kardinal Jaegers, maschinenschriftl. Ms. mit handschriftlichen Ergänzungen vom 1.11.1972, in: EBAP, NL Jaeger, Akte 712, Bl. 001–005.

79 Rosenberg, Alfred: Der Mythus des 20. Jahrhunderts.

Wenn Jaeger den Vergleich mit Rosenberg anstrengte, musste er sich darüber im Klaren sein, was er tat, auch wenn der polemische Stil, in dem in beiden Büchern das Christentum abgewertet wurde, durchaus gewisse Ähnlichkeiten aufwies. Aber Jaeger beschränkte seine Ähnlichkeits-Behauptung nicht auf den Stil der Darlegungen, den er in den beiden Büchern vorfand, sondern er sprach in seiner Anstoß erregenden Allerheiligenpredigt umfassend von „vergleichbarem Inhalt und vergleichbarer Sprache".[80]

Werfen wir zunächst noch einen Blick auf die unmittelbare Vorgeschichte, bevor wir zur Predigt selber kommen. Augsteins Buchvorstellung sorgte Anfang Oktober auf der Frankfurter Buchmesse für beachtlichen Medienrummel. Als Kampfansage an die etablierten Kirchen wirkte sein Motto, es sei „seine staatsbürgerliche Pflicht, daran zu erinnern, dass ein Name missbraucht" werde und die Kleriker gezwungen werden müssten, ihre „verinnerlichte Unredlichkeit" bei der Deutung der Botschaft Jesu kritisch zu überdenken.[81] Sehr nah an den Paderborner Erzbischof rückte Augsteins Polemik, als der WDR im Rahmen seiner Wahlkreisberichterstattung auch Paderborn in den Blick nahm und dabei Augstein besondere Aufmerksamkeit widmete. Absichtsvoll sprach die zuständige WDR-Redakteurin Augstein nicht nur als Wahlkreiskandidat der FDP an, sondern auch als Buchautor – wohl wissend, dass das Jesus-Buch im ‚schwarzen' Paderborn eine extreme Provokation darstellte. Im Vorfeld hatte sie bei Paderborner Buchhändlern vorgefühlt, ob sie das Buch in ihrer Auslage hätten und daran interessiert seien, speziell für Augstein einen Stand zu errichten, wo dieser sein Buch im Rampenlicht der Dreharbeiten handsignieren könne. Dem folgte das Anerbieten, im Ambiente einer Buchhandlung vor laufender Kamera über das Buch diskutieren zu lassen. Dieser Vorstoß war insofern bemerkenswert, als ein vordergründig politikfernes theologisches Buch in den Mittelpunkt der WDR-Wahlkampfberichterstattung gerückt werden sollte.

Dies alarmierte sogleich einen der katholischen Kirche nahestehenden Paderborner Bürger, der davon Kenntnis erhalten hatte.[82] Er unterrichtete umgehend die Pressestelle des Erzbistums, die es sich nicht nehmen ließ, sich bei den Buchhändlern nach diesem Vorfall zu erkundigen. Dabei kam heraus, dass der Vorstoß des WDR auf große Zurückhaltung gestoßen war. Sämtliche Buchhändler wussten um die Brisanz des Buches und lehnten einen Fernsehauftritt mit dem Hinweis ab, es handele sich bei Augsteins Buch nicht um ein rein theologisches Sachbuch, das allein hätte rechtfertigen können, Buchhandlungen als Bühne für einen Fernsehauftritt des Autors zur Verfügung

80 Allerheiligenpredigt Kardinal Jaegers, in: EBAP, NL Jaeger, Akte 712, Bl. 003.

81 Aktennotiz von Herman-Josef Rick, Presse- und Informationsstelle im Erzbistum Paderborn, Geschäftsvermerk vom 5.10.1972 für den Erzbischof, in: EBAP, NL Jaeger, Akte 712, Bl. 031f.

82 Ebd.; der Aktenvermerk des Pressereferenten ließ den Namen des betreffenden Bürgers unerwähnt.

zu stellen. Mit anderen Worten: Man wollte sich nicht in den Sog des Wahlkampfs hineinziehen lassen. Die Pressestelle des Kardinals hängte den Vorfall so hoch, dass sie umgehend die Katholische Nachrichtenagentur einschaltete, die sich beim WDR nach den Hintergründen erkundigte. Der Druck, der davon ausging, ließ den WDR mit Blick auf die Brisanz des Buches von seinem Vorhaben Abstand nehmen.

Parallel zum Rückzieher des WDR zog die Paderborner Kolpingfamilie eine Einladung an Augstein als FPD-Kandidat wieder zurück und begründete dies mit der antikirchlichen Polemik des Jesus-Buches. Als Begründung führte man gegenüber Augstein an, dass die Einladung an ihn im Lichte seines soeben erschienenen Buches nicht aufrechtzuerhalten sei. Seine Kritik sei „kränkend und verächtlich machend".[83] Als Beleg führte man gegenüber der Presse ein Zitat aus dem Buch an: „Das Christentum ist eine Rakete mit dreistufigem Treibsatz, jede Stufe ein explosiver Irrtum." Reflexartig ergriff die „Neue Westfälische" als Presseorgan des sozialliberalen Lagers für Augstein Partei, ohne allerdings den Inhalt des frisch erschienenen Buches genau geprüft zu haben.[84] Sie sah sich bestätigt in ihrer grundsätzlichen Kritik an der Intoleranz und antimodernen Gesinnung des katholischen Milieus, wobei sie vor allem die Haltung der Kirche in sexualethischen Fragen anprangerte. Zur Bekräftigung schlug sie einen weiten Bogen bis in die unmittelbare Nachkriegszeit, in der sexuell freizügige Botschaften in Illustrierten und Filmen in Paderborn scharfe Proteste ausgelöst hätten. In diese Tradition stellte man die Ausladung Augsteins durch die Kolpingfamilie. Wenig später spöttelte das Blatt, dass nach Ansicht Werner Höfers, eines allbekannten Fernsehmoderators, Augstein in früheren Zeiten mit hoher Wahrscheinlichkeit wegen seines Jesus-Buches als Ketzer verbrannt worden wäre.[85] Auch der Inquisitionsverdacht reihte sich hier nahtlos in eine eingespielte Tradition provozierender antikatholischer Klischees ein.

Die FDP antwortete auf die Ausladung Augsteins mit einer Podiumsdiskussion, zu der sie in die Aula der Gesamthochschule einlud. Das Thema: „Wie tolerant ist die Kirche im Wahlkampf?" diente als Pranger: Man wollte das ‚schwarze' Gesinnungsmilieu aus katholischer Kirche und regionaler CDU treffen.[86] Hintergründig ging es darum, der Kirche verdeckte Wahlkampfhilfe für die Unionsparteien nachzuweisen. Argumentative Sprengkraft hatte dies insofern, als sich der Episkopat seit der Bundestagswahl von 1969 ein eingeschränktes parteipolitisches Neutralitätsgebot auferlegt hatte – ein Zeichen

83 „Jesus" als Hindernis. Rudolf Augstein ausgeladen, in: NW vom 10.10.1972.

84 Schwarze, Aloys: Der Dialog findet nicht statt, in: NW vom 10.10.1972.

85 Wahlkampf am Rande, in: NW vom 28.10.1972. Werner Höfer moderierte für die ARD sonntags den damals weithin bekannten Internationalen Frühschoppen.

86 Rudolf Augsteins Gegenaktion, in: Westfalenblatt/Ausgabe Paderborn, Nr. 237, 12.10.1972.

der Akzeptanz der pluralistischen Gesellschaft im Gefolge des II. Vaticanums.[87] Auch Jaeger hatte diesen Modernisierungstrend mitgetragen.

Wie aufmerksam nicht nur die Bistumszentrale, sondern auch Jaeger höchstpersönlich den Medienrummel um Augsteins Buch verfolgte, offenbarte eine Zitatensammlung aus Augsteins Buch, die Jaeger von seiner Pressestelle anfertigen ließ.[88] Auf dieser Grundlage setzte er sich in seiner Allerheiligenpredigt mit Augsteins Buch intensiv auseinander. Ohne die Paderborner Wahlkreiskandidatur des Autors und die Provokationen im lokalen Umfeld hätte Jaeger diesem Buch wohl kaum solch große Aufmerksamkeit gewidmet, zumal es scheinbar unpolitisch daherkam. In Paderborn jedoch konnte politisch Interessierten nicht entgehen, dass es hintersinnig für Wahlkampfzwecke genutzt wurde. Vor allem sorgte für Irritationen, dass ein FDP-Politiker sich selten massiv auf dem Feld der Religionspolitik einbrachte, aber umgekehrt vom angegriffenen Kirchenmilieu politische Neutralität im Wahlkampf verlangte. Vor allem dies dürfte den Kardinal aufs Äußerste gereizt haben – erkennbar daran, dass er Augstein und seinen Gesinnungsgenossen vorhielt, als Liberale scheinheilig „Toleranz" gegenüber „Andersdenkenden" zu predigen, aber tatsächlich extrem kirchenfeindlich aufzutreten.[89] Entsprechend scharf zog er in seiner Allerheiligenpredigt gegen die Polemiken des Buches zu Felde. Noch Jahrzehnte später ist im Rückblick gut nachvollziehbar, dass er Augstein hochgradig verärgert vorhielt, in verletzend intoleranter Weise gegen den christlichen Glauben polemisiert zu haben. In diesem Sinne formulierte er von der Kanzel herab: „Ich kenne keine Bucherscheinung aus den letzten Jahrzehnten, die unseren Glauben so massiv und zentral angreift und zu zerstören sucht, wie diese."[90] Und dann hob er zu einer Provokation an, die in kirchenkritischen Kreisen bis heute nachwirkt. Maßlos überzogen formulierte er: "An ein anderes Buch mit vergleichbarem Inhalt und mit vergleichbarer Sprache erinnere ich mich allerdings noch recht gut. Ich meine das Buch von Alfred Rosenberg: ‚Mythus des 20. Jahrhunderts', das zu Beginn der Ära des Nationalsozialismus erschien und den ideologischen Kampf des Hitler-Reiches gegen die Kirche einleitete."[91] Um plausibel zu machen, warum er solch drastischen Vergleich wählte, zitierte er in seiner Predigt ausführlich aus Augsteins Buch. Empört hatten ihn Formulierungen, in denen von der Dreifaltigkeit als „Zahlenhokuspokus", von schwebenden Engeln als „stillstehenden Hubschraubern", vom „Kakadu-Kopf" der Taube des Heiligen Geistes

87 Schreiben der deutschen Bischofskonferenz über die Kirchen in der pluralistischen Gesellschaft und im demokratischen Staat der Gegenwart, Trier 1969, Nr. 48 u. 51; Schmitt, Karl: Konfession und Wahlverhalten in der Bundesrepublik Deutschland, 82.

88 Buch – Jesus Menschensohn von Rudolf Augstein, in: EBAP, NL Jaeger, Akte 712, Bl. 11–18.

89 Allerheiligenpredigt Kardinal Jaegers, in: EBAP, NL Jaeger, Akte 712, Bl. 002.

90 Ebd., Bl. 002.

91 Ebd., Bl. 003.

und von den Evangelien als ideologischem „Selbstbedienungsladen" die Rede war.[92] Seine Zurückweisung des Buches mündete in eine anklagende Frage an Augstein, die ausdrücklich einen Bezug zum laufenden Bundestagswahlkampf herstellte: „Wollte der Verfasser auf diese Weise auf unseren Empfindungen als Christen herumtrampeln? Ist das jene Toleranz, die er an vielen Stellen *des Buches* herauskehrt und beansprucht? Ist das der neue Stil, in dem hier in unserer Stadt und im Hochstift Paderborn *zumal in diesen Wochen* um unser Vertrauen geworben wird?"[93] Damit spielte Jaeger für jeden Zuhörer nachvollziehbar auf Augsteins Kandidatur in Paderborn an, die massenmedial starke Resonanz gefunden hatte.

Mit seinem polemischen NS-Vergleich weckte Jaeger schließlich wieder jene Geister der eigenen Vergangenheit, um die es seit dem Buch von Guenter Lewy über die katholische Kirche im III. Reich sehr still geworden war. Seine Reputation drohte doppelt Schaden zu nehmen: zum einen, weil die zu erwartende Replik Augsteins das umstrittene Wirken Jaegers in der NS-Zeit wieder in Erinnerung rufen würde, und zum anderen, weil der Kardinal die vornehme Zurückhaltung des geistlichen Würdenträgers aufgegeben und sich vom Wahlkampf hatte mitreißen lassen, ohne die Folgen zu bedenken. Denn Augstein stand für ein sozialliberales Gesinnungslager, das im Wahlkampf mit Blick auf die Ostpolitik Willy Brandts für offensive Vergangenheitsbewältigung einstand und selbstgerechte Polemik aus dem Mund eines Würdenträgers glaubte vernehmen zu müssen, der mutmaßlich mit seinem eigenen Vorleben in der NS-Zeit noch nicht ins Reine gekommen war. Genau daran setzte Augstein an, als er in einem Offenen Brief Jaeger als hohem Würdenträger den Spiegel seiner eigenen umstrittenen Äußerungen zur Rechtfertigung des nationalsozialistischen Krieges vorhielt.[94] Dieses Echo war vorauszusehen, da umgekehrt Jaeger Augstein als profilierten Kirchenkritiker in die Nähe eines Nationalsozialisten gerückt hatte, der zum NS-Führungszirkel und zu den Hauptverantwortlichen der Mordpraktiken hinter der Ostfront gezählt hatte.

Augstein begriff die Attacke als willkommenen Fehdehandschuh, um Jaeger als vorbelasteten Bischof der NS-Zeit bloßzustellen. An der SPIEGEL-Serie von 1965 anknüpfend zitierte er erneut aus dem umstrittenen Fastenhirtenbrief von 1942, in dem Jaeger die Bolschewisten als Gegner charakterisierte hatte, die „durch ihre Gottesfeindlichkeit und durch ihren Christushaß fast zu Tieren entartet" waren. Augstein setzte darauf, dass große Teile der Öffentlichkeit eine christliche und zugleich antibolschewistische Rechtfertigung des Hitlerschen Krieges gegen die Sowjetunion als abstoßend empfinden würden,

92 Ebd., Bl. 004f.

93 Ebd., Bl. 005. Im Zitat sind die handschriftlichen Nachträge Jaegers im Redemanuskript kursiv gekennzeichnet.

94 Offener Brief Rudolf Augsteins, adressiert an Lorenz Kardinal Jaeger, Erzbischof von Paderborn vom 8.11.1972, in: EBAP, NL Jaeger, Akte 712, Bl. 038.

entweder als Ausdruck der opportunistischen Anpassung an das NS-Regime oder aber als Ausdruck nationalistischer bis rassenideologischer Verblendung. Vor allem bei Jüngeren konnte er mit seiner Kritik auf fast ungeteilte Zustimmung hoffen. Die Selbstrechtfertigung Jaegers, dass die fragliche Passage über die Bolschewisten einen Doppelsinn gehabt habe, er mit dem Bolschewismus zugleich auch die Zustände im NS-beherrschten Deutschland gemeint habe, dies aber aus Gründen des kriegsbedingt rigiden Zensurdrucks nicht ausdrücklich habe sagen können, konnte in der vergangenheitspolitisch aufgeheizten Wahlkampfstimmung des Jahres 1972 kaum auf positive Resonanz treffen, so der skeptische Rückblick Jaegers wenige Tage nach seiner Allerheiligenpredigt in Abstimmung mit seinem Pressereferenten.[95] Gemeint war hier der schwierige Spagat zwischen der weltanschaulichen Distanz gegenüber dem NS-Regime auf der einen, und den starken Loyalitätsanforderungen des Regimes und der Kommunistenfurcht auf der anderen Seite, was Jaeger dazu verführt hatte, den Krieg gegen die Sowjetunion rhetorisch zu unterstützen, ohne zugleich gegenüber dem Regime deutlich wahrnehmbar auf Distanz zu gehen. Kaum war rückblickend zu widerlegen, dass Jaegers Verlautbarungen, die den deutschen Soldaten an der Front Opfergeist abverlangten, von den damaligen Gläubigen als moralische Unterstützung für den nationalsozialistischen Krieg aufgefasst worden waren, wenn auch anders begründet als vom NS-Regime und mit einer anderen Zielsetzung als der der Nationalsozialisten. Bedenkliche unbeabsichtigte Wirkungen konnte man der Kriegsrhetorik Jaegers auch dann rückblickend unterstellen, wenn man ihm zu Gute hielt, dass er die soldatische Loyalität gegenüber dem NS-Staat unmissverständlich christlich-theologisch begründet und auf diese Weise Distanz gegenüber der NS-Ideologie gehalten hatte.[96] Aber dies war im Zeitbewusstsein der siebziger Jahre ein eher wohlwollendes, von vielen nicht mehr geteiltes Interpretationsmuster, das eine ältere Generation von Historikern und Geschichtskundigen rückblickend auch den nationalkonservativen ‚Kollaborateuren‘ des NS-Regimes zugestand. Demzufolge hatten diese Personenkreise nach 1933 gemäß der althergebrachten nationalreligiösen Maxime gehandelt, dass die Verteidigung der Nation scheinbar gottgewollt den Rang eines Höchstwertes genoss, und zwar weitgehend unter Ausblendung der Frage, welche moralische Qualität man denjenigen zumaß, die aktuell die Nation beherrschten.[97] Entscheidend war hier allein der nationale Verteidigungs- und Selbstbehauptungsgedanke, den auch

95 Entwurf einer Antwort auf den Offenen Brief Rudolf Augsteins, ohne Datum, vor dem 10.11.1972, in: EBAP, NL Jaeger, Akte 712, Bl. 058.

96 Schoppmeyer, Heinrich: Lorenz Jaeger, 193.

97 Vgl. zur Historiographie des nationalkonservativen Widerstands: Schulz, Gerhard: Nationalpatriotismus im Widerstand; Steinbach, Peter/Tuchel, Johannes (Hg.): Lexikon des Widerstandes 1933–1945; Überschär, Gerd R. (Hg.): NS-Verbrechen und der militärische Widerstand gegen Hitler; Lätzel, Martin: Die katholische Kirche im Ersten Weltkrieg.

Jaeger und andere Bischöfe gegenüber dem sowjetischen Bolschewismus und zuvor gegenüber der Versailler Nachkriegsordnung geltend gemacht hatten. Sie hatten dieser Denkschule zufolge vor ähnlichen inneren Zerreißproben gestanden wie so manches Mitglied des militärischen Widerstands vor dem Entschluss, am Widerstand mitzuwirken.

Die historischen Erfahrungskontexte, die bei Kirchenvertretern vor 1945 hinter patriotischer, nationalreligiöser und antibolschewistischer Rhetorik gestanden hatten, verblassten in den 1970er Jahren im Geschichtsbewusstsein der Nachkriegsgeneration zunehmend und waren bei Jüngeren häufig überhaupt nicht mehr präsent. Zum ersten ging damals allmählich der Blick für die Hindernisse, Risiken und Folgekosten verloren, in einer Diktatur den Eigensinn abweichender Haltungen öffentlich zu kommunizieren. Zum zweiten nahm seit dieser Zeit auf der politischen Linken die Bereitschaft ab, zwischen dem radikalnationalistischen und rassenbiologischen Kern der NS-Ideologie und anderen Varianten nationalistischer, nationalreligiöser und judenfeindlicher Haltungen zu unterscheiden. Eine ähnliche Differenzierungsverweigerung zeigte sich bei Begriffen wie Antikommunismus und Antimarxismus. Der Umstand, dass die hier aufgeführten Haltungen vor der NS-Zeit auch in nichtrechtsextremistischen politischen Lagern weit verbreitet waren und die NSDAP eine weit verbreitete Proteststimmung nur geschickt aufgegriffen, nicht aber geschaffen hatte, blieb in der rückblickenden Bewertung zumeist unterbelichtet, wenn es um das Handeln regimeferner Führungspersönlichkeiten nach der Machtergreifung ging. Allen voran war davon der Anti-Versailles-Revisionismus betroffen, ein patriotischer bis nationalistischer Abwehrreflex, den ab 1919 auch große Teile der deutschen Linken in gemäßigter Form teilten, weil auch sie die alliierte Behauptung von der deutschen Hauptschuld am I. Weltkrieg entschieden ablehnten und von einer annähernden Gleichverteilung der Schuld ausgingen.[98] Seit aber die These von der deutschen Hauptverantwortung für den Ersten Weltkrieg im Gefolge der Studentenrevolte auch bei Jüngeren starken Auftrieb erhielt, gerieten die nationalen Abwehrreflexe der Weimarer Republik insgesamt unter den Generalverdacht nationalistischer Verblendung und Verhetzung. Betroffen waren davon auch die sog. soldatischen Tugenden, die man auch in Kardinal Jaegers Vorleben in deutlicher Ausprägung entdeckte.[99] Hinzu kam, dass ausgeprägt antimarxistische und antibolschewistische Einstellungen in den 1970er Jahren im sozialdemokratischen und linksradikalen Gesinnungslager als Kalte-Kriegs-Mentalität abge-

98 Vgl. zur weiten Verbreitung des Anti-Versailles-Revisionismus in der Weimarer Republik: Richter, Jörg: Kriegsschuld und Nationalstolz; Heß, Jürgen C.: „Das ganze Deutschland soll es sein"; Winkler, Heinrich August: Arbeiter und Arbeiterbewegung in der Weimarer Republik; Heinemann, Ulrich: Die verdrängte Niederlage; Klenke, Dietmar: Die SPD-Linke in der Weimarer Republik; Bernstein, Eduard: Die deutsche Revolution von 1918/19.

99 Schoppmeyer, Heinrich: Lorenz Jaeger, 193ff.

wertet wurden, obwohl dies nicht zwingend der Fall sein musste. Hier wirkten seit 1969 die Meinungskämpfe um die Annäherung an den Sowjetblock und die Ostverträge polarisierend.

Jaegers Umgang mit den Folgen seiner Allerheiligenpredigt von 1972

Wenige Tage nach Jaegers Allerheiligenpredigt fand auf Einladung der Paderborner Jungsozialisten eine Wahlveranstaltung statt, auf der Augstein zum Gegenangriff ausholte. Er appellierte an die Bischöfe, sich maßlos überzogener Vergleiche zu enthalten, bei denen gestandene Demokraten in die rufmörderische Nähe eines fanatischen NS-Ideologen gerückt würden. Mit Blick auf Jaeger spitzte er die Kritik sodann in einer Weise zu, die vor allem in der jungen Generation für Entrüstung sorgte. Polemisch gab er zu bedenken, dass solche Attacken vor allem von „jenen Bischöfen" ausgingen, „die den Ausrottungskrieg Hitlers mit ihren Hirtenworten unterstützt" hätten.[100] Die Pfui-Rufe, die Augstein in seiner Kritik bestärkten, standen für den gewaltigen Glaubwürdigkeitsverlust, den die kirchlichen Autoritäten seit den unruhigen späten sechziger Jahren in der gehobenen Bildungsschicht erlitten hatten. Bemerkenswert ist aber, dass der Bericht der SPD-nahen „Neuen Westfälischen" über dieselbe Veranstaltung überhaupt nicht auf die Polemik der Allerheiligenpredigt einging, sondern Kontroversen über das Verhältnis von Christentum und antikapitalistischer Gesellschaftskritik in den Mittelpunkt rückte.[101] Bereits hier deutete sich an, dass das sozialdemokratisch ausgerichtete Zeitungsorgan vor Ort gegenüber dem FDP-Parteimann Augstein auf Distanz ging und sich darin unbeeindruckt von der rhetorischen Entgleisung des Kardinals nicht beirren ließ. Dahinter verbarg sich die sozialdemokratische Linie, die Katholiken vor der Wahl möglichst nicht zu verschrecken. Nicht zu unterschätzen ist dabei aber auch ein weiterer Umstand, namentlich der negative Eindruck, den Augsteins Buch bei christlichen und selbst bei kirchenfernen Lesern aufgrund der geschmacklosen bis polemischen Begriffswahl hinterließ. Politisch Informierte spürten, dass sich da ein Autor distanzlos an der eigenen konfessionellen Herkunft abarbeitete.

Als Augstein eine Woche nach der Allerheiligenpredigt in einem Offenen Brief auf die Attacke Jaegers antwortete, hatte es zunächst den Anschein, als ob er damit weithin auf positive Resonanz stoßen würde. Er verwies darauf, dass Jaeger ihn in inakzeptabler Weise mit einem der Hauptverantwortlichen des NS-Regimes für die Massenmorde im europäischen Osten verglichen habe.

100 Welche Partei ist christlich?, in: Westfalen-Blatt/Paderborner Ausgabe (im Folgenden immer WB) vom 8.11.1972.

101 Das Christliche versteht sich von selbst, in: NW vom 8.11.1972.

Rosenbergs Erbe

Lorenz Kardinal Jaeger, 80, ältester der katholischen Erzbischöfe in der Bundesrepublik, stellte in den Mittelpunkt seiner Predigt zu Allerheiligen im Dom von Paderborn eine Kritik an Rudolf Augsteins Buch „Jesus Menschensohn": „Ich kenne keine Bucherscheinung aus den letzten Jahrzehnten, die unseren Glauben so massiv und zentral angreift und zu zerstören sucht wie diese, keine, die es mit solch einem Aufwand von Wissenschaftlichkeit tut — oder doch wenigstens mit deren Anspruch; und dies alles in einer Sprache, die verletzend und — für das Glaubensverständnis eines Christen — zum Teil sogar beleidigend ist ... An ein anderes Buch mit vergleichbarem Inhalt und mit vergleichbarer Sprache erinnere ich mich allerdings noch recht gut: Ich meine das Buch von Alfred Rosenberg: ‚Mythus des 20. Jahrhunderts', das zu Beginn der Ära des Nationalsozialismus erschien und den ideologischen Kampf des Hitler-Reiches gegen die Kirche einleitete."

*

In einem Offenen Brief antwortete Rudolf Augstein, 49, der im Wahlkreis Paderborn für ein Bundestagsmandat der FDP kandidiert: „Sie haben es für richtig gehalten, mein Buch mit dem ‚Mythus des 20. Jahrhunderts' von Alfred Rosenberg zu vergleichen — jenes Alfred Rosenberg, der als ‚Reichsminister für die besetzten Ostgebiete' für Massenmorde verantwortlich gemacht und nach den Nürnberger Gerichtssprüchen hingerichtet worden ist. Rosenberg war verantwortlich für Massenmorde in besetzten Gebieten, erobert in einem Krieg gegen die Sowjet-Union, den Sie — Sie, Herr Kardinal! — 1941 wörtlich als notwendig ‚für die Bewahrung des Christentums in unserem Vaterland, für die Errettung der Kirche aus der Bedrohung durch den antichristlichen Bolschewismus' propagiert haben. Ein Krieg gegen die Russen, die, nach Ihren Worten aus dem Jahre 1942, durch ihre Gottfeindlichkeit und durch ihren Christushaß fast zu Tieren entartet sind'. Dies allerdings ist der Ton Alfred Rosenbergs und dies allerdings ist gewiß nicht der Ton, in dem sich ‚christliche Verantwortung' artikuliert."

Kardinal-Erzbischof Jaeger

SPIEGEL-Nachricht in der Rubrik „Panorama" über die Konfrontation zwischen Kardinal Jaeger und Spiegel-Herausgeber Rudolf Augstein im November 1972 (13.11.1972)

Als kaum zu überbietende Provokation empfand er, dass Jaeger gleichsam ‚aus dem Glashaus mit Steinen geworfen' habe, wo ihm doch mit Blick auf die NS-Epoche selbstkritische Zurückhaltung besser angestanden hätte. Denn er habe den nationalsozialistischen Krieg gegen die Sowjetunion mit fragwürdigen Argumenten gerechtfertigt. An dieser Stelle unterlief Augstein ein ähnlicher Zitierfehler wie seinem Nachrichtenmagazin bereits 1965, als „DER SPIEGEL" Zitierfehler aus dem Buch von Lewy übernommen hatte.[102] Bei Aug-

102 Es ging hier wie 7 Jahre zuvor um den Fastenhirtenbrief von 1942 und die strittige Schlüsselstelle, in der Jaeger dem Stalin-Regime „Gottesfeindlichkeit" und den „Christushass" attestiert hatte, um den Krieg gegen die Sowjetunion als christlichen Kreuzzug rechtfertigen zu können.

steins neuerlichem Zitierfehler ging es nicht um eine Banalität, sondern im Gegenteil um einen Fehler, dem die Öffentlichkeit auch in den 1970er Jahren noch großes Gewicht beimaß. Er unterstellte nämlich in seinem offenen Brief dem Kardinal, dieser habe im besagten Hirtenbrief von 1942 einen Krieg des NS-Regimes gegen die „Russen" unterstützt, obwohl Jaeger unmissverständlich von den Bolschewisten gesprochen hatte, die Rußland als „armes unglückliches Land" im Geiste ihrer politischen gottesfeindlichen Ideologie unterjocht hätten. Dass Augstein in seiner Entgegnung die wichtige Differenzierung zwischen Russen und Bolschewisten unterschlug, schwächte die Überzeugungskraft seines Gegenangriffs in den Augen der Öffentlichkeit beträchtlich. Denn abgesehen davon, dass er damit seinem Gegner eine offene Flanke bot, mussten Zweifel an der Seriosität seiner Gegenrede aufkommen. Denn das Ausmaß der Kritik an Jaegers Auftreten in der NS-Zeit hing ja auch davon ab, mit welchen Argumenten er dem NS-Regime beigesprungen war. Hatte er das Regime nur widerwillig im Zeichen des Antibolschewismus unterstützt, gleichsam als das vermeintlich kleinere Übel unter diktatorischen Bedingungen und dabei verdrängt, dass er ‚den Teufel mit dem Beelzebub austrieb'? Traf dies zu, dann konnte man ihm diese Verfehlung aus der Warte der älteren Generationen auch in den frühen 1970er Jahren noch im Sinne eines zeitbedingten Irrtums und zeitbedingter Zwangslagen nachsehen – als Verfehlungen, die mit Blick auf die schwierigen Zeitumstände zwar nicht in Billigung umzudeuten waren, aber als spagathafter Balanceakt zwischen Anpassungszwängen, Überlebenswillen und regimekritischem Eigensinn gedeutet werden konnte. Hatte er jedoch einen Krieg gegen die „Russen" als Volk öffentlich unterstützt und damit die imperialistischen und rassepolitischen Ziele des NS-Regimes, wie ihm die Falschzitate unterstellten, dann wäre er als christlicher Kirchenführer rückblickend kaum tragbar gewesen. Bereits in den Jahren 1965/66 hatte Jaeger ja klargestellt, dass diese pikante Schlüsselstelle seines Hirtenbriefes falsch zitiert worden war. Diese Klarstellung hatte damals in der Öffentlichkeit entlastend gewirkt, weil man ihm im Rahmen des damaligen Zeitgeistes das Recht auf den historischen Irrtum und ein schwieriges Abwägen in Zwangslagen in gleicher Weise zugestand wie auch vielen anderen, die mit den Nationalsozialisten trotz deren rassistischer und imperialistischer Radikalität kooperiert hatten, ohne deren Ideologie aktiv zu unterstützen. Insofern kam Augsteins erneutem Falschzitat zentrale Bedeutung zu.

Ungeachtet des erneuten Zitierfehlers Augsteins stand im Raum, dass dieser gute Gründe hatte, den Kardinal frontal anzugreifen. Nüchterne Beobachter konnten nur mit Kopfschütteln auf Jaegers überzogenen Vergleich reagieren, auch ungeachtet des Umstandes, dass da die Wahlkampfatmosphäre mitspielte. Da Jaeger um seiner Reputation willen den Offenen Brief nicht unbeantwortet lassen konnte, richtete er alle Anstrengungen darauf, seine Glaubwürdigkeit als geistlicher Würdenträger zu retten, ohne sich bei Augstein zu entschuldigen. Diesbezüglich über seinen eigenen Schatten zu springen und versöhnliche Worte zu finden, diese Option überforderte Jaeger offensichtlich ebenso sehr wie seinen Kontrahenten als militanten Kirchengegner. Zu sehr hatte sich Jaeger in seine Verärgerung über das Augstein-Buch und dessen vernichtende Kritik am christlichen Glauben hineingesteigert. Auch Augstein hatte umgekehrt in seinem Zorn über die Attacke des Gegenspielers alle Sorgfalt bei der Abfassung seiner Zurückweisung fahren lassen.

Jaeger bemühte sich, die schweren Vorwürfe in aller Entschiedenheit zurückzuweisen, stand aber vor dem Problem, dass er Augstein und das sozialliberale Gesinnungslager nicht allzu sehr reizen durfte, wenn er eine erneute Debatte über sein Auftreten in der NS-Zeit vermeiden wollte. Es galt, möglichst wenig Angriffsflächen zu bieten, die Vorwürfe des Gegenspielers zu entkräften und dessen Glaubwürdigkeit in Zweifel zu ziehen, ohne dabei erneut zu überziehen, wie er dies in seiner Allerheiligenpredigt getan hatte.

Wie sehr sich der Kardinal seines rhetorischen Missgriffs bewusst war und mit welchem Geschick ihm sein Pressereferent Hermann-Josef Rick bei der Abfassung eines Antwortbriefes unter die Arme griff, wird deutlich, wenn man die drei im Jaeger-Nachlass überlieferten Textentwürfe im Vorfeld der endgültigen Gegenerklärung vom 10. November einer vergleichenden Betrachtung unterzieht.[103] Beim ersten Entwurf konnte von Schadensbegrenzung noch keine Rede sein.[104] Hätte dieser von starker Erregung zeugende Entwurf das Licht der Öffentlichkeit erblickt, hätte sich das öffentliche Echo vermutlich als Bumerang erwiesen. Da war zum ersten die unglaubwürdige Beteuerung Jaegers, dass es keinen Zusammenhang zwischen seiner Polemik gegen Augstein und dem aktuellen Wahlkampf gebe und seine Kritik an Augstein nichts mit Einmischung in den Wahlkampf zu tun habe. Diese scheinbare Richtigstellung hätte die Gegenseite nur gereizt, den leicht zu erbringenden Nachweis zu führen, dass er mit seiner Predigt sehr wohl in den Wahlkampf hatte eingreifen wollen. Auch bei der Kritik an Augsteins falscher Zitierweise schoss der erste Textentwurf übers Ziel hinaus, indem er andeutungsweise drohte, wie schon einige Jahre zuvor einen Rechtsanwalt einzuschalten, um Augstein zu einer Richtigstellung zu zwingen. Solch eine Ankündigung hätte Augstein umgekehrt als willkommene Geste aufgreifen können, um dem Kardinal seinerseits eine Beleidigungs- und Verleumdungsklage anzuhängen, die gewiss öffentliche Aufmerksamkeit erregt hätte. Auch der Vorwurf gegenüber Augstein, es liege „tendenziöse" Verzerrung eines Zitats von 1942 vor, hätte Augstein veranlassen können, mit einer erneuten Dokumentation über Jaegers Auftreten in der NS-Zeit aufzuwarten. Im Sog solcher Schlagabtäusche hätte

103 Entwürfe und endgültige Gegenerklärung Kardinal Jaegers gegen den Offenen Brief Rudolf Augsteins, in: EBAP, NL Jaeger, Akte 712, Bl. 034–061.

104 Bl. 060f.

es für Jaeger wohl kaum vorteilhafte Rückerinnerungen und ‚Ausgrabungen' geben können. Einer breiten Öffentlichkeit wäre dann bekannt worden, in welchem Maße er die NS-Kriegspolitik mit einer Mixtur aus nationalreligiösem und christlichem Vokabular unterstützt hatte und wie nah er in seiner Wortwahl punktuell an völkisch-biologistische Ideologeme herangerückt war, die auch als spezifisch nationalsozialistisch hätten ausgelegt werden können. Blieb die öffentliche Aufmerksamkeit allein auf den von Augstein zitierten Fastenhirtenbrief von 1942 beschränkt, so war dies aus der Sicht Jaegers und seiner Berater eher vorteilhaft, weil die öffentliche Kenntnisnahme anderer Verlautbarungen aus seiner Feder seine moralische Integrität als Bischof noch stärker hätte belasten können. Wie hoch Jaeger und sein Umfeld das Risiko einer unvorteilhaften Bewertung seines Wirkens in der NS-Zeit einschätzte, hatte sich bereits 1956 gezeigt, als eine Dokumentation seiner Predigten und Hirtenbriefe aus Anlass des 15. Jahrestages seiner Bischofsweihe die später vielzitierte anstößige „Tier"-Metapher aus dem Fastenhirtenbrief von 1942 unterschlug, ohne die Auslassung kenntlich zu machen.[105] Dass sich solche Praktiken der Unterschlagung später wiederholten, belegt eindrucksvoll, wie wachsam Jaeger und sein Umfeld die Risiken einschätzten, die die Altlasten der NS-Zeit bargen. Auch Augstein ließ es sich 1972 in seiner Fehde mit Jaeger nicht nehmen, auf vergleichbare Praktiken aus Anlass des 80. Geburtstags des Kardinals hinzuweisen.[106]

Auch die in den zweiten Entwurf eingefügte Passage, dass die umstrittenen Formulierungen im Fastenhirtenbrief von 1942 einen gegen das NS-Regime gerichteten Hintersinn gehabt hätten, wäre von der Öffentlichkeit mutmaßlich als unglaubwürdige Selbstrechtfertigung aufgefasst worden. Der unbeabsichtigt provokative Effekt wäre gewesen, dass er damit die Öffentlichkeit erst recht zu einer Lektüre des gesamten Hirtenbriefes eingeladen hätte, was ihn wiederum in Begründungsnöte hätte bringen können.[107] Unter den Bedingungen der siebziger Jahre kam es darauf an, die Entgegnung so abzufassen, dass das Interesse an einer Lektüre der Originalquellen aus dem Jahre 1942 erst gar nicht aufkam und damit verdeckt blieb, in welcher Weise die katholischen Bischöfe den Krieg gegen die Sowjetunion rhetorisch unterstützt hatten. Auch wenn die ideologische Begründung Jaegers im Fastenhirtenbrief, namentlich eine Mixtur aus christlichem Antibolschewismus und nationaldeutschem Patriotismus, eine deutliche Distanz gegenüber der NS-Ideologie aufwies, konnte dieser Sachverhalt kaum darüber hinwegtäuschen, dass er – wenn auch nicht in dieser Form beabsichtigt – dem NS-Regime propagandistische Schüt-

105 Wiederabdruck des Fastenhirtenbriefs Jaegers von 1942, in: Erzbischöfliches Seelsorgeamt Paderborn (Hg.): Leben und Frieden, 4.

106 Fast wie Tiere, in: DER SPIEGEL vom 20.11.1972, 75.

107 Entwürfe und endgültige Gegenerklärung Kardinal Jaegers gegen den Offenen Brief Rudolf Augsteins, in: EBAP, NL Jaeger, Akte 712, Bl. 058.

zenhilfe geleistet hatte. Dies hätte Jaeger gegenüber der Öffentlichkeit kaum glaubhaft bestreiten können. Im zweiten Textentwurf äußerte er sich zunächst noch einmal über den „versteckten Doppelsinn“ seines Fastenhirtenbriefes. Er sinnierte darüber, dass die damaligen Gläubigen durchaus “ein Gespür“ dafür gehabt hätten, „dass die Beschreibung des Sowjet-Regimes haargenau den in Deutschland herrschenden Zuständen“ entsprochen habe. Dass hinter diesem Gedankengang möglicherweise mehr als nur billige Selbstrechtfertigung stand, wird deutlich, wenn man berücksichtigt, dass Jaeger in derselben Predigt Phänomene wie „religiöse Schwindsucht“, „Entchristlichung“ und „Ersatz-Religion“ als „Krankheit“ der europäischen Völker bezeichnete.[108] Offener und direkter am NS-Regime Kritik zu üben, hätten die damaligen diktatorischen Zwangsumstände und die Rücksichtnahme auf inhaftierte Priester und Gläubige nicht zugelassen, so rückblickend Jaegers Selbstrechtfertigung. Bedauerlicherweise aber fehle, so in dieser Entwurfspassage weiter, unter den Bedingungen der Gegenwart das Sensorium für solch unterschwellige verdeckte Botschaften. So plausibel dieser Hinweis auf den Subtext des umstrittenen Hirtenbriefes auch klingt, er hätte im Falle der Veröffentlichung Augstein und andere Gegner provoziert, den Hirtenbrief und andere Äußerungen Jaegers systematisch hinsichtlich ihrer Wirkung auf die damaligen Gläubigen zu untersuchen und dabei die von Jaeger angeführten unterschwelligen Botschaften vergleichend gegen diejenigen Textstellen abzuwägen, in denen Jaeger es als unmissverständliche christliche und patriotische Pflicht bezeichnet hatte, das NS-Regime im Krieg gegen die Sowjetunion zu unterstützen.

Aus Jaegers Sicht hingegen ließ der gesamte Kontext des Frühjahrs 1942 das NS-Regime als das kleinere Übel gegenüber der Stalin-Diktatur erscheinen und zusätzlich erzwang auch die Rücksichtnahme auf kirchliche Belange ein gewisses Maß an rhetorischem Entgegenkommen. Aber dies wäre aus seiner Sicht breiten Teilen vor allem der Nachkriegsgeneration kaum zu vermitteln gewesen, vor allem nicht der schwierige Balanceakt zwischen Kollaboration und Widerstand unter diktatorischen Bedingungen, der ein verantwortungsvolles Abwägen zwischen opportunistischer Unterwürfigkeit und Widersetzlichkeit erzwang. Am wenigsten wäre dies denjenigen zu vermitteln gewesen, die vom Klerus losgelöst vom historischen Kontext nach rigorosen moralischen Maßstäben persönlichen Opfergeist und Bekennermut verlangten oder doch so viel rhetorische Zurückhaltung, dass die Soldaten aus Hirtenbriefen und Predigten zumindest keine ungebrochene Unterstützung des NS-Regime hätten herauslesen können. Letzteres wurde in rückblickenden Diskursen zuweilen dem Bischof von Münster attestiert, der bereits 1941 sein Eintreten für einen antibolschewistischen Kreuzzug gegen die Sowjetunion mit deutlicher

108 Fastenhirtenbrief von Erzbischof Lorenz, in: Kirchliches Amtsblatt für die Erzdiözese Paderborn Jg. 85, Stück 3, Nr. 38 vom 11.2.1942, 17.

Kritik an den inneren Zuständen des Dritten Reiches verbunden hatte, dies aber im Unterschied zu Jaeger als bereits langjährig etablierter Bischof getan hatte. Gerade der letztgenannte Punkt, dass Jaeger seine soldatisch-patriotischen und antibolschewistischen Auslassungen nicht mit deutlicher Kritik nach innen kombinierte, erwies sich in der Rückschau als moralische ‚Achillesferse' des Kardinals, d.h. der nationalreligiöse Anteil in seinem Denken, der auf die militärischen und patriotischen Prägefaktoren des Ersten Weltkriegs zurückzuführen war. Soldatische Pflichterfüllung zur Verteidigung der Nation galt damals als hochrangige religiöse Grundtugend. Nach dem Ersten Weltkrieg verfestigte sich diese nationalreligiöse Grundhaltung in Verbindung mit der Einschätzung, deutscherseits einen lupenreinen Verteidigungskrieg geführt zu haben und von den Siegermächten zu Unrecht als Aggressor abgestempelt worden zu sein. Jaeger ging nach dem Zusammenbruch von 1945 sogar so weit, die Erniedrigung durch den Versailler Diktatfrieden gegenüber den Siegermächten des II. Weltkriegs als Hauptursache für die Machtergreifung Hitlers zu bezeichnen.[109] Solche Anschauungen waren für große Teile der jüngeren Generation seit den siebziger Jahren nicht mehr diskutabel, weil sich seither mit dem generationellen Wandel in der bundesdeutschen Geschichtskultur der Glaube an die Legitimität der Versailler Friedensordnung und an die deutsche Hauptverantwortung für den Ersten Weltkrieg verbreitete.

Das mangelnde Zutrauen, gefühlsbeladene komplexe Zusammenhänge angemessen kommunizieren zu können, veranlasste Jaeger, in seiner Entgegnung jede Aussage zu vermeiden, die historisches Kontextverstehen abverlangte und erneut emotional aufgeladene Auseinandersetzungen über die NS-Zeit heraufbeschworen hätte. Die endgültige Erklärung legte es daher konsequent darauf an, keine Angriffsflächen zu bieten und ohne Polemik Augsteins Glaubwürdigkeit zu untergraben. Dies gelang Jaeger in engem Austausch mit seinem Pressereferenten nach drei Entwürfen so vorzüglich, dass auch die Medienwelt des sozialliberalen Lagers vom Schlagabtausch zwischen Jaeger und Augstein nur sehr flüchtig Kenntnis nahm und sich allein linksintellektuelle Kreise hinter Augstein stellten.

Jaeger hatte relativ leichtes Spiel, weil Augsteins Offener Brief nicht nur falsch zitiert hatte, sondern Jaeger irrtümlicherweise eine nationalistische russenfeindliche Komponente angedichtet hatte, wie dies Augsteins Magazin bereits 1965 getan hatte. Darauf verwies die Gegenerklärung Jaegers ausdrücklich. Auf diese Weise konnte er Augstein in der Öffentlichkeit als jemanden vorführen, der sich nicht nur grobe Fahrlässigkeit im Umgang mit Quellen hatte zu Schulden kommen lassen, sondern sich auch als Wiederholungstäter bloßgestellt hatte. Jaeger kombinierte dabei die Richtigstellung des Zitats aus seinem Hirtenbrief wirkungsvoll mit einer Einschätzung der Sicherheitspolizei

109 Schoppmeyer, Heinrich: Lorenz Jaeger, 193.

ZEITGESCHICHTE

Fast wie Tiere

In Paderborn verglichen einander Kardinal Jaeger und FDP-Kandidat Augstein wechselseitig mit dem NS-Ideologen Rosenberg. Wegen seiner Haltung im Krieg geriet Jaeger dabei ins Zwielicht.

Seit 31 Jahren ist Erzbischof Lorenz Jaeger, heute 80 und nebenamtlich Thronassistent Seiner Heiligkeit, Paderborns prominentester Bürger. Im Kriegsjahr 1941 kehrte der Divisionspfarrer von der Front in die westfälische Heimat zurück und bestieg den Erzbischofs-Thron. 1965 wurde er zudem Kardinal.

Nur 15 Wahlwochen lang stand über einen anderen Paderborner mehr in den Zeitungen als über den Kirchenfürsten: über Rudolf Augstein, 49, Kandidat der FDP für den Wahlkreis Paderborn-Wiedenbrück und Autor des Bestsellers „Jesus Menschensohn".

Zunächst schien es, als würden Kardinal und Kandidat sich näherkommen. Nach seiner Nominierung für den Wahlkreis Paderborn bejahte Augstein die Frage eines Journalisten, ob er Jaeger seine Aufwartung machen wolle, und aus dem Erzbischöflichen Palais kam keine Absage.

Doch kurz vor der Bundestagswahl entwickelte sich zwischen den beiden ein Glaubens-Kampf, wie ihn in den letzten Jahren weder Paderborn noch sonst irgendeine deutsche Bischofsstadt erlebt hat. Wechselseitig verglichen der Erz-Paderborner und der Wahl-Paderborner einander mit dem NS-Ideologen Alfred Rosenberg.

Noch ist nicht abzusehen, ob und wie der Streit zwischen dem Spitzen-Katholiken Jaeger und dem Ex-Katholiken Augstein endet.

Begonnen hatte Jaeger den Paderborner Streit am Allerheiligentag, als er — geschmückt mit Mitra und Krummstab — im Paderborner Dom die Messe zelebrierte. Doch nur beiläufig beschäftigte ihn in seiner Predigt „die bunte Fülle des Lebens der Heiligen". Hauptthema auf der Kanzel war Augsteins Buch „Jesus Menschensohn".

Jaeger: „Ich kenne keine Bucherscheinung aus den letzten Jahrzehnten, die unseren Glauben so massiv und zentral angreift und zu zerstören sucht wie diese." Und: „An ein anderes Buch mit vergleichbarem Inhalt und mit vergleichbarer Sprache erinnere ich mich allerdings noch recht gut. Ich meine das Buch von Alfred Rosenberg: ‚Mythus des 20. Jahrhunderts'."

Gegen die Abkanzelung im Paderborner Dom setzte sich Augstein zur Wehr. Und er fand Jaeger-Zitate, die ihn nun seinerseits veranlaßten, den kirchenfürstlichen Kritiker mit Rosenberg zu vergleichen. Augstein in einem offenen Brief an Jaeger:

Divisionspfarrer Jaeger (1940)
Für Kritik am Kardinal ...

> Rosenberg war verantwortlich für Massenmorde in besetzten Gebieten, erobert in einem Krieg gegen die Sowjet-Union, den Sie — Sie, Herr Kardinal! — 1941 wörtlich als notwendig „für die Bewahrung des Christentums in unserem Vaterland, für die Errettung der Kirche aus der Bedrohung durch den antichristlichen Bolschewismus" propagiert haben. Ein Krieg gegen die Russen, die nach Ihren Worten aus dem Jahre 1942 „durch ihre Gottfeindlichkeit und durch ihren Christushaß fast zu Tieren entartet sind". Dies allerdings ist der Ton Alfred Rosenbergs, und dies allerdings ist gewiß nicht der Ton, in dem sich „christliche Verantwortung" artikuliert.

Diesen Text wollte Augstein als Annonce im Bielefelder „Westfalen-Blatt" und in der Oelder „Glocke" veröffentlichen, doch beide Blätter lehnten ab.

Der in seiner Kirchenprovinz einflußreiche Kardinal ließ Augsteins offenen Brief von seinem Erzbischöflichen Ordinariat beantworten. Aber Jaeger spekuliert offenbar darauf, daß seine Kriegs-Erklärungen nur noch in der Sekundärliteratur existieren.

Die von Augstein zitierten Halbsätze stammen aus der ersten Predigt und aus einem der ersten Hirtenbriefe des 1941 neuernannten Erzbischofs Jaeger. Daß der Kirchenfürst heute nicht mehr wahrhaben will, was er einst sagte, zeigt der Sammelband „Einheit und Gemeinschaft", den Jaeger sich in diesem Jahr gelegentlich seines 80. Geburtstages von seinem Dompropst (und potentiellen Nachfolger) Paul-Werner Scheele aus eigenen Reden, Predigten und Schriften zusammenstellen ließ.

Dort wird beim Leser der Eindruck erweckt, daß die Predigt wörtlich abgedruckt ist. Tatsächlich aber fehlt in dem Geburtstags-Buch jene an die Soldaten gerichtete Passage, aus der Augstein nur einen Halbsatz zitiert hat und die nach dem Kriege noch nirgends veröffentlicht worden ist. Der Text, den Jaeger streichen ließ:

> Mitten in den Strapazen dieses gewaltigen Krieges ... kämpft und sterbt ihr auch, wie mir das immer wieder aus euren Briefen entgegenklingt, für die Bewahrung des Christentums in unserem Vaterland, für die Errettung der Kirche aus der Bedrohung durch den antichristlichen Bolschewismus ... Ich bin froh, daß ich draußen im Felde bei euch so viele Priester und fast die gesamte Theologenschaft der Erzdiözese weiß, die Not und Gefahr mit euch teilen. Im Weltkrieg haben die katholischen Theologen nächst dem Stand der aktiven Offiziere den größten Prozentsatz an Gefallenen aufzuweisen gehabt. Sie werden auch in diesem Kriege als vorbildliche Kameraden und ganze Soldaten sich bewähren.

In der 1941er Predigt versicherte Jaeger überdies, was im 1972er Sammelband stehengeblieben ist:

> Der wahre Christ trägt das Kreuz Christi, das Siegel seiner Auserwählung, mit demselben Stolz wie der Soldat sein Eisernes Kreuz.

Hinsichtlich des Hirtenbriefes behauptet Jaegers Ordinariat, der Paderborner FDP-Kandidat habe ihn „unrichtig wiedergegeben und in einen falschen Bezug gestellt". Doch den Bezug zu meiden, haben umgekehrt Jaeger und seine Sprecher allen Anlaß.

Das vollständige Zitat vom 11. Februar 1942:

> Schaut hin auf Rußland! Ist jenes arme, unglückliche Land nicht der Tummelplatz von Menschen, die durch ihre Gottfeindlichkeit und durch ihren Christushaß fast zu Tieren entartet sind?

Damals fuhr Jaeger fort (was sein Generalvikariat heute nicht mehr zitiert):

> Erleben unsere Soldaten dort nicht ein Elend und ein Unglück sondergleichen? Und warum? Weil man die Ordnung des menschlichen Lebens dort nicht auf Christus, sondern auf Judas aufgebaut hat.

Nur mit äußerstem Wohlwollen läßt sich der Text so interpretieren, wie ihn

Paderborner FDP-Kandidat Augstein
... im Inseratenteil kein Platz

DER SPIEGEL, Nr. 48/1972

75

SPIEGEL-Artikel zum Jaeger-Augstein-Konflikt, der Jaeger an den Pranger stellt und das Porträtfoto von Jaeger als Militärpfarrer der NS-Zeit in Erinnerung ruft (20.11.1972)

des NS-Regimes, die Jaeger nach seiner Berufung auf den Paderborner Bischofsstuhl als nicht zu unterschätzenden gefährlichen Widersacher des NS-Staates eingestuft hatte. Dass sich Jaeger mit seiner Kanzel-Polemik in den Wahlkampf eingemischt hatte, überspielte der endgültige Text elegant, indem er darauf beharrte, dass ein Bischof auch in Wahlkampfzeiten das Recht habe, sich mit einer prominenten antikirchlichen Schrift auseinanderzusetzen ungeachtet der Rolle, die der Autor in der politischen Welt spielte.

Gemessen am ursprünglichen Entwurf war die endgültige Stellungnahme ein massenmedialer ‚Geniestreich', den der Kardinal mutmaßlich auch seinem Pressereferenten Hermann-Josef Rick zu verdanken hatte, mit dem er den Wortlaut der veröffentlichten Fassung genauestens abgestimmt hatte. Nicht er, Jaeger, der sich in seiner Kanzelverkündigung zu einem höchst fragwürdigen Vergleich hatte hinreißen lassen und damit auch aus der Sicht kritischer Katholiken seine geistliche Autorität missbraucht hatte, stand an erster Stelle in der Schusslinie, sondern sein Gegenspieler, der seinen Offenen Brief ohne reifliche Vorüberlegung veröffentlicht hatte und damit selbst im eigenen politischen Lager Vorbehalte gegenüber seiner Person zu bestätigen schien. So erklären sich die ausgesprochen verhaltenen Reaktionen in der Medienöffentlichkeit, von Augsteins eigenem Nachrichten-Magazin einmal abgesehen. Für die kirchennahe Presse war damit das Urteil über Augstein und die kirchenkritische Berichterstattung endgültig gesprochen. Der Hinweis auf Augsteins falsche Zitierweise und die schwierigen Umstände der NS-Zeit reichte, um nunmehr alle Kritik an Jaeger abprallen zu lassen. Kaum prägnanter hätte dies zum Ausdruck kommen können als in den kirchenfreundlichen Dortmunder „Ruhr-Nachrichten", die unter der Schlagzeile „Kardinal: Augstein hat falsch zitiert" den Spiegel-Herausgeber als Wiederholungstäter brandmarkten.[110]

Die Reaktionen auf den Eklat der Allerheiligen-Predigt in der außerkirchlichen Medienöffentlichkeit

Augstein hinterließ in der Presse einen zwiespältigen Eindruck als Wahlkämpfer und als Widerpart des Paderborner Erzbischofs. Die SPD-nahe „Neue Westfälische" argwöhnte, dass sich hinter seinem Engagement als FDP-Kandidat keine seriösen Absichten verbargen, vielmehr das Bedürfnis nach Showeffekten gesiegt habe.[111] Erst sein provokatives Buch über Jesus habe ihm auf fragwürdige Weise zur Profilierung verholfen, weil er sich nach Ausladungen durch konservative Veranstalter nunmehr als Nachhilfelehrer in Sachen Libe-

110 Kardinal: Augstein hat falsch zitiert, in: Ruhr-Nachrichten (Dortmund) vom 13.11.1972.

111 Schröder, Heinz D.: Als leibhaftiger Gottseibeiuns tingelt Rudolf Augstein durch das katholische Land, in: NW vom 13.11.1972.

ralismus habe hervortun können. Die rhetorische Entgleisung des Kardinals sei dann zusätzlich unverhoffte Werbung für ihn gewesen. Aber genau in diesem Moment habe ihn das taktische Gespür verlassen und er habe auf die Überreaktion des Kardinals ebenso unangemessen reagiert, indem er versucht habe, den Kardinal in seinem Offenen Brief zu „entnazifizieren", was heißen sollte, ihn nachträglich als „Nazi" zu enttarnen. Seither sei Augstein auch in den eigenen Reihen als „Provokateur" abgestempelt, dem es an politischer Bodenhaftung mangele. Offenbar machte Jaegers Angriff Augstein in seiner Opferrolle nicht zum Sympathieträger, vielmehr hinderten die Vorbehalte gegenüber seiner Person Teile der massenmedialen Öffentlichkeit daran, sich mit ihm zu solidarisieren. Das nahm der Kritik an Jaegers Vorleben jede Stoßkraft, wenn wir von der jungen Generation einmal absehen. Nur so ist die leichte Ironie zu erklären, Augstein habe Jaeger auf seine Weise „entnazifiziert". Der Autor hielt offenbar Augsteins Offenen Brief für überzogen.

Wie wenig das Auftreten des Kardinals in der NS-Zeit interessierte, offenbarte die „Neue Westfälische" auch am Beispiel der Würdigung des Kardinals aus Anlass seines 80. Geburtstages am 23.9.1972. Kein kritischer Unterton trübte die anerkennenden Worte, auch nicht mit Blick auf die NS-Zeit.[112] Bezeichnend ist, dass das SPD-nahe Organ auch die Tapferkeitsauszeichnungen und die Offizierstätigkeit im Ersten Weltkrieg erwähnte und im Gesamtkontext unausgesprochen positiv in Erscheinung treten ließ. Jaegers ökumenische und internationale Aktivitäten schienen Beweis genug zu sein, um seinen christlichen Anspruch ernst zu nehmen und jeden Verdacht abprallen zu lassen, er sei wegen seiner Haltung in der NS-Zeit unglaubwürdig.

Die liberale Wochenzeitung „Die Zeit" blickte ähnlich wie die SPD-nahe Tageszeitung in Paderborn äußerst reserviert auf Augstein. Fast bedauernd hieß es, dass der Kardinal mit seiner unseriösen Attacke unbeabsichtigt für Augstein Reklame gemacht habe. Daran knüpfte das Blatt die Mutmaßung, dass Jaegers provokative Allerheiligenpredigt Augstein am Wahltag wohl kaum Stimmen zuführen werde, weil er auch in seiner eigenen Partei nicht als Sympathieträger gelte und das Jesus-Buch zu polemisch ausgefallen sei. Es war sogar ein gewisses Verständnis für den Kardinal herauszulesen: Denn dieser hatte sich zu Recht durch das Buch provoziert gefühlt ungeachtet des Umstandes, dass seine Gegenattacke auch aus der Sicht der „Zeit" überzogen ausgefallen war. Mit anderen Worten: Hier interessierte in erster Linie der Vergleich des Jesus-Buches mit Jaegers Reaktion. Damit griff die „Zeit" Argumente aus dem katholischen Medienraum auf, die das Buch Augsteins in aller Schärfe zurückwiesen.[113] Ähnlich wie „Die Zeit" ließ sich auch die liberale

112 Der Kardinal wird 80 Jahre alt, in: NW vom 23.9.1972.

113 „Den Christusglauben will dieses Buch zerstören." Allerheiligenpredigt im Dom, in: WB vom 3.11.1972.

„Süddeutsche Zeitung“ nicht zu einer Parteinahme für Augstein bewegen.[114] Sie zitierte zwar aus dem Offenen Brief Augsteins die brisanten Schlüsselstellen, die Jaeger hätten diskreditieren können, ergriff aber im zweiten Schritt für Jaeger Partei, indem sie Augsteins falsche Zitierweise aus dem strittigen Hirtenbrief von 1942 zurechtrückte und sich damit voll hinter die Zurückweisung Augsteins durch Jaeger stellte. Unterschwellig bestätigte sie Jaegers Bewertung, es liege bei Augsteins Attacke persönliche Verunglimpfung vor. Auch hier fehlte jedes Interesse, die NS-Zeit selber zu beleuchten.

Ähnliches Desinteresse an der NS-Vergangenheit begegnet uns in der liberal-konservativen Frankfurter Allgemeinen Zeitung“.[115] Mit zurückhaltender Parteinahme für Augstein berichtete sie über dessen Offenen Brief, ohne sich mit weiterführender Kommentierung für diesen Vorfall zu interessieren. Bemerkenswert sind dagegen die Leserbriefe prominenter Persönlichkeiten auf den Bericht der FAZ. Sie übten trotz unterschiedlicher Akzentsetzungen deutliche Kritik an Jaegers Polemik gegenüber Augstein, kritisierten aber bezeichnenderweise nicht dessen Auftreten während der NS-Zeit. Einer der Leserbriefschreiber kanzelte die Vergleiche beider Kontrahenten als unseriös ab: Augsteins Vergleich von Jaegers Verlautbarungen mit der NS-Kriegspropaganda in gleicher Weise wie Jaegers Augstein-Rosenberg-Vergleich.[116] Dem Sachgehalt nach hielt der Schreiber Angriffe wie die Augsteins, die die historischen Kontexte nicht angemessen berücksichtigten, für überflüssig. Auch im zweiten Leserbrief konzentrierte sich die diskursive Aufmerksamkeit auf die Gegenwart, nicht auf die sog. Vergangenheitsbewältigung. Die Schreiberin attestierte Jaeger einen schweren Fehlgriff „unter Wahlkampfstimmung“. Sie störte sich vor allem daran, dass er im Rahmen der „Festliturgie“ die „Allerheiligenpredigt“ dazu benutzt habe, um sich zu grobschlächtiger Polemik hinreißen zu lassen.[117] Das Buch Augsteins bedürfe hingegen einer gründlicheren Auseinandersetzung. Es sei Christenpflicht, dem politischen Missbrauch der Messliturgie entgegenzutreten. Es ging hier um die Unterstellung, dass Jaeger damit indirekt für die CDU habe Partei ergreifen wollen. Die NS-Zeit selber in den Blick zu nehmen, stand auch hier nicht zur Debatte. Das sollte erst in späteren Jahren für linke Kreise der Nachkriegsgenerationen bedeutsam werden.

Wie wenig Augstein selbst im sozialdemokratischen Lager mit der antichristlichen Polemik seines Buches auf Sympathien traf, offenbarte die SPD-nahe „Westfälische Rundschau“ aus Dortmund. Augsteins Attacke auf den Jesus-Glauben attestierte sie die gleiche Verstiegenheit wie seinen Gegnern,

114 Augstein schreibt an Kardinal Jaeger, in: Süddeutsche Zeitung vom 13.11.1972.

115 Augstein attackiert Jaeger, in: Frankfurter Allgemeine Zeitung vom 13.11.1972.

116 Zu Jaegers und Augsteins Vergleich: Gerhard Müller (Präs. d. Bundesarbeitsgerichts), in: Frankfurter Allgemeine Zeitung vom 21.11.1972.

117 Krohmann, Elisabeth (Dortmund): Augstein/Jaeger, Leserbrief in: Frankfurter Allgemeine Zeitung vom 2.12.1972.

die ihren Glauben nur schwer mit der authentischen Botschaft des historischen Jesus in Einklang zu bringen vermochten. Mit der Einschätzung, dass Augstein mit seiner einseitigen Kritik am Christentum ein ebenso einseitiges Echo provoziert habe, nahm sie im Jaeger-Augstein-Streit eine distanzierte Beobachterrolle ein, bei der zwischen den Zeilen sogar ein wenig Verständnis für Jaegers Überreaktion durchschimmerte.[118]

Eindeutig für Augstein fiel die Parteinahme in der dezidiert linkssozialdemokratisch ausgerichteten „Frankfurter Rundschau" aus, die sich zu dieser Zeit bundesweit innerhalb der jungen Generation zum Presseorgan des linken Gesinnungslagers entwickelte. Ein Zitat aus Augsteins Offenem Brief wirkte dort zugleich als distanzloser Kommentar.[119] Der Hinweis darauf, dass sich die CDU-nahe Regionalpresse geweigert habe, den Offenen Brief abzudrucken, rückte das konservative Milieu ins Zwielicht des Verdachts, dass man etwas zu verbergen habe. Der Sachverhalt schien klar zu sein: Ein durch die NS-Zeit belasteter Bischof hatte sich auf unkluge Weise zu einem verleumderischen Vergleich eines bundesdeutschen Politikers mit einer NS-Größe hinreißen lassen. Das Gebaren der Provinzpresse, den Offenen Brief Augsteins nicht abzudrucken, kommentierte die „Frankfurter Rundschau" wenig später damit, dass die katholische Kirche ein geistig wachsames Auge auf ihr Milieuumfeld habe und ihr Einfluss immer noch sehr stark zähle, obwohl es die „Inquisition" in Paderborn nicht mehr gebe.[120] Mit dieser Attacke wurde deutlich, dass es linksorientierten Blättern nicht allein um die Erblasten der NS-Vergangenheit ging, sondern mehr noch um das aus ihrer Sicht konservativ autoritäre Auftreten von Kirchenführern in der Gegenwart.

Fernwirkungen des Jaeger-Augstein-Eklats trotz der geringen Resonanz im Jahre 1972

Erklärungsbedürftig ist, dass die Debatte um den Fastenhirtenbrief Jaegers trotz der vergleichsweise geringen öffentlichen Resonanz auf den Schlagabtausch Jaeger-Augstein noch Jahrzehnte später im regionalen westfälischen Umfeld geschichtspolitisch bedeutsam erscheint. Um dies zu ergründen, wird man sich vor Augen halten müssen, dass die massenmediale Öffentlichkeit des Jahres 1972 noch entscheidend von Generationen geprägt wurde, die die NS- und Besatzungszeit sowie die spannungsgeladene Etablierung kommunistischer Diktaturen im Osten Europas aus eigenem Erleben als Kinder, Ju-

118 Zum Jaeger-Augstein-Konflikt, in: Westfälische Rundschau (Dortmund) vom 22./23.11.1972.
119 Kontroverse zwischen Augstein und Kardinal Jaeger, in: Frankfurter Rundschau vom 13.11.1972.
120 Frankfurter Rundschau vom 17.11.1972.

gendliche oder Erwachsene kannten, für die demnach eine freiheitlich-demokratische Staatsordnung alles andere als ein selbstverständliches Gut war. Diesen Generationen war erfahrungsgesättigt eine größere Vorsicht bei der Beurteilung von politischem Handeln unter diktatorischen Zwangsumständen und im Umgang mit politischen Ideologien eingebrannt. Das traf auf die Generationen, die seit den frühen 1970er Jahren ins Erwachsenenalter drängten, nicht mehr zu. Die Sensibilität für die Zwänge und Abgründe diktatorischer Systeme nahm ab und damit auch die Urteilsmaßstäbe für Kooperation, Anpassung und Verführbarkeit im Dritten Reich. Auch nahmen mit dem Abbau des Kalten Kriegs seit der Annäherung an den Sowjetblock vor allem bei den Jüngeren die Bedrohungsgefühle mit Blick auf den kommunistischen Osten ab und damit auch das Bewusstsein dafür, wie sehr seit der russischen Oktoberrevolution von 1917 der Antibolschewismus im gesamten europäischen Raum zu einem wichtigen Bezugspunkt der politischen Identitätsbildung bis weit ins sozialdemokratische Lager hinein geworden war. Der radikale atheistische Antiklerikalismus der bolschewistischen Linken war seither im Bewusstsein jedes Kirchenvertreters lebendig, jedoch prägten diese Erfahrungszusammenhänge nicht mehr das Geschichtsbewusstsein der jüngeren Generation. Teilweise wurde die Erinnerung daran als irregeleitete Kalte-Kriegs-Mentalität abgewertet bzw. als interessengeleitet eingestuft mit Blick auf die Sicherung kapitalistischer Herrschaftsinteressen.

Parallel zum schleichenden Umschichtungsprozess der Erfahrungsgenerationen vollzog sich auch eine grundstürzende Veränderung des Blicks auf die reichsdeutsche Politik im 19. und frühen 20. Jahrhundert. Die Voraussetzungen, unter denen es zur Machtergreifung der Nationalsozialisten hatte kommen können, wurden seit Mitte der 1960er Jahre mehr und mehr im Sinne einer langwährenden Kontinuität von nationalgeschichtlichen Fehlentwicklungen gedeutet: Nunmehr wurde die deutsche Katastrophe der NS-Diktatur nicht mehr als schicksalsträchtiges Ereignis auf der Basis außergewöhnlicher historischer Umstände erklärt, sondern das neue Geschichtsbild fußte auf der Annahme, dass strukturell tiefsitzende Defizite an bürgerlich-ziviler Identität und Friedfertigkeit für die politische Kultur der Deutschen prägend gewesen seien, vorneweg Militarismus und Untertanengeist. In dieser neuen Denkschule eroberte einen prominenten Platz die provokative These von der doppelten Schuld der Deutschen an zwei Weltkriegen. Die Vorstellung einer doppelten moralischen Bürde ließ die Deutschen mit dem nationalsozialistischen II. Weltkrieg zum Wiederholungstäter werden. Die mentalen Erschütterungen, die davon ausgingen, erhielten mit der akademischen Generationenrevolte der sechziger und siebziger Jahre so große Schubkraft, dass in den Nachkriegsgenerationen nach und nach die ältere Anschauung verdrängt wurde, dass die Europäer die Verantwortung für den Ersten Weltkrieg als Urkatastrophe des 20. Jahrhunderts gemeinsam zu schultern hätten. Militär und militärische

Ethik hatten seither in der politischen Kultur Westdeutschlands im Unterschied zu fast allen anderen europäischen Nationen einen schweren Stand.

Ausgelöst hatten diesen Mentalitätswandel, der die Vergangenheitsbewältigung nicht allein auf die NS-Zeit beschränkte, sondern das Kaiserreich und den I. Weltkrieg einbezog, die Thesen des Hamburger Historikers Fritz Fischer, der mit seinen Forschungen den Eindruck erweckte, dass der sog. „Kriegsschuldartikel" (Art. 231) des Versailler Vertrags der historischen Wahrheit entspreche. Dieser Artikel, der Deutschland und seinen Verbündeten die Alleinverantwortung für den I. Weltkrieg aufbürdete, hatte das Verhältnis zwischen Siegern und Besiegten nachhaltig vergiftet. Nun wurden für große Teile der revoltierenden studentischen Jugend die Fischer-Thesen von der doppelten deutschen Schuld zu einer wichtigen Orientierungsgröße ihrer Nationalidentität und als Meinungsmultiplikatoren vermochten sie dies im Laufe der siebziger und achtziger Jahre als neuen nationalpolitischen Konsens zu etablieren. Die Deutungshoheit dieser Denkschule stellte erst nach 2010 die umfassende Rezeption des Bestsellers „Die Schlafwandler" von Christopher Clark grundsätzlich in Frage.[121] Seither zeigen sich in der deutschen Öffentlichkeit deutliche Tendenzen, die Bürde der angeblich doppelten deutschen Schuld abzubauen. Schubkraft verlieh der These von der doppelten Schuld auch der Umstand, dass ein bis in die sechziger Jahre geltendes nationalpolitisches Entlastungsargument in Misskredit geriet, namentlich die These, dass die von den Siegermächten des I. Weltkriegs zu verantwortende Versailler Nachkriegsordnung entscheidend zur Zerrüttung der Weimarer Nachkriegsrepublik beigetragen und die NS-Machtergreifung überhaupt erst ermöglicht habe. Auch Erzbischof Jaeger äußerte sich ja in dieser Weise nach dem Zusammenbruch von 1945 gegenüber hochrangigen westlichen Besatzungsoffizieren.[122] Da mit der These von der doppelten Schuld nunmehr die Deutschen die gesamte Bürde der Verantwortung für das Zeitalter der Weltkriege zu tragen hatten, traf die Suche nach den Verantwortlichen die deutschen Eliten mit voller Wucht, auch die kirchlichen.

Radikale Gesellschaftskritiker auf der Linken schöpften aus Fischers Thesen umfassend Argumente gegen die traditionellen deutschen Eliten in Politik, Wirtschaft, Kultur und Religion. Das machte die geschichtspolitische Attraktivität der These von der doppelten Schuld aus. Sie vermittelte, eingebunden in pazifistische Affekte, Kapitalismuskritik und antiautoritäres Aufklärerpathos,

121 Clark, Christopher M.: Die Schlafwandler; vgl. zur geschichtspolitischen Bedeutung des Buches: Geppert, Dominik/Neitzel, Sönke/Stephan, Cora/Weber, Thomas: Der Beginn vieler Schrecken, in: Die Welt (Hamburg) vom 3.1.2014; Geppert, Dominik: Seltsam verdrehte Debatte. Historiker zur Schuldfrage im Ersten Weltkrieg, in: Süddeutsche Zeitung vom 26.8.2014; Kießling, Friedrich: Nationale Nabelschau. Schuldkontroverse um Ersten Weltkrieg, in: Süddeutsche Zeitung vom 7.9.2014.

122 Schoppmeyer, Heinrich: Lorenz Jaeger, 193.

der akademischen Jugendrebellion große Schubkraft. Dies konnte nicht spurlos an den kirchlichen Eliten vorbeigehen, die in beiden Weltkriegen jeweils das reichsdeutsche Regime in mehr oder minder großem Umfang propagandistisch unterstützt hatten. Daher ließen sich sowohl in den innerkirchlichen Kämpfen zwischen Traditionalisten und Reformern als auch in den Parteikämpfen Enthüllungen über die NS-Vergangenheit des Klerus geschichtspolitisch gut verwerten. 2015 dürfte dies auch bei der Anti-Jaeger-Initiative der Links-Fraktion im Paderborner Stadtparlament, der „Demokratischen Initiative Paderborn", mitgespielt haben.

Es ist kein Wunder, dass der Paderborner Erzbischof aufgrund des einzigartigen biographischen Zusammentreffens von Offizierskarriere im Ersten Weltkrieg und Bischofsamt im II. Weltkrieg im Lichte des jüngeren Geschichtsbildes zu einer recht fragwürdigen Persönlichkeit werden musste, wenn man seine öffentlichen Verlautbarungen zu Soldatentum und Kriegsführung zur Kenntnis nahm. Hingegen war für einen Großteil der älteren Generation bis in die siebziger Jahre Jaegers militärische Profilierung als ordensdekorierter Offizier des Ersten Weltkriegs lagerübergreifend kein ideologischer Stein des Anstoßes. Jedoch veränderte sich schleichend mit dem generationellen Wandel und der damit einhergehenden Durchsetzung der These der doppelten Schuld die Wahrnehmung grundlegend. Demzufolge fiel auf den ungebrochenen Nationalstolz des Frontkämpfers Jaeger und dessen nationale Gesinnung ein dunkler Schatten und es ließ sich am Beispiel seiner Person eine hochproblematische Kontinuität konstruieren, die vom Offizier des Weltkriegs über den Militärpfarrer vor der Bischofsernennung bis hin zu den kriegsunterstützenden Verlautbarungen in der Rolle des Erzbischofs reichte. Ließ sich Jaeger auf diese Weise nahtlos in die Kontinuität einer fragwürdigen deutschen Nationalidentität einordnen, dann geriet nicht nur seine begrenzte Kooperationsbereitschaft gegenüber der nationalsozialistischen Staatsmacht auf den Prüfstand, sondern es kam auch der Verdacht auf, dass er anfällig für spezifisch nationalsozialistisches Gedankengut gewesen sei und auf eklatante Weise christliche Glaubensmaximen verraten habe. Diesen Verdacht beflügelte zweierlei: Zum einen untergrub die Glaubwürdigkeit Jaegers und seiner Bistumszentrale, dass in kirchennahen offiziösen Dokumentationen über sein Wirken wiederholt belastende Passagen aus seinen Ansprachen und Hirtenbriefen unterschlagen wurden.[123] Zum anderen aber war den jüngeren Generationen im mentalen Bann der angeblich doppelten deutschen Kriegsschuld größtenteils die Fähigkeit zur Differenzierung zwischen nationalem, nationalistischem und nationalsozialistischem Denken abhandengekommen und damit das Verständnis dafür, dass es nach dem verlorenen Ersten Weltkrieg

123 Beschlussvorlage der Ratsfraktion der Demokratischen Initiative Paderborn (DIP) vom 7.5.2015, 3 und Bürger, Peter: Lorenz Jaeger und die „Stufen der Kollaboration", 16.

zahllose nationalgesinnte Deutsche auf der Linken wie in der politischen Mitte gab, die in der Ablehnung des Kriegsschuldartikels des Versailler Vertrags und in der Vertretung nationaler Interessen mit der damaligen Rechtsopposition weitgehend übereinstimmten, jedoch andere Wege zur Beseitigung der verhassten Versailler Nachkriegsordnung gehen wollten. Hier gab es auch nach der Machtergreifung Hitlers gemeinsame politische Schnittmengen zwischen den NS-Gegnern und der Staatsmacht, ohne dass diese Personenkreise den radikalen völkischen Nationaldarwinismus und den diktatorischen Machtanspruch des Hitler-Regimes geteilt hätten. Zu diesen dezidiert national eingestellten Personenkreisen zählte ohne Zweifel auch Jaeger.

Aber durch die Brille der doppelten Schuld betrachtet verschwammen rückblickend die Unterscheidungen zwischen den nationalen Anti-Versailles-Reflexen und spezifisch nationalsozialistischer Gesinnung. Aber nicht nur der nationale Anti-Versailles-Reflex geriet rückblickend im Lichte der doppelten Schuld in Misskredit, sondern auch der Beitrag, den die Großkirchen zur nationalreligiösen Rechtfertigung des Ersten Weltkrieges geleistet hatten. Der dem zugrunde liegende kollektive Glaube, vor Gott zur Verteidigung des Vaterlandes verpflichtet zu sein, traf als Faktum der subjektiven Handlungsorientierung im Geschichtsbewusstsein der siebziger und achtziger Jahre zunehmend auf Verständnislosigkeit. Entsprechend standen theologische Konstruktionen, die kriegerische Handlungen rechtfertigten, unter dem Generalverdacht des ideologischen Missbrauchs für fragwürdige innerweltliche Interessen. Dies galt umso mehr, je mehr der I. Weltkrieg als deutscher Aggressionskrieg interpretiert wurde. Auch die Bedeutung des Antibolschewismus verlor als weitere Bezugsgröße des politischen Denkens parallel zur Entspannungspolitik gegenüber dem Osten in der rückblickenden Gewichtung an Bedeutung.

Kirchenferne historiographische Entwürfe zu Lorenz Jaegers Wirken

Betrachtet man die kirchenfernen biographischen Entwürfe, die sich nach dem Eklat der Allerheiligenpredigt von 1972 mit Jaeger als Bischof der NS-Zeit befassten, so hebt sich der Interpretationsansatz von Heinrich Schoppmeyer, der noch halb der Kriegsgeneration angehört, von dem jüngerer Autoren deutlich ab.[124] Schoppmeyer gewichtet zum einen nationalreligiöse Ideologeme der soldatischen Aufopferungsethik und antibolschewistische Aspekte im Denken Jaegers erheblich stärker und rückt sie zum anderen in den zeitspezifischen Erfahrungszusammenhang des I. Weltkriegs und der Wahrnehmung des Sowjetkommunismus seit den 1920er Jahren. Den Krieg des NS-Regimes gegen die Sowjetunion vor diesem Hintergrund für „gerechtfertigt" anzusehen, war laut

124 Schoppmeyer, Heinrich: Lorenz Jaeger, 185ff. Schoppmeyer ist Geburtsjahrgang 1935.

Schoppmeyer eine nachvollziehbare Konsequenz dieser biographischen Prägungen Jaegers. Mit anderen Worten: Es bedurfte dazu keiner ideologischen Annäherung an den Nationalsozialismus, sondern allein der Wahrnehmung des NS-Regimes als das kleinere Übel, das man um der Verteidigung und Selbstbehauptung des eigenen Vaterlandes willen im Krieg gegen die Sowjetunion in Kauf zu nehmen hatte. Eingeschlossen war darin, dass man damit zugleich auch das Christentum verteidigte. Diese nationalreligiöse Denkfigur reichte aus der Sicht Jaegers aus, um den Soldaten der Wehrmacht religiöse Opferbereitschaft im Krieg gegen die Sowjetunion abverlangen zu können. Im Übrigen hatte sich der nationale Selbstbehauptungsgedanke in Verbindung mit soldatischem Opferdenken im langen Widerstand gegen „Versailles" auch bei Jaeger so tief verwurzelt, dass sich zumindest in diesem Punkt eine gewisse Nähe zum NS-Regime ergab. Schoppmeyer sieht dies in Äußerungen Jaegers bestätigt, die dieser 1945 nach dem Zusammenbruch über die negativen Folgen von „Versailles" getätigt hatte. Das mag auch erklären, warum Jaeger im gemeinsamen Kampf gegen „Versailles" die Kirchenfeindlichkeit des NS-Regimes zeitweilig vor sich selber herunterspielte. Der Historiker Lewy hatte diese Negativ-Fixierung der meisten Deutschen auf „Versailles" bereits in seinem 1965 erschienenen Buch über die katholische Kirche im III. Reich als nationalistische „Verblendung" bewertet, an der auch die deutschen Bischöfe Anteil gehabt hätten. Das heißt, auch Lewy gewichtete ähnlich wie Schoppmeyer die nationalreligiösen Denkfiguren im Gefolge von Weltkrieg und Versailles sehr stark. Dass Jaeger dabei weniger Kritik am NS-Regime übte als der Münstersche Bischof von Galen, hing aus Schoppmeyers Sicht mit dem besonderen soldatischen Loyalitätsverständnis zusammen, mit dem sich Jaeger von den anderen Bischofskollegen ohne Militärerfahrung deutlich abhob.[125] Entscheidend ist an diesem Blick, dass gegenüber dem älteren massenmedialen Schlagabtausch der sechziger und siebziger Jahre bei Schoppmeyer weder eine ideologische Affinität Jaegers gegenüber dem Nationalsozialismus als Erklärung für die propagandistische Unterstützung des Rußlandfeldzuges angeboten noch einem plumpen Opportunismusverdacht das Wort geredet wird.

Lewy und Schoppmeyer heben sich von den Autoren der Nachkriegsgeneration, von Matthias Pape, Wolfgang Stüken, Alexander Groß und Peter Bürger insoweit deutlich ab, als sie die Prägungen des I. Weltkriegs, des Anti-Versailles-Revisionismus und des Antibolschewismus deutlich herauskehren, während diese Einflussgrößen bei den jüngeren Autoren gering oder gar nicht gewichtet werden.[126] Bei den letztgenannten vier Autoren spielt die Kriegs-

125 Schoppmeyer, Heinrich: Lorenz Jaeger, 193f.

126 Stüken, Wolfgang: Hirten unter Hitler; Groß, Alexander: Gehorsame Kirche, ungehorsame Christen im Nationalsozialismus. Die Studie von Groß verwendet irrtümlich Lewys Falschzitat von 1965, das Jaeger unterstellt hatte, er habe von den Russen als slawischen Untermenschen gesprochen (siehe S. 42); auch der Wikipedia-Artikel (abgerufen am 28.2.2019)

schuldfrage des I. Weltkriegs und deren langfristige Folgen für das politische Denken allenfalls insoweit eine Rolle, als sie die Legitimität der Versailler Friedensordnung als selbstverständlich voraussetzen und deshalb nur geringes Verständnis für die nationalen Abwehrreflexe der Weimarer Nachkriegsrepublik aufbringen. Folglich bewerten sie Haltungen Jaegers vorschnell als nationalistisch und unchristlich, die aber im Kern mehr oder minder repräsentativ für das gesamte politische Spektrum der Weimarer Republik waren. Hier wäre mehr analytisch-begriffliche Trennschärfe wünschenswert gewesen. Ob dies Jaeger eher entlasten als belasten würde, ist eine offene Frage. Jedenfalls ist zu hoffen, dass künftig die Neigung abnimmt, ihm auf der Basis einer undifferenzierten Ausweitung des Nationalismus-Begriffs vorschnell eine sehr große ideologische Nähe zum Nationalsozialismus zu unterstellen. Seit jüngst die These von der deutschen Hauptverantwortung für den I. Weltkrieg ins Wanken gerät, ist in der historiographischen Debatte erheblich mehr interpretatorische Vorsicht geboten, wenn es um die Analyse und Bewertung nationalpolitischer Äußerungen nach 1918 geht. Das erschwert auf der Basis des heutigen Forschungsstandes ein klares Urteil über das Auftreten des Paderborner Erzbischofs unter den Bedingungen des NS-Regimes. Man kommt kaum umhin, im Fall Jaegers den aktuellen geschichtswissenschaftlichen Forschungsstand zum I. Weltkrieg und zur Weimarer Republik stärker zu berücksichtigen. Da im Vorfeld der NS-Machtergreifung eine Vielzahl von Nationalismen die politische und kirchliche Landschaft Deutschlands prägte, wird man dem Kleriker Jaeger als ehemaligem Weltkriegsoffizier kaum gerecht, wenn man seine Haltung mit grobschlächtigen Begriffsetiketten wie „stramm deutschnational" versieht, um dem Antrag auf Aberkennung der Ehrenbürgerwürde Nachdruck zu verleihen.[127] Sollte sich die Schuld-Debatte bezüglich des I. Weltkriegs dauerhaft von der These der deutschen Hauptverantwortung verabschieden und sich die These von der annähernden Gleichverteilung der Schuld durchsetzen, wird man sog. „nationale" Gesinnung in einer Gesamtschau der Zwischenkriegszeit neu zu interpretieren haben.

über Lorenz Jaeger ist diesbezüglich korrekturbedürftig; Bürger, Peter: Lorenz Jaeger und die „Stufen der Kollaboration"; Pape, Matthias: Erzbischof Lorenz Jaeger im Kampf gegen den antichristlichen Bolschewismus.

127 Bürger, Peter (Hg.): Friedenslandschaft Sauerland – Beiträge zur Geschichte von Pazifismus und Antimilitarismus in einer katholischen Region, 58 (www.sauerlandmundart.de, daunlots. internetbeiträge des christine-kochmundartarchivs am museum eslohe. Nr. 77, Eslohe 2015, 1. Auflage, Textstand 11. Juli 2015).

Die Debatte über die Ehrenbürgerschaft Kardinal Jaegers im Jahre 2015

Der Vorstoß der „Demokratischen Initiative Paderborn" (DIP), Kardinal Jaeger posthum aus der Liste der Paderborner Ehrenbürger zu tilgen, schlug nach der Antragstellung ihrer Fraktion im Paderborner Stadtrat im Mai 2015 hohe Wellen.[128] Eine Vielzahl von Kommentaren und Leserbriefen in der Lokalpresse zeigte ein großes Interesse an, ging es doch um eine herausragende Identifikationsfigur des katholischen Regionalmilieus, die ein weiteres Mal vom gegnerischen Lager auf der Linken angegriffen wurde. Das breite mediale Echo offenbarte, dass sich in der Kritik an Jaeger ein breites Spektrum zusammengefunden hatte: von reformfreudigen und hierarchiekritischen Katholiken bis hin zu atheistischen Humanisten.[129] Von den 60er und 70er Jahren unterschied die erneute Debatte, dass nunmehr in größerem Umfang Quellen zu Jaegers Wirken in der NS-Zeit bekannt waren. Erneut stellte sich die Frage nach einer angemessenen Differenzierung und Kontextualisierung der Motive, die Jaegers rhetorischer Unterstützung der NS-Kriegspolitik zugrunde gelegen hatten. Die Kritiker unterstellten ihm nunmehr, er habe ohne äußeren Zwang den Krieg gegen die Sowjetunion aus kirchlicher Sicht gerechtfertigt und dabei mit Nachdruck soldatische Pflichterfüllung und Loyalität gegenüber dem NS-Regime eingefordert.[130] Mit Blick darauf stellte der katholische Theologe und Pazifist Peter Bürger, der für die DIP ein Gutachten verfasst hatte, als in besonderer Weise belastenden Gesichtspunkt heraus, dass Jaeger den Krieg gegen die Sowjetunion nicht nur aus christlicher, sondern auch aus „deutschnationaler" Warte mit Anleihen bei nationalistisch-biologistischem Vokabular gerechtfertigt habe. So habe er in der besonderen Kriegssituation von der deutschen Nation als einer Gemeinschaft des „Blutes" gesprochen, um den NS-Krieg gegen die Sowjetunion zu unterstützen.[131] Dies betonte er nachdrücklich in einem Leserbrief an die Lokalpresse. Er ging damit über kritische Stimmen hinaus, die eine Aberkennung der Ehrenbürgerwürde bereits darin gut begründet sahen, dass Jaeger aus dem NS-Krieg gegen die Sowjetunion einen gottgewollten christlichen Kreuzzug gegen die Feinde des Glaubens gemacht hatte. Aus Bürgers Sicht kam bei Jaeger zweierlei erschwerend zusammen: Nationalismus und antibolschewistischer Kreuzzugsgedanke. In der

128 Beschlussvorlage der Ratsfraktion der Demokratischen Initiative Paderborn (DIP) vom 7.5.2015 und Bürger, Peter: Lorenz Jaeger und die „Stufen der Kollaboration", 7, 15ff.

129 Vgl. beispielhaft: Hirte unter Hitler – der Fall Lorenz Jaeger. Peter Bürger referiert beim Linken Forum, in: NW (Paderborn) vom 30./31.5.2015. Die Kritik an Jaeger wurde von einem breiten Spektrum getragen, das von der katholischen Friedensbewegung „Pax Christi" bis hin zur radikal antiklerikalen „Giordano Bruno Stiftung" reichte.

130 „Kollaboration ohne Zwang". DIP und Theologe veröffentlichen umfangreiches Material zu Lorenz Kardinal Jaeger, in: WB vom 9.5.2015.

131 Bürger, Peter: Abgründe lassen sich nicht zuschütten, Leserbrief in: WB vom 11.8.2015.

erhitzten öffentlichen Debatte bezog sich Bürger dabei auf sein Gutachten für die DIP-Ratsfraktion: Dort hatte er in erdrückender Fülle belastende Äußerungen Jaegers zusammengetragen, die im Empfinden historischer Laien auf den ersten Blick kompromittierend wirken mussten.[132]

Entsprechend heftig fiel die öffentliche Resonanz auf den Vorstoß der DIP aus.[133] Bedauerlicherweise erwies sich aber das Bemühen um Differenzierung und Kontextualisierung sowohl im Gutachten als auch in der davon angestoßenen Debatte als recht bescheiden. Weder fand in dieser nach Jahrzehnten wieder aufflackernden Debatte eine angemessene Kontextualisierung der damaligen Kommunistenfurcht statt noch gab es ein in die Tiefe gehendes Bemühen, differenziert auf die ‚nationale' Gesinnung Jaegers einzugehen. Fragen wirft zweierlei auf, zum ersten, wieso auch in der Gegenwart nach dem Ende des Kalten Krieges von manchen Kritikern Jaegers das Motiv des Antibolschewismus heruntergespielt oder nur beiläufig erwähnt wird, obwohl doch mittlerweile die Kenntnisse über das stalinistische Terrorregime Allgemeingut geworden sind.[134] Zum zweiten war auffällig, dass in der Debatte kaum zwischen unterschiedlichen Nationalismen unterschieden wurde.

Dabei wäre es durchaus lohnenswert gewesen, in Jaegers Kriegsrhetorik die angemahnte soldatische Aufopferungsverpflichtung einer gründlichen Analyse zu unterziehen. Schließlich ging es dabei um den Kern des theologischen Selbstverständnisses, wenn Jaeger das Martyrium Christi nicht nur unter dem Aspekt des heilswirksamen Stellvertretercharakters betrachtete, sondern im Sinne einer politischen Theologie den Vorbildcharakter hervorhob und damit Nachahmungsappelle an die Adresse der kämpfenden Wehrmachtssoldaten verband. Diesbezüglich lieferte sogar die Lokalpresse einer breiten Leserschaft im Mai 2015 Zitat-‚Kostproben' aus Stellungnahmen Jaegers an die Adresse der Wehrmachtssoldaten. Hier hätte als Diskussionsanreiz wirken können, dass Jaeger die Soldaten aufgefordert hatte, in ihrer Aufopferungsbereitschaft als „wahrer Christ" das „Kreuz Christi" als „Siegel ihrer Auserwählung" zu tragen.[135] Diese kriegstheologische Konstruktion bezog sich in Jaegers Denken nicht nur auf die Verteidigung des Christentums, sondern auch auf die Maxime der nationalen Verteidigung, die mit Blick auf den I. Weltkrieg sein

132 Bürger, Peter: Lorenz Jaeger und die „Stufen der Kollaboration".

133 Eine Fülle von Leserbriefen in der Lokalpresse offenbarte ein hohes Maß an Betroffenheit; beispielhaft seien genannt: Seidel, Dieter: Kandidat der braunen Machthaber, in: NW vom 22.5.2015; Rochlitzer, Claus: Entsetzt über Mittäterschaft, in: NW vom 16.5.2015; Unterhalt, Benno: Jaeger hat der Kirche geschadet, in: NW vom 2.6.2015; Kolek, Martin: Aberkennung ist überfällig. Ehrenbürgerschaft von Lorenz Jaeger, in: WB vom 11.8.2015.

134 Typisch dafür: „Entsetzt über Mittäterschaft", Leserbrief in: NW vom 16.5.2015.

135 Igges, Hans-Hermann: Erzbischof im braunen Zwielicht. Theologe und Publizist Peter Bürger wertet Jaegers Verhalten als Kollaboration, in: NW vom 9.5.2015, hier die Zitaten-Sammlung unter der Überschrift „Treue bis in den Tod".

Denken nachhaltig geprägt hatte. Die Vorstellung, dass bei allen kriegsführenden Parteien fragwürdige Motive im Vordergrund gestanden hatten, also nirgendwo ein ‚bellum justum' geführt worden war, blieb ausgeblendet. Damals hatten sich auch in den katholischen Diskursen Vaterlands- und Glaubensverteidigung so eng verzahnt, dass die deutsche Nation auch als Sachwalter der christlichen Glaubensverteidigung in Erscheinung getreten war.[136] Gewiss unterschied sich diese gedämpft katholische Form von Nationalreligiosität von anderen Varianten, in denen sich Nationalreligiosität zu heilsgeschichtlichem Nationalmissionarismus und deutschem Vorsehungsglaubens gesteigert hatte. Gleichwohl war auch hier eine Spannung zwischen religiösem Universalismus und Nationalismus nicht wegzudenken. Jaeger war nicht der einzige prominente Katholik, der nach dem I. Weltkrieg mit dem seelischen Zwiespalt zwischen dem transnationalen Heilsanspruch seiner Kirche und nationalreligiösen Empfindungen zu kämpfen hatte. Dass dabei das rhetorische Bemühen, die nationalreligiöse Vorstellung heilswirksamer soldatischer Aufopferung auf den II. Weltkrieg zu übertragen, eine problematische argumentative Bruchstelle darstellte, kam in der öffentlichen Debatte über den Aberkennungsantrag der DIP zu kurz.

Wenn die christlichen Aufopferungsappelle einem Regime nützten, das man aus christlicher Sicht strikt ablehnen musste, dann bedurfte es sehr schwergewichtiger Argumente, wenn man den Wehrmachtssoldaten dennoch Loyalität und Opferbereitschaft im Dienste der NS-Kriegsführung abverlangte. Dass dabei die Verteidigung des Christentums gegen den Bolschewismus als Motiv nicht ausreichte, dürfte auch Jaeger bewusst gewesen sein, weil dieses Argument konsequenterweise auch gegen das kirchenfeindliche NS-Regime hätte ins Feld geführt werden müssen. An dieser Stelle kam bei Jaeger wie bei zahllosen nationalkonservativen Widerständlern zum Tragen, dass man, was heutzutage künstlich anmutet, zwischen der Verpflichtung zur nationalen Verteidigung und der Unterordnung unter die spezifischen Ziele des NS-Regimes unterschied und auf diese Weise eine nur bedingte Unterstützung der NS-Kriegspolitik glaubte rechtfertigen zu können, obwohl es sich um einen Aggressionskrieg handelte. Dass damals aus dieser nationalreligiösen Warte zwischen der ‚Verteidigung' der deutschen Nation und dem NS-Regime unterschieden wurde, kam in der erneuten Jaeger-Debatte zu kurz. Unterscheidungen zwischen Nation und Regierungssystem hatten sich ja bereits in der ‚Burgfriedens'-Atmosphäre des I. Weltkriegs als mentale Selbstverständlichkeit etabliert, d.h. das Bemühen, Kritik am herrschenden Regime für die Dauer des Krieges zurückzustellen.

136 Hammer, Karl: Deutsche Kriegstheologie; Mommsen, Wolfgang J.: Die nationalgeschichtliche Umdeutung; Fuchs, Stephan: „Vom Segen des Krieges"; Lätzel, Martin: Die katholische Kirche im Ersten Weltkrieg.

Ebenso blieb unterbelichtet, dass Jaegers Denken eine tief eingeschliffene nationale Abwehrhaltung gegenüber der Versailler Nachkriegsordnung auszeichnete. Diese Perspektive teilten zahllose Deutsche und Kirchenvertreter, teilweise gepaart mit Revanche-Gefühlen, mit dem NS-Regime, das sich bereits vor Kriegsbeginn bei all seinen revisionistischen Schritten auf Sympathiebekundungen auch aus dem kirchlich-katholischen Raum stützen konnte. Diese außenpolitische Sichtweise ließ zahllose Kirchenvertreter in der ersten sog. Blitzkrieg-Phase des II. Weltkriegs zu Befürwortern der NS-Kriegspolitik werden, ohne dass diese sich damit als Anhänger des Nationalsozialismus verstanden hätten. Bereits 1965 hatte dies Guenter Lewy in seiner Untersuchung zur Rolle der katholischen Kirche in der NS-Zeit differenziert herausgearbeitet.[137] Unterschwellig übertrug sich der auf den I. Weltkrieg zurückgehende revisionistische Nationalismus auf die Bewertung der neuen Kriegssituation im Gefolge des Angriffs auf die Sowjetunion. Hier erwies sich der Antibolschewismus als verführerische Rechtfertigungsquelle, nunmehr auch diesen Krieg im Sinne von nationaler Selbstbehauptung umzudeuten und zugleich die spezifischen Ziele und Mordpraktiken des NS-Regimes zu verdrängen oder herunterzuspielen, wie dies Jaeger von seinen aktuellen Kritikern vorgeworfen wird, an erster Stelle von Peter Bürger, der 2015 an die Zurückhaltung Jaegers gegenüber Bestrebungen erinnert hat, die die Verbrechen des NS-Regimes seitens der Kirche offensiver kritisieren wollten.[138] Hier stand Jaeger in der Tat in einer nationalreligiösen, heute gemeinhin als nationalkonservativ bezeichneten Tradition, die die nationale Verteidigung zu einem religiösen Höchstwert erklärte, der höher rangierte als die Bekämpfung einer als moralisch verwerflich angesehenen nationalen Führung – eine weit bis ins frühe 19. Jahrhundert zurückreichende Denkhaltung. Vor diesem mentalen Hintergrund erklärt sich die Scheu, dem Regime inmitten des Krieges mit Kritik in den Rücken zu fallen, und darüber hinaus die Furcht, bei zu offener Kritik am NS-Staat massiv mit dem Dolchstoß-Vorwurf konfrontiert zu werden, ohne dabei etwas Positives für die eigenen kirchlichen Belange oder für die Terroropfer des NS-Systems erreichen zu können. Mit Blick darauf verbaut der Pauschal-Vorwurf, Jaeger habe sich an der Seite des NS-Regimes als „Militarist“ und „Kriegstreiber“ hervorgetan, Einsichten in diese komplexe Motivlage.[139] Kirchlicher und nationaler Selbstbehauptungswille verschmolzen damals eben zu einer eigentümlichen nationalchristlichen Perspektive, die das soldatische Aufopferungsideal als integralen Bestandteil einschloss und Missstände im Innern der Nation herabstufte.

137 Lewy, Guenter: Die katholische Kirche und das Dritte Reich, 197ff., 247ff.

138 „Noch sehr viel Aufklärung nötig“. Kirchenhistoriker Peter Bürger über Kardinal Jaeger, in: NW vom 25.6.2015.

139 Igges, Hans-Hermann: Kirchenführer als Kriegstreiber, in: NW vom 6.5.2015.

Wäre allein der Antibolschewismus das Hauptmotiv Jaegers gewesen, die Kriegspolitik des Regimes zu unterstützen, dann stünde jedes Bemühen um eine Ehrenrettung Jaegers auf verlorenem Posten, weil dann im Rückblick kaum entschuldbar wäre, warum sich der Appell zur Aufopferung einseitig nur auf den bolschewistischen Widersacher des Christentums und damit auf die Wehrmacht bezog, nicht aber auf die daheimgebliebenen Christen und Kleriker im Kampf gegen die nationalsozialistischen Widersacher des Christentums, vor deren verbrecherischen Praktiken spätestens 1943 kein Bischof mehr die Augen verschließen konnte. Ginge es nur um den Antibolschewismus als Motiv, würde der Opportunismus-Verdacht gegenüber Jaeger und seinen Bischofskollegen eine solide Basis erhalten. Als alternative Erklärung bietet sich an, die in der Kriegsniederlage von 1918 gründende nationalistische Stimmungslage als Motivhintergrund stärker zu gewichten. Sie vermag die Neigung Jaegers zu erklären, in Stellungnahmen zum Kriegsgeschehen die ideologischen Schnittmengen mit dem NS-Regime herauszukehren und das Trennende nur andeutungsweise zu erwähnen oder gar zu verschweigen. In unserer gegenwärtigen Geschichtskultur unterschätzt man mitunter den Drang der damaligen Zeitgenossen, die monströse Kriegskatastrophe des I. Weltkriegs zu erklären bzw. ihr nachträglich Sinn zu verleihen. Dass dabei die Verbindung von Gottgläubigkeit, Nationalstolz und Katastrophenbewältigung ganze Bevölkerungsgruppen auf das Angebot theologischer Überhöhungen zurückgreifen ließ, führt zu tiefergehenden Einsichten in die Mentalität der Weimarer Nachkriegsgesellschaft, aus der die NS-Diktatur hervorging. Diese Konstruktionen im Rückblick als ideologische Verblendung oder Abfall von christlich-humanitären Prinzipien zu bezeichnen, ist zwar legitim, erklärt aber zu wenig, was weit zurückreichend die engen Beziehungen zwischen christlicher Kirchlichkeit und Nationalbewusstsein betrifft.

Mit anderen Worten: Die ethischen Maßstäbe, die der DIP-Antrag geltend machte, sind durchaus akzeptabel, leisten aber rückschauender Überheblichkeit Vorschub, wenn sie bei der kritischen Würdigung Jaegers die komplexen historischen Kontexte zu gering gewichten. Umgekehrt sollten auch die Verteidiger Jaegers Vorsicht walten lassen, wenn es um die Neigung geht, vorschnell die Kontextgebundenheit im Auftreten Jaegers pauschal als Entlastungsargument zu verwenden, ohne hinreichend danach zu fragen, welche Entscheidungsspielräume er vorgefunden hatte, wenn es um Nähe und Distanz zum NS-Regime ging. Für wohlwollende Kritiker Jaegers macht es heutzutage wie zu Lebzeiten Jaegers nach wie vor einen großen Unterschied, ob bei seiner rhetorischen Unterstützung des Krieges gegen die Sowjetunion rassistische und nationalistische Motive im Spiel waren oder aber ausschließlich antibolschewistische und kirchlich-pastorale Beweggründe, also Schutzinteressen bezüglich des eigenen kirchlichen Milieus. Wenn dabei Verteidiger und Kritiker im Rückblick Jaegers begrenzte Kooperationsbereitschaft als bedenklich einstufen, dann bezieht sich das auf den nahezu unstrittigen Umstand, dass Jaeger den Wehrmachtssoldaten in einigen Verlautbarungen das Gefühl vermittelte, dass ihre Teilnahme an der nationalsozialistischen Kriegsführung vor Gott gerechtfertigt sei und einem gottgewollt höheren Ziel diene, auch wenn Jaeger selber durchaus bewusst war, dass es sich um ein christenfeindliches und verbrecherisches Regime handelte.

Hier kommen massiv die analytischen Kategorien ‚Güterabwägung' und ‚Zielkonflikt' ins Spiel und damit die Frage, ob eine dilemmatische Zwangslage oder gar ein „Befehlsnotstand" vorgelegen hatte, wie ein Pressekommentar mit Blick auf Jaegers rhetorische Unterstützung des NS-Krieges formulierte.[140] Gemeint ist damit die Wahl zwischen zwei Übeln, die schwer unterscheidbar sind im Hinblick darauf, welches das größere ist. Diesen Aspekt rückten in der Debatte des Jahres 2015 die Verteidiger Jaegers in den Mittelpunkt.[141] Aus dieser Warte gab eine nicht wegzudiskutierende dilemmatische Entscheidungssituation, einerseits Kirche und Christentum gegen den Bolschewismus als gefährlichen Widersacher schützen zu wollen, andererseits aber gegenüber dem NS-Regime wegen dessen unchristlichen und verbrecherischen Charakters auf Distanz gehen zu müssen, zumal Jaeger vermutlich von den Verbrechen hinter der Ostfront recht gute Kenntnisse hatte. Dass man dabei als dem NS-Regime fernstehender Entscheidungsträger „selten unschuldig" und in gewissem Umfang „beschadet" herauskam, führten nachdenkliche Verteidiger Jaegers zu seiner Entlastung an, so auch Dompropst Joachim Göbel.[142] Teilweise mischen sich bei kirchennahen Kreisen Empathie und Scham, wenn es um diese zwiespältige Sachlage geht.

Aus der Perspektive des Historikers lässt sich der argumentative Faden mit Blick auf diesen Zielkonflikt noch weiterspinnen: Die gegebenen Umstände einer extremen Kriegssituation gestatteten exponierten Kirchenvertretern kaum eine völlig neutrale Abseitsstellung, legten vielmehr eine gedämpfte bis distanzierte Parteinahme für das NS-Regime nahe, weil Bolschewismus und Nationalsozialismus als gefährliche Widersacher der christlichen Kirchen untereinander einen unerbittlichen kriegerischen Konflikt austrugen. Aus dieser Warte führte die Güterabwägung dazu, die nationalsozialistische Kriegsführung zu

140 Igges, Hans-Hermann: Wenn es persönlich wird. Ein Erzbischof im Zwielicht, in: NW vom 23.5.2015; ders.: Ringen um die Deutungshoheit, in: ebd.

141 „Kardinal Jaeger im steten Zielkonflikt". Dompropst Monsignore Joachim Göbel bezieht in Predigt Stellung, in: NW (Paderborn) vom 24.6.2015; Mihm, Bernhard: Wie Hissen der weißen Fahne. Zum Forschungsauftrag zu Kardinal Jaeger, Leserbrief in: WB vom 17.6.2015; Löckmann, Heinz-Josef: Unverständlicher Vorwurf, Leserbrief in: NW (Paderborn) vom 7.5.2015; Multmann, Hermann: Bequemes Urteil, in: NW vom 27.5.2015; Meyerhaus, Karl: Eine vorschnelle Beurteilung sollte man vermeiden, Leserbrief in: NW vom 13.6.2015.

142 „Kardinal Jaeger im steten Zielkonflikt". Dompropst Monsignore Joachim Göbel bezieht in Predigt Stellung, in: NW vom 24.6.2015.

unterstützen, weil man das NS-Regime für den weniger gefährlichen Gegner hielt, solange dieser bestrebt war, sich im Krieg mit dem anderen gefährlichen Gegner des Christentums an der teilweise ‚kirchlich' gesinnten Heimatfront den Rücken frei zu halten. Gaben bei dieser misslichen Güterabwägung allein theologische und kirchenpolitische Motive den Ausschlag, dann gab es möglicherweise gute Gründe, Jaeger im Rückblick moralisch zu entlasten. Auch wenn Jaeger dabei in seiner Kooperationsbereitschaft zu weit gegangen war und zu wenig Distanzsignale gegenüber dem NS-Regime ausgesendet hatte, so gestehen ihm die Verteidiger nach wie vor das Recht auf den historischen Irrtum zu, ohne ihm Verrat an christlich-humanitären Prinzipien vorzuwerfen, wie dies der Antrag auf Aberkennung der Ehrenbürgerwürde getan hat. Hingegen gewichten die entschiedenen Kritiker Jaegers die nationalistischen und völkisch-rassistischen Motive Jaegers so stark, dass Jaeger damit auch aus christlicher Sicht das Recht auf den historischen Irrtum verwirkt hat, so die Haltung des DIP-Gutachters Peter Bürger. Hier bleibt nach wie vor strittig, inwieweit hinter Jaegers „Blut"-Metapher und seinen Solidar-Appellen an die „deutschen Brüder und Schwestern" völkisch-nationalistische Gesinnung verborgen lag, mit der zugleich auch die Juden ausgegrenzt wurden. Auch bleibt offen, ob solch missverständliche und möglicherweise grenzwertige Rhetorik authentischer Ausdruck seiner Gesinnung war, wie Peter Bürger unterstellt,[143] oder ob es sich dabei um punktuelle, wenig repräsentative Entgleisungen gehandelt hat, hinter denen mutmaßlich taktisch-rhetorische Anbiederung an das NS-Regime verborgen lag.

Sollte das Letztgenannte der historischen Wahrheit nahekommen, hätten wir es auch hier mit einer Variante von Zielkonflikten zu tun, deren Bewertung schon zu Lebzeiten Jaegers höchst umstritten war. Schon vor Jahrzehnten schwankte die Öffentlichkeit: auf der einen Seite Nachsicht bezüglich menschlicher Schwächen unter Extrembedingungen und das Zugeständnis eines Rechtes auf den historischen Irrtum und auf der anderen Seite moralische Aburteilung und Aberkennung der bürgerlichen Ehre. Der Umstand, dass ein Erzbischof mit einem verbrecherischen Regime in vollem Bewusstsein kooperierte und diesem Regime nach skrupulöser Güterabwägung begrenzte rhetorische Unterstützung zuteilwerden ließ, mutet den einen dilemmatisch bis tragisch an, während die anderen auf überzeitlichen „Axiomen des Humanen" als strengem übergeordnetem Urteilsmaßstab bestehen und dem Kardinal posthum trotz allen Verständnisses für die schwierigen Zeitumstände zumindest einen herausgehobenen Ehrenstatus absprechen.[144] Hier bedarf nach wie

143 „Noch sehr viel Aufklärung nötig". Kirchenhistoriker Peter Bürger über Kardinal Jaeger, in: NW vom 25.6.2015.

144 Wakup, Rudolf: „Toleranz mit dem Bösen ist böse", Leserbrief in: NW vom 3.6.2015.

vor der Klärung, ob der Kontextualisierungsrahmen bei den Kritikern wie den Verteidigern Jaegers bislang zu eng gewählt worden ist.

Vielleicht sind alle am Vorleben Kardinal Jaegers Interessierten gut beraten, wenn sie ihn in der breiten Grauzone zwischen verklärender Überhöhung auf der einen und moralischer Verdammung auf der anderen Seite verorten. Auch hier gilt das zur Vorsicht mahnende Gebot, dass der zeitgenössische Blick naturgemäß ein anderer war als der des rückblickenden Beobachters, der frei von Verantwortung und persönlichen Risiken urteilen kann. In der Frage der Ehrenbürgerschaft Jaegers bedarf es auf allen Seiten eines skrupulösen selbstdistanzierten Aufklärungsinteresses, sei es aus der Position des antiklerikalen Humanisten oder der des traditionsverbundenen kirchengläubigen Katholiken. Auch die jüngste Auseinandersetzung des Jahres 2015 hat viele Fragen zu den komplexen historischen Kontexten, in die das Handeln des Paderborner Erzbischofs eingebunden war, offen gelassen.

Literaturverzeichnis

A

Abschied und Dank. Sonderdruck der Abschiedsreden Jaegers, Schlinks und der Erwiderung Stählins bei der 31. Tagung 1970, Münster/Kassel 1971

Afflerbach, Holger: Planning Total War? Falkenhayn and the Battle of Verdun, 1916, in: Chickering, Roger/Förster, Stig (Hg.): Great War, Total War: Combat and Mobilization on the Western Front, 1914–1918, Cambridge 2000, 113–131

Albrecht, Dieter: Der Notenwechsel zwischen dem Heiligen Stuhl und der deutschen Reichsregierung. Teil III: Der Notenwechsel und die Demarchen des Nuntius Orsenigo 1933–1945 (Veröffentlichungen der Kommission für Zeitgeschichte 29), Mainz 1980

Algermissen, Konrad: Der Bolschewismus, die größte weltanschauliche und ethische Gefahr der Menschheit, Hannover 1937

Alpers, Uta-Johanna: Eine Sammlung von Ansichtspostkarten an der Wende vom 19. zum 20. Jahrhundert. Darstellung und exemplarische Erschließung. Masterarbeit; Studiengang Bibliotheks- und Informationswissenschaft TH Köln 2017

Altgeld, Wolfgang/Kißener, Michael/Scholtyseck, Joachim (Hg.): Menschen, Ideen, Ereignisse in der Mitte Europas. Festschrift für Rudolf Lill zum 65. Geburtstag, Konstanz 1999

Althaus, Rüdiger: „Und sie bewegt sich doch". Kirchenrechtliche Anmerkungen zur langen Wegstrecke der Ökumene, in: Kopp, Stefan/Thönissen, Wolfgang (Hg.): Mehr als friedvoll getrennt? Ökumene nach 2017 (Theologie im Dialog 21), Freiburg i. Br. 2017, 265–290

Althaus, Rüdiger (Hg.): In verbo autem tuo, Domine. Auf dein Wort hin, Herr. Festschrift für Erzbischof Hans-Josef Becker zur Vollendung seines 70. Lebensjahres (Paderborner Theologische Studien 58), Paderborn 2018

Althaus, Rüdiger/Kalde, Franz/Selge, Karl-Heinz (Hg.): Saluti hominum providendo. Festschrift für Offizial und Dompropst Dr. Wilhelm Hentze (Münsterischer Kommentar zum Codex Iuris Canonici, Beiheft 51), Essen 2008

Arnhold, Oliver: „Entjudung" – Kirche im Abgrund. Teil 2: Das „Institut zur Erforschung und Beseitigung des Jüdischen Einflusses auf das Deutsche Kirchliche Leben" 1939–1945, Berlin 2010

Assmann, Aleida: Der lange Schatten der Vergangenheit. Erinnerungskultur und Geschichtspolitik, München 2006

Augstein, Rudolf: Jesus Menschensohn, München/Gütersloh/Wien 1972

B

Baberowski, Jörg: Verbrannte Erde. Stalins Herrschaft der Gewalt, München 2012

Badendieck, Friedrich Carl: Volk unter Völkern. Zur Geschichte der Schutzarbeit am deutschen Volke, Bonn ^{2}1979

Bäumer, Remigius: Adolf Herte †. Seine Verdienste um die Lutherforschung, in: Theologie und Glaube 60 (1970) 374–387

Baumann, Willi: Franz Uptmoor: Der „Prediger des Kreuzkampfes", in: Kuropka, Joachim (Hg.): Zur Sache – das Kreuz! Untersuchungen zur Geschichte des Konflikts um Kreuz und Lutherbild in den Schulen Oldenburgs, zur Wirkungsgeschichte eines Massenprotests und zum Problem nationalsozialistischer Herrschaft in einer agrarisch-katholischen Region, Vechta [2]1987, 314–319

Baumjohann, Gerhard: Weltpriester des Erzbistums Paderborn in der Auseinandersetzung mit dem Nationalsozialismus, in: Scheele, Paul-Werner (Hg.): Paderbornensis ecclesia. Beiträge zur Geschichte des Erzbistums Paderborn. Festschrift für Lorenz Kardinal Jaeger zum 80. Geburtstag am 23. September 1972, München/Paderborn/Wien 1972, 711–746

Bayer, Hans: Das Presse- und Nachrichtenwesen der im Weltkrieg kriegsgefangenen Deutschen, Berlin 1939

Bernstein, Eduard: Die deutsche Revolution von 1918/19. Geschichte der Entstehung und ersten Arbeitsperiode der deutschen Republik, hg. und eingel. von Heinrich August Winkler, Bonn 1998

Bieker, Hermann: Die brennende Stadt. Meine Erinnerungen an die Zerstörung Paderborns 1945, Paderborn [4]1948

Binner, Rolf/Bonwetsch, Bernd/Junge, Marc: Massenmord und Lagerhaft. Die andere Geschichte des Großen Terrors (Veröffentlichungen des Deutschen Historischen Instituts Moskau 1), Berlin 2009

Blaschke, Olaf: Stufen des Widerstandes – Stufen der Kollaboration, in: Henkelmann, Andreas/Priesching, Nicole (Hg.): Widerstand? Forschungsperspektiven auf das Verhältnis von Katholizismus und Nationalsozialismus (Theologie.Geschichte, Beiheft 2), Saarbrücken 2010, 63–88

Blaschke, Olaf: Die Kirchen und der Nationalsozialismus (Reclams Universal-Bibliothek 19211; Reclam Sachbuch), Stuttgart 2014

Blum, Daniela: Der katholische Luther. Begegnungen – Prägungen – Rezeptionen, Paderborn 2017

Boberach, Heinz (Hg.): Meldungen aus dem Reich. Auswahl aus den geheimen Lageberichten des Sicherheitsdienstes der SS 1939–1944, Neuwied/Berlin 1965

Boberach, Heinz (Hg.): Meldungen aus dem Reich. Die geheimen Lageberichte des Sicherheitsdienstes der SS 1938–1945. Band 8: Nr. 212 vom 18. August 1941 – Nr. 246 vom 15. Dezember 1941, Herrsching 1984

Bösch, Frank/Hölscher, Lucian (Hg.): Jenseits der Kirche. Die Öffnung religiöser Räume seit den 1950er Jahren (Geschichte der Religion in der Neuzeit 5), Göttingen 2013

Bothe, Jonas: Von Stalingrad zum Totalen Krieg. Wie in der Bremervörder Zeitung über die Schlacht der 6. Armee berichtet wurde, Hamburg 2014

Botsch, Gideon/Haverkamp, Josef (Hg): Jugendbewegung, Antisemitismus und rechtsradikale Politik. Vom „Freideutschen Jugendtag" bis zur Gegenwart (Europäisch-jüdische Studien, Beiträge 13), Oldenburg 2014

Brandenburg, Albert: Kardinal Jaeger und das Johann-Adam-Möhler-Institut für Ökumenik, in: Scheele, Paul-Werner (Hg.): Paderbornensis ecclesia. Beiträge zur Geschichte des Erzbistums Paderborn. Festschrift für Lorenz Kardinal Jaeger zum 80. Geburtstag am 23. September 1972, München/Paderborn/Wien 1972, 781–797

Brandt, Hans Jürgen: Lorenz Kardinal Jaeger (1892–1975). Erzbischof von Paderborn und Metropolit der Mitteldeutschen Kirchenprovinz, in: Wermert, Josef (Hg.): Olpe. Geschichte von Stadt und Land. Band 2/2: Von der Weimarer Republik bis zur Gegenwart, Olpe 2011, 1454–1459

Brandt, Hans Jürgen/Häger, Peter (Hg.): Biographisches Lexikon der Katholischen Militärseelsorge Deutschlands 1848–1945, Paderborn 2002

Brandt, Hans Jürgen/Hengst, Karl: Die Bischöfe und Erzbischöfe von Paderborn, Paderborn 1984

Brandt, Hans Jürgen/Hengst, Karl (Hg.): Auf Dein Wort hin. Bischof, Klerus und Feier der Liturgie im Erzbistum Paderborn 1930–2010. Festgabe für Erzbischof Hans-Josef Becker zum zehnjährigen Amtsjubiläum (Veröffentlichungen zur Geschichte der mitteldeutschen Kirchenprovinz 24), Paderborn 2013

Brandt, Hans Jürgen/Hengst, Karl: Geschichte des Erzbistums Paderborn. Band 4: Das Bistum Paderborn 1930–2010 (Veröffentlichungen zur Geschichte der mitteldeutschen Kirchenprovinz 15), Paderborn 2014

Brinkmann, Ernst: Ernst Wilm, 1901–1989, in: Jahrbuch für westfälische Kirchengeschichte 82 (1989) 11–28

Broszat, Martin: Nationalsozialistische Polenpolitik 1939–1945 (Schriftenreihe der Vierteljahrshefte für Zeitgeschichte 2), Stuttgart 1961

Broszat, Martin/Fröhlich, Elke: Alltag und Widerstand. Bayern im Nationalsozialismus (Piper 678), München ^{2}1987

Brüggenthies, Kathrin: Die Philosophisch-Theologische Akademie Paderborn, in: Burkard, Dominik/Weiss, Wolfgang (Hg.): Katholische Theologie im Nationalsozialismus. Band 1/2: Institutionen und Strukturen, Würzburg 2011, 208–250

Bürger, Peter: Lorenz Jaeger und die „Stufen der Kollaboration". Stellungnahme und Dokumentation zum Antrag der Demokratischen Initiative Paderborn, die Ehrenbürgerschaft des 1941 ernannten Erzbischofs rückgängig zu machen (http://di-paderborn.de - abgerufen am 8.5.2015)

Bürger, Peter (Hg.): „Es droht eine schwarze Wolke". Katholische Kirche und Zweiter Weltkrieg. Lesesaal - Diskussion - Impulse (Schriftenreihe Geschichte & Frieden 39), Bremen 2018

Bürger, Peter: „Diesen Krieg haben verursacht die Partei, der Militarismus und ein großer Teil der Industriellen" - Laien und Priester in der Erzdiözese Paderborn im Widerspruch zur bischöflichen Kriegsassistenz, in: Ders. (Hg.): „Es droht eine schwarze Wolke". Katholische Kirche und Zweiter Weltkrieg. Lesesaal - Diskussion - Impulse (Schriftenreihe Geschichte & Frieden 39), Bremen 2018, 163–195

Bürger, Peter: Friedensarbeiter, Antifaschisten und Märtyrer des kurkölnischen Sauerlandes, Band 2: Sauerländische Lebenszeugen (edition leutekirche sauerland 9), Norderstedt 2018

Burkard, Dominik: Die Katholisch-Theologische Fakultät Tübingen, in: Burkard, Dominik/Weiss, Wolfgang (Hg.): Katholische Theologie im Nationalsozialismus. Band 1/1: Institutionen und Strukturen, Würzburg 2007, 217–275

Burkard, Dominik: Die Theologische Fakultät der Staatlichen Akademie Braunsberg, in: Burkard, Dominik/Weiss, Wolfgang (Hg.): Katholische Theologie im Nationalsozialismus. Bd. 1/2: Institutionen und Strukturen, Würzburg 2011, 24–123

Burkard, Dominik: Joseph Mayer (1886–1967), in: Burkard, Dominik/Weiss, Wolfgang/Hilpert, Konrad (Hg.): Katholische Theologie im Nationalsozialismus. Bd. 2/1: Disziplinen und Personen: Moraltheologie und Sozialethik, Würzburg 2018, 267–355

Burkard, Dominik: Thomas von Aquin als Autorität für das Recht des Staates auf Tötung? Mit Quellen zu einer (unterbliebenen) Auseinandersetzung zwischen Heinrich Kühle und Otto Schilling (1934), in: Burkard, Dominik/Weiss, Wolfgang/Hilpert, Konrad (Hg.): Katholische Theologie im Nationalsozialismus. Bd. 2/1: Disziplinen und Personen: Moraltheologie und Sozialethik, Würzburg 2018, 867–939

Burkard, Dominik/Weiss, Wolfgang (Hg.): Katholische Theologie im Nationalsozialismus. Band 1/1: Institutionen und Strukturen, Würzburg 2007

Burkard, Dominik/Weiss, Wolfgang (Hg.): Katholische Theologie im Nationalsozialismus. Band 1/2: Institutionen und Strukturen, Würzburg 2011

Burkard, Dominik/Weiss, Wolfgang/Hilpert, Konrad (Hg.): Katholische Theologie im Nationalsozialismus. Bd. 2/1: Disziplinen und Personen: Moraltheologie und Sozialethik, Würzburg 2018

C

Chickering, Roger/Förster, Stig (Hg.): Great War, Total War: Combat and Mobilization on the Western Front, 1914–1918, Cambridge 2000

Clark, Christopher M.: Die Schlafwandler. Wie Europa in den Ersten Weltkrieg zog, München 2013

Clauss, Manfred: Die Beziehungen des Vatikans zu Polen während des II. Weltkrieges (Bonner Beiträge zur Kirchengeschichte 11), Köln/Wien 1979

Courtois, Stéphane u. a.: Das Schwarzbuch des Kommunismus. Unterdrückung, Verbrechen und Terror, München/Zürich 1998

D

Dahlke, Benjamin: Die katholische Rezeption Karl Barths. Theologische Erneuerung im Vorfeld des Zweiten Vatikanischen Konzils, Tübingen 2011

Dahlke, Benjamin: Zwischen Gegnerschaft und Kollaboration. Zur Geschichte der Philosophisch-Theologischen Akademie während des Nationalsozialismus, in: Jahrbuch für mitteldeutsche Kirchen- und Ordensgeschichte 8 (2012) 49–82

Dahlke, Benjamin: Die Zeit des Nationalsozialismus, in: Meyer zu Schlochtern, Josef (Hg.): Die Academia Theodoriana. Von der Jesuitenuniversität zur Theologischen Fakultät Paderborn 1614–2014, Paderborn 2014, 313–335

Dahlke, Benjamin: Vom Ende des Kulturkampfs bis zur Erhebung zur theologischen Fakultät (1877–1966), in: Meyer zu Schlochtern, Josef (Hg.): Die Academia Theodoriana. Von der Jesuitenuniversität zur Theologischen Fakultät Paderborn 1614–2014, Paderborn 2014, 271–312

Damberg, Wilhelm: Krieg, Theologie und Kriegserfahrung, in: Hummel, Karl-Joseph/Kösters, Christoph (Hg.): Kirchen im Krieg. Europa 1939–1945, Paderborn u. a. 2007, 203–215

Damberg, Wilhelm/Meier, Johannes: Das Bistum Essen 1958–2008. Eine illustrierte Kirchengeschichte der Region von den Anfängen des Christentums bis zur Gegenwart, Münster 2008

Dederke, Karlheinz: Reich und Republik. Deutschland 1917–1933, Stuttgart ^{5}1984

Denzler, Georg: Schmerzhafte ökumenische Erinnerungen. Neugefundene Briefe des Paderborner Kirchenhistorikers Adolf Herte an den Erlanger Kirchenhistoriker Walther von Loewenich, in: Zeitschrift für bayerische Kirchengeschichte 71 (2002) 187–200

Deschner, Günther: Reinhard Heydrich. Statthalter der totalen Macht (Ullstein 27559: Lebensbilder), Frankfurt a. M./Berlin 1987

Deutschland-Berichte der Sozialdemokratischen Partei Deutschlands (Sopade), 1934–1940, Zweiter Jahrgang, 1935, Salzhausen 1980

Deutschland-Berichte der Sozialdemokratischen Partei Deutschlands (Sopade), 1934–1940, Vierter Jahrgang, 1937, Frankfurt a. M. 1980

Dierker, Wolfgang: Himmlers Glaubenskrieger. Der Sicherheitsdienst der SS und seine Religionspolitik 1933–1941 (Veröffentlichungen der Kommission für Zeitgeschichte B 92), Paderborn u. a. 2002

Döblin, Alfred: Ausgewählte Werke in Einzelbänden: Aufsätze zur Literatur. In Verbindung mit den Söhnen des Dichters hg. von Walter Muschg, Olten 1963

Drewes, Josef (Hg.): Das Hochstift Paderborn. Porträt einer Region, Paderborn u. a. 1997

Drobner, Hubertus: Art. Herte, Adolf, in: Biographisch-Bibliographisches Kirchenlexikon 24 (2005) 833–835

Dülffer, Jost/Krumeich, Gerd (Hg.): Der verlorene Frieden. Politik und Kriegskultur nach 1918 (Schriften der Bibliothek für Zeitgeschichte, Neue Folge 15), Essen 2002

E

Ebeling, Jana: Religiöser Straßenprotest? Medien und Kirchen im Streit um den § 218 in den 1970er Jahren, in: Bösch, Frank/Hölscher, Lucian (Hg.): Jenseits der Kirche. Die Öffnung religiöser Räume seit den 1950er Jahren (Geschichte der Religion in der Neuzeit 5), Göttingen 2013, 256–287

Eilers, Rolf (Hg.): Löscht den Geist nicht aus. Der Bund Neudeutschland im Dritten Reich. Erlebnisberichte, Mainz 1985

Eilers, Rolf: Konfession und Lebenswelt. 75 Jahre Bund Neudeutschland 1919–1994, Mainz 1998

Ernesti, Jörg: Art. Paul Simon (1882–1946) – Humanist und Pionier der Ökumene, in: Catholica 58 (2004) 296–313

Ernesti, Jörg: Art. Friedrich Maria Rintelen, in: Biographisch-Bibliographisches Kirchenlexikon 25 (2005) 1174–1176

Ernesti, Jörg: Ökumene im Dritten Reich (Konfessionskundliche und kontroverstheologische Studien 77), Paderborn 2007

Ernesti, Jörg: Art. Simon, Paul, in: Thönissen, Wolfgang u. a. (Hg.): Lexikon der Ökumene und Konfessionskunde, Freiburg i. Br. 2007, 210f.

Ernesti, Jörg: „Nicht rückwärts, sondern vorwärts schauen…“ – Dompropst Paul Simon und seine Rede anlässlich der Begrüßung des neuen Erzbischofs Lorenz Jaeger, in: Althaus, Rüdiger/Kalde, Franz/Selge, Karl-Heinz (Hg.): Saluti hominum providendo. Festschrift für Offizial und Dompropst Dr. Wilhelm Hentze (Münsterischer Kommentar zum Codex Iuris Canonici, Beiheft 51), Essen 2008, 619–635

Ernesti, Jörg: Art. Heiler, Friedrich, in: Ernesti, Jörg/Thönissen, Wolfgang (Hg.): Personenlexikon Ökumene, Freiburg i. Br. 2010, 89f.

Ernesti, Jörg: Art. Herte, Adolf, in: Ernesti, Jörg/Thönissen, Wolfgang (Hg.) Personenlexikon Ökumene, Freiburg i. Br. 2010, 90f.

Ernesti, Jörg: Art. Lortz, Joseph, in: Ernesti, Jörg/Thönissen, Wolfgang (Hg.): Personenlexikon Ökumene, Freiburg i. Br. 2010, 135f.

Ernesti, Jörg/Thönissen, Wolfgang (Hg.): Die Entdeckung der Ökumene. Zur Beteiligung der katholischen Kirche an der ökumenischen Bewegung (Konfessionskundliche Schriften des Johann-Adam-Möhler-Instituts 24), Paderborn/Frankfurt a. M. 2008

Ernesti, Jörg/Thönissen, Wolfgang (Hg.): Personenlexikon Ökumene, Freiburg i. Br. 2010

Ernst, Josef/Leimgruber, Stephan (Hg.): Surrexit Dominus vere. Die Gegenwart des Auferstandenen in seiner Kirche. Festschrift für Erzbischof Dr. Johannes Joachim Degenhardt, Paderborn 1995

Erzbischöfliches Seelsorgeamt Paderborn (Hg.): Leben und Frieden. Hirtenbriefe, Predigten und Ansprachen des Erzbischofs von Paderborn Dr. theol. Lorenz Jaeger. Zum 15. Jahrestag seiner Bischofsweihe am 19. Oktober 1941, Paderborn 1956

F

Fikentscher, Rüdiger: Seit 1890 denselben Namen: SPD, in: Historische Kommission des SPD-Landesverbandes Sachsen-Anhalt (Hg.): 150 Jahre SPD im heutigen Sachsen-Anhalt (https://www.spd-sachsen-anhalt.de/files/geschichte/Heft6.pdf, 15–23 – abgerufen am 13.2.2019)

Fischer, Fritz: Griff nach der Weltmacht. Die Kriegszielpolitik des Kaiserlichen Deutschland 1914–1918, Düsseldorf 1961

Fischer, Fritz: Krieg der Illusionen. Die deutsche Politik von 1911 bis 1914, Düsseldorf 1969

Fischer, Fritz: Juli 1914: Wir sind nicht hineingeschlittert: das Staatsgeheimnis um die Riezler-Tagebücher. Eine Streitschrift, Reinbek bei Hamburg 1983

Fittkau, Gerhard: Art. Kaller, Maximilian, in: Gatz, Erwin (Hg.): Die Bischöfe der deutschsprachigen Länder. Ein biographisches Lexikon. Band 1: 1785/1803 bis 1945., Berlin 1983, 357–361

Forstner, Thomas: Priester in Zeiten des Umbruchs. Identität und Lebenswelt des katholischen Pfarrklerus in Oberbayern 1918 bis 1947, Göttingen 2014

Franke, Manfred: Albert Leo Schlageter. Der erste Soldat des 3. Reiches. Die Entmythologisierung eines Helden, Köln 1980

Frei, Norbert: Der Führerstaat: nationalsozialistische Herrschaft 1933 bis 1945 (Deutsche Geschichte der neuesten Zeit), München 1987

Frei, Norbert: Vergangenheitspolitik. Die Anfänge der Bundesrepublik und die NS-Vergangenheit, München 1996

Frei, Norbert (Hg.): Hitlers Eliten nach 1945, München 2014

Freitag, Werner/Ranft, Andreas/Minner, Katrin (Hg.): Geschichte der Stadt Halle. Band 2: Halle im 19. und 20. Jahrhundert, Halle 2006

Fritsch, Bruno: Engelbert Niebecker (1895–1955). Fliegerleutnant, katholischer Geistlicher und Gymnasiallehrer in Borken (Borkener Schriften zur Stadtgeschichte und Kultur 7), Gütersloh 2015

Fröhlich, Elke (Hg.): Die Tagebücher von Joseph Goebbels. Teil 2: Diktate 1941–1945, Band 8: April-Juni 1943, München u. a. 1993

Fröhlich, Elke (Hg.): Die Tagebücher von Joseph Goebbels. Teil 2: Diktate 1941–1945, Band 2: Oktober-Dezember 1941, München u. a. 1996

Fuchs, Stephan: „Vom Segen des Krieges“. Katholische Gebildete im Ersten Weltkrieg. Eine Studie zur Kriegsdeutung im akademischen Katholizismus (Contubernium 61), Stuttgart 2004

G

Gatz, Erwin (Hg.): Die Bischöfe der deutschsprachigen Länder. Ein biographisches Lexikon. Band 1: 1785/1803 bis 1945, Berlin 1983

Gatz, Erwin (Hg.): Die Bischöfe der deutschsprachigen Länder. Ein biographisches Lexikon. Band 2: 1945 bis 2001, Berlin 2002

Gatz, Erwin: Joseph Wendel, in: Ders. (Hg.): Die Bischöfe der deutschsprachigen Länder. Ein biographisches Lexikon. Band 2: 1945 bis 2001, Berlin 2002, 804

Gehling, Dominik (Hg.): Paderborner Zeitzeugen berichten 1933–1948: „... das müssen Sie mir alles aufschreiben“, Paderborn 2005

Geile, Willi: Die Ritter des königlichen Hausordens von Hohenzollern mit Schwertern im Ersten Weltkrieg (Statistische Ausarbeitungen zur Phaleristik Deutschlands 4), Offenburg 1997

Geiss, Imanuel: Das Deutsche Reich und der Erste Weltkrieg (Reihe Hanser 249), München 1978

Gerwarth, Robert: Faschismus in Europa, „Absage an die bürgerliche Welt“, Interview von Uwe Klußmann und Dietmar Pieper mit dem Historiker Robert Gerwarth vom 30. Mai 2017 (http://www.spiegel.de/spiegelgeschichte/faschismus-in-europa-historiker-robert-gerwarth-im-interview-a-1150249.html - abgerufen am 31. Mai 2017)

Goebbels, Joseph: Tagebücher 1924–1945, Band 5: 1943–1945, hg. von Ralf Georg Reuth, München ³2003

Golombek, Dieter: Die politische Vorgeschichte des Preußenkonkordats (1929) (Veröffentlichungen der Kommission für Zeitgeschichte bei der Katholischen Akademie in Bayern B 4), Mainz 1970

Gotto, Klaus/Hockerts, Hans-Günter/Repgen, Konrad: Nationalsozialistische Herausforderung und kirchliche Antwort. Eine Bilanz, in: Gotto, Klaus/Repgen, Konrad (Hg.): Die Katholiken und das Dritte Reich, 2. veränd. Aufl., Mainz 1983, 122–139

Gotto, Klaus/Repgen, Konrad (Hg.): Die Katholiken und das Dritte Reich, 2. veränd. Aufl., Mainz 1983

Grevelhörster, Ludger: Von Weltkrieg zu Weltkrieg (1914–1945), in: Hüser, Karl (Hg.): Paderborn. Geschichte der Stadt in ihrer Region. Band 3: Das 19. und 20. Jahrhundert. Traditionsbindung und Modernisierung, Paderborn 1999, 163–254

Groß, Alexander: Gehorsame Kirche, ungehorsame Christen im Nationalsozialismus, Mainz 2000

Grothmann, Detlef: „Verein der Vereine“? Der Volksverein für das katholische Deutschland im Spektrum des politischen und sozialen Katholizismus der Weimarer Republik (Paderborner historische Forschungen 9), Köln 1997

Gruß, Heribert: Lorenz Jaeger als katholischer Kirchenführer im Dritten Reich, in: Theologie und Glaube 76 (1986) 324–338

Gruß, Heribert: Bischöfliches Menetekel über dem Dritten Reich. Lorenz Jaegers Denkschrift an die Reichsregierung vom 18.12.1942, in: Theologie und Glaube 78 (1988) 3–15

Gruß, Heribert: Die „politische Klausel“ bei der Neubesetzung des Paderborner Bischofsstuhls im Jahre 1941. Kirchenpolitische Probleme in der Kriegsphase des Dritten Reiches, in: Theologie und Glaube 79 (1989) 162–177

Gruß, Heribert: Erzbischof Lorenz Jaeger im Spiegel sicherheitspolitischer Berichte, in: Wagener, Ulrich (Hg.): Das Erzbistum Paderborn in der Zeit des Nationalsozialismus. Beiträge zur regionalen Kirchengeschichte 1933–1945 (Zeitgeschichte im Erzbistum Paderborn 2), Paderborn 1993, 13–44

Gruß, Heribert: Erzbischof Lorenz Jaeger als Kirchenführer im Dritten Reich. Tatsachen, Dokumente, Entwicklungen, Kontext, Probleme (Zeitgeschichte im Erzbistum Paderborn 3), Paderborn 1995

Guérend, Jean-Pierre (Hg.): Franz Stock. Wegbereiter der Versöhnung. Tagebücher und Schriften. Mit einer Einleitung von Étienne François, Freiburg i. Br. 2017

Güsgen, Johannes: Die katholische Militärseelsorge in Deutschland zwischen 1920 und 1945. Ihre Praxis und Entwicklung in der Reichswehr der Weimarer Republik und der Wehrmacht des nationalsozialistischen Deutschlands unter besonderer Berücksichtigung ihrer Rolle bei den Reichskonkordatsverhandlungen (Bonner Beiträge zur Kirchengeschichte 15), Köln/Wien 1989

Gurian, Waldemar: Bolschewismus als Weltgefahr, Luzern 1935

H

Hammer, Karl: Deutsche Kriegstheologie (1870–1918), München 1971

Hardt, Michael: Art. Jaeger, Lorenz, in: Ernesti, Jörg/Thönissen, Wolfgang (Hg.): Personenlexikon Ökumene, Freiburg i. Br. 2010, 98–100

Hardt, Michael: Art. Söderblom, Nathan, in: Ernesti, Jörg/Thönissen, Wolfgang (Hg.): Personenlexikon Ökumene, Freiburg i. Br. 2010, 211–213

Hartig, Matthias/Hengst, Karl/Reker, Matthias: Die Inkunabeln in der Erzbischöflichen Akademischen Bibliothek Paderborn, Wiesbaden 1993

Hartog, Hans: Evangelische Katholizität. Weg und Vision Friedrich Heilers, Mainz 1995

Haslinger, Herbert: Zur Geschichte von „Theologie und Glaube“, in: Theologie und GLaube 99 (2009) 450–467

Hauser, Andrea/Kügler, Tobias/Minner, Katrin/Petri, Rolf: Stadt im Aufbruch – Industrie, Bürgertum und Arbeiterschaft (1800–1914), in: Freitag, Werner/Ranft, Andreas/Minner, Katrin (Hg.): Geschichte der Stadt Halle. Band 2: Halle im 19. und 20. Jahrhundert, Halle an der Saale 2006, 9–88

Hehl, Ulrich von/Kösters, Christoph (Bearb.): Priester unter Hitlers Terror. Eine biographische und statistische Erhebung (Veröffentlichungen der Kommission für Zeitgeschichte A 37). Band 1, Paderborn [3]1996

Heim, Bernd: Braune Bischöfe fürs Reich? Das Verhältnis von katholischer Kirche und totalitärem Staat dargestellt anhand der Bischofsernennungen im nationalsozialistischen Deutschland, Bamberg 2007

Heinemann, Ulrich: Die verdrängte Niederlage. Politische Öffentlichkeit und Kriegsschuldfrage in der Weimarer Republik (Kritische Studien zur Geschichtswissenschaft 59), Göttingen 1983

Henkelmann, Andreas/Priesching, Nicole (Hg.): Widerstand? Forschungsperspektiven auf das Verhältnis von Katholizismus und Nationalsozialismus (Theologie.Geschichte, Beiheft 2), Saarbrücken 2010

Herte, Adolf: Die Lutherbiographie des Johannes Cochläus. Eine quellenkritische Untersuchung, Münster 1915

Herte, Adolf: Die Lutherkommentare des Cochläus. Kritische Studie zur Geschichtsschreibung im Zeitalter der Glaubensspaltung (Reformationsgeschichtliche Studien und Texte 33), Münster 1935

Herte, Adolf: Das katholische Lutherbild im Bann der Lutherkommentare des Cochläus. 3 Bände, Münster 1943

Heß, Jürgen C.: „Das ganze Deutschland soll es sein"; demokratischer Nationalismus in der Weimarer Republik am Beispiel der Deutschen Demokratischen Partei (Kieler historische Studien 24), Stuttgart/Berlin 1978

Hildebrand, Klaus: Das Dritte Reich (Oldenbourg Grundriss der Geschichte 17), 5. Aufl., Nachdr. der 3., überarb. und erw. Aufl., München 1995

Hinkel, Sascha: Adolf Kardinal Bertram. Kirchenpolitik im Kaiserreich und in der Weimarer Republik (Veröffentlichungen der Kommission für Zeitgeschichte B 117), Paderborn u. a. 2010

Hinkel, Sascha: Gefangen zwischen bischöflichem Amtsverständnis und staatskirchenrechtlichen Überzeugungen. Adolf Kardinal Bertram 1859–1945 – Fürstbischof/Fürsterzbischof von Breslau 1914–1945, in: Zumholz, Maria Anna/Hirschfeld, Michael (Hg.): Zwischen Seelsorge und Politik. Katholische Bischöfe in der NS-Zeit, Münster 2018, 53–75

Hirschfeld, Michael: Grundzüge einer Rezeptionsgeschichte des deutschen Episkopats in der NS-Zeit, in: Zumholz, Maria Anna/Hirschfeld, Michael (Hg.): Zwischen Seelsorge und Politik. Katholische Bischöfe in der NS-Zeit, Münster 2018, 35–51

Höfer, Josef: Erinnerungen an Dompropst Professor Dr. Paul Simon, in: Scheele, Paul-Werner (Hg.): Paderbornensis ecclesia. Beiträge zur Geschichte des Erzbistums Paderborn. Festschrift für Lorenz Kardinal Jaeger zum 80. Geburtstag am 23. September 1972, München/Paderborn/Wien 1972, 631–688

Hömberg, Elisabeth: Dein Volk ist mein Volk. Thy People – My People. Tagebuch und Briefe 1938–1946, Münster 2017

Hohmann, Friedrich Gerhard: Das Ende des Zweiten Weltkrieges im Raum Paderborn, in: Westfälische Zeitschrift 130 (1981) 339–397

Hohmann, Friedrich Gerhard (Hg.): Westfälische Lebensbilder, Band 17 (Veröffentlichungen der Historischen Kommission für Westfalen XVII A), Münster 2005

Holzem, Andreas: Erfahrungsstreit und Erinnerungsrecht: Katholiken und Protestanten deuten Krieg und Diktatur in spannungsreicher Unterschiedlichkeit, in: Ders./Holzapfel, Christoph (Hg.): Zwischen Kriegs- und Diktaturerfahrung. Katholizismus und Protestantismus in der Nachkriegszeit (Konfession und Gesellschaft 34), Stuttgart 2005, 11–26

Holzem, Andreas: Christentum und Kriegsgewalt, in: Theologische Quartalsschrift 191 (2011) 315–340

Holzem, Andreas/Holzapfel, Christoph (Hg.): Zwischen Kriegs- und Diktaturerfahrung. Katholizismus und Protestantismus in der Nachkriegszeit (Konfession und Gesellschaft 34), Stuttgart 2005

Horyna, Brětislav: Art. Söderblom, Nathan, in: Die Religion in Geschichte und Gegenwart 7 ([4]2004), 1412

Hülsbömer, Raphael: Eugenio Pacelli im Spiegel der Bischofseinsetzungen in Deutschland von 1919 bis 1939. 4 Bände, Darmstadt 2019

Hürten, Heinz: Verfolgung, Widerstand und Zeugnis. Kirche im Nationalsozialismus. Fragen eines Historikers, Mainz 1987

Hürten, Heinz (Bearb.): „Kulturkampf, Berichte aus dem Dritten Reich, Paris". Eine Auswahl aus den deutschsprachigen Jahrgängen 1936–1939 (Eichstätter Materialien 12, Abteilung Geschichte 3), Regensburg 1988

Hürten, Heinz: Deutsche Katholiken 1918–1945, Paderborn 1992

Hüser, Karl: Von der Weimarer Republik ins Dritte Reich oder Eine Zentrumshochburg wird gleichgeschaltet, 1930–1935 (Paderborn. Geschichte in Bildern, Dokumenten, Zeugnissen 1), Paderborn 1983

Hüser, Karl (Hg.): Paderborn. Geschichte der Stadt in ihrer Region. Band 3: Das 19. und 20. Jahrhundert. Traditionsbindung und Modernisierung, Paderborn 1999

Hummel, Karl-Joseph/Kißener, Michael (Hg.): Die Katholiken und das Dritte Reich, Paderborn u. a. 2009

Hummel, Karl-Joseph/Kösters, Christoph (Hg.): Kirchen im Krieg. Europa 1939–1945, Paderborn u. a. 2007

I

Iserloh, Erwin: Rückschau auf 70 Lebensjahre (1915–1985). Den Verwandten, Freunden und Bekannten für ihr herzliches Gedenken zum 15. Mai 1985 gewidmet, Privatdruck Münster 1985

J

Jaeger, Lorenz: Das ökumenische Konzil, die Kirche und die Christenheit. Erbe und Auftrag (Konfessionskundliche Schriften des Johann-Adam-Möhler-Instituts 4), Paderborn 1960

Jaeger, Lorenz: Das Konzilsdekret „Über den Ökumenismus". Sein Werden, sein Inhalt und seine Bedeutung. Lateinischer und deutscher Text mit Kommentar (Konfessionskundliche und kontroverstheologische Studien 13), Paderborn 1965

Jaeger, Lorenz: Einheit und Gemeinschaft. Stellungnahmen zu Fragen der christlichen Einheit (Konfessionskundliche und kontroverstheologische Studien 31), Paderborn 1972

Jakobi, Franz-Josef/Sternberg, Thomas (Hg.): Kulturpolitik in Münster während der nationalsozialistischen Zeit. Referate und Diskussionsbeiträge der Tagung am 8. und 9. Juni 1990 im Franz-Hitze-Haus Münster, Münster 1990

Jedin, Hubert: Sebastian Merkle, in: Ders.: Kirche des Glaubens – Kirche der Geschichte. Ausgewählte Aufsätze und Vorträge. Band I: Kirchengeschichtsschreibung. Italien und das Papsttum. Deutschland, Abendland und Weltkirche, Freiburg i. Br. 1966, 119–130

Jedin, Hubert: Kirche des Glaubens – Kirche der Geschichte. Ausgewählte Aufsätze und Vorträge. Band I: Kirchengeschichtsschreibung. Italien und das Papsttum. Deutschland, Abendland und Weltkirche, Freiburg i. Br. 1966

Jochmann, Werner (Hg.): Adolf Hitler. Monologe im Führerhauptquartier 1941–44. Die Aufzeichnungen Heinrich Heims, Hamburg 1980

Joppen, Rudolf: Das Erzbischöfliche Kommissariat Magdeburg, Teil 10: Geschichte und Rechtsstellung vom Ausgang der Weimarer Republik bis zum Ende des zweiten Weltkrieges 1930 - 1945 (Studien zur katholischen Bistums- und Klostergeschichte 21), Leipzig 1978

Jureit, Ulrike/Wildt, Michael (Hg.), Generationen. Zur Relevanz eines wissenschaftlichen Grundbegriffs, Hamburg 2005

K

Kaiser, Joseph H.: Die Politische Klausel der Konkordate, Berlin/München 1949

Kampmann, Jürgen: Pastor Ernst Wilm. Sein Wirken in Mennighüffen, in: Jahrbuch für westfälische Kirchengeschichte 97 (2002) 253–268

Kasper, Walter u. a. (Hg.): Lexikon für Theologie und Kirche. 11 Bände, Freiburg i. Br. [3]1993–2001

Katholisches Militärbischofsamt (Hg.): Mensch, was wollt ihr denen sagen? Katholische Feldseelsorge im Zweiten Weltkrieg, Augsburg 1991

Kilgast, Emil: Rückblick auf die Geschichte der 302. Infanterie-Division, Hamburg 1976

Klauser, Theodor: Franz Joseph Dölger, 1879–1940. Sein Leben und sein Forschungsprogramm „Antike und Christentum“ (Jahrbuch für Antike und Christentum. Ergänzungsband 7), Münster 1980

Klein, Aloys: Adolf Herte. Eine Episode aus seiner Luther-Forschung, in: Theologie und Glaube 79 (1989) 568–575

Klein, Aloys: Es begann mit der Una-Sancta-Bewegung. Die Fuldaer Bischofskonferenz in Verantwortung für die Einheit im Glauben, in: Ernst, Josef/Leimgruber, Stephan (Hg.): Surrexit Dominus vere. Die Gegenwart des Auferstandenen in seiner Kirche. Festschrift für Erzbischof Dr. Johannes Joachim Degenhardt, Paderborn 1995, 329–340

Klein, Aloys: Herte, Adolf, in: Lexikon für Theologie und Kirche 5 ([3]1996), 46

Klein, Peter (Hg.): Die Einsatzgruppen in der besetzten Sowjetunion 1941/42. Die Tätigkeits- und Lageberichte des Chefs der Sicherheitspolizei und des SD (Publikationen der Gedenk- und Bildungsstätte Haus der Wannsee-Konferenz 6), Berlin 1997

Klemperer, Victor: LTI. Notizbuch eines Philologen (Röderberg-Taschenbuch 35), Frankfurt a. M. 1975

Klenke, Dietmar: Die SPD-Linke in der Weimarer Republik. Eine Untersuchung zu den regionalen und organisatorischen Grundlagen und zur politischen Praxis und Theoriebildung des linken Flügels der SPD in den Jahren 1922–1932, neubearb. Aufl., Münster 1989

Klenke, Dietmar: Schwarz - Münster - Paderborn. Ein antikatholisches Klischeebild, Münster u. a. 2008

Knaup, Marcus: Bekenner und Martyrer. Ernst Kuhlmann (1916–1940) und Alois Andritzki (1914–1943), in: Meyer zu Schlochtern, Josef (Hg.): Die Academia Theodoriana. Von der Jesuitenuniversität zur Theologischen Fakultät Paderborn 1614–2014, Paderborn 2014, 337–346

Koenen, Gerd: Das rote Jahrzehnt. Unsere kleine deutsche Kulturrevolution 1967–1977, Frankfurt a. M. 2011

Kösters, Christoph/Ruff, Mark Edward (Hg.): Die katholische Kirche im Dritten Reich. Eine Einführung, Freiburg i. Br. [2]2018

Kolb, Eberhard: Die Weimarer Republik (Oldenbourg Grundriss der Geschichte 16), München [7]2009

Kologriwof, Iwan von: Geist und Streben des satanischen Bolschewismus, in: Theologie und Glaube 33 (1941) 241–252

Konrad-Adenauer-Stiftung (Hg.): Die politische Meinung, Ausgabe 378, 1. Mai 2001

Kopp, Stefan: Gute Hirten und wahre Väter. Das Bischofsamt im Spiegel des Versprechens des Erwählten bei der Bischofsweihe, in: Althaus, Rüdiger (Hg.): In verbo autem tuo, Domine. Auf dein Wort hin, Herr. Festschrift für Erzbischof Hans-Josef Becker zur Vollendung seines 70. Lebensjahres (Paderborner Theologische Studien 58), Paderborn 2018, 97–112

Kopp, Stefan/Thönissen, Wolfgang (Hg.): Mehr als friedvoll getrennt? Ökumene nach 2017 (Theologie im Dialog 21), Freiburg i. Br. 2017

Kraatz, Martin: Art. Heiler, Friedrich, in: Die Religion in Geschichte und Gegenwart 3 ([4]2000), 1527

Kränzle, Gertraud: Art. Zoepfl, Friedrich, in: Biographisch-Bibliographisches Kirchenlexikon 19 (2001) 1597f.

Krassnitzer, Patrick: Die Geburt des Nationalsozialismus im Schützengraben. Formen der Brutalisierung in den Autobiographien von nationalsozialistischen Frontsoldaten, in: Dülffer, Jost/Krumeich, Gerd (Hg.): Der verlorene Frieden. Politik und Kriegskultur nach 1918 (Schriften der Bibliothek für Zeitgeschichte, Neue Folge 15), Essen 2002, 119–148

Krumeich, Gerd/Lehmann, Hartmut (Hg.): „Gott mit uns". Nation, Religion und Gewalt im 19. und frühen 20. Jahrhundert, Göttingen 2000

Krzemiński, Adam: Polen im 20. Jahrhundert. Ein historischer Essay (Beck'sche Reihe 476), München [2]1998

Kühner, Stefanie: „Lebensgestaltung in Christus". Katholische Jugendbewegung in der Zwischenkriegszeit (1919–1938) aufgezeigt am Beispiel des Bundes Neudeutschland, Freiburg i. Br. 1999

Küsters, Paul Gerhard: Ein Klever Märtyrer des 20. Jahrhunderts. Wilhelm Frede, Kleve 1998

Kuropka, Joachim: Schlageter und das Oldenburger Münsterland 1923/1933. Ein Markstein auf dem Weg zur Revolution des Nihilismus, in: Jahrbuch für das Oldenburger Münsterland 33 (1984) 85–98

Kuropka, Joachim (Hg.): Zur Sache – das Kreuz! Untersuchungen zur Geschichte des Konflikts um Kreuz und Lutherbild in den Schulen Oldenburgs, zur Wirkungsgeschichte eines Massenprotests und zum Problem nationalsozialistischer Herrschaft in einer agrarisch-katholischen Region, Vechta [2]1987

Kuropka, Joachim: Aspekte des kulturellen Lebens in Münster während der NS-Zeit. Theater – Büchereiwesen – Schulen, in: Jakobi, Franz-Josef/Sternberg, Thomas (Hg.): Kulturpolitik in Münster während der nationalsozialistischen Zeit. Referate und Diskussionsbeiträge der Tagung am 8. und 9. Juni 1990 im Franz-Hitze-Haus Münster, Münster 1990, 96–118

Kuropka, Joachim: Clemens August Graf von Galen (1878–1946). Ein großer Niedersachse. Begleitheft zur Ausstellung im Niedersächsischen Landtag 10. bis 19. Juni 1992, Hannover 1992

Kuropka, Joachim (Hg.): Clemens August Graf von Galen. Neue Forschungen zum Leben und Wirken des Bischofs von Münster, Münster ²1993

Kuropka, Joachim: Clemens August Graf von Galen im politischen Umbruch der Jahre 1929 bis 1934, in: Ders. (Hg.): Clemens August Graf von Galen. Neue Forschungen zum Leben und Wirken des Bischofs von Münster, Münster ²1993, 61–99

Kuropka, Joachim (Hg.): Geistliche und Gestapo. Klerus zwischen Staatsallmacht und kirchlicher Hierarchie (Anpassung, Selbstbehauptung, Widerstand 23), Münster ²2005

Kuropka, Joachim: Religion oder Politik? Zur Stellung der katholischen Kirche unter dem NS-Regime, in: Ders. (Hg.): Geistliche und Gestapo. Klerus zwischen Staatsallmacht und kirchlicher Hierarchie (Anpassung, Selbstbehauptung, Widerstand 23), Münster ²2005, 7–44

Kuropka, Joachim: Widerspruch – gegen Nationalsozialismus und ‚Restauration': Dr. Johannes Göken, in: Ders. (Hg.): Geistliche und Gestapo. Klerus zwischen Staatsallmacht und kirchlicher Hierarchie (Anpassung, Selbstbehauptung, Widerstand 23), Münster ²2005, 231–247

Kuropka, Joachim (Hg.): Streitfall Galen. Clemens August Graf von Galen und der Nationalsozialismus. Studien und Dokumente, Münster 2007

Kuropka, Joachim: Gegen die Umwertung der Werte. Zu Formen katholischen Widerstandes, in: Henkelmann, Andreas/Priesching, Nicole (Hg.): Widerstand? Forschungsperspektiven auf das Verhältnis von Katholizismus und Nationalsozialismus (Theologie.Geschichte, Beiheft 2), Saarbrücken 2010, 39–61

Kuropka, Joachim: Politik nach dem Katechismus. Franz und Clemens August von Galen versuchen, die Republik zu retten, in: Westfälische Zeitschrift 162 (2011) 93–113

Kuropka, Joachim: Clemens August Graf von Galen. Vom ‚politischen' Seelsorger zum Seligen, in: Ders.: Galen. Wege und Irrwege der Forschung, Münster 2015, 195–213

Kuropka, Joachim: Galen. Wege und Irrwege der Forschung, Münster 2015

Kuropka, Joachim: „Mit Eingaben wird wohl nichts zu erreichen sein …". Zur kirchenpolitischen Konzeption Kardinals Bertrams gegenüber dem NS-Regime, in: Scharf-Wrede, Thomas (Hg.): Adolf Kardinal Bertram (1859–1945). Sein Leben und Wirken (Quellen und Studien zur Geschichte und Kunst im Bistum Hildesheim 9), Regensburg 2015, 207–222

Kuropka, Joachim: Heimat zwischen Deutschland, Polen und Europa. Historische Blicke, Geschichtserinnerungen, Geschichtserfahrungen, Münster 2017

Kuropka, Joachim: Zur Entwicklung der deutschen Volksstimmung gegenüber Polen im Jahre 1939, in: Ders.: Heimat zwischen Deutschland, Polen und Europa. Historische Blicke, Geschichtserinnerungen, Geschichtserfahrungen, Münster 2017, 123–140

Kuropka, Joachim: Zwischen Seelsorge und Politik. Die katholischen Bischöfe Deutschlands unter dem NS-Regime. Zeitgenössische und aktuelle Kritik an den Bischöfen, in: Zumholz, Maria Anna/Hirschfeld, Michael (Hrsg.): Zwischen Seelsorge und Politik. Katholische Bischöfe in der NS-Zeit, Münster 2018, 15–33

L

Lätzel, Martin: Die katholische Kirche im Ersten Weltkrieg. Zwischen Nationalismus und Friedenswillen, Regensburg 2014

Lange, Dietz: Nathan Söderblom und seine Zeit, Göttingen 2011

Langhoff, Wolfgang: Die Moorsoldaten. 13 Monate Konzentrationslager. Unpolitischer Tatsachenbericht, Zürich 1935, Stuttgart [7]1995

Lautenschläger, Gabriele: Joseph Lortz (1887–1975). Weg, Umwelt und Werk eines katholischen Kirchenhistorikers (Studien zur Kirchengeschichte der neuesten Zeit 1), Würzburg 1987

Lautenschläger, Gabriele: Die „Fachabteilung Römisch-Katholische Kirche" in Eisenach, in: Burkard, Dominik/Weiss, Wolfgang (Hg.): Katholische Theologie im Nationalsozialismus. Band 1/2: Institutionen und Strukturen, Würzburg 2011, 441–470

Lehnert, Detlef: Propaganda des Bürgerkriegs? Politische Feindbilder in der Novemberrevolution als mentale Destabilisierung der Weimarer Demokratie, in: Ders./Megerle, Klaus (Hg.): Politische Teilkulturen zwischen Integration und Polarisierung. Zur politischen Kultur in der Weimarer Republik, Opladen 1990, 61–101

Lehnert, Detlef/Megerle, Klaus (Hg.): Politische Teilkulturen zwischen Integration und Polarisierung. Zur politischen Kultur in der Weimarer Republik, Opladen 1990

Leugers, Antonia: Gegen eine Mauer bischöflichen Schweigens. Der Ausschuss für Ordensangelegenheiten und seine Widerstandskonzeption 1941 bis 1945, Frankfurt a. M. 1996

Lewy, Guenter: The Catholic Church and Nazi Germany, New York 1964, Nachdruck im Jahr 2000 (deutsche Übersetzung: Schulz, Hildegard: Die katholische Kirche und das Dritte Reich, München 1965)

Lingen, Kerstin von: Kesselrings letzte Schlacht. Kriegsverbrecherprozesse, Vergangenheitspolitik und Wiederbewaffnung. Der Fall Kesselring (Krieg in der Geschichte 20), Paderborn u. a. 2004

Link, Josef J.: Kardinal Jaeger, in: Priesterjahrheft (1972) 46–64

Löffler, Peter (Bearb.): Bischof Clemens August Graf von Galen. Akten, Briefe und Predigten 1933–1946 (Veröffentlichungen der Kommission für Zeitgeschichte A 42). 2 Bände, Paderborn u. a. 1988

Löser, Werner: Johannes Cochlaeus und die Reformationsgeschichte, in: Catholica. Vierteljahresschrift für Ökumenische Theologie 70 (2016) 266–277

Lortz, Joseph: Katholischer Zugang zum Nationalsozialismus – kirchengeschichtlich gesehen, Münster 1933

Lüttich, Stephan: Karl Adams Weg zu seiner katholischen Sicht der „Una Sancta". Ein Beitrag zum geistigen Kontext der frühen ökumenischen Theologie, in: Ernesti, Jörg/Thönissen, Wolfgang (Hg.): Die Entdeckung der Ökumene. Zur Beteiligung der katholischen Kirche an der ökumenischen Bewegung (Konfessionskundliche Schriften des Johann-Adam-Möhler-Instituts 24), Paderborn/Frankfurt a. M. 2008, 139–158

Luther, Rudolf: „Blau oder braun?" – Der Volksbund für das Deutschtum im Ausland. VDA im NS-Staat 1933–1937, Neumünster 1999

Luther, Tammo: Volkstumspolitik des Deutschen Reiches 1933–1938. Die Auslanddeutschen im Spannungsfeld zwischen Traditionalisten und Nationalsozialisten (Historische Mitteilungen, Beiheft 55), Stuttgart 2004

M

Maas-Ewerd, Theodor: Die Krise der Liturgischen Bewegung in Deutschland und Österreich. Studien zu den Auseinandersetzungen um die „liturgische Frage“ in den Jahren von 1939 bis 1944 (Studien zur Pastoralliturgie 3), Regensburg 1981

Madey, Johannes: Art. Kologriwof, Iwan von, in: Biographisch-Bibliographisches Kirchenlexikon 4 (1992) 354–365

Mayer, Rainer/Peter Zimmerling (Hg.): Dietrich Bonhoeffer aktuell. Biographie – Theologie – Spiritualität, Gießen ²2013

Meißinger, Karl A: Zum katholischen Lutherbild, in: Theologie und Glaube 36 (1944) 53–63

Messerschmidt, Manfred: Die Wehrmacht im NS-Staat. Zeit der Indoktrination (Truppe und Verwaltung 16), Hamburg 1969

Meyer zu Schlochtern, Josef (Hg.): Die Academia Theodoriana. Von der Jesuitenuniversität zur Theologischen Fakultät Paderborn 1614–2014, Paderborn 2014

Möhring, Peter/Wagener, Ulrich: Die Erzbischöfliche Philosophisch-Theologische Akademie zu Paderborn in den Jahren des Zweiten Weltkriegs 1939–1945. Ein Überblick, in: Theologie und Glaube 94 (2004) 239–258

Möller, Christian u. a. (Hg.): Wegbereiter der Ökumene im 20. Jahrhundert, Göttingen 2005

Mommsen, Wolfgang J.: Die nationalgeschichtliche Umdeutung der christlichen Botschaft im Ersten Weltkrieg, in: Krumeich, Gerd/Lehmann, Hartmut (Hg.): „Gott mit uns“. Nation, Religion und Gewalt im 19. und frühen 20. Jahrhundert, Göttingen 2000, 249–262

Morsey, Rudolf: Die Deutsche Zentrumspartei 1917–1923 (Beiträge zur Geschichte des Parlamentarismus und der politischen Parteien 32), Mainz 1966

Morsey, Rudolf (Hg.): Zeitgeschichte in Lebensbildern. Aus dem deutschen Katholizismus des 20. Jahrhunderts [Band 1], Mainz 1973

Müller, Rolf-Dietrich: Paderborn, in: Drewes, Josef (Hg.): Das Hochstift Paderborn. Porträt einer Region, Paderborn u. a. 1997, 147–196

Münch, Matti: Verdun. Mythos und Alltag einer Schlacht (Forum Deutsche Geschichte 11), München 2006

Mund, Ottokar: P. Kilian Kirchhoff, in: Scheele, Paul-Werner (Hg.): Paderbornensis ecclesia. Beiträge zur Geschichte des Erzbistums Paderborn. Festschrift für Lorenz Kardinal Jaeger zum 80. Geburtstag am 23. September 1972, München/Paderborn/Wien 1972, 689–709

N

Nauen, Bernhard F.: St. Bonifatius Herne im Umbruch der Zeiten 1933–1993, Herne 1993

Nicolaisen, Carsten: Art. Pfarrernotbund, in: Die Religion in Geschichte und Gegenwart 6 (⁴2003) 1223f.

Nordau, Max: Degeneration, London 1895

O

Oertel, Ferdinand: Aufstand der Laien, in: Konrad-Adenauer-Stiftung (Hg.): Die politische Meinung, Ausgabe 378, 1. Mai 2001, 39–44

Otto, Arnold: Der Schriftliche Nachlass von Lorenz Kardinal Jaeger im Erzbistumsarchiv Paderborn, in: Fleckenstein, Gisela/Priesching, Nicole (Hg): Lorenz Jaeger als Theologe (Lorenz Kardinal Jaeger 1), Paderborn 2019, 328–343

P

Pahlke, Georg: Trotz Verbot nicht tot. Schlußbericht des Forschungsprojekts „Sozialgeschichte katholischer Jugendarbeit 1933–1945“ (Katholische Jugend in ihrer Zeit 3), Paderborn 1995

Panayi, Panikos: Prisoners of Britain. German Civilian and Combatant Internees during the First World War, Manchester 2012

Pape, Matthias: Erzbischof Lorenz Jaeger von Paderborn im Kampf gegen den antichristlichen Bolschewismus, in: Altgeld, Wolfgang/Kißener, Michael/Scholtyseck, Joachim (Hg.): Menschen, Ideen, Ereignisse in der Mitte Europas. Festschrift für Rudolf Lill zum 65. Geburtstag, Konstanz 1999, 145–169

Persch, Martin: Art. Laros, Matthias, in: Biographisch-Bibliographisches Kirchenlexikon 4 (1992) 1175–1177

Peter, Ulrich: Art. Walther (eigentlich: Walter) Martin Albert Carl Robert, in: Röpcke, Andreas (Hg.): Biographisches Lexikon für Mecklenburg. Band 8 (Veröffentlichungen der Historischen Kommission für Mecklenburg A), Schwerin 2016, 272–276

Petri, Heinrich: Die römisch-katholische Kirche und die ökumenische Bewegung, in: Urban, Hans Jörg/Wagner, Harald (Hg.): Handbuch der Ökumenik. Band II, Paderborn 1986, 95–168

Pieper, Josef: Das Arbeitsrecht des Neuen Reiches und die Enzyklika ‚Quadragesimo anno‘, Münster 1934

Pöpping, Dagmar: Kriegspfarrer an der Ostfront. Evangelische und katholische Wehrmachtseelsorge im Vernichtungskrieg 1941–1945 (Arbeiten zur kirchlichen Zeitgeschichte. Reihe B, Darstellungen 66), Göttingen 2017

Pöppinghege, Rainer: Zwischen kollektivem und individuellem Tabu – Gefangennahme im Krieg als verdrängtes Scheitern, in: Zahlmann, Stefan/Scholz, Sylka (Hg.): Scheitern und Biographie. Die andere Seite moderner Lebensgeschichten (Psyche und Gesellschaft), Gießen 2005, 179–190

Portmann, Heinrich: Dokumente um den Bischof von Münster, Münster 1948

Portmann, Heinrich: Kardinal von Galen. Ein Gottesmann seiner Zeit, Münster [18]1986

Priesching, Nicole: Die erzbischöfliche philosophisch-theologische Akademie in der NS-Zeit, in: Theologie und Glaube 106 (2016) 202–223

Priesching, Nicole/Fleckenstein, Gisela (Hg): Lorenz Jaeger als Theologe (Lorenz Kardinal Jaeger 1), Paderborn 2019

R

Rahner, Karl: Theologische und philosophische Zeitfragen im katholischen deutschen Raum (1943), herausgegeben, eingeleitet und kommentiert von Hubert Wolf, Ostfildern 1994

Rahner, Karl: Sämtliche Werke. Band 4: Hörer des Wortes. Schriften zur Religionsphilosophie und zur Grundlegung der Theologie. Bearb. von Albert Raffelt, Freiburg i. Br. 1997

Reineke, Augustinus: Jugend zwischen Kreuz und Hakenkreuz. Erinnerungen und Erlebnisse, Ereignisse und Dokumente, Paderborn 1987

Reiter, Ernst: Die Ernennung Michael Rackls zum Bischof von Eichstätt. Ein Beitrag zur nationalsozialistischen Kirchenpolitik, in: Sammelblatt des Historischen Vereins Eichstätt 65/66 (1972/73) 71–97

Reuth, Ralf Georg: Im großen Krieg. Leben und Sterben des Leutnants Fritz Rümmelein, München 2014

Richter, Jörg: Kriegsschuld und Nationalstolz. Politik zwischen Mythos und Realität, Tübingen 1972

Riesenberger, Dieter: Der Paderborner Dompropst Paul Simon (1882–1946). Ein Beitrag zur Geschichte des Nationalsozialismus, der Ökumene und der Nachkriegsjahre in Paderborn (Zeitgeschichte im Erzbistum Paderborn 1), Paderborn 1992

Rintelen, Friedrich M.: Erinnerungen ohne Tagebuch, Paderborn 1982

Röw, Martin: Militärseelsorge unter dem Hakenkreuz. Die katholische Feldpastoral 1939–1945 (Krieg in der Geschichte 83), Paderborn 2014

Rosenberg, Alfred: Der Mythus des 20. Jahrhunderts. Eine Wertung der seelisch-geistigen Gestaltenkämpfe unserer Zeit, München 1930

Rouse, Ruth/Neill, Stephen Charles (Hg): Geschichte der ökumenischen Bewegung. Teil 2: 1517–1948, Göttingen [2]1973

Ruff, Mark Edward: The battle for the Catholic past in Germany 1945–1980, Cambridge 2017

Ruff, Mark Edward: Katholische Kirche und Entnazifizierung, in: Kösters, Christoph/Ruff, Mark Edward (Hg).: Die katholische Kirche im Dritten Reich, Freiburg i.Br. [2]2018, 142–153

Ruh, Ulrich: 50 Jahre ökumenischer Arbeitskreis, in: Herder Korrespondenz 5/1996, 230–232

Ruppert, Karsten: Im Dienst am Staat von Weimar. Das Zentrum als regierende Partei in der Weimarer Demokratie 1923–1930 (Beiträge zur Geschichte des Parlamentarismus und der politischen Parteien 96), Düsseldorf 1992

S

Sauser, Ekkart: Art. Hengsbach, Franz, in: Biographisch-Bibliographisches Kirchenlexikon 19 (2001) 652–654

Scharf-Wrede, Thomas (Hg.): Adolf Kardinal Bertram (1859–1945). Sein Leben und Wirken (Quellen und Studien zur Geschichte und Kunst im Bistum Hildesheim 9), Regensburg und Hildesheim 2015

Scheele, Paul-Werner (Hg.): Paderbornensis ecclesia. Beiträge zur Geschichte des Erzbistums Paderborn. Festschrift für Lorenz Kardinal Jaeger zum 80. Geburtstag am 23. September 1972, München/Paderborn/Wien 1972

Scherzberg, Lucia: Kirchenreform mit Hilfe des Nationalsozialismus. Karl Adam als kontextueller Theologe, Darmstadt 2001

Scherzberg, Lucia (Hg.): Theologie und Vergangenheitsbewältigung. Eine kritische Bestandsaufnahme im interdisziplinären Vergleich, Paderborn 2005

Scherzberg, Lucia: Das kirchenreformerische Programm pronationalsozialistischer Theologen. Umwälzung kirchlicher Strukturen, zeitgemäße Theologie und Wiedervereinigung der getrennten Kirchen, in: Dies. (Hg.): Theologie und Vergangenheitsbewältigung. Eine kritische Bestandsaufnahme im interdisziplinären Vergleich, Paderborn u. a. 2005, 56–70

Scherzberg, Lucia: Art. Kleine, Richard, in: Benz, Wolfgang (Hg.): Handbuch des Antisemitismus. Judenfeindschaft in Geschichte und Gegenwart. Band 8: Nachträge und Register, Berlin 2015, 85–86

Scherzberg, Lucia: Zwischen Partei und Kirche. Nationalsozialistische Priester in Österreich und Deutschland (1938–1944), Frankfurt a. M. 2020

Schildt, Axel/Siegfried, Detlef (Hg.): Between Marx and Coca-Cola. Youth Cultures in Changing European Societies 1960–1980, New York und Oxford 2006

Schilling, René: »Kriegshelden«. Deutungsmuster heroischer Männlichkeit in Deutschland 1813–1945 (Krieg in der Geschichte 15), Paderborn u. a. 2002

Schleicher, Karl Theodor/Walle, Heinrich (Hg.): Aus Feldpostbriefen junger Christen 1939–1945. Ein Beitrag zur Geschichte der Katholischen Jugend im Felde (Historische Mitteilungen, Beiheft 60), Stuttgart 2005

Schmaus, Michael: Begegnungen zwischen katholischem Christentum und nationalsozialistischer Weltanschauung, Münster in Westfalen 1933

Schmider, Christoph: Ein merkwürdiger Mann? Conrad Gröber 1872–1948 – Erzbischof von Freiburg 1932–1948, in: Zumholz, Maria Anna/Hirschfeld, Michael (Hg.): Zwischen Seelsorge und Politik. Katholische Bischöfe in der NS-Zeit, Münster 2018, 411–435

Schmitt, Karl: Konfession und Wahlverhalten in der Bundesrepublik Deutschland (Ordo politicus 27), Berlin 1989

Schmuhl, Hans-Walter: Halle in der Weimarer Republik und im Nationalsozialismus, in: Freitag, Werner/Ranft, Andreas/Minner, Katrin (Hg.): Geschichte der Stadt Halle. Band 2: Halle im 19. und 20. Jahrhundert, Halle an der Saale 2006, 237–302

Schneider, Burkhart (Hg.): Die Briefe Pius‘ XII. an die deutschen Bischöfe 1939–1944 (Veröffentlichungen der Kommission für Zeitgeschichte bei der Katholischen Akademie in Bayern A 4), Mainz 1966

Schöppe, Lothar (Bearb.): Konkordate seit 1800. Originaltext und deutsche Übersetzung der geltenden Konkordate (Forschungsstelle für Völkerrecht und Ausländisches Öffentliches Recht der Universität Hamburg, Institut für Internationales Recht an der Universität Kiel, Institut für Völkerrecht an der Universität Göttingen, Dokumente 35), Frankfurt a. M. und Berlin 1964

Scholder, Klaus: Die Kirchen und das Dritte Reich. Band 1: Vorgeschichte und Zeit der Illusionen 1918–1934, Frankfurt a. M. u. a. 1977

Schoppmeyer, Heinrich: Lorenz Jaeger (1892–1973), in: Hohmann, Friedrich Gerhard (Hg.): Westfälische Lebensbilder, Band 17 (Veröffentlichungen der Historischen Kommission für Westfalen XVII A), Münster 2005, 185–202

Schütte, Heinz: Art. Laros, Matthias, in: Lexikon für Theologie und Kirche 6 ([3]1997) 653

Schwahn, Barbara: Der ökumenische Arbeitskreis evangelischer und katholischer Theologen von 1946 bis 1975 (Forschungen zur systematischen und ökumenischen Theologie 74), Göttingen 1996

Schwaiger, Georg/Heim, Manfred: Kardinal Joseph Wendel 1901–1960. Zum Gedächtnis des Bischofs von Speyer und Erzbischofs von München und Freising, München 1992

Schulz, Gerhard: Nationalpatriotismus im Widerstand. Ein Problem der europäischen Krise und des Zweiten Weltkriegs – nach vier Jahrzehnten Widerstandsgeschichte, in: Vierteljahrshefte für Zeitgeschichte 32 (1984) 331–372

Schulz, Hildegard: Die katholische Kirche und das Dritte Reich, München 1965 (deutsche Übersetzung von: Lewy, Guenter: The Catholic Church and Nazi Germany, New York 1964, Nachdruck im Jahr 2000)

Schulze, Werner: Meißinger, Karl August, in: Neue Deutsche Biographie 16 (1990) 691–692

Schulze-Langendorff, Friedrich: Drei Jahre im Kampf an der Westfront. Erlebtes und Erschautes (Ostdeutsche Kriegsbücher 2), Posen 1918

Schuschnigg, Kurt von: Ein Requiem in Rot-Weiss-Rot. „Aufzeichnungen des Häftlings Dr. Auster", Zürich 1946

Schwarzer, Alice: Lebenslauf, Köln 2011

Seeber, David Andreas/Adler, Gerhard u. a.: Katholikentag im Widerspruch. Ein Bericht über den 82. Katholikentag in Essen (Herder-Bücherei 328), Freiburg i. Br./ Basel/Wien 1968

Seidel, J. Jürgen: Art. Walther Schultz, in: Biographisch-Bibliographisches Kirchenlexikon 29 (2008) 1324–1326

Siegfried, Detlef: „Trau' keinem über 30"? Konsens und Konflikt der Generationen in der Bundesrepublik der langen sechziger Jahre, in: Aus Politik und Zeitgeschichte, B 45/2003, 25–32

Simar, [Hubert] Theophil: Lehrbuch der katholischen Moraltheologie, Freiburg i. Br. 1867

Sinderhauf, Monica: Katholische Wehrmachtseelsorge im Krieg. Quellen und Forschungen zu Franz Justus Rarkowski und Georg Werthmann, in: Hummel, Karl-Joseph/Kösters, Christoph (Hg.): Kirchen im Krieg. Europa 1939–1945, Paderborn u. a. 2007, 265–292

Smet, François de: Reductio ad Hitlerum. Une théorie du point Godwin, Paris 2014

Smolinsky, Heribert: Das katholische Rußlandbild in Deutschland nach dem Ersten Weltkrieg und im »Dritten Reich«, in: Volkmann, Hans-Erich (Hg.): Das Russlandbild im Dritten Reich, Köln u. a. 1994, 323–355

Spicer, Kevin P.: Im Dienst des Führers. Pfarrer Philipp Haeuser und das ‚Dritte Reich', in: Scherzberg, Lucia (Hg.): Theologie und Vergangenheitsbewältigung. Eine kritische Bestandsaufnahme im interdisziplinären Vergleich, Paderborn 2005, 17–31

Spicer, Kevin P.: Hitler's Priests. Catholic Clergy and National Socialism, DeKalb Ill. 2008

Stachelbeck, Christian (Hg.): Materialschlachten 1916. Ereignis, Bedeutung, Erinnerung (Zeitalter der Weltkriege 17), Paderborn 2017

Stakemeier, Eduard: Das Konzilsdekret „Über die Ausbildung der Priester". Lateinischer und deutscher Text mit Kommentar. Einführung von Lorenz Jaeger (Konfessionskundliche Schriften des Johann-Adam-Möhler-Instituts 7), Paderborn 1966

Steinbach, Peter/Tuchel, Johannes (Hg.): Lexikon des Widerstandes 1933–1945 (Beck'-sche Reihe 1061), München 1994

Striefler, Christian: Kampf um die Macht. Kommunisten und Nationalsozialisten am Ende der Weimarer Republik, Frankfurt a. M. und Berlin 1993

Strohm, Christoph: Die Kirchen im Dritten Reich (Beck'sche Reihe 2720), München 2011

Stüken, Wolfgang: Hirten unter Hitler. Die Rolle der Paderborner Erzbischöfe Caspar Klein und Lorenz Jaeger in der NS-Zeit, Essen 1999

Stüken, Wolfgang: Lorenz Jaeger: Kriegerische Bischofsworte, in: Bürger, Peter (Hg.): „Es droht eine schwarze Wolke". Katholische Kirche und Zweiter Weltkrieg. Lesesaal – Diskussion – Impulse (Schriftenreihe Geschichte & Frieden 39), Bremen 2018, 108–118

Süß, Winfried: „Bischof von Münster – Tötung verwundeter Soldaten." Reaktionen auf den Euthanasieprotest Clemens August Graf von Galens im Sommer 1941, in: Kuropka, Joachim (Hg.): Streitfall Galen. Clemens August Graf von Galen und der Nationalsozialismus. Studien und Dokumente, Münster 2007, 53–77

T

Tessin, Georg: Verbände und Truppen der deutschen Wehrmacht und Waffen-SS im Zweiten Weltkrieg 1939–1945. Band 9: Die Landstreitkräfte 281–370, Bissendorf 1974

Thönissen, Wolfgang: Einheit und Erneuerung. Lorenz Kardinal Jaeger als Vorreiter der ökumenischen Idee in Deutschland, in: Theologie und Glaube 94 (2004) 300–313

Thönissen, Wolfgang: Lorenz Kardinal Jaeger. Wiedervereinigung im Glauben als Gebot der Gegenwart, in: Möller, Christian u. a. (Hg.): Wegbereiter der Ökumene im 20. Jahrhundert, Göttingen 2005, 194–213

Thönissen, Wolfgang u. a. (Hg.): Lexikon der Ökumene und Konfessionskunde, Freiburg i. Br. 2007

Tigges, Paul: Jugendjahre unter Hitler. Auf der Suche nach einer verlorenen Zeit. Erinnerungen – Berichte – Dokumente, Iserlohn 1984

Tröster, Werner: „Die ganze Front stand voller Neugieriger, die aber lautlos zusahen." „Euthanasie" an Geisteskranken, dargestellt am Beispiel der Heilanstalt Warstein, in: Wagener, Ulrich (Hg.): Das Erzbistum Paderborn in der Zeit des Nationalsozialismus. Beiträge zur regionalen Kirchengeschichte 1933–1945 (Zeitgeschichte im Erzbistum Paderborn 2), Paderborn 1993, 333–363

U

Ueberschär, Gerd R. (Hg.): NS-Verbrechen und der militärische Widerstand gegen Hitler (Schriftenreihe des Fritz-Bauer-Instituts, Frankfurt am Main 18), Darmstadt 2000

Unterburger, Klaus: Katholische Theologie in der NS-Zeit: Personen, Themen, Deutungsmuster, in: Theologie und Glaube 106 (2016) 186–201

Urban, Hans Jörg/Wagner, Harald (Hg.): Handbuch der Ökumenik. Band II, Paderborn 1986

V

Verzeichnis der Studierenden, die bei der Bischöflichen Philosophisch-Theologischen Fakultät zu Paderborn im Wintersemester 1914/15 immatrikuliert sind, Paderborn 1914

Verzeichnis der Studierenden, die bei der Bischöflichen Philosophisch-Theologischen Akademie zu Paderborn im Wintersemester 1917/18 immatrikuliert sind, Paderborn 1917

Volk, Ludwig: Adolf Kardinal Bertram (1859–1945), in: Morsey, Rudolf (Hg.): Zeitgeschichte in Lebensbildern. Aus dem deutschen Katholizismus des 20. Jahrhunderts [Band 1], Mainz 1973, 274–286

Volk, Ludwig (Bearb.): Akten Kardinal Michael von Faulhabers 1917–1945, Teil 2: 1935–1945 (Veröffentlichungen der Kommission für Zeitgeschichte A 26), Paderborn u. a. 1978

Volk, Ludwig (Bearb.): Akten deutscher Bischöfe über die Lage der Kirche 1933–1945, Teil 5: 1940–1942 (Veröffentlichungen der Kommission für Zeitgeschichte A 34), Mainz 1983

Volk, Ludwig (Bearb.): Akten deutscher Bischöfe über die Lage der Kirche 1933–1945, Teil 6: 1943–1945 (Veröffentlichungen der Kommission für Zeitgeschichte A 38), Mainz 1985

Volk, Rainer: Die katholische Aktion – in deutscher Sicht, 3. erweiterte Auflage, Stuttgart und Berlin 1941

Volkmann, Hans-Erich (Hg.): Das Russlandbild im Dritten Reich, Köln u. a. 1994

Vorländer, Herwart: Die NSV. Darstellung und Dokumentation einer nationalsozialistischen Organisation (Schriften des Bundesarchivs 35), Boppard am Rhein 1988

W

Wagener, Ulrich: Unterdrückungs- und Vergeltungsmaßnahmen gegen Priester des Erzbistums Paderborn in der Zeit des Nationalsozialismus, in: Theologie und Glaube 75 (1985) 51–62

Wagener, Ulrich (Hg.): Das Erzbistum Paderborn in der Zeit des Nationalsozialismus. Beiträge zur regionalen Kirchengeschichte 1933–1945 (Zeitgeschichte im Erzbistum Paderborn 2), Paderborn 1993

Walle, Heinrich: Zur Einführung, in: Schleicher, Karl Theodor/Walle, Heinrich (Hg.): Aus Feldpostbriefen junger Christen 1939–1945. Ein Beitrag zur Geschichte der Katholischen Jugend im Felde (Historische Mitteilungen, Beiheft 60), Stuttgart 2005, 17–70

Wermert, Josef (Hg.): Olpe. Geschichte von Stadt und Land. Band 2/2: Von der Weimarer Republik bis zur Gegenwart, Olpe 2011

Wernitz, Frank (Hg.): Das Eiserne Kreuz 1813 - 1870 - 1914. Geschichte und Bedeutung einer Auszeichnung (Kataloge des Bayerischen Armeemuseums Ingolstadt 11), Wien 2013

Werth, Nicolas: Ein Staat gegen sein Volk. Gewalt, Unterdrückung und Terror in der Sowjetunion, in: Courtois, Stéphane/Werth, Nicolas u. a.: Das Schwarzbuch des Kommunismus. Unterdrückung, Verbrechen und Terror. Mit dem Kapitel »Die Aufarbeitung des Sozialismus in der DDR« von Joachim Gauck und Ehrhart Neubert, München und Zürich 1998, 51–295

Wette, Wolfram/Ueberschär, Gerd R. (Hg.): Stalingrad. Mythos und Wirklichkeit einer Schlacht (Fischer-Taschenbuch 19511: Die Zeit des Nationalsozialismus), 5. Auflage, erweiterte Neuausgabe, Frankfurt a. M. 2012

Wichert-Schmetz, Leonie: Vita et pax. Ein Ausschnitt aus dem Kirchenkampf im Ruhrgebiet in der nationalsozialistischen Zeit und was daraus folgte, Altenbeken 1979

Wiechert, Ernst: Der Totenwald. Ein Bericht, Zürich 1946, zuletzt Frankfurt a. M. 2008

Winkler, Heinrich August: Arbeiter und Arbeiterbewegung in der Weimarer Republik. Von der Revolution zur Stabilisierung 1918–1924 (Geschichte der Arbeiter und der Arbeiterbewegung in Deutschland seit dem Ende des 18. Jahrhunderts 9), 2., völlig durchgesehene und korrigierte Auflage, Berlin und Bonn 1985

Witetschek, Helmut: Der gefälschte und der echte Mölders-Brief, in: Vierteljahrshefte für Zeitgeschichte 16 (1968) 60–65

Wittig, Michael: Paderborn als kirchlicher Vor-Ort. Die Bedeutung für Stadt und Region, in: Hüser, Karl (Hg.): Paderborn. Geschichte der Stadt in ihrer Region. Band 3: Das 19. und 20. Jahrhundert. Traditionsbindung und Modernisierung, Paderborn 1999, 337–401

Wolf, Hubert: Einleitung, in: Rahner, Karl: Theologische und philosophische Zeitfragen im katholischen deutschen Raum (1943), herausgegeben, eingeleitet und kommentiert von Hubert Wolf, Ostfildern 1994, 17–77

Wolf, Hubert/Arnold, Claus (Hg.): Der Rheinische Reformkreis. Dokumente zu Modernismus und Reformkatholizismus 1942–1955. Band 2, Paderborn u. a. 2001

Wolf, Hubert/Schüler, Barbara/Flammer, Thomas (Hg.): Clemens August von Galen. Ein Kirchenfürst im Nationalsozialismus, Darmstadt 2007

Wolfrum, Edgar: Geschichtspolitik in der Bundesrepublik Deutschland. Der Weg zur bundesrepublikanischen Erinnerung 1948–1990, Darmstadt 1999

Z

Zahlmann, Stefan/Scholz, Sylka (Hg.): Scheitern und Biographie. Die andere Seite moderner Lebensgeschichten (Psyche und Gesellschaft), Gießen 2005

Ziemann, Benjamin: Die Konstruktion des Kriegsveteranen und die Symbolik seiner Erinnerung 1918–1933, in: Dülffer, Jost/Krumeich, Gerd (Hg.): Der verlorene Frieden. Politik und Kriegskultur nach 1918 (Schriften der Bibliothek für Zeitgeschichte, Neue Folge 15), Essen 2002, 101–118

Zumholz, Maria Anna: Clemens August Graf von Galen und der deutsche Episkopat 1933 bis 1945, in: Kuropka, Joachim (Hg.): Clemens August Graf von Galen. Neue Forschungen zum Leben und Wirken des Bischofs von Münster, Münster [2]1993, 179–220

Zumholz, Maria Anna: „Der Krieg ist nicht das Allheilmittel für die Gebrechen der kranken Menschheit“. Clemens August von Galen und der Krieg, in: Kuropka, Joachim (Hg.): Streitfall Galen. Clemens August Graf von Galen und der Nationalsozialismus. Studien und Dokumente, Münster 2007, 165–187

Zumholz, Maria Anna: Die Fuldaer Plenarkonferenz 1933–1945 im Spannungsfeld zwischen Gesinnungsethik und Verantwortungsethik, von Seelsorge und Politik, in: Zumholz, Maria Anna/Hirschfeld, Michael (Hg.): Zwischen Seelsorge und Politik. Katholische Bischöfe in der NS-Zeit, Münster 2018, 725–764

Zumholz, Maria Anna/Hirschfeld, Michael (Hg.): Zwischen Seelsorge und Politik. Katholische Bischöfe in der NS-Zeit, Münster 2018

Zwicker, Stefan: „Nationale Märtyrer“: Albert Leo Schlageter und Julius Fučík. Heldenkult, Propaganda und Erinnerungskultur (Sammlung Schöningh zur Geschichte und Gegenwart), Paderborn u. a. 2006

Abkürzungsverzeichnis

AA.EE.SS.	Congregazione degli Affari Ecclesiastici Straordinari
ABA	Archiv des Bistums Augsburg
AKMB	Archiv des Katholischen Militärbischofs für die Deutsche Bundeswehr
ARD	Arbeitsgemeinschaft der öffentlich-rechtlichen Rundfunkanstalten der Bundesrepublik Deutschland
BDA	Bischöfliches Diözesanarchiv Aachen
BA	Bundesarchiv (Berlin)
BAS	Bistumsarchiv Speyer
BA-MA	Bundesarchiv – Militärarchiv (Freiburg im Breisgau)
BDKJ	Bund der Deutschen Katholischen Jugend
BHStAM	Bayerisches Hauptstaatsarchiv München
BVP	Bayerische Volkspartei
CAJ	Christliche Arbeiterjugend Deutschland
CDU	Christliche Demokratische Union
CV	Cartellverband
DCV	Archiv Deutscher Caritasverband Freiburg
DDP	Deutsche Demokratische Partei
DDR	Deutsche Demokratische Republik
DIP	Demokratische Initiative Paderborn
DNVP	Deutschnationale Volkspartei
CSFR	Tschechische und Slowakische Föderative Republik
DVP	Deutsche Volkspartei
EAB	Erzbischöfliche Akademische Bibliothek Paderborn
EBAP	Erzbischöfliches Archiv Paderborn
EBAP, NL	Erzbischöfliches Archiv, Nachlass
Ebd.	Ebenda
EK	Eisernes Kreuz
EKD	Evangelische Kirche in Deutschland
EKvW	Evangelische Kirche von Westfalen
FAZ	Frankfurter Allgemeine Zeitung
FDP	Freie Demokratische Partei

Gestapa	Geheimes Staatspolizeiamt
Gestapo	Geheime Staatspolizei
GStA	Geheimes Staatsarchiv
HJ	Hitlerjugend
ibid.	ibidem = ebenda
JAMI	Johann-Adam-Möhler-Institut für Ökumenik
KAO	Kirchliche Archivordnung
KMBA	Katholisches Militärbischofsamt
KANN	Katholische Nachrichtenagentur
KDSE	Katholische Deutsche Studenten-Einigung
KKSMI	Konfessionskundliche Schriften
KKTS	Konfessionskundliche und kontroverstheologische Studien
KPD	Kommunistische Partei Deutschlands
KV	Kartellverband
KZ	Konzentrationslager
LAV NRW	Landesarchiv Nordrhein Westfalen
LkA EKvW	Landeskirchliches Archiv der Evangelischen Kirche von Westfalen
LThK	Lexikon für Theologie und Kirche
MdB	Mitglied des Deutschen Bundestages
Ms.	Manuskript
ND	Bund Neudeutschland
NKWD	Narodny Komissariat Wnutrennich Del (Volkskommissariat des Innern (sowjetische politische Geheimpolizei [1934–1946])
NSDAP	Nationalsozialistische Deutsche Arbeiterpartei
NSLB	Nationalsozialistischer Lehrerbund
NSV	Nationalsozialistische Volkswohlfahrt
NW	Neue Westfälische
ÖAK	Ökumenischer Arbeitskreis evangelischer und katholischer Theologen
OFM	Ordo Fratrum Minorum = Orden der Minderen Brüder (Franziskaner)
OKH	Oberkommando des Heeres
OKW	Oberkommando der Wehrmacht
PAAA	Politisches Archiv des Auswärtigen Amts
PH	Pädagogische Hochschule

RMfdkA	Reichsministerium für die kirchlichen Angelegenheiten
RThF	Registratur der Theologischen Fakultät Paderborn
RSHA	Reichssicherheitshauptamt
SA	Sturmabteilung
SAP	Sozialistische Arbeiterpartei
SD	Sicherheitsdienst
SPD	Sozialistische Partei Deutschlands
S.RR.SS.	Segreteria di Stato, Sezione per i Rapporti con gli Stati, Archivio Storico
SS	Schutzstaffel
StadtA. PB	Stadtarchiv Paderborn
StGB	Strafgesetzbuch
St.S.	Staatssekretär
UAM	Universitätsarchiv Münster
VDA	Verein für das Deutschtum im Ausland
VLR	Vortragender Legationsrat
WB	Westfalen-Blatt
WD/ACDP	Archiv der Konrad Adenauer Stiftung (St. Augustin)
WDR	Westdeutscher Rundfunk

Bildnachweise

S. 13 Nachlass Brockmann
S. 18 EBAP, NL Jaeger_1906
S. 20 EBAP, NL Jaeger_1919
S. 22 EBAP, NL Jaeger_1915
S. 25 EBAP, NL Jaeger_1919
S. 41 Erzbischöfliche Akademische Bibliothek Paderborn
S. 43 Erzbischöfliche Akademische Bibliothek Paderborn
S. 44 Erzbischöfliche Akademische Bibliothek Paderborn
S. 46 EBAP, NL Jaeger
S. 47 StA Halle
S. 49 EBAP, NL Jaeger
S. 55 EBAP, NL Jaeger
S. 58 EBAP, NL Jaeger
S. 59 EBAP, NL Jaeger
S. 65 EBAP, NL Jaeger_2805
S. 66 EBAP, NL Jaeger
S. 68 EBAP, NL Jaeger
S. 69 Privatarchiv Claus Stolze
S. 73 EBAP, NL Jaeger
S. 82 Nachlass Brockmann
S. 86 EBAP, NL Jaeger
S. 93 EBAP, NL Jaeger
S. 97 EBAP, NL Jaeger
S. 99 EBAP, NL Jaeger
S. 114 EBAP, NL Jaeger
S. 117 EBAP, NL Jaeger
S. 128 EBAP, NL Jaeger
S. 136 EBAP, NL Jaeger
S. 140 EBAP, NL Jaeger
S. 143 EBAP, NL Jaeger
S. 146 EBAP, NL Jaeger
S. 150 EBAP, NL Jaeger_1925
S. 152 EBAP
S. 166 https://www.katholische-militaerseelsorge.de/geschichte/weimarer-zeit/ – abgerufen am 18.03.2020
S. 183 EBAP
S. 191 EBAP
S. 210 https://en.wikipedia.org/wiki/Hanns_Kerrl – abgerufen am 18.03.2020

S. 222 EBAP
S. 227 EBAP
S. 242 EBAP
S. 244 EBAP
S. 254 EBAP
S. 257 EBAP
S. 261 EBAP
S. 273 EBAP
S. 281 Privat (Bearbeitung J. W. Vutz)
S. 287 EBAP
S. 289 EBAP
S. 290 EBAP
S. 308 KNA_190834
S. 312 Bistumsarchiv Münster; Foto: Gustav Albers
S. 315 EBAP
S. 322 Neue Westfälische, Westfälisches Volksblatt, Mai 2015
S. 332 https://www.lwl.org/westfaelische-geschichte/med/normal/med978.jpg – abgerufen am 16.03.2020
S. 335 EBAP
S. 339 https://www.katholisch.de/artikel/16519-brauner-conrad-oder-katholischer-fels-gegen-hitler - abgerufen am 16.03.2020
S. 342 Erzbischöfliche Akademische Bibliothek Paderborn
S. 349 Nachlass Kleine, Johann-Adam-Möhler-Institut Paderborn
S. 351 Erzbischöfliche Akademische Bibliothek Paderborn
S. 355 https://www.nordkirche-nach45.de/fileadmin/user_upload/baukaesten/Baukasten_Neue_Anfaenge/NA_2019_Schwerin_Vortrag_Wurm_2019_04_10.pdf - abgerufen am 16.03.2020
S. 372 DER SPIEGEL, 1965, Nr. 8 vom 17.2.1965, Titelblatt
S. 373 DER SPIEGEL, 1965, Nr. 12 vom 17.3.1965, S. 96
S. 403 DER SPIEGEL, 1972, Nr. 47 vom 13.11.1972, S. 22
S. 409 DER SPIEGEL, 1972, Nr. 48 vom 20.11.1972, S. 75

Personenregister

Adam, Karl 346
Adenauer, Konrad 103
Adolph, Walter 311
Adorno, Theodor W. 9
Ahrens, Irmgard 288
Amerbach, Johann 39
Arnold, Karl 103, 105
Asmussen, Hans 34
Augstein, Rudolf 9, 124, 394, 395, 396, 397, 398, 399, 402, 403, 404, 405, 406, 407, 408, 410, 411, 412, 413
Augustinus, Aurelius 39, 149, 310
Bagus, Josef 350
Banasch, Georg 170
Barres, Nikolaus 164, 165, 166
Barth, Karl 340
Bartsch, Erich 166, 167, 220, 225
Bartz, Wilhelm 109
Barzel, Rainer 115, 124, 125, 394
Baumann, Augustinus 74, 77, 182, 185, 186, 187, 188, 189, 192, 194, 198, 202, 203, 238, 272
Becker (Studienrat) 22, 23, 265, 266, 267
Becker, Hans-Josef 2, 184
Beckmann, Joachim 118, 366
Bellingham, Edward 87
Bergen, Diego von 165, 168
Bergengruen, Werner 30
Berning, Hermann Wilhelm 78, 279
Bertram, Adolf 8, 78, 79, 145, 148, 149, 236, 292, 304, 305, 308, 309, 310, 311, 313, 342, 343, 344, 345, 359
Bickmeyer, Anton 84
Blaschke, Olaf 318
Blomberg, Werner von 217
Boepple, Ernst 237
Bonhoeffer, Dietrich 251, 326
Bonzel, Maria Theresia 113
Borgmeyer 321
Bormann, Martin 214
Bornewasser, Franz Rudolf 279, 313
Braekling, Alois 188, 192
Brandt, Hans Jürgen 69, 321, 323
Brandt, Willy 122, 124, 128, 394, 399
Braun, Johannes 105
Broszat, Martin 323
Brox, Fanz 387
Brücker, Aloys 357, 358
Bürger, Peter 134, 236, 243, 249, 250, 272, 278, 279, 280, 295, 302, 317, 318, 320, 321, 323, 368, 369, 418, 420, 421, 423, 426
Buslay, Josef 325
Clark, Christopher 274, 380, 415
Cochläus, Johannes 341, 344
Cohausz, Alfred 14, 30
Cremer, Arnold 89, 90
Dahmen, Karl 361
Damberg, Wilhelm 301, 302
David, Emmerich 199
Degenhardt, Johannes Joachim 14, 75, 104, 124, 130, 131
Delp, Alfred 58, 310
Denzler, Georg 320
Deschner, Günther 270, 320
Dierkers, Wolfgang 271
Dierkes, Franz 204
Dietrich, Rudolf 199, 200
Dietz, Johann Baptist 310
Döblin, Alfred 294
Dölger, Franz Joseph 39
Donders, Adolf 56, 79
Döpfner, Julius 365
Drake, Heinrich 94, 95

Drewes, Hans Leo 104
Echelmeyer, Clemens 88
Edelmann, Karl 225
Ehlers, Hermann 103
Eilers, Rolf 261
Eisner, Kurt 294
Elfers, Heinrich 28
Ellis, Edward 100
Enders, Alfred 130
Enke, Friedrich Wilhelm 45
Enke, Samuel 45
Enke, Tobias 45
Epp, Franz von 237
Ermecke, Gustav 100, 106
Ernesti, Jörg 334, 346
Esch, Ludwig 58
Faassen, Dina van 6
Falkenhayn, Erich von 135
Falkenhorst, Paul Nikolaus von 36, 158
Faulhaber, Michael von 8
Fischer (Legationsrat) 205
Fischer, Fritz 379, 415
Frede, Wilhelm 259
Freytag-Lohringhofen, Hans Freiherr von 36
Frick, Wilhelm 269
Friedrich 13
Friedrich Wilhelm IV. 52
Frings, Josef 88, 90, 92, 155, 157, 164, 181, 184, 197, 199, 236, 365
Fromm, Friedrich 216
Funcke, Liselotte 393
Gabriel, Ferdinand 190, 192
Gabriel, Johannes 190
Gagelmann, Friedrich 57
Galen, Clemens August von 76, 77, 88, 121, 149, 158, 163, 178, 185, 186, 230, 234, 237, 238, 240, 270, 278, 279, 280, 283, 286, 294, 298, 301, 302, 311, 312, 313, 314, 324, 326, 418
Gerwarth, Robert 244
Gierse, Kaspar 221, 235
Göbel, Joachim 425
Gockeln, Josef 103
Goebbels, Joseph 79, 153, 154, 243, 244, 253, 304, 305
Göken, Johannes 265
Gori, Alberto 108
Göring, Hermann 165, 175, 230, 234, 235, 279
Graf, Willi 59
Gramsch, Friedrich 211
Grass, Günther 122
Graumann, Ernst 126
Grebe, Peter 80
Grente, Georges-François-Xavier-Marie 97
Griffin, Bernard 100
Gröber, Conrad 145, 338, 339, 340, 341, 342, 343, 344, 345
Groß, Alexander 418
Grothmann, Detlef 6
Gruß, Heribert 3, 7, 11, 12, 20, 28, 76, 133, 213, 214, 249, 257, 264, 321, 323
Gwynne, John 35
Hackfort, Josef 247
Hagemann, Ludwig 190, 191, 192
Haidlen, Richard 212
Hamacher, Wilhelm 92
Hardt, Michael 328
Hartmann, Felix von 58
Hasemann, Walther 103
Haslinger, Herbert 4
Hedin, Sven 35
Heideck 231
Heideking, Heinz 122
Heiler, Friedrich 340
Heim, Bernd 7, 8, 279
Heineke, August 288
Heinemann, Gustav 128
Hengsbach, Franz 105, 157, 389
Hengst, Karl 321, 323
Henneke, Heinrich Joseph 19, 20, 24
Herte, Adolf 4, 341, 342, 343, 344, 345, 362
Herzl, Theodor 294
Heufers, Heinrich 163
Heydrich, Reinhard 72, 244, 270, 271

Hillebrand, Johannes 187
Hiltenkamp, Walter 113
Himmler, Heinrich 244
Hindenburg, Paul von 62, 234, 247
Hirschmann, August 191
Hitler, Adolf 1, 2, 4, 36, 62, 63, 75, 77, 78, 120, 144, 155, 162, 169, 217, 230, 234, 235, 244, 245, 247, 249, 262, 266, 271, 272, 274, 277, 278, 286, 288, 295, 308, 316, 317, 319, 347, 355, 368, 402, 408, 417
Höfer, Josef 34, 95, 203, 256
Höfer, Werner 397
Hofmann, Rudolf 36, 158
Holtmann, Wilhelm 174, 178, 185, 234
Hömberg, Albert 294
Hömberg, Elisabeth 294
Honselmann, Wilhelm 39
Horstkemper, Gerhard 368, 384, 385
Hoyer, Franz Alfons 42
Hübner, Paul 350
Huch, Ricarda 294
Hürten, Heinz 302, 311, 313
Hussein I. bin Talal 126
Innitzer, Theodor 328, 342, 344
Isenburg, Ferdinand Karl Prinz zu 87
Isenburg, Helene Elisabeth von 99
Iserloh, Erwin 269, 270
Jaeger, Anna (genannt Anni) 47, 114
Jaeger, Anna Elisabeth 47
Jaeger, Anna Liberta, geb. Enke 45, 46
Jaeger, Brigitte 100
Jaeger, Felix Hermann 17, 47, 100, 125
Jaeger, Heinrich 20
Jaeger, Johannes 45
Jaeger, Josef Christoph 45
Jaeger, Lorenz (sen.) 45, 46
Jaeger, Paul Otto 17, 18, 47, 48, 52, 135
Johannes Paul II. 9
Johannes XXIII. 110, 113
Kaller, Maximilian 346
Kanckstedt 207, 208
Kaspar, Karel 201
Kauffmann, Gerhard 24
Kerrl, Hanns 72, 76, 148, 210, 211, 212, 213, 214, 215, 216, 217
Kesselring, Albert 36, 158
Kirchhoff, Kilian 80
Klein, Caspar 8, 22, 30, 54, 58, 71, 182, 183, 186, 187, 188, 193, 197, 199, 203, 205, 218, 268, 295
Kleine, Richard 324, 327, 347, 349, 350, 351, 352, 353, 354, 355, 356, 357, 358, 359, 360, 361, 362, 363
Klemperer, Victor 293, 294
Klenke, Dietmar 9, 120, 124
Klinkhammer, Carl 284
Koch, Otto 155
Köhler 170
Kolbow, Karl-Friedrich 77, 187
Kube, Wilhelm 169
Kühle, Heinrich 346
Kühn, Heinz 385, 388
Kuropka, Joachim 8
Landersdorfer, Simon 239
Langer 148
Langhoff, Wolfgang 304
Laros, Matthias 345
Le Fort, Gertrud von 30
Lehnert, Pascalina 34
Lenin, Vladimir 276
Leo der Große 117
Leo XIII. 237
Lewy, Guenter 119, 120, 293, 371, 372, 373, 374, 375, 376, 377, 379, 380, 381, 383, 392, 394, 399, 403, 418, 423
Lichtenberg, Bernhard 170
Linneborn, Johannes 139
Linnenberg, Wilhelm 288
Linnenbrock, Rainer 114
Lohse, Johanna 45
Lortz, Joseph 256, 343, 344, 345, 346
Lossau, Georg 169
Lübke, Heinrich 126
Lüinck, Ferdinand von 207
Luther, Martin 111, 343, 344
Machens, Joseph Godehard 72, 272, 279, 308

Mallinckrodt, Pauline von 113
Maria Rufina (Sr.) 48
Marlé, René 110
Martin, Konrad 334
Mausbach, Josef 56
Maximilian I. 258
Mayer, Joseph 4, 74, 346, 350, 351, 362
Mayer, Rupert 253
Mayer-Pfannholz, Anton 343, 344
Meißinger, Karl August 341, 342
Merkle, Sebastian 345
Metzger, Max Josef 356
Meyer, Alfred 204, 205, 207, 208, 235, 272, 278
Meyers, Franz 101
Mikat, Paul 381
Missalla, Heinrich 295, 320
Möhler, Johann Adam 109
Mölders, Werner 59, 298
Montgomery, Bernard 87
Muhs, Hermann 236
Müller, Max 261
Mumm, Reinhard 126
Mynarek, Hubertus 320
Nattermann, Johannes 361
Nell-Breuning, Oswald von 37, 38
Neubrand, Maria 4
Neuhäusler, Johannes 36
Neukirch, Helmut 261
Neumann (Amtsrat) 24
Neumann, Burkhard 8
Niebecker, Engelbert 42
Niemöller, Martin 251
Nordau, Max 294
Nüschen, Alois 104
Orsenigo, Cesare 27, 72, 178, 182, 197, 201, 205, 208, 209, 214, 217, 220, 221, 222, 225, 272, 291, 292, 325
Otto, Arnold 5
Pacelli, Eugenio 34, 172, 189
Pahlke, Georg 261
Pape, Matthias 4, 7, 61, 277, 418
Papen, Franz von 36
Papen, Margarete von 36
Paul VI. 108, 117, 118, 127, 129
Pieper, Anton Capsar 190, 192
Pieper, J. 203
Pieper, Josef 42, 256
Pircher, Johannes 354, 358
Pius XI. 61, 264, 303
Pius XII. 1, 6, 7, 27, 34, 36, 104, 105, 183, 184, 187, 189, 194, 195, 197, 374
Pöppinghege, Rainer 7
Preysing, Konrad von 78, 80, 164, 263
Rackl, Michael 236, 237, 238
Raeder, Erich 36, 157
Rarkowski, Franz Justus 26, 144, 145, 148, 166, 219, 220, 224
Rasche 42
Rau, Johannes 384
Raub, Maria Magdalena 45
Rauch, Wendelin 177, 178, 234
Reineke, Augustinus 30, 33, 200, 291, 292
Rick, Hermann-Josef 405, 410
Riedel, Richard 47
Riesenberger, Dieter 189
Rintelen, Friedrich Maria 27, 31, 80, 82, 83, 104, 105, 331
Risse, Josef 67
Rohrbach, Felicitas 125
Roleff, Heinrich 185, 186
Rosenberg, Alfred 66, 70, 72, 124, 178, 206, 210, 211, 232, 267, 268, 324, 325, 352, 395, 396, 398
Rost, Ellen 248
Roth, Joseph 177, 204
Rusch, Paul 181, 186
Rust, Berhard 266
Rüther, Hans 128, 129
Sander, Gerhard 14
Schade, Maria Anna 45
Scheele, Paul-Werner 109
Schelkle, Karl Hermann 41
Schelsky, Helmut 380, 381
Scherzberg, Lucia 349
Schiller, Claudia 125
Schlageter, Albert Leo 23, 63, 252, 255, 256, 319
Schlink, Edmund 95

Schlüter, Johannes 236, 385
Schmalor, Hermann-Josef 39
Schmaus, Michael 236, 237, 346
Schmidt, Helmut 294
Schneider, Reinhold 30, 33
Schoppmeyer, Heinrich 4, 7, 11, 12, 52, 61, 64, 67, 107, 110, 111, 129, 272, 417, 418
Schreiber, Christian 169
Schreiber, Georg 40, 56, 57
Schröder, Rochus 155
Schulte, Kasper 92, 94
Schulte, Maria Verena 48
Schultz, Walther 9, 352, 353, 354, 355, 358, 359
Schütte, Clemens 48
Schwaiger, Georg 197
Schwarzer, Alice 122, 391, 392
Schweitzer, Albert 99
Schwermer, Christian 48
Sebastian, Ludwig 194, 195, 197, 198, 213, 214
Semjonow, Wladimir Semjonowitsch 36
Senftleben, Otto 209, 225, 331
Severing, Carl 141
Simon, Paul 39, 71, 75, 95, 188, 189, 228, 334, 336, 338, 339, 362
Smolinsky, Herbert 277
Söderblom, Nathan 340
Spicer, Kevin 347, 362
Stählin, Wilhelm 95, 96
Stahn, Julius 211
Stakemeier, Eduard 109, 110, 113, 341
Staudinger, Hugo 385
Steffes, Peter 56
Steinbauer, Anton 91
Steinberg, Josef 284
Steinhoff, Fritz 105
Steinmann, Paul 170, 237
Stock, Franz 60, 70, 257
Stohr, Albert 78
Stolze, Anna siehe Jaeger, Anna
Stolze, Claus 114, 125
Stork, Hans-Walter 6
Sträter, Hermann Joseph 179, 185, 186, 198
Strehl, Johannes 166, 168, 169, 170, 183, 228, 243
Stuckart, Wilhelm 174
Stüken, Wolfgang 3, 7, 8, 11, 12, 20, 134, 233, 236, 237, 238, 243, 249, 250, 251, 252, 253, 255, 256, 257, 258, 259, 260, 261, 262, 263, 264, 265, 267, 270, 272, 278, 279, 280, 281, 282, 283, 286, 288, 290, 292, 293, 295, 296, 299, 300, 301, 302, 304, 305, 307, 311, 314, 315, 316, 317, 318, 319, 320, 321, 323, 418
Süß, Winfried 313
Tecklenburg, Bruno 331, 333
Teschlade, Hubert 283
Teusch, Christine 102
Theegarten, Felix 209
Thierack, Otto 80
Thimme, Hans 126
Thönissen, Wolfgang 321
Tigges, Paul 253, 286
Tischleder, Peter 56, 79
Toennies, Ferdinand 61
Tölle, Christoph 116
Trenker, Luis 262, 319
Uptmoor, Franz 253
Usher 86
Velden, Johannes Josef van der 361
Volk, Ludwig 311
Volk, Rainer 29
Völker, Christoph 288
Vorländer, Herwart 259
Wagener, Ulrich 3, 11, 12, 20
Walle, Heinrich 285, 288
Wätjen, Hermann 56
Watter, Oskar von 141
Weber, Franz-Josef 247
Weber, Werner 195, 236
Weinich 265
Weizsäcker, Ernst von 201, 205, 208
Wendel, Joseph 194, 195, 196, 197, 198, 223
Wensch, Bernhard 59
Werthmann, Georg 145, 147, 167, 350
Weskamm, Wilhelm 36, 104
Wichert-Schmetz, Leonie 264

Wiechert, Ernst 304
Wiemann 155
Wienken, Heinrich 78, 90, 225, 226, 292
Wilhem II. 49, 69, 138
Willeke, Kaspar 24
Wilm, Ernst 332, 333
Winkelmann, Heinrich 188
Wirtz 21
Wissing, Wilhelm 115
Wittig, Michael 97
Wurm, Hermann Joseph 190, 192
Zacharias, Klaus 121
Zakrzeski, Thaddäus 180
Zenz, Paul 84
Zoepfl, Friedrich 342, 344

Ortsregister

Aachen 176, 185, 186, 187, 198, 200, 213, 234
Altenburg (Thüringen) 114
Altenhundem 253
Amberg 258
Amersfort 26
Amiens 51, 70, 144
Arnsberg 122
Bamberg 200
Basel 39
Berlin 26, 27, 36, 72, 80, 104, 115, 141, 164, 165, 166, 197, 204, 219, 221, 225, 226, 230, 236, 240, 292, 314, 331
Berlin-Hermsdorf 334
Berlin-Karlshorst 36
Berlin-Spandau 36
Bethen (Cloppenburg) 253
Bethlehem 108
Bielefeld 102, 380, 381
Bierville 60, 257
Birmingham 99
Bochum 58, 106, 260, 381
Bonn 14, 78, 124
Bonn-Pützchen 88
Borken (Westf.) 42
Braunsberg 346
Breda 45
Breslau 102, 292, 304, 310, 359
Butowo 276
Caffenhausen 45
Cambrais 51, 52
Castrop-Rauxel 58, 260
Dachau 333
Danzig 181
Darmstadt 51, 135
Detmold 28
Doorn (NL) 69
Dörenhagen 81, 82
Dortmund 15, 21, 22, 24, 33, 57, 60, 63, 64, 72, 98, 106, 147, 190, 192, 203, 208, 218, 227, 248, 258, 260, 268, 269, 270, 375, 412
Dortmund-Brackel 106, 107
Düsseldorf 65, 229, 230, 255
Eickelborn 77
Essen 118
Fulda 95, 176, 179, 213, 234, 294, 309, 311, 338
Gardelegen 19
Gelsenkirchen 101
Geseke 82
Hadamar 77
Halberstadt 105
Halle an der Saale 16, 45, 46, 48, 49, 52, 53, 129
Hamburg 124, 388
Hattingen 101
Herne 15, 21, 33, 55, 56, 57, 58, 60, 61, 63, 64, 66, 67, 127, 260
Iggenhausen (Lichtenau i. W.) 82
Innsbruck 180, 181, 186
Iwanowo 276
Kevelaer 78, 79, 178
Kleve 259
Köln 122, 181, 193, 196, 198, 201, 266
Königswinter 37
Konstanz 115
Le Mans 97, 126
Leipzig 46
Lille 143
Lippstadt 89, 157
Lissa 306
London 99, 100, 294
Magdeburg 21, 46, 55, 104, 105
Marsberg 77
Martinsfels 45

Meinkenbrecht (Sauerland) 67
Meschede 345
Middelkerke 145
Minden 28, 84
Moskau 276, 277
München 18, 34, 275
Münster 19, 21, 28, 40, 54, 56, 57, 64, 89, 95, 102, 141, 142, 163, 179, 185, 204, 210, 211, 213, 215, 230, 231, 235, 237, 238, 240, 241, 258, 269, 278, 304, 308, 314, 345, 365
Münster-Wolbeck 294
Nahlendorf 45
Nottingham 100
Oebisfelde 19, 21, 27, 60
Oldenburg 95
Olpe 16, 36, 48, 49, 98, 115, 116, 125, 129, 130, 135
Orjol 276
Oschersleben 48
Oxford 100
Paderborn 1, 7, 9, 15, 18, 19, 20, 21, 39, 50, 55, 72, 78, 79, 81, 82, 83, 89, 90, 92, 97, 98, 101, 102, 105, 109, 113, 115, 120, 122, 125, 129, 131, 141, 154, 181, 186, 188, 193, 194, 195, 196, 197, 198, 200, 201, 212, 227, 229, 230, 231, 238, 243, 244, 247, 248, 272, 286, 288, 308, 310, 339, 345, 355, 357, 365, 368, 380, 381, 397, 398, 399, 411, 413
Paris 70, 219, 225, 257, 277, 326
Posen 135, 306
Reims 51, 137
Reisen in Böhmen 306
Rennes 91
Ripon (York) 18, 52, 138
Rom 27, 34, 173, 174, 179, 181, 182, 184, 194, 201, 221, 232, 288, 375
Salzburg 200
Salzkotten 82, 83
Samter 306
Schönau 255
Sodingen 58
Solingen 260
Souville 135
Speyer 194, 195, 196, 197, 198, 213, 214
Stalingrad 81, 153, 154, 155, 156
Stettin 69, 144, 146
Stratford 99
Tiefenbach 306
Tornau 45
Trotha 45
Tübingen 188
Verdun 51, 135, 136, 137, 145
Wanne-Eickel 58, 260
Warburg- Dössel 106
Warstein 77
Wattenscheid 58, 260
Werl 88, 95, 98, 103, 115, 117, 129
Wesel 26, 143, 167, 220
Wipperfürth 16, 50
Wolfsburg 55

Herausgeber- und Autorenverzeichnis

Herausgeber

Prof. Dr. Josef Meyer zu Schlochtern, Professor für Fundamentaltheologie und Vergleichende Religionswissenschaft an der Theologischen Fakultät Paderborn

Lic. theol. Johannes W. Vutz, Referent für Katechese und Liturgie im Bischöflich Münsterschen Offizialat Vechta, von 2015 bis 2019 Wissenschaftlicher Mitarbeiter am Lehrstuhl für Fundamentaltheologie und Vergleichende Religionswissenschaft an der Theologischen Fakultät Paderborn

Autoren

Dina van Faassen, MA, Freiberufliche Historikerin und Journalistin, Paderborn

Dr. Detlef Grothmann, Freiberuflicher Historiker i. R. und Autor, Paderborn

Dr. Bernd Heim, Historiker, Redakteur und Finanzjournalist, Bamberg

Prof. Dr. Dietmar Klenke, Professor i.R. für Neueste Geschichte an der Universität Paderborn

Prof. Dr. Joachim Kuropka, Professor i.R. für Neueste Geschichte und Leiter der Arbeitsstelle für Katholizismus und Widerstandsforschung an der Universität Vechta

PD Dr. Burkhard Neumann, Direktor am Johann-Adam-Möhler-Institut für Ökumenik Paderborn

Dr. Arnold Otto, Leiter des Erzbischöflichen Archivs Paderborn

Prof. Dr. Rainer Pöppinghege, apl. Professor für Neuere und Neueste Geschichte an der Universität Paderborn

Hon.-Prof. Dr. Hans-Walter Stork, Direktor der Erzbischöflichen Akademischen Bibliothek Paderborn